PowerShell 7 und Windows PowerShell

Dr. Tobias Weltner

PowerShell 7 und Windows PowerShell

Das komplette Praxiswissen für Administratoren und IT-Profis

Dr. Tobias Weltner

Lektorat: Ariane Hesse
Lektoratsassistenz: Anja Weimer, Julia Griebel
Korrektorat: Sibylle Feldmann, *www.richtiger-text.de*
Satz: Gerhard Alfes, mediaService, *www.mediaservice.tv*
Herstellung: Stefanie Weidner
Umschlaggestaltung: Michael Oreal, *www.oreal.de*, unter Verwendung eines Fotos von iStock by Getty Images von querbeet, Stock-Fotografie-ID 184997148
Druck und Bindung: BELTZ Grafische Betriebe GmbH, Bad Langensalza

Bibliografische Information der Deutschen Nationalbibliothek
Die Deutsche Nationalbibliothek verzeichnet diese Publikation in der Deutschen Nationalbibliografie; detaillierte bibliografische Daten sind im Internet über *http://dnb.d-nb.de* abrufbar.

ISBN:
Print 978-3-96009-163-9
PDF 978-3-96010-479-7
ePub 978-3-96010-480-3
mobi 978-3-96010-481-0

1. Auflage 2021

Wieblinger Weg 17
69123 Heidelberg

Dieses Buch erscheint in Kooperation mit O'Reilly Media, Inc. unter dem Imprint »O'REILLY«. O'REILLY ist ein Markenzeichen und eine eingetragene Marke von O'Reilly Media, Inc. und wird mit Einwilligung des Eigentümers verwendet.

Hinweis:
Dieses Buch wurde mit mineralölfreien Farben auf FSC®-zertifiziertem Papier aus nachhaltiger Waldwirtschaft gedruckt. Der Umwelt zuliebe verzichten wir zusätzlich auf die Einschweißfolie. Hergestellt in Deutschland.

Schreiben Sie uns:
Falls Sie Anregungen, Wünsche und Kommentare haben, lassen Sie es uns wissen: *kommentar@oreilly.de*.

5 4 3 2

Inhalt

Vorwort

PowerShell begann vor 15 Jahren als Windows Powershell. Heute ist diese Shell plattformübergreifend auf Windows, Linux und macOS verfügbar und wird begeistert von einer immer größeren Anwendercommunity genutzt.

In diesem Buch werden Sie Schritt für Schritt erfahren, was PowerShell eigentlich ist und was diese Shell alles für Sie tun kann. Ob Sie Administrator »on-premise« sind und lokale Server betreuen, Ihr Unternehmen in der Cloud verwalten oder ob Sie heterogene Umgebungen »unter einen Hut« bringen wollen – PowerShell bietet die Werkzeuge dafür.

Aber auch zu Hause und in der Schule lässt es sich hervorragend einsetzen: PowerShell ist es nämlich egal, ob Sie damit eine Unternehmens-IT administrieren, Ihre Philips-Hue-Homeautomation verwalten oder Sonnenkollektoren steuern. Ob Sie den eigenen NAS-Server auf dem Dachboden sichern, automatisiert Dateien aus dem Internet laden oder vielleicht bloß Matherätsel knacken wollen.

Und genau deshalb ist PowerShell auch in Ausbildung und Schulen spannend: Kaum eine andere kostenlose Programmierumgebung und Shell unterstützt so viele Programmierkonzepte auf so vielen Plattformen – angefangen von Befehlsaufrufen über moderne Programmiertechniken wie den Einsatz von Funktionen und Objekten bis hin zu nativer Klassenunterstützung, Vererbung und universellem Netzwerk-Remoting. Kaum eine andere Umgebung bietet so unmittelbares Feedback wie PowerShell. Ideal also, um im Unterricht und in der Ausbildung anhand von nachvollziehbaren Praxisbeispielen die Funktionsweisen moderner IT auszuprobieren und zu vertiefen.

Dieses Buch bietet zahlreiche Praxisbeispiele aus den unterschiedlichsten Einsatzbereichen und demonstriert schrittweise die vielfältigen Möglichkeiten der PowerShell.

So schlüpfen Sie zu Anfang des Buches in die Rolle des einfachen PowerShell-Anwenders. Sie generieren mit Einzeilern Excel- und HTML-Reports und können mit wenigen Schritten Cloud-Systeme steuern oder Notenblätter aus dem Internet herunterladen und als PDF exportieren.

Von diesen ersten Fingerübungen inspiriert lernen Sie den Minimal-Wortschatz der PowerShell kennen und fügen mehrere Befehle zu eigenen größeren Automationslösungen zusammen.

Die Anwendungsbeispiele werden immer komplexer, und Sie lernen schrittweise alle weiteren wichtigen Konzepte der PowerShell kennen. Dazu gehören Remotezugriffe, direkte Betriebssystemaufrufe, das Erstellen grafischer Oberflächen sowie eigene PowerShell-Befehle und -Module.

Am Ende dieses Buches beherrschen Sie dann eine der modernsten Automationssprachen, die für Windows, Linux und macOS kostenfrei zur Verfügung stehen, und haben sich privat wie beruflich vom einfachen Anwender zum versierten IT-Automatisierer qualifiziert.

Damit Sie auf dieser Reise nicht allzuviel eintippen müssen, automatisiert PowerShell in diesem Buch auf Wunsch natürlich auch das Eintippen der Beispiele für Sie. Schon im ersten Kapitel lernen Sie den passenden Befehl kennen: durch Eingabe der jeweiligen Listingnummer fügt PowerShell den Quellcode aus dem Buch automatisch ein.

Wie Sie dieses Buch nutzen

Dieses Buch setzt keinerlei Grundkenntnisse voraus, wenn Sie von vorn zu lesen beginnen – und das ist auch empfehlenswert. Die Kapitel bauen aufeinander auf. Am Anfang jedes Kapitels finden Sie eine kurze Zusammenfassung, falls es einmal eilig ist.

Die PowerShell-Beispiele im Buch sind jeweils in einer anderen Schriftart formatiert. Damit Sie leichter erkennen, welche Eingaben von Ihnen erwartet werden, wird bei allen Eingaben die PowerShell-Eingabeaufforderung `PS>` (einschließlich der Leerstelle hinter dem >) vorangestellt. Diese Eingabeaufforderung kann bei Ihnen auch anders aussehen und sollte in den Beispielen natürlich nicht mit eingegeben werden.

Achtung

Bitte verwenden Sie die Begleitmaterialien immer im Kontext des entsprechenden Buchkapitels. Viele der Beispiele funktionieren nur, wenn Sie die entsprechenden Vorarbeiten im Kapitel beachtet haben, oder können auch unerwartete Resultate liefern, wenn man die Beispiele aus dem Zusammenhang des Kapitels reißt.

Noch mehr Unterstützung

Falls trotz aller Sorgfalt einmal Fragen offenbleiben oder Sie weitere Ideen und Themenwünsche haben, besuchen Sie einfach das interaktive Leserforum zu diesem Buch: *https://github.com/TobiasPSP/OReilly/discussions*

Damit bleibt mir an dieser Stelle nur noch, Ihnen viel Spaß zu wünschen bei der Lektüre dieses Buchs und bei der Arbeit mit der faszinierenden PowerShell! Ich würde mich freuen, von Ihnen im Diskussionsforum zu hören.

Herzlichst,

Tobias Weltner

Kapitel 1

PowerShell: Erste Schritte

In diesem Kapitel:

Ausführlich werden in diesem Kapitel die folgenden Aspekte erläutert:

- **Windows PowerShell:** In Windows integrierte PowerShell, die auf dem klassischen *.NET Framework Version 4.5* oder höher basiert und auch künftig für Automationsaufgaben im Windows-Umfeld eingesetzt werden kann. Der Startbefehl lautet `powershell.exe`, und die aktuelle Version ist 5.1.
- **PowerShell:** Neuartige, plattformunabhängige PowerShell, die als portable Anwendung bei Windows parallel zur *Windows PowerShell* verwendet werden kann und auch auf Linux, macOS und weiteren Betriebssystemen zur Verfügung steht. Der Startbefehl lautet `pwsh.exe`. Diese PowerShell beruht auf dem plattformunabhängigen neuen *.NET Framework Core*, das weitgehend kompatibel zum klassischen .NET Framework ist. Die *PowerShell* ist im Gegensatz zur *Windows PowerShell* quelloffen (Open Source).

- **Autovervollständigung:** Mit einigen Tastendrücken kann man sich bei der Eingabe von Befehlen, Parametern und Argumenten Tipparbeit sparen: [Tab] vervollständigt Eingaben. Drücken Sie die Taste mehrmals, zeigt PowerShell bei jedem Drücken einen weiteren Vorschlag. [⇧]+[Tab] geht in der Reihenfolge wieder einen Schritt zurück. Mit [Strg]+[Leertaste] werden Eingabevorschläge als vollständige Auswahlliste präsentiert. Editoren zeigen dazu ein IntelliSense-Menü an. In der Konsole erscheint ein textbasiertes Auswahlfeld. Unabhängig von den Autovervollständigungsvarianten können Sie mit [↑] und [↓] frühere Eingaben aus Ihrer Befehlshistorie anzeigen lassen. Diese Liste ist anfangs leer und wächst mit der Verwendung der Konsole.
- **Zeilen löschen und Befehlsabbruch:** Um die gesamte aktuelle Zeile zu löschen, drücken Sie [Esc]. Um einen Befehl abzubrechen, drücken Sie [Strg]+[C].
- **Groß- und Kleinschreibung:** PowerShell selbst unterscheidet bei Befehlsnamen und Parametern nicht zwischen Groß- und Kleinschreibung. Ob die Groß- und Kleinschreibung bei Befehlsargumenten (wie zum Beispiel Pfadnamen oder anderen Angaben) wichtig ist, hängt vom jeweiligen Befehl und dem verwendeten Betriebssystem ab. Bei Kennworteingaben beispielsweise kommt es natürlich immer auf die richtige Groß- und Kleinschreibung an.

Achtung

Wenn Sie es eilig haben und die Grundlagen der PowerShell schon kennen, dürfen Sie diesen Einleitungsteil selbstverständlich überspringen. Sie sollten aber in jedem Fall wenigstens den Abschnitt »Zusammenfassung« am Ende dieses Kapitels beachten. Dort werden wichtige Grundeinstellungen besprochen, die die Voraussetzung für viele Beispiele in den folgenden Kapiteln sind.

PowerShell ist eine verblüffend flexible und machtvolle plattformunabhängige Automationssprache, die mit geringem Aufwand ein enormes Spektrum von Aufgaben automatisieren kann.

Dazu zählen typische IT-Administrationsaufgaben ebenso wie völlig andere Einsatzbereiche aus Mathematik, Forschung und Lehre, in der Büroautomation und nicht zuletzt in Hobby und Tüftelei: Schon im nächsten Kapitel werden wir uns kurz der Musikkomposition und Steuerung von MIDI-Musikinstrumenten widmen, und in *Kapitel 13* erfahren Sie zum Beispiel, wie PowerShell sogar Lampen und Steckdosen in Ihrem Zuhause fernsteuert. Die Grundlagen und Strategien sind dabei indes immer dieselben.

Bei all diesen Beispielen geht es also ausschließlich um zweierlei: kurzweilig und verständlich möglichst viele Einsatzszenarien der PowerShell vorzustellen, um Ideen zu wecken und eine breite Leserschicht anzusprechen, und die stets gleichen allgemeinen Mechanismen zu verstehen, die dabei zum Einsatz kommen.

Denn mit dem Wissen, das Sie beispielsweise in der Musikkomposition oder auch bei der Fernsteuerung von Elektrogeräten benötigen, können Sie natürlich auch Server aufsetzen oder Drittanbietersoftware für Backup-Lösungen steuern – und umgekehrt. Hier wird deutlich, dass PowerShell ebenfalls eine ideale Plattform für Ausbildung und Schule ist, denn alle modernen IT-Grundlagen lassen sich damit anschaulich und unterhaltsam vermitteln.

Zunächst aber muss PowerShell vollständig eingerichtet werden, und genau darum geht es in diesem ersten Kapitel. Dabei werden auch einige wichtige Sicherheitseinstellungen besprochen, und der Unterschied zwischen *PowerShell* und *Windows PowerShell* wird Ihnen schnell klar werden.

Danach folgt ein kleiner Exkurs zu den wichtigsten kostenlosen PowerShell-Tools, mit denen Sie Ihren Computer in eine moderne PowerShell-Entwicklungsumgebung verwandeln.

Zum Abschluss des Kapitels erfahren Sie, wie die vielen Hundert Skriptbeispiele in diesem Buch ohne Tipparbeit direkt von PowerShell aus dem Internet heruntergeladen und ausgeführt werden und wie offengebliebene Fragen unmittelbar an den Autor gerichtet werden können.

Hinweis

In diesem Buch wird das Wort »PowerShell« immer dann kursiv gesetzt, wenn spezifisch die neue plattformübergreifende *PowerShell* gemeint ist. Der nicht kursiv gesetzte Begriff »PowerShell« bezieht sich allgemein auf die Sprache PowerShell und gilt sowohl für *Windows PowerShell* als auch für *PowerShell*.

Schon in diesem Kapitel wird Ihnen bereits PowerShell-Code begegnen, der aber hier als reines »Werkzeug« für die Einrichtung Ihres Computers dient. Sie können den Code natürlich bereits neugierig mustern, aber bitte brüten Sie nicht zu lange über einzelnen Codebeispielen. Es kommt in diesem Kapitel nur auf die Ergebnisse der Codebeispiele an, nicht auf den Code selbst und seine Mechanismen. Diese stehen ab dem zweiten Kapitel im Vordergrund und werden dort dann auch systematisch besprochen.

PowerShell installieren

PowerShell ist plattformunabhängig und kann auf verschiedenen Betriebssystemen ausgeführt werden, zum Beispiel Windows, Linux oder macOS.

Historisch ist PowerShell allerdings als Teil des Windows-Betriebssystems entstanden und dort als sogenannte *Windows PowerShell* immer automatisch enthalten. Seit 2016 ist diese Fassung in Version 5.1 fertiggestellt, wird auf diesem Stand gehalten und weiter von Microsoft gewartet.

Alle Entwicklungsarbeit geht seit 2016 in die neue, plattformunabhängige *PowerShell*, bei Drucklegung dieses Buchs in Version 7.2, die bei allen Betriebssystemen zuerst nachinstalliert werden muss. Wie das geschieht, erfahren Sie jetzt, und zwar in separaten Abschnitten für die jeweiligen Betriebssysteme.

Windows-Betriebssystem

In allen Windows-Betriebssystemen ab Server 2008 und Windows 7 ist die PowerShell bereits fester Bestandteil – genauer gesagt die *Windows PowerShell*. Hier könnten Sie also sofort loslegen, sollten aber wenigstens prüfen, ob Ihre *Windows PowerShell* auf dem aktuellen Stand ist (dazu gleich mehr).

Noch empfehlenswerter ist es, zusätzlich zur integrierten *Windows PowerShell* auch die neue *PowerShell* hinzuzuinstallieren. Beide laufen friedlich parallel nebeneinander, und so können Sie sich ein eigenes Bild von den Unterschieden machen.

Immer vorhanden: Windows PowerShell

Sie starten die *Windows PowerShell* mit dem Befehl `powershell.exe` (oder kurz `powershell`) – wie jedes andere Programm auch. Drücken Sie zum Beispiel [Win]+[R], um das Dialogfeld *Ausführen* zu öffnen (siehe Abbildung 1.1), und geben den Befehl `powershell` ein. Dann klicken Sie auf *OK*.

In der Taskleiste erscheint ein blaues Symbol, das Sie per Rechtsklick und *An Taskleiste anheften* am besten dauerhaft dort anpinnen. Ein Rechtsklick auf das Symbol öffnet die sogenannte Sprungliste, sozusagen das Cockpit der *Windows PowerShell* (siehe Abbildung 1.2).

Ausführen

Geben Sie den Namen eines Programms, Ordners, Dokuments oder einer Internetressource an.

Öffnen: powershell

OK | Abbrechen | Durchsuchen...

Abbildung 1.1: Windows PowerShell starten

Von hier aus können Sie die PowerShell zum Beispiel mit vollen Administratorrechten starten, und auch der in *Windows PowerShell* integrierte Editor *ISE* (*Integrated Script Environment*) steht hier bereit.

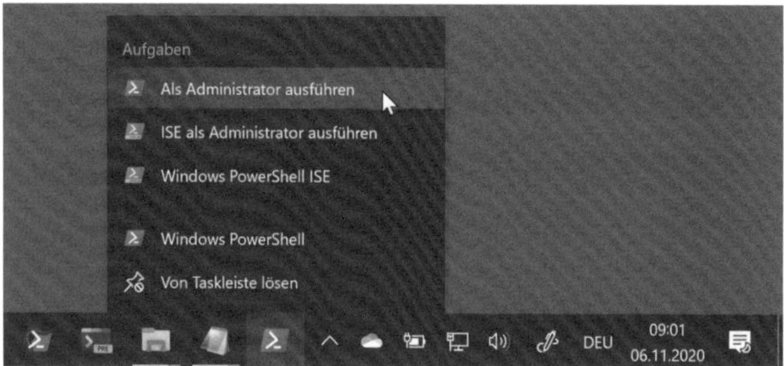

Abbildung 1.2: Sprungliste der Windows PowerShell

Die *Windows PowerShell* selbst erscheint als blaue oder schwarze Konsole, in die Sie Befehle eingeben können (siehe Abbildung 1.3). Auch wenn es Ihnen bereits in den Fingern juckt: Verschieben Sie Ihre Experimente bitte noch einen Moment – was Sie alles mit PowerShell tun können, veranschaulicht der Rundkurs im nächsten Kapitel.

Lassen Sie uns zunächst alles einsatzbereit machen.

Windows PowerShell

```
Windows PowerShell
Copyright (C) Microsoft Corporation. Alle Rechte vorbehalten.
Lernen Sie das neue plattformübergreifende PowerShell kennen - https://aka.ms/pscore6

PS C:\Users\tobia> tracert powershell.one

Routenverfolgung zu powershell.one [172.67.204.39]
über maximal 30 Hops:

  1     1 ms    <1 ms    <1 ms  speedport.ip [192.168.2.1]
  2     6 ms     5 ms     6 ms  p3e9bf353.dip0.t-ipconnect.de [62.155.243.83]
  3  2723 ms    57 ms    10 ms  pd9ef3c06.dip0.t-ipconnect.de [217.239.60.6]
  4     *        *        *     Zeitüberschreitung der Anforderung.
  5    17 ms    30 ms    16 ms  ae-1-3104.edge7.Amsterdam1.Level3.net [4.69.162.177]
  6    18 ms     *       18 ms  213.19.194.150
  7    16 ms    16 ms    16 ms  172.67.204.39

Ablaufverfolgung beendet.
PS C:\Users\tobia> winver
PS C:\Users\tobia>
```

Abbildung 1.3: Die in Windows integrierte Windows PowerShell

Ist Ihre Windows PowerShell noch aktuell?

Falls Sie Windows 10 oder Server 2016 (und besser) verwenden, ist alles gut: Diese Betriebssysteme enthalten *Windows PowerShell* in Version 5.1, der letzten und ausgereiften Version. Diese Version wird über die gesamte Laufzeit von Windows 10 weitergepflegt und automatisch aktualisiert.

Wer ein älteres Windows-Betriebssystem nutzt, muss *Windows PowerShell* manuell aktualisieren. Das ist sinnvoll, weil die Codebeispiele dieses Buchs die aktuelle *Windows PowerShell 5.1* voraussetzen. Es ist aber vor allem wichtig, weil Updates stets auch Programmfehler und Sicherheitslücken berichtigen. Schauen Sie also in Ihrer *Windows PowerShell* kurz nach, welche Version Sie verwenden (siehe Abbildung 1.4). Geben Sie ein:

```
PS> $PSVersionTable.PSVersion ↵
```

Zurückgeliefert wird die Version der PowerShell. Bei Versionen kleiner als 5.1 (`Major: 5`, `Minor: 1`) ist es Zeit für ein Update.

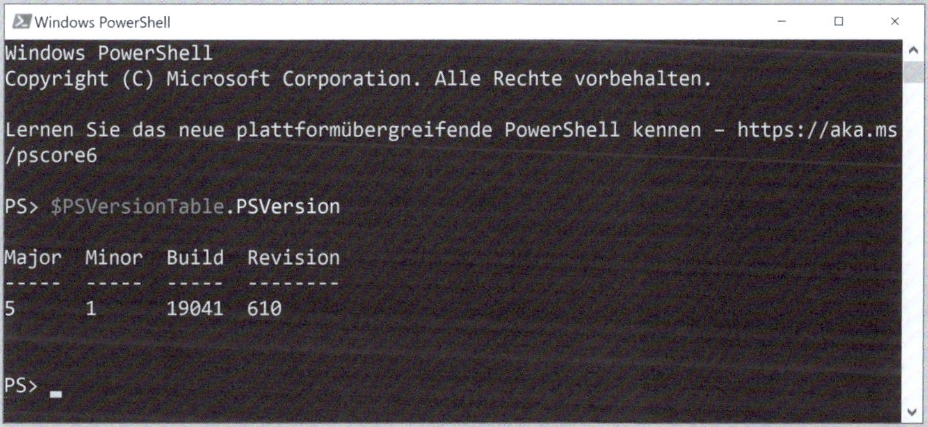

```
Windows PowerShell
Windows PowerShell
Copyright (C) Microsoft Corporation. Alle Rechte vorbehalten.

Lernen Sie das neue plattformübergreifende PowerShell kennen - https://aka.ms
/pscore6

PS> $PSVersionTable.PSVersion

Major  Minor  Build  Revision
-----  -----  -----  --------
5      1      19041  610


PS> _
```

Abbildung 1.4: Version der PowerShell bestimmen

Weil *Windows PowerShell* ein fester Teil von Windows ist, kann man sie nur über spezielle Update-Pakete aktualisieren. Diese stehen kostenlos bei Microsoft als sogenannte *msu*-Pakete zum Download bereit. Bei Drucklegung dieses Buchs fand man das sogenannte *Windows Management Framework 5.1* hier: *https://www.microsoft.com/en-us/download/details.aspx?id=54616* (siehe Abbildung 1.5).

Tipp

Links ändern sich, und sollte der genannte Link nicht mehr funktionieren, googeln Sie nach »Windows Management Framework 5.1 Download«.

Bitte beachten Sie auf der Downloadseite die Installationshinweise am Ende der Seite, insbesondere wenn Sie noch das alte Windows 7 verwenden. *Windows PowerShell* erfordert übrigens das .NET Framework 4.5 oder besser, das bei sehr alten Windows-Systemen gegebenenfalls vor dem Update nachinstalliert werden muss.

Bei Clients ist ein Update der *Windows PowerShell* schnell erledigt. Bei Servern sollten Sie sich dagegen vor dem Update unbedingt genauer informieren: Serversoftware wie *Microsoft Exchange* kann auf eine ganz bestimmte *Windows PowerShell*-Version festgelegt sein. Entweder aktualisieren Sie in so einem Fall *Windows PowerShell* gemeinsam mit den übrigen Serverkomponenten, die davon abhängen, oder Sie installieren, wenn Ihnen das zu heikel oder zu aufwendig ist, parallel zu *Windows PowerShell* kurzerhand die neue moderne *PowerShell* und arbeiten künftig einfach mit dieser, während Sie *Windows PowerShell* unverändert lassen.

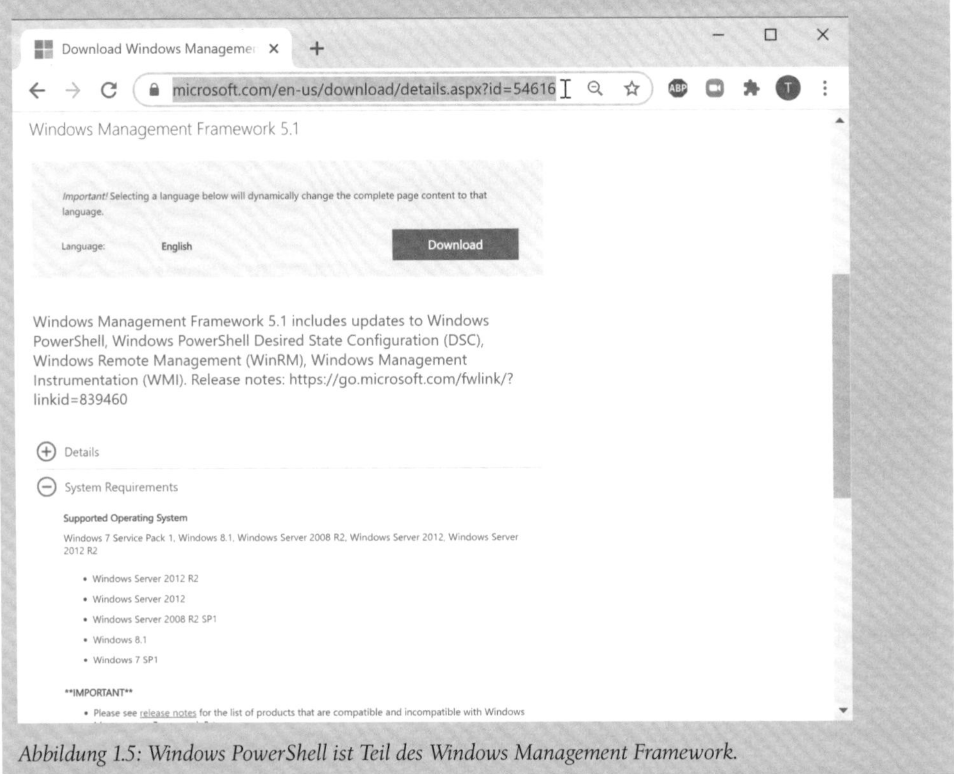

Abbildung 1.5: Windows PowerShell ist Teil des Windows Management Framework.

PowerShell 7: die »neue« PowerShell

Weil *Windows PowerShell* in das Windows-Betriebssystem fest integriert ist, kann sie – wie Sie gerade erlebt haben – nur relativ umständlich aktualisiert werden. Erst recht steht sie nicht auf anderen Betriebssystemen zur Verfügung. Deshalb hat das Microsoft-Entwicklungsteam um Steve Lee im Jahr 2016 die Entwicklung der *Windows PowerShell* abgeschlossen.

Alle folgenden Versionen der PowerShell wurden fundamental anders entwickelt: Sie sind nicht mehr Bestandteil von Windows, sondern eigenständige portable Anwendungen, die fortan auf dem neuen plattformunabhängigen *.NET Framework Core* basieren. So kann *PowerShell* nun auch auf Linux, macOS und anderen Betriebssystemen eingesetzt werden.

Die neue PowerShell heißt auch nicht länger *Windows PowerShell*, sondern nur noch *PowerShell*, die Anwendung `pwsh.exe` anstelle von `powershell.exe`.

Darüber hinaus ist *PowerShell* quellcodeoffen (Open Source) und portabel. Sie kann also beliebig oft und in beliebigen Versionen parallel existieren, und wenn Sie möchten, könnten Sie sie sogar wie ein persönliches Werkzeug auf einem USB-Stick bei sich tragen und vom Stick aus starten.

So ist die neue *PowerShell* sogar für Windows-Anwender interessant. Installieren Sie sie parallel zur vorhandenen *Windows PowerShell*, können Sie wahlweise *Windows PowerShell* über den Befehl `powershell` starten oder eben *PowerShell* über den Befehl `pwsh`.

Profitipp

Das wirft in Unternehmen häufig die Frage auf, ob (und, wenn ja, wie) man unternehmensweit von *Windows PowerShell* auf *PowerShell* umsteigen sollte. Schließlich ist die *Windows PowerShell* ja inzwischen »veraltet« und wird nicht länger weiterentwickelt. Stimmt das?

Nein. *Windows PowerShell* ist keineswegs abgekündigt und wird bis ans Ende der Laufzeit von Windows 10 weiter voll von Microsoft unterstützt. Auch etwaige Sicherheitslücken, sollten sie denn auftreten, werden weiterhin behoben, und *Windows PowerShell* ab Version 5.1 wird über das automatische Windows Update automatisch gepflegt.

Deshalb spricht nichts dagegen, *Windows PowerShell* auch weiterhin einzusetzen. *Windows PowerShell* hat gegenüber *PowerShell* sogar zwei unternehmenskritische Vorteile:

- **Automatische Verfügbarkeit:** Weil *Windows PowerShell* fester Bestandteil von Windows ist, steht sie immer automatisch zur Verfügung und wird ebenso automatisch aktualisiert. Wollen Sie stattdessen die neuere *PowerShell* einsetzen, müssten Sie sich eine eigene Deployment-Strategie überlegen, also *PowerShell* in eigener Verantwortung auf alle Computer im Unternehmen verteilen und natürlich auch zeitnah aktuell halten.
- **Vollständiges .NET Framework:** *Windows PowerShell* basiert auf dem klassischen vollständigen .NET Framework 4.5. Dies ist eine Softwarebibliothek, aus der sich die meisten Windows-Anwendungen bedienen. Die plattformübergreifende *PowerShell* dagegen basiert auf dem abgespeckten .NET Framework Core, derzeit in Version 3.1. Obwohl dieses Framework rund 99% der notwendigen Funktionen enthält, besteht doch die Möglichkeit, dass bestimmte Erweiterungen oder ältere Skripte darauf nicht lauffähig sind.

Wenn Sie also nicht unbedingt auf bestimmte neue Funktionalitäten in *PowerShell* angewiesen sind, spricht überhaupt nichts dagegen, im Unternehmen auch weiterhin flächendeckend *Windows PowerShell* einzusetzen. Spezialisten und PowerShell-Entwickler können davon unbenommen auf ihren eigenen Entwicklungssystemen und in eigener Regie natürlich dennoch bereits die neue *PowerShell* einsetzen, wenn sie ihnen Vorteile bietet.

Einfache Installation über den Microsoft Store

Am einfachsten funktioniert die Installation der *PowerShell* über den *Microsoft Store*. Öffnen Sie ihn, indem Sie im Windows-Startmenü nach »Store« suchen.

Achtung

In vielen Unternehmensumfeldern ist der Zugang zum Microsoft Store abgeschaltet. Hier installieren Sie die neue *PowerShell* manuell (siehe unten). Besondere Administratorrechte sind für die Installation nicht notwendig.

Natürlich kann auch die *Windows PowerShell* den Store für Sie öffnen (denn PowerShell kann alles, was auch per Maus zu bewerkstelligen ist – sofern Sie die passenden Befehle kennen):

```
Start-Process shell:appsFolder\Microsoft.WindowsStore_8wekyb3d8bbwe!App
```

Listing 1.1: Microsoft Store mit PowerShell öffnen

Wichtig

Wenn Sie die Codebeispiele aus dem Buch nicht von Hand eingeben wollen, rüsten Sie den Befehl `L` mit dieser Zeile nach:

```
PS> Invoke-RestMethod -Uri https://tinyurl.com/codeAusBuch -UseBasicParsing | New-Item -Path
function: -Name L -Force | Out-Null
```

Geben Sie hinter dem Befehl die Listing-Nummer an, beispielsweise:

```
PS> L 1.1
Listing 1.1 liegt in der Zwischenablage. Fügen Sie es mit STRG+V in Konsole oder Editor ein.
```

Mehr zum Befehl `L`, welche sonstigen Tricks er auf Lager hat und wie Sie den Befehl dauerhaft verfügbar machen, erfahren Sie ab Seite 63.

Klicken Sie im Microsoft-Store-Fenster auf *Suchen* und geben Sie als Suchwort »PowerShell« ein. Klicken Sie auf *PowerShell Preview* und dann auf *Installieren* (siehe Abbildung 1.6).

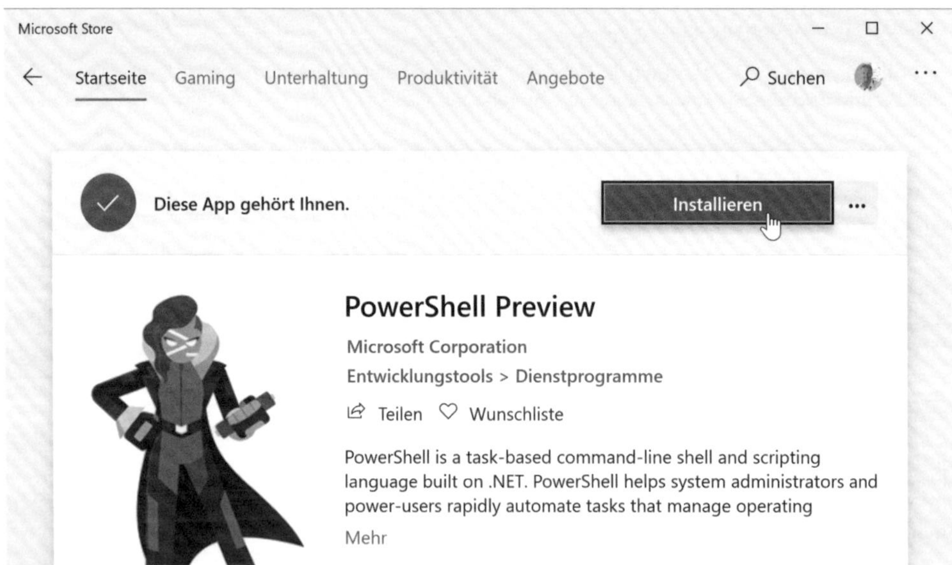

Abbildung 1.6: PowerShell 7 als Preview über den Microsoft Store installieren

Hinweis

Die Preview-Fassung der PowerShell enthält jeweils die allerneuesten Funktionen und eignet sich besonders gut zum Experimentieren und Kennenlernen. Darüber hinaus steht im Store neuerdings auch die Produktionsversion ohne den Zusatz »Preview« zur Verfügung.

Falls der Store Sie übrigens um Anmeldedaten bittet oder dazu drängen will, ein Benutzerkonto anzulegen, lehnen Sie dankend ab. Eine Anmeldung ist zum Herunterladen und Installieren nicht nötig.

Nach der Installation wird die neue *PowerShell* über den Befehl `pwsh` gestartet. Drücken Sie also zum Beispiel [Win]+[R] und geben Sie den Befehl `pwsh` ins Dialogfeld *Ausführen* ein. Dann klicken Sie auf *OK*.

Die neue *PowerShell* öffnet ein Konsolenfenster mit schwarzem Hintergrund (bei *Windows PowerShell* ist der Hintergrund blau). Auch das Symbol der neuen *PowerShell* ist schwarz und nicht blau. In der Titelleiste des Konsolenfensters lesen Sie außerdem den Pfad, unter dem die neue *PowerShell* installiert wurde.

Klicken Sie das Symbol der neuen *PowerShell* in der Taskleiste mit der rechten Maustaste an und wählen Sie *An Taskleiste anheften*. So bleibt es dauerhaft sichtbar, und Sie können künftig bequem per Mausklick die passende PowerShell öffnen (siehe Abbildung 1.7).

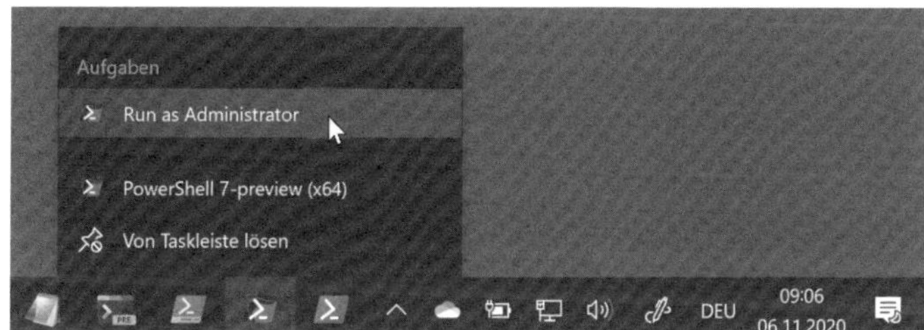

Abbildung 1.7: Windows PowerShell und PowerShell lassen sich in Windows parallel betreiben.

Tipp

Die angehefteten Symbole der Taskleiste befinden sich übrigens in einem separaten versteckten Ordner, den Sie über den folgenden Befehl öffnen können:

```
PS> explorer "$env:appdata\Microsoft\Internet Explorer\Quick Launch\User Pinned\TaskBar"
```

Wenn Sie die Version der neuen *PowerShell* durch Eingabe von `$PSVersion` überprüfen, offenbaren sich erste Unterschiede (siehe Abbildung 1.8):

```
C:\Program Files\WindowsApps\Microsoft.PowerShellPreview_7.1.102.0_x64__8wekyb3d8bbwe\p...
PowerShell 7.1.0-rc.2
Copyright (c) Microsoft Corporation.

https://aka.ms/powershell
Type 'help' to get help.

PS C:\Windows\System32> $PSVersionTable

Name                           Value
----                           -----
PSVersion                      7.1.0-rc.2
PSEdition                      Core
GitCommitId                    7.1.0-rc.2
OS                             Microsoft Windows 10.0.19041
Platform                       Win32NT
PSCompatibleVersions           {1.0, 2.0, 3.0, 4.0…}
PSRemotingProtocolVersion      2.3
SerializationVersion           1.1.0.1
WSManStackVersion              3.0

PS C:\Windows\System32>
```

Abbildung 1.8: Eine als »App« über den Microsoft Store installierte PowerShell 7.1

`PSVersion` meldet die neue Version, und `PSEdition` zeigt `Core`. Bei *Windows PowerShell* steht hier `Desktop`.

Hinweis

Die Bezeichnungen in `PSEdition` haben ausschließlich historische Gründe:

Ursprünglich hieß die neue *PowerShell* nämlich *PowerShell Core* und war als minimalistische Version zur reinen Remote-Verwaltung der »Nano-Server« gedacht, denen man die Benutzeroberfläche wegrationalisiert hatte.

Weil die Entwicklung der Nano-Server aber schnell wieder eingestellt wurde, hat man PowerShell Core danach zu einer plattformübergreifenden Shell weiterentwickelt. Das Wort »Core« passt nun natürlich nicht mehr, und so heißt diese plattformübergreifende PowerShell heute einfach nur *PowerShell*. In der Eigenschaft `PSEdition` wird sie indes weiterhin `Core` genannt.

PowerShell manuell installieren

Künftig ist zwar geplant, in die *Windows PowerShell* einen Befehl zu integrieren, mit dem man die neue *PowerShell* automatisch herunterladen und installieren kann, bisher gibt es diesen bequemen Befehl jedoch nicht.

Man kann ihn allerdings bereits nachrüsten. Dafür sind keine besonderen Berechtigungen nötig. Mit diesem neuen Befehl lässt sich die plattformübergreifende *PowerShell* besonders flexibel manuell installieren, zum Beispiel auch dann, wenn der Zugang zum Microsoft Store nicht zur Verfügung steht.

Öffnen Sie dazu zunächst eine *Windows PowerShell*, zum Beispiel über [Win]+[R] und dann `powershell` [↵].

Danach führen Sie den folgenden Befehl aus (siehe Listing 1.2), um das neue Cmdlet `Install-PowerShell` nachzurüsten:

```
Invoke-RestMethod -Uri https://aka.ms/install-powershell.ps1 -UseBasicParsing | New-Item -Path
function: -Name Install-PowerShell | Out-Null
```

Listing 1.2: Fehlenden Installationsbefehl nachrüsten

`Invoke-RestMethod` lädt aus dem Internet den Quellcode für den neuen Befehl herunter. Diesen Quellcode könnten Sie auch sichtbar machen, indem Sie die Internetadresse in einen Browser eingeben:

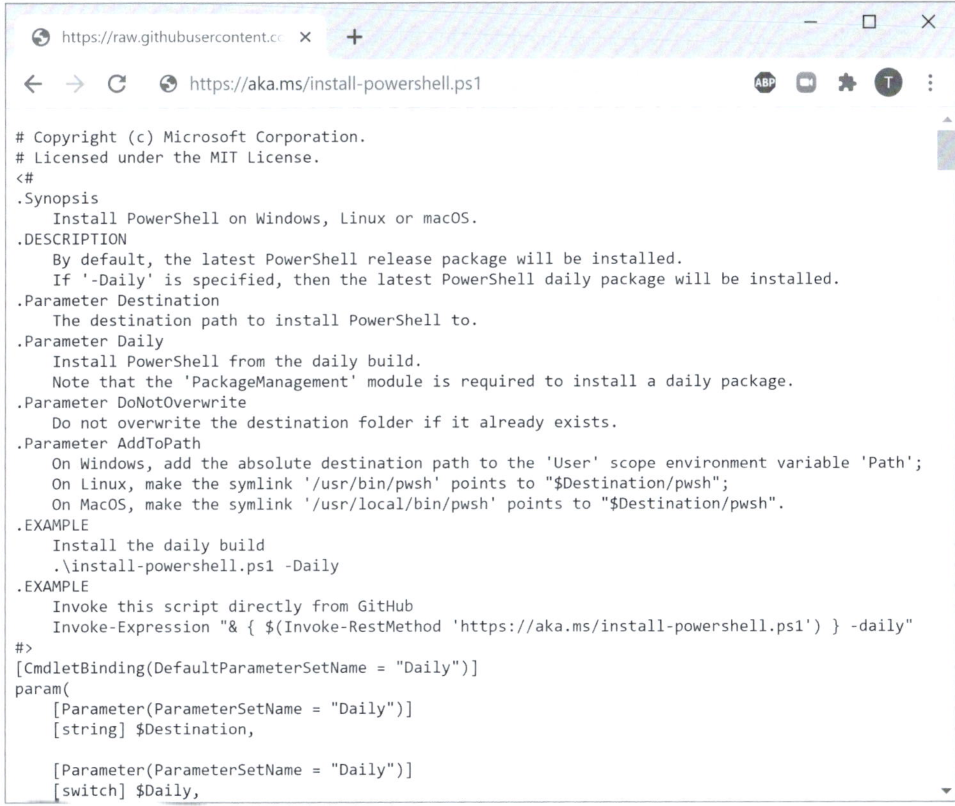


```
# Copyright (c) Microsoft Corporation.
# Licensed under the MIT License.
<#
.Synopsis
    Install PowerShell on Windows, Linux or macOS.
.DESCRIPTION
    By default, the latest PowerShell release package will be installed.
    If '-Daily' is specified, then the latest PowerShell daily package will be installed.
.Parameter Destination
    The destination path to install PowerShell to.
.Parameter Daily
    Install PowerShell from the daily build.
    Note that the 'PackageManagement' module is required to install a daily package.
.Parameter DoNotOverwrite
    Do not overwrite the destination folder if it already exists.
.Parameter AddToPath
    On Windows, add the absolute destination path to the 'User' scope environment variable 'Path';
    On Linux, make the symlink '/usr/bin/pwsh' points to "$Destination/pwsh";
    On MacOS, make the symlink '/usr/local/bin/pwsh' points to "$Destination/pwsh".
.EXAMPLE
    Install the daily build
    .\install-powershell.ps1 -Daily
.EXAMPLE
    Invoke this script directly from GitHub
    Invoke-Expression "& { $(Invoke-RestMethod 'https://aka.ms/install-powershell.ps1') } -daily"
#>
[CmdletBinding(DefaultParameterSetName = "Daily")]
param(
    [Parameter(ParameterSetName = "Daily")]
    [string] $Destination,

    [Parameter(ParameterSetName = "Daily")]
    [switch] $Daily,
```

Abbildung 1.9: Microsoft stellt ein Installationsskript für PowerShell 7 zur Verfügung.

`New-Item` verwandelt den heruntergeladenen Quellcode dann in einen neuen Befehl namens `Install-PowerShell`. Er steht danach sofort zur Verfügung, und mit ihm können Sie nun ganz bequem PowerShell 7 nachinstallieren.

Hinweis

Mehr zu selbst definierten Cmdlets erfahren Sie in Kapitel 14. Was es mit `New-Item` und dem Laufwerk *function:* auf sich hat, ist Thema von Kapitel 7.

Der folgende Befehlsaufruf würde beispielsweise die aktuelle Produktivversion von *PowerShell* 7 im Ordner *c:\ps7test* installieren und diesen Ordner zur `Path`-Umgebungsvariablen hinzufügen, sodass der Befehl `pwsh` von überall aus aufrufbar würde:

```
PS> Install-PowerShell -Destination c:\ps7test -AddToPath
```

In manchen Unternehmensszenarien verbieten die Sicherheitseinstellungen die Installation auf diese Weise, und Sie erhalten stattdessen rote Fehlermeldungen. Installieren Sie *PowerShell* 7 dann stattdessen als verwaltetes MSI-Paket:

```
PS> Install-PowerShell -UseMSI
```

Wird *PowerShell* 7 als MSI-Paket installiert, erscheint ein Dialogfeld mit Installationsoptionen. Übernehmen Sie die vorgegebenen Optionen. Wenn Sie später auch remote auf *PowerShell* 7 zugreifen möchten, aktivieren Sie zusätzlich im Dialogfeld die Option für das sogenannte *Remoting*.

Auch eine unbeaufsichtigte Installation ist dabei mit dem Parameter `-Quiet` möglich. Ob PowerShell indes tatsächlich mit `-Quiet` unbeaufsichtigt installiert werden kann, hängt davon ab, ob Sie die Installation mit vollen Administratorrechten durchführen. Ohne sie erscheint trotz `-Quiet` ein Dialogfeld.

Profitipp

Da PowerShell eine »portable App« ist, können Sie potenziell so viele Versionen parallel zueinander in unterschiedlichen Ordnern installieren, wie Sie mögen, oder die portable PowerShell auf einem USB-Stick mit sich führen. Allerdings führt das zwangsläufig zu einem Dilemma: Welche davon würde nun der Befehl `pwsh` starten?

Wenn Sie den absoluten Pfadnamen verwenden, also den kompletten Pfadnamen einschließlich der Ordner, ist die Sache klar. Wird dagegen nur `pwsh` eingegeben, durchsucht Windows die Ordner in der Umgebungsvariablen `Path` und startet den ersten Treffer. Hier ist dann also die Reihenfolge maßgeblich, in der Ihre verschiedenen Installationen in der Umgebungsvariablen `Path` aufgeführt sind.

Sie können den Inhalt der Umgebungsvariable mit diesem Befehl auflisten:

```
PS> $env:path -split ';'
C:\ps7test
C:\WINDOWS\system32
C:\WINDOWS
C:\WINDOWS\System32\Wbem
...
```

Falls Sie *PowerShell* gestartet haben und nachträglich herausfinden möchten, wo diese *PowerShell* eigentlich gespeichert ist, wählen Sie folgenden Befehl:

```
PS> [Environment]::CommandLine
C:\ps7test\pwsh.dll
```

In diesem Beispiel sehen Sie, dass *PowerShell* aus dem Ordner *c:\ps7test* gestartet wurde. Sie sehen übrigens auch, dass die neue *PowerShell* eigentlich eine Bibliothek mit der Dateierweiterung **.dll* ist. Der Startbefehl `pwsh.exe` leitet den Aufruf also bloß an diese Bibliothek weiter. Nerds wie ich finden so etwas spannend, aber Sie können dieses Detail auch höflich ignorieren.

Den Pfad zur jeweils gerade genutzten *PowerShell* finden Sie hiermit heraus:

```
PS> (Get-Process -Id $pid).Path
C:\ps7test\pwsh.exe
```

Die Variable `$pid` enthält bei allen Versionen der PowerShell stets die Prozess-ID der gerade laufenden PowerShell-Instanz-Sitzung.

Kostenlose Softwareverteilungssysteme: Paketmanager

In Linux-Betriebssystemen sind Paketmanager wie `apt`, `yum`, `dnf`, `pacman` oder `brew` seit Langem im Einsatz. Sie laden zusätzliche Software automatisch aus dem Internet und installieren sie. Mit diesen Paketmanagern wird übrigens auch PowerShell auf Linux- und macOS-Systemen installiert.

Bei Windows sind solche Paketmanager noch relativ neu, setzen sich aber auch hier inzwischen durch: Am verbreitetsten sind *Chocolatey* (*https://chocolatey.org/install*) und *Scoop* (*https://scoop.sh/*).

Auch PowerShell ist auf diesen Zug aufgesprungen und enthält einen eigenen plattformunabhängigen Paketmanager namens *PowerShellGet* (siehe Kapitel 16): Mit ihm kann man kinderleicht PowerShell-spezifische Ressourcen wie neue Cmdlets oder Skripte nachinstallieren, und schon im nächsten Kapitel begegnen Ihnen zahlreiche Beispiele dazu.

Chocolatey und Scoop

Weil Paketmanager für viele Windows-Anwender noch relativ neu sind, sollen die beiden Windows-Paketmanager Chocolatey und Scoop kurz mit einigen Beispielen zeigen, was sie können und wie Paketmanager funktionieren.

Der grundlegende Unterschied zwischen den beiden ist die Art, wie Software installiert wird und welche Rechte dazu nötig sind: Während Chocolatey Installationspakete auf konventionelle Weise stets für *alle Anwender* installiert und dazu Administratorrechte benötigt, installiert Scoop Anwendungen ohne Administratorrechte und nur für den *aktuellen Anwender* als portable Apps.

Chocolatey eignet sich daher eher für die Unternehmens-IT, während sich Scoop an Endanwender richtet, die trotz eingeschränkter Rechte schnell und einfach zusätzliche Software installieren möchten.

Voraussetzungen

In beiden Fällen müssen Sie bei älteren Windows-Systemen zuerst den neueren Sicherheitsprotokollstandard *TLS 1.2* erlauben, der bei aktuellen Windows-Versionen automatisch unterstützt wird. Andernfalls können Sie über geschützte *https:*-Verbindungen keine Daten herunterladen:

```
[System.Net.ServicePointManager]::SecurityProtocol =
[System.Net.ServicePointManager]::SecurityProtocol -bor
[System.Net.SecurityProtocolType]::Tls12
```

Listing 1.3: Internetsicherheitsprotokoll TLS 1.2 für PowerShell erlauben

Da die Installation über PowerShell-Skripte erfolgt, müssen Sie außerdem mindestens vorübergehend für die aktuelle Sitzung die Ausführung von Skripten erlauben. Sie erfahren in Kapitel 3 mehr darüber. Einstweilen genügt dieser Befehl:

```
Set-ExecutionPolicy -ExecutionPolicy Bypass -Scope Process -Force
```

Listing 1.4: PowerShell-Skripte in der aktuellen PowerShell-Sitzung erlauben

---

Achtung

Führen Sie die folgenden Befehle unbedingt in einer PowerShell-Konsole aus und nicht in einem Editor wie zum Beispiel dem ISE-Editor.

Die Befehle der hier vorgestellten Softwareverteilungen können im laufenden Betrieb Rückfragen an Sie stellen, zum Beispiel ob ein fehlendes Softwarepaket mitinstalliert werden soll. Solche Rückfragen werden von Editoren wie ISE nicht unterstützt und unterdrückt, sodass das Skript bei Nachfragen in Editoren zu »hängen« scheint.

Chocolatey als Softwareverteilung

Wenn Sie über Administratorrechte verfügen und Software klassisch für alle Anwender des Computers installieren möchten, installieren Sie sich die Paketverwaltung Chocolatey. Dazu benötigen Sie aktivierte Administratorrechte.

Achtung

Chocolatey erfordert grundsätzlich zur Installation volle Administratorrechte und ist schlecht geeignet, wenn Sie Software nur für den aktuellen Anwender installieren möchten. Verwenden Sie für diesen Fall besser Scoop (siehe nächsten Abschnitt).

Listing 1.5 lädt mit `Invoke-RestMethod` zuerst das Installationsskript von Chocolatey herunter und führt es dann mit `Invoke-Expression` aus. Das dürfen Sie natürlich nur tun, wenn Sie den Quellen solcher Skripte vertrauen. Geben Sie die URL im Zweifelsfall in die Adressleiste Ihres Browsers ein, um den Code zuerst zu untersuchen oder im Unternehmensumfeld von jemandem freigeben zu lassen.

```
Invoke-RestMethod -UseBasicParsing -Uri 'https://chocolatey.org/install.ps1' | Invoke-Expression
```

Listing 1.5: Chocolatey installieren

Alles Weitere übernimmt das Installationsskript und berichtet über alle Schritte, die es ausführt:

```
Getting latest version of the Chocolatey package for download.
Getting Chocolatey from https://chocolatey.org/api/v2/package/chocolatey/0.10.15.
Downloading 7-Zip commandline tool prior to extraction.
Extracting C:\Users\tobia\AppData\Local\Temp\chocolatey\chocInstall\chocolatey.zip to
C:\Users\tobia\AppData\Local\Temp\chocolatey\chocInstall...
Installing chocolatey on this machine
Creating ChocolateyInstall as an environment variable (targeting 'Machine')
  Setting ChocolateyInstall to 'C:\ProgramData\chocolatey'
WARNING: It's very likely you will need to close and reopen your shell before you can use choco.
Restricting write permissions to Administrators
We are setting up the Chocolatey package repository.
The packages themselves go to 'C:\ProgramData\chocolatey\lib'
  (i.e. C:\ProgramData\chocolatey\lib\yourPackageName).
A shim file for the command line goes to 'C:\ProgramData\chocolatey\bin' and points to an executable
in 'C:\ProgramData\chocolatey\lib\yourPackageName'.
Creating Chocolatey folders if they do not already exist.
WARNING: You can safely ignore errors related to missing log files when
  upgrading from a version of Chocolatey less than 0.9.9.
  'Batch file could not be found' is also safe to ignore.
  'The system cannot find the file specified' - also safe.
Adding Chocolatey to the profile. This will provide tab completion, refreshenv, etc.
WARNING: Chocolatey profile installed. Reload your profile - type . $profile
Chocolatey (choco.exe) is now ready.
You can call choco from anywhere, command line or powershell by typing choco.
```

Sobald Chocolatey installiert ist, steht der Befehl `choco` zur Verfügung. Mit ihm kann man nun auch PowerShell über den folgenden Befehl herunterladen und installieren:

```
PS> choco install powershell-core
```

Scoop als Softwareverteilung

Interessanter dürfte für viele Anwender Scoop sein, weil es keine Administratorrechte benötigt. Hier wird Software grundsätzlich nur für den aktuellen Benutzer und nur als portable Anwendung heruntergeladen und in einem eigenen Scoop-Ordner zentral zur Verfügung gestellt.

Auch für den Einsatz von Scoop gelten die Voraussetzungen von oben: TLS 1.2 muss aktiviert sein, und PowerShell muss Skripte ausführen dürfen.

Listing 1.6 macht Scoop einsatzbereit. Dazu wird zunächst ähnlich wie bei Chocolatey das Installationsskript heruntergeladen und ausgeführt. Anschließend wird mit `scoop install` eine portable Version des Paketmanagers `git` installiert und der sogenannte `bucket` um weitere Installationsquellen ergänzt, sodass `scoop` eine besonders große Auswahl an installierbaren Tools und Softwareprodukten installieren kann:

```
Invoke-RestMethod -UseBasicParsing -Uri 'https://get.scoop.sh' | Invoke-Expression
scoop install git
scoop bucket add extras
```

Listing 1.6: Scoop installieren

Mit der folgenden Zeile wird *PowerShell* dann heruntergeladen und installiert:

```
PS> scoop install pwsh
```

Scoop speichert alles grundsätzlich als portable Software in einem gemeinsamen Ordner *Scoop/Apps* innerhalb des Benutzerprofils, sodass die installierte Software dort gefunden und gestartet werden kann:

```
PS> explorer $home\Scoop\Apps
PS> & $home\Scoop\Apps\pwsh\current\pwsh.exe
```

Anders als bei Chocolatey obliegt es aber nun Ihnen, die neu installierte Software über Verknüpfungen im Startmenü, auf dem Desktop oder an anderen leicht erreichbaren Orten bereitzustellen.

Mit `scoop` installieren Sie natürlich nicht nur PowerShell. Es können sehr bequem und schnell verschiedenste Tools und Anwendungen heruntergeladen und installiert werden, beispielsweise `7zip` oder `notepad++`:

```
PS> scoop install 7zip
PS> scoop install notepadplusplus
```

Um nach weiteren installierbaren Anwendungen zu suchen, verwenden Sie `scoop search`:

```
PS> scoop search
PS> scoop search vscode
```

Mit den folgenden Befehlen installieren Sie beispielsweise die im PowerShell-Umfeld beliebten und an anderer Stelle detailliert besprochenen Tools *VSCode* und *Windows-Terminal*:

```
PS> scoop install vscode-portable
PS> scoop install windows-terminal
```

Tipp

Software lässt sich in der Regel mit Scoop einwandfrei herunterladen und ausführen. Manche Programme benötigen allerdings gewisse Voraussetzungen. Windows-Terminal zum Beispiel ist nur auf Windows 10 ab Build 1903 ausführbar, und wenn Sie ein anderes oder älteres Betriebssystem verwenden, lässt es sich trotz einwandfreier Installation nicht starten. Wunder kann also auch Scoop leider nicht vollbringen.

Andere Paketverwaltungssysteme

Auch Microsoft bietet verschiedene eigene Paketmanager. Das *.NET Core Software Development Kit* (SDK) beinhaltet das *.NET Global Tool*, mit dem man *PowerShell* über den folgenden Befehl herunterladen und installieren kann:

```
PS> dotnet tool install –global PowerShell
```

Im Frühjahr 2020 hat Microsoft zudem den *Windows Package Manager* vorgestellt. Ist er installiert, kann *PowerShell* über den folgenden Befehl heruntergeladen und installiert werden:

```
PS> winget install powershell
```

PowerShell nachrüsten: macOS und Linux

Es gibt unzählige unterschiedliche Linux-Distributionen, aber die prinzipiellen Installationsschritte sind immer gleich: Mit einem unterstützten Paketmanager wird PowerShell heruntergeladen und installiert. Dazu ist es meist erforderlich, zuvor den entsprechenden öffentlichen Schlüssel von Microsoft herunterzuladen und zu registrieren. Mit diesem Schlüssel wird geprüft, ob das Installationspaket authentisch und unbeschädigt ist.

Linux

Auf *https://docs.microsoft.com/en-us/powershell/scripting/install/installing-powershell-core-on-linux* finden Sie für die unterschiedlichen Distributionen und Installationsarten detaillierte Skripte.

Bei Ubuntu 16.04 sieht ein solches Installationsskript zum Beispiel folgendermaßen aus, zur Installation wird hier der Paketmanager `apt` verwendet:

```
# Paketliste aktualisieren
sudo apt-get update
# Abhängigkeiten installieren
sudo apt-get install -y wget apt-transport-https software-properties-common
# Microsoft GPG Keys herunterladen
wget -q https://packages.microsoft.com/config/ubuntu/16.04/packages-microsoft-prod.deb
# GPG Keys registrieren:
sudo dpkg -i packages-microsoft-prod.deb
# Paketliste aktualisieren:
sudo apt-get update
# PowerShell herunterladen und installieren:
sudo apt-get install -y powershell
# PowerShell starten:
pwsh
```

Alternativ kann bei ungelösten Paketabhängigkeiten gegebenenfalls der Paketmanager SNAP eine Alternative darstellen:

```
# PowerShell installieren:
sudo snap install powershell –classic

# PowerShell starten:
pwsh

# PowerShell entfernen:
sudo snap remove powershell
```

Da PowerShell quellcodeoffen ist, können Sie stets auch die Projektwebseite besuchen, um sich dort über die neuesten Versionen zu informieren, oder die neueste Version für das entsprechende Betriebssystem ohne Paketmanager direkt herunterladen und manuell installieren:

https://github.com/PowerShell/PowerShell

Neben dem Quellcode finden Sie dort die aktuellen Installationsmedien. Scrollen Sie dazu die Startseite nach unten, bis Sie Hinweise ähnlich wie die in Abbildung 1.10 sehen.

Hinweis

Webseiten ändern sich und werden hin und wieder restrukturiert. Unter *https://github.com/PowerShell/PowerShell/releases* finden Sie aber in jedem Fall die Liste der veröffentlichten Versionen und Installationsmedien.

---

macOS

Idealerweise würde PowerShell über Apples App Store bereitgestellt. Aktuell ist das indes leider noch nicht der Fall. Die nächsteinfachere Installationsvariante nutzt den Paketmanager *homebrew*, der dafür zunächst installiert werden muss (*https://brew.sh/*). Anschließend ist die Installation der PowerShell wie bei allen Paketmanagern trivial:

```
brew install --cask powershell
pwsh
```

Um PowerShell von Zeit zu Zeit zu aktualisieren, schreiben Sie:

```
brew update
brew upgrade powershell --cask
```

Weitere Informationen finden Sie hier: *https://docs.microsoft.com/en-us/powershell/scripting/install/installing-powershell-core-on-macos*.

Get PowerShell

You can download and install a PowerShell package for any of the following platforms.

Supported Platform	Download (LTS)	Downloads (stable)	Downloads (preview)	How to Install
Windows (x64)	.msi	.msi	.msi	Instructions
Windows (x86)	.msi	.msi	.msi	Instructions
Ubuntu 18.04	.deb	.deb	.deb	Instructions
Ubuntu 16.04	.deb	.deb	.deb	Instructions
Debian 9	.deb	.deb	.deb	Instructions
Debian 10	.deb	.deb	.deb	
CentOS 7	.rpm	.rpm	.rpm	Instructions
CentOS 8	.rpm	.rpm	.rpm	
Red Hat Enterprise Linux 7	.rpm	.rpm	.rpm	Instructions
openSUSE 42.3	.rpm	.rpm	.rpm	Instructions
Fedora 30	.rpm	.rpm	.rpm	Instructions
macOS 10.13+	.pkg	.pkg	.pkg	Instructions
Docker				Instructions

You can download and install a PowerShell package for any of the following platforms, **which are supported by the community.**

Platform	Downloads (stable)	Downloads (preview)	How to Install
Arch Linux			Instructions
Kali Linux	.deb	.deb	Instructions
Many Linux distributions	Snapcraft	Snapcraft	

You can also download the PowerShell binary archives for Windows, macOS and Linux.

Platform	Downloads (stable)	Downloads (preview)	How to Install
Windows	32-bit/64-bit	32-bit/64-bit	Instructions
macOS	64-bit	64-bit	Instructions
Linux	64-bit	64-bit	Instructions
Windows (Arm)	32-bit/64-bit (preview)	32-bit/64-bit	Instructions
Raspbian (Arm)	32-bit/64-bit	32-bit/64-bit	Instructions

To install a specific version, visit releases.

Abbildung 1.10: PowerShell steht für viele Betriebssysteme zur Verfügung.

Kompatibilität der PowerShell

Lassen Sie uns an dieser Stelle gleich die zwangsläufigen Fragen zur Kompatibilität von PowerShell-Code stellen, die natürlich entstehen, wenn PowerShell auf so vielen unterschiedlichen Plattformen ausführbar ist. Also wie kompatibel ist PowerShell eigentlich?

- Kann ich ein PowerShell-Skript auf Linux entwickeln und auf Windows ausführen (oder umgekehrt)?
- Kann ich Skripte, die ursprünglich für *Windows PowerShell* konzipiert wurden, unverändert in der neuen *PowerShell* einsetzen?
- Kann ich also beispielsweise nahtlos mit all meinem vielleicht schon bestehenden Code im Unternehmen von *Windows PowerShell* auf *PowerShell* umsteigen?
- Die Antwort auf alle Fragen lautet wie so häufig: »Kommt drauf an.«

Abwärtskompatibilität der Sprache

Die eigentliche PowerShell-Sprache ist wunderbar abwärtskompatibel: Eine höhere PowerShell-Version unterstützt also immer die Sprachelemente einer niedrigeren PowerShell-Version. Die neue *PowerShell* (in Version 7.x) unterstützt daher alle Sprachelemente der älteren *Windows PowerShell* (Version 5.1).

Lediglich eine spezielle *Windows PowerShell*-Technik wurde in *PowerShell* komplett entfernt: *Workflows*. Dies geschah aber mangels Interesse, denn Workflows hatten sich nie durchgesetzt.

Prinzipiell sind also alte Skripte in der neuen *PowerShell* unverändert einsetzbar (sofern sie keine Workflows verwenden).

Verfügbarkeit von Befehlen

In der Praxis ist es dann leider doch nicht so einfach, denn das eben Gesagte bezieht sich nur auf »Sprachelemente«. Die PowerShell-Sprache bildet also einen Rahmen, und der ist kompatibel. Die eigentlichen Befehle, die in diesem Rahmen eingesetzt werden, sind es oftmals aber nicht.

Der PowerShell-Befehlssatz ist nämlich nicht fest vorgegeben und noch nicht einmal Teil der eigentlichen PowerShell, sondern speist sich aus verschiedenen externen Quellen (die im nächsten Kapitel genauer dargelegt werden). Deshalb kann es durchaus sein, dass Befehle in einer anderen PowerShell-Version oder auf einem anderen Betriebssystem nicht zur Verfügung stehen:

- **Aufgegebene Befehle:** Einige *Windows PowerShell*-Befehle wurden bei *PowerShell* endgültig ausgemustert, weil sie entweder veraltet oder Windows-spezifisch waren. Dazu zählen populäre Befehle wie `Get-EventLog` oder `Get-WmiObject`, die bei *Windows PowerShell* sehr häufig eingesetzt wurden. Setzt ein Skript solche Befehle ein, muss es umgeschrieben werden. Für die meisten dieser Befehle gibt es seit PowerShell 3 (bessere) Alternativen (beispielsweise `Get-WinEvent` und `Get-CimInstance`).
- **Plattformspezifische Befehle:** Andere PowerShell-Befehle (zum Beispiel `Get-Printer` oder `Get-NetIpConfiguration`) und erst recht Anwendungen (zum Beispiel *robocopy.exe*) stammen vom Betriebssystem oder installierter Drittsoftware. Wenn ein Skript solche Befehle verwendet, funktioniert es möglicherweise nicht mehr plattformübergreifend.

Der Ehrlichkeit halber muss gesagt werden, dass all dies meist gar nicht tragisch ist: In der Regel sollen PowerShell-Skripte ganz plattformspezifische Aufgaben automatisieren. Dort, wo die eingesetzten Befehle fehlen, werden sie also typischerweise auch gar nicht benötigt.

Und soll PowerShell doch einmal plattformübergreifende Aufgaben erfüllen, sind die dazu notwendigen Befehle, beispielsweise für Programmaufrufe, Dateisystem- und Fernzugriffe sowie Remoting, in allen PowerShell-Versionen und -Varianten gleichermaßen vorhanden.

Man kann sich PowerShell also am besten vorstellen als ein generisches, plattformübergreifendes Basis-Automationsframework, das je nach verwendeter Software und eingesetztem Betriebssystem wie ein individueller Maßanzug um viele spezifische Befehle ergänzt ist.

Out-GridView

Ein besonderes Szenario gilt für den überaus populären Befehl `Out-GridView`, mit dem man Auswahldialoge wie den in Abbildung 1.11 erzeugt. Er funktioniert auch in der neuen *PowerShell*, aber leider nur in Windows. Code, der `Out-GridView` einsetzt, ist also nicht mehr auf Linux und macOS lauffähig.

»Schuld« daran ist das *.NET Framework Core*, eine Softwarebibliothek, aus der sich Anwendungsentwickler bedienen dürfen und auf der das neue *PowerShell* aufbaut. .NET Core unterstützt grafische Oberflächen (derzeit) nur auf dem Windows-Betriebssystem. Das hat Auswirkungen auf alle Befehle, die grafische Oberflächen generieren. Zum Glück sind solche Befehle, einmal abgesehen von `Out-GridView`, extrem selten.

Um nicht abwarten zu müssen, bis .NET Core vielleicht künftig einmal grafische Oberflächen auf allen Betriebssystemen unterstützt, hat das PowerShell-Team eine textbasierte Alternative zu `Out-GridView` geschaffen: `Out-ConsoleGridView`.

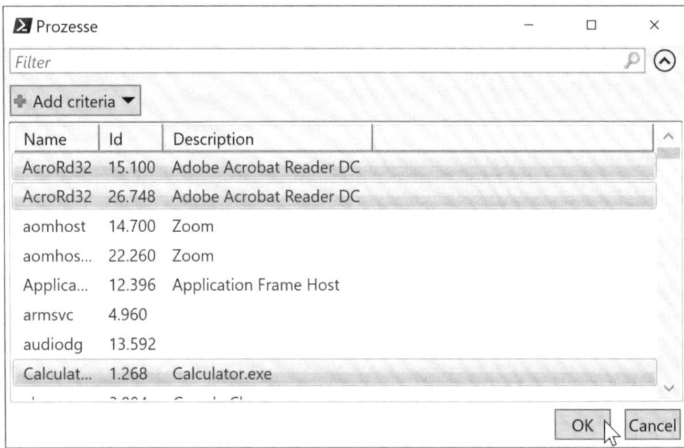

Abbildung 1.11: Ein grafisches Universalauswahlfenster funktioniert nur bei Windows.

Dieser Befehl ist derzeit noch kein Teil von PowerShell (und wie bei so vielen guten Ideen bleibt abzuwarten, ob er bis zu Ende entwickelt wird). Einstweilen kann man ihn (nur in *PowerShell* 7, nicht in *Windows PowerShell*) mit dem folgenden Befehl nachinstallieren:

```
PS> Install-Module -Name Microsoft.PowerShell.ConsoleGuiTools -Scope CurrentUser
```

Nun kann das außerhalb von Windows fehlende `Out-GridView` durch die plattformübergreifende Variante `Out-ConsoleGridView` ersetzt werden.

Listing 1.7 zeigt ein Beispiel aus der Praxis, das alle laufenden Anwendungen in einem Auswahlfenster anbietet. Die ausgewählten Anwendungen werden geschlossen (jedenfalls dann, wenn Sie in Listing 1.7 den Parameter `-WhatIf` entfernen, der ansonsten das Stoppen der Prozesse nur simuliert).

```
Get-Process |
Where-Object MainWindowHandle |
Select-Object -Property Name, Id, Description |
Sort-Object -Property Name |
Out-GridView -Title 'Prozesse' -OutputMode Multiple |
Stop-Process -WhatIf
```

Listing 1.7: Einsatzbeispiel eines Auswahldialogs

Listing 1.7 funktioniert in allen PowerShell-Varianten, aber aufgrund des grafischen Auswahlfensters nur in Windows. Um das Skript plattformübergreifend einzusetzen, ersetzen Sie lediglich den Befehl `Out-GridView` durch `Out-ConsoleGridView` (sofern Sie den Befehl wie oben nachgerüstet haben).

`Out-ConsoleGridView` ist eine hervorragende Umsetzung im Stile des bekannten *Norton Commander*, und die zur Auswahl gestellten Einträge lassen sich bequem per Maus anklicken (siehe Abbildung 1.12).

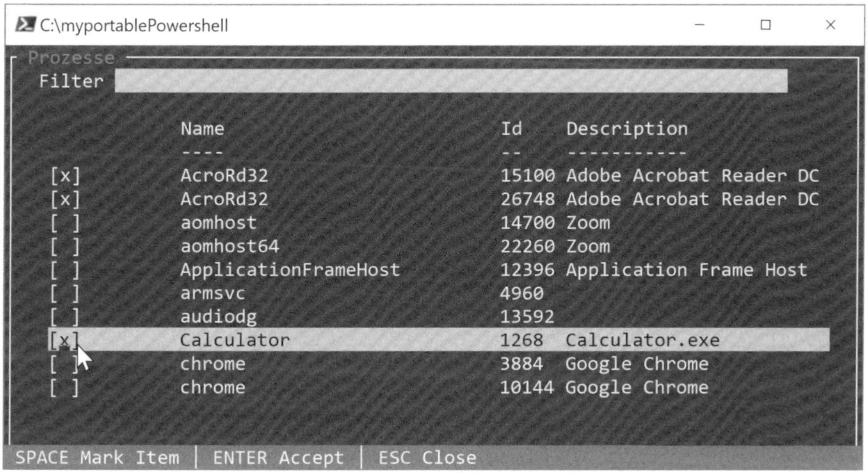

```
C:\myportablePowershell
Prozesse
  Filter

          Name                      Id    Description
          ----                      --    -----------
   [x]    AcroRd32                  15100 Adobe Acrobat Reader DC
   [x]    AcroRd32                  26748 Adobe Acrobat Reader DC
   [ ]    aomhost                   14700 Zoom
   [ ]    aomhost64                 22260 Zoom
   [ ]    ApplicationFrameHost      12396 Application Frame Host
   [ ]    armsvc                    4960
   [ ]    audiodg                   13592
   [x]    Calculator                1268  Calculator.exe
   [ ]    chrome                    3884  Google Chrome
   [ ]    chrome                    10144 Google Chrome

SPACE Mark Item | ENTER Accept | ESC Close
```

Abbildung 1.12: Ein textbasiertes plattformübergreifendes Dialogfeld verwenden

PowerShell einrichten

Falls Sie noch nie mit textbasierten Shells gearbeitet haben, lernen Sie jetzt die allerwichtigsten PowerShell-Grundlagen kennen. Dazu gehört auch, wie man bequem und möglichst ohne Tippfehler auch größere Eingaben bewältigt.

Anschließend schauen wir uns gleich noch die wichtigsten Sicherheitseinstellungen an, damit Sie PowerShell auch tatsächlich voll nutzen und alle Beispiele aus diesem Buch ausführen können.

Vorsicht mit Administratorrechten!

Starten Sie die PowerShell nicht routinemäßig mit Administratorrechten. Die PowerShell ist ein Profiwerkzeug, genau wie die Kettensäge des Waldarbeiters. Sie können damit in Sekundenschnelle viel lästige Arbeit erledigen, aber ebenso schnell mit den falschen Befehlen enorme Schäden anrichten.

Solange die PowerShell nicht mit Administratorrechten gestartet wird, sind Sie vor gröbstem Unfug gefeit und können zumindest das Betriebssystem nicht beschädigen. Nutzen Sie Administratorrechte also ausschließlich dann, wenn Aufgaben dies wirklich erfordern und Sie genau wissen, was Sie tun.

Hinweis

Bei Windows lassen sich Administratorrechte nicht nachträglich zuschalten (so wie mit `sudo` bei Linux). Administratorrechte müssen beim Start einer Anwendung vergeben werden – oder eben nicht. Wenn Sie also bei Windows Administratorrechte benötigen, öffnen Sie eine neue PowerShell explizit als *Administrator* (siehe Abbildung 1.7).

Interaktive Befehle eingeben

Im Fenster sehen Sie die Eingabeaufforderung. Sie beginnt mit `PS`, und dahinter steht der Pfadname des Ordners, in dem Sie sich gerade befinden. Eine blinkende Einfügemarke wartet auf Ihre ersten Eingaben. Geben Sie zum Beispiel testweise ein:

```
PS> hallo ↵
```

Sobald Sie ↵ drücken, wird Ihre Eingabe an PowerShell geschickt und verarbeitet. Das Ergebnis folgt postwendend, und erst jetzt stellt sich heraus, ob PowerShell mit dem, was Sie geschickt haben, etwas anfangen konnte. Falls nicht, erscheint eine spröde rote Fehlermeldung, die bei *Windows PowerShell* so aussehen könnte:

```
hallo : Die Benennung "hallo" wurde nicht als Name eines Cmdlet, einer Funktion, einer Skriptdatei
oder eines ausführbaren Programms erkannt. Überprüfen Sie die Schreibweise des Namens, oder ob der
Pfad korrekt ist (sofern enthalten), und wiederholen Sie den Vorgang.
In Zeile:1 Zeichen:1
+ hallo
+ ~~~~~
    + CategoryInfo          : ObjectNotFound: (hallo:String) [],CommandNotFoundException
    + FullyQualifiedErrorId : CommandNotFoundException
```

Bei *PowerShell* 7 werden Fehlermeldungen etwas abgekürzt, stattdessen erhalten Sie mitunter Korrekturvorschläge (mit derzeit allerdings kaum wahrnehmbarem Praxisnutzen):

```
hallo: The term 'hallo' is not recognized as a name of a cmdlet, function, script file, or
executable program. Check the spelling of the name, or if a path was included, verify that the path
is correct and try again.

Suggestion [4,General]: The most similar commands are: gal, nal, sal, kill, help, Table, algm,
echo, del, clc.
```

Rote Fehlermeldungen sorgen bei den meisten Anwendern für einen Adrenalinschub oder führen zu Flüchen, aber eines tun die wenigsten: die Fehlermeldung *lesen*. Genau das sollten Sie aber tun, denn häufig stecken darin hilfreiche Informationen. So auch hier:

Die Benennung »hallo«, also das, was Sie als Befehl an PowerShell geschickt haben, war kein ausführbarer Befehl. Ausführbare Befehle sind gemäß Fehlermeldung *Cmdlets*, *Funktionen*, *Skriptdateien* oder *ausführbare Programme*. Damit wissen Sie nun schon einmal ungefähr, was Sie alles bei PowerShell ausführen können.

Profitipp

Falls es Sie stört, dass PowerShell den Pfadnamen des aktuellen Ordners im Prompt (auch *Eingabeaufforderung* genannt) anzeigt, geben Sie diesen Befehl ein:

```
PS> cd \ ↵
```

Damit wechseln Sie in den Stammordner des aktuellen Laufwerks, also vermutlich zu *C:*, und die Eingabeaufforderung ist jetzt immerhin kürzer und vergeudet in der Konsole keinen wertvollen Platz mehr.

Wenn Sie sich mehr zutrauen, könnten Sie auch folgenden Code eingeben: Er verändert den Prompt, sodass dieser nun stets ein kurzes `PS>` anzeigt und den aktuellen Pfad stattdessen in die Titelleiste des Fensters schreibt:

```
function prompt {
   'PS> '
   $host.UI.RawUI.WindowTitle = Get-Location
}
```

Listing 1.8: Einen kürzeren Prompt für das PowerShell-Konsolenfenster

Es gibt sogar Anwender, die auf die rote Farbe der Fehlermeldung besonders sensibel mit einem Adrenalinschub reagieren und eine grüne Fehlermeldung grundsätzlich nervenschonender finden. Geben Sie dazu ein:

```
$host.PrivateData.ErrorForegroundColor = 'Green'
```

Listing 1.9: Grüne statt rote Fehlermeldungen

All diese Anpassungen gelten übrigens nur, solange die PowerShell läuft. Möchten Sie die Anpassungen dauerhaft verwenden, pirschen Sie unauffällig vor zu Seite 65.

Autovervollständigung: Tippfehler vermeiden

»Tippen vermeiden heißt Tippfehler vermeiden« – und so sollten Sie sich unbedingt die beiden Tastenkombinationen für die Autovervollständigung merken:

- Ein Druck auf [↹] genügt, um die aktuelle Eingabe zu vervollständigen. Drücken Sie die Taste mehrmals, um weitere Vorschläge zu erhalten. [⇧]+[↹] blättert einen Vorschlag zurück, falls Sie zu schnell waren.
- Drücken Sie [Strg]+[Leertaste], zeigt die Konsole die noch infrage kommenden Eingaben als Liste an, die Sie mit den Pfeiltasten auswählen und mit der [Leertaste] übernehmen. In Editoren öffnet sich ein IntelliSense-Menü.

Tipp

Bei der Autovervollständigung über [Tab] gilt die »Dreierregel«: Geben Sie mindestens drei Zeichen ein, bevor Sie [Tab] drücken. Bei PowerShell-Befehlen geben Sie mindestens den ersten Namensteil, den Bindestrich und dann drei Zeichen ein. Andernfalls gibt es zu viele infrage kommende Möglichkeiten, und [Tab] muss viel zu oft gedrückt werden, bis das richtige Ergebnis vorgeschlagen wird.

Die Autovervollständigung dient nicht nur der Bequemlichkeit. Sie vermeidet auch Tippfehler und macht sie deutlich. Liefert [Tab] zum Beispiel gar kein Resultat, liegt der Verdacht nahe, dass Sie sich bei Ihrer vorhandenen Eingabe bereits vertippt haben. Überprüfen Sie in diesem Fall, was Sie bisher eingegeben haben, und korrigieren Sie die Eingabe falls nötig. Danach versuchen Sie es noch einmal mit [Tab].

Geben Sie zum Beispiel Folgendes ein und drücken Sie dann [Strg]+[Leertaste]:

```
PS> Get-Pr [Strg]+[Leertaste]
```

Es erscheint nun das Auswahlmenü der noch infrage kommenden Befehle, aus denen Sie sich per Pfeiltasten einen aussuchen können (siehe Abbildung 1.13).

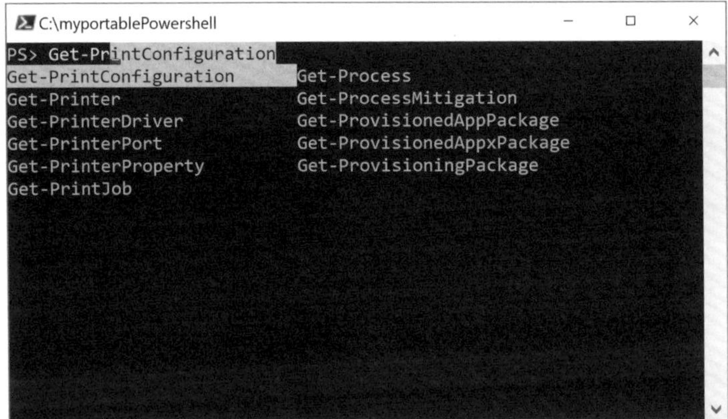

Abbildung 1.13: Die Konsole kann Eingaben mithilfe des Auswahlmenüs vervollständigen.

Kommen zu viele Alternativen infrage, fragt PowerShell gegebenenfalls nach, ob Sie wirklich alle Vervollständigungsmöglichkeiten sehen wollen.

Hinweis

Zuständig für diesen Service sowie die Farbcodierung der Eingabe ist die PowerShell-Erweiterung *PSReadLine*, die Teil von *Windows PowerShell* und *PowerShell* ist.

Falls Ihre Konsole also auf [Strg]+[Leertaste] nicht reagiert, ist diese Erweiterung möglicherweise nicht installiert. Bei sehr alten *Windows PowerShell*-Versionen kann das der Fall sein.

Auch Pfadnamen kann PowerShell mit [Tab] vervollständigen:

```
PS> C:\p [Tab]
```

Wenn der Pfadname Sonderzeichen wie Leerzeichen oder Klammern enthält, stellt die Autovervollständigung ihn automatisch in Anführungszeichen und schreibt den sogenannten Call-Operator vor den Text (&). Mit diesem kann Text in Anführungszeichen so ausgeführt werden, als handele es sich dabei um einen Befehl.

Hier ein Beispiel: Im ersten Fall wird der Text »notepad« ausgegeben, im zweiten Fall der Befehl notepad ausgeführt:

```
PS> "notepad"
notepad

PS> & "notepad"
```

Befehlszeilen erneut verwenden

Auch die Befehlshistorie spart Tipparbeit. Oft sitzt der erste eingegebene Befehl nicht auf Anhieb richtig, und Sie erhalten eine Fehlermeldung, oder der Befehl macht (noch) nicht das, was Sie sich eigentlich vorgestellt haben. Wenn Sie an Ihrem Befehl ein wenig feilen und ihn verbessern wollen, brauchen Sie ihn nicht komplett neu einzugeben.

Drücken Sie stattdessen [↑], um den zuletzt eingegebenen Befehl zurückzuholen. Danach können Sie diesen Befehl verändern oder verbessern, bevor Sie ihn mit [↵] erneut an PowerShell senden. Drücken Sie [↑] mehrmals, wenn Sie vorvorherige oder noch ältere Eingaben erneut verwenden wollen. Mit [↓] wandern Sie in der Liste wieder nach unten.

Groß- und Kleinschreibung

PowerShell verzichtet so weit wie möglich darauf, Groß- und Kleinschreibung zu unterscheiden. Diese ist zum Beispiel bei Befehlen, Variablennamen, Sprachelementen und Parametern immer egal.

Anders sieht es nur bei Argumenten aus, also den Informationen, die Sie einem Befehl mitgeben. Bei manchen Argumenten ist klar, dass Groß- und Kleinschreibung einen Unterschied machen, zum Beispiel bei Kennwörtern. Bei anderen Argumenten kann es auch vom Betriebssystem abhängen: Bei Windows ist die Groß- und Kleinschreibung bei Pfadnamen egal, bei Linux aber wichtig.

Unvollständige und mehrzeilige Eingaben

Ist eine Eingabe nicht komplett, weil zum Beispiel ein geöffnetes Anführungszeichen noch nicht geschlossen oder eine geöffnete Klammer nicht mit der korrespondierenden schließenden Klammer versehen wurde, führt [↵] die Eingabe nicht aus, sondern bricht nur die Zeile um. Die Konsole zeigt dann am Anfang der neuen Zeile >> an und ist bereit für mehr. So lassen sich zum Beispiel mehrzeilige Texte und kleine Skripte erfassen:

```
"Hallo [↵]
>> Dies ist mein kleines Tagebuch. [↵]
>> Ich schreibe jetzt einen mehrseitigen Text. [↵]
>> Das geht so lange, bis ich die Lust verliere." [↵]
>>[↵]
```

```
Hallo
Dies ist mein kleines Tagebuch.
Ich schreibe jetzt einen mehrseitigen Text.
Das geht so lange, bis ich die Lust verliere.
```

Erst wenn Sie das Abschlusszeichen eingeben (und dann noch zweimal [↵] drücken), akzeptiert PowerShell die mehrzeilige Eingabe. War alles ein Versehen, brechen Sie mit [Strg]+[C] ab. Danach drücken Sie auf [↑], um die letzte Eingabe zurückzubekommen.

PowerShell-Hilfe aus dem Internet nachladen

PowerShell und seine Cmdlets sind gut dokumentiert, allerdings müssen die Hilfetexte für PowerShell (einmalig) mit `Update-Help` aus dem Internet nachgeladen werden.

Leider speichert *Windows PowerShell* seine Hilfedateien im Windows-Ordner, und der darf nur von Administratoren geändert werden. Deshalb kann die PowerShell-Hilfe nur aktualisiert werden, wenn Sie den folgenden Befehl mit vollen Administratorrechten ausführen (und über eine Internetverbindung verfügen):

```
PS> Update-Help -UICulture En-US -Force [↵]
```

Bei *PowerShell* dagegen unterstützt `Update-Help` neuerdings den Parameter `-Scope`, mit dem Sie festlegen, ob die Hilfe für alle Anwender (mit Administratorrechten) oder nur für den aktuellen Anwender (ohne Administratorrechte) installiert werden soll:

```
PS> Update-Help -UICulture en-us -Force -Scope CurrentUser
```

Achtung

Windows PowerShell und *PowerShell* speichern die Hilfedateien an unterschiedlichen Orten, sodass Sie den Befehl **Update-Help** in beiden PowerShell-Konsolen ausführen müssen, wenn Sie *Windows PowerShell* und *PowerShell* parallel verwenden.

Es ist übrigens völlig normal, wenn **Update-Help** am Schluss eine rote Fehlermeldung ausgibt. Üblicherweise beschwert sich die Meldung bloß darüber, dass für einige (wenige) PowerShell-Module keine Hilfe gefunden wurde. Das ist normal.

Auch wenn Sie noch nicht wissen, was Module eigentlich sind: Es gibt eine Menge davon. Wenn eine Handvoll Module keine Hilfe anbieten, ist das nicht schlimm.

```
PS> (Get-Module -ListAvailable).Count
97
```

Ab sofort erhalten Sie mit `Get-Help` ausführliche Hilfestellung zu PowerShell-Befehlen. Ohne `Update-Help` hätte die Hilfe keine Beispiele und Beschreibungen enthalten:

```
PS> Get-Help -Name Get-Service -ShowWindow [↵]
```

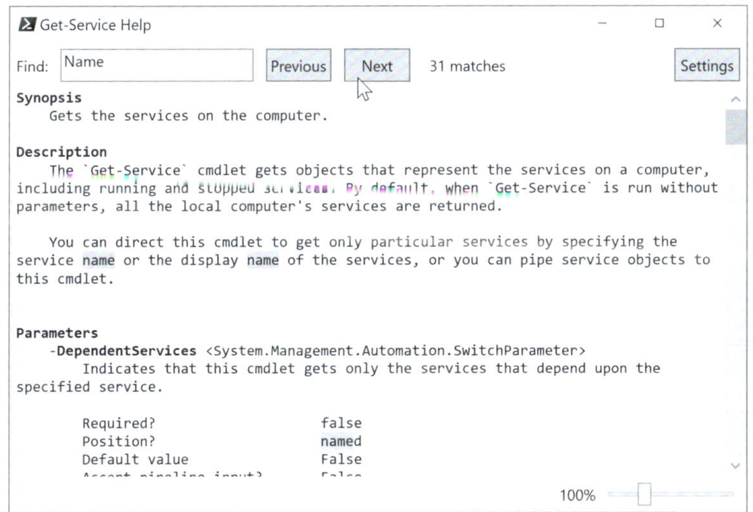

Abbildung 1.14: Hilfe zu PowerShell-Befehlen in einem Extrafenster anzeigen

Achtung

Grafische Oberflächen (wie das Hilfefenster in Abbildung 1.14) stehen derzeit lediglich in Windows zur Verfügung. In anderen Betriebssystemen wie z. B. Linux funktionieren solche Befehle nur eingeschränkt oder gar nicht.

Rufen Sie hier beispielsweise den Befehl `Get-Help` mit dem Parameter `-Full` anstelle von `-ShowWindow` auf. Die Hilfe erscheint dann direkt in der Konsole.

Tipp

Falls Sie Schwierigkeiten mit der lokalen Hilfe haben, lassen Sie sich die Hilfe kurzerhand online im Browser anzeigen – dort sieht sie meist ohnehin schicker und übersichtlicher formatiert aus. Nutzen Sie dazu den Parameter `-Online`:

```
PS> Get-Help -Name Get-Service -Online ↵
```

In Ihrem Browser öffnet sich nun die Hilfe, die links verwandte Befehle und rechts die Abschnitte der Hilfe anzeigt, zum Beispiel per Klick auf *Examples* die Beispiele.

Abbildung 1.15: Onlinehilfe für PowerShell-Befehle

Ob eine Onlinehilfe für einen Befehl zur Verfügung steht, bestimmt ausschließlich sein Autor. Microsoft hat alle seine PowerShell-Befehle damit ausgestattet, aber einen gesetzlichen Anspruch darauf gibt es nicht. Möchten Sie automatisch immer in einer PowerShell-Sitzung die Onlinehilfe nutzen, ohne jedes Mal den Parameter -Online anzugeben, führen Sie diese Zeile aus:

```
$PSDefaultParameterValues['Get-Help:Online'] = $true
```

Sie sorgt dafür, dass der Befehl Get-Help (der auch hinter dem Parameter `-?` steckt) den Parameter -Online künftig immer als Vorgabewert verwendet – jedenfalls so lange, bis Sie die PowerShell-Sitzung wieder schließen.

Skriptausführung erlauben

Interaktive Befehle dürfen Sie in PowerShell jederzeit ausführen. Skripte, also Dateien mit der Erweiterung *.ps1*, sind anfangs allerdings verboten.

Das ist natürlich Unsinn, weil sich so PowerShell kaum nutzen lässt, und Sie müssen diese Sperre unbedingt sofort aufheben. Selbst wenn Sie gar nicht planen, eigene Skripte zu schreiben, nutzen viele PowerShell-Befehlserweiterungen intern Skripte und funktionieren nicht, solange die Skriptausführung verboten ist.

Ob Skripte erlaubt sind, bestimmt die sogenannte `ExecutionPolicy`. `Set-ExecutionPolicy` kann die Einstellungen ändern. Der folgende Befehl erlaubt dem aktuellen Benutzer, künftig lokale Skripte auszuführen. Skripte, die aus dem Internet heruntergeladen wurden, bleiben allerdings gesperrt:

```
PS> Set-ExecutionPolicy -Scope CurrentUser -ExecutionPolicy RemoteSigned -Force ↵
```

Die gewählte Einstellung `RemoteSigned` ist zugegebenermaßen alles andere als intuitiv, denn was haben »Remote« und »Signed« miteinander zu tun? Tabelle 1.1 erklärt die möglichen Einstellungen deshalb etwas genauer.

Einstellung	Bedeutung
`RemoteSigned`	Lokale Skripte sind erlaubt. Skripte, die aus dem Internet heruntergeladen wurden oder auf Computern lagern, die nicht zur Domäne gehören, sind verboten. Sie können nur durch eine gültige digitale Signatur am Ende des Skriptcodes individuell erlaubt werden. Dies ist die empfohlene Einstellung für normale Anwender.
`Bypass`	Alle Skripte sind erlaubt. Dies ist die empfohlene Einstellung für Administratoren und versierte Anwender, weil sie auch die unbeaufsichtigte Ausführung erlaubt und diese Anwendergruppe selbst entscheiden kann, ob ein Skript legitim ist oder nicht.
`Unrestricted`	Alle Skripte sind erlaubt, aber wenn die Skripte nicht lokal gespeichert sind oder aus dem Internet heruntergeladen wurden, erfolgt vor der Ausführung eine Sicherheitsabfrage.
`Undefined`	Es wird keine Festlegung vorgenommen. Die nächstniedrigere Einstellung wird zurate gezogen. Wenn alle Einstellungen auf `Undefined` stehen, wird die Einstellung `Restricted` aktiviert, und die Ausführung von Skripten ist verboten. Dies ist die Grundeinstellung.
`Restricted`	Die Skriptausführung ist verboten.
`AllSigned`	Alle Skripte müssen digital signiert sein. In der Praxis wirkt diese Einstellung ähnlich wie `Restricted`, weil Skripte typischerweise nie signiert sind.

Tabelle 1.1: Skriptausführungsrichtlinien

Ob die gerade geänderte neue Einstellung auch tatsächlich wirksam geworden ist, verrät `GetExecutionPolicy`.

```
PS> Get-ExecutionPolicy
RemoteSigned
```

Falls hier nicht die gleiche Einstellung genannt wird, die Sie gerade gesetzt haben, schauen Sie genauer nach, wer dazwischenfunkt: Es gibt nämlich mehrere Stellen, an denen diese Einstellung gesetzt werden kann:

```
PS> Get-ExecutionPolicy -List ⏎

        Scope ExecutionPolicy
        ----- ---------------
MachinePolicy       Undefined
   UserPolicy       Undefined
      Process       Undefined
  CurrentUser    RemoteSigned
 LocalMachine       Undefined
```

PowerShell bestimmt die effektive Einstellung, indem es die fünf Richtlinien von oben nach unten prüft. Die erste Einstellung, die nicht `Undefined` lautet, wird wirksam. Sind alle Einstellungen auf `Undefined` gesetzt, wird die Skriptausführung verboten. Das ist der Ausgangszustand der PowerShell.

Besonderes Augenmerk verdienen die ersten beiden Richtlinien: `MachinePolicy` und `UserPolicy` werden zentral über Gruppenrichtlinien festgelegt. Sie können diese Einstellungen nicht manuell ändern. Da es die obersten beiden Einstellungen sind, haben sie Vorrang vor allen übrigen. Wenn an diesen obersten beiden Stellen also Vorgaben zu sehen sind, können Sie zwar darunter eigene Einstellungen treffen, doch werden diese niemals wirksam.

Es ist ein Fehler – häufig auf einem Missverständnis beruhend –, wenn in `MachinePolicy` und/oder `UserPolicy` etwas anderes eingestellt ist als `Undefined`. In diesem Fall zwingt man die Einstellung nämlich allen Anwendern unwiderruflich auf. Stattdessen sollte man sie höchstens vorschlagen: Eine Gruppenrichtlinie sollte allenfalls einen Standardwert wie `RemoteSigned` für die

Einstellung `LocalMachine` hinterlegen. Diese Einstellung würde dann für alle Anwender gelten, solange sie selbst keine andere Einstellung wählen.

Wer die `ExecutionPolicy` zwingend vorschreiben will, unterliegt dem Irrglauben, es wäre ein Schutzschild gegen Angreifer. Das stimmt aber nicht. Es ist lediglich eine benutzerspezifische Präferenz, die unerfahrene Anwender schützen soll, unkritisch Skripte aus zweifelhaften Quellen zu starten. Angreifer können diese Einstellung auf mannigfaltige Weise umgehen.

Weitere PowerShell-Einschränkungen

In Unternehmen sollen Macht und Missbrauchspotenzial der PowerShell mitunter eingeschränkt werden. Ob Sie solchen Einschränkungen augenblicklich unterliegen, findet der folgende Befehl für Sie heraus:

```
PS> $ExecutionContext.SessionState.LanguageMode
FullLanguage
```

Wenn der `LanguageMode` auf `FullLanguage` eingestellt ist, stehen Ihnen alle PowerShell-Funktionalitäten zur Verfügung. Wird hier hingegen `ConstrainedMode` angezeigt, wird Ihr System von Sicherheitssoftware wie *Windows Defender Application Control*, *Software Restriction Policy*, *AppLocker* oder einfachen Gruppenrichtlinien eingeschränkt.

Der Hauptzweck des `ConstrainedMode` ist, die PowerShell auf offizielle Befehle zu beschränken und zu verhindern, dass PowerShell allzu kreativ direkt auf Systembibliotheken des .NET Framework zugreift.

Wenn Sie mögen, können Sie eine PowerShell-Instanz testweise manuell in den eingeschränkten `ConstrainedMode` schalten, der dann allerdings für die gesamte weitere Laufzeit dieser PowerShell-Sitzung gilt (also bis Sie sie schließen).

Sobald der Modus aktiv ist, dürfen nur noch Befehle ausgeführt werden, aber keine direkten Zugriffe auf das .NET Framework:

```
# PowerShell einschränken:
PS> $ExecutionContext.SessionState.LanguageMode = "Constrained"
# Befehle funktionieren weiterhin:
PS> Get-Date

Mittwoch, 16. Dezember 2020 11:50:07
# Direkte .NET-Zugriffe sind nun verboten:
PS> [Console]::Beep()
InvalidOperation: Cannot invoke method. Method invocation is supported only on core types in this
language mode.
```

Welche umfangreichen Einschränkungen im `ConstrainedMode` und den übrigen Sprachmodi der PowerShell gelten, fasst der Artikel unter *https://docs.microsoft.com/en-us/powershell/module/microsoft.powershell.core/about/about_language_modes* zusammen.

Achtung

Wenn Ihre PowerShell im `ConstrainedMode` startet, werden viele Beispiele in diesem Buch nicht fehlerlos funktionieren, denn natürlich beschreibt dieses Buch die vollen Möglichkeiten der PowerShell und nicht bloß den kleinen Ausschnitt, den der `ConstrainedMode` erlaubt.

Wichtige PowerShell-Werkzeuge

Wirklich nötig ist für die Ausführung von PowerShell nur die Konsole, also wahlweise `powershell.exe` (*Windows PowerShell*) oder `pwsh.exe` (*PowerShell*). Damit Sie aber wirklich effektiv mit PowerShell arbeiten können, sind zumindest spezialisierte PowerShell-Editoren nötig, die Ihnen helfen, kleine und größere Skripte zu schreiben, zu testen und auszuführen.

PowerShell-ISE-Editor

Bei *Windows PowerShell* ist der spezialisierte Editor schon eingebaut: *ISE* (*Integrated Script Environment*). Er ist bei Windows also immer verfügbar, bei anderen Betriebssystemen dagegen nie, und er spricht ausschließlich *Windows PowerShell*.

Sie können ihn mit dem Kurzbefehl `ise` in jeder *Windows PowerShell*-Konsole starten oder auch mit ⊞+R im *Ausführen*-Dialog mit seinem vollen Befehlsnamen `powershell_ise`. Der Editor steht auch in der Sprungliste des *Windows PowerShell*-Symbols zur Verfügung (siehe Abbildung 1.16).

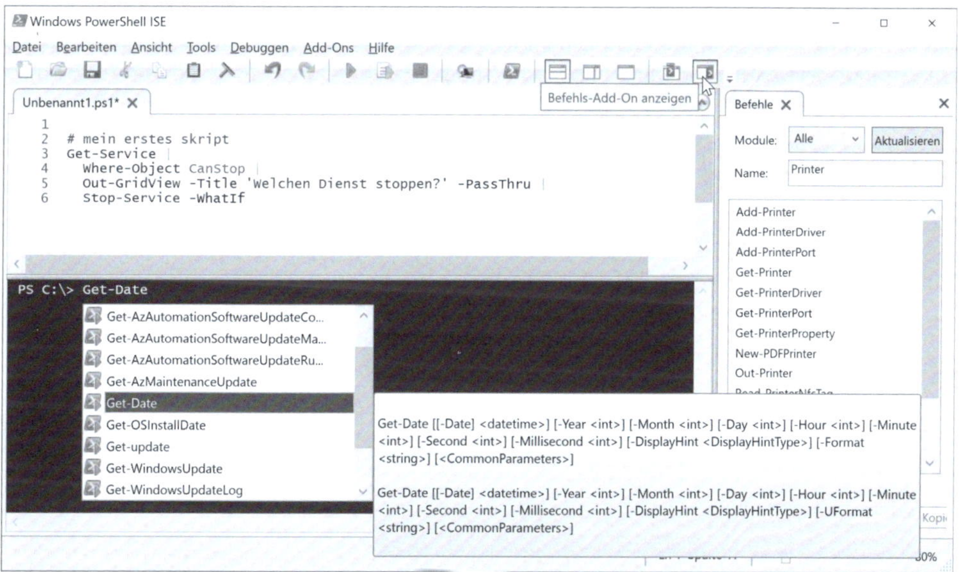

Abbildung 1.16: Windows PowerShell bringt einen PowerShell-Editor mit.

Das Fenster der ISE ist sehr simpel aufgebaut, und beinahe alle Funktionalitäten lassen sich mit den Schaltflächen der Werkzeugleiste am oberen Rand erledigen. Die letzte Schaltfläche in der Reihe öffnet die Erweiterung (das Add-on) *Befehle*, eine kleine Spickliste mit allen Befehlen, die Sie im Feld *Name* filtern können.

Darüber befindet sich die Ausklappliste *Module*, die alle PowerShell-Befehlserweiterungen anzeigt. Wenn Sie ein Modul daraus auswählen, zeigt die Befehlsliste die Befehle, die dieses Modul mitbringt.

Unten findet sich die interaktive PowerShell-Konsole, die im Gegensatz zu den meisten anderen Editoren vollwertiges IntelliSense unterstützt: Wenn Sie also einen Befehl eingeben, öffnet sich das Menü nach einer gewissen Zeit und schlägt infrage kommende Eingaben vor. Sobald Sie [↵] drücken, wird wie in `powershell.exe` Ihr eingegebener Befehl ausgeführt.

Über der Konsole kann ein Skripteditor sichtbar gemacht werden. Dazu klicken Sie auf die Pfeilschaltfläche oben rechts über dem interaktiven Editor.

Möchten Sie den Code im Skriptfenster ausführen, klicken Sie in der Werkzeugleiste auf die Schaltfläche mit dem grünen Pfeil (oder drücken [F5]). Wenn Sie Ihr Skript zuvor gespeichert haben, wird das Skript ausgeführt. Haben Sie dagegen noch nicht gespeichert (im Register des Skripts steht dann *Unbenannt*), führt ISE den eingegebenen Code zeilenweise interaktiv aus, als hätten Sie jede einzelne Zeile manuell eingegeben.

Wollen Sie nur einen Teil des Codes ausführen, markieren Sie ihn und drücken [F8].

Hinweis

Zugegeben, das Design der ISE wirkt nicht taufrisch, aber die ISE wird völlig zu Unrecht auf das Abstellgleis geschoben: Technisch gesehen, ist sie nach wie vor einer der zuverlässigsten und ausgereiftesten PowerShell-Editoren, die es gibt. Wer weiterhin mit *Windows PowerShell* arbeitet und keine Teamfunktionen oder andere Sprachunterstützungen benötigt, sollte die ISE in Erwägung ziehen.

Mit dem Schieberegler am unteren rechten Fensterrand variieren Sie nahtlos die Schriftgröße. Ohne Maus verwenden Sie dazu [Strg]+[+] und [Strg]+[-]. Möchten Sie auch Schriftart oder Farben ändern, rufen Sie *Tools/Optionen* auf.

Hinweis

Für den ISE-Editor existieren kommerzielle Erweiterungen, mit denen zahlreiche zusätzliche Funktionen nachgerüstet werden können. So wird aus dem einfachen ISE-Editor eine professionelle Entwicklungsumgebung. Die bekannteste Erweiterung heißt *ISESteroids* und kann als Testversion von *http://powershell.one/isesteroids/quickstart/overview* heruntergeladen werden. Am einfachsten gelingt dies über den folgenden Befehl, der den Download und die Installation kombiniert:

```
PS> Install-Module ISESteroids -Scope CurrentUser [↵]
```

Nach Download und Installation wird die ISESteroids-Erweiterung mit dem folgenden Befehl bei Bedarf geladen:

```
PS> Start-Steroids [↵]
```

Die Konsole der ISE unterstützt einige besondere Tastenkombinationen (siehe Tabelle 1.2).

Taste	Bedeutung
Bild↑, Bild↓	Ruft den ersten beziehungsweise letzten Befehl ab, den Sie in dieser Sitzung verwendet haben.
↵	Die eingegebene Zeile zur Ausführung an PowerShell senden.
Ende	Einfügemarke an das Ende der Zeile setzen.
Entf	Das Zeichen rechts von der Einfügemarke löschen.
Esc	Die aktuelle Zeile löschen.
F1	Hilfe zum aktuellen Befehl anfordern.
←, →	Einfügemarke ein Zeichen nach links oder rechts bewegen.
↑, ↓	Zuletzt eingegebene Befehle zurückholen.
Pos1	Einfügemarke an den Anfang der Zeile setzen.
Rück	Das Zeichen links von der Einfügemarke löschen.
Strg+-	Schrift verkleinern.
Strg++	Schrift vergrößern.
Strg+C	Befehlsausführung abbrechen (oder markierten Text in die Zwischenablage kopieren).
⇧+↵	Mehrzeilenmodus aktivieren (Fortsetzung der aktuellen Befehlszeile in einer neuen Zeile).
Strg+Leertaste	IntelliSense aktivieren (Autovervollständigungsmenü anzeigen).
Strg+←, Strg+→	Einfügemarke wortweise nach links oder rechts bewegen.
Strg+R	Skriptbereich ein- und ausblenden.
Strg+U	Markierten Text in Kleinbuchstaben umwandeln.
Strg+V	Inhalt der Zwischenablage einfügen.
Strg+⇧+U	Markierten Text in Großbuchstaben umwandeln.
⇥	Aktuelle Eingabe automatisch vervollständigen, falls möglich.

Tabelle 1.2: Wichtige Tastenkombinationen der Konsole im ISE-Editor.

VSCode (Visual Studio Code)

VSCode verfolgt einen anderen Ansatz als ISE: Dieser Editor ist im Grunde ausschließlich ein Texteditor, allerdings unterstützt er eine enorm breite Palette an Programmiersprachen und kann mit unzähligen Erweiterungen ausgestattet werden.

Um PowerShell Code überhaupt testen und ausführen zu können, existiert eine spezielle PowerShell-Erweiterung, die den Code an eine beliebige externe PowerShell sendet, dort ausführt und die Ergebnisse wieder im Editor einblendet.

Weil VSCode also keine spezielle PowerShell-Technik beinhaltet, kann man damit sowohl *Windows PowerShell* als auch *PowerShell* verwenden.

VSCode ist plattformunabhängig und steht auf allen Betriebssystemen zur Verfügung, auf denen auch PowerShell lauffähig ist. Um den kostenfreien Editor herunterzuladen und zu installieren, besuchen Sie die Webseite *https://code.visualstudio.com*.

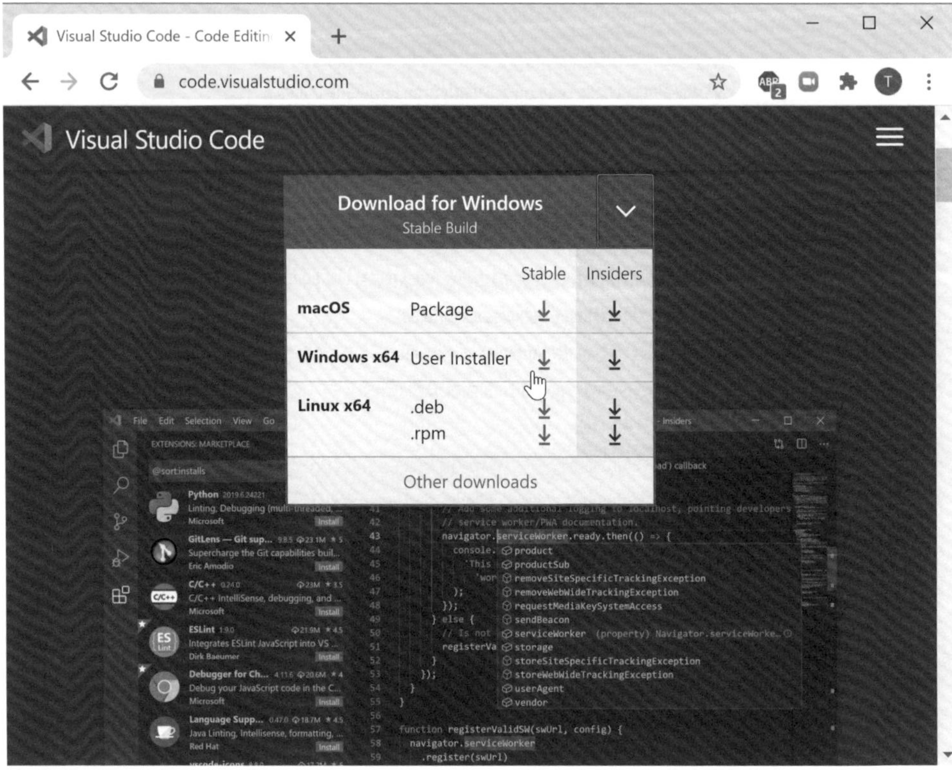

Abbildung 1.17: VSCode herunterladen und installieren

Selbstverständlich kann VSCode auch automatisiert und unbeaufsichtigt über einen der oben genannten Paketmanager heruntergeladen und installiert werden. Bei macOS installieren Sie den Editor zum Beispiel am besten erneut über `brew`:

```
brew cask install visual-studio-code
```

Hinweis

Visual Studio Code hat nicht allzu viel mit *Visual Studio* zu tun, außer dass es von demselben Microsoft-Team verantwortet wird. Visual Studio ist eine schwergewichtige Entwicklungsumgebung für Programmierer, die Anwendungen herstellen. Visual Studio Code dagegen ist ein schneller, leichter, kostenloser Texteditor, mit dem man ausschließlich Quellcode bearbeiten kann.

Durch zahlreiche Erweiterungen mausert sich VSCode allerdings langsam und kann mit den passenden Erweiterungen inzwischen ähnlich wie Visual Studio sogar echte Anwendungen kompilieren.

Allerdings ist VSCode wesentlich weniger intuitiv als die ISE, wird sehr stark über Tastenkombinationen gesteuert und bereitet Einsteigern anfangs mitunter Kopfzerbrechen.

Folgen Sie deshalb den folgenden Schritten, um VSCode für die Entwicklung von PowerShell-Code optimal einzurichten:

Projektordner anlegen

Legen Sie sich zuerst einen Projektordner an, in dem Sie Ihre PowerShell-Skripte aufbewahren möchten. Wo der Ordner angelegt wird, entscheiden Sie. Von PowerShell aus geht das natürlich auch:

```
PS> New-Item -Path $home\Buchskripte -ItemType Directory
```

Öffnen Sie dann VSCode und richten Sie darin Ihren Projektordner ein. Dazu wählen Sie *File/Open Folder* und geben dann Ihren neuen Ordner an.

Geben Sie zum Beispiel ins Fenster *Open Folder* ein: `%userprofile%` [↵]. Es zeigt jetzt Ihren persönlichen Ordner an (der in PowerShell *$home* heißt). Darin finden Sie den eben angelegten Ordner *Buchskripte*. Wählen Sie ihn aus und klicken Sie auf *Ordner auswählen*.

VSCode startet neu, und nun sehen Sie links die Explorer-Leiste mit Ihrem Ordner. Falls die Ordnerleiste nicht sichtbar ist, blenden Sie sie mit dem obersten Symbol der vertikalen Symbolleiste am linken Fensterrand ein, oder drücken Sie [Strg]+[⇧]+[E].

Neues PowerShell-Skript anlegen

Um in Ihrem Projektordner ein neues leeres PowerShell-Skript anzulegen, bewegen Sie den Mauszeiger in der Explorer-Leiste auf Ihren Ordner. Dahinter wird eine Reihe von Symbolen sichtbar. Klicken Sie auf das Symbol mit dem Blatt Papier und dem Pluszeichen (*New File*).

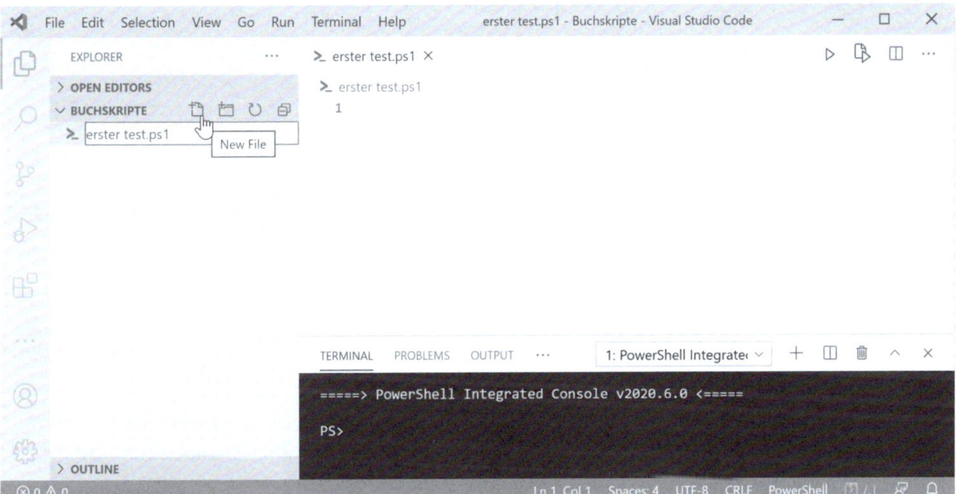

Abbildung 1.18: Eine neue PowerShell-Skriptdatei in VSCode anlegen

In der Ordnerliste erscheint ein Eingabefeld. Darin geben Sie den Namen der Datei an. Vergessen Sie auf keinen Fall, die Dateierweiterung *.ps1* mit anzugeben (siehe Abbildung 1.18). Sobald Sie [↵] drücken, wird die Datei angelegt und rechts im Editor angezeigt.

Profitipp

Mit Strg+J schalten Sie den Editor in den Vollbildmodus und zurück. Das ist praktisch, wenn Sie sich auf das Schreiben eines Skripts konzentrieren wollen und die interaktive Konsole gerade nicht benötigen.

Um die Übersicht in größeren Skripten zu behalten, zeigt der Editor rechts eine *Minimap* an, also eine verkleinerte Fassung des Skripts. Diese ist natürlich nur bei umfangreichen Skripten nützlich und verschwendet andernfalls Platz. Mit Strg+Z können Sie sie ein- und ausblenden. Brauchen Sie sie gar nicht, schalten Sie sie im Menü *View* mit *Show Minimap* ganz aus (siehe Abbildung 1.19).

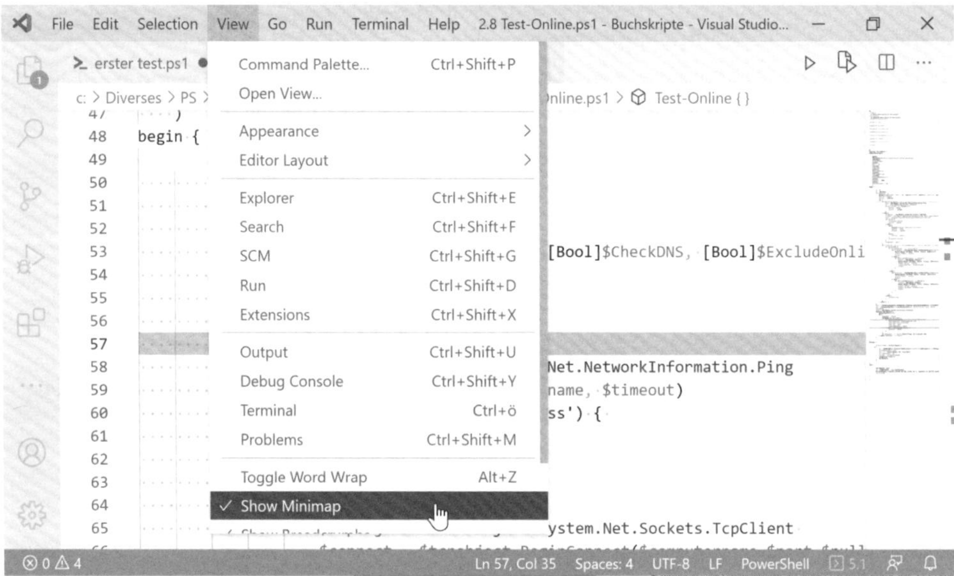

Abbildung 1.19: Die Minimap am rechten Editorrand bietet bei langen Skripten eine gute Übersicht.

PowerShell-Unterstützung installieren

Ausführbar ist die neu angelegte PowerShell-Skriptdatei indes erst, wenn die *PowerShell*-Erweiterung in VSCode eingerichtet ist. VSCode installiert diese Erweiterung automatisch, wenn es erkennt, dass Sie mit PowerShell-Skripten arbeiten. Möchten Sie aber sichergehen, klicken Sie in der vertikalen Symbolleiste auf das Symbol mit den vier Quadraten (*Extensions*).

Sie sehen nun oben alle installierten Erweiterungen und darunter weitere Vorschläge. In Ihrer Liste sollte die Erweiterung *PowerShell* stehen. Wenn sie noch fehlt, geben Sie oben ins Suchfeld »PowerShell« ein (siehe Abbildung 1.20).

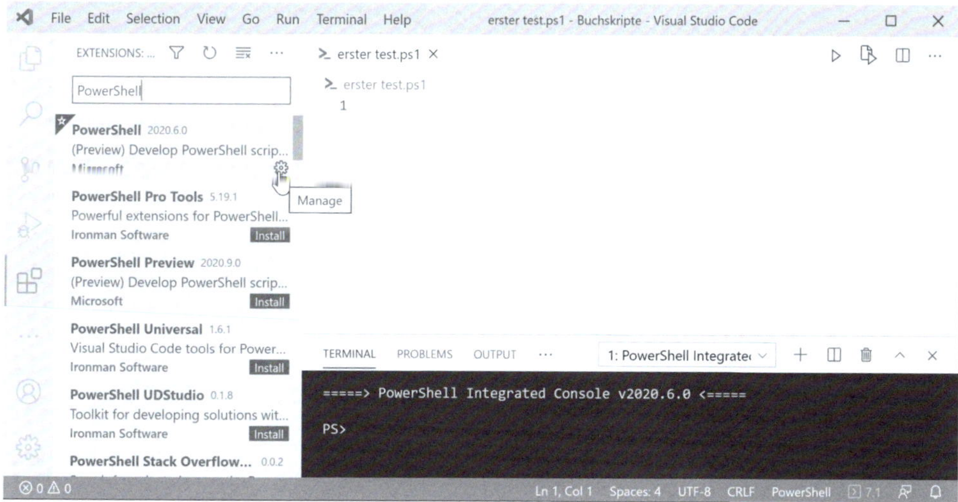

Abbildung 1.20: Neue Erweiterungen zu VSCode hinzufügen

Bei bereits installierten Erweiterungen erscheint in der rechten unteren Ecke ein Zahnradsymbol, mit dem Sie die Erweiterung verwalten. Ist die Erweiterung noch nicht installiert, sehen Sie eine blaue Schaltfläche *Installieren*. Stellen Sie sicher, dass die Erweiterung *PowerShell* installiert ist und ein Zahnradsymbol zeigt. Starten Sie VSCode vorsichtshalber neu.

Spätestens jetzt sollte die volle PowerShell-Unterstützung aktiv sein. Unten sehen Sie die *PowerShell Integrated Console*, in der Sie ähnlich wie in einer PowerShell-Konsole direkte PowerShell-Befehle eingeben können. Allerdings unterstützt VSCode hier nur eine einfache Befehlsvervollständigung, aber anders als die ISE keine IntelliSense-Menüs.

Diese sollten Sie indes nun in Ihrem Skripteditor erhalten: Wenn Sie darin einen Befehl eingeben, erscheint ähnlich wie in der ISE ein IntelliSense-Menü (siehe Abbildung 1.21).

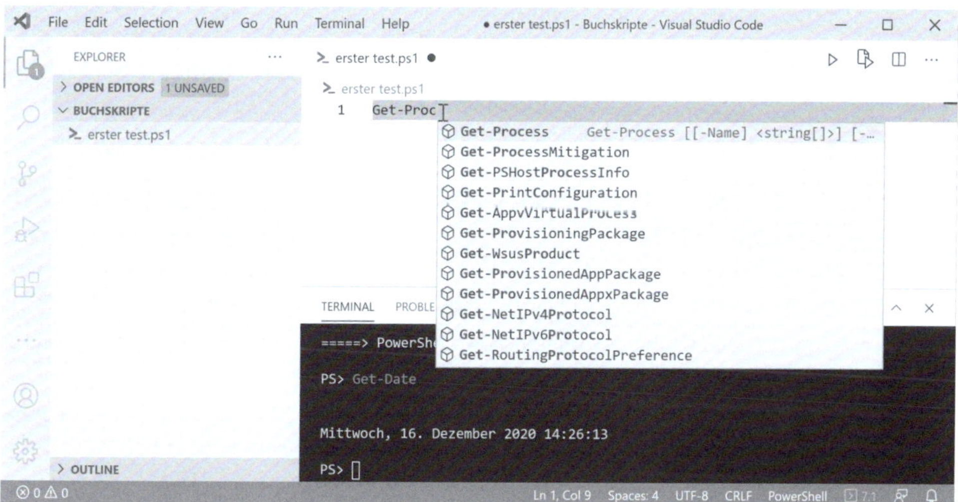

Abbildung 1.21: IntelliSense-Unterstützung für PowerShell-Befehle

Am unteren Fensterrand in der Statusleiste sehen Sie den Betriebszustand der PowerShell-Unterstützung. Wenn die Unterstützung voll aktiv ist, sollte hier rechts in Grün die aktuell verwendete PowerShell genannt werden. In Abbildung 1.21 ist zum Beispiel gerade die *PowerShell 7.1* aktiv.

PowerShell-Version wählen

Da VSCode kein PowerShell-Host ist, sondern lediglich mit externen PowerShells zusammenarbeitet, können Sie jederzeit Ihre PowerShell-Umgebung neu starten oder auch wechseln. Möchten Sie zum Beispiel auf einem Windows-System lieber die *Windows PowerShell* verwenden, klicken Sie unten in der Statusleiste auf die grüne Versionsnummer (siehe Abbildung 1.22).

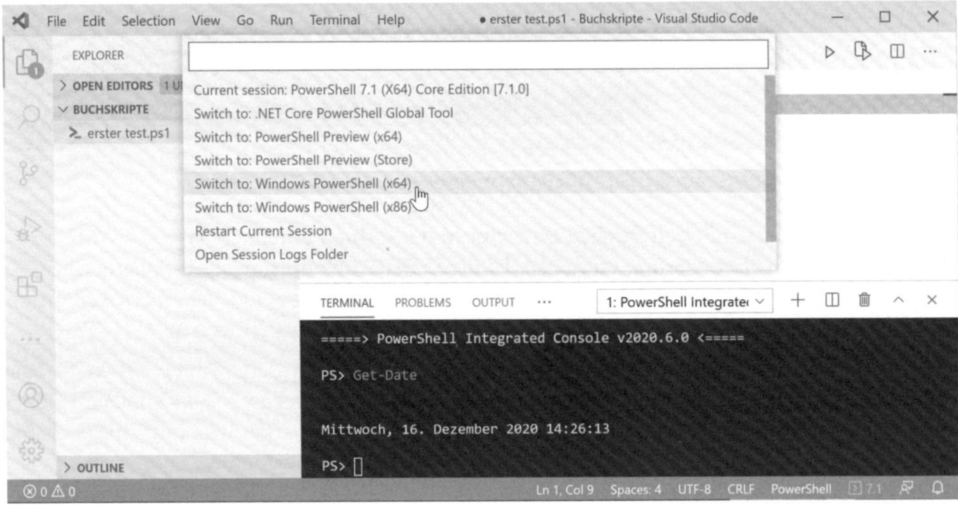

Abbildung 1.22: PowerShell-Version wechseln

Eine Ausklappliste bietet nun die verschiedenen PowerShell-Umgebungen an, die auf Ihrem System vorhanden sind. Um zur *Windows PowerShell* zu wechseln, wählen Sie *Switch to: Windows PowerShell (x64)*. Wollen Sie dagegen nur die aktuelle PowerShell neu starten, zum Beispiel um alle Variablen zu löschen und einen frischen Testlauf zu beginnen, wählen Sie *Restart Current Session*.

Alternative PowerShell-Hosts in VSCode einbinden

Leider kann es vorkommen, dass VSCode keine funktionierende Verbindung zum Standard-PowerShell-Host aufbauen kann. In der Statusleiste ist dann der gelbe Schriftzug *Starting PowerShell* nicht nur wenige Sekunden zu sehen, sondern bleibt dauerhaft sichtbar.

Solche Probleme beruhen häufig auf Versionskonflikten, sodass Sie zunächst überprüfen sollten, ob Sie die aktuelle Version von VSCode verwenden.

Falls Sie die Fehlermeldung *Language server startup failed* erhalten, wird möglicherweise die Ausführung von PowerShell-Skripten von Gruppenrichtlinieneinstellungen Ihres Unternehmens beschränkt, und das Nachladen von PowerShell-Modulen muss bei der erstmaligen Verwendung manuell bestätigt werden. Diese Bestätigungsmöglichkeit ist in VSCode aber nicht sichtbar, sodass das benötigte Modul nicht geladen werden kann und VSCode hängen bleibt.

Öffnen Sie in diesem Fall eine normale PowerShell-Konsole und laden Sie das benötigte Modul dort von Hand:

```
# Der folgende Befehl ist eine einzelne lange Zeile ohne Zeilenumbruch:
Import-Module $HOME\.vscode\extensions\ms-vscode.powershell*\modules\PowerShellEditorServices\
PowerShellEditorServices.psd1
```

Listing 1.10: PowerShell Editor Services testweise manuell nachladen

Wenn der Vorgang ohne Nachfragen ablief, liegt das beschriebene Problem bei Ihnen nicht vor. Falls Sie indes nun eine Nachfrage *Do you want to run software from this untrusted publisher?* sehen, beantworten Sie diese mit [A]. Starten Sie danach VSCode neu, um zu prüfen, ob die *PowerShell*-Erweiterung jetzt ordnungsgemäß funktioniert.

Bleibt das Problem bestehen, kann man sich in vielen Fällen damit behelfen, dass man eine aktuelle *PowerShell* 7 als portable Anwendung herunterlädt und dann in VSCode einbindet. Die folgenden Schritte sind aber auch dann nützlich, wenn Sie VSCode mit weiteren PowerShell-Versionen verwenden wollen, die noch nicht in der Liste in Abbildung 1.22 aufgeführt sind.

Portable PowerShell herunterladen

Führen Sie Listing 1.2 aus, um den Befehl `Install-PowerShell` einzurichten. Danach installieren Sie die aktuelle Version der PowerShell in einen lokalen Ordner, zum Beispiel *C:\portablePowerShell*:

```
# Install-PowerShell ist kein Standardbefehl,
# rüsten Sie den Befehl zunächst mit Listing 1.2 nach!
Install-PowerShell -Destination c:\portablePowerShell
```

Listing 1.11: Portable Version der PowerShell herunterladen

Testen Sie danach, ob die frisch heruntergeladene PowerShell funktioniert:

```
PS> c:\portablePowerShell\pwsh
```

Neue PowerShell in VSCode einbinden

Sorgen Sie nun dafür, dass diese neue PowerShell im Auswahldialog von VSCode (siehe Abbildung 1.22) unter einem eigenen Namen aufgeführt wird und dass VSCode diese PowerShell als Standard-PowerShell startet.

Dazu starten Sie VSCode, öffnen Ihre persönlichen Präferenzen und fügen die neue PowerShell als weitere Startoption hinzu: Wählen Sie im Menü *File/Preferences/Settings*.

Der Editor zeigt Ihnen nun eine lange Liste von Einstellungsmöglichkeiten. Klicken Sie links in der Menüleiste auf *Extensions*, um das Untermenü der Erweiterungen auszuklappen, und markieren Sie darin den Eintrag *PowerShell Configuration* mit allen spezifischen Einstellungen zu PowerShell (siehe Abbildung 1.23).

Scrollen Sie danach in der rechten Spalte abwärts, bis Sie die Einstellung *PowerShell Default Version* sehen. Der dort hinterlegte Name bezeichnet diejenige PowerShell, die VSCode automatisch startet, sobald Sie eine PowerShell-Datei bearbeiten.

Tragen Sie in dieses Textfeld einen neuen Bezeichner ein, zum Beispiel »portable PowerShell 7«. Merken Sie sich diesen Bezeichner, Sie benötigen ihn gleich.

Denn nun müssen Sie VSCode noch verraten, wo sich die PowerShell befindet, die unter diesem Bezeichner gestartet werden soll. Dazu klicken Sie in der Einstellung *PowerShell Additional Exe Paths* direkt darüber auf den Link *Edit in settings.json* (siehe Abbildung 1.23).

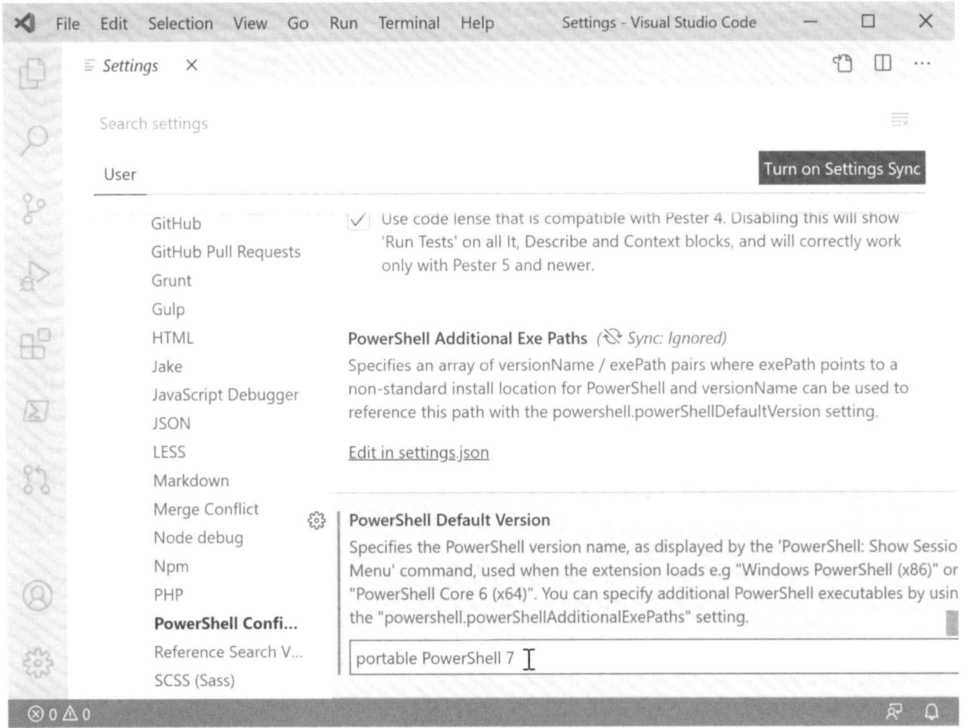

Abbildung 1.23: Weitere PowerShell-Hosts in VSCode einbinden

VSCode öffnet nun diese Datei, und Sie sehen, dass die grafische Formulardarstellung von eben lediglich eine Arbeitserleichterung ist – die eigentlichen Einstellungen werden im JSON-Format in *settings.json* gespeichert.

Abbildung 1.24: Eine weitere PowerShell in VSCode einbinden

Für Sie vorbereitet ist bereits die neue Einstellung `powershell.powershellAdditionalExePaths`, und Sie müssen darin »nur« noch die Details zu Ihrer neuen PowerShell eintragen. Dazu fügen Sie den folgenden Text exakt so wie angegeben ein und orientieren sich dabei am besten am Endergebnis in Abbildung 1.24:

```
{
    "exePath": "c:\\portablePowerShell\\pwsh.exe",
    "versionName": "portable PowerShell 7"
}
```

Passen Sie lediglich den Bezeichner `portable PowerShell 7` an, falls Sie einen anderen gewählt haben, und ändern Sie den Pfad hinter `exePath`, wenn Sie die PowerShell an einem anderen Ort gespeichert haben. Das Zeichen \ im Pfadnamen muss dabei verdoppelt werden (\\). Achten Sie unbedingt darauf, dass der Pfad die ausführbare Datei der PowerShell bezeichnet, also *pwsh.exe*, und vergessen Sie nicht die Dateierweiterung *.exe*.

Achtung

Direkte Änderungen an JSON-Daten sind immer heikel, weil dieses Format absolut keine Fehler verzeiht. Bei Schlüsseln kommt es zum Beispiel auf exakte Groß- und Kleinschreibung an, und `ExePath` anstelle von `exePath` würde bereits zu einem Fehler führen. Achten Sie auch unbedingt auf alle Klammern, Doppelpunkte und Kommata.

Nach der Änderung speichern Sie die Datei mit *File/Save* oder Strg+S ab. VSCode aktualisiert daraufhin seine Einstellungen, und wenn Sie alles richtig gemacht haben, startet VSCode nun Ihre neue PowerShell im Hintergrund, sobald Sie eine PowerShell-Datei bearbeiten.

Dass Sie nun tatsächlich in VSCode mit Ihrer neuen PowerShell arbeiten, verrät der folgende Befehl, wenn Sie ihn in die PowerShell-Konsole von VSCode eingeben:

```
PS> (Get-Process -Id $pid).Path

c:\portablePowerShell\pwsh.exe
```

Unten rechts in der Statusleiste wird nur die Version Ihrer PowerShell in Grün angezeigt. Klicken Sie auf diese Versionsangabe, öffnet sich das Auswahlmenü für alternative PowerShell-Hosts. Darin wird die aktuelle PowerShell indes nicht unter ihrem Namen angezeigt, sondern unter ihrer technischen Bezeichnung, beispielsweise *PowerShell 7.2 (X64) Core Edition [7.2.0]*.

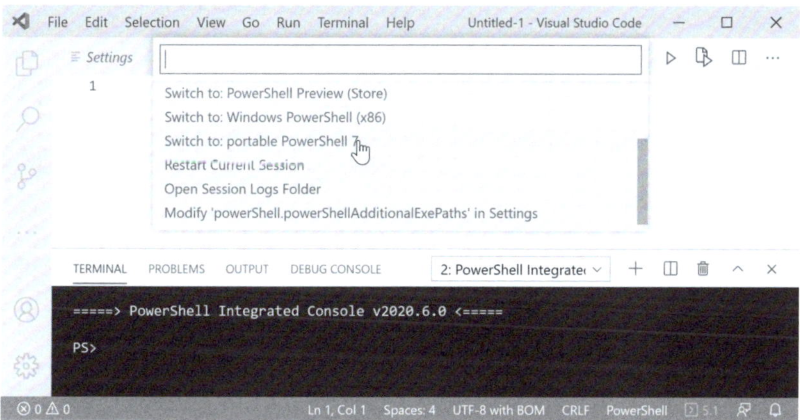

Abbildung 1.25: Eigene PowerShell als neuer Eintrag im Auswahldialog

Wechseln Sie im Menü indes in eine andere PowerShell und öffnen das Auswahlmenü danach erneut, steht Ihre frisch eingebundene PowerShell nun unter dem gewählten Namen zur Auswahl bereit (siehe Abbildung 1.25).

Skript ausführen

Um ein Skript testweise auszuführen, verwendet VSCode die gleichen Tastenkombinationen wie ISE: F5 führt das gesamte Skript aus, und F8 führt nur den markierten Code beziehungsweise die aktuelle Zeile aus.

Alternativ können Sie aber auch auf die Symbole rechts neben den Editorregistern klicken (rechts oben in Abbildung 1.22).

PowerShell als Standardsprache einrichten

VSCode gestattet noch viele weitere Feineinstellungen, die Sie sehen, wenn Sie in der vertikalen Symbolleiste auf das unterste Symbol mit dem Zahnrad klicken und *Settings* auswählen. Sie sehen nun die beinahe unüberschaubaren Anpassungsmöglichkeiten. Links finden Sie die Kategorien. Klicken Sie darin auf *Text Editor* und dann auf *Files*. Im rechten Bereich suchen Sie die Einstellung *Default Language* und tragen dort »powershell« ein (siehe Abbildung 1.26).

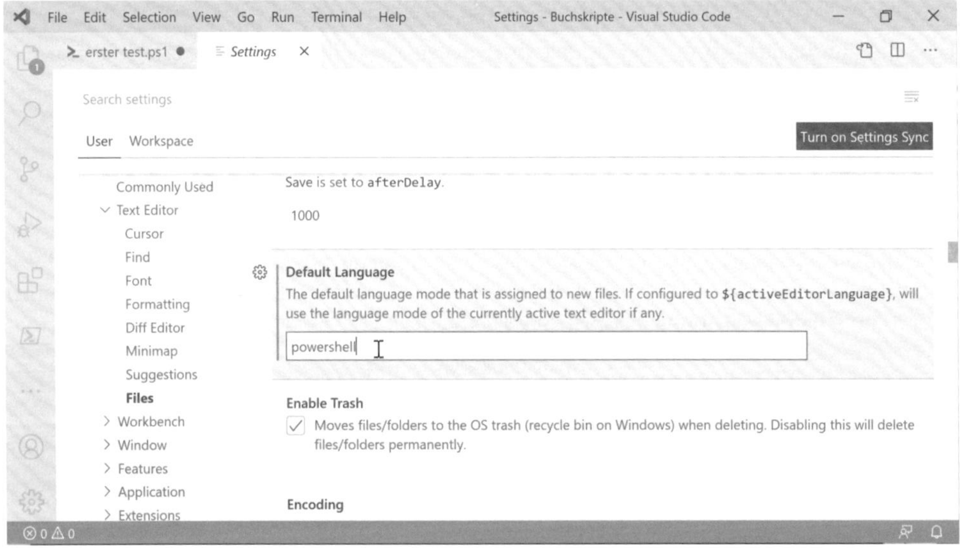

Abbildung 1.26: PowerShell als Standardsprache für VSCode einrichten

Wenn Sie nun mit *File/New File* (oder Strg+N) eine neue Datei anlegen, macht VSCode daraus sofort eine PowerShell-Skriptdatei.

Windows-Terminal

Insbesondere auf Windows-Systemen kann es vorkommen, dass Sie mit mehreren geöffneten PowerShell-Konsolen hantieren, weil Sie vielleicht *Windows PowerShell* und *PowerShell* parallel verwenden.

Microsoft bietet Ihnen dazu mit dem Windows-Terminal auf Windows 10 ein wundervolles Tool an. Es verpackt beliebig viele Konsolenfenster in eine moderne Anwendung (siehe Abbildung 1.27).

Das Windows-Terminal steht offiziell ausschließlich über den Microsoft Store zum Download bereit. Gehen Sie also vor wie auf Seite 23, als Sie *PowerShell* 7 über den Store installiert haben, und suchen Sie diesmal nach dem Suchbegriff »Terminal«. Installieren Sie dann *Windows Terminal*. Alternativ können Sie Windows Terminal auch inoffiziell über das Paketverteilungswerkzeug *scoop* installieren, das in diesem Kapitel vorgestellt wird.

Tipp

Ähnlich wie bei PowerShell gibt es auch beim Windows-Terminal eine Produktiv- und eine Preview-Version. Im Store stehen beide zur Auswahl. Da am Windows-Terminal eifrig weiterentwickelt wird und viele spannende neue Features angekündigt sind, sollten Sie am besten die Preview-Version installieren.

Sie profitieren dann viel früher von neuen nützlichen Funktionen, und sollte das Windows-Terminal doch einmal wegen eines Bugs abstürzen, ist das normalerweise nicht allzu tragisch.

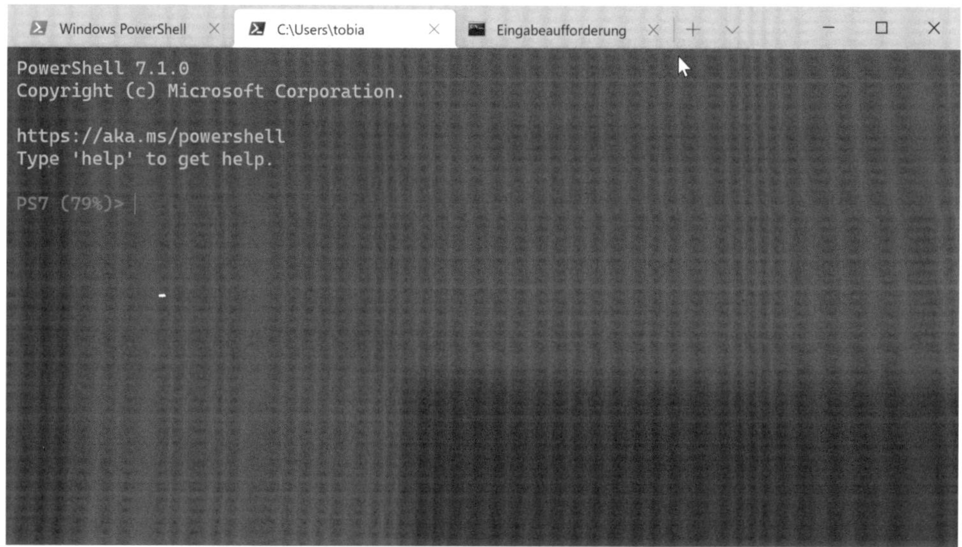

Abbildung 1.27: Das Windows-Terminal zeigt mehrere Konsolenanwendungen in einem Register-Interface.

Nach der Installation kann das Windows-Terminal über den Befehl `wt` gestartet werden. Sein Benutzer-Interface ist sehr aufgeräumt: Rechts neben den Konsolenregistern finden Sie nur zwei Symbole. Mit dem Plussymbol wird eine neue Standardkonsole geöffnet, und mit *v* öffnet sich ein Untermenü mit den verfügbaren Konsolenanwendungen, die Sie im Windows-Terminal öffnen können.

Transparenter Hintergrund

Richtig schick wird das Windows-Terminal mit einem transparenten Hintergrund. Alle Feineinstellungen werden aktuell noch durch direkte Änderungen in einer Textdatei im JSON-Format bewerkstelligt, auch wenn ein grafisches Dialogfenster ähnlich wie bei den Feineinstellungen von VSCode angekündigt ist.

Öffnen Sie also das Untermenü durch Klick auf *v* und wählen Sie je nach Sprache *Einstellungen* oder *Settings* (oder drücken Sie `Strg`+`,`). Es öffnet sich eine Textdatei im JSON-Format. Wenn Sie VSCode bereits installiert haben, sollte dies der Editor sein, der *json*-Dateien anzeigt (siehe Abbildung 1.28). Andernfalls fragt das Windows-Terminal nach, mit welchem Editor Sie die Datei öffnen wollen.

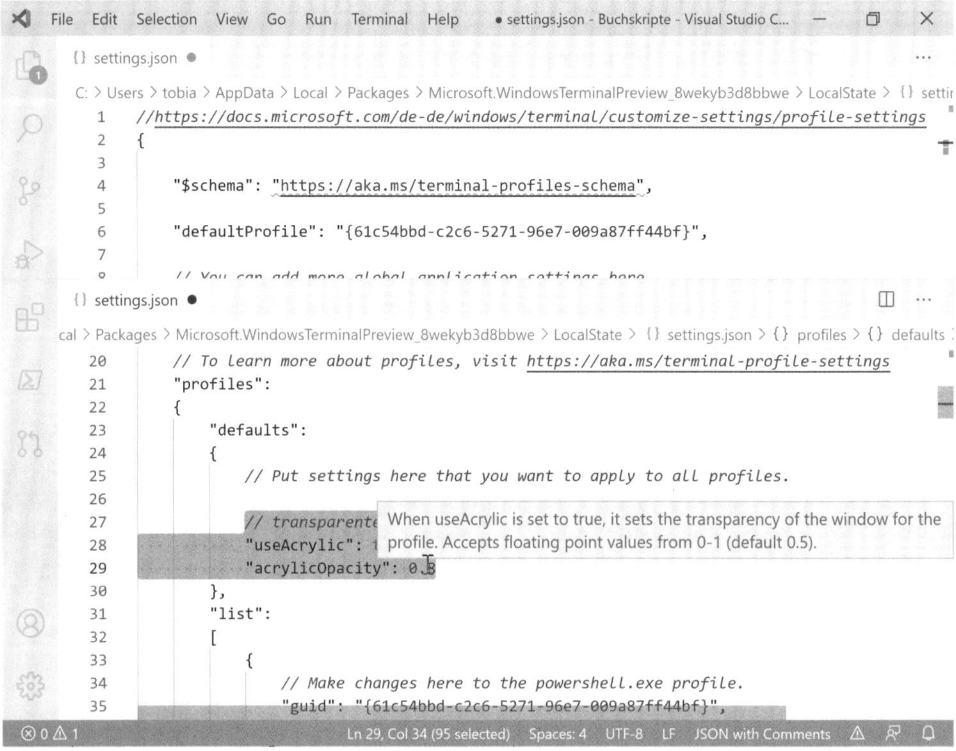

Abbildung 1.28: Transparenzeffekte im Windows-Terminal aktivieren

Im oberen Teil der *json*-Datei, direkt hinter den öffnenden geschweiften Klammern, können Sie globale Einstellungen hinterlegen, die für alle Konsolen gleichermaßen gelten sollen. Hier legen Sie zum Beispiel fest, welche Konsole die Standardkonsole sein soll, die Sie am häufigsten brauchen und die sich deshalb mit der Plusschaltfläche besonders leicht öffnen lässt: Hinter `defaultProfile` geben Sie die GUID (Kennziffer) der gewünschten Konsole an.

Welche Kennziffer das ist, erfahren Sie etwas weiter unten im Bereich `profiles`: Hier werden in `lists` die Einträge des Ausklappmenüs definiert, und jeder Eintrag ist hinter `guid` mit einer eindeutigen Kennziffer versehen.

Der erste Eintrag unter `profiles` lautet indes `defaults`: In diesem Bereich legen Sie Einstellungen fest, die für alle Konsolen gelten sollen. Um Konsolen also künftig mit einem schicken durchscheinenden Hintergrund auszustatten, fügen Sie dort wie in Abbildung 1.28 zu sehen ein:

```
"useAcrylic": true,
"acrylicOpacity": 0.8
```

Vergessen Sie nicht das Komma am Ende der ersten Zeile und achten Sie auf Groß- und Kleinschreibung!

`useAcrylic` schaltet den Transparenzmodus ein und aus. `acrylicOpacity` gibt die Transparenz an. `0.8` steht für 80% Deckkraft. Viel weniger sollte es nicht sein, um den Konsoleninhalt lesbar zu halten. Tatsächlich ist die Unterstützung für das JSON-Format in VSCode so gut, dass Sie sogar mit dem Mauszeiger über einen Eintrag fahren können, um in einem Tooltipp die Beschreibung dieses Eintrags zu erhalten (siehe Abbildung 1.28).

Weitere Konsoleneinträge für das Auswahlmenü

Unter `list` folgen die einzelnen Einträge des Auswahlmenüs. Jeder Eintrag besteht aus seiner eindeutigen Kennziffer hinter `guid` gefolgt von seinem Namen, der Kommandozeile und optional seinem Icon. Hier sehen Sie den Eintrag für *Windows PowerShell*:

```
{
  "guid": "{61c54bbd-c2c6-5271-96e7-009a87ff44bf}",
  "name": "Windows PowerShell",
  "commandline": "powershell.exe"
}
```

Und dies wäre der Eintrag für *PowerShell 7*:

```
{
   "guid": "{e654854f-3c99-4a39-aea3-5bcf089f8a8f}",
   "name": "PowerShell 7",
   "commandline": "pwsh.exe",
},
```

Anstelle von `pwsh.exe` kann hier natürlich auch ein absoluter Pfadname stehen, falls Sie eine ganz bestimmte *pwsh.exe* starten möchten.

Aber auch Argumente können einem Befehl übergeben werden. Um beispielsweise eine *Windows PowerShell* ohne (möglicherweise vorhandene) Autostartskripte zu starten, wäre dieser Eintrag richtig:

```
{
   "guid": "{6c9640c0-9a88-414f-8306-ce4eeac35af1}",
   "name": "Windows PowerShell NoProfile",
   "commandline": "powershell.exe -noprofile",
   "icon": "c:/icons/windowspowershell.ico",
},
```

Wichtig

Sobald Sie einem Befehlsaufruf Argumente übergeben, zum Beispiel wie hier `-noprofile`, verliert der Eintrag (zumindest in der von uns verwendeten Version des Windows-Terminals) sein Symbol im Menü. Mit `icon` können Sie dem Eintrag dann eine eigene Symboldatei zuweisen, wenn Sie wollen.

Tatsächlich könnten Sie sogar Nicht-Konsolenanwendungen über das Menü des Windows-Terminals anbieten und von dort zum Beispiel den ISE-Editor öffnen:

```
{
   "guid": "{17fb14ae-30f5-4a3e-8254-5d1a8b972580}",
   "name": "ISE",
   "icon": "c:/icons/ise.ico",
   "commandline": "powershell -noprofile -command Start-Process powershell_ise"
},
```

Wenn Sie eigene Einträge ins Menü aufnehmen wollen, achten Sie nur auf drei Dinge:

- Nutzen Sie für jeden Eintrag eine eindeutige Kennung. Der PowerShell-Befehl `New-Guid` generiert neue Kennungen für Sie.
- Jeder Eintrag in geschweiften Klammern ist Teil einer kommaseparierten Liste. Vergessen Sie also nicht das Komma hinter jeder Sektion.
- Sobald Sie die *json*-Datei speichern, werden die Änderungen aktiv – also auch in einem bereits laufenden Windows-Terminal. Manche Änderungen wie zum Beispiel Transparenzeffekte werden aber nur eingeschaltet, wenn das Fenster des Windows-Terminals selektiert ist.

Windows-Terminal in eine portable App verwandeln

Alle »Apps«, die Sie über den Microsoft Store herunterladen und installieren, sind eigentlich ganz normale Programme. Sie werden aber über den Store verwaltet und zum Beispiel automatisch auf neuestem Stand gehalten.

Das ist schön, hat aber auch Nachteile:

- **Manuelle Installation:** Es gibt keinen (praktikablen) Weg, die Installation einer Store-App zu automatisieren, und die Installation erfolgt immer nur für den aktuellen Anwender. Sie können Store-Apps also nicht einfach verteilen.
- **Automatische Updates:** Der Store kann unangekündigt eine App aktualisieren und beendet sie dazu einfach. Das ist keine gute Idee, falls zeitgleich in Ihrem Windows-Terminal gerade ein wichtiges Skript arbeitet.

Listing 1.12 verwandelt das Windows-Terminal in eine eigenständige portable Anwendung, die von beliebigen Anwendern genutzt werden kann und nicht mehr unangekündigt vom Store aktualisiert wird. Das Skript muss dazu mit Administratorrechten ausgeführt werden (siehe Abbildung 1.7).

Bitte geben Sie dieses Skript nicht von Hand ein. Schauen Sie sich lieber zuerst im folgenden Abschnitt an, wie Sie die Beispielskripte dieses Buchs automatisch aus dem Internet in den Editor einfügen können.

Wenn Sie möchten, können Sie das Windows-Terminal in eine normale portable Anwendung verwandeln. Führen Sie dann darin das folgende Skript aus. Es verwandelt das Windows-Terminal in eine normale portable Anwendung.

```
#requires -RunAsAdmin
# (In einer PowerShell mit vollen Administratorrechten ausführen!)

# Diese Werte bei Bedarf anpassen:
# App hier speichern
$destination = 'c:\meinTerminal'

# Suchen nach folgender App:
$search = 'terminal'

# Anwendungsname:
$anwendung = 'wt.exe'

# Alle installierten Microsoft-Store-Apps durchsuchen
Get-ChildItem "$env:programfiles\WindowsApps\" |
```

```
# App mit Suchwort im Namen auswählen
Where-Object name -like "*$search*" |
# Anwendung finden ...
Get-ChildItem -Filter $anwendung |
# Version der Anwendung finden
Select-Object -ExpandProperty VersionInfo |
# Versionen absteigend sortieren
Sort-Object -Property ProductVersion -Descending |
# höchste Version wählen
Select-Object -First 1 -ExpandProperty filename |
# übergeordneten Ordner finden ...
Split-Path |
# Ordnerinhalt auflisten
Get-ChildItem |
# Ordnerinhalt in Zielordner kopieren
Copy-Item -Destination $destination -Force

# Zielordner im Explorer öffnen
explorer $destination

# Startbefehl der neu kopierten App ausgeben:
"$destination\$anwendung"
```

Listing 1.12: Das Windows-Terminal in eine portable Anwendung verwandeln

Codebeispiele automatisch herunterladen

Herzlichen Glückwunsch – Sie haben nun alle Voraussetzungen geschaffen, um gleich in die professionelle PowerShell-Entwicklung einzusteigen. Auf Sie warten viele Kapitel mit spannenden Inhalten und natürlich Hunderte von Beispielen.

Damit das ein angenehmes Erlebnis wird und Sie nicht mit sinnloser Tipparbeit beschäftigt sind, folgt hier nun das vermutlich letzte Skript, das Sie im Rahmen dieses Buchs von Hand eingeben müssen.

Befehl zum Herunterladen von Codebeispielen nachrüsten

Listing 1.13 rüstet einen praktischen neuen Befehl namens `Get-SampleCode` nach, mit dem Sie dann alle übrigen Listings dieses Buchs aus dem Internet laden können. Es handelt sich bei Listing 1.13 um eine einzelne Codezeile, die nur der Übersicht halber in mehrere Zeilen umbrochen wurde:

```
Invoke-RestMethod -Uri https://tinyurl.com/codeAusBuch |
New-Item -Path function: -Name L -Force |
Out-Null
```

Listing 1.13: Beispielcode aus diesem Buch bequem herunterladen

Beispielcode in Zwischenablage kopieren

Nachdem Sie Listing 1.13 ausgeführt haben, verfügen Sie über einen neuen Befehl namens `L` (wie *Listing*). Als Argument übergeben Sie diesem Befehl die Nummer des gewünschten Listings. Probieren Sie den neuen Service gleich mal aus:

```
PS> L 1.1 [↵]
Listing 1.1 liegt in der Zwischenablage. Fügen Sie es mit STRG+V in Konsole oder Editor ein.
```

Voilà! Der Quellcode von Listing 1.1 liegt nun ganz ohne Tipparbeit in Ihrer Zwischenablage. Von dort können Sie ihn nun mit [Strg]+[V] einfügen, wo immer Sie mögen: in eine PowerShell-Konsole oder einen Editor beispielsweise.

Wichtig

Wenn Sie den Befehl `L` im ISE-Editor ausführen, wird das heruntergeladene Skript zusätzlich in einem neuen eigenen Registerblatt direkt im Editor angezeigt. Von dort könnten Sie das Skript dann mit [F5] direkt ausführen.

Beispielcode sofort ausführen

Ihr neuer Befehl `L` beherrscht noch weitere Tricks: Mit dem Parameter `-Run` wird das angegebene Skript nicht nur heruntergeladen, sondern auch sofort ausgeführt. Das sollten Sie natürlich nur nutzen, wenn Sie sich sicher sind, dass Sie das entsprechende Skript auch wirklich ausführen wollen.

Listing 1.1 öffnet beispielsweise auf Windows-Systemen den Microsoft Store. Wenn Sie das sofort ausprobieren möchten, fügen Sie den Parameter `-Run` hinzu:

```
PS> L 1.1 -Run
Listing 1.1:
Start-Process shell:appsFolder\Microsoft.WindowsStore_8wekyb3d8bbwe!App
```

Der Befehl zeigt das Listing in der Konsole an und führt es danach sofort und ohne weitere Rückfragen aus.

Sicherer ist es, den auszuführenden Code zuerst zu kontrollieren, bevor er ausgeführt wird. Dazu fügen Sie den Parameter `-Confirm` hinzu. Listing 1.7 zeigte zum Beispiel, wie man alle laufenden Prozesse in einem Auswahldialog anzeigen und dann ausgewählte Prozesse beenden kann.

Mit `-Run -Confirm` zeigt Ihnen der Befehl `L` den auszuführenden Code wieder in der Konsole an, aber führt ihn erst aus, wenn Sie per [A] zustimmen:

```
PS> L 1.7 -Run -Confirm
Listing 1.7:
Get-Process |
Where-Object MainWindowHandle |
Select-Object -Property Name, Id, Description |
Sort-Object -Property Name |
Out-GridView -Title 'Prozesse' -OutputMode Multiple |
Stop-Process -WhatIf

Führen Sie nur Code aus, den Sie verstanden haben und von dem Sie genau wissen, was er auslösen wird!
```

```
Drücken Sie "A", um den Code jetzt auszuführen, oder "N", um abzubrechen.
[J] Ja  [A] Ja, alle  [N] Nein  [K] Nein, keine  [H] Anhalten  [?] Hilfe (Standard ist "J"): A
PS>
```

Falls Sie also bemerken, dass Sie sich bei der Eingabe der Listing-Nummer vertan haben, können Sie die Ausführung mit N oder K oder auch Strg+C abbrechen.

Hinweis

Alternativ zu `-Confirm` können Sie auch `-WhatIf` verwenden: Dann zeigt Ihnen `L` den Code an, den es ausgeführt *hätte*, ohne den Code also auszuführen.

Listing 1.7 verwendet übrigens das Cmdlet `Out-GridView`, das nur auf Windows-Systemen zur Verfügung steht. In anderen Betriebssystemen können Sie aber, wie bei Listing 1.7 weiter oben angegeben, den Alternativbefehl `Out-ConsoleGridView` nachrüsten.

Profilskripte: PowerShell dauerhaft anpassen

PowerShell vergisst die meisten Anpassungen, sobald Sie es schließen und neu starten. Das ist gut so, denn so wird verhindert, dass eventuell fehlerhafte Einstellungen die PowerShell dauerhaft beschädigen.

Andererseits möchte man PowerShell natürlich persönlich anpassen können und diese Anpassungen nicht bei jedem Start wiederholen müssen. Ihr neuer praktischer Befehl `Get-SampleCode` aus dem letzten Abschnitt steht in PowerShell zum Beispiel nur dann zur Verfügung, wenn Sie Listing 1.13 ausgeführt haben. Sie müssten also dieses Listing jedes Mal neu ausführen, wenn Sie eine neue PowerShell starten.

Die Lösung: Alle persönlichen Anpassungen werden in einem speziellen Skript festgelegt, dem sogenannten *Profilskript*. PowerShell führt beim Start dieses Skript automatisch aus. So bleiben Ihre Anpassungen wirksam, aber trotzdem kann man PowerShell im Notfall mit dem Parameter `-noprofile` auch ohne Anpassungen mit den reinen Fabrikeinstellungen starten.

Wenn Sie Listing 1.13 also in dieses Profilskript einfügen, steht Ihnen der Befehl `Get-SampleCode` und auch sein Alias `l` immer zur Verfügung – was die Frage aufwirft: Wo befindet sich dieses magische Autostartskript?

Einzelne Profilskripte verwenden

Wenn Sie ausschließlich *PowerShell* oder ausschließlich *Windows PowerShell* verwenden, ist das Anlegen des Profilskripts schnell erledigt, denn dessen Pfadname findet sich immer in der Variablen `$profile`.

Führen Sie Listing 1.14 aus, um das Profilskript anzulegen, falls es noch fehlt:

```
# Datei anlegen, wenn noch nicht vorhanden
$path = $profile.CurrentUserAllHosts
$exists = Test-Path -Path $path
if ($exists -eq $false)
{
    $null = New-Item -Path $path -ItemType File -Force
    Write-Warning "Profilskript angelegt."
}
```

```
else
{
    Write-Warning "Profilskript war vorhanden."
}

# Profilskript im assoziierten Editor öffnen:
Invoke-Item -Path $path
```

Listing 1.14: Profilskript anlegen

Das Profilskript öffnet sich in dem Editor, der aktuell mit der Dateierweiterung *.ps1* assoziiert ist. Sie könnten nun Listing 1.15 in dieses Profilskript einfügen und es dann speichern – voilà, fortan würde PowerShell nicht nur den nützlichen neuen Befehl `Get-SampleCode` automatisch bereitstellen, sondern auch die übrigen sinnvollen Anpassungen der PowerShell einrichten, über die in diesem Kapitel gesprochen wurde:

```
# Modernes TLS-1.2-Sicherheitsprotokoll für https:-Verbindungen erlauben:
[System.Net.ServicePointManager]::SecurityProtocol =
[System.Net.ServicePointManager]::SecurityProtocol -bor
[System.Net.SecurityProtocolType]::Tls12


# Skriptausführung erlauben:
Set-ExecutionPolicy Bypass -Scope Process -Force

# Kürzere Prompt-Funktion:
function prompt {
   'PS> '
   $host.UI.RawUI.WindowTitle = Get-Location
}


# Grüne Fehlermeldungen (kommentieren Sie die nächste Zeile ein,
# wenn Sie das wirklich wollen):
# $host.PrivateData.ErrorForegroundColor = 'Green'


# Funktion zum Herunterladen der Beispielskripte in diesem Buch:
Invoke-RestMethod -Uri https://tinyurl.com/codeAusBuch |
New-Item -Path function: -Name L -Force |
Out-Null
```

Listing 1.15: Ein Beispiel-Profilskript für PowerShell

Falls Sie allerdings mit Windows arbeiten und sowohl *Windows PowerShell* als auch *PowerShell* abwechselnd oder je nach Szenario nutzen, werden Sie schnell feststellen, dass diese beiden PowerShell-Varianten ihre Profilskripte an unterschiedlichen Orten speichern. Das ist keine Katastrophe, aber Sie müssten nun Ihre Anpassungen in zwei separaten Profilskripten pflegen, also Listing 1.14 jeweils einmal in *Windows PowerShell* und einmal in *PowerShell* ausführen und danach dafür sorgen, dass beide Dateien denselben Inhalt haben.

Theoretisch kann das sogar sinnvoll sein, denn vielleicht wollen Sie bei den beiden PowerShell-Varianten unterschiedliche Starteinstellungen vorgeben. Die meisten Anwender allerdings haben das nicht vor. Hier wäre ein gemeinsames Profilskript eigentlich die bessere Wahl.

Und genau das funktioniert auch, jedenfalls sofern Sie Administratorrechte besitzen. Dann nämlich können Sie für das *PowerShell*-Profilskript einen sogenannten *Hard Link* verwenden, der wie eine normale Datei aussieht, in Wirklichkeit aber auf die Profildatei von *Windows*

PowerShell verweist. Sobald eine der beiden Dateien geändert wird, ändert sich auch die andere – ganz von allein.

So eine Spiegelung richtet Listing 1.16 ein:

```
#requires -RunAsAdministrator
# Hard Links können nur als Administrator angelegt werden.

# Dieses Skript ist nur sinnvoll, wenn das Betriebssystem "Windows" ist:
if ($isWindows -eq $false)
{
    Write-Warning "Spiegeln der Profile ist nur bei Windows möglich."
    Write-Warning "Andere Betriebssysteme verfügen über kein Windows PowerShell"
    return
}

# Sicherstellen, dass die Windows PowerShell-Profildatei existiert:
if ($PSVersionTable.PSEdition -eq 'Core')
{
    # Pfad zum Windows PowerShell-Profilskript berechnen:
    $winprofile = $profile.CurrentUserAllHosts -replace '\\PowerShell\\', '\WindowsPowerShell\'
    $coreprofile = $profile
}
else
{
    # Pfad steht bei Windows PowerShell schon in $profile:
    $winprofile = $profile.CurrentUserAllHosts
    $coreprofile =  $profile -replace '\\WindowsPowerShell\\','\PowerShell\'
}

# Datei anlegen, wenn noch nicht vorhanden:
$exists = Test-Path -Path $winprofile
if ($exists -eq $false)
{
    $null = New-Item -Path $winprofile -ItemType File -Force
    Write-Warning "Profilskript für Windows PowerShell angelegt."
}
else
{
    Write-Warning "Profilskript für Windows PowerShell war vorhanden."
}

# Testen, ob Profilskript für PowerShell existiert:
$exists = Test-Path -Path $coreprofile
if ($exists)
{
    # Ist die Profildatei vielleicht bereits gespiegelt?
    $datei = Get-Item -Path $coreprofile
    if ($datei.LinkType -eq 'HardLink')
    {
        # Wir sind fertig.
        Write-Warning 'Profildatei von Windows PowerShell wird bereits mitgenutzt (keine
Änderungen).'

        # Profilskript im Editor öffnen:
        Invoke-Item -Path $winprofile
        Return
    }
    else
    {
```

```
        # Wenn PowerShell bereits eine eigene Profildatei verwendet, muss diese
        # gelöscht werden, um stattdessen auf das Windows-Profil zu verweisen.
        # Also nachfragen, ob der User das will:
        Write-Warning 'Profilskript für PowerShell ist bereits als separate Datei vorhanden.'
        Write-Warning 'Soll dieses Profil gelöscht und stattdessen das Profil der Windows
        PowerShell verwendet werden?'

        # Frage stellen und 20 Sekunden warten, danach "NEIN" wählen:
        choice.exe /C JN /M "Drücken Sie J für Ja oder N für Nein" /T 20 /D N

        # choice.exe liefert einen ErrorLevel in $LastExitCode zurück, der
        # Zahlenwert entspricht der Auswahl (1=Ja, 2=Nein).
        if ($LASTEXITCODE -eq 2) { return }

        # Profildatei löschen.
        Remove-Item -Path $coreprofile -Force
    }
}

# Hard Link anlegen (erfordert Administratorrechte)
$null = New-Item -Path $coreprofile -ItemType HardLink -Value $winprofile

Write-Warning 'Profildatei von Windows PowerShell wird nun mitgenutzt.'
Write-Warning "Um die Spiegelung aufzuheben, einfach die $profile löschen und von Hand oder im Editor
neu angelegen."

# Profilskript im Editor öffnen:
Invoke-Item -Path $winprofile
```

Listing 1.16: Profile von PowerShell und Windows PowerShell gemeinsam nutzen

Zum Glück brauchen Sie diesen Code nicht (mehr) von Hand einzugeben. Gehen Sie lieber so vor:

- Weil Listing 1.16 Administratorrechte erfordert, um Hard Links anlegen zu können, starten Sie zuerst eine PowerShell-Konsole mit vollen Administratorrechten (siehe Abbildung 1.2).
- Richten Sie darin mit Listing 1.13 den Befehl `L` ein. In wenigen Minuten brauchen Sie das nicht mehr händisch zu tun, denn dann wird Ihr Profilskript automatisch dafür sorgen, dass in jeder PowerShell stets der praktische Befehl `L` zur Verfügung steht.
- Laden Sie dann mit dem neuen Kurzbefehl `L` Listing 1.16 herunter und lassen Sie das Skript mit `-Run` sogleich ausführen:

  ```
  PS> L 1.16 -Run
  ```

Der Rest geschieht (hoffentlich) automatisch, und es öffnet sich am Ende das nun gemeinsam von *Windows PowerShell* und *PowerShell* genutzte Profilskript.

Kontrollieren Sie, ob darin die empfohlenen Einstellungen aus Listing 1.15 schon vorhanden sind. Falls nicht, laden Sie das empfohlene Profilskript Listing 1.15 kurzerhand ebenfalls herunter:

```
PS> L 1.15
Listing 1.15 liegt in der Zwischenablage. Fügen Sie es mit STRG+V in Konsole oder Editor ein.
```

Fügen Sie es dann mit Strg+V in das bereits geöffnete Profilskript ein. Nun brauchen Sie das Profilskript nur noch zu speichern, und künftig verwenden sowohl *PowerShell* als auch *Windows PowerShell* die Einstellungen des Profilskripts. Auch der praktische Befehl `L` steht jetzt automatisch zur Verfügung.

Achtung

Dank des Profilskripts können Sie nun bei jedem PowerShell-Start automatisch Anpassungen vornehmen lassen. In Wahrheit unterstützt PowerShell sogar bis zu vier verschiedene Profilskripte. Mehr zu Profilskripten erfahren Sie deshalb in Kapitel 3.

Fragen stellen

Das Gegenstück zu diesem Buch im Internet ist ein öffentliches GitHub-Repository, das Sie jederzeit im Browser besuchen können: *https://github.com/TobiasPSP/OReilly*. Hier finden Sie alle Buchmaterialien zum Download sowie eine *readme.md*-Datei mit den jeweils aktuellsten Hinweisen.

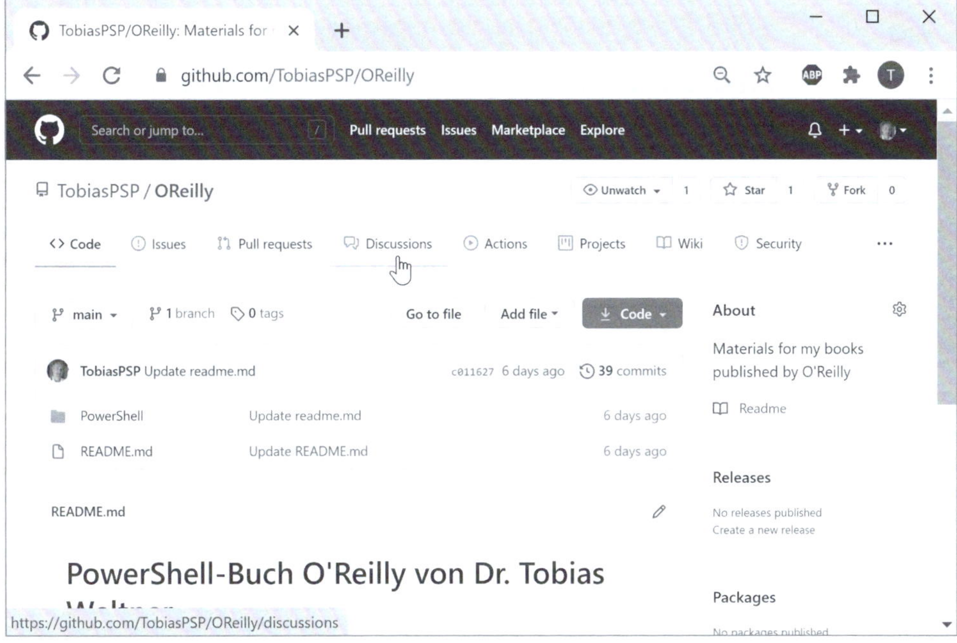

Abbildung 1.29: »Discussions« führt Sie zu einem öffentlichen Diskussionsforum

Haben Sie Fragen zu einzelnen Skripten oder Konzepten, klicken Sie oben in der Menüleiste auf *Discussions* (siehe Abbildung 1.29). Dies führt Sie zu einem Diskussionsforum.

Wählen Sie dann zuerst links eine passende Kategorie, zum Beispiel *Fragen*, um zu schauen, ob Ihre Frage dort vielleicht bereits beantwortet wurde.

Falls nicht, klicken Sie rechts auf die grüne Schaltfläche *New discussion* (siehe Abbildung 1.30), um eigene Fragen zu stellen oder anderes Feedback zu geben.

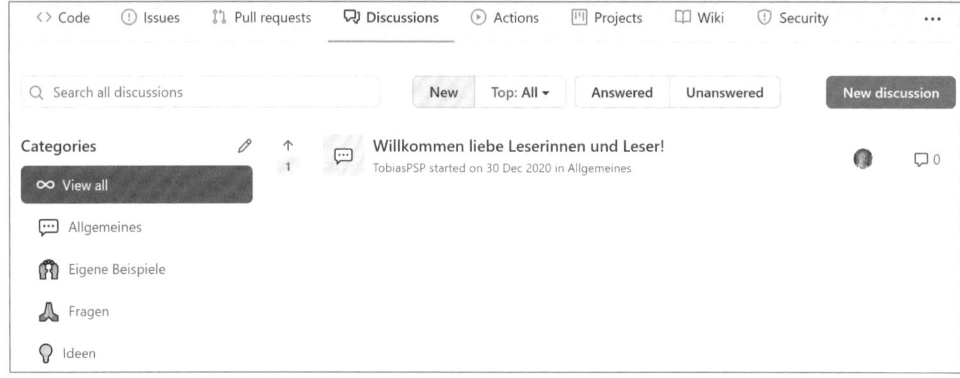

Abbildung 1.30: Eine neue Frage reichen Sie per Klick auf »New discussion« ein.

Wichtig

Falls die grüne Schaltfläche *New discussion* fehlt, müssen Sie sich zuerst bei GitHub anmelden. Sollten Sie noch kein GitHub-Benutzerkonto besitzen, klicken Sie oben rechts auf *Sign up*, sonst auf *Sign in*.

Ein GitHub-Konto ist für Privatleute und Open-Source-Projekte kostenlos und lohnt sich, denn damit können Sie nicht nur Fragen stellen und mit anderen in Verbindung treten, sondern auch eigene Repositories erstellen und darin Ihre eigenen Projekte verwalten.

Wählen Sie nun noch links die passende Kategorie aus, zum Beispiel *Fragen*, stellen Sie Ihre Frage und klicken Sie auf *Start discussion* (siehe Abbildung 1.31) – fertig! Bei Fragen zu bestimmten Skripten geben Sie bitte immer die Nummer des Skripts an. Diese finden Sie in der Listing-Unterschrift.

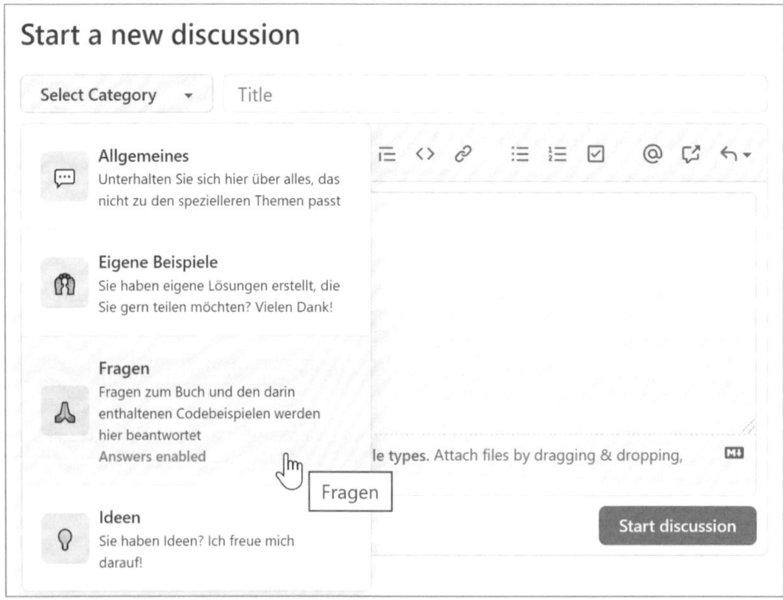

Abbildung 1.31: Wählen Sie eine der vorgeschlagenen Kategorien für Ihren Beitrag aus.

Wichtig

Der Onlinesupport ist ein Experiment und ein freiwilliges Extraangebot, das jederzeit ohne Angabe von Gründen eingestellt werden kann.

Solange es angeboten wird, dürfen Sie hier jede PowerShell-Frage stellen, die Sie beschäftigt, und wer mag, kann gern mithelfen, denn neben Fragen darf man hier auch Antworten geben und anderen Lesern weiterhelfen. Allerdings sollten Sie stets zuerst versuchen, Fragen und Probleme mit den im Buch gebotenen Mitteln zu lösen. Einige Fragen klären sich nämlich von ganz allein, sobald man einen Moment darüber nachgedacht hat.

Alle Skripte herunterladen

Wenn Sie mögen, können Sie auch sämtliche Skripte auf einmal herunterladen und zum Beispiel in der Explorer-Ansicht von VSCode anzeigen lassen. Dazu laden Sie am besten das Werkzeug *GitHub Desktop* herunter: Besuchen Sie *https://desktop.github.com/*, hier steht dieses Tool für Windows und macOS zur Verfügung.

Nach der Installation starten Sie GitHub Desktop und wählen *File/Clone Repository*. Dann klicken Sie auf das Register *URL* und geben die Adresse des Repository der Beispielskripte an: *https://github.com/TobiasPSP/OReilly*. Im Feld *Local path* geben Sie einen neuen leeren Ordner auf Ihrem Computer an, in den Sie die Beispielskripte kopieren möchten. Dann klicken Sie auf *Clone*. GitHub Desktop können Sie nun wieder schließen.

Abbildung 1.32: Alle Beispielskripte in einen lokalen Ordner kopieren

Alle Skripte werden nun in den angegebenen Ordner kopiert.

Starten Sie anschließend VSCode und wählen Sie *File/Open Folder*. Navigieren Sie zu dem Ordner, in den Sie die Beispielskripte kopiert haben. Darin befindet sich der Ordner *PowerShell*. Ihn wählen Sie aus.

VSCode zeigt nun in seiner Explorer-Leiste alle Kapitel dieses Buchs, und wenn Sie ein Kapitel öffnen, sehen Sie die darin enthaltenen Beispielskripte. Ein Klick auf eins der Beispielskripte öffnet es sofort im Editor, und Sie können das Skript jetzt bequem untersuchen und mit F5 ausführen.

Zusammenfassung

Auf dem Windows-Betriebssystem können Sie PowerShell sofort mit dem Befehl `powershell` starten, denn die *Windows PowerShell* ist Teil des Betriebssystems.

Auf allen anderen Betriebssystemen muss die neue plattformübergreifende *PowerShell* zuerst installiert werden (siehe Abschnitt »PowerShell installieren«). Die neue modernere *PowerShell* kann auch in Windows-Betriebssystemen parallel zu *Windows PowerShell* installiert werden. Sie wird mit dem Befehl `pwsh` gestartet.

Damit Sie alle Möglichkeiten der PowerShell nutzen und die vielen Beispiele in diesem Buch verwenden können, sind noch einige Einstellungen nötig, die die folgenden Abschnitte zusammenfassen.

Ausführungsrichtlinie festlegen

Bei der ersten Verwendung der PowerShell muss die sogenannte *Execution Policy* (Ausführungsrichtlinie) so geändert werden, dass Skripte ausgeführt werden dürfen. PowerShell merkt sich die neue Einstellung dauerhaft, sodass der folgende Befehl nur einmal eingegeben werden muss:

```
PS> Set-ExecutionPolicy -Scope CurrentUser -ExecutionPolicy RemoteSigned -Force
Set-ExecutionPolicy: PowerShell updated your execution policy successfully, but the setting is
overridden by a policy defined at a more specific scope.  Due to the override, your shell will
retain its current effective execution policy of Bypass. Type "Get-ExecutionPolicy -List" to view
your execution policy settings. For more information please see "Get-Help Set-ExecutionPolicy".
```

Falls dabei (wie hier im Beispiel) eine rote Hinweismeldung erscheint, ist das nicht schlimm. Stellen Sie nur sicher, dass die effektive Ausführungsrichtlinie nicht mehr `Restricted` lautet:

```
PS> Get-ExecutionPolicy
Bypass
```

Mehr zur Ausführungsrichtlinie und ihren Einstellungsmöglichkeiten finden Sie auf Seite 44.

Profitipp

Falls sich Ihre PowerShell trotzdem »sonderbar« verhält, können zentrale Sicherheitseinstellungen Ihres Unternehmens dafür verantwortlich sein. Ob PowerShell eingeschränkt wurde, zeigt der folgende Befehl:

```
PS> $ExecutionContext.SessionState.LanguageMode
FullLanguage
```

Wenn das Ergebnis nicht **`FullLanguage`** lautet, greifen bei Ihnen einschränkende Sicherheitsrichtlinien (siehe auch Seite 46).

Hilfe nachrüsten

Gerade als Einsteiger sind Codebeispiele und erklärende Texte überaus hilfreich, sodass Sie als Nächstes die PowerShell-Hilfe mit `Update-Help` herunterladen sollten (siehe Seite 42).

Dies muss für *Windows PowerShell* und *PowerShell* separat durchgeführt werden. Bei *Windows PowerShell* sind dazu Administratorrechte erforderlich, bei der modernen *PowerShell* nicht (wenn Sie den Parameter `-Scope CurrentUser` verwenden).

Windows PowerShell aktualisieren

Da es die *Windows PowerShell* bereits seit 2006 gibt, existieren davon viele verschiedene Versionen. Und weil die *Windows PowerShell* nicht über die üblichen automatischen Windows-Updates aktualisiert wird, sollten Sie kontrollieren, ob Ihre *Windows PowerShell* überhaupt noch auf aktuellem Stand ist.

Wer eine veraltete PowerShell oder veraltete Komponenten benutzt, riskiert nicht nur Sicherheitsprobleme, sondern es kann dann auch zu den verschiedensten Unverträglichkeiten mit Codebeispielen kommen.

Achtung

Geben Sie die folgenden Befehle unbedingt in einer *Windows PowerShell* ein (die also über den Befehl `powershell` gestartet wurde)! Sie wollen ja die klassische PowerShell überprüfen und nicht eine gegebenenfalls parallel installierte moderne PowerShell.

Version prüfen

Prüfen Sie zuerst, welche Version der *Windows PowerShell* Sie verwenden:

```
PS> $PSVersionTable.PSVersion

Major  Minor  Build  Revision
-----  -----  -----  --------
5      1      19041  610
```

Falls die Version nicht 5.1 lautet, aktualisieren Sie nach Möglichkeit Ihre *Windows PowerShell* (siehe Seite 21).

Paketmanager PowerShellGet überprüfen

Prüfen Sie als Nächstes die Version der Paketverwaltung `PowerShellGet`. Mit den Cmdlets aus diesem Modul werden weitere Cmdlets und Module nachgerüstet, dies ist also sehr wichtig.

```
PS> Get-Module -Name PowerShellGet -ListAvailable

    Verzeichnis: C:\Program Files\WindowsPowerShell\Modules


ModuleType Version Name          ExportedCommands
---------- ------- ----          ----------------
Script     1.0.0.1 PowerShellGet {Install-Module, Find-Module, Save-Module...}
```

Wenn `Get-Module` (so wie im Beispiel oben) ausschließlich die Version 1.x.x.x meldet, muss `PowerShellGet` unbedingt aktualisiert werden. Version 1.x.x.x funktioniert inzwischen nur noch sehr eingeschränkt und führt zu Fehlern und Abbrüchen.

Werden dagegen außerdem noch andere Versionen wie 2.2.3 oder höher angezeigt, ist alles in Ordnung.

Zum Glück ist selbst die veraltete Version 1.x.x.x meist immerhin noch in der Lage, neue Module mit `Install-Module` zu installieren, sodass sich das Modul (und seine Abhängigkeit `Packagemanagement`) zumindest noch selbst aktualisieren kann:

```
Install-Module -Name PowerShellGet -Scope CurrentUser -Force -AllowClobber
Install-Module -Name Packagemanagement -Scope CurrentUser -Force -AllowClobber
```

Listing 1.17: »PowerShellGet« aktualisieren

Tipp

Immer mehr Internetserver sichern ihre *https:*-Verbindungen mit dem neuen Sicherheitsprotokoll TLS 1.2 ab (*Transport Layer Security*) und unterstützen ältere TLS-Versionen nicht mehr. Das gilt auch für die Server des `PowerShellGet`-Paketmanagers, der seit April 2020 nur noch TLS 1.2 akzeptiert.

Bei älteren Windows-Versionen muss TLS 1.2 ausdrücklich aktiviert werden. Ohne diese Aktivierung scheitert die Verbindungsaufnahme zu solchen Internetservern. Genau deshalb kann es also bei älteren Windows-Versionen passieren, dass `Install-Module` beim Versuch, neue PowerShell-Module nachzurüsten, Verbindungsfehler meldet.

Führen Sie in so einem Fall Listing 1.3 aus, um TLS 1.2 zu aktivieren. Weil diese Einstellung nur für die jeweilige PowerShell-Sitzung gilt, sollten Sie sie, wie auf Seite 65 beschrieben, in das Autostartprofil der PowerShell aufnehmen, damit Sie künftig nicht mehr daran denken müssen.

Falls das Modul `PowerShellGet` überhaupt gar nicht aufgelistet wird, verwenden Sie vermutlich eine veraltete *Windows PowerShell* in Version 3 oder 4. Aktualisieren Sie in diesem Fall *Windows PowerShell* wie oben beschrieben.

Profitipp

Es ist zwar möglich, `PowerShellGet` (und seine Abhängigkeit `Packagemanagement`) bei älteren *Windows PowerShell*-Versionen nachzurüsten, indem Sie die Modulordner *PowerShellGet* und *Packagemanagement* manuell aus dem Ordner *c:\program files\WindowsPowerShell\Modules* von einem moderneren System auf ein älteres System herüberkopieren. Allerdings löst auch das nicht die eingeschränkten Möglichkeiten der älteren Windows PowerShell-Versionen, die zum Beispiel keine Unterstützung für die parallele Installation von Modulen in unterschiedlichen Versionen bieten und also keine Module aktualisieren können, die gerade in Benutzung sind.

Windows PowerShell 3 und *4* sollten heute möglichst nicht mehr in Gebrauch sein.

Hilfsbefehle zum Download von Beispielcode

Dieses Buch und die folgenden Kapitel sind prall gefüllt mit Codebeispielen.

Damit Sie diese vielen Beispiele nicht abtippen müssen, sollten Sie unbedingt den Abschnitt »Codebeispiele automatisch herunterladen« durchgearbeitet und den darin beschriebenen Befehl `Get-SampleCode` mit einem Profilskript wie ab Seite 65 ständig verfügbar gemacht haben.

Dieser Befehl und seine Kurzform `L` sind das wohl wichtigste Hilfsmittel, um den Beispielen in diesem Buch bequem und tippfehlerfrei folgen zu können.

»Fehlende Befehle« verstehen

PowerShell und *Windows PowerShell* sind zwar grundsätzlich kompatibel miteinander, aber das heißt nicht, dass beliebiger PowerShell-Code plattformübergreifend in jeder PowerShell-Version und auf jedem Betriebssystem immer einwandfrei funktioniert.

Weil PowerShell seinen Befehlssatz dynamisch aus verschiedenen Quellen zusammensetzt (siehe Kapitel 2), besteht das häufigste Problem darin, dass sich PowerShell über fehlende Befehle beklagt:

```
PS> Get-Process | Out-GridView
Out-GridView: The term 'Out-GridView' is not recognized as a name of a cmdlet, function, script
file, or executable program. Check the spelling of the name, or if a path was included, verify that
the path is correct and try again.
```

Sofern die Ursache kein Tippfehler war und der Befehl tatsächlich fehlt, ist dieses Problem »by Design«: PowerShell stellt diejenigen Befehle bereit, die es vorfindet, und welche das sind, hängt von vielen Faktoren ab. Sie müssten also ermitteln, woher der fehlende Befehl kommt und ob und wie man ihn nachrüsten oder ersetzen kann.

Das sehr verbreitete und beliebte Cmdlet `Out-GridView`, das Dialogfenster anzeigt, fehlt beispielsweise, sobald Sie PowerShell nicht auf dem Windows-Betriebssystem ausführen. Der Grund ist technischer Natur und hat damit zu tun, dass PowerShell (bisher) nur im Windows-Betriebssystem die Möglichkeit hat, grafische Elemente und Fenster darzustellen.

Auf Seite 36 haben Sie schon gesehen, wie man dieses Problem trotzdem lösen kann: `Install-Module` kann eine Erweiterung installieren, die den Ersatzbefehl `Out-ConsoleGridView` nachrüstet und die grafischen Dialoge durch Textdarstellungen simuliert.

Dasselbe gilt für viele andere Cmdlets, die man häufig durch zusätzliche PowerShell-Module nachrüsten kann (mehr dazu in den *Kapiteln* 2 und 16).

Zusätzliche Werkzeuge

Die PowerShell-Konsole ist zwar ausreichend, um PowerShell-Befehle aufzurufen, aber wenn Sie damit beginnen, tiefer in PowerShell einzusteigen und eigene, umfangreichere Skripte zu entwickeln, sollten Sie zusätzliche Werkzeuge installieren, die in diesem Kapitel beschrieben wurden:

- **PowerShell-Editoren:** Texteditoren mit zusätzlicher Unterstützung speziell für die Entwicklung von PowerShell-Code durch Vorschlagslisten, farbliche Hervorhebungen, Fehlerhinweise und Testmöglichkeiten. *Windows PowerShell* beinhaltet den ISE-Editor. Der plattformübergreifende Universaleditor VSCode kann nachinstalliert werden und unterstützt jede PowerShell-Version einschließlich *Windows PowerShell*.
- **Terminaltools:** Auf Windows 10 ab Build 1903 steht mit dem Windows-Terminal ein nützliches Werkzeug kostenlos bereit, das mehrere Konsolenfenster in einer Registerkartenoberfläche zusammenfasst.
- **Tools für Teamwork:** Sobald mehrere Personen als Team an PowerShell-Code arbeiten, werden eine Versionierung und ein gemeinsamer zentraler Austauschort (ein sogenanntes *Repository*) benötigt. Den stellt zum Beispiel GitHub in der Cloud bereit, und dieses Buch nutzt ein GitHub-Repository, um die Codebeispiele in diesem Buch bereitzustellen und mit Ihnen, den Lesern, in einen Dialog zu treten. Mit dem Werkzeug GitHub Desktop können Sie sehr einfach und intuitiv Inhalte aus dem Repository lokal herunterladen und Änderungen mit dem Repository synchronisieren.

Kapitel 2

Überblick: Was PowerShell leistet

In diesem Kapitel:

Ausführlich werden in diesem Kapitel die folgenden Aspekte erläutert:

- **Befehle:** Mit Befehlen lösen Sie einzelne Aufgaben. Je mehr Befehle zur Verfügung stehen, umso einfacher wird die Automation, denn umso mehr unterschiedliche Dinge können Sie mit PowerShell dann tun. Deshalb stellt PowerShell einen möglichst umfangreichen Befehlswortschatz zusammen, der aus PowerShell-Befehlen (den sogenannten *Cmdlets*, sprich »Commandlets«), Anwendungsprogrammen und .NET-Methoden besteht.
- **Cmdlets:** Die Namen dieser Befehle setzen sich immer aus einem Verb und einem Nomen zusammen, getrennt durch einen Bindestrich. Dank dieser Systematik kann man mit `Get-Command` gezielt nach Cmdlets suchen. Cmdlets stammen grundsätzlich aus externen Modulen, die nachrüstbar sind (zum Beispiel mit `Install-Module`). Wenn Cmdlets intern aus reinen PowerShell-Befehlen bestehen, nennt man sie auch *Functions*.
- **Anwendungen (Applications):** Anwendungsprogramme sind für PowerShell gleichwertige Befehle und können ebenso wie Cmdlets mit `Get-Command` gesucht werden. PowerShell nennt sie *Applications*. Liegt die Anwendung in einem Ordner, der in der Umgebungsvariablen `Path` aufgelistet ist, genügt der Dateiname der Anwendung (ohne Dateierweiterung, beispielsweise `explorer`, `grep`, `regedit`, `ping`, `netstat`).

Andernfalls muss der relative oder absolute Pfadname angegeben werden. Wird der Pfad in Anführungszeichen gesetzt, muss der Text mit dem Call-Operator `&` gestartet werden. Welche Anwendungen tatsächlich zur Verfügung stehen, hängt vom verwendeten Betriebssystem und der darauf installierten Software ab.

- **.NET-Methoden:** Diese Befehle stammen aus den Programmbibliotheken des *.NET Framework*, auf denen auch PowerShell beruht. Die Standardbibliotheken und ihre Befehle sind deshalb immer plattformunabhängig. .NET-Befehle werden üblicherweise *Methoden* genannt und in PowerShell-Editoren wie *ISE* oder *VSCode* über IntelliSense-Menüs und Autovervollständigung angeboten. `Get-Help` und `Get-Command` sind bei dieser Befehlskategorie dagegen nutzlos.
- **Operatoren:** Eine vierte Befehlskategorie bilden die *Operatoren*. Sie verknüpfen in der Regel die Informationen auf ihrer linken und rechten Seite miteinander, und es gibt viele verschiedene Operatoren, die auf Basis ihrer jeweiligen Aufgaben in Gruppen unterteilt werden. Die wichtigsten Operatorengruppen sind mathematische (arithmetische) Operatoren, Vergleichs- und Zuweisungsoperatoren.
- **Befehle kombinieren:** Weil es nicht für alle Aufgaben der Welt maßgeschneiderte Befehle gibt, kann PowerShell Befehle kombinieren: Ein Befehl verfeinert oder ergänzt dabei die Resultate des vorangegangenen Befehls. Hierzu dienen wahlweise die *PowerShell-Pipeline*, die in Echtzeit und mit geringem Speicherbedarf Informationen durch eine Befehlskette »streamt«, und *Variablen*, die komplette Befehlsergebnisse ebenso wie Zwischenresultate von einem Befehl zum nächsten transportieren.

PowerShell ist eine sogenannte *Automationssprache* und soll das, was Sie zeitaufwendig in der grafischen Benutzeroberfläche per Klick erledigen, künftig automatisch oder »auf Zuruf« übernehmen.

Dabei geht es nicht nur um Bequemlichkeit und Zeitersparnis, sondern gerade im betrieblichen Bereich auch um Konsistenz, Nachvollziehbarkeit, Sicherheit und Qualitätskontrolle: Wer sich händisch durch eine Klickanweisung arbeitet, kann leicht einen Schritt vergessen. PowerShell-Skripte dagegen arbeiten Aufgaben stoisch immer wieder mit derselben Präzision ab.

Natürlich könnte man Klicks einfach aufzeichnen, um Handgriffe zu automatisieren, und später bei Bedarf wieder »abspulen«. Sogenannte »Makrorekorder« tun genau das, und das Ergebnis ist meist fürchterlich: Eine grafische Benutzeroberfläche (GUI) ändert sich unkontrollierbar: Dialogfelder öffnen sich unerwartet, die Bildschirmauflösung variiert, und auch der Benutzer klickt vielleicht mitten dazwischen.

Klicks aufzuzeichnen und später wieder zuverlässig an den richtigen Adressaten zu senden, funktioniert also nicht besonders gut – und ist vor allem auch nicht besonders sinnvoll, denn die grafische Benutzeroberfläche ist ja nur eine Benutzerschnittstelle, mit der menschliche Wisch- und Klickgesten in Anweisungen übersetzt werden. CLIs (*Command Line Interfaces*) sind ebenfalls Benutzerschnittstellen, die lediglich anstelle von Menüs, Fenstern und Klicks textbasierte Befehle verwenden. PowerShell ruft also die Befehle direkt auf, die ein Klick ausgelöst hätte.

Und hier beginnt die eigentliche kreative Arbeit des Skriptens. Denn Sie müssten sich jeweils überlegen, welche Schritte nötig sind, um eine bestimmte Aufgabe zu erledigen, und dann die Befehle ermitteln, die diese Schritte bewerkstelligen.

Die schockierende Wahrheit ist, dass so etwas Erfahrung braucht. Anfangs werden Sie viel Zeit damit verbringen, Befehle zu suchen und sich mit ihnen vertraut zu machen. Diese Art Erfahrung kann dieses Buch zwar nicht magisch auf Sie übertragen, es wird Ihnen aber das »Wie« erklären und mit vielen Beispielen effektive Starthilfe geben, sodass im Idealfall schon der Weg zu dieser Erkenntnis unterhaltsam ist und (hoffentlich) Spaß macht.

In diesem Kapitel werden Sie fast alle wichtigen PowerShell-Techniken im Rahmen vieler Praxisbeispiele erleben. Detailliert verstehen müssen Sie die Beispiele in diesem Kapitel einstweilen aber (noch) nicht. Es kommt zunächst darauf an, ein Gefühl dafür entwickeln, was PowerShell kann, welche Mittel es Ihnen zur Verfügung stellt und wie Strategien aussehen könnten, um (Ihre) Aufgaben damit zu automatisieren.

Wichtig

Bitte arbeiten Sie zuerst Kapitel 1 durch, denn dort werden wichtige Grundeinstellungen vorgenommen, die für alle folgenden Kapitel wichtig sind. Ohne diese Grundeinstellungen weigert sich PowerShell möglicherweise, Skripte auszuführen. Wenn Sie in Eile sind, sollten Sie mindestens den Abschnitt »Zusammenfassung« am Ende des Kapitels lesen. Dort wird auch beschrieben, wie Sie die Listings dieses Buchs mit dem neuen Befehl `L` ohne Tippfehler und -arbeit automatisch herunterladen oder wahlweise direkt ausführen.

Befehle lösen Aufgaben

Wenn es für eine bestimmte Aufgabe einen maßgeschneiderten Befehl gibt, ist Automation unglaublich einfach: Sie rufen den Befehl auf, übergeben ihm Ihre speziellen Wünsche und führen ihn aus – Fall erledigt. Möchten Sie zum Beispiel ein ZIP-Archiv auspacken, genügt dieser eine Befehl:

```
PS> Expand-Archive -Path c:\temp\datei.zip -DestinationPath c:\temp\inhalte
```

Sie müssten bloß kurz die Angaben hinter dem Befehl an Ihre Situation anpassen und sicherstellen, dass die angegebene ZIP-Datei auch tatsächlich existiert. Den notwendigen Zielordner legt `Expand-Archive` selbst an, falls er noch fehlt.

Mit dem nächsten Befehl könnten Sie dann (zumindest auf Windows-Systemen) den neu angelegten Zielordner mit den Inhalten der ausgepackten ZIP-Datei im Explorer bewundern:

```
PS> explorer c:\temp\inhalte
```

Die beiden Befehle `Expand-Archive` und `explorer` unterscheiden sich ganz offensichtlich bereits in ihrer Namensgebung: Tatsächlich ist der Doppelname `Expand-Archive` ein Markenzeichen für einen PowerShell-Befehl (ein sogenannte Cmdlet, sprich »Commandlet«), während der Einzelname `explorer` eine eigenständige Anwendung repräsentiert, die auch außerhalb von PowerShell aufrufbar ist (eine *Application*).

Je mehr Befehle Sie zur Verfügung haben, desto vielfältiger sind die Aufgaben, die Sie lösen können. Deshalb kombiniert PowerShell Befehle aus vier Quellen, um Ihnen ein möglichst breites Befehlsspektrum anbieten zu können:

- **PowerShell-Befehle (Cmdlets):** Diese tragen immer einen Doppelnamen aus *Verb* und *Nomen*, lassen sich nur innerhalb der PowerShell ausführen, verfügen über eine ausführliche Hilfe und liefern hochwertige strukturierte Informationen (sogenannte *Objekte*). Diese Befehlsart wird *Cmdlet* genannt.

  Das »let« am Namensende von »Cmdlet« deutet an, dass diese Befehlskategorie ausschließlich innerhalb der PowerShell ausführbar ist und keinen vollständigen Befehl darstellt: Cmdlets erhalten allgemeine Funktionalitäten wie Hilfe sowie Ein- und Ausgaben zentral von PowerShell.
- **Anwendungen (Applications):** Dies sind eigenständig auch außerhalb der PowerShell ausführbare Programme. PowerShell nennt diesen Befehlstyp *Applications*. Weil Applications in sich abgeschlossene Programme sind, kann hier jeder Programmierer seinen eigenen Standards folgen. Deshalb herrscht bei Namensgebung und Hilfe Wildwuchs, und Applications liefern – falls überhaupt – ausschließlich unstrukturierten Text zurück. Applications sind fast immer plattformspezifisch und aus den genannten Gründen meist lediglich zweite Wahl, aber wenn ein ähnliches Cmdlet nicht zur Verfügung steht, sind sie immerhin besser als nichts.
- **.NET-Befehle (Methoden):** Diese Befehle werden *Methoden* genannt und stammen aus den Programmbibliotheken, auf denen PowerShell und alle PowerShell-Befehle basieren: dem sogenannten *.NET Framework*. Falls Sie kein passendes Cmdlet finden, können Sie die meisten Automationsaufgaben dennoch lösen, indem Sie direkt auf Basisbefehle des .NET Framework zugreifen.

  Weil Methoden eher kleingliedrigere Aufgaben `erledigen` und sich nicht mit `Get-Command` auffinden lassen, entspricht der Einsatz von .NET-Methoden eher der klassischen Programmiererarbeit und ist häufig etwas anspruchsvoller als der Einsatz von Cmdlets.
- **Operatoren:** Solche Befehle sind anfangs gar nicht als solche zu erkennen, weil sie ungewöhnliche Namen tragen und ihre Argumente auf besonderem Weg erhalten. Operatorennamen sind häufig Symbole wie `+` oder kurze Wörter mit einem führenden Bindestrich wie `-gt`.

  Operatoren beziehen ihre Argumente jeweils von ihrer rechten und linken Seite. Der mathematische Operator `+` addiert zum Beispiel das, was rechts und links von ihm steht: `12 + 6`. Der Vergleichsoperator `-gt` (für *greater than*) prüft, ob der Wert links von ihm größer ist als der Wert rechts von ihm: `8 -gt 10`.

Aus diesen vier Befehlsfamilien bestehen sämtliche PowerShell-Lösungen. In der Praxis kombiniert man daraus wie aus einem Legokasten die Befehle, die die notwendigen Automationsaufgaben umsetzen können.

Vielleicht möchten Sie ja zum Abschluss einer Automationsaufgabe noch einen Piepton ausgeben. Leider gibt es dafür weder ein Cmdlet noch eine Anwendung.

Dies wäre dann also ein Einsatzgebiet für .NET-Methoden aus dem .NET Framework, die häufig auch dann noch helfen können, wenn anderweitig kein passender Befehl gefunden werden konnte. Dafür sehen Methoden etwas sonderbar aus:

```
PS> [Console]::Beep()
```

Obwohl die Schreibweise dieses Befehls etwas von der der übrigen Befehlsarten abweicht und das .NET Framework anfangs vielleicht geheimnisvoll erscheint, ist es nicht wirklich schwierig, .NET-Methoden zu benutzen: Die Argumente stehen bei ihnen nicht durch Leerzeichen getrennt hinter dem Befehl, sondern kommasepariert innerhalb seiner Klammern. Ansonsten funktionieren Methoden ganz ähnlich wie Cmdlets.

Dies würde beispielsweise einen 800-Hz-Ton für 1.200 Millisekunden ausgeben:

```
PS> [Console]::Beep(800, 1200)
```

Und ohne Klammern verrät eine .NET-Methode sogar, welche Argumente sie von Ihnen erwartet:

```
PS> [Console]::Beep

OverloadDefinitions
-------------------
static void Beep()
static void Beep(int frequency, int duration)
```

Halten wir also fest: Zur Lösung Ihrer Automationsaufgaben stehen Ihnen in PowerShell vier unterschiedliche Befehlskategorien zur Verfügung: *Cmdlets*, *Applications*, *Methoden* und *Operatoren*. Aus diesen vier Zutaten sind sämtliche PowerShell-Skripte geschmiedet.

Das wirft natürlich die Frage auf, woher man weiß, wie die einzelnen Befehle heißen und was sie alles tun können. Die Suche nach passenden Befehlen für ein bestimmtes Anliegen wird deshalb einen Schwerpunkt dieses Kapitels bilden. Mehr dazu gleich.

Literale

Bevor Sie weitere Befehle aus den vier großen Befehlskategorien von eben kennenlernen, lassen Sie uns kurz über sogenannte *Literale* sprechen. Diese benötigen Sie nämlich, wenn Sie Befehle aufrufen oder Skripte schreiben möchten. Sie haben sie sogar eben schon eingesetzt.

Literale sind laut Definition »feste Werte im Quellcode«. Fast immer, wenn Sie einem Befehl weitere Informationen übergeben wollen, verwenden Sie Literale.

Hier sind die Befehle von eben, und die Literale darin sind fett hervorgehoben:

```
Expand-Archive -Path c:\temp\datei.zip -DestinationPath c:\temp\inhalte
explorer c:\temp\inhalte
[Console]::Beep(800, 1200)
```

Literale sind also unveränderliche Informationen – wie Texte, Zahlen und Datumsinformationen –, die Sie in den Quellcode oder Befehlsaufruf fest hineingeschrieben haben.

Hinweis

Wenn eine Codezeile mit einem Befehl beginnt, schaltet PowerShell in den sogenannten *Argument Mode* und erlaubt nun vieles, was sonst verboten wäre. Zum Beispiel müssen Sie im Argument Mode Literale nicht eindeutig kennzeichnen und dürfen also Zahlen und Text bunt mischen.

PowerShell schaut in diesem Fall nach, was für Informationen ein Befehl vom Anwender verlangt, und wandelt die Argumente hinter dem Befehl automatisch in die passenden Datentypen um. Schön für den Einsteiger, der sich dadurch anfangs nicht mit Datentypen zu beschäftigen braucht.

Besser ist es allerdings, von vornherein Literale eindeutig zu kennzeichnen, damit jeder weiß, was Sie meinen: einen Text, eine Zahl oder einen Befehl. Sie brauchen diese Kennzeichnung ohnehin früher oder später und spätestens dann, wenn Angaben missverständlich werden, Sonder- oder Leerzeichen enthalten oder wenn Sie damit beginnen, PowerShell-Skripte zu verfassen.

Die Befehle oben müssten streng genommen folgendermaßen gekennzeichnet sein:

```
Expand-Archive -Path 'c:\temp\datei.zip' -DestinationPath 'c:\temp\inhalte'
explorer 'c:\temp\inhalte'
[Console]::Beep(800, 1200)
```

Halten wir also fest: Text gehört in Anführungszeichen. Zahlen nicht.

Text

Texte werden mit Anführungszeichen markiert. Das unterscheidet sie von Befehlen, wie Sie hier sehen können:

```
PS> WhoAmI ↵
dell7390\tobias
PS> 'WhoAmI' ↵
WhoAmI
```

Im ersten Fall wird der Befehl `whoami` ausgeführt (offensichtlich eine Application, weil der Befehlsname nicht aus zwei Namensteilen besteht, und damit ein plattformspezifischer Befehl, der in diesem Fall nur auf Windows verfügbar ist).

Im zweiten Fall wird der Text »WhoAmI« ausgegeben.

Als Standardtextbegrenzung werden einfache Anführungszeichen (`'`) verwendet.

Texte mit eingebetteten Variablen

Doppelte Anführungszeichen (`"`) können dazu führen, dass PowerShell den Text nachträglich ändert und er danach ganz anders aussieht, als ursprünglich angegeben:

```
PS> "Benutzer: $env:username`r`nComputer: $env:computername`r`n$home" ↵
Benutzer: tobias
Computer: DELL7390
```

Die Textausgabe entspricht ganz eindeutig nicht dem Text in den Anführungszeichen! Was hat sich geändert?

- **Variablen:** Variablen beginnen immer mit `$` und enthalten Informationen. In einem Text mit doppelten Anführungszeichen tauscht PowerShell alle Variablen gegen ihre Inhalte aus. So also sind Benutzer- und Computernamen in den Text geraten.
- **Sonderzeichen:** Durch die beiden Sonderzeichen `` `r`n `` wurde ein Zeilenumbruch eingefügt, der Text also mehrzeilig ausgegeben. Das Schwierigste an den Sonderzeichen ist wahrscheinlich, sie einzugeben: Das »`« ist der französische Accent grave, den man auf deutschen Tastaturen erhält, indem man ⇧ festhält, dann die Taste rechts neben dem »ß« drückt und noch ein Leertaste folgen lässt.

Jetzt wird vielleicht verständlich, warum das einfache Anführungszeichen bei PowerShell das Standardanführungszeichen sein sollte: Wer im Text ohnehin keine Variableninhalte oder Sonderzeichen auflösen will, erspart PowerShell damit den Mehraufwand, den Textinhalt zu prüfen und gegebenenfalls umzuwandeln.

Tipp

Welche Variablen es sonst noch gibt, verraten PowerShell-Editoren wie ISE oder VSCode bereits, wenn Sie ein $ eingeben: Dann nämlich erscheint ein Auswahlmenü mit den verfügbaren Variablennamen. In der Konsole drücken Sie [Tab], um sich die Variablennamen vorschlagen zu lassen.

Natürlich können Sie auch eigene Variablen festlegen. Dazu kommen wir etwas später.

Anführungszeichen im Text

Knifflig wird es, wenn Sie innerhalb des Texts Anführungszeichen anzeigen lassen wollen. Dann braucht man einen Weg, um diese inneren Anführungszeichen von den äußeren begrenzenden Anführungszeichen zu unterscheiden, damit PowerShell weiß, ob Sie einen Text beenden oder darin nur ein Anführungszeichen nutzen wollen. Wenn man Anführungszeichen verdoppelt, kann man sie von den begrenzenden Anführungszeichen unterscheiden:

```
PS> 'Hier stehen ''Anführungszeichen''.' [Enter]
Hier stehen 'Anführungszeichen'.
PS> "Hier stehen ""Anführungszeichen""." [Enter]
Hier stehen "Anführungszeichen".
```

In Text, der mit doppelten Anführungszeichen begrenzt wird, steht außerdem das PowerShell-Escape-Zeichen (der Accent grave `) zur Verfügung. Mit ihm kann man das jeweils folgende Zeichen »entwerten«, also seine besondere Funktionalität »abschalten«. Ein so markiertes Anführungszeichen würde also den Text nicht beenden (sondern wörtlich als Zeichen erscheinen), und auch ein $ würde nicht länger eine Variable einleiten, sondern ebenfalls wörtlich als Text erscheinen:

```
PS> "Hier stehen `"Anführungszeichen`"." [Enter]
Hier stehen "Anführungszeichen".
PS> "Variable `$env:username enthält den Wert: $env:username"
Variable $env:username enthält den Wert: tobias
```

Here-Strings

Bei größeren Texten könnte es mühselig werden, alle darin vorkommenden Anführungszeichen zu entwerten oder per Verdopplung zu maskieren.

Deshalb kennt PowerShell neben den normalen einzelnen Anführungszeichen noch weitere Textbegrenzungszeichen, die aus insgesamt drei Zeichen bestehen. Das öffnende Begrenzungszeichen besteht dabei aus den Zeichen @, Anführungszeichen (einfach oder doppelt) und Zeilenumbruch. Das schließende Begrenzungszeichen dreht die drei Zeichen um:

```
@"
Ein Text, der nun auch
"Anführungszeichen" direkt
enthalten darf.
"@
```

Bei PowerShell nennt man Texte, die auf diese Weise definiert werden, *Here-Strings*.

Here-Strings bestehen zwar meist aus mehreren Textzeilen, aber mehrzeiligen Text könnte man auch ohne sie mit ganz normalen Anführungszeichen definieren. Man braucht sie nur, wenn man Text begrenzen möchte, in dem missverständliche Anführungszeichen vorkommen *und* Sie keine Lust haben, diese Anführungszeichen einzeln zu maskieren.

Achtung

Weil der Zeilenumbruch zum Trio der Begrenzungszeichen gehört, darf man hinter dem ersten Anführungszeichen nicht sofort den Text beginnen lassen oder einen Kommentar anfügen. Hier muss zuerst ein Zeilenumbruch folgen. Ebenso darf das abschließende Begrenzungszeichen nicht eingerückt werden, weil auch dann der Zeilenumbruch als Teil des Begrenzungszeichens verloren gehen würde.

Zahlen

Zahlen sind nur dann wirklich Zahlen, wenn sie nicht in Anführungszeichen stehen. Wer Zahlen in Anführungszeichen stellt, macht daraus einen Text, der nur (zufälligerweise) aussieht wie eine Zahl. Ein Text verhält sich ganz anders als eine Zahl, wie das folgende Beispiel beweist:

```
# Korrekt: Zahl angeben und Berechnung durchführen:
PS> 5.6 * 3
16,8

# Inkorrekt: Zahl in Text verwandelt, Text wird wiederholt:
PS> '5.6' * 3
5.65.65.6

# Inkorrekt: Liste anstelle von Dezimalzahl angegeben, Liste wird wiederholt:
PS> 5,6 * 3
5
6
5
6
5
6
```

Und wieso piept der folgende Befehl trotzdem in 800 Hz und für 1.200 Millisekunden, obwohl die Zahlen fälschlicherweise in Anführungszeichen stehen?

```
PS> [Console]::Beep('800', '1200')
```

Weil PowerShell es gut mit Ihnen meint und kleinere Fehler verzeiht. Wenn PowerShell erkennt, dass die benötigte Information numerisch sein soll, wandelt es Text automatisch in Zahlen um. Empfehlenswert ist das aber nicht, denn es bedeutet doppelte Arbeit und unklare Angaben. Also: Zahlen gehören nie in Anführungszeichen, wenn Sie sie numerisch verwenden sollen!

Datum und Zeit

PowerShell kennt bei der Codeeingabe nur Zahlen und Text, aber keine besondere Kennzeichnung für Datum oder Zeit. Dennoch sind Datums- und Zeitangaben natürlich bei vielen Befehlen wichtig.

PowerShell muss Datum und Zeit also immer über den Umweg der Umwandlung aus Text herstellen, und das bietet Raum für viele Missverständnisse, die mit Ländereinstellungen und folkloristischen Datumsformaten der verschiedensten Nationen dieser Welt zu tun haben.

Was bei automatischen Umwandlungen alles schiefgehen kann, zeigt dieses Beispiel, das aus derselben Textinformation zwei völlig unterschiedliche Daten generiert:

```
PS> [DateTime]'1.12.2021'

Dienstag, 12. Januar 2021 00:00:00


PS> '1.12.2021' -as [DateTime]

Mittwoch, 1. Dezember 2021 00:00:00
```

Umso wichtiger ist es also, Datum und Zeit immer in einem Textformat anzugeben, das weltweit und bei jeder Betriebssystemsprache eindeutig und richtig umgewandelt wird. Wo immer künftig in PowerShell Datums- oder Zeitangaben benötigt werden, geben Sie diese Information deshalb im sogenannten ISO-Format an, denn dieses Format funktioniert in allen Sprachen der Welt auf dieselbe Weise:

```
yyyy-MM-dd HH:mm:ss
jahr-monat-tag stunde(24h):minute:sekunde
```

Die Beispiele zeigen, dass dieses ISO-Format in allen erdenklichen Szenarien und mit den unterschiedlichsten Spracheinstellungen immer dasselbe Ergebnis liefern:

```
PS> Get-Date -Date '2021-12-01 18:30:00'

Mittwoch, 1. Dezember 2021 18:30:00


PS> [DateTime]'2021-12-01 18:30:00'

Mittwoch, 1. Dezember 2021 18:30:00


PS> '2021-12-01 18:30:00' -as [DateTime]

Mittwoch, 1. Dezember 2021 18:30:00
```

Kommentare

Kommentare sind zwar eigentlich keine Literale, denn sie dienen dazu, Anmerkungen und Notizen in Ihren Code einzufügen, und werden von PowerShell normalerweise ignoriert. Trotzdem sollen sie gleich zu Anfang besprochen werden. Spätestens wenn Sie nämlich Code speichern und ein paar Tage (oder Monate) später noch verstehen wollen, was Sie da eigentlich gemacht haben, sind ein paar erklärende Kommentare als Gedächtnisstütze Gold wert.

`#` verwandelt alles Folgende bis zum nächsten Zeilenumbruch zum Kommentar.

`<#` leitet einen (beliebig langen) Kommentar ein, der mit `#>` abgeschlossen wird. Hier können Sie also selbst bestimmen, wo der Kommentar enden soll. Ein Skript könnte mit einem mehrzeiligen Blockkommentar zum Beispiel wichtige Hinweise zu Autor und Historie geben:

```
<#
Autor:   Tobias Weltner
Version: 1.2


12.12.2020: Version 1.0 - erstes Proof-of-Konzept
31.12.2020: Version 1.1 - Variablennamen bereinigt
10.01.2021: Version 1.2 - Rechtschreibfehler behoben
#>
```

Möglich sind aber auch Kommentare innerhalb einer Zeile, zum Beispiel um bestimmte Teile des Befehls vorübergehend »auszukommentieren«:

```
PS> Get-ChildItem -Path $home <#$home = Benutzerprofil#> -Recurse <#inkl. Unterordnern#>
```

Besondere Kommentare

Einige Kommentare sind nicht bloß persönliche Notizen, die von PowerShell höflich ignoriert werden, sondern entfalten – je nachdem, in welchem Kontext Sie sie einsetzen – erstaunliche Wirkungen:

Interaktive Konsole

Alle Zeilen, die Sie in interaktive PowerShell-Konsolen eingeben und mit [↵] abschließen, werden in einer versteckten Befehlshistorie gespeichert, die mit `Get-History` sichtbar gemacht wird. Diese Liste kann in Kombination mit dem Kommentarzeichen viel Tipparbeit sparen.

Um einen früher bereits eingegebenen Befehl erneut zu verwenden, können Sie entweder [↑] drücken und sich einzeln durch die gespeicherte Befehlshistorie bewegen, oder aber Sie geben in der Konsole `#` gefolgt von einem beliebigen Begriff ein, der in der gesuchten Befehlszeile vorkommt. Dann drücken Sie die Autovervollständigungstaste [Tab] so oft, bis die richtige Zeile angezeigt wird.

Gespeichertes Skript

Haben Sie PowerShell-Code in einer Datei gespeichert und führen diese Datei aus, legt der Kommentar `#requires` am Anfang des Skripts die Voraussetzungen fest, die erfüllt sein müssen, um dieses Skript erfolgreich ausführen zu können. Sind diese Voraussetzungen nicht erfüllt, startet PowerShell das Skript erst gar nicht.

Benötigt ein Skript zum Beispiel Administratorrechte, verhindert der folgende Kommentar am Beginn eines Skripts, dass dieses Skript ohne Administratorrechte ausgeführt wird:

```
#requires -RunAsAdministrator
```

Auch eine bestimmte PowerShell-Mindestversion (hier 5.1) sowie die Verfügbarkeit eines bestimmten Moduls kann verlangt werden (Modulnamen können bei mehreren Modulen als kommaseparierte Liste angegeben werden). Sind die Voraussetzungen nicht erfüllt, startet das Skript nicht:

```
#requires -Version 5.1 -Modules PrintManagement
```

Editoren

Spezialisierte PowerShell-Editoren wie *ISE* oder *VSCode* nutzen Kommentare für Regionsdefinitionen (siehe Abbildung 2.1). Regionen lassen sich einklappen und dienen dazu, schnell die Grundstruktur (den »Blick aufs Wesentliche«) eines Skripts sichtbar zu machen, indem der Detailcode innerhalb der Regionen eingeklappt wird.

```
#region Initialisierung          > #region Initialisierung···
                                   #endregion Initialisierung
<#
hier könnte Code stehen
#>

#endregion Initialisierung
```

Abbildung 2.1: Ein- und ausklappbare Regionen in PowerShell-Editoren

Cmdlets: die PowerShell-Befehle

Wenn Sie Aufgaben automatisieren möchten, sind Cmdlets Ihr erster Anlaufpunkt, weil solche Befehle die Möglichkeiten der PowerShell am besten ausnutzen. Einige Cmdlets sind Ihnen bereits begegnet:

```
Expand-Archive        # Entpackt eine ZIP-Datei.
Get-ChildItem         # Listet einen Ordnerinhalt auf.
Get-Variable          # Listet alle Variablen auf.
Get-History           # Listet die Befehlshistorie der Konsole auf.
Get-Date              # Listet ein Datum auf.
```

Dabei springen syntaktische Gemeinsamkeiten ins Auge: PowerShell-Befehle tragen immer einen Doppelnamen, der aus genau zwei Wortteilen besteht: einem *Verb* (Tätigkeit) und einem *Nomen* (Tätigkeitsbereich, engl. *Noun*), beide in Englisch und in der Einzahl (Singular), getrennt durch einen Bindestrich.

Dank dieser Systematik lassen sich PowerShell-Befehle mit `Get-Command` leicht aufspüren, und das ist auch nötig, denn PowerShell bietet Ihnen Tausende von Befehlen:

```
PS> (Get-Command -Verb * -Noun *).Count
3091
```

Hinweis

Runde Klammern funktionieren bei PowerShell wie in der Mathematik: Sie fassen zusammen, was darinsteht, und arbeiten mit dem *Ergebnis* weiter: in diesem Fall das Ergebnis des Befehls `Get-Command`.

Dieses Ergebnis ist eine Liste von Befehlen (ein sogenanntes *Array*). Die Größe solcher Listen kann man in PowerShell stets mit `Count` abfragen. Und weil das ein weiteres Grundprinzip ist, könnten Sie auf diese Weise auch die Anzahl vieler weiterer Dinge feststellen:

```
PS> (Get-Service).Count
292
PS> (Get-Process).Count
252
PS> (Get-Process -Name p*).Count
7
PS> (Get-ChildItem -Path c:\windows -Filter *.log).Count
8
```

Wenn Sie mit PowerShell künftig eine Aufgabe lösen möchten, überlegen Sie sich, was das gesuchte Cmdlet eigentlich genau für Sie tun soll, getrennt nach Tätigkeit (*Verb*) und Tätigkeitsbereich (*Noun*).

Dabei können Sie sich an Befehlsnamen orientieren, die Sie vielleicht schon kennen. In der Einleitung haben Sie `Expand-Archive` kennengelernt, mit dem man ZIP-Archive auspacken kann. Wie könnte man wohl umgekehrt Dateien in ein neues ZIP-Archiv verpacken?

Nach Tätigkeitsbereich suchen (»Noun«)

`Expand-Archive` nutzt als zweiten Namensteil das *Noun* `Archive`. Um ähnliche Cmdlets zu finden, die auch etwas mit »Archiven« zu tun haben, suchen Sie mit `Get-Command` nach Cmdlets, die dieses *Noun* ebenfalls verwenden:

```
PS> Get-Command -Noun Archive

CommandType Name             Version Source
----------- ----             ------- ------
Function    Compress-Archive 1.2.5   Microsoft.PowerShell.Archive
Function    Expand-Archive   1.2.5   Microsoft.PowerShell.Archive
```

Sofort springt `Compress-Archive` ins Auge: Sie könnten damit nun Dateien in einer ZIP-Datei verpacken. Die folgenden Zeilen legen einen neuen Ordner an und packen dann alle Dateien mit der Dateierweiterung *.log*, die im Windows-Ordner liegen, in eine neue ZIP-Datei:

```
PS> New-Item -Path c:\logfiles -ItemType Directory -ErrorAction Ignore
PS> Compress-Archive -Path c:\windows\*.log -DestinationPath c:\logfiles\logdateien.zip
```

Nach Tätigkeit suchen (»Verb«)

Möchten Sie lieber erfahren, was Sie sonst noch alles »auspacken« könnten, orientieren Sie sich am *Verb* des Cmdlets: `Expand-Archive` packte ZIP-Dateien aus. Die Tätigkeit heißt also `Expand`. Suchen Sie mit `Get-Command` nach allen Cmdlets, die dieses Verb verwenden, wenn Sie verwandte Cmdlets finden wollen, die ebenfalls Dinge auspacken:

```
PS> Get-Command -Verb Expand

CommandType Name                            Version Source
----------- ----                            ------- ------
Alias       Expand-IscsiVirtualDisk         2.0.0.0 IscsiTarget
Function    Expand-Archive                  1.2.5   Microsoft.PowerShell.Archive
Cmdlet      Expand-WindowsCustomDataImage   3.0     Dism
Cmdlet      Expand-WindowsImage             3.0     Dism
```

Aufgelistet wird nun möglicherweise unter anderem `Expand-WindowsImage`, das ein Betriebssystemabbild aus einer Datei (mit der Dateierweiterung **.wim*) auspackt. Extrem nützlich, falls Sie das gerade vorhatten, ansonsten einfach ein weiterer Legobaustein unter vielen in Ihrem Automationswerkzeugkasten.

Grundsätzlich kommen die meisten Cmdlets in Gruppen zu einem bestimmten Thema, und die Verben verraten dann, was die einzelnen Cmdlets der Gruppe tun. Müssen Sie beispielsweise Dienste verwalten (bei Linux *Daemons* genannt), schauen Sie sich das Noun `Service` an:

```
PS> Get-Command -Noun Service

CommandType Name        Version Source
----------- ----        ------- ------
Cmdlet      Get-Service 7.0.0.0 Microsoft.PowerShell.Management
```

```
Cmdlet      New-Service     7.0.0.0 Microsoft.PowerShell.Management
Cmdlet      Remove-Service  7.0.0.0 Microsoft.PowerShell.Management
Cmdlet      Restart-Service 7.0.0.0 Microsoft.PowerShell.Management
Cmdlet      Resume-Service  7.0.0.0 Microsoft.PowerShell.Management
Cmdlet      Set-Service     7.0.0.0 Microsoft.PowerShell.Management
Cmdlet      Start-Service   7.0.0.0 Microsoft.PowerShell.Management
Cmdlet      Stop-Service    7.0.0.0 Microsoft.PowerShell.Management
Cmdlet      Suspend-Service 7.0.0.0 Microsoft.PowerShell.Management
```

Wollen Sie lieber Prozesse (Programme) verwalten, nehmen Sie stattdessen das Noun `Process`. Sie werden auch hier eine Gruppe von Cmdlets entdecken, die alle üblichen Aufgaben rund um Prozesse abdecken.

Hinweis

In den Ergebnissen von `Get-Command` fällt die Spalte `CommandType` auf. Sie gibt an, wie Cmdlets intern programmiert sind: entweder binär kompiliert (*Cmdlet*) oder mit Bordmitteln aus PowerShell-Code (*Function*).

Streng genommen, bezeichnet der Begriff »Cmdlet« also nur einen von zwei Bautypen der PowerShell-Befehle. Da sich beide Typen für den Anwender absolut identisch verhalten und ich in diesem Kapitel nicht ständig von »Cmdlets und Funktionen« sprechen möchte, hat der `CommandType` in der Praxis nur dann eine Bedeutung, wenn hier ausnahmsweise einmal etwas ganz anderes steht: `Alias` zum Beispiel:

```
PS> Get-Command -Verb Expand -Noun *Disk*

CommandType Name                      Version Source
----------- ----                      ------- ------
Alias       Expand-IscsiVirtualDisk 2.0.0.0 IscsiTarget
```

Aliase sind Zweitnamen für Befehle. Der Parameter `-ShowCommandInfo` liefert in diesem Fall in `Definition` den Namen des eigentlichen »echten« Cmdlets, das der Alias aufrufen würde:

```
PS> Get-Command -Name Expand-IscsiVirtualDisk -ShowCommandInfo

Name          : Expand-IscsiVirtualDisk
ModuleName    : IscsiTarget
Module        : @{Name=IscsiTarget}
CommandType   : Alias
Definition    : Resize-IscsiVirtualDisk
ParameterSets : {}
```

Aliasnamen existieren hauptsächlich aus zwei Gründen: historisch (um den »Umstieg« von anderen Shells zu erleichtern) und aus Kompatibilitätsgründen (um bei Namensänderungen weiterhin die ursprünglichen Befehlsnamen zu unterstützen). `Get-Alias` liefert die Liste der gegenwärtig verfügbaren Aliase.

Beispiel: Ungefährliche Cmdlets zum Experimentieren finden

Damit bei ersten Experimenten mit neuen Cmdlets keine Unfälle passieren, suchen Sie zum Spielen am besten Cmdlets mit dem Verb `Get`. Dieses Verb zeigt an, dass das Cmdlet »Informationen beschafft«.

So was ist stets ungefährlich, und schlimmstenfalls begegnen Ihnen rote Fehlermeldungen (wenn Sie zum Beispiel nicht über die nötigen Berechtigungen verfügen, um eine bestimmte Information abzufragen). Wirklich beschädigen können Sie mit diesen Befehlen aber nichts:

```
PS> Get-Command -Verb Get

CommandType Name                       Version Source
----------- ----                       ------- ------
Function    Get-OperationValidation    1.0.1   Microsoft.PowerShell.Operation.Valida…
Cmdlet      Get-Acl                    7.0.0.0 Microsoft.PowerShell.Security
Cmdlet      Get-Alias                  7.0.0.0 Microsoft.PowerShell.Utility
Cmdlet      Get-AuthenticodeSignature 7.0.0.0 Microsoft.PowerShell.Security
Cmdlet      Get-ChildItem              7.0.0.0 Microsoft.PowerShell.Management
(...)
```

Beispiel: Netzwerkbefehle finden

Indem Sie beide Suchkriterien – *Verb* und *Noun* – kombinieren, machen Sie Ihre Suche noch spezifischer und finden im Idealfall direkt die passenden Cmdlets für Ihr Anliegen.

Möchten Sie zum Beispiel Informationen über Ihr Netzwerk erfragen, suchen Sie nach Cmdlets mit dem Verb `Get` (»Informationen beschaffen«) und einem Tätigkeitsbereich, der das Suchwort `net` enthält. Das Sternchen (*) ist ein Platzhalter und steht für beliebige andere Zeichen.

```
PS> Get-Command -Verb Get -Noun *net*

CommandType Name                            Version Source
----------- ----                            ------- ------
Function    Get-BCNetworkConfiguration      1.0.0.0 BranchCache
Function    Get-DANetworkLocationServer     3.0.0.0 RemoteAccess
Function    Get-DnsServerClientSubnet       2.0.0.0 DnsServer
Function    Get-DnsServerZoneTransferPolicy 2.0.0.0 DnsServer
Function    Get-DtcNetworkSetting           1.0.0.0 MsDtc
Function    Get-IpamSubnet                  2.0.0.0 IpamServer
Function    Get-Net6to4Configuration        1.0.0.0 NetworkTransition
Function    Get-NetAdapter                  2.0.0.0 NetAdapter
Function    Get-NetAdapterAdvancedProperty  2.0.0.0 NetAdapter
Function    Get-NetAdapterBinding           2.0.0.0 NetAdapter
(...)
```

Nach Herkunft suchen

Alle Cmdlets stammen aus externen Modulen. Module fassen Cmdlets mit einem gemeinsamen Thema oder Aufgabenbereich zusammen. Den Namen des Moduls eines Cmdlets hat `Get-Command` schon die ganze Zeit über in der Spalte `Source` aufgelistet.

Haben Sie zum Beispiel eben das Cmdlet `Get-NetIPAddress` aufgespürt, können Sie nun nicht nur die IP-Adressen Ihrer Netzwerkkarten ermitteln. Wenn Sie den Namen des Moduls kennen, aus dem das Cmdlet stammt (Spalte `Source`), lassen sich damit auch verwandte Cmdlets entdecken, die ganz beliebige Verben und Nomen verwenden, aber irgendetwas mit der TCP/IP-Netzwerkkonfiguration zu tun haben:

```
PS> Get-Command -Name Get-NetIpAddress

CommandType Name             Version Source
----------- ----             ------- ------
Function    Get-NetIPAddress 1.0.0.0 NetTCPIP

PS> Get-Command -Module NetTCPIP
```

```
CommandType Name                    Version Source
----------- ----                    ------- ------
Function    Find-NetRoute           1.0.0.0 NetTCPIP
Function    Get-NetIPAddress        1.0.0.0 NetTCPIP
Function    Get-NetIPConfiguration  1.0.0.0 NetTCPIP
Function    Get-NetIPInterface      1.0.0.0 NetTCPIP
Function    Get-NetRoute            1.0.0.0 NetTCPIP
Function    Test-NetConnection      1.0.0.0 NetTCPIP
(...)
```

`Test-NetConnection` liefert beispielsweise die IP-Adresse eines Hostnamens und zeigt in `TraceRoute` die »Sprungpunkte« von Ihrem Computer dorthin an, also die IP-Adressen der Server, die Ihre Pakete bis zu diesem Hostsystem transportieren:

```
PS> Test-NetConnection -ComputerName powershell.one -TraceRoute

ComputerName           : powershell.one
RemoteAddress          : 172.67.204.39
InterfaceAlias         : Ethernet 4
SourceAddress          : 192.168.2.105
PingSucceeded          : True
PingReplyDetails (RTT) : 15 ms
TraceRoute             : 192.168.2.1
                         62.155.243.83
                         217.5.71.90
                         4.68.71.113
                         4.69.162.177
                         213.19.194.150
                         172.67.204.39
```

Obwohl also `Test-NetConnection` etwas völlig anderes tut als `Expand-Archive` im ersten Beispiel, lässt sich dieses Cmdlet natürlich genauso einfach aufrufen. Es benötigt lediglich andere Angaben von Ihnen, aber die Grundprinzipien sind bei allen Cmdlets immer gleich.

So könnten Sie danach mit `Find-NetRoute` schnell noch den Netzwerkadapter des Computers identifizieren, über den die Verbindung zur angegebenen Zieladresse hergestellt wird:

```
PS> Find-NetRoute -RemoteIPAddress 172.67.204.39

IPAddress         : 192.168.2.105
InterfaceIndex    : 18
InterfaceAlias    : Ethernet 4
AddressFamily     : IPv4
Type              : Unicast
PrefixLength      : 24
PrefixOrigin      : Dhcp
SuffixOrigin      : Dhcp
AddressState      : Preferred
ValidLifetime     : 20.21:42:08
PreferredLifetime : 20.21:42:08
SkipAsSource      : False
PolicyStore       : ActiveStore
```

Um herauszufinden, was ein Cmdlet tut und welche Angaben es benötigt, geben Sie hinter dem Cmdlet den Parameter `-?` an:

```
PS> Find-NetRoute -?

NAME
    Find-NetRoute

SYNOPSIS
    Finds the best local IP address and the best route to reach a remote
    address.


SYNTAX
    Find-NetRoute [-CimSession <CimSession[]>] [-InterfaceIndex <UInt32>]
    [-LocalIPAddress <String>] [-ThrottleLimit <Int32>] -RemoteIPAddress
    <String> [<CommonParameters>]

DESCRIPTION
    The Find-NetRoute cmdlet finds the best local IP address and the best
    route to reach a remote address. Specify the remote address to reach.
    You can also specify an interface and a local address to use to reach
    the remote address.

    For more information about routing, see Chapter 5 - IP Routing
    (http://technet.microsoft.com/library/bb727001.aspx) in the TechNet
    library.

RELATED LINKS
    Online Version: http://go.microsoft.com/fwlink/?LinkID=313144
    Get-NetRoute
    New-NetRoute
    Remove-NetRoute
    Set-NetRoute

REMARKS
    To see the examples, type: "Get-Help Find-NetRoute -Examples"
    For more information, type: "Get-Help Find-NetRoute -Detailed"
    For technical information, type: "Get-Help Find-NetRoute -Full"
    For online help, type: "Get-Help Find-NetRoute -Online"
```

Hinweis

Falls die Hilfe bei Ihnen weniger Informationen enthält als im Beispiel oben, haben Sie wahrscheinlich noch nicht, wie in Kapitel 1 beschrieben, die PowerShell-Hilfe mit `Update-Help` heruntergeladen.

Und so geht es nun immer weiter: Jedes Cmdlet erledigt eine andere Aufgabe, aber die Bedienung erfolgt immer nach denselben Prinzipien. `Get-NetTCPConnection` liefert beispielsweise alle Netzwerkverbindungen, und wenn Sie nur die Verbindungen zum Remote-Port 443 auflisten (*https:*-Protokoll für gesicherte Webseiten), sehen Sie, welche Programme gerade Verbindungen zu Webseiten über *https:* unterhalten:

```
PS> Get-NetTCPConnection -RemotePort 443 -State Established

LocalAddress  LocalPort RemoteAddress   RemotePort State       AppliedSetting OwningProc
------------  --------- -------------   ---------- -----       -------------- ----------
192.168.2.105 64798     51.107.59.180   443        Established Internet       20976
192.168.2.105 64797     51.144.227.73   443        Established Internet       5472
192.168.2.105 64793     51.138.106.75   443        Established Internet       2436
192.168.2.105 64791     52.114.133.166  443        Established Internet       13736
```

```
192.168.2.105 64790     52.170.57.27    443        Established Internet       10276
192.168.2.105 64789     52.170.57.27    443        Established Internet       10276
192.168.2.105 64785     52.142.114.2    443        Established Internet       9560
```

Natürlich ist das nur die Spitze des Eisbergs. Sie haben bis jetzt immer nur einzelne Cmdlets aufgerufen.

Durch die Kombination mit anderen Cmdlets wie `Resolve-DnsName` und `Get-Process` kann man in der Liste auch die Namen der Programme und die Webadressen der Verbindungen anzeigen. Dazu aber später mehr.

Standardisierte Verben

Um die Suche nach unbekannten Cmdlets zu vereinfachen, begrenzt PowerShell die Liste der Verben. So heißt das Verb zum Lesen von Informationen bei PowerShell immer `Get`, und Sie brauchen es also gar nicht erst mit »List«, »Dump« oder »Print« zu versuchen. Wenn Sie künftig ein Cmdlet brauchen, das Informationen liefert, suchen Sie nach dem Verb `Get`. Immer.

Zugelassene Verben auflisten

`Get` ist eines von 100 zugelassenen Verben (ursprünglich waren es 98, ab *PowerShell* 7 sind noch die beiden neuen Verben `Build` und `Deploy` hinzugekommen):

```
PS> (Get-Verb).Count
100
```

`Get-Verb` listet die zugelassenen Verben auf. Ab *PowerShell* 7 erhalten Sie zu jedem Verb eine kurze Beschreibung in der Spalte `Description`:

```
PS> Get-Verb -Verb Out

Verb AliasPrefix Group Description
---- ----------- ----- -----------
Out  o           Data  Sends data out of the environment

PS> Get-Verb -Verb Move

Verb AliasPrefix Group  Description
---- ----------- -----  -----------
Move m           Common Moves a resource from one location to another

PS> Get-Verb

Verb        AliasPrefix Group         Description
----        ----------- -----         -----------
Add         a           Common        Adds a resource to a container, or attaches …
Clear       cl          Common        Removes all the resources from a container b…
Close       cs          Common        Changes the state of a resource to make it i…
Copy        cp          Common        Copies a resource to another name or to anot…
(...)
```

Aus der Praxis

Oft werden die Ergebnisse von Cmdlets mit »...« abgeschnitten, wenn der Platz in der Konsole knapp wird. Auf Windows-Systemen besteht ein simpler Weg darin, die Ergebnisse des Cmdlets dann an `Out-GridView` weiterzuleiten:

```
PS> Get-Verb | Out-GridView
```

Damit erscheinen die Informationen nun in einem Extrafenster, in dem immer genug Platz ist, um alle Informationen unbeschnitten anzuzeigen – Sie müssen höchstens eine Spalte mit der Maus weiter nach rechts in die Breite ziehen. Das Fenster bietet oben sogar eine praktische Texteingabe, mit der Sie die Informationen im Fenster filtern und schnell nach Inhalten suchen können.

Abbildung 2.2 zeigt das Ergebnis von `Get-Verb` mit vollständiger Beschreibung und gefiltert nach dem Stichwort »information«:

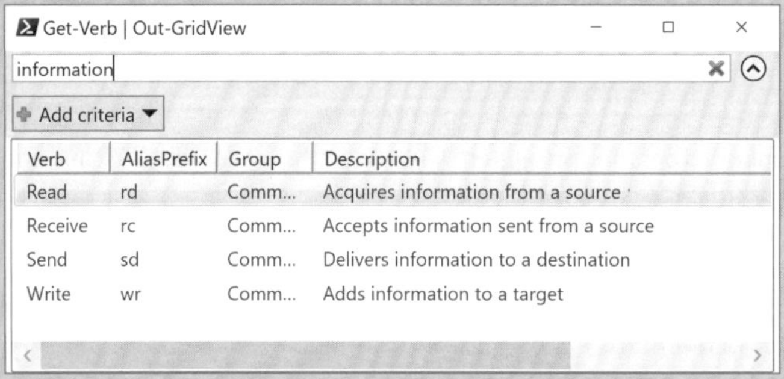

Get-Verb | Out-GridView

information

Add criteria

Verb	AliasPrefix	Group	Description
Read	rd	Comm...	Acquires information from a source
Receive	rc	Comm...	Accepts information sent from a source
Send	sd	Comm...	Delivers information to a destination
Write	wr	Comm...	Adds information to a target

Abbildung 2.2: Befehlsergebnisse verlustfrei in einem Extrafenster anzeigen und filtern

`Out-GridView` steht derzeit nur auf Windows-Betriebssystem zur Verfügung, aber in Kapitel 1 wurde bereits die nachrüstbare Alternative `Out-ConsoleGridView` vorgestellt, die auch auf Linux- und macOS-Betriebssystemen verwendbar ist.

Logische Verbpärchen

Zahlreiche Verben kommen als logische Pärchen vor, die jeweils das Gegenteil bezeichnen: `Get` und `Set` beispielsweise, `Start` und `Stop`, `Pause` und `Resume` oder eben, wie oben, `Expand` und `Compress`. Tabelle 2.1 listet die wichtigsten Pärchen und ihre Bedeutungen auf.

Verb	Gegenverb	Bemerkung
`Add`	`Remove`	Fügt einer bestehenden Sache etwas hinzu oder entfernt es. `Add-Content` fügt einer Textdatei neuen Text hinzu. Oft legen Cmdlets mit dem Verb `Add` auch Dinge neu an, falls sie bisher nicht existieren. `Add-Content` würde die Textdatei also notfalls anlegen, falls es sie noch nicht gibt.
`Approve`	`Deny`	Nimmt eine Anforderung an oder verwehrt sie. `Approve-WsusUpdate` würde beispielsweise ein Update-Paket im Wsus-Server annehmen und verteilen.
`Backup`	`Restore`	Sichert oder stellt Daten wieder her. `Backup-DhcpServer` sichert beispielsweise die Konfiguration eines DHCP-Servers.

Tabelle 2.1: Korrespondierende Verben bei Cmdlets

Verb	Gegenverb	Bemerkung
`Block`	`Unblock`	Blockiert oder hebt eine Blockierung auf. `Unblock-File` entfernt zum Beispiel die Blockierung von Dateien bei Windows, die die Ausführung einer Datei verhindert. Solche Blockierungen werden beim Herunterladen von Dateien aus unsicheren Quellen wie dem Internet automatisch aktiviert.
`Compress`	`Expand`	Komprimiert oder packt Daten aus. Oben haben Sie bereits gesehen, wie Sie mit `Expand-Archive` eine ZIP-Datei auspacken können.
`Connect`	`Disconnect`	Stellt eine Verbindung her oder beendet sie. `Connect-PSSession` verbindet sich zum Beispiel mit einer bestehenden PowerShell-Remoting-Sitzung zu einem anderen Computer.
`ConvertFrom`	`ConvertTo`	Konvertiert Daten von einem anderen oder in ein anderes Format. `ConvertFrom-Csv` verwandelt zum Beispiel Daten im CSV-Format (kommasepariert) in Objekte. `ConvertTo-Json` verwandelt Objekte in das Json-Format (*JavaScript Object Notation*).
`Enable`	`Disable`	Aktiviert oder deaktiviert eine Funktion. `Enable-PSRemoting` schaltet zum Beispiel das PowerShell-Remoting ein, sodass berechtigte Personen aus der Ferne PowerShell-Code auf Ihrem Computer ausführen dürfen. `Disable-LocalUser` deaktiviert ein lokales Benutzerkonto.
`Enter`	`Exit`	Betritt oder verlässt etwas. `Enter-PSSession` baut zum Beispiel eine Remote-Verbindung zur PowerShell eines anderen Computers auf und betritt diese Session, sodass Sie auf dem Remote-Computer interaktiv Cmdlets ausführen können (ähnlich *SSH* bei Linux).
`Export`	`Import`	Exportiert oder importiert Daten. `Export-Csv` exportiert Daten im CSV-Format als kommaseparierte Liste in eine Datei. `Import-LocalizedData` liest mehrsprachige Informationen aus einer **.psd1*-Datei passend zu den gewählten Spracheinstellungen des Betriebssystems ein.
`Get`	`Set`	Liefert Informationen oder ändert sie. `Get-Service` listet beispielsweise alle Dienste auf (*Daemons* bei Linux), während `Set-Service` die Einstellungen eines Diensts ändert (ihn beispielsweise auf »Autostart« einstellt oder deaktiviert).
`Grant`	`Revoke`	Weist ein Recht zu oder entzieht es. `Grant-AzDiskAccess` gewährt beispielsweise Zugriff auf ein Laufwerk im Cloud-Dienst *Azure*, während `Revoke-SmbShareAccess` ein Zugriffsrecht auf eine Netzwerkfreigabe entzieht.
`Install`	`Uninstall`	Installiert oder deinstalliert. `Install-Module` lädt zum Beispiel ein neues PowerShell-Modul herunter und installiert es, während `Uninstall-Module` es wieder entfernt.
`Join`	`Split`	Fügt etwas zusammen oder trennt es. `Split-Path` extrahiert zum Beispiel aus einem Dateisystempfad Bestandteile wie Laufwerk, übergeordneter Ordner oder Dateiname, während `Join-Path` einen Pfad aus Ordnerangabe und Dateinamen zusammensetzt.
`Mount`	`Dismount`	Richtet etwas ein oder entfernt es wieder. `Mount-DiskImage` richtet zum Beispiel ein dateibasiertes Disk-Image als Laufwerk ein.
`New`	`Remove`	Legt etwas Neues an oder löscht es. `New-LocalUser` legt zum Beispiel ein neues lokales Benutzerkonto an, während `Remove-LocalUser` das Konto dauerhaft löscht.
`Open`	`Close`	Öffnet oder schließt etwas. `Close-SmbOpenFile` erzwingt zum Beispiel das Schließen einer geöffneten Datei einer Netzwerkfreigabe.
`Protect`	`Unprotect`	Verschlüsselt oder entschlüsselt eine Information. `Protect-CmsMessage` verschlüsselt beispielsweise eine Textinformation, während `Unprotect-CmsMessage` die Information wieder entschlüsselt.
`Read`	`Write`	Liest oder schreibt etwas. `Read-Host` erfragt zum Beispiel eine Information vom Benutzer, während `Write-Host` Hinweise an den Benutzer direkt in die PowerShell-Konsole schreibt.
`Register`	`Unregister`	Registriert etwas oder hebt die Registrierung auf. `Register-PSRepository` registriert beispielsweise ein neues Modul-Repository, über das mit `Install-Module` weitere PowerShell-Module zum Abruf bereitgestellt werden können.

Tabelle 2.1: Korrespondierende Verben bei Cmdlets (Forts.)

Verb	Gegenverb	Bemerkung
Show	Hide	Das Verb Show zeigt an, dass das Cmdlet ein Fenster öffnet. Weil grafische Oberflächen nur auf der Windows-Plattform unterstützt werden, stehen Cmdlets wie Show-Command (Dialogfeld zum Suchen von Cmdlets) und Show-EventLog (öffnet die Ereignisanzeige) nur in Windows zur Verfügung.
Start	Stop	Startet oder beendet etwas. Start-Process startet beispielsweise einen neuen Prozess, während Start-Service einen Dienst (oder Daemon) startet. Stop-Process und Stop-Service beenden diese entsprechend.
Suspend	Resume	Hält etwas an und setzt es fort. Suspend-Service hält beispielsweise Dienste an (sofern die betroffenen Dienste dies unterstützen), und Resume-Service setzt angehaltene Dienste fort.
Push	Pop	Legt etwas auf einen Stapel oder holt es von dort ab. Push-Location legt zum Beispiel den aktuellen Ordner auf einen Stapel und merkt ihn sich dort, sodass der aktuelle Ordner nun geändert werden könnte. Pop-Location würde den aktuellen Ordner dann später wiederherstellen, indem der jeweils zuletzt auf den Stapel gelegte Pfad vom Stapel genommen und wiederhergestellt würde.
Redo	Undo	Wiederholt oder macht eine Aktion rückgängig.

Tabelle 2.1: Korrespondierende Verben bei Cmdlets (Forts.)

Probieren Sie die Verben in Tabelle 2.1 am besten gleich aus und lassen Sie sich die Cmdlets auflisten, die die Verben verwenden, zum Beispiel:

```
PS> Get-Command -Verb Enable
```

PowerShell bringt nicht für alle zugelassenen Verben Cmdlets mit. Manche Verben werden nur von Cmdlets verwendet, die von Drittanbietern bereitgestellt werden. Eine Popularitätsskala der Verben erhalten Sie so:

```
Get-Command | Group-Object -Property Verb -NoElement | Sort-Object -Property Count -Descending
```

Listing 2.1: Häufig verwendete Verben ermitteln

Das Ergebnis variiert natürlich im Einzelfall etwas, zeigt aber deutlich, dass der überwiegende Teil der Cmdlets nur 14 Verben verwenden:

```
Count Name
----- ----
 2106 Get
 1029 New
  997 Set
  956 Remove
  425 Add
  165 Update
  145 Test
  144 Enable
  138 Disable
  109 Start
   92 Stop
   74 Invoke
   62 Export
   58 Import
(...)
```

Tipp

Verben sollen *spezifisch* genug sein, um die Tätigkeit eindeutig zu beschreiben, andererseits aber auch *allgemein* genug, um die Zahl der Verben klein und überschaubar zu halten. Warum heißt also zum Beispiel das Cmdlet zum Herunterfahren eines Computers `Stop-Computer`? Wäre `Shutdown-Computer` nicht besser, leichter zu finden und auch präziser?

Stimmt, präziser schon, aber eben nicht universell genug. Würde man derart spezifische Verben zulassen, wäre die Zahl der nötigen Verben riesengroß. Das Verb `Stop` dagegen ist ein guter Kompromiss: Es ist präzise genug, dafür aber viel breiter einsetzbar und kann auch für Cmdlets wie `Stop-Service` oder `Stop-Process` verwendet werden.

Cmdlets per Fenster suchen

Das, was Sie gerade mit `Get-Command` in der Textkonsole gemacht haben, können Windows-Anwender alternativ auch in einer grafischen Oberfläche durchführen: `Show-Command` öffnet ein entsprechendes Suchfenster (siehe Abbildung 2.3), das ganz ähnlich aussieht wie das entsprechende Add-on des ISE-Editors:

```
PS> Show-Command
```

Achtung

PowerShell (genauer gesagt, das zugrunde liegende .NET Framework Core) unterstützt derzeit grafische Oberflächen nur im Windows-Betriebssystem. Betroffen von dieser Einschränkung sind alle Cmdlets mit dem Verb `Show` sowie generell alle Cmdlets, die grafische Elemente anzeigen, also zum Beispiel `Out-GridView`.

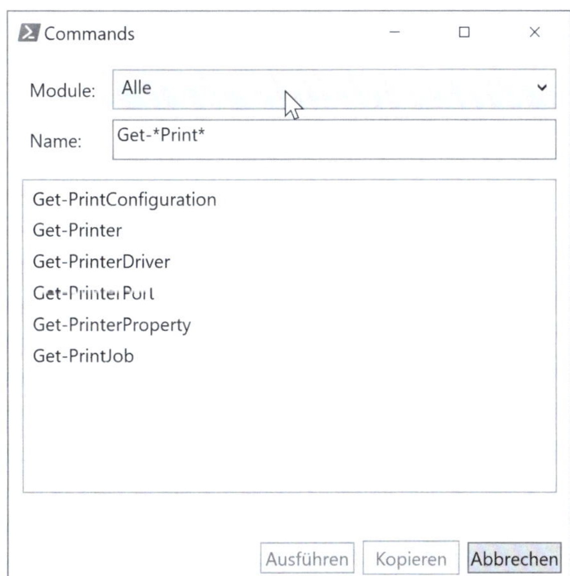

Abbildung 2.3: Cmdlets per Dialogfeld suchen

Achtung

Solange das Dialogfeld geöffnet ist (siehe Abbildung 2.3), wartet die PowerShell-Konsole und akzeptiert keine Eingaben mehr. Die PowerShell-Konsole reagiert erst erneut auf Eingaben, wenn das Dialogfeld wieder geschlossen ist.

Suchen

Im Feld *Name* formulieren Sie Ihre Suche. Platzhalterzeichen (*) sind erlaubt, aber eine separate Suche nach Verb und Noun ist nicht vorgesehen. Sie müssen also kreativ sein: Wollen Sie alle Cmdlets sehen, die das Verb `Get` besitzen und etwas mit Drucken zu tun haben, geben Sie ein: `Get-*print*`. Die Groß- und Kleinschreibung spielt bei Befehlsnamen keine Rolle.

Die Ausklappliste *Module* zeigt alle Module an, aus denen die Cmdlets stammen. Wählen Sie ein bestimmtes Modul aus, werden nur noch die Cmdlets aus diesem ausgewählten Modul angezeigt.

Tipp

Wenn Sie ein bestimmtes Modul in der Ausklappliste auswählen, leeren Sie außerdem das Feld *Name*. Andernfalls wäre die Ergebnisliste möglicherweise leer, wenn kein Cmdlet aus dem gewählten Modul Ihrem Suchkriterium in *Name* mehr entspricht.

Befehlsaufruf konzipieren

Das Dialogfeld kann auch gleich den kompletten Befehlsaufruf für Sie zusammenstellen. Dazu klicken Sie einen Befehl in der Befehlsliste an.

Im Feld darunter erscheinen nun alle Parameter des Cmdlets (siehe Abbildung 2.4, gegebenenfalls müssen Sie vorher auf *Details anzeigen* klicken). Zwingend erforderliche Parameter sind mit einem Stern gekennzeichnet. Alle anderen Parameter sind optional (freiwillig).

Bei `Get-Printer` sind zum Beispiel sämtliche Parameter optional, und sofern Sie überhaupt keinen Parameter angeben, liefert das Cmdlet kurzerhand alle Drucker.

Wenn Sie oben rechts auf das blaue Symbol mit dem Fragezeichen klicken, öffnet sich die Hilfe, die das Cmdlet und alle seine Parameter erklärt (siehe Abbildung 2.4). Die Hilfe ist allerdings nur dann vollständig, wenn Sie, wie im letzten Kapitel beschrieben, alle Hilfedateien mit `Update-Help` aus dem Internet nachgerüstet haben.

Geben Sie zum Beispiel in das Feld *Name* den Namen eines Druckers ein. Ob ein Parameter Platzhalterzeichen unterstützt, hängt vom jeweiligen Cmdlet ab. `Get-Printer` unterstützt sie, wie seine Hilfe verrät (siehe Abbildung 2.4), sodass **PDF** alle Drucker auswählen würde, in deren Name der Begriff »PDF« vorkommt.

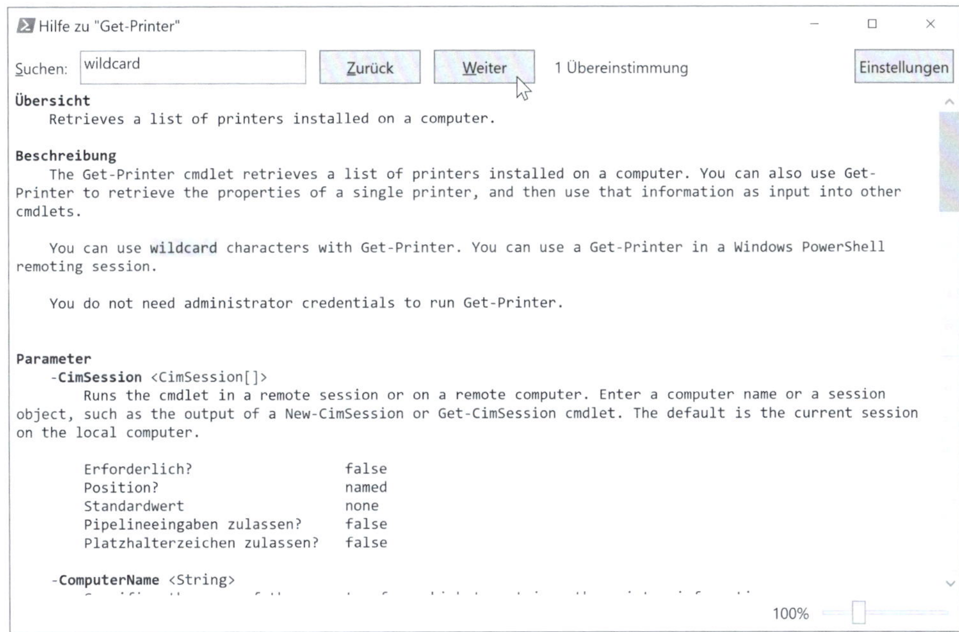

Abbildung 2.4: Die Beschreibung eines Cmdlets und seiner Parameter öffnen

In Befehlsaufruf verwandeln

Per Klick auf *Kopieren* werden Ihre Angaben in den Befehlsaufruf verwandelt und in die Zwischenablage kopiert, sodass Sie sie anderswo wieder einfügen können. Oder Sie klicken gleich auf *Ausführen* und fügen den Befehlsaufruf in die PowerShell-Konsole ein. Ausgeführt wird dieser dort aber erst, wenn Sie [↵] drücken:

```
PS> Get-Printer -Name *PDF*

Name                   ComputerName Type  DriverName             PortName
----                   ------------ ----  ----------             --------
PrintPDFUnattended                  Local Microsoft Print To PDF C:\Users\tobia\AppDa...
Microsoft Print to PDF              Local Microsoft Print To PDF PORTPROMPT:
```

Gemeinsamkeiten aller Cmdlets

`Show-Command` ist ein guter Weg für Einsteiger, sich mit Cmdlets vertraut zu machen, denn das Dialogfeld »verbildlicht« die gemeinsamen Merkmale aller Cmdlets:

- **Parameter:** Dies sind die einzelnen Informationen, die ein Cmdlet entgegennehmen kann. Das Dialogfeld (siehe Abbildung 2.5) stellt die Parameter als Formularfelder dar. In der Befehlszeile steht später vor jedem Parameternamen ein Bindestrich.
- **Argumente:** Dies sind die konkreten Informationen, die Sie einem bestimmten Parameter zuweisen wollen. Im Dialogfeld sind die Argumente das, was Sie selbst in ein Textfeld eingeben. In der Befehlszeile steht Ihr Argument durch Leerzeichen getrennt hinter dem Parameternamen.
- **Switch-Parameter:** Manche Parameter benötigen keine Argumente von Ihnen. Es genügt, dass man sie angibt. Ein populäres Beispiel ist der Parameter `-Force`, den viele Cmdlets bereithalten, wenn Sie die Durchsetzung des Cmdlets erzwingen wollen.

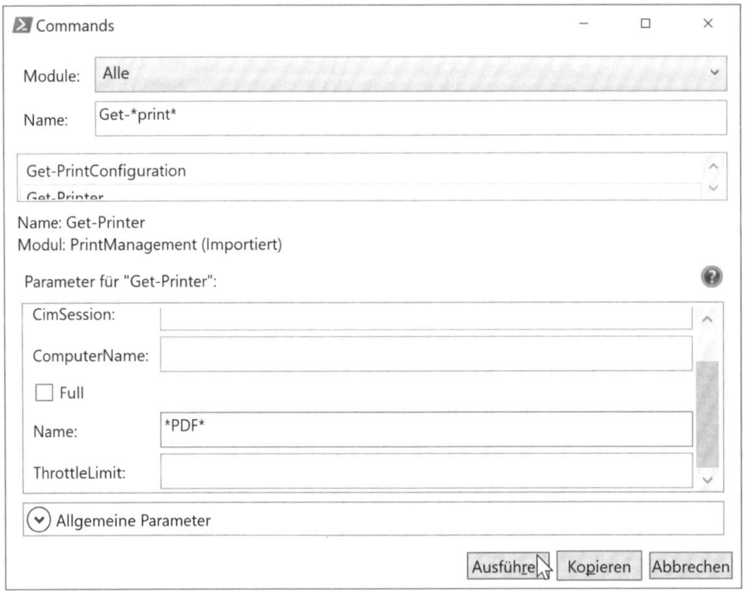

Abbildung 2.5: Cmdlet mit grafischem Dialogfeld vorbereiten und dann ausführen

Benötigt ein Parameter kein Argument von Ihnen, nennt man ihn *Switch* (engl. für Schalter, weil er ähnlich wie ein Lichtschalter nur zwei Zustände kennt, also nur »eingeschaltet« (angegeben) oder »ausgeschaltet« (weggelassen) werden kann. Solche Parameter werden im Dialogfeld als Kontrollkästchen dargestellt (zum Beispiel `-AsJob` und `-Full` in Abbildung 2.5).

Würden Sie zum Beispiel das Kästchen *Full* im Dialogfeld auswählen, erschiene später der Parameter `-Full` in Ihrer Befehlszeile, aber eben ohne ein Argument.

- **Common Parameters:** Welche Parameter ein Cmdlet jeweils unterstützt, ist ganz unterschiedlich und hängt vom jeweiligen Cmdlet ab. Einige Parameter werden von PowerShell allerdings immer und bei jedem Cmdlet hinzugefügt. Diese Parameter nennt man deshalb *Common Parameters*. Im Dialogfeld (siehe Abbildung 2.5) verbergen sie sich in der Ausklappliste *Allgemeine Parameter*.

  Der Parameter `-ErrorAction` legt zum Beispiel bei allen Cmdlets fest, was bei Fehlern passieren soll. Tragen Sie hier *Ignore* ein, werden alle Fehlermeldungen ignoriert und nicht angezeigt.

Mit Autovervollständigung suchen

`Show-Command` eignet sich indes tatsächlich nur für den absoluten Einstieg. Sie werden schnell feststellen, dass die direkte Texteingabe mit ein wenig Übung weitaus bequemer und schneller funktioniert, sofern Sie dabei die Autovervollständigungstaste [Tab] großzügig einsetzen:

Diese schlägt Ihnen nicht nur die Befehls- und Parameternamen vor, sondern häufig sogar auch die Argumente. Im Dialogfeld müssen Sie dagegen die Argumente immer selbst angeben, ohne Unterstützung zu erhalten.

Die folgenden Zeilen illustrieren, wie ein Befehlsaufruf von erfahrenen PowerShell-Anwendern zusammengestellt wird: Mit insgesamt sechs [Tab]-Drücken schreibt PowerShell den größten Teil des Aufrufs selbst:

```
PS> Get-Pro[Tab]
PS> Get-Process –[Tab]
PS> Get-Process -Name p[Tab]
PS> Get-Process -Name powershell -F[Tab]
PS> Get-Process -Name powershell -FileVersionInfo -E[Tab]
PS> Get-Process -Name powershell -FileVersionInfo -ErrorAction I[Tab]
PS> Get-Process -Name powershell -FileVersionInfo -ErrorAction Ignore [Enter]

ProductVersion   FileVersion      FileName
--------------   -----------      --------
10.0.19041.561   10.0.19041.56... C:\Windows\System32\WindowsPowerShell\v1.0\powershell…
10.0.19041.561   10.0.19041.56... C:\Windows\System32\WindowsPowerShell\v1.0\powershell…
```

Syntax verstehen

Mit dem Parameter -? erhalten Sie bei allen Cmdlets eine Schnellhilfe. Darin ist immer die besonders wertvolle *Syntax* zu sehen. Wer die darin enthaltenen Informationen versteht, kann ihr fast alle wichtigen Details zu einem Befehl entnehmen.

Schauen wir uns das bei einem weiteren interessanten Cmdlet an:

```
PS> Get-ComputerInfo -?

NAME
    Get-ComputerInfo

SYNOPSIS
    Gets a consolidated object of system and operating system properties.


SYNTAX
    Get-ComputerInfo [[-Property] <System.String[]>] [<CommonParameters>]


DESCRIPTION
    The `Get-ComputerInfo` cmdlet gets a consolidated object of system and
    operating system properties. This cmdlet was introduced in Windows PowerShell
    5.1.


RELATED LINKS
    Online Version: https://docs.microsoft.com/powershell/module/microsoft.powershel
    l.management/get-computerinfo?view=powershell-7&WT.mc_id=ps-gethelp

REMARKS
    To see the examples, type: "Get-Help Get-ComputerInfo -Examples"
    For more information, type: "Get-Help Get-ComputerInfo -Detailed"
    For technical information, type: "Get-Help Get-ComputerInfo -Full"
    For online help, type: "Get-Help Get-ComputerInfo -Online"
```

Profitipp

Wollen Sie nur die Syntax eines Cmdlets erfahren, gibt es einen schnellen Trick (der allerdings nur bei »echten« Cmdlets funktioniert – einige nachträglich selbst nachgerüstete Cmdlets liefern stattdessen Kauderwelsch).

Dieses Beispiel zeigt ausschließlich die Syntax für das Cmdlet `Get-Service`:

```
PS> (Get-Service -?).Syntax

Get-Service [-ComputerName <System.String[]>] [-DependentServices] -DisplayName
<System.String[]> [-Exclude <System.String[]>] [-Include <System.String[]>]
[-RequiredServices] [<CommonParameters>]

Get-Service [-ComputerName <System.String[]>] [-DependentServices] [-Exclude <System.String[]>]
[-Include <System.String[]>]
[-InputObject <System.ServiceProcess.ServiceController[]>]
[-RequiredServices] [<CommonParameters>]

Get-Service [[-Name] <System.String[]>] [-ComputerName <System.String[]>]
[-DependentServices] [-Exclude <System.String[]>] [-Include <System.String[]>]
[-RequiredServices] [<CommonParameters>]
```

Ersetzen Sie den Cmdlet-Namen in den runden Klammern, um die Syntax für andere Cmdlets zu erfragen.

Kommen wir zurück zu `Get-ComputerInfo`. Die Syntax für `Get-ComputerInfo` sah so aus:

```
Get-ComputerInfo [[-Property] <System.String[]>] [<CommonParameters>]
```

Aus der Syntax kann man viele wertvolle Informationen ableiten, wenn man sie zu lesen versteht:

- **Freiwillige Angaben ([...]):** Eckige Klammern kennzeichnen in der Syntax optionale (freiwillige) Angaben. Weil alle Argumente hinter `Get-ComputerInfo` in eckigen Klammern stehen, darf man das Cmdlet also ganz ohne Argumente aufrufen (und erhält dann die Computereinstellungen des eigenen Computers):

```
PS> Get-ComputerInfo
(...)
CsSystemType                                        : x64-based PC
CsThermalState                                      : Safe
CsTotalPhysicalMemory                               : 34116259840
CsPhysicallyInstalledMemory                         : 33554432
OsName                                              : Microsoft Windows 10 Pro
OsVersion                                           : 10.0.19042
OsBuildNumber                                       : 19042
OsSystemDirectory                                   : C:\WINDOWS\system32
OsSystemDrive                                       : C:
OsWindowsDirectory                                  : C:\WINDOWS
OsLocalDateTime                                     : 21.12.2020 11:17:03
OsLastBootUpTime                                    : 10.12.2020 17:22:54
OsUptime                                            : 10.17:54:09.2494051
OsBuildType                                         : Multiprocessor Free
(...)
```

- **Parameter (-...):** Die Syntax listet alle unterstützten Parameter auf, die jeweils mit einem Bindestrich beginnen. `Get-ComputerInfo` kennt nur einen Parameter: `-Property`. Zusätzlich unterstützt das Cmdlet die sogenannten *Common Parameters* (die allgemeinen Parameter), die bei jedem Cmdlet vorhanden sind.
- **Datentypen (<...>):** Hinter jedem Parameter steht in spitzen Klammern der Typ der Daten, die er erwartet: `System.String` steht für Text.
- **Listen erlaubt ([])?** Weil der Datentyp mit [] abschließt, wissen Sie, dass es ein sogenanntes Array ist. Sie dürfen dem Parameter also einen Text oder auch mehrere kommaseparierte Texte übergeben.

Mit dem optionalen Parameter `-Property` wählen Sie aus, welche Eigenschaften des Computers Sie abfragen wollen. Das wird gleich ab Seite 107 Teil einer Lösung.

Ausführliche Hilfe und Beispiele

`Get-Help` ruft die ausführliche Hilfe zu einem Cmdlet auf. In der PowerShell-Konsole verwenden Sie besser `help`. Dieser Befehl ist nicht nur kürzer, er stoppt die Ausgabe auch nach jeder Bildschirmseite. Mit [↵] blättern Sie dann eine Zeile und mit der [Leertaste] eine Bildschirmseite weiter. Diese »Paginierung« funktioniert allerdings nur in Konsolen, nicht im ISE-Editor.

Die vollständige Hilfe erhalten Sie mit dem Parameter `-Full`:

```
PS> help -Name Get-ComputerInfo -Full
```

Alternativ kann die Hilfe auch online im Browser angezeigt werden (siehe Abbildung 2.6) und ist dort meist wesentlich angenehmer zu lesen:

```
PS> help -Name Get-ComputerInfo -Online
```

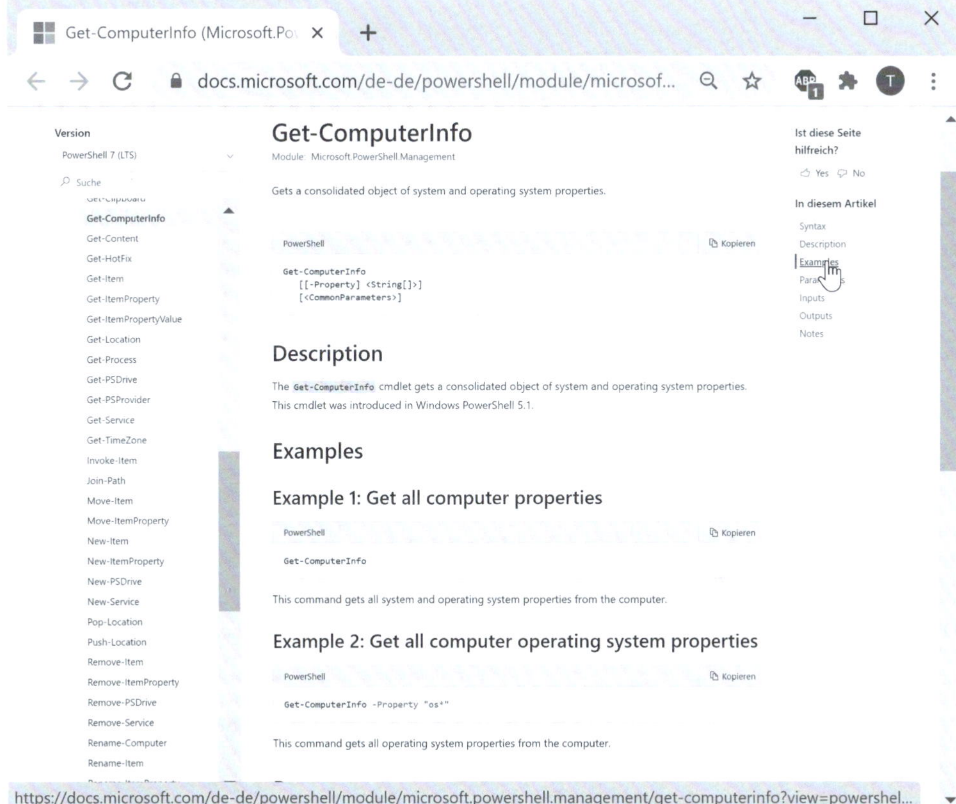

Abbildung 2.6: Onlinehilfe zu einem Cmdlet abrufen

In der Onlinehilfe (siehe Abbildung 2.6) sehen Sie links außerdem eine Liste anderer Cmdlets und rechts die Sektionen. Klicken Sie auf die Sektion *Examples*, wenn Sie Beispiele für den Einsatz des Cmdlets sehen möchten.

Schneller Blick auf Cmdlet-Parameter

Oft braucht man gar nicht die ausführliche Hilfe eines Cmdlets durchzuarbeiten. Ein Blick auf die Parameternamen eines Cmdlets genügt häufig, um festzustellen, ob es eine bestimmte Aufgabe bewältigen kann und welche Angaben dafür nötig sind.

PowerShell-Editoren wie ISE und VSCode (siehe Kapitel 1) zeigen mit IntelliSense-Menüs die Parameter eines Cmdlets blitzschnell an: Sie brauchen nur hinter dem Cmdlet ein Leerzeichen und dann ein Minuszeichen (»-«) einzugeben:

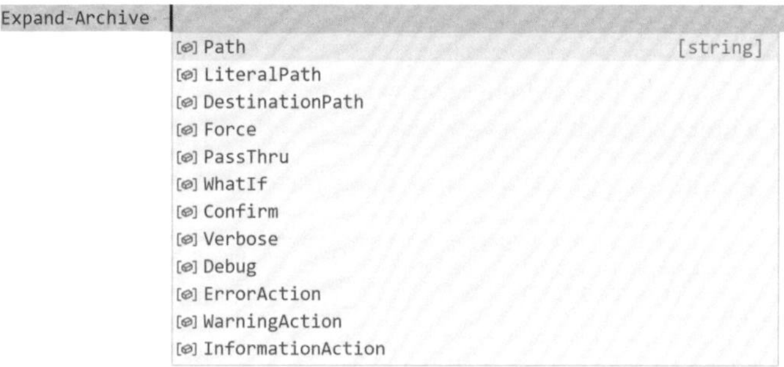

Abbildung 2.7: IntelliSense in PowerShell-Editoren verraten die Parameter eines Cmdlets.

Hinweis

IntelliSense funktioniert in VSCode nur in der Skriptansicht eines PowerShell-Skripts, nicht in der interaktiven Konsole. Es setzt voraus, dass Sie, wie im letzten Kapitel beschrieben, die PowerShell-Unterstützung eingerichtet haben.

Mit dem ISE-Editor dagegen funktioniert IntelliSense sofort und sowohl im Skript- als auch im Konsolenbereich. Allerdings steht die ISE nur unter Windows zur Verfügung und unterstützt lediglich *Windows PowerShell*.

In der Konsole hilft Ihnen die Autovervollständigungstaste [↹]: Geben Sie hinter dem Cmdlet ein Leerzeichen und dann ein Minuszeichen (»-«) an und drücken Sie so oft auf [↹], bis der gewünschte Parameter vorgeschlagen wird oder Sie alle Parameter begutachtet haben.

Wollen Sie alle Parameter auf einmal sehen, drücken Sie [Strg]+[Leertaste] (siehe Abbildung 2.8). Diese Tastenkombination öffnet in Editoren das IntelliSense-Menü und in der Konsole eine Liste.

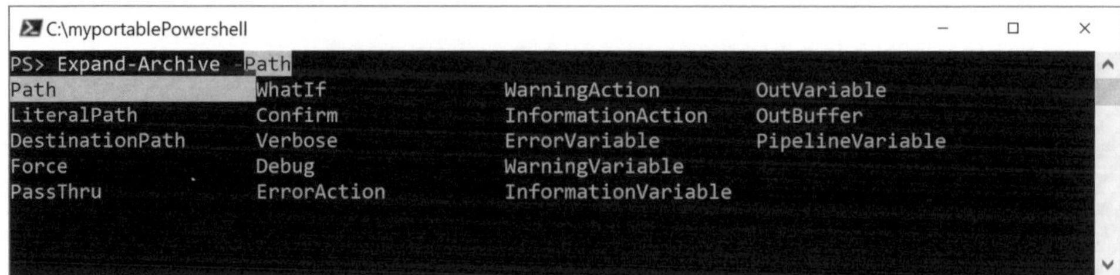

Abbildung 2.8: Mit Strg+Leertaste lassen sich die Parameter eines Cmdlets auflisten.

Hilfe für Parameter nachschlagen

Ist Ihnen bei der ersten schnellen Durchsicht kein passender Parameter ins Auge gesprungen oder sind Sie auf einen Parameter gestoßen, dessen Funktion Ihnen nicht klar ist, rufen Sie mit `help` die Hilfe zu den Parametern auf (siehe Abbildung 2.9). Sie verrät Ihnen auch, ob ein Parameter Platzhalterzeichen unterstützt.

Anstelle des Sternchens (*) können Sie auch den gewünschten Parameternamen angeben, falls Sie einen bestimmten Parameter nachschlagen wollen.

```
C:\myportablePowershell
PS> help -Name Expand-Archive -Parameter *

-DestinationPath <System.String>
    By default, `Expand-Archive` creates a folder in the current location that is the
    same name as the ZIP file. The parameter allows you to specify the path to a
    different folder. The target folder is created if it does not exist.

    Required?                    false
    Position?                    1
    Default value                A folder in the current location
    Accept pipeline input?       False
    Accept wildcard characters?  false


-Force <System.Management.Automation.SwitchParameter>
    Forces the command to run without asking for user confirmation.

    Required?                    false
    Position?                    named
    Default value                False
    Accept pipeline input?       False
    Accept wildcard characters?  false


-LiteralPath <System.String>
-- Fortsetzung  --
```

Abbildung 2.9: Die Beschreibungen für alle Parameter eines Befehls ausgeben

Anwendungsprogramme (Applications)

PowerShell ergänzt seinen Befehlssatz mit Anwendungsprogrammen. Das sind Programme, die eigenständig und auch außerhalb der PowerShell lauffähig sind. PowerShell nennt solche Befehle *Application*, um sie von den PowerShell-eigenen Cmdlets abzugrenzen.

Applications können aus einer Vielzahl von Gründen etwas problematisch sein:

- **Betriebssystemspezifisch:** Die meisten Applications stammen vom Betriebssystem oder wurden von Anwendern nachinstalliert. Diese Programme sind also meist auf anderen Computern nicht vorhanden.
- **Keine Namenssystematik:** Anders als Cmdlets dürfen Applications heißen, wie es dem Entwickler gefällt. Das führt zu einem Namenswildwuchs und teilweise sehr kryptischen Namen. Passende Anwendungen sind deshalb viel schwerer zu finden als bestimmte Cmdlets.
- **Potenziell riskant:** Aufgrund der fehlenden Namenssystematik kann man den Namen der Anwendungsprogramme nicht entnehmen, was sie tun werden, und also riskante Befehle

nicht am Namen erkennen. Bei Cmdlets dagegen deutet das Verb stets an, was der Befehl prinzipiell tun wird. Umso wichtiger ist es, niemals unbekannte Applications auszuprobieren, nur um zu sehen, was als Nächstes passiert – erst recht nicht mit Administratorrechten. Googeln Sie notfalls zuerst ausgiebig, um mehr zu einer unbekannten Application zu erfahren.

- **Textergebnisse:** Falls Applications überhaupt Resultate zurückliefern, dann höchstens in unstrukturierter Textform. Zudem sind die Ergebnisse meist lokalisiert, also in die jeweilige Sprache des Betriebssystems übersetzt. Das macht es oft sehr schwierig, in standardisierter Form mit den Ergebnissen weiterzuarbeiten.

Trotz dieser Einschränkungen sind viele Applications äußerst wertvoll für Automationslösungen und bereichern Ihren Befehlswerkzeugkasten.

Applications starten

Wenn Sie den Namen einer Application kennen, geben Sie ihn ein. Die Dateierweiterung (beispielsweise *.exe*) dürfen Sie weglassen, sofern es dadurch nicht zu Mehrdeutigkeiten kommt:

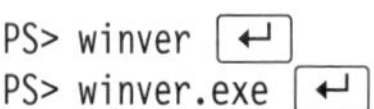

```
PS> winver ↵
PS> winver.exe ↵
```

Auf dem Windows-Betriebssystem öffnet sich ein Dialogfeld ähnlich dem in Abbildung 2.10 mit dessen Eckdaten und Versionen. Auf anderen Betriebssystemen erscheint stattdessen nur eine rote Fehlermeldung und beklagt sich, dass der Befehl `winver` unbekannt ist. Applications sind fast immer plattformspezifisch, so auch `winver`:

```
PS> winver
winver: The term 'winver' is not recognized as a name of a cmdlet, function, script file, or
executable program. Check the spelling of the name, or if a path was included, verify that the
path is correct and try again.
```

Abbildung 2.10: Ein Dialogfeld mit Betriebssystemversion per Befehl öffnen

Gefunden werden Applications über ihren Namen allerdings nur dann, wenn sie sich in einem Ordner befinden, der in der Systemumgebungsvariablen `Path` vermerkt ist. Liegt die Application woanders, geben Sie den absoluten (vollständigen) oder relativen Pfadnamen an.

Der relative Pfad *.\anwendung.exe* würde beispielsweise die Application `anwendung.exe` im aktuellen Ordner (.) starten. Der aktuelle Ordner wird normalerweise in der Eingabeaufforderung der PowerShell angezeigt und kann auch über `Get-Location` erfragt werden.

Aus der Praxis

Applications wie `winver.exe` sind nicht nur betriebssystemspezifisch. Selbst wenn sie vorhanden sind, ist ihr Nutzen für die Automation begrenzt, weil Skripte nun mal keine Informationen in Fenstern lesen können (siehe Abbildung 2.10).

Wenn es also ein alternatives Cmdlet gibt, das dieselbe Information liefert, ist dieses immer besser geeignet als eine Application.

Vorhin haben Sie bereits ein Cmdlet kennengelernt, das umfangreiche Betriebssysteminformationen lesen kann (siehe Seite 101): `Get-ComputerInfo`! Es liefert tatsächlich sogar genau dieselben Informationen wie `winver.exe`, nur eben in einer Form, in der man die Daten weiterverarbeiten kann:

```
PS> Get-ComputerInfo -Property WindowsVersion, OSBuildNumber,WindowsUBR,
WindowsRegisteredOwner, WindowsRegisteredOrganization

WindowsVersion                : 2004
OsBuildNumber                 : 19041
WindowsUBR                    : 572
WindowsRegisteredOwner        : tobias.weltner@email.de
WindowsRegisteredOrganization : psconf.eu
```

Und weil auch bei PowerShell viele Wege nach Rom führen, lernen Sie auf Seite 130 einen weiteren Weg kennen, der diese Informationen sogar noch deutlich schneller beschafft als das etwas langsame `Get-ComputerInfo`.

Applications finden

`Get-Command` kann nicht nur Cmdlets, sondern auch Applications finden. Allerdings sind Suchen nach Applications aufgrund ihrer nicht vorhandenen Namenssystematik viel kniffliger als bei PowerShell-Befehlen.

Möchten Sie zum Beispiel die Energiesparcinstellungen des Computers verwalten, könnten Sie immerhin testweise nach Applications suchen, die das Wort »power« im Namen tragen:

```
PS> Get-Command -Name *power* -CommandType Application

CommandType Name               Version           Source
----------- ----               -------           ------
Application powercfg.cpl       10.0.19041.1      C:\WINDOWS\system32\powercfg.cpl
Application powercfg.exe       10.0.19041.1      C:\WINDOWS\system32\powercfg.exe
Application POWERPNT.EXE       16.0.13426.20332 C:\Program Files (x86)\Microsoft Of...
Application powershell.exe     10.0.19041.546    C:\WINDOWS\System32\WindowsPowerShe...
Application powershell_ise.exe 10.0.19041.1      C:\WINDOWS\System32\WindowsPowerShe...
```

Das Ergebnis ist unspezifisch. Anders als bei den strukturierten Cmdlet-Namen kann man einem Namen wie `powercfg.exe` nur sehr vage entnehmen, dass damit die Energiespareinstellungen konfiguriert werden. In den Suchergebnissen finden sich auch die Anwendung PowerPoint (falls sie installiert ist) sowie PowerShell und der ISE-Editor. In der Spalte `Source` steht jeweils, wo die Anwendung gefunden wurde.

Aus der Praxis

Die Suchfunktion können Sie sich ebenfalls zunutze machen, wenn Sie herausfinden müssen, wo sich eine bestimmte Anwendung genau befindet: Stellen Sie den Befehl in runde Klammern und fragen Sie dann mit einem Punkt gezielt die Spalte `Source` ab.

Die folgende Anweisung findet heraus, wo die Anwendung `powerpnt` installiert ist:

```
PS> (Get-Command -Name powerpnt).Source
C:\Program Files (x86)\Microsoft Office\root\Office16\POWERPNT.EXE
```

Möchten Sie nur wissen, ob die Anwendung PowerPoint installiert ist, verwenden Sie einen Vergleichsoperator (mehr dazu ab Seite 124) und prüfen, ob mehr als 0 Ergebnisse zurückgeliefert wurden:

```
PS> (Get-Command -Name powerpnt -ErrorAction Ignore).Source.Count -gt 0
True
```

Das Prinzip ist wie immer universell und lässt sich künftig bei jedem Befehl einsetzen. Hier würden Sie damit ausschließlich die Spalte `IPAddress` in den Ergebnissen von `Get-NetIpAddress` ausgeben, also die Liste der aktuell vergebenen IP-Adressen ermitteln:

```
PS> (Get-NetIPAddress).IPAddress
fe80::4c91:563d:2f8f:47be%10
fe80::7879:62db:f834:f4a4%8
fe80::44a6:7f1e:eae5:1ad9%17
fe80::b50f:484b:6474:add0%12
::1
192.168.2.105
169.254.71.190
169.254.244.164
169.254.26.217
192.168.1.21
127.0.0.1
```

Profitipp

Mit dem folgenden Befehl rüsten Sie das Cmdlet `Find-PowerShellCommand` nach:

```
Install-Module -Name PsCommandDiscovery -Scope CurrentUser
```

Listing 2.2: Ein neues Cmdlet zur Suche nach unbekannten Befehlen nachrüsten

Mit diesem neuen Cmdlet kann man noch sehr viel gezielter nach Befehlen suchen als mit `Get-Command`, und insbesondere die Suche nach Applications wird beim Windows-Betriebssystem dadurch etwas leichter:

```
PS> Find-PowerShellCommand -Keyword power -CommandType Application

Command             MatchType Member                                    Type
-------             --------- ------                                    ----
powercfg.cpl        Command   .cpl: powercfg (x64) [Gui] 10.0.19041.800 Gui
```

```
powercfg.exe         Command   .exe: powercfg (x64) [Console] 10.0.19041.800    Console
POWERPNT.EXE         Command   .exe: POWERPNT (x86) [Gui] 16.0.13628.20274      Gui
powershell.exe       Command   .exe: powershell (x64) [Console] 10.0.19041.800 Console
powershell_ise.exe Command     .exe: powershell_ise (x64) [Gui] 10.0.19041.1   Gui
```

Das Ergebnis listet in der Spalte `Command` nicht nur die gefundenen Applications auf, sondern zeigt in der Spalte `Type` auch an, ob es sich um eine grafische Anwendung handelt oder um einen Konsolenbefehl. Typischerweise sind nützliche Applications vom Typ `Console`.

Dieser nützliche Service steht allerdings ausschließlich auf dem Windows-Betriebssystem zur Verfügung, weil nur hier Applications mit dem sogenannten *PE-Header* anzeigen, um was für eine Sorte von Anwendung es sich handelt.

`Find-PowerShellCommand` kann noch weitaus mehr für Sie finden, was aber den Rahmen des Buchs an dieser Stelle sprengt. Eine genauere Beschreibung und viele weitere Beispiele finden Sie hier: *https://github.com/TobiasPSP/PsCommandDiscovery*.

Systemsteuerung automatisieren

Was die einzelnen gefundenen Anwendungen tun, sieht man ihnen »von außen« meist nicht so richtig an. Die Dateierweiterung kann aber erste Hinweise geben.

Die gefundene Application `powercfg.cpl` gehört wie alle Anwendungen mit der Dateierweiterung *.cpl* zur Systemsteuerung, und wenn Sie die Application ausführen, öffnet sich die entsprechende Seite zur Verwaltung der Energieoptionen (siehe Abbildung 2.11):

```
PS> powercfg.cpl
```

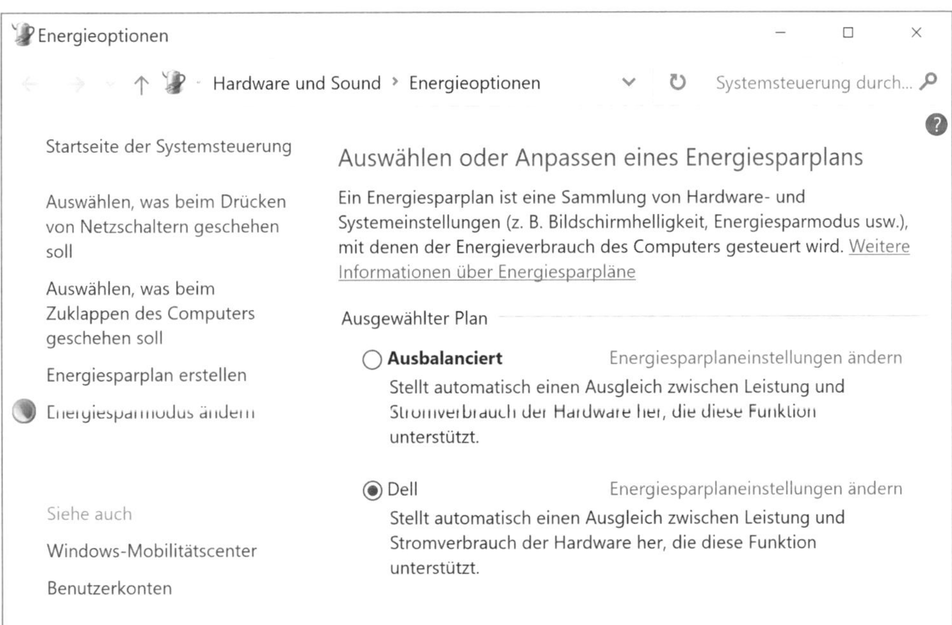

Abbildung 2.11: Einstellungen der Systemsteuerung öffnen

Tipp

Haben Sie es bemerkt? In diesem Fall mussten Sie die Dateierweiterung *.cpl* zwingend angeben, denn ohne sie gäbe es bei dieser Application Mehrdeutigkeiten:

```
PS> Get-Command -Name powercfg -All

CommandType Name         Version       Source
----------- ----         -------       ------
Application powercfg.exe 10.0.19041.1 C:\WINDOWS\system32\powercfg.exe
Application powercfg.cpl 10.0.19041.1 C:\WINDOWS\system32\powercfg.cpl
```

Tatsächlich existieren bei Windows-Systemen die Befehle `powercfg.exe` und `powercfg.cpl`. Wenn Sie die Dateierweiterung nicht angeben, wird bei Mehrdeutigkeiten immer der oberste Eintrag der Liste ausgeführt, also `powercfg.exe`. Das ist ebenfalls ein nützlicher Befehl, der aber etwas ganz anderes tut als `powercfg.cpl`. Sie können mit ihm in wenigen Augenblicken komfortable Akkunutzungsreports herstellen.

Aus diesen Gründen ist es eine gute Idee, bei Anwendungsprogrammen immer die Dateierweiterung mit anzugeben und für klare Verhältnisse zu sorgen.

Zwar können Sie die Energieoptionen in diesem Dialogfeld nicht von PowerShell aus verändern, aber zumindest gelangen Sie mit dem Befehl direkt und ohne Klickfolgen zu den Einstellungsmöglichkeiten – falls Sie dort häufiger zu tun haben. Andere Systemsteuerungskomponenten finden Sie jeweils über ihre Dateierweiterung:

```
PS> Get-Command -Name *.cpl -CommandType Application

CommandType Name         Version           Source
----------- ----         -------           ------
Application appwiz.cpl   10.0.19041.423    C:\WINDOWS\system32\appwiz.cpl
Application bthprops.cpl 10.0.19041.388    C:\WINDOWS\system32\bthprops.cpl
Application desk.cpl     10.0.19041.1      C:\WINDOWS\system32\desk.cpl
Application Firewall.cpl 10.0.19041.1      C:\WINDOWS\system32\Firewall.cpl
Application hdwwiz.cpl   10.0.19041.1      C:\WINDOWS\system32\hdwwiz.cpl
Application MLCFG32.CPL  16.0.13328.20130 C:\Program Files (x86)\Microsoft Office\r…
Application mmsys.cpl    10.0.19041.1      C:\WINDOWS\system32\mmsys.cpl
(...)
```

Systembefehle nutzen

Auch wenn die PowerShell keine Hände hat, um die Maus zu bedienen, und deshalb Dialogfelder wie das in Abbildung 2.11 nicht bedienen kann, hat sie aber dennoch die gleichen Zugriffsmöglichkeiten auf die dahinterliegenden Systembefehle. Wenn Sie also die Energiesparoptionen eines Windows-Systems automatisiert konfigurieren wollen, nutzen Sie nicht das Dialogfeld, sondern direkt die für die Einstellungen zuständigen Betriebssystembefehle.

Das wäre in diesem Fall die Application `powercfg.exe`. Wie meistens bei Applications ist es schwieriger, diesen Befehl aufzuspüren, als ihn anschließend einzusetzen. Schauen wir uns an, was diese Application kann.

Akkunutzungsreport generieren

Die Anwendung `powercfg.exe` ist zuständig für alle Energiesparfunktionalitäten in Windows-Systemen und kann nicht nur das konfigurieren, was das Dialogfeld von eben den Anwendern anbietet, sondern weitaus mehr. Auf Notebooks generiert der Befehl zum Beispiel auf Wunsch einen ausführlichen Nutzungsreport des eingebauten Akkus (siehe Abbildung 2.12), der überaus hilfreich ist, um festzustellen, warum sich der Akku wieder einmal viel zu schnell entladen hat.

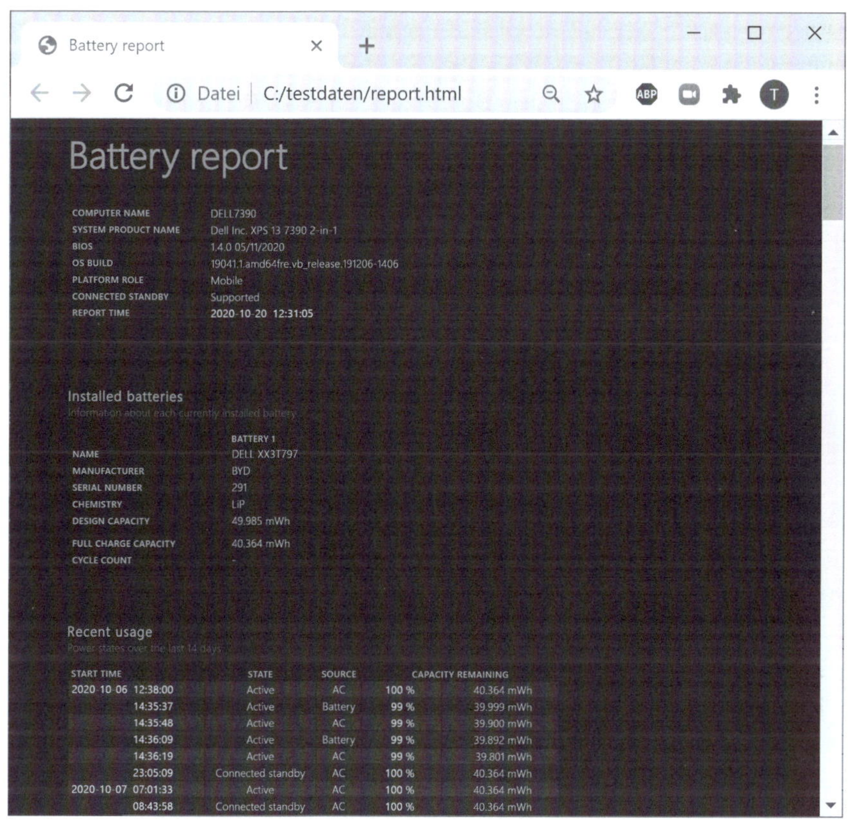

Abbildung 2.12: Akkureport über Betriebssystembefehle generieren

Schauen wir uns zunächst eine PowerShell-Lösung an, die einen Nutzungsreport der letzten 14 Tage generiert:

```
# Neuen Ordner anlegen (Fehler ignorieren):
New-Item -Path 'c:\report' -ItemType Directory -ErrorAction Ignore

# Batteriereport der letzten 14 Tage generieren
# und als HTML speichern:
powercfg /batteryreport /duration 14 /output c:\report\report.html

# Generierten Report mit Browser öffnen:
Invoke-Item -Path 'c:\report\report.html'
```

Listing 2.3: Vollautomatisch Akkureport der letzten 14 Tage generieren

Listing 2.3 hat im Grunde lediglich drei Befehle kombiniert: zwei Cmdlets und eine Application. Die Lösung besteht aus diesen drei Automationsschritten:

- **Ordner anlegen:** `New-Item` legt einen neuen Ordner an, in dem der Report gespeichert werden soll. Wenn Sie künftig Dateien oder Ordner neu anlegen wollen, kennen Sie jetzt den dafür nötigen »Legobaustein«: `New-Item`.
- **Akkureport generieren:** PowerShell verfügt über kein Cmdlet, um einen Akkureport anzulegen, aber das Betriebssystem schon: `powercfg.exe`. Was erneut zeigt, wie ausgesprochen nützlich es ist, dass PowerShell neben seinen eigenen Cmdlets auch Applications mitnutzen kann.
- **Report öffnen:** `Invoke-Item` entspricht dem Doppelklick auf eine Datei. Die Datei wird also mit dem dafür zuständigen assoziierten Programm geöffnet. Weil der Report in Form einer HTML-Datei generiert wurde, wird er also mit dem Standardbrowser angezeigt.

Und schon wieder haben Sie einen universellen Legobaustein kennengelernt. Wann immer Sie eine Datei mit dem Standardprogramm öffnen wollen, nutzen Sie künftig `Invoke-Item`.

Hilfe für Applications abrufen

Auch bei Applications ruft der Parameter `-?` häufig die Hilfe ab (sofern eine existiert). Was dann geschieht, ist aber nicht standardisiert. Einige Applications geben ihre Hilfe als Text in der Konsole aus, andere öffnen separate Hinweisfenster, und wieder andere unterstützen gar nichts davon.

Wenn Sie mehr zu `powercfg.exe` herausfinden möchten, geben Sie `-?` an:

```
PS> powercfg -?
POWERCFG /COMMAND [ARGUMENTE]

Beschreibung:
  Ermöglicht den Benutzern das Steuern der Energieeinstellungen auf einem
  lokalen System.

  Führen Sie "POWERCFG /? <BEFEHL>" aus, um ausführliche Informationen zum
  Befehl und zu den Optionen zu erhalten.

Befehlsliste:
  /LIST, /L          Führt alle Energieschemas auf.
  /QUERY, /Q         Zeigt den Inhalt eines Energieschemas an.
  (...)
  /ENERGY            Analysiert das System auf allgemeine Probleme im
                     Zusammenhang mit Energieeffizienz und Akkulaufzeit.
  /BATTERYREPORT     Generiert einen Bericht zur Akkuverwendung.
  /SLEEPSTUDY        Generiert einen Diagnosebericht zu den Leistungsübergängen des
                     Systems.
(...)
```

`powercfg.exe` steuert auf einem Windows-System also beinahe alle Aspekte der Energieoptionen, und die Hilfe listet die unterstützten Parameter auf. Jetzt könnten Sie mit PowerShell also doch noch die Einstellungen des Dialogfelds aus Abbildung 2.11 steuern, nur eben nicht direkt über das Dialogfeld.

Ausführlichere Hilfe für Applications

Oft liefern Applications zusätzliche Hilfestellung, wenn Sie den Parameter angeben, zu dem Sie mehr erfahren möchten, und dahinter erneut -? anfügen:

```
PS> powercfg /BATTERYREPORT -? ↵

POWERCFG /BATTERYREPORT [/OUTPUT <DATEINAME>] [/XML] [/TRANSFORMXML <DATEINAME.XML>]


Beschreibung:
  Generiert einen Bericht zu den Akkuverwendungseigenschaften für die gesamte Lebenszeit des
Systems. Durch den Befehl "BATTERYREPORT" wird eine HTML-Berichtsdatei am aktuellen Pfad erstellt.

Parameterliste:
  /OUTPUT <DATEINAME>     Dient zum Angeben des Pfads und des Dateinamens zum Speichern
                          des Akkuberichts als HTML- oder XML-Datei.
  /XML                    Formatiert den Bericht als XML-Datei.
  /DURATION <TAGE>        Gibt die Anzahl von Tagen für die Berichtsanalyse an.
  /TRANSFORMXML <DATEINAME.XML>   Formatiert eine XML-Berichtsdatei in HTML um.

Beispiele:
  POWERCFG /BATTERYREPORT
  POWERCFG /BATTERYREPORT /OUTPUT "batteryreport.html"
  POWERCFG /BATTERYREPORT /OUTPUT "batteryreport.xml" /XML
  POWERCFG /BATTERYREPORT /TRANSFORMXML "batteryreport.xml"
  POWERCFG /BATTERYREPORT /TRANSFORMXML "batteryreport.xml" /OUTPUT "batteryreport.html"
```

.NET-Methoden

PowerShell basiert wie viele andere Programme auf einer Programmbibliothek namens *.NET Framework*. Falls Sie zur Lösung eines Problems kein passendes Cmdlet finden, dürfen Sie diese Befehle auch direkt verwenden. Damit bilden .NET-Methoden die dritte Befehlskategorie, aus der sich der Befehlswortschatz der PowerShell zusammensetzt.

.NET-Methoden lassen sich genauso einfach verwenden wie andere Befehle. Allenfalls ihre Syntax sieht ein wenig merkwürdig aus: In eckigen Klammern geben Sie den Namen der gewünschten Bibliothek an, und mithilfe von zwei Doppelpunkten greifen Sie auf die darin enthaltenen Befehle zu.

Fassen wir kurz den Stand der Dinge zusammen, bevor Sie einige nützliche Methoden in Aktion erleben: PowerShell bietet Ihnen bis zu diesem Punkt drei verschiedene Befehlsarten an, die Sie in Ihren Automationslösungen bunt mischen dürfen:

- **Cmdlets:** Dies sind die komfortabelsten Befehle, die direkt von PowerShell stammen und absolut konsistent und gleichartig bedient werden. Zu Cmdlets erhalten Sie immer Syntax und Hilfe und können diese Befehle mit `Get-Command` aufgrund ihrer systematischen Namensgebung gezielt suchen.
- **Applications:** Dies sind eigenständige Anwendungsprogramme, die auch außerhalb der PowerShell ausgeführt werden und grundsätzlich ihr eigenes Süppchen kochen: Namensgebung, Hilfe und Ergebnisse sind sehr uneinheitlich. Deswegen können Sie Applications zwar mit `Get-Command` suchen, aber aufgrund der fehlenden Namenssystematik ist es schwierig, geeignete Applications zu finden. Trotzdem können Applications enorm wertvoll sein, wenn Sie sie erst einmal gefunden haben und wissen, wie man sie bedient.

- **Methoden:** Dies sind Basisbefehle aus den zugrunde liegenden Programmierbibliotheken. Man kann sie mit `Get-Command` gar nicht finden und muss danach googeln oder aus Codebeispielen lernen. Wie bei Applications gilt aber auch hier: Haben Sie erst nützliche Methoden gefunden, lassen sie sich für viele ähnliche Aufgaben einsetzen und sind immer dann wertvoll, wenn sich eine Aufgabe mit Cmdlets allein nicht lösen lässt.

Methoden verwenden

Das Aufspüren von neuen Methoden mag schwierig sein, aber der Einsatz von Methoden ist überhaupt kein Hexenwerk, wie die folgenden Beispiele zeigen:

```
PS> [Math]::Round(12.8936,2)
12,89

PS> [Convert]::ToString(2533,2)
100111100101

PS> [Net.Dns]::GetHostEntry('apple.de')

HostName Aliases AddressList
-------- ------- -----------
apple.de {}      {17.253.144.10}
```

Kennen Sie also erst einmal nützliche Methoden, wird es Ihnen überhaupt nicht schwerfallen, die Beispiele für eigene Zwecke anzupassen, zum Beispiel um eigene Rechenergebnisse zu runden oder andere Hostnamen oder IP-Adressen aufzulösen. Sogar die Bedeutung der Argumente erschließt sich meist durch simples Ausprobieren.

So gibt die zweite Zahl bei `Round()` die Anzahl der gewünschten Nachkommastellen an – einfach mal testen und variieren und mit den Zahlen spielen:

```
PS> [Math]::Round(12.8936,1)
12,9
```

Ebenso verhält es sich bei der Umwandlung des Zahlenformats: Die zweite Zahl bei `ToString()` legt die Zahlenbasis fest, und die 2 stand für das binäre System. Probieren Sie kurzerhand andere Zahlenbasen. 16 wandelt eine Zahl ins hexadezimale Format und 8 ins oktale:

```
PS> [Convert]::ToString(2533,8)
4745
PS> [Convert]::ToString(2533,16)
9e5
```

Hilfe für Methoden

PowerShell liefert zu Methoden zwar keine Hilfe, aber ein wenig Hilfestellung erhalten Sie dennoch:

- In PowerShell-Editoren steht Ihnen IntelliSense zur Seite (siehe Abbildung 2.13), sodass Sie auch die übrigen Methoden sehen können, die in einer Bibliothek schlummern.
- In der Konsole drücken Sie nach den zwei Doppelpunkten die Autovervollständigungstaste [Tab].

```
[Math]::
    Max
    MaxMagnitude
    Min
    MinMagnitude
    Pow
    ReferenceEquals
    Round           static decimal Round(decimal d, Sys…
    ScaleB
    Sign
    Sin
    Sinh
    Sqrt
```

Abbildung 2.13: IntelliSense verrät Ihnen die Befehle in einer .NET-Bibliothek

Haben Sie eine interessant klingende Methode entdeckt, entfernen Sie die geöffnete Klammer vom Ende des Befehlsnamens und erhalten mit [↵] sogar eine kleine Mini-Bedienungsanleitung (die im Grunde genau das ausgibt, was das IntelliSense-Menü ebenfalls zeigt):

```
PS> [Math]::Round

OverloadDefinitions
-------------------
static decimal Round(decimal d, System.MidpointRounding mode)
static decimal Round(decimal d, int decimals, System.MidpointRounding mode)
static double Round(double a)
static double Round(double value, int digits)
static double Round(double value, System.MidpointRounding mode)
static double Round(double value, int digits, System.MidpointRounding mode)
static decimal Round(decimal d)
static decimal Round(decimal d, int decimals)
```

Die *Overload Definitions* listen die verschiedenen Arten auf, auf die eine Methode aufgerufen werden kann, und Sie wissen nun, welche Argumente der Befehl erwartet und wozu die Argumente wahrscheinlich nötig sind.

Bei dem Runden von Zahlen eben wurde zum Beispiel dieser Aufruf eingesetzt:

```
static double Round(double value, int digits)
```

Das erste Argument ist demnach der Wert, der gerundet werden soll (`value`), und das zweite Argument ist die Anzahl der gewünschten Nachkommastellen (`digits`).

Falls Sie neugierig geworden sind, welche Methoden es sonst noch gibt und was man damit alles machen kann, warten in Kapitel 11 viele weitere Methoden auf Sie. An dieser Stelle ist einstweilen nur wichtig, dass Sie erkennen: Methoden sind schlicht weitere Legobausteine in Ihrem Automationsbaukasten.

Sollten Sie künftig jemals in die Verlegenheit kommen, eine Zahl bis auf eine bestimmte Anzahl von Nachkommastellen runden zu müssen, haben Sie jetzt mit `[Math]::Round()` bereits die passende Lösung. Und auch wenn Sie einen Hostnamen oder eine IP-Adresse auflösen müssen, kommt künftig immer wieder derselbe .NET-Befehl `[Net.Dns]::GetHostEntry()` zum Einsatz:

```
PS> [Net.Dns]::GetHostEntry('127.0.0.1')
```

```
HostName Aliases AddressList
-------- ------- -----------
DELL7390 {}      {::1, 192.168.2.105}

PS> [Net.Dns]::GetHostEntry('127.0.0.1').HostName
DELL7390
PS> [Net.Dns]::GetHostEntry('powershell.one')

HostName       Aliases AddressList
--------       ------- -----------
powershell.one {}      {172.67.204.39, 104.18.47.88, 104.18.46.88}

PS> [Net.Dns]::GetHostEntry('powershell.one').AddressList.IPAddressToString
172.67.204.39
104.18.47.88
104.18.46.88
```

Noch mehr Methoden

PowerShell bewahrt alles – selbst simple Zahlen oder einfachen Text – in sogenannten *Objekten* auf, die man sich wie spezialisierte Container vorstellen kann. Für jede Informationsart gibt es spezialisierte Objekttypen, und ab Kapitel 11 erfahren Sie noch viel mehr dazu. Entscheidend an dieser Stelle ist, dass alle notwendigen Befehle für den Umgang mit den Informationen direkt im Objekt eingebaut sind, und zwar in Form weiterer Methoden.

Wollen Sie beispielsweise einen Text in Großbuchstaben umwandeln, brauchen Sie nicht nach einem passenden Befehl dafür zu suchen. Der Befehl ist als Methode `ToUpper()` in jedem Text enthalten, und mit einem Punkt (.) bekommen Sie Zugriff auf diese eingebauten Befehle:

```
PS> 'Hello World!'.ToUpper()
HELLO WORLD!
```

Auch diese Methoden werden in Editoren von IntelliSense (siehe Abbildung 2.14) oder per Autovervollständigung mit [Tab] sichtbar gemacht:

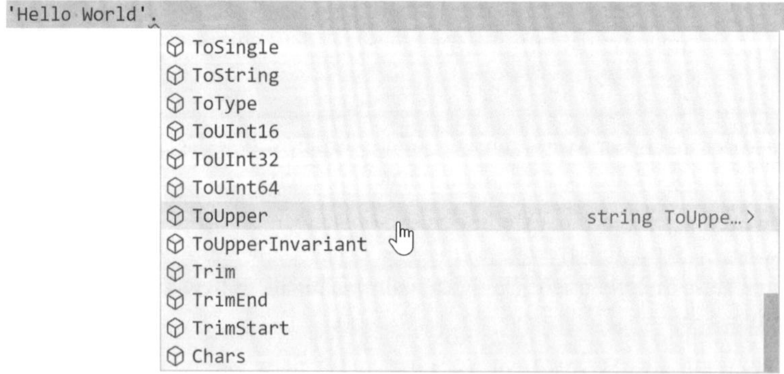

Abbildung 2.14: Alles in PowerShell wird durch Objekte repräsentiert, die nützliche Methoden enthalten.

Und auch bei diesen Methoden dürfen Sie die Klammern am Ende des Befehlsnamens weglassen, um zu sehen, welche Argumente die Methode jeweils erwartet.

Methoden: vielseitiger, aber kleinteiliger

Cmdlets sind intern aus Methoden konstruiert. Wenn Sie also für eine bestimmte Aufgabe kein Cmdlet finden oder das Cmdlet nicht ganz das leistet, was Sie benötigen, könnten Sie auch direkt auf Methoden zugreifen.

Sie verlassen dann allerdings die Komfortzone der PowerShell und seiner Cmdlets: Oft muss man viele Methoden kombinieren, um etwas Sinnvolles zu erreichen, und Hilfe gibt es nur von Google, aber nicht in der PowerShell-Hilfe.

Dies ist also eine der typischen »Kann«-Grenzen der PowerShell: Niemand zwingt Sie, diese Grenze zu überschreiten und sich mit Methoden zu beschäftigen. Wenn Sie es aber tun, stehen Ihnen plötzlich ganz neue Lösungswege offen. In gleichem Maße wird der Umgang mit dem Code dann aber auch etwas komplizierter.

Damit Sie sich ein eigenes gutes Bild der Möglichkeiten und auch Herausforderungen machen können, schauen wir uns als Nächstes zwei Dinge an:

- **Mehr Komplexität:** Anstelle eines bequemen Cmdlets nutzen wir direkt Methoden. Der Code wird dadurch komplizierter, aber ebenso wachsen die Möglichkeiten.
- **Weniger Komplexität:** Danach verpacken wir den Code in einem neuen Cmdlet. Jetzt wird der Code plötzlich wieder ganz einfach bedienbar.

Es geht hier also darum, einen ersten Eindruck vom »PowerShell-Lifecycle« zu gewinnen: wie man bei Bedarf tief in die Trickkiste greifen kann (Details ab Kapitel 11), um dann den so entstandenen komplizierten Code für sich und die Kollegen als neues, weiteres, einfach zu bedienendes Cmdlet zu verpacken (Details ab Kapitel 14).

Methoden für ZIP-Dateien »ausborgen«

Warum sollte man überhaupt zu Methoden greifen? `Expand-Archive` kann bequem ZIP-Archive auspacken, allerdings immer nur vollständig. Wollen Sie jedoch *bestimmte* Dateien auspacken oder vielleicht überhaupt nichts auspacken, sondern nur das Inhaltsverzeichnis einer ZIP-Datei lesen, muss `Expand-Archive` passen, und es gibt auch kein anderes Cmdlet dafür.

Allerdings dürfen Sie dieselben Methoden nutzen, die auch `Expand-Archive` intern verwendet, und könnten damit viele weitere Aufgaben rund um ZIP-Archive lösen. Listing 2.4 zeigt zum Beispiel, wie Sie das reine Inhaltsverzeichnis einer ZIP-Datei anzeigen lassen:

```
# Inhaltsverzeichnis einer ZIP-Datei auslesen (ZIP-Datei muss existieren!)
[System.IO.Compression.ZipFile]::OpenRead('c:\temp\datei.zip').Entries
```

Listing 2.4: Inhaltsverzeichnis einer ZIP-Datei auslesen (unzuverlässig)

Das Ergebnis ist das detaillierte Inhaltsverzeichnis der angegebenen ZIP-Datei (allerdings überraschenderweise nur, wenn Sie zuvor mindestens einmal `Expand-Archive` aufgerufen haben – andernfalls kassieren Sie eine rote Fehlermeldung):

```
Archive            : System.IO.Compression.ZipArchive
CompressedLength   : 238115
ExternalAttributes : 32
FullName           : abb9.png
LastWriteTime      : 06.11.2020 09:06:46 +01:00
Length             : 247420
Name               : abb9.png
```

```
Archive            : System.IO.Compression.ZipArchive
CompressedLength   : 147865
ExternalAttributes : 32
FullName           : Kap_01.do

LastWriteTime      : 16.12.2020 16:43:02 +01:00
Length             : 468480
Name               : Kap_01.doc
(...)
```

Wenn Sie Methoden benutzen, wacht nicht mehr die PowerShell über Sie. Stattdessen müssen Sie nun wie ein Programmierer über viele Feinheiten selbst nachdenken.

- Nutzen Sie ein Cmdlet, lädt PowerShell hinter den Kulissen vollautomatisch die dafür notwendigen Module in den Speicher, und Sie können sich allein auf das Cmdlet und die notwendigen Argumente konzentrieren.
- Wenn Sie dagegen direkt Methoden verwenden, ist es Ihre Aufgabe, sicherzustellen, dass alle dafür nötigen Bibliotheken tatsächlich geladen sind.

Auch andere Aufgaben, die bei Cmdlets vollautomatisch passieren, werden nun zu Ihrer Aufgabe: Gibt es vielleicht Dinge, die nach Gebrauch explizit wieder geschlossen werden müssen, oder Speicher, der wieder freizugeben ist?

Listing 2.4 funktionierte zwar möglicherweise bereits, aber eben nur, wenn Sie vorher mindestens einmal `Expand-Archive` ausgeführt haben. Dieses Cmdlet hatte nämlich die für die Methoden nötige .NET-Bibliothek nachgeladen. Ohne `Expand-Archive` müssen Sie das selbst erledigen.

Eine korrekte Variante, die auch ohne `Expand-Archive` funktioniert, zeigt Listing 2.5:

```
# Benötigte .NET-Bibliothek laden:
Add-Type -AssemblyName System.IO.Compression.FileSystem

# ZIP-Datei öffnen (ZIP-Datei muss existieren!)
$datei = [System.IO.Compression.ZipFile]::OpenRead('c:\temp\datei.zip')

# Inhaltsverzeichnis auslesen:
$datei.Entries

# Datei wieder schließen und Speicher freigeben:
$datei.Dispose()
```

Listing 2.5: Inhaltsverzeichnis einer ZIP-Datei auslesen (zuverlässig)

Listing 2.5 schließt die ZIP-Datei am Ende auch ordnungsgemäß und gibt den belegten Speicherplatz mit der Methode `Dispose()` frei.

Mit Methoden eigenen neuen Code herzustellen, ist also nicht unbedingt trivial, weil viele Details zu beachten sind, aber sobald Sie ein funktionierendes Codebeispiel wie Listing 2.5 kennen, lässt es sich mit überschaubarem Aufwand anpassen und bildet also wiederum einen nützlichen Legobaustein.

Nur bestimmte Dateien aus ZIP-Archiv entpacken

Falls Sie aus einem ZIP-Archiv nur bestimmte Dateien entpacken möchten, muss `Expand-Archive` zwar passen, aber mit den Methoden von eben kann man das Problem nun lösen: Listing 2.6 zeigt, wie.

Dieses Skript hätten Sie natürlich (noch) nicht selbst schreiben können, aber in Grundzügen werden Sie es bereits nachvollziehen und vor allen Dingen an eigene Szenarien anpassen können. Sie könnten damit nun also aus beliebigen ZIP-Dateien beliebige Dateien extrahieren.

Das Skript setzt voraus, dass die Datei *c:\temp\datei.zip* existiert und Grafikdateien mit der Dateierweiterung *.png* enthält. Haben Sie eine andere ZIP-Datei zur Hand, ändern Sie im Skript einfach den Pfadnamen der ZIP-Datei, und enthält die ZIP-Datei andere Dateien, dann ändern Sie die Dateierweiterung der Dateien, die aus der ZIP-Datei ausgepackt werden sollen:

```
# Ausgabeordner anlegen:
$null = New-Item -Path c:\temp\inhalte -ItemType Directory -ErrorAction Ignore

# Die .NET-Bibliothek nachladen, die Expand-Archive nutzt:
Add-Type -AssemblyName System.IO.Compression.FileSystem

# ZIP-Datei zum Lesen öffnen (die Datei muss natürlich existieren):
$zip = [System.IO.Compression.ZipFile]::OpenRead('c:\temp\datei.zip')

# Alle Dateien in der ZIP-Datei auflisten ...
$zip.Entries |
  # ... nur die Dateien wählen, die auf "PNG" enden ...
  Where-Object { $_.FullName -like '*.png' } |
  # ... und diese alle in dem gewünschten Zielordner auspacken
  # (Zielordner muss existieren):
  ForEach-Object {
    [System.IO.Compression.ZipFileExtensions]::ExtractToFile($_,
                                              "c:\temp\inhalte\$_",
                                              $true)
  }

# ZIP-Datei wieder schließen:
$zip.Dispose()

# Zielordner im Explorer öffnen:
explorer c:\temp\inhalte
```

Listing 2.6: Selektiv nur PNG-Dateien aus einem ZIP-Archiv extrahieren

Es funktioniert: Listing 2.6 packt selektiv nur bestimmte Dateien aus einem ZIP-Archiv aus. Es ist dafür leider aber deutlich unbequemer einzusetzen als ein fix und fertiges Cmdlet wie `Expand-Archive`.

Alles wird einfach

Komplizierter als Listing 2.6 wird PowerShell nicht – zum Glück. Und es zwingt Sie auch niemand, sich überhaupt mit solchem Code und direkten Methodenaufrufen zu beschäftigen. Denn PowerShell kann diese Art Code kapseln und in ein simples und gutmütiges Cmdlet verwandeln.

Genau hier schließt sich deshalb ein wichtiger Kreis im Verständnis: Zu Anfang dieses Kapitels haben Sie `Expand-Archive` kennengelernt und damit kinderleicht ZIP-Archive auspacken können. Cmdlets wie `Expand-Archive` sind in Wirklichkeit aber mindestens genauso hässlich und kompliziert wie Listing 2.6.

Wollen Sie die herbe Realität sehen, dann schauen Sie sich einfach den Quelltext von `Expand-Archive` an. Das ist möglich, weil `Expand-Archive` kein binäres Cmdlet ist, sondern eine sogenannte *Function*, also ein Cmdlet aus reinen PowerShell-Bordmitteln, die man sich anschauen kann:

```
# Sicherstellen, dass das Modul geladen ist, das Expand-Archive enthält:
PS> Import-Module -Name Microsoft.PowerShell.Archive

# Quellcode des Befehls ausgeben:
PS> ${function:Expand-Archive}
```

Wie kommt es also, dass die Arbeit mit `Expand-Archive` so einfach ist, während man bei Listing 2.6 (zumindest als Nichtprogrammierer) »Puls bekommt«?

Die Verpackung macht den Unterschied, und auch wenn Sie erst ab Kapitel 14 alle Details dazu erfahren, möchte ich Ihnen trotzdem kurz schon hier die Zusammenhänge zeigen.

Der Quellcode, den Sie im Folgenden sehen, ist noch (etwas) komplexer als der in Listing 2.6. Trotzdem brauchen Sie sich im Alltag nicht damit zu beschäftigen oder gar Änderungen und Anpassungen am Code vornehmen. Wenn Sie nämlich Listing 2.7 ausführen, erhalten Sie ein neues Cmdlet namens `Expand-ArchivePart`. Dieses lässt sich nun genauso leicht bedienen wie `Expand-Archive`: Es erfragt von Ihnen per Parameter alle veränderlichen Argumente und baut diese dann automatisch an den passenden Stellen im Code ein.

»Nackter« Code wie in Listing 2.6 verhält sich also tatsächlich so ähnlich wie ein Prototyp mit blanken Kabeln, mit dem man herumexperimentiert und austüftelt, welche Methoden die gesetzte Aufgabe lösen könnten (siehe Abbildung 2.15).

Diesen »unverpackten« Code könnte man am Ende natürlich direkt in Produktionslösungen einbauen. Wenn Sie aber absehen können, dass Sie die Funktionalität später in anderen Szenarien noch einmal gebrauchen könnten, ist es viel besser, den Code als letzten Schritt in ein weiteres einfach zu bedienendes Produktions-Cmdlet zu verwandeln. So wächst Ihr Werkzeugkasten immer weiter, und wenn Sie das nächste Mal erneut nur Teile eines ZIP-Archivs auspacken müssen, brauchen Sie nicht noch einmal umständlich ein Skript zu entwickeln, sondern greifen einfach zum wiederverwendbaren neuen Befehl.

Dazu sind gar nicht mehr viele Schritte nötig.

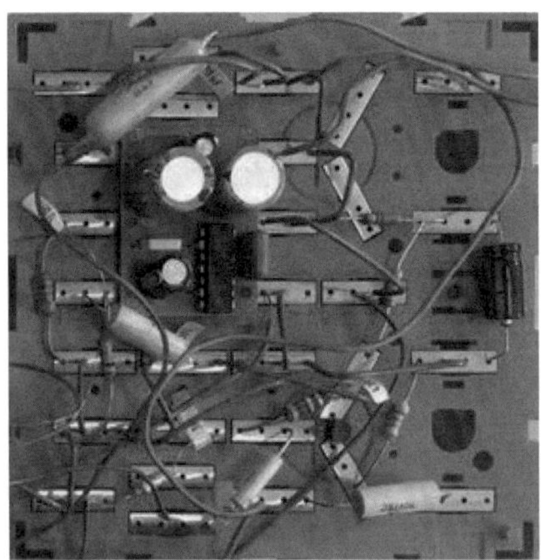

Abbildung 2.15: Experimentierkasten versinnbildlicht .NET-Code, der besser in PowerShell-Befehlen gekapselt wird

Wie so eine Umwandlung funktioniert, zeigt Listing 2.7: Es verpackt den nackten Code aus Listing 2.6 und stellt ihn als neues Cmdlet namens `Expand-ArchivePart` bereit:

```
function Expand-ArchivePart
{
  param
  (
    [String]
    [Parameter(Mandatory)]
    $Path,

    [String]
    [Parameter(Mandatory)]
    $Destination,

    [String]
    $Filter = '*'
  )

  # Zielordner anlegen, falls er noch nicht existiert:
  $exists = Test-Path -Path $Destination
  if ($exists -eq $false)
  {
    $null = New-Item -Path $Destination -ItemType Directory
  }

  Add-Type -AssemblyName System.IO.Compression.FileSystem

  $zip = [System.IO.Compression.ZipFile]::OpenRead($Path)

  # Alle Dateien in der ZIP-Datei auflisten ...
  $zip.Entries |
  # ... nur die Dateien wählen, die auf "PNG" enden ...
  Where-Object { $_.FullName -like $Filter } |
  # ... und diese alle in dem gewünschten Zielordner auspacken
  # (Zielordner muss existieren):
  ForEach-Object {
    [System.IO.Compression.ZipFileExtensions]::ExtractToFile($_,
      "$Destination\$_",
    $true)
  }

  # ZIP-Datei wieder schließen
  $zip.Dispose()
}
```

Listing 2.7: Eigener neuer Befehl Expand-ArchivePart

Der folgende Aufruf würde zum Beispiel aus der ZIP-Datei *c:\temp\datei.zip* alle Dateien in den Ordner *c:\test* entpacken, die die Dateierweiterung **.png* tragen und in deren Dateinamen mindestens eine 1 vorkommt:

```
PS> Expand-ArchivePart -Path C:\temp\datei.zip -Destination c:\test -Filter *1*.png
```

Natürlich ist dieses Beispiel nur eine erste Vorschau und nicht komplett – es fehlen noch Feinheiten wie eine Hilfe und die Möglichkeit, den Befehl dauerhaft in jeder PowerShell bereitzustellen. Aktuell können Sie `Expand-ArchivePart` nur nutzen, wenn Sie vorher Listing 2.7 ausführen.

Es ist aber schon jetzt eindrucksvoll, wie relativ einfach man in PowerShell aus einem Prototyp einen vollwertigen Befehl machen kann, der die hässliche und komplexe .NET-Welt abschirmt und genauso bequem über Parameter steuerbar wird wie alle übrigen Cmdlets auch.

Operatoren

Gäbe es nur die drei Befehlsarten in PowerShell, die wir bisher besprochen haben, müssten Sie sogar einfachste Berechnungen mit umständlichen Befehlsaufrufen realisieren. Selbst das Multiplizieren oder Addieren einer Zahl wäre dann ein Befehlsaufruf:

```
PS> [Decimal]::Multiply(10, 5)
50
PS> [Decimal]::Add(9, 12)
21
```

Das brauchen Sie natürlich nicht zu tun, denn für so etwas gibt es *Operatoren*. Sie stehen üblicherweise zwischen zwei Dingen und verknüpfen sie miteinander.

Oder anders gesagt: Operatoren sind Befehle, die ihre Argumente links und rechts neben sich finden. Was ein Operator im Einzelnen tut, kann ganz unterschiedlich sein. Mathematische Operatoren rechnen zum Beispiel:

```
PS> 10*5
50
PS> 9+12
21
PS> 1,2,3 * 2
1
2
3
1
2
3
PS> "=" * 20
====================
```

Wobei »rechnen« im weitesten Sinn gilt: Multiplizieren Sie zum Beispiel eine Liste (Array), wird diese vervielfacht, und multiplizieren Sie einen Text, wiederholt der Operator ihn. PowerShell unterstützt übrigens die wichtigsten Größeneinheiten der IT, sofern Sie die Größeneinheit direkt und ohne Leerzeichen hinter eine Zahl schreiben:

```
PS> 1MB
1048576
PS> 5KB + 12.6MB
13217177,6
```

Auch mit hexadezimalen Zahlen dürfen Sie rechnen. Wenn Sie diese Werte mit dem Präfix `0x` versehen, wandelt PowerShell sie automatisch in Dezimalwerte:

```
PS> 0xab12
43794
```

Profitipp

Hinter jedem Operator darf immer ein Zeilenumbruch erfolgen. Das ist praktisch, wenn sehr lange Zeilen auf mehrere Zeilen aufgeteilt werden sollen, und es bietet Raum für unzählige persönliche Formatierungsvorlieben.

All diese Formatierungen bewirken jeweils dasselbe:

```
# Berechnungen:
$ergebnis1 = 10 + 12 - 9.4

$ergebnis2 = 10 +
             12 -
             9.4

$ergebnis3 =
10 +
12 -
9.4

# Ausgabe:
$ergebnis1, $ergebnis2, $ergebnis3

$ergebnis1,
$ergebnis2,
$ergebnis3
```

Operatoren nachschlagen

Der Übersichtlichkeit halber sind Operatoren in Gruppen eingeteilt, und wenn Sie wie in Kapitel 1 mit `Update-Help` die PowerShell-Hilfe heruntergeladen haben, finden Sie auch dazu Unterstützung:

```
PS> help operator

Name                              Category  Module                    Synopsis
----                              --------  ------                    --------
about_Arithmetic_Operators        HelpFile
about_Assignment_Operators        HelpFile
about_Comparison_Operators        HelpFile
about_Logical_Operators           HelpFile
about_Operators                   HelpFile
about_Operator_Precedence         HelpFile
about_Pipeline_Chain_Operators    HelpFile
about_Type_Operators              HelpFile
```

Um mehr über die Operatoren in einer Gruppe zu erfahren, geben Sie den Gruppennamen an:

```
PS> help about_Arithmetic_Operators


ABOUT ARITHMETIC OPERATORS


SHORT DESCRIPTION

Describes the operators that perform arithmetic in PowerShell.


LONG DESCRIPTION

Arithmetic operators calculate numeric values. You can use one or more
arithmetic operators to add, subtract, multiply, and divide values, and to
calculate the remainder (modulus) of a division operation.
(...)
```

Schauen wir uns kurz die wichtigsten Operatorengruppen an.

Vergleichsoperatoren

Vergleichsoperatoren prüfen, ob ein bestimmter Vergleich erfüllt ist. Bei Einzelwerten geben sie immer `$true` (Vergleich erfüllt) oder `$false` (Vergleich nicht erfüllt) zurück:

```
PS> 6 -gt 10
False
```

Stehen auf ihrer linken Seite mehrere Werte (oder liefert ein Befehl mehrere Ergebnisse), dann filtern Vergleichsoperatoren stattdessen und liefern die Elemente zurück, bei denen der Vergleich `$true` ergeben hat:

```
PS> 1,2,3,4,1,5,2,3 -ge 4
4
5
```

Das ist nützlicher, als man denkt: Weil Konsolenbefehle wie `ipconfig` oder `netstat` ihre Ergebnisse in Form einzelner Textzeilen liefern, kann `-like` daraus sehr einfach Textzeilen herausfiltern, die ein bestimmtes Schlüsselwort enthalten:

```
PS> (ipconfig) -like '*IPv4*'
   IPv4-Adresse  . . . . . . . . . . : 192.168.2.105

PS> (netstat -an) -like '*HERGESTELLT*'
  TCP    192.168.2.105:49429    51.103.5.186:443       HERGESTELLT
  TCP    192.168.2.105:64228    172.253.120.188:5228   HERGESTELLT
  TCP    192.168.2.105:64835    192.168.2.106:5510     HERGESTELLT
  TCP    192.168.2.105:64836    192.168.2.106:5510     HERGESTELLT
  TCP    192.168.2.105:64837    192.168.2.106:5510     HERGESTELLT
(...)
```

Textoperatoren

Textoperatoren wie `-split` und `-join` zerlegen Texte in ihre Bruchstücke oder fügen Bruchstücke zusammen. Allein mit Operatoren und dem Befehl `Get-Random` könnte man zum Beispiel einen einfachen Kennwortgenerator bauen:

```
(Get-Random -Count 6 -InputObject
('a,b,c,d,e,f,g,h,k,m,n,p,r,s,t,u,v,w,x,y,z,2,3,4,5,6,7,8,9,!,$,%,&,=,?' -split ',')) -join ''
```

Listing 2.8: Ein sehr einfacher Kennwortgenerator

Zuweisungen und Pipeline

Der Einzeiler in Listing 2.8 funktioniert, sieht aber recht fürchterlich aus. Deshalb können Zuweisungsoperatoren (`=`) Zwischenergebnisse in Variablen speichern. Mit dem Pipeline-Operator (`|`) lassen sich Ergebnisse direkt an einen anderen Befehl senden.

So kann man Anweisungen in mehrere Schritte aufgliedern und übersichtlicher machen:

```
# Aus diesen Zeichen soll das Kennwort bestehen können:
$text = 'a,b,c,d,e,f,g,h,k,m,n,p,r,s,t,u,v,w,x,y,z,2,3,4,5,6,7,8,9,!,$,%,&,=,?'

# Den langen Text an den Kommata aufsplitten. In $zeichen liegen nun die
```

```
# einzelnen Zeichen.
$zeichen = $text -split ','

# Aus den verfügbaren Zeichen für das Kennwort 6 Zeichen auswählen:
$zufallsauswahl = $zeichen | Get-Random -Count 6

# Die zufällig gewählten Zeichen mit -join zu einem Gesamttext zusammenfügen
# und zwischen den Zeichen kein Verbindungszeichen verwenden.
$kennwort = $zufallsauswahl -join ''

# Kennwort ausgeben:
"Kennwort: $kennwort"
```

Listing 2.9: Kennwortgenerator mit Variablen und Pipeline

Achtung

Der Operator = ist ausschließlich ein Zuweisungsoperator, kein Vergleichsoperator. Wenn Sie auf Gleichheit prüfen wollen, verwenden Sie stattdessen den Operator `-eq` (engl. *equals*).

Zahlenreihen

Mit dem aus zwei Punkten bestehenden Operator (`..`) lassen sich Zahlenreihen generieren, und daraus könnten Sie zum Beispiel IP-Segmente formen:

```
PS> 1..5
1
2
3
4
5
PS> 1..5 | Foreach-Object { "10.12.1.$_" }
10.12.1.1
10.12.1.2
10.12.1.3
10.12.1.4
10.12.1.5
```

Oder Lottozahlen generieren:

```
$lottozahlen = 1..49 | Get-Random -Count 7
"Ihre Ziehung: $lottozahlen"
```

Listing 2.10: Lottozahlenziehung per PowerShell

Auch die Zahlenreihen sind also lediglich ein weiterer Legobaustein, den man mit anderen Befehlen kombinieren kann, um alles Mögliche herzustellen – zum Beispiel achtstellige Servernamen:

```
8..12 | ForEach-Object { "$_".PadLeft(8, '0') }
00000008
00000009
00000010
00000011
00000012
```

Was die Frage aufwirft: Was genau tut `Foreach-Object` hier eigentlich? Das führt uns direkt zum nächsten Abschnitt:

Befehle verbinden

Gäbe es für jedes Problem der Welt den einen passenden Befehl, wäre Automation sehr einfach. Dann allerdings müsste PowerShell aus Millionen von Befehlen bestehen, und selbst dann würde Ihnen sicher noch eine neue Aufgabe einfallen, die davon nicht abgedeckt ist.

Deshalb geht PowerShell einen anderen Weg und macht seine Befehle teamfähig. Im Team können einzelne Befehle so gut wie jedes noch so komplexe Problem lösen. Stellen Sie sich deshalb die Befehle am besten vor wie Legobausteine, aus denen Sie die unterschiedlichsten Automationslösungen zusammenbauen können.

Im einfachsten Fall besteht die Teamarbeit bloß aus mehreren voneinander unabhängigen Einzelbefehlen, die wie beim Akkureport in Listing 2.3 der Reihe nach abgearbeitet werden. Viel häufiger ist es aber nötig, dass Befehle als echtes Team zusammenarbeiten müssen, indem ein Befehl die Ergebnisse eines anderen Befehls weiterverarbeitet.

Das Türchen-Modell

Wenn ein Befehl Ergebnisse zurückliefert, implementiert PowerShell drei »Türchen«, durch die die Ergebnisse des Befehls geleitet werden können (siehe Abbildung 2.16). Eines der drei Türchen wird immer verwendet. Dabei geht PowerShell in der in Abbildung 2.16 gekennzeichneten Reihenfolge vor. Wenn Sie keins der Türchen einsetzen, nutzen Befehlsergebnisse automatisch »Türchen 3«.

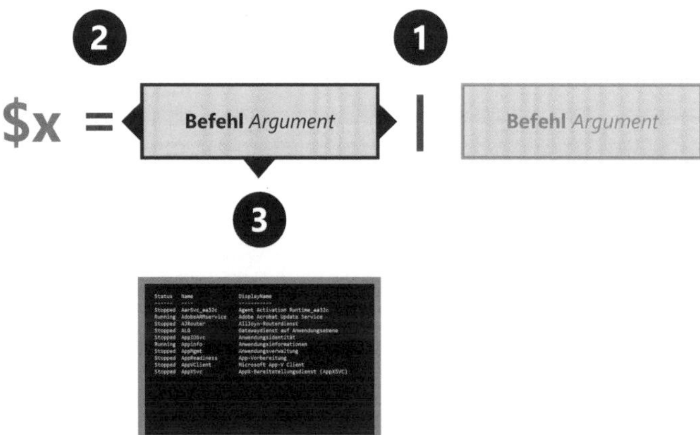

Abbildung 2.16: Weiterleiten von Ergebnissen über drei verschiedene »Türchen«

Wir schauen uns als Nächstes an, was bei den drei Türchen genau geschieht, und beginnen mit »Türchen 3«. Das kommt nämlich vollautomatisch zum Einsatz, wenn Sie kein besonderes Türchen wählen.

Normalfall: »Türchen 3«

»Türchen 3« wandelt die Ergebnisse des Befehls in Text um und gibt diesen Text sichtbar in der PowerShell-Konsole aus. Das erklärt schon einmal, warum Sie bei PowerShell zur Ausgabe keine besonderen Ausgabebefehle wie `echo` oder `print` benötigen:

```
PS> Get-Date

Donnerstag, 22. Oktober 2020 11:31:10
```

Auch wenn Sie Berechnungen durchführen, landet das Ergebnis dank »Türchen 3« ohne weitere Ausgabebefehle sichtbar in der Konsole:

```
PS> 100 * 2 / 44 + 8.65
13,1954545454545
```

Wenn Sie genau hinschauen, entdecken Sie die Spuren von »Türchen 3« und seiner Textumwandlung: Warum war wohl das Dezimaltrennzeichen in der Befehlszeile noch ein Punkt (.), im Ergebnis dagegen ein Komma (,)? Ein Blick hinter die Kulissen erklärt das:

- **Textumwandlung:** Konsolen können ausschließlich Text anzeigen. Die Ergebnisse der Befehle werden also immer in Text umgewandelt. Das, was Sie in der Konsole sehen, ist demnach nur eine Annäherung an die wahren Daten, denn die allermeisten Befehle liefern keinen Text zurück, sondern Informationen ohne feste Gestalt (sogenannte *Objekte*). Den Unterschied werden Sie gleich noch genauer sehen können.

  Nur bei der Umwandlung in Text wird – wo anwendbar – die aktuelle Spracheinstellung Ihres Betriebssystems berücksichtigt. Deshalb erscheint der Wochentag in obigem Beispiel in Deutsch als »Donnerstag«, und bei Zahlen wird das Dezimaltrennzeichen verwendet, das in den regionalen Spracheinstellungen Ihres Betriebssystems vermerkt ist (auf deutschen Systemen ein Komma). Auf einem englischen oder französischen System sähen die Ausgaben ganz anders aus. Hier die Ausgabe der Befehle von eben auf einem englischen System:

  ```
  PS> Get-Date

  Thursday, October 22, 2020 11:33:12 AM

  PS> 100 * 2 / 44 + 8.65
  13.1954545454545
  ```

- **Informationsverlust:** Der Platz in der Konsole ist begrenzt. Die Ergebnisse eines Befehls werden (wenn nötig) gekürzt. In der Textausgabe der Konsole können Informationen verloren gehen, Spalten werden möglicherweise nicht vollständig angezeigt oder mit »…« abgekürzt.

»Türchen 3«, die Ausgabe in die Konsole, ist also nur eine Vorschau, mit der Sie Befehlsergebnisse näherungsweise begutachten können. Für präzise und reproduzierbare Automation eignet sich die auf Text reduzierte Information in der Konsole hingegen nicht mehr.

Dafür sind die anderen beiden Türchen gedacht. Als Nächstes schauen wir uns an, wie die Ergebnisse von einem Befehl direkt zu einem anderen »streamen« können, beinahe wie eine Eimerkette bei der Feuerwehr.

Modernes Pipeline-Streaming: »Türchen 1«

Mit dem Pipeline-Operator (|) werden Befehle direkt miteinander gekoppelt: Die Ergebnisse des ersten Befehls werden direkt an den folgenden Befehl weitergereicht und dabei nicht verändert, umgewandelt oder gekürzt.

In der Konsole wurde die Datumsinformation von `Get-Date` zum Beispiel in die Sprache des Betriebssystems übersetzt und als Datumsangabe formatiert:

```
PS> Get-Date

Donnerstag, 22. Oktober 2020 11:31:10
```

Wenn Sie das Ergebnis von `Get-Date` dagegen mit dem Pipeline-Operator | weiterleiten, erhält der nachfolgende Befehl das unveränderte Originalergebnis von `Get-Date`:

```
PS> Get-Date | Out-GridView
```

`Out-GridView` zeigt alles, was man ihm sendet, in einem separaten Fenster an (siehe Abbildung 2.17).

Hinweis

`Out-GridView` steht zwar nur unter Windows zur Verfügung, es soll hier aber auch bloß stellvertretend für beliebige Cmdlets die Datenübertragung per Pipeline veranschaulichen. Selbst wenn Sie `Out-GridView` auf Ihrem Betriebssystem also nicht ausführen können, finden sich die entscheidenden Details direkt in Abbildung 2.17.

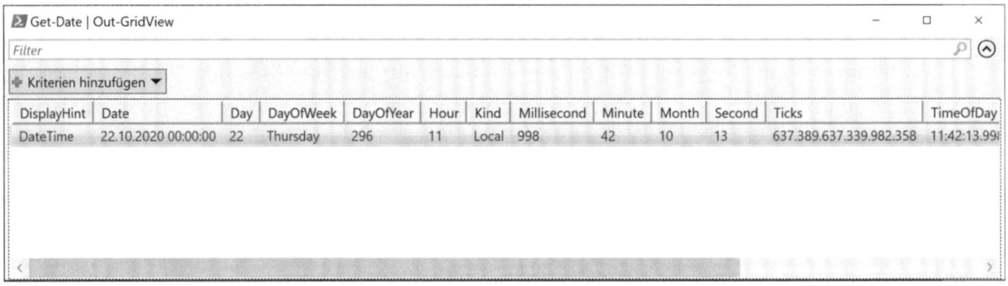

Get-Date | Out-GridView

Filter

Kriterien hinzufügen

DisplayHint	Date	Day	DayOfWeek	DayOfYear	Hour	Kind	Millisecond	Minute	Month	Second	Ticks	TimeOfDay
DateTime	22.10.2020 00:00:00	22	Thursday	296	11	Local	998	42	10	13	637.389.637.339.982.358	11:42:13.99

Abbildung 2.17: In der Pipeline bleiben Daten strukturierte Objekte.

`Out-GridView` offenbart: `Get-Date` liefert in Wirklichkeit ein *Datumsobjekt*, das die Zeitinformation in vielen separaten Spalten (sogenannten *Eigenschaften*) mit allen wichtigen Details (und stets in Englisch) anzeigt. Mit diesen Informationen kann ein Automationsskript verlässlich arbeiten. Sie werden in einem Moment sehen, wie Sie auf die einzelnen Informationen des Datumsobjekts konkret zugreifen. Zuerst schauen wir uns aber die wichtigsten Pipeline-Cmdlets an.

Zwar kann man grundsätzlich beliebige Cmdlets mithilfe der Pipeline koppeln, aber in beinahe jedem PowerShell-Skript findet sich eine Handvoll Cmdlets, die mithilfe der Pipeline Befehlsergebnisse aufbereiten, auswählen und filtern können (die ausführliche Darstellung finden Sie später in Kapitel 5). Diese besonderen Pipeline-Cmdlets schauen wir uns jetzt etwas genauer an, bevor wir dann zum Datumsobjekt von eben zurückkehren.

PowerShell-SQL

Oft liefern Befehle zwar prinzipiell die richtigen Informationen, aber perfekt sind sie noch nicht. Vielleicht würden Sie gern bestimmte Spalten ausblenden (oder auch andere einblenden) oder einige Datensätze herausfiltern.

Genau dafür ist eine Gruppe bestehend aus sechs Cmdlets zuständig, die die ehrwürdige Datenbankabfragesprache *SQL* adaptiert. SQL hat sich bei Datenbanken über Jahrzehnte bewährt, und auch bei Datenbanken geht es ja darum, sich gezielt bestimmte Informationen aus den Gesamtdaten auszuwählen. So hat man dieses Konzept einfach auf die PowerShell übertragen und mit insgesamt sechs Cmdlets abgebildet.

Die beiden wichtigsten Cmdlets heißen `Select-Object` (Spalten aussuchen) und `Where-Object` (Zeilen aussuchen).

Erwünschte Spalten selbst festlegen

Mit `Select-Object` bestimmen Sie, welche Spalten (Eigenschaften) für Sie wichtig sind. In Abbildung 2.17 haben Sie gesehen, dass `Get-Date` in Wirklichkeit das Datum in viele Einzelinformationen aufsplittet. Mit `Select-Object` könnten Sie sich daraus die Informationen herauspicken, die Sie benötigen:

```
PS> Get-Date | Select-Object -Property Day, DayOfWeek, DayOfYear, Year

Day DayOfWeek DayOfYear Year
--- --------- --------- ----
 28    Monday       363 2020
```

Tipp

`Select-Object` unterstützt Platzhalterzeichen (*). Sie können also auch sämtliche Eigenschaften sichtbar machen – oder alle Eigenschaften anzeigen, die ein bestimmtes Wort enthalten:

```
PS> Get-Date | Select-Object -Property *Day*

Day DayOfWeek DayOfYear TimeOfDay
--- --------- --------- ---------
 28    Monday       363 11:07:35.3745108

PS> Get-Date | Select-Object -Property *

DisplayHint : DateTime
DateTime    : Montag, 28. Dezember 2020 11:07:41
Date        : 28.12.2020 00:00:00
Day         : 28
DayOfWeek   : Monday
DayOfYear   : 363
Hour        : 11
Kind        : Local
Millisecond : 13
Minute      : 7
Month       : 12
Second      : 41
Ticks       : 637447504610134415
TimeOfDay   : 11:07:41.0134415
Year        : 2020
```

Nebenbei wird ein weiterer Automatismus der PowerShell sichtbar: Normalerweise werden Ergebnisse als Tabelle formatiert. Würde die Tabelle aber zu breit, formatiert PowerShell die Ergebnisse automatisch als Liste. Wenn Sie mit `Select-Object` beispielsweise mehr als vier Spalten auswählen, ist das Ergebnis immer eine Liste.

`Select-Object` kann auf sämtliche Eigenschaften der Objekte zugreifen, also auch auf jene, die aufgrund von Platzmangel oder der Textumwandlung in der Konsole normalerweise nicht sichtbar sind (siehe Abbildung 2.16). `Get-Process` liefert zum Beispiel Informationen, die nur sichtbar werden, wenn Sie sie explizit mit `Select-Object` abfragen:

```
PS> Get-Process | Select-Object -Property Name, Company, Description, Path

Name     Company                     Description            Path
----     -------                     -----------            ----
AcroRd32 Adobe Systems Incorporated  Adobe Acrobat Reader DC C:\Program...
chrome   Google LLC                  Google Chrome          C:\Program...
Code     Microsoft Corporation       Visual Studio Code     C:\Users\t...
(...)
```

Auf ähnliche Weise kann unsere Alternative zu `winver.exe` (siehe Seite 107) nun erheblich beschleunigt werden, denn auf Windows-Systemen lagern die meisten Informationen über das Betriebssystem in einer Datenbank, der *Windows-Registry*. Mit `Get-ItemProperty` kann man auf die darin enthaltenen Werte zugreifen. `Select-Object` wählt daraus die Registry-Werte aus, die Sie benötigen:

```
Get-ItemProperty -Path 'HKLM:\SOFTWARE\Microsoft\Windows NT\CurrentVersion\' |
Select-Object -Property DisplayVersion, CurrentBuildNumber, UBR, RegisteredOwner,
RegisteredOrganization
```

Listing 2.11: Betriebssystem-Versionsinfos aus der Registry abrufen

Das Ergebnis könnte so oder ähnlich aussehen:

```
DisplayVersion         : 20H2
CurrentBuildNumber     : 19042
UBR                    : 685
RegisteredOwner        : Tobias
RegisteredOrganization : psconf.eu
```

Mehr Informationen zu `Get-ItemProperty` und der Windows-Registry erhalten Sie in Kapitel 7.

Unerwünschte Zeilen herausfiltern

`Where-Object` legt fest, welche Zeilen (oder Objekte) Sie benötigen und welche nicht. Geben Sie einfach das Kriterium an, das erwünschte Objekte erfüllen müssen.

`Get-Service` liefert zum Beispiel alle Dienste (bei Linux *Daemons* genannt). Die folgende Zeile filtert mit dem Vergleichsoperator `-eq` alle Dienste heraus, bei denen die Eigenschaft `Status` den Wert `Running` enthält:

```
PS> Get-Service | Where-Object Status -eq Running

Status   Name               DisplayName
------   ----               -----------
Running  AdobeARMservice    Adobe Acrobat Update Service
Running  Appinfo            Anwendungsinformationen
```

```
Running  AppXSvc           AppX-Bereitstellungsdienst (AppXSVC)
(...)
```

Dabei steht `-eq` für das englische Wort *equals* (ist gleich).

Schauen wir uns an einem weiteren Beispiel an, wie nützlich Vergleichsoperatoren und `Where-Object` sind, um die Ergebnisse von Befehlen zu verfeinern. Das nächste Beispiel liefert nur Prozesse, die über ein eigenes Fenster verfügen (bei denen die Eigenschaft `MainWindowHandle` ungleich 0 ist). Von diesen werden dann der Name, die Prozess-ID und der aktuelle Text aus der Fenstertitelleiste angezeigt:

```
PS> Get-Process | Where-Object MainWindowHandle -ne 0 | Select-Object -Property Name, Id,
MainWindowTitle

Name              Id MainWindowTitle
----              -- ---------------
AcroRd32        5212 Windows PowerShell Language Specification Version …
Code            2096 netstatps7.ps1 - PowerShell - Visual Studio Code
explorer        4356 Windows
powershell     14900 Windows PowerShell
pwsh            3028 C:\myportablePowershell
Teams          12396 Online Training - Powershell Training Termin 1 | M…
```

In diesem Beispiel steht der Vergleichsoperator `-ne` für den englischen Begriff *not equal* (nicht gleich).

Beliebige Befehle verketten

Welche Befehle Sie mit dem Pipeline-Operator | verketten, ist im Grunde gleichgültig, es müssen nicht die speziellen PowerShell-SQL-Befehle von eben sein. Und Sie können auch mehr als nur zwei Befehle miteinander verketten.

Dialogfelder für den Helpdesk

Der jeweils auf das |-Zeichen folgende Befehl erhält dabei grundsätzlich das, was von seinen unmittelbaren Vorgängerbefehlen zurückgegeben wurde. Das Beispiel von eben könnte man also mit wenigen Handgriffen zu einem kleinen Helpdesk-Tool erweitern:

Die laufenden Programme werden von `Out-GridView` in einem Fenster zur Auswahl angeboten, und wenn Sie eine oder (bei festgehaltener Taste `Strg`) mehrere Anwendungen darin markieren und rechts unten auf *OK* klicken, werden nur die von Ihnen ausgewählten Prozesse an den nächsten Befehl weitergeleitet: `Stop-Process`. Dieser Befehl würde die ausgewählten Anwendungen also sofort und ohne weitere Nachfragen beenden:

```
Get-Process |
  Where-Object MainWindowHandle -gt 0 |
  Select-Object -Property Name, Id, MainWindowTitle |
  Out-GridView -Title 'Wählen Sie Prozesse aus, die beendet werden' -PassThru |
  Stop-Process -WhatIf
```

Listing 2.12: Anwendungsprogramme per Dialogfeld auswählen und beenden

Die Pipeline-Verkettung führt also oft zu sehr langen Zeilen. Damit sie lesbar bleiben, hat es sich eingebürgert, so wie in Listing 2.12 nach jedem |-Operator die Zeile zu umbrechen und die folgenden Zeilen ein wenig einzurücken. So wird deutlich, dass sie eine Fortsetzung der vorangegangenen Zeile sind.

Hinweis

Weil beim sofortigen Beenden von Prozessen mit `Stop-Process` neben anderen Dingen auch keine Zeit mehr bleibt, um schnell noch ungesicherte Daten zu speichern, droht hier Informationsverlust.

Deshalb simuliert `Stop-Process` im Beispiel nur und zeigt aufgrund des Parameters `-WhatIf` lediglich an, was es getan *hätte*. `-WhatIf` ist ein *allgemeiner Parameter* und steht bei jedem PowerShell-Befehl zur Verfügung, der etwas verändern und also Schaden anrichten könnte. Entfernen Sie im Code `-WhatIf`, wenn Sie es ernst meinen und wirklich Prozesse killen möchten.

Haben Sie übrigens die enge Verwandtschaft zwischen `Out-GridView` und `Where-Object` in den Beispielen davor bemerkt?

Wenn Sie bei `Out-GridView` den Parameter `-PassThru` angeben, wird sein Fenster zum Universal-Auswahldialog. `Where-Object` filtert also Objekte automatisch (basierend auf der mitgegebenen Bedingung), `Out-GridView` filtert sie manuell: Sie entscheiden per Klick, welche Objekte ausgewählt werden.

Und noch einmal vorsichtshalber der Hinweis: Das praktische `Out-GridView` steht nur unter Windows zur Verfügung, weil es Fenster verwendet. Auf Linux und macOS fehlt (derzeit noch) die Unterstützung für grafische Oberflächen.

Sonntagskinder: Wochentag eines Datums finden

Im nächsten Beispiel wird `Read-Host` mit `Get-Date` verbunden: `Read-Host` fragt nach Ihrem Geburtstag und gibt Ihre Eingabe als Ergebnis zurück. Diese Eingabe wird mit dem |-Operator weitergeleitet an `Get-Date`, das sie in ein Datum verwandelt und mithilfe des Parameters `-Format` einen formatierten Text mit dem berechneten Wochentag zurückgibt.

So können Sie feststellen, ob Sie ein Sonntagskind sind:

```
Read-Host -Prompt 'Geburtstag' | Get-Date -Format '"Sie sind ein" dddd"s-Kind!"'
```

Listing 2.13: Wochentag bestimmen, auf den ein Datum fällt

Das Ergebnis sieht dann so aus:

```
Geburtstag: 3.12.78
Sie sind ein Sonntags-Kind!
```

Beliebige Dateien in ein ZIP-Archiv verpacken

Und auch handfeste Limitationen von Cmdlets lassen sich über die Verkettung ganz einfach lösen: `Compress-Archive` kann eigentlich nur Dateien aus einem einzelnen Ordner in eine ZIP-Datei packen. Schlecht.

Allerdings kann es alle Dateien in ein ZIP-Archiv packen, die man dem Cmdlet über die Pipeline zusendet. Gut!

Möchten Sie also Dateien auch aus allen Unterordnern oder Dateien aus mehreren verschiedenen Ordnern in einer einzelnen ZIP-Datei verpacken, teilen Sie die Aufgabe auf und setzen lieber ein Team ein:

- Lassen Sie den Spezialisten `Get-ChildItem` zuerst die gewünschten Dateien heraussuchen, die ins ZIP-Archiv gepackt werden sollen. `Get-ChildItem` unterstützt rekursive Dateisuchen und auch mehrere Stammpfade.
- Leiten Sie diese Dateien an den Verpackungsspezialisten `Compress-Archive` weiter, um sie ins ZIP-Archiv zu verfrachten.

Hier ein Beispiel: Listing 2.14 sammelt sämtliche PowerShell-Skripte (Dateierweiterung *.ps1*), die sich irgendwo in Ihrem Benutzerprofil befinden (die vordefinierte Variable `$home` liefert den Pfad), und verpackt sie in einer ZIP-Datei. Falls Sie noch gar keine PowerShell-Skripte erstellt haben, ändern Sie die Dateierweiterung und »zippen« andere Dateitypen, zum Beispiel Bilder oder Word-Dokumente:

```
# Ordner anlegen, in dem die ZIP-Datei gespeichert werden soll:
New-Item -Path c:\meineZipDateien -ItemType Directory -ErrorAction Ignore

# Alle PowerShell-Skripte im Benutzerprofil suchen
# (ändern Sie den Dateityp und "zippen" Sie andere Dateiarten,
# falls Sie noch gar keine PowerShell-Skripte besitzen):
Get-ChildItem -Path $home -Filter *.ps1 -Recurse -ErrorAction Ignore |
# In eine ZIP-Datei speichern:
Compress-Archive -DestinationPath 'c:\meineZipDateien\meineSkripte.zip'

# Datei anzeigen
Get-Item -Path 'c:\meineZipDateien\meineSkripte.zip'
```

Listing 2.14: Alle PowerShell-Skripte aus dem eigenen Benutzerprofil in eine ZIP-Datei speichern

Klassische Variablen: »Türchen 2«

Auch mit Variablen kann man verschiedene Befehle verbinden, und tatsächlich ist vielen dieses klassische Prinzip aus anderen Programmiersprachen vertraut. Hierbei speichert man die Ergebnisse des ersten Befehls in einer Variablen und übergibt diese dann einem Parameter des zweiten Befehls.

Listing 2.13 hatte den Wochentag bestimmt, auf den ein bestimmtes Datum fiel, indem `Read-Host` und `Get-Date` über die Pipeline direkt miteinander verbunden wurden. Das sah so aus:

```
PS> Read-Host -Prompt 'Geburtstag' | Get-Date -Format '"Sie sind ein" dddd"s-Kind!"'
```

Dasselbe kann man auch mit Variablen erreichen, und diesmal transportieren Variablen die Informationen von einem Befehl zum nächsten:

```
$eingabe = Read-Host -Prompt 'Geburtstag'
Get-Date -Date $eingabe -Format '"Sie sind ein" dddd"s-Kind!"'
```

Listing 2.15: Wochentagsbestimmung mit Variablen anstelle der Pipeline

Listing 2.15 speichert das Resultat von `Read-Host` in der Variablen `$eingabe` und weist sie danach dem Parameter `-Date` des Befehls `Get-Date` zu.

Eine Variable beginnt in PowerShell stets mit `$`, gefolgt von einem beliebigen Namen, und funktioniert im Grunde wie eine Schublade, in der Sie beliebige Informationen aufbewahren können:

```
PS> $datum = Get-Date          # Türchen 2: alle Ergebnisse in einer Variablen speichern
PS> $datum | Out-GridView      # Türchen 1: strukturierte Daten, Zeit bleibt gleich
PS> $datum | Out-GridView      # Türchen 1: strukturierte Daten, Zeit bleibt gleich
PS> $datum                     # Türchen 3: reiner Text, lokalisiert
```

Ebenso wie bei der Pipeline speichert auch eine Variable die Ergebnisse eines Befehls verlustfrei und ohne Kürzungen oder Textumwandlungen. Sie können deshalb die Informationen, die in der Variablen gespeichert sind, ebenso verlustfrei zu jedem beliebigen Zeitpunkt an andere

Befehle weiterleiten. Erst wenn Sie sie über »Türchen 3« in die Konsole ausgeben, wird reduzierter Text daraus.

Weil die Variable die Zeitinformation in genau dem Originalformat speichert, das schon im GridView sichtbar geworden ist, dürfen Sie mit dem Punkt (.) auf diese Einzelinformationen zugreifen und könnten so gezielt beispielsweise den aktuellen Wochentag (unabhängig von Spracheinstellungen immer in Englisch) ermitteln:

```
PS> $datum.DayOfWeek
Thursday
```

Hier zeigt sich der enorme Vorteil einer »objektorientierten« Shell: Weil die Ergebnisse als strukturiertes Objekt vorliegen, können Sie gezielt auf die gewünschten Einzelinformationen zugreifen, zum Beispiel `DayOfWeek`.

Anders als bei textbasierten Shells brauchen Sie also keine Tools wie *grep* oder aufwendige Textbefehle mit sogenannten *regulären Ausdrücken* einzusetzen, um an die gewünschten Einzelinformationen zu gelangen.

Profitipp

PowerShell unterstützt also zwei Möglichkeiten, Befehle miteinander zu kombinieren: die Pipeline und Variablen. Ist es reine Geschmackssache, für welche Variante Sie sich entscheiden?

Nein, beides sind unterschiedliche Techniken mit spezifischen Vor- und Nachteilen. Bei der Pipeline wird jedes Ergebnis einzeln wie bei einer Feuerwehr-Eimerkette zuerst von allen gekoppelten Befehlen bearbeitet, bevor das jeweils nächste Ergebnis an die Reihe kommt. Die Pipeline benötigt also wesentlich weniger Speicherplatz als Variablen, weil stets nur ein Ergebnis im Speicher gehalten werden muss, und liefert erste Ergebnisse in Echtzeit.

Wirklich entscheidend ist das aber bloß, wenn ein Befehl sehr viele Ergebnisse liefert. Bei nur einigen Hundert Ergebnissen ist es also im Grunde doch Geschmackssache, welche Variante Ihnen lieber ist.

Neue Befehle nachrüsten

Sie haben es gesehen: Wenn für eine bestimmte Aufgabe die passenden Cmdlets bereitstehen, ist Automation nicht schwierig. Sie haben auch bereits gesehen, dass man selbst kompliziertesten Code als einfach zu verwendendes Cmdlet verpacken kann.

PowerShell kommt mit einem Grundstock allgemeiner Cmdlets, aber rund um den Globus arbeiten Menschen an echten Automationsproblemen und entwickeln dabei teils in monatelanger Arbeit hoch professionelle Lösungen. Dank des Legokonzepts der PowerShell entstehen dabei nicht monolithische Speziallösungen, sondern wiederverwertbare neue Universalbefehle.

Damit also nicht ständig das Rad neu erfunden werden muss, betreibt Microsoft mit der *PowerShell Gallery* (*https://www.powershellgallery.com*) einen kostenlosen Onlinemarktplatz, auf dem solche Praxislösungen von der PowerShell-Community getauscht werden können.

Wie sehr es sich also lohnt, die Grundlagen der PowerShell in diesem Kapitel kennenzulernen, sollen zum Abschluss einige bunt gemischte Praxisbeispiele beweisen:

Mit dem bis zu dieser Stelle gesammelten Wissen können Sie bereits die teils extrem komplexen und leistungsfähigen Automationslösungen anderer IT-Profis für eigene Zwecke nutzen und so ganz erheblich Zeit sparen. Kompliziert ist das dank des erweiterbaren Cmdlet-Konzepts der PowerShell überhaupt nicht.

Beispiel 1: QR-Codes generieren

Falls Sie auf Ihre nächste Geburtstagseinladung einen QR-Code drucken wollen, mit dem sich die Gäste eine Wegbeschreibung anzeigen lassen können, und falls Sie Ihren Gästen dann auf der Party per Scan eines weiteren QR-Codes bequem Zugang zu Ihrem WLAN gewähren möchten, brauchen Sie rein gar keine Spezialkenntnisse dazu, wie QR-Codes generiert werden. Sie brauchen lediglich die passenden Cmdlets und das allgemeine PowerShell-Wissen aus diesem Kapitel.

Abbildung 2.18: Neu hinzugefügte Cmdlets erzeugen QR-Codes für Smartphones.

So rüsten Sie die nötigen Cmdlets von der offiziellen *Microsoft PowerShell Gallery* nach:

```
PS> Install-Module -Name QRCodeGenerator -Scope CurrentUser -Force ↵
```

Wichtig

Achten Sie, wie in Kapitel 1 beschrieben, darauf, die Skriptausführung einzuschalten, andernfalls funktionieren viele Module nicht. Geben Sie im Zweifelsfall ein:

```
PS> Set-ExecutionPolicy -Scope CurrentUser -ExecutionPolicy RemoteSigned ↵
```

Sollte `Install-Module` bei Ihnen nicht funktionieren, erfahren Sie ebenfalls in Kapitel 1, ob alle dafür notwendigen Komponenten auf dem neuesten Stand sind. Bei älteren Windows-Versionen muss gegebenenfalls das neueste Sicherheitsprotokoll TLS 1.2 aktiviert werden.

Wenn Sie diesen Befehl zum ersten Mal ausführen, wird PowerShell Ihr Einverständnis einholen, um die notwendige Erweiterung aus dem Internet herunterzuladen. Danach wird das PowerShell-Modul *QRCodeGenerator* heruntergeladen.

Wichtig

Microsoft überwacht die *PowerShell Gallery* natürlich und prüft den Code, der dort hochgeladen und bereitgestellt wird. Garantien oder Support gibt es für dieses kostenlose Angebot allerdings nicht: Wer von dort etwas herunterlädt, ist selbst dafür verantwortlich.

Wenige Sekunden später haben Sie neue PowerShell-Befehle, zum Beispiel diesen hier:

```
PS> New-QRCodeWifiAccess -SSID myhotspot -Password TOPSECRET12 -Show ↵
```

Passen Sie den Namen und das Zugangskennwort Ihres WLAN an. Dann führen Sie den Befehl mit ↵ aus.

Es öffnet sich im Webbrowser ein QR-Code, und wenn Sie diesen Code mit der Kamera des Smartphones anvisieren, erhalten Sie die Möglichkeit, die hinterlegten Zugangsdaten für das Wi-Fi-Netz zu speichern.

Oder Sie schauen sich die Parameter des Cmdlets an. Wenn Sie mögen, können Sie QR-Code-Grafiken nämlich auch unbeaufsichtigt als PNG-Dateien abspeichern:

```
PS> New-QRCodeWifiAccess -SSID myhotspot -Password TOPSECRET12 -OutPath $home\code.png
```

Mit `Get-Command` können Sie sich auch die übrigen Cmdlets für andere QR-Code-Typen auflisten lassen:

```
PS> Get-Command -Module QRCodeGenerator

CommandType Name                         Version Source
----------- ----                         ------- ------
Alias       New-QRCodeGeolocation        2.4.0   QRCodeGenerator
Alias       New-QRCodeText               2.4.0   QRCodeGenerator
Alias       New-QRCodeTwitter            2.4.0   QRCodeGenerator
Alias       New-QRCodeVCard              2.4.0   QRCodeGenerator
Alias       New-QRCodeWifiAccess         2.4.0   QRCodeGenerator
Function    New-PSOneQRCodeGeolocation 2.4.0   QRCodeGenerator
Function    New-PSOneQRCodeText          2.4.0   QRCodeGenerator
Function    New-PSOneQRCodeTwitter       2.4.0   QRCodeGenerator
Function    New-PSOneQRCodeVCard         2.4.0   QRCodeGenerator
Function    New-PSOneQRCodeWifiAccess    2.4.0   QRCodeGenerator
```

Hinweis

Wenn Sie mit `New-QRCodeGeolocation` einen QR-Code für eine Örtlichkeit anlegen lassen wollen, erwartet das Cmdlet entweder eine Adresse oder eine Längen- und Breitengradangabe von Ihnen, beispielsweise:

```
PS> New-QRCodeGeolocation -Latitude 52.34897 -Longitude 9.81441 -Show
```

Beispiel 2: Automatische HTML-Reports

Wenn Sie Befehlsergebnisse als professionellen HTML-Report an den Chef oder Kollegen weiterreichen wollen, brauchen Sie dank PowerShell und einer entsprechenden Befehlserweiterung überhaupt kein Spezialwissen zu HTML oder JavaScript. Sie brauchen sich nur um die Daten zu kümmern, die Sie im HTML-Report anzeigen wollen.

Mit den passenden Cmdlets generieren Sie dann anspruchsvolle HTML-Reports wie den in Abbildung 2.19, einschließlich PDF-, Excel- und CSV-Export über die Schaltflächen in der oberen linken Ecke, und können sich auf das konzentrieren, was Sie wirklich interessiert: den Inhalt des Reports.

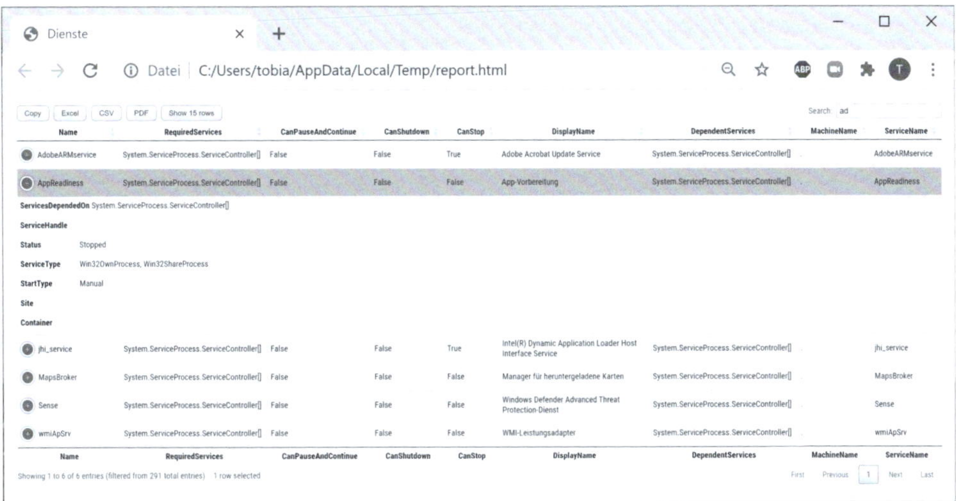

Abbildung 2.19: Einen schicken und durchsuchbaren HTML-Report mit PDF-Export in wenigen Sekunden

Eine Tabelle als HTML-Report

Das Modul, das die notwendigen Cmdlets nachrüstet, heißt *PSWriteHTML* und wird wie eben mit `Install-Module` von der *PowerShell Gallery* heruntergeladen und installiert:

```
PS> Install-Module -Name PSWriteHTML -Scope CurrentUser -Force
```

Dieses Modul liefert eine ganze Reihe neuer Cmdlets, aber für den Anfang brauchen Sie nur zwei davon. Führen Sie diese Befehle aus, um einen ersten Testreport zu generieren.

```
$path = "$env:temp\report.html"
$daten = Get-Service
$tabelle = { New-HTMLTable -DataTable $daten }
New-HTML -HtmlData $tabelle -FilePath $path -ShowHTML -TitleText 'Dienste'
```

Listing 2.16: Einen HTML-Report erstellen

Abbildung 2.16 generiert einen HTML-Report mit allen Diensten Ihres Computers (siehe Abbildung 2.19). Der Report öffnet sich nach ein paar Sekunden in Ihrem Browser:

- Oben rechts können Sie die Daten in Echtzeit filtern.
- Oben links finden Sie fix und fertige Exportmöglichkeiten und könnten den Report sofort als PDF-Datei weitergeben.
- Links vor jeder Zeile können Sie sich per Klick die Details des Datensatzes anzeigen lassen.
- In der Fußzeile findet sich die Paginierung, mit der seitenweise vor- und zurückgeblättert wird.

Mehrere Tabellen anzeigen

Wenn Sie sich Abbildung 2.16 genauer ansehen, fällt neben vielem bereits Bekanntem auch etwas Neues auf, was kein sonderlich großes Wunder ist – immerhin befinden Sie sich erst im zweiten Kapitel, und es folgen noch viele weitere.

Neu sind die geschweifte Klammern. Während runde Klammern Code zusammenfassen, der *sofort* ausgeführt wird, fassen *geschweifte* Klammern Code zusammen, der *nicht sofort* ausgeführt wird – sondern beispielsweise an jemand anderen weitergegeben werden kann, der ihn dann unter seiner Regie ausführt.

Die Variable `$tabelle` enthält also den Code, der den Inhalt der HTML-Seite gestaltet, und dieser Code wird an `New-Html` weitergereicht. `New-Html` führt den von Ihnen übergebenen Code dann aus, um die notwendigen Daten für den Report zu generieren, und erzeugt die HTML-Seite.

Mit diesem Wissen und dem Rest der Erkenntnisse aus diesem Kapitel könnten Sie auch sehr viel anspruchsvollere Reports gestalten, zum Beispiel solche mit mehreren Tabellen:

```
$path = "$env:temp\report.html"

# Dieser Code wird an New-Html weitergereicht, der damit den
# Inhalt der HTML-Seite gestaltet:
$tabelle = {

  # Alle Dienste abrufen und einige Spalten auswählen:
  $daten = Get-Service | Select-Object -Property DisplayName, Status, StartType
  # Tabelle erzeugen:
  New-HTMLTable -DataTable $daten

  # Alle Prozesse auflisten, die ein Fenster haben:
  $daten = Get-Process |
    Where-Object MainWindowTitle |
    Select-Object -Property Name, Company, Description, MainWindowTitle, CPU
  # Tabelle erzeugen:
  New-HTMLTable -DataTable $daten

  }

# HTML-Seite generieren und anzeigen:
New-HTML -HtmlData $tabelle -FilePath $path -ShowHTML -TitleText 'Dies und das' -Online
```

Listing 2.17: Einen HTML-Report mit zwei Tabellen generieren

Und auch die weiteren Parameter von `New-Html` sind nützlich: Gibt man wie in Listing 2.17 `-Online` an, werden die JavaScript-Bibliotheken nicht in die HTML-Datei eingebunden, sondern online aus dem Web geladen. Das verkleinert die HTML-Datei erheblich, ist aber natürlich nur dann sinnvoll, wenn der Empfänger des HTML-Reports Internetzugang hat.

Konditionale Formatierung

Sie wissen inzwischen bereits, dass alle Cmdlets aus Modulen stammen, und selbst wenn Sie sich nicht mehr daran erinnern, dass die neuen Cmdlets wie `New-Html` aus dem nachgerüsteten Modul *PSWriteHtml* stammen, würde `Get-Command` es Ihnen jederzeit verraten:

```
PS> Get-Command -Name New-Html

CommandType Name     Version Source
----------- ----     ------- ------
Function    New-HTML 0.0.120 PSWriteHTML
```

Sie wissen mittlerweile auch, dass `Get-Command` die Cmdlets auflisten kann, die in einem Modul enthalten sind. So könnten Sie sich leicht darüber informieren, welche weiteren Cmdlets zur Gestaltung Ihrer HTML-Reports zur Verfügung stehen:

```
PS> Get-Command -Module PSWriteHtml | select -First 20

CommandType Name                          Version Source
----------- ----                          ------- ------
Alias       Add-CSS                       0.0.120 PSWriteHTML
Alias       Add-JavaScript                0.0.120 PSWriteHTML
Alias       Add-JS                        0.0.120 PSWriteHTML
Alias       New-ChartCategory             0.0.120 PSWriteHTML
Alias       New-Diagram                   0.0.120 PSWriteHTML
Alias       New-DiagramEdge               0.0.120 PSWriteHTML
Alias       New-DiagramOptionsEdges       0.0.120 PSWriteHTML
Alias       New-HTMLColumn                0.0.120 PSWriteHTML
Alias       New-HTMLContent               0.0.120 PSWriteHTML
Alias       New-HTMLLink                  0.0.120 PSWriteHTML
Alias       New-HTMLPanelOption           0.0.120 PSWriteHTML
(...)
```

Es sind so viele, dass man sich mit ihnen getrost ein paar Tage beschäftigen könnte, aber schnell werden Sie entdecken, dass man damit kinderleicht hoch anspruchsvolle Reports erstellen kann.

Mit `New-TableCondition` lassen sich zum Beispiel Schrift- und Hintergrundfarbe von Tabellenzellen und -reihen automatisch anpassen, basierend auf Text- oder Zahlenvergleichen.

Listing 2.18 generiert zum Beispiel einen Report mit allen Diensten. Nicht laufende Dienste (deren *Status* den Inhalt *Stopped* hat) werden mit rotem Hintergrund gekennzeichnet. Und ist ein Dienst abgeschaltet (*StartType* steht auf *Disabled*), wird der Starttyp in orangefarbener Schrift formatiert (siehe Abbildung 2.20):

```
$path = "$env:temp\report.html"

$inhalt = {
  # Alle Dienste abrufen ...
  $services = Get-Service |
    # und nützliche Eigenschaften anzeigen:
    Select-Object -Property Name, DisplayName, Status, StartType

  # Eine neue Tabelle mit diesen Diensten generieren (100 pro Seite):
  New-HTMLTable -DataTable $services -HideFooter -PagingLength 100 -Html {

    # Einige Zellen der Tabelle automatisch abhängig vom Zelleninhalt farbig hervorheben

    # und alle Zeilen, in denen in der Spalte "Status" der Text "Stopped" steht,
```

```
    # weiß auf rotem Hintergrund hervorheben:
    New-TableCondition -Name 'Status' -ComparisonType string -Operator eq -Value 'Stopped'
    -Color White -BackgroundColor Crimson -Row
    # Alle Zeilen, in denen in der Spalte "StartType" der Text "Disabled" steht,
    # in orangefarbener Schrift hervorheben:
    New-TableCondition -Name 'StartType' -ComparisonType string -Operator eq -Value 'Disabled'
    -Color Orange

  }
}

# Tabelle generieren und anzeigen:
New-HTML -Name 'Dienste-Übersicht' -FilePath $path -Show -HtmlData $inhalt
```

Listing 2.18: HTML-Report mit farbig hervorgehobenen Diensten, die nicht laufen oder abgeschaltet sind

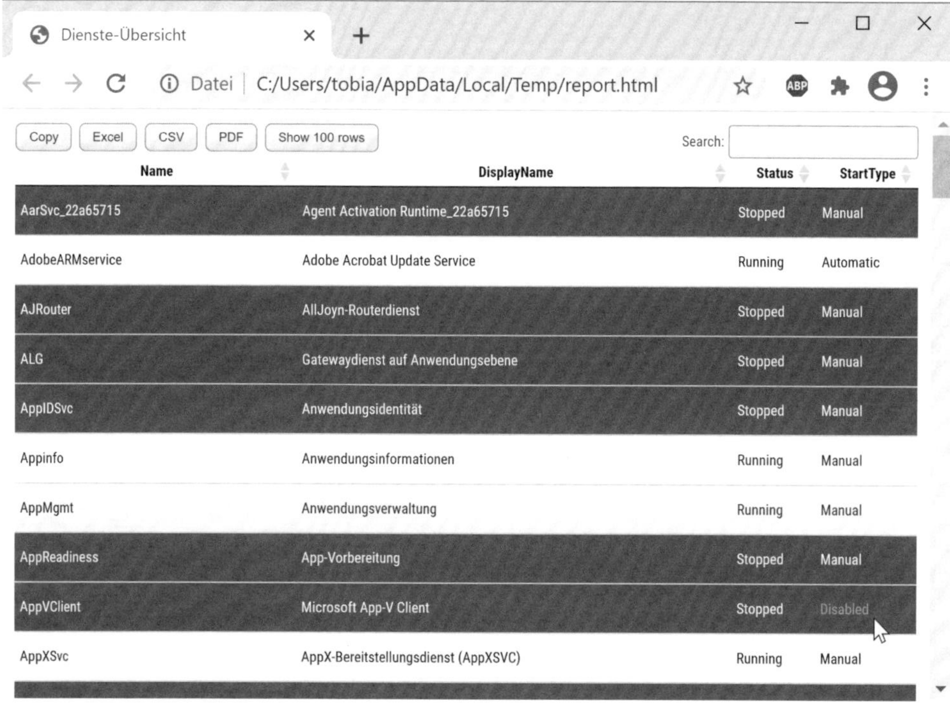

Abbildung 2.20: Farbige HTML-Reports mit hervorgehobenen gestoppten Diensten

Diagramme

Wie mächtig diese Cmdlet-Sammlung ist und mit wie wenig Code man damit sogar Diagramme und ganze Systemreports herstellen kann, soll ein letztes Beispiel demonstrieren:

```
$path = "$env:temp\report.html"

# Prozesse mit eigenem Fenster auswählen:
$Processes = Get-Process |
  Where-Object MainWindowTitle |
  Select-Object -Property ProcessName, Id, Company, Description, MainWindowTitle
```

```
New-HTML -TitleText 'Prozess-Diagramm' -Online -FilePath $path -ShowHTML -HtmlData {
    New-HTMLSection -Invisible -Content {
        # Seite in zwei Spalten unterteilen

        # Erste Spalte: die Tabelle mit den Prozessen:
        New-HTMLPanel -Content {
            New-HTMLTable -DataTable $Processes -DataTableID 'Table1'
        }
        # Zweite Spalte: ein Diagramm mit den Abhängigkeiten.
        New-HTMLPanel -Content {
            New-HTMLDiagram -Height '1000px' {
                $label = "Prozesse auf`r`n$env:computername"
                New-DiagramEvent -ID 'Table1' -ColumnID 1
                # In die Mitte ein Windows-Icon in "AirForceBlue" legen:
                New-DiagramNode -Label $label -IconBrands windows -IconColor AirForceBlue

                # Alle Prozesse mit Pfeilen mit diesem Symbol verbinden:
                $Processes | Foreach-Object {
                    $childLabel = $_.ProcessName + " (Pid " + $_.Id + ")"
                    New-DiagramNode -Label $childLabel -Id $_.Id -To $label
        -ArrowsFromEnabled -Shape box -LinkColor Apricot
                }
            }
        }
    }
}
```

Listing 2.19: Zweispaltiger HTML-Report mit einem Prozessdiagramm

Listing 2.19 erstellt einen eindrucksvollen zweispaltigen Prozessreport und zeigt die laufenden Prozesse als Grafik an (siehe Abbildung 2.21) – es kostet nur wenig Fantasie, sich vorzustellen, wie man auf diese Weise ganze Netzwerkinfrastrukturen dynamisch visualisieren könnte.

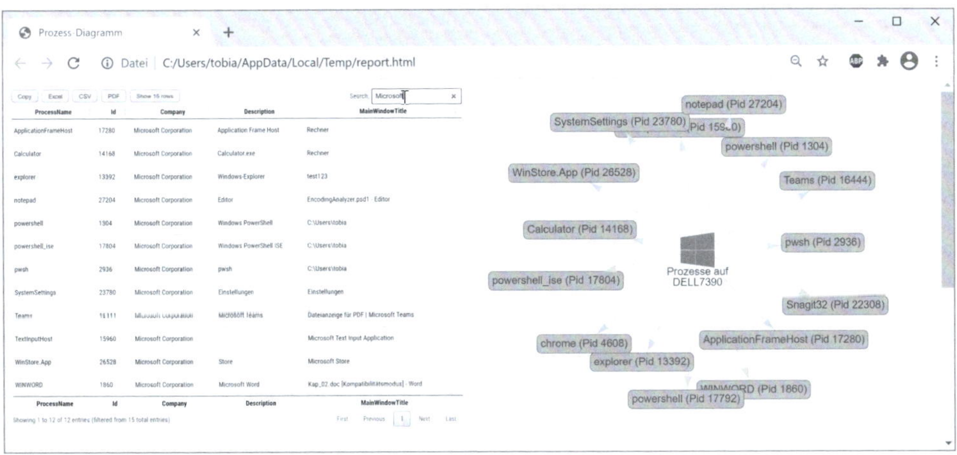

Abbildung 2.21: Eindrucksvolle Diagramme mit wenigen Zeilen PowerShell-Code

Tipp

Viele weitere teils sehr anspruchsvolle Reports und Anwendungsbeispiele hat der Autor der Cmdlets auf seiner Projektseite hier aufgelistet: *https://github.com/EvotecIT/PSWriteHTML#articles-worth-reading-to-understand-use-cases.*

Dort finden Sie auch den gesamten Quellcode. Der allerdings hat es in sich, und gerade weil man sich im Alltag eben nicht mit diesen Details befassen möchte, ist es so praktisch, dass all diese Komplexität durch Cmdlets von Ihnen abgeschirmt werden kann.

Beispiel 3: Musik spielen

PowerShell ist nicht etwa nur für Systemadministratoren spannend – man kann damit alles Mögliche steuern und automatisieren, natürlich auch im künstlerischen und privaten Umfeld. Schauen wir uns an, wie Musiker von PowerShell profitieren (und kreative Systemadministratoren künftig langwierige Skripte mit dem »Star Wars Imperial March« hinterlegen könnten).

Diesmal werden keine Cmdlets nachgerüstet, sondern Applications, und am Ende werden Sie nicht nur Musik abspielen können, sondern auch Partituren erzeugen und MIDI-Dateien in PDF-Notenblätter umwandeln können.

Beginnen wir aber simpel und lassen wir am Ende PowerShell ganze Partituren spielen – alles mit den Mitteln, die Sie inzwischen kennengelernt haben.

Einfache Töne spielen

Listing 2.20 spielt den »Star Wars Imperial March« über den Systemlautsprecher und zeigt nebenbei, wie ein PowerShell-Skript Rohdaten in einem beliebigen Format auswerten könnte.

```
$music = '440-500,440-500,440-500,349-350,523-150,440-500,349-350,523-150,440-1000,659-500,659-500,659-500,698-350,523-150,415-500,349-350,523-150,440-1000'

$music.Split(',') |
  ForEach-Object {
    $frequency, $duration = $_.Split('-')
    [Console]::Beep($frequency, $duration)
    Write-Host $_
}
```

Listing 2.20: Star Wars Imperial March spielen

Die Variable `$music` enthält die zu spielenden Noten in Form eines langen Texts jeweils als Frequenz und Dauer (in Millisekunden). Die einzelnen Noten sind darin kommasepariert.

Dies könnte im Prinzip ebenso gut eine Textzeile aus einem Systemlogbuch sein, aus der Sie beispielsweise Servernamen extrahieren wollen: Es handelt sich also um Rohtext in einem bestimmten Format, das von PowerShell ausgewertet werden soll.

Die in jedem Textobjekt enthaltene Methode `Split()` kann den Text an einem beliebigen Zeichen aufsplitten und so durch das Splitten am Komma den langen Text aufteilen in eine Liste der einzelnen Noten.

Der Pipeline-Operator (|) leitet diese einzelnen Noten dann der Reihe nach an `Foreach-Object` weiter. Dieses Cmdlet führt für jedes eintreffende Element (also jede eintreffende Note) den

Code in den geschweiften Klammern aus. Das jeweils eintreffende Element selbst steht innerhalb der geschweiften Klammern stets in der speziellen Laufvariablen `$_` zur Verfügung. Darin ist beim ersten Durchlauf also `440-500` enthalten.

Weil `$_` wiederum Texte enthält (die einzelnen Bruchstücke, die `Split()` erzeugt hat), werden diese noch einmal gesplittet, diesmal am Minuszeichen »-«. Das Ergebnis sind zwei Informationen: die zu spielende Frequenz und die Dauer. Diese beiden werden in zwei separaten Variablen gespeichert: `$frequency` und `$duration`.

Die Methode `[Console]::Beep()`, die Sie ja schon kennen, spielt den Ton dann ab, und das Cmdlet `Write-Host` gibt die jeweils gespielte Note zur Kontrolle als Text in die Konsole aus.

Echte Noten angeben

Nun ist es etwas aufwendig, Noten in Frequenzen anzugeben. Deshalb unterstützt PowerShell Übersetzungstabellen, sogenannte *Hashtables*: In Listing 2.21 definiert `$scale` die Notennamen und weist ihnen jeweils ihre Frequenz zu. Mehr zu solchen Hashtables erfahren Sie in Kapitel 6.

```
# Noten in Frequenzen übersetzen:
$scale = @{
    D4b=297
    D4=293
    E4=329
    F4=349
    A4b=415
    A4=440
    B4b=466
    B4=493
    C4=523
    D5=587
    D5b=554
    E5b=622
    E5=659
    F5=698
    G5b=739
    G5=783
    A5b=830
    A5=880
}

$imperialmarch = 'A4-4,A4-4,A4-4,F4-8,C4-8,A4-4,F4-8,C4-8,A4-2,E5-4,E5-4,E5-4,F5-8,C4-8,A4b-4,
F4-8,C4-8,A4-2,A5-4,A4-8,A4-8,A5-4,A5b-8,G5-8,G5b-8,F5-8,G5b-8,B4b-8,E5b-4,D5-8,D5b-8,C4-8,
B4-8,C4-8,F4-8,A4b-4,F4-8,A4-8,C4-4,A4-8,C4-8,E5-2,A5-4,A4-8,A4-8,A5-4,A5b-8,G5-8,G5b-8,F5-8,
G5b-8,B4b-8,E5b-4,D5-8,D5b-8,C4-8,B4-8,C4-8,F4-8,A4b-4,F4-8,C4-8,A4-4,F4-8,C4-8,A4-4,F4-8,C4-8,A4-2'

# Länge einer ganzen Note in Millisekunden:
$fullLength = 2000

$imperialmarch.Split(',') |
  ForEach-Object {
    $note, $duration = $_.Split('-')
    [Console]::Beep($scale[$note], ($fullLength/$duration))
    Write-Host $_
    # Einen kurzen Schlafbefehl einsetzen, damit die Tonausgabe synchron bleibt
    # (technisches Detail des Beep()-Befehls, der leicht überfordert werden kann)
    Start-Sleep -MilliSeconds 200
  }
```

Listing 2.21: Echte Noten in Töne umwandeln

Nun können die Noten des »Imperial March« auch ohne Physikstudium angegeben werden. Anstelle der Frequenz darf jetzt die Musiknote verwendet werden, und anstelle von festen Zeiten in Millisekunden wird als zweite Information die Notenlänge relativ angegeben (`4` steht für eine Viertelnote).

Jetzt kann die gesamte Spielgeschwindigkeit zentral über `$fullLength` gesteuert werden, indem darin die gewünschte Dauer einer ganzen Note vermerkt wird. Sie können das Stück nun also schneller und auch langsamer abspielen lassen.

Der übrige Teil des Skripts ist fast unverändert geblieben. Diesmal allerdings werden die einzelnen Noten noch »übersetzt«: `$scale['Notenname']` ermittelt die Frequenz für einen Notennamen, und `($fullLength/'Notenlänge')` berechnet die Dauer einer Note in Millisekunden.

Imperial March als Orchesterpartitur spielen

`[Console]::Beep()` sorgt nicht gerade für einen Ohrenschmaus. Wenn Sie mehr möchten, als einfache Pieptöne abzuspielen, dann verwenden Sie den Synthesizer in Ihrer Soundkarte und füttern ihn mit der Partitur des »Imperial March«.

Solche Partituren finden Sie im Internet zuhauf, wenn Sie nach den Schlüsselwörtern »MIDI« und dem Namen des gesuchten Stücks googeln, denn »MIDI« unterstützt digitale Notenblätter.

```
# URL der MIDI-Datei für den "Imperial March"
# Achtung: Internetadressen veralten schnell. Wenn dieser Download nicht mehr
# zur Verfügung steht, googeln Sie wie angegeben selbst und verwenden die
# Internetadresse einer anderen MIDI-Datei.
$url = 'http://www.midis101.com/midi_download/8424/7629E74E55697C4C30B408F80B9077EF/
Star_Wars___Imperial_March'
$filename = Join-Path -Path $env:temp -ChildPath 'imperialmarch.mid'

# Datei herunterladen:
Invoke-RestMethod -UseBasicParsing -Uri $url -OutFile $filename

# Heruntergeladene Datei anzeigen:
Get-Item -Path $filename
```

Listing 2.22: Digitales Notenblatt für den Imperial March herunterladen

Sobald Sie das digitale Notenblatt als Datei mit der Dateierweiterung *.mid* heruntergeladen haben, kann PowerShell es an den Synthesizer Ihrer Soundkarte senden:

```
# Pfadname zur vorher heruntergeladenen MIDI-Datei:
$filename = Join-Path -Path $env:temp -ChildPath 'imperialmarch.mid'

# MIDI-Befehle nachladen:
Add-Type -AssemblyName PresentationCore

# Neuen Mediaplayer beschaffen:
$player = [System.Windows.Media.MediaPlayer]::new()

# MIDI-Datei öffnen, abspielen und schließen:
$player.Open($filename)

# MIDI-Datei wird asynchron im Hintergrund abgespielt,
# PowerShell läuft weiter. Sie könnten also MIDI-Dateien
# im Hintergrund abspielen, während Ihr PowerShell-Skript
# andere Aufgaben bearbeitet.
$player.Play()

# In diesem Fall hat PowerShell nichts weiter zu tun und
```

```
# wartet also, bis der Anwender mit Enter genug gehört hat:
$null = Read-Host -Prompt 'Drücken Sie ENTER, um zu beenden'

$player.Stop()

# Wichtig: Nur wenn der MIDI-Synthesizer geschlossen wird, können andere
# Programme wieder MIDI-Daten abspielen. Solange MIDI von einem
# Programm genutzt wird, ist die MIDI-Ausgabe anderer Programme
# nicht zu hören:
$player.Close()
```

Listing 2.23: Eine MIDI-Musikdatei mit PowerShell abspielen

Tipp

MIDI ist eine wichtige Technik für Profimusiker: *.mid*-Dateien enthalten digitale Notenblätter, die dann digital an Instrumente weitergeleitet werden – wenn Sie keine besitzen, spielt notfalls der MIDI-Synthesizer Ihrer Soundkarte.

Umgekehrt geht es auch: Wer ein Keyboard besitzt, kann die darauf gespielte Musik via MIDI direkt in Notenblättern mitschreiben lassen.

Notenblätter anzeigen und ausdrucken

Möchten Sie die tatsächliche Partitur in der heruntergeladenen *.mid*-Datei ansehen (oder vielleicht sogar verändern oder zum Mitsummen ausdrucken), installieren Sie sich einen MIDI-Editor, zum Beispiel das hervorragende und kostenlose *MuseScore* (Download unter *https://musescore.org/de*).

Tipp

Falls Sie in Kapitel 1 die Paketverwaltung *Scoop* installiert haben, können Sie *MuseScore* sogar vollautomatisch über die PowerShell herunterladen und installieren:

```
PS> scoop install musescore
Installing 'musescore' (3.6.0.487915773) [64bit]
MuseScore-3.6.0.487915773-x86_64.msi (106,5 MB)
[============================================================] 100%
Checking hash of MuseScore-3.6.0.487915773-x86_64.msi ... ok.
Extracting MuseScore-3.6.0.487915773-x86_64.msi ... done.
Running pre-install script...
Linking ~\scoop\apps\musescore\current => ~\scoop\apps\musescore\3.6.0.487915773
Creating shim for 'MuseScore'.
Creating shim for 'mscore'.
Creating shortcut for MuseScore (MuseScore.exe)
'musescore' (3.6.0.487915773) was installed successfully!
```

Wie immer bei *Scoop* wird die Anwendung als portable App im zentralen Ordner von *Scoop* gelagert. Starten Sie die Anwendung entweder manuell aus dem entsprechenden Ordner (und heften Sie sie danach an die Taskleiste) oder legen Sie eine Verknüpfung an eine gut erreichbare Stelle:

```
Explorer /select,$home\Scoop\Apps\musescore\current\bin\musescore.exe
```

Oder starten Sie die Anwendung direkt aus PowerShell, zum Beispiel mit dem Cmdlet `Start-Process`:

```
Start-Process -FilePath $home\Scoop\Apps\musescore\current\bin\musescore.exe
```

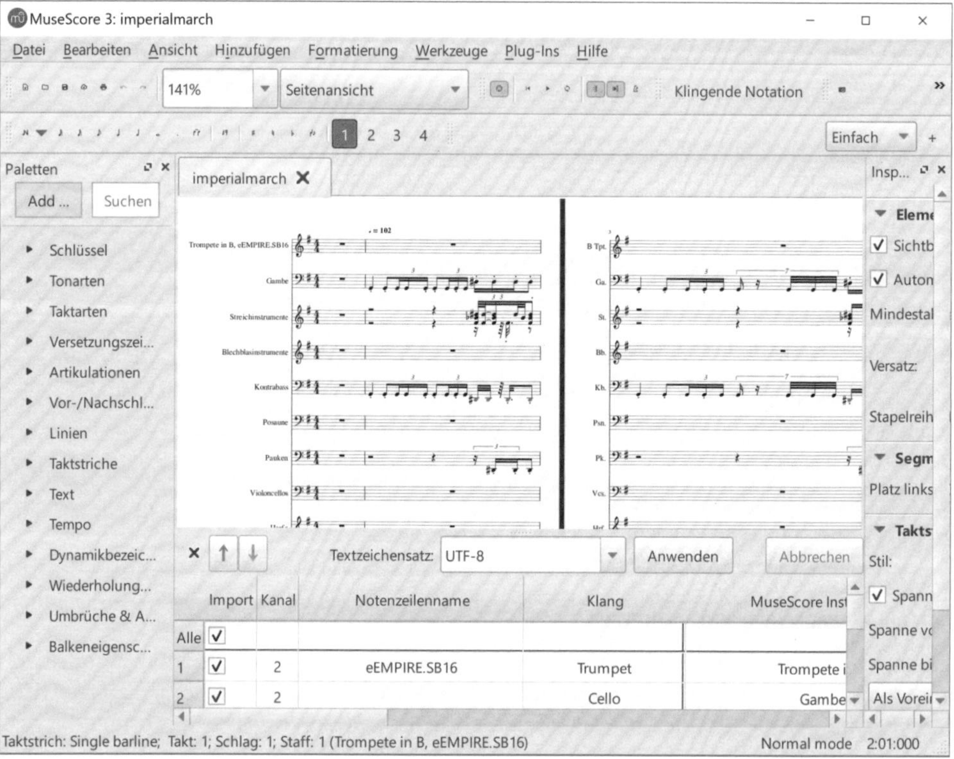

Abbildung 2.22: MuseScore kann MIDI-Dateien anzeigen und bearbeiten und ist automatisierbar.

Mit diesem Programm lassen sich *.mid*-Dateien öffnen, anzeigen und sogar bearbeiten. Laden Sie einfach die von Abbildung 2.22 heruntergeladene *.mid*-Datei in *MuseScore*.

Wollen Sie bearbeitete Partituren wieder als *.mid*-Datei speichern, damit PowerShell sie mit Ihren künstlerischen Änderungen erneut abspielen kann, wählen Sie im Programm *Datei/Export* und exportieren die Partition als *Standard MIDI-Datei*.

»MuseScore« als Automationsbefehl einsetzen

MuseScore ist ein weiteres Beispiel für eine Application, die den Befehlswortschatz der PowerShell bereichert, denn dieses Programm öffnet nicht nur ein grafisches Fenster für Endanwender. Sie können diese Anwendung auch mit Parametern automatisiert steuern. Sobald Sie also Anwendungen nachinstallieren, erweitern Sie damit gleichzeitig auch den Befehlswortschatz der PowerShell.

Dazu müssen Sie allerdings zuerst herausfinden, wo genau die Anwendung installiert wurde und wie der Programmname heißt. Falls Sie *MuseScore* über *Scoop* installiert haben, ist alles klar und (einigermaßen) einheitlich, denn eben haben Sie bereits den zentralen Aufbewahrungsort aller über *Scoop* installierten Programme kennengelernt. Der Pfadname lautet dann:

```
$home\Scoop\Apps\musescore\current\bin\musescore.exe
```

In allen anderen Fällen behelfen Sie sich mit einem PowerShell-Trick und starten zunächst einfach die Anwendung auf ganz beliebige Weise.

Sobald die Anwendung läuft, verwenden Sie `Get-Process`, um alle laufenden Prozesse aufzulisten, und fischen den Prozess heraus, der »Muse« im Namen führt (siehe Listing 2.24). Von ihm lassen Sie sich dann die Eigenschaft `Path` ausgeben und wissen nun, wie die Application exakt heißt und wo sie sich befindet:

```
# Achtung: MuseScore muss bereits laufen!
Get-Process *muse* | Select-Object -Property Name, Path
```

Listing 2.24: Speicherort einer laufenden Anwendung ermitteln

Auch dieses Beispiel verdeutlicht, dass die Arbeit mit Applications zwar viel Nutzen bringen kann, aber wegen der fehlenden Konsistenzen nicht immer nervenschonend ist. Wenn Sie beispielsweise *MuseScore* nicht über *Scoop* installiert haben, sondern ein Installationsprogramm aus dem Internet verwendeten, können sowohl der Speicherort als auch der Name der Application anders lauten.

Die Application heißt dann zum Beispiel nicht `musescore`, sondern `musescore3`, und befindet sich bei klassischer Installation üblicherweise in Windows-Systemen im Ordner *c:\program files*.

```
Name       Path
----       ----
MuseScore3 C:\Program Files\MuseScore 3\bin\MuseScore3.exe
```

Notenblätter als PDF-Dateien herstellen

Sobald Sie wissen, wie die Application heißt und wo sie sich befindet, können Sie damit beginnen, Aufgaben zu automatisieren. Dazu soll eine aus dem Internet heruntergeladene *.mid*-Datei als vollwertige Partition in Form einer PDF-Datei gespeichert werden. Sie erhalten so also aus kostenlosen und zuhauf verfügbaren *.mid*-Dateien wertvolle Notenblätter, und wenn Sie Heimmusikant sind, könnten Sie nun jeden Abend ein neues Stück proben, ohne neue Noten einkaufen zu müssen.

```
# Speicherort für heruntergeladene MIDI-Datei:
$MidiFile = Join-Path -Path $env:temp -ChildPath 'imperialmarch.mid'

# Dateiname der PDF-Datei, die generiert werden soll:
$PdfFile = Join-Path -Path $env:temp -ChildPath 'imperialmarch.pdf'

# Notenblätter als MIDI-Datei herunterladen:
Invoke-RestMethod -UseBasicParsing -Uri $url -OutFile $MidiFile

# Pfadname von MuseScore (muss installiert sein)
# ACHTUNG: PASSEN SIE DIESEN PFAD WIE IM KAPITEL BESCHRIEBEN AN!
# ER MUSS AUF IHRE KONKRETE MUSESCORE-ANWEISUNG WEISEN!
$muse = 'C:\Program Files\MuseScore 3\bin\MuseScore3.exe'
$exists = Test-Path -Path $muse
if ($exists -eq $false)
{
  # Wenn Sie MuseScore über scoop.exe installiert haben, ist dieser Pfad richtig:
  $muse = "$home\Scoop\Apps\musescore\current\bin\musescore.exe"
  $exists = Test-Path -Path $muse
  if ($exists -eq $false)
  {
    throw 'MuseScore nicht gefunden. Kontrollieren Sie den Pfad! '
  }
}
```

```
# MuseScore aufrufen, Argumente übergeben und auf Abschluss warten:
# (ACHTUNG: MuseScore-Parameter sind case-sensitive, unterscheiden also
#  zwischen Groß- und Kleinschreibung! Der richtige Parameter lautet -o
#  wie in "Otto" und muss kleingeschrieben sein!)
Start-Process -Wait -FilePath $muse -ArgumentList '-o', $PdfFile, $MidiFile

# PDF-Datei öffnen (PDF-Viewer nötig):
Invoke-Item -Path $PdfFile
```

Listing 2.25: Automatisiert eine .mid-Datei in ein Notenblatt im PDF-Format konvertieren

Das Ergebnis ist eine PDF-Datei mit der gewünschten Partitur, die in Ihrem Standard-PDF-Viewer angezeigt wird (siehe Abbildung 2.23).

Erstaunlich, oder? Im Internet finden Sie unzählige kostenlose *.mid*-Dateien, und Sie könnten sich nun mit PowerShell daraus in wenigen Sekunden wertvolle Notensammlungen generieren.

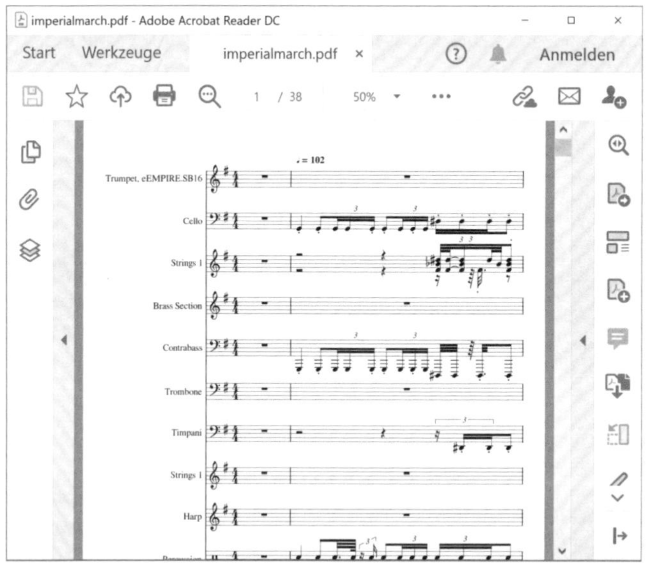

Abbildung 2.23: Automatisch aus .mid-Datei hergestellte Partitur als PDF-Datei

Schauen wir uns noch kurz an, wie Listing 2.25 diese Umwandlung bewerkstelligt hat.

Wieder war PowerShell nur »Dirigent« und hat die speziellen Fähigkeiten einzelner Befehle lediglich sinnvoll koordiniert:

- **Speicherorte festlegen:** Zuerst hat `Join-Path` die Pfade zusammengestellt, unter denen die Original-MIDI-Datei und die neue PDF-Version davon gespeichert werden sollen.
- **MIDI-Datei herunterladen:** Danach hat der Internetspezialist `Invoke-RestMethod` die MIDI-Datei aus dem Internet heruntergeladen. Hier könnten Sie also ebenso gut auch andere MIDI-Dateien herunterladen (wenn Sie deren URL kennen).
- **MuseScore finden:** Weil sich die Application *MuseScore* unter verschiedenen Namen an unterschiedlichen Orten befinden kann, testet `Test-Path` die beiden am häufigsten verwendeten Orte und Namen. Nur wenn an beiden Orten keine Application gefunden wird, löst `throw` einen Fehler aus und fordert, dass Sie sich der Sache annehmen und den Pfad zu *MuseScore* korrigieren (oder die Anwendung überhaupt erst installieren).

- **PDF-Umwandlung:** Die Application *MuseScore* ist Ihr neuer Spezialist rund um MIDI- und Musikdaten und kann über Parameter gesteuert werden. Welche Parameter *MuseScore* unterstützt, verrät Ihnen die Application aber leider nicht. Mit etwas Googeln finden sich indes schnell Seiten wie *https://musescore.org/en/handbook/3/command-line-options*, und dort wird dann ausführlich beschrieben, dass der Parameter `-o` (kleingeschrieben!) eine Ausgabedatei unterstützt und dann in das betreffende Format konvertiert.

  Nach `-o` wird zuerst die Zieldatei angeben, dann die Quelldatei. *MuseScore* richtet sich bei der Konvertierung nach den Dateierweiterungen. Wenn Sie als Zieldatei also einen Dateinamen mit der Dateierweiterung *.pdf* angeben, wird eine PDF-Datei erzeugt.

  Der Spezialist für Programmstarts `Start-Process` startet die Application also und übergibt mit `-Arguments` eine kommaseparierte Liste der entsprechenden Argumente. `-Wait` sorgt dafür, dass PowerShell wartet, bis *MuseScore* seine Arbeit erledigt hat.

- **PDF öffnen:** `Invoke-Item` öffnet schließlich die neu generierte PDF-Datei im dafür zuständigen Programm. Zum Öffnen muss natürlich eine Anwendung registriert sein, die PDF-Dateien anzeigen kann. Alternativ hätten Sie die PDF-Datei auch mit `Start-Process` öffnen können, zum Beispiel wenn Sie sie mit einem ganz bestimmten Programm öffnen wollten.

Zusammenfassung

Was für eine Reise: In diesem Kapitel haben Sie die unterschiedlichsten Aufgaben gelöst und zum Schluss QR-Codes generiert, Dateien aus dem Internet geladen, HTML-Reports und ganze Diagramme erstellt und sogar MIDI-Dateien in PDF-Notenblätter konvertiert.

All das war jedes Mal das Ergebnis von Befehlen, und gerade im letzten Teil dieses Kapitels wurde deutlich, wie wichtig es ist, möglichst viele Befehle zur Verfügung zu haben – denn wenn ein Befehl eine bestimmte Aufgabe lösen kann, ist Automation sehr einfach und beschränkt sich im Grunde nur darauf, dem Befehl die notwendigen Informationen als Argumente mitzugeben.

Deshalb setzt sich der Befehlsumfang der PowerShell (und damit Ihr Automationswerkzeugkasten) aus vier Befehlsarten zusammen, die Sie in diesem Kapitel kennengelernt haben und zu denen Sie in den folgenden Kapiteln noch sehr viel mehr erfahren:

- **Cmdlets:** PowerShell-Befehle, deren Name aus einer Verb-Nomen-Syntax zusammengesetzt ist und die immer aus Modulen stammen (mehr dazu in Kapitel 4). `Install-Module` rüstet weitere Module nach (mehr dazu in Kapitel 16).
- **Applications:** Anwendungsprogramme, die zwar häufig nach ganz eigenen Regeln spielen, aber oft mithilfe von Argumenten automatisiert werden können. Wenn Sie also Anwendungsprogramme – so wie *MuseScore* eben gerade – nachinstallieren, erweitern Sie damit immer auch den Befehlssatz der PowerShell. Mehr dazu lesen Sie in Kapitel 10.
- **Methoden:** Befehle aus dem .NET Framework sind die Elementarbefehle, aus denen Cmdlets und sogar die PowerShell selbst zusammengesetzt sind. Diese Befehle sind meist sehr kleingliedrig und verzeihen keine Fehler, bieten aber eine Ausweichmöglichkeit, falls es für Ihr Anliegen keinen passenden Befehl gibt (mehr ab Kapitel 11). Sie können solchen Code sogar, wie im Fall von `Expand-ArchivePart`, in neue eigene Cmdlets verwandeln (wie das genau geschieht, erfahren Sie ab Kapitel 14).
- **Operatoren:** Dies sind Symbole oder kurze Wörter mit führendem Bindestrich, die ihre Argumente rechts und links neben sich finden. Operatoren werden in Familien eingeteilt, und die Gruppe der Vergleichsoperatoren wurde bereits in vielen Beispielen eingesetzt, um

Bedingungen zu überprüfen oder mit `Where-Object` bestimmte Ergebnisse eines Befehls auszuwählen. In Kapitel 8 werden Operatoren systematisch erklärt.

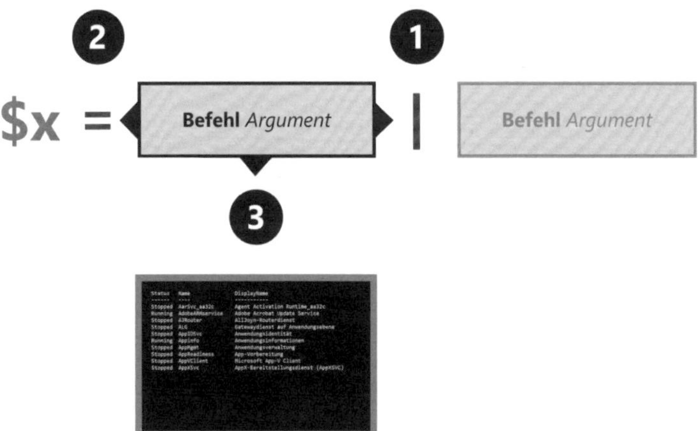

Abbildung 2.24: Befehle mit dem »Türchen«-Modell kombinieren

Diese Befehle und ihre Ergebnisse lassen sich für komplexere Aufgaben außerdem im Team einsetzen. Mit dem »Türchen«-Modell (siehe Abbildung 2.24) haben Sie zwei Kombinationsmöglichkeiten:

- **Pipeline (»Streaming«):** Mit dem Pipeline-Operator (|) streamen Sie die Ergebnisse eines Befehls durch eine Serie von verketteten Befehlen (analog zur Eimerkette der Feuerwehr). Jeder einzelne Datensatz durchläuft also einzeln alle verketteten Befehle, bevor der jeweils nächste Datensatz bearbeitet wird.

  Dieses Modell entspricht also dem *Streaming* eines Videos: Sie erhalten sofort Resultate, obwohl noch nicht alle Daten verarbeitet sind, und weil stets nur ein Datensatz im Speicher bearbeitet wird, benötigt die Pipeline kaum Speicherplatz.

- **Variablen (»Download«):** Mit dem Zuweisungsoperator (=) lassen sich die Ergebnisse eines Befehls in einer Variablen zwischenspeichern und anschließend an einen anderen Befehl weitergeben. Hier arbeiten die Befehle also strikt nacheinander.

  Dieses Modell entspricht dem *Download* eines Videos: Es müssen erst sämtliche Ergebnisse des ersten Befehls abgewartet werden, bevor der nächste Befehl diese Daten weiterverarbeiten kann. Also ganz ähnlich wie beim Download eines Videos, bei dem Sie ja ebenfalls zuerst warten, bis das gesamte Video heruntergeladen ist, und für den Download viel Speicherplatz bereitstellen müssen. Dafür allerdings können Sie anders als beim Streaming die in der Variablen gespeicherten Daten anschließend beliebig häufig und sehr schnell abrufen.

Tun Sie nichts von beidem, verwandelt PowerShell die Befehlsergebnisse automatisch in Text und zeigt diesen in der Konsole an.

Damit haben Sie schon alle wichtigen Grundprinzipien der PowerShell kennengelernt. In den folgenden Kapiteln werden diese wieder aufgegriffen und die mitunter zunächst nur recht oberflächlich gestreiften Techniken ausführlich erklärt.

Als Nächstes schauen wir uns genauer an, wie man PowerShell-Code als Skript speichert, damit man ihn bei Bedarf zur Lösung von Aufgaben aufrufen kann. Des Weiteren schauen uns bereits an, wie Sie PowerShell-Code in eigene neue Cmdlets verwandeln, um auch auf diese Weise den Code bei Bedarf schnell einsetzen zu können.

Kapitel 3
Skripte und Funktionen

In diesem Kapitel:

Ausführlich werden in diesem Kapitel die folgenden Aspekte erläutert:

- **PowerShell-Skripte:** PowerShell-Skripte sind Textdateien mit der Dateierweiterung *.ps1*. Sie können von PowerShell ausgeführt werden, wenn die `ExecutionPolicy` dies zulässt. Um Skripte von außerhalb der PowerShell zu starten, muss ihnen `powershell.exe` (*Windows PowerShell*) oder `pwsh.exe` (*PowerShell*) vorangestellt werden. So lässt sich ein Skript auch automatisiert als *geplante Aufgaben* ähnlich wie ein Dienst ausführen oder von klassischen Batchdateien aus starten.
- **Task Scheduler:** Jedes Betriebssystem verfügt über einen Task Scheduler, der zu bestimmten Zeiten oder als Reaktion auf Ereignisse Programme und auch PowerShell-Skripte ausführen kann. Skripte können so Wartungs- und Überwachungsaufgaben übernehmen.
- **Profilskripte:** Profilskripte sind normale PowerShell-Skripte, die jedoch einen besonderen Namen tragen und in fest definierten Ordnern gespeichert sein müssen (*$profile*). Sie werden dann automatisch bei jedem PowerShell-Start ausgeführt, um wiederkehrende Einstellungen oder Initialisierungen vorzunehmen.

- **Funktionen:** PowerShell-Code kann alternativ auch mit dem Schlüsselwort `function` in sogenannten Funktionen zusammengefasst werden. Funktionen verhalten sich wie Cmdlets, werden also zu neuen Befehlen. Damit selbst definierte Funktionen nicht nur in der aktuellen PowerShell-Sitzung zur Verfügung stehen, sondern dauerhaft, speichert man sie in Modulen. PowerShell lädt Module automatisch, sobald eine Funktion daraus verwendet wird.

Die PowerShell-Konsole eignet sich perfekt dafür, interaktiv Befehle einzugeben und sofort auszuführen. Sobald eine Aufgabe allerdings komplexer wird und viele Befehle erfordert, ist das unpraktisch.

In diesem Kapitel erfahren Sie deshalb, wie man umfangreiche Befehlsfolgen als Skript oder Funktion zusammenfasst und auf diese Weise ganz neue eigene Befehle definieren kann.

Wichtig

PowerShell führt Skripte nur aus, wenn die `ExecutionPolicy` dies erlaubt. Anfangs ist das nicht der Fall. Wenn Sie den Hinweisen aus Kapitel 1 gefolgt sind, ist die Skriptausführung inzwischen auf Ihrem Computer erlaubt. Im Zweifelsfall prüfen Sie das mit dem folgenden Befehl:

```
PS> Get-ExecutionPolicy
```

Wenn dieses Cmdlet das Ergebnis `Restricted` meldet, muss die Skriptausführung noch eingeschaltet werden, zum Beispiel so:

```
PS> Set-ExecutionPolicy -Scope CurrentUser -ExecutionPolicy RemoteSigned -Force
```

Die Änderung der Einstellung wird sofort wirksam und bleibt dauerhaft bestehen. Der Befehl muss also nur einmalig eingegeben werden. Mehr zu den verschiedenen Einstellungsmöglichkeiten der `ExecutionPolicy` finden Sie in Kapitel 1.

PowerShell-Skripte verstehen

PowerShell-Skripte bestehen aus Befehlen, die der Reihe nach abgearbeitet werden. Weil Skripte also technisch gesehen bloß Textdateien sind, in denen PowerShell-Code aufbewahrt wird, können Sie jeden beliebigen Texteditor verwenden, um Skripte zu verfassen und zu bearbeiten.

Normalerweise allerdings schreibt man PowerShell-Skripte nicht auswendig herunter, sondern möchte immer wieder Befehlsnamen suchen oder Parameter nachschlagen. Auch entstehen die meisten Skripte nicht am Stück, sondern es werden zunächst einzelne Befehle und Anweisungen so lange ausprobiert und angepasst, bis sie am Ende das Gewünschte tun. Skripte wachsen also üblicherweise Stück für Stück, und dazwischen wird ausgiebig getestet.

Deshalb setzt man zum Schreiben von PowerShell-Skripten spezialisierte PowerShell-Editoren ein, die während der Eingabe Vorschlagslisten anzeigen und in denen man PowerShell-Anweisungen testweise ausführen kann. Die beiden am häufigsten verwendeten Editoren *ISE* und *VSCode* haben Sie bereits im ersten Kapitel kennengelernt. Sie bieten auf folgende Weisen Unterstützung:

- **Farbcodierung:** Der Code wird farblich markiert, sodass Sie sofort sehen, wie PowerShell Ihre Anweisungen versteht. Variablen erhalten zum Beispiel eine andere Farbe als Befehle oder Parameter oder Operatoren.

- **Autovervollständigung und IntelliSense:** Beide Editoren unterstützen Sie bei der Codeeingabe mit Autovervollständigung (drücken Sie dazu [Tab]) und IntelliSense-Auswahlmenüs. Letztere öffnen sich entweder automatisch oder können mit [Strg]+[Leertaste] manuell geöffnet werden.
- **Syntaxfehlerhervorhebung:** Während Editoren für die Textverarbeitung Rechtschreibfehler mit roten Wellenlinien markieren, zeigen PowerShell-Editoren mit solchen Linien sogenannte Syntaxfehler an, also sozusagen Grammatik- und Rechtschreibfehler des eingegebenen PowerShell-Codes. Meist sind dies fehlende Klammern oder Anführungszeichen oder auch Anweisungen, die für PowerShell keinen Sinn ergeben. Solange es in Ihrem Code Syntaxfehler gibt, kann das Skript nicht ausgeführt werden.

  Markiert werden ausschließlich formale Fehler. *Laufzeitfehler*, die sich erst beim Ausführen des Codes ergeben (weil Sie sich beispielsweise bei einem Befehlsnamen vertippt haben und es diesen Befehl nicht gibt oder weil Befehle an mangelnden Berechtigungen scheitern), werden nicht markiert.
- **Testmöglichkeit und Ausführung von Code:** Skriptcode kann mit [F5] ausgeführt und getestet werden. [F8] führt nur einen Teil des Codes aus, zum Beispiel den markierten Code oder die aktuelle Zeile.
- **Interaktivität:** Beide Editoren verfügen über eine interaktive Ein- und Ausgabekonsole, in der Befehlsergebnisse begutachtet und Anweisungen getestet und ausgeführt werden können.
- **Debugging:** Über sogenannte Haltepunkte kann die Ausführung eines Skripts an bestimmten Stellen angehalten werden, um den Zustand zu prüfen und Fehler zu finden. Mehr zum Debuggen finden Sie in Kapitel 16.

Skriptcode eingeben

PowerShell-Skripte sollen mehrere Anweisungen zu einer Lösung zusammenfassen und dauerhaft speichern. Hier ist ein einfaches Testskript, das Sie in einem der Editoren ausprobieren können:

```
$geburtstag = Read-Host 'Wie lautet Ihr Geburtsdatum?'
$alter = New-TimeSpan $geburtstag
$alter
$tage = $alter.Days
"Sie sind $tage Tage alt!"
```

Listing 3.1: Erstes kleines Skript, um Ihr Alter zu bestimmen

In den beiden folgenden Abschnitten sehen Sie nun, wie dieses Skript in ISE und in VSCode eingegeben und ausgeführt wird.

Skripte mit dem ISE-Editor entwickeln

Der ISE-Editor ist Teil von *Windows PowerShell* und nur auf Windows-Betriebssystemen vorhanden. Sie können diesen Editor auf verschiedenen Wegen starten:

- **Windows PowerShell-Konsole:** Auf einer *Windows PowerShell*-Konsole (nicht *PowerShell 7*-Konsole) führen Sie den Befehl `ise` aus.

- **Taskleiste:** Klicken Sie mit der rechten Maustaste in der Taskleiste auf das blaue Symbol einer geöffneten oder an die Taskleiste dauerhaft angehefteten *Windows PowerShell*-Konsole und wählen Sie im Kontextmenü *Windows PowerShell ISE.*
- **Direkt:** Drücken Sie [Win]+[R], um das Dialogfeld *Ausführen* zu öffnen, und geben Sie darin `powershell_ise` ein.

Neues Skript anlegen

Der ISE-Editor lässt sich sehr intuitiv bedienen, weil er ausschließlich die Sprache PowerShell unterstützt und deswegen keine ablenkenden anderen Funktionen enthält.

Um ein neues Skript anzulegen, klicken Sie in der Symbolleiste auf das Symbol mit dem weißen Blatt Papier (siehe Abbildung 3.1). Mit der runden Pfeilschaltfläche rechts oben unterhalb der Werkzeugleiste blenden Sie den Skriptbereich ein und aus. Das funktioniert auch über [Strg]+[R].

Mit den rechteckigen Schaltflächen am rechten Ende der Symbolleiste bestimmen Sie, ob Skriptbereich und/oder interaktive Konsole sichtbar sein sollen und wie sie angeordnet sind. Wenn Sie den Mauszeiger einen Moment über einem der Symbole parken, erklärt ein Tooltipp die Bedeutung der jeweiligen Schaltfläche.

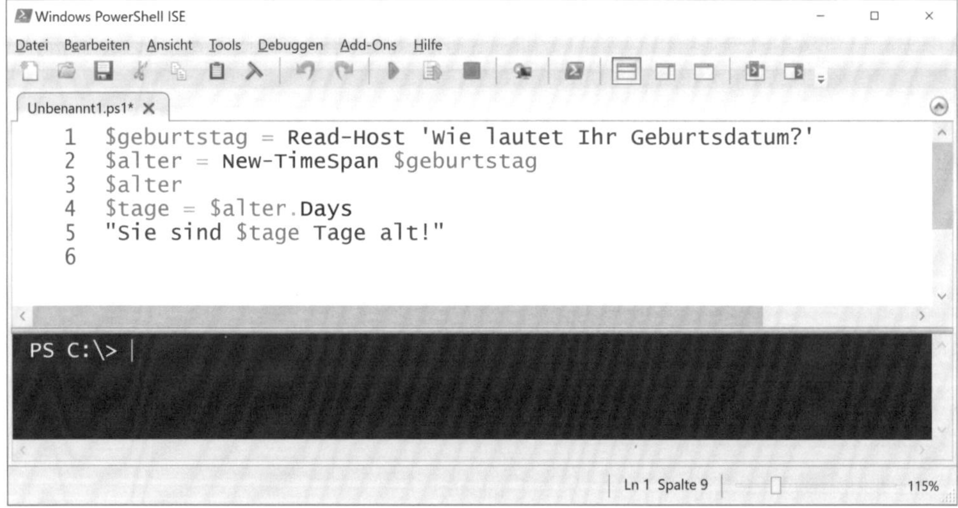

Abbildung 3.1: Der in Windows integrierte ISE-Editor ist sehr simpel und intuitiv aufgebaut.

Solange ein Skript noch nicht gespeichert ist, steht oben auf seiner Registerkarte *Unbenannt*. Wenn Sie es in diesem ungespeicherten Zustand ausführen, führt die ISE in Wirklichkeit die einzelnen Befehlszeilen der Reihe nach interaktiv in der integrierten Befehlskonsole aus. Die einzelnen Befehlszeilen erscheinen dann sichtbar im Konsolenfenster, gefolgt von den Resultaten der ausgeführten Befehle.

Sobald Sie das Skript in einer Datei speichern, zum Beispiel per Klick auf das Diskettensymbol, erscheint der gewählte Dateiname auf der Registerkarte. Nun wird tatsächlich erst ein Skript ausgeführt, wenn Sie [F5] drücken oder auf die grüne *Play*-Schaltfläche klicken.

Auch die `ExecutionPolicy` wird erst jetzt wirksam, die festlegt, ob PowerShell Skripte ausführen darf oder nicht.

Skripte mit dem VSCode-Editor entwickeln

Der optionale VSCode-Editor ist ein Sprachgenie und unterstützt Hunderte verschiedener Skript- und Programmiersprachen, nicht bloß PowerShell. Deshalb, und auch weil seine Benutzeroberfläche karg ist und der Editor hauptsächlich über Tastenkombinationen gesteuert wird, ist er nicht so intuitiv bedienbar wie der ISE-Editor und erfordert eine ausführlichere Einführung.

Weil VSCode anders als die ISE keine fest eingebaute PowerShell-Version verwendet, sondern mit jeder verfügbaren externen PowerShell zusammenarbeitet, kann man mit diesem Editor sowohl *Windows PowerShell* als auch *PowerShell* ansprechen.

In Kapitel 1 haben Sie bereits gelesen, wie VSCode heruntergeladen, installiert und für PowerShell einsatzbereit gemacht wird. Dort haben Sie auch schon erfahren, wie Sie per Klick auf die grüne Versionsanzeige in der Statusleiste des Editors die PowerShell-Version auswählen, mit der der Editor zusammenarbeiten soll (siehe Abbildung 3.2), und was zu tun ist, sollte der Start der externen PowerShell nicht funktionieren.

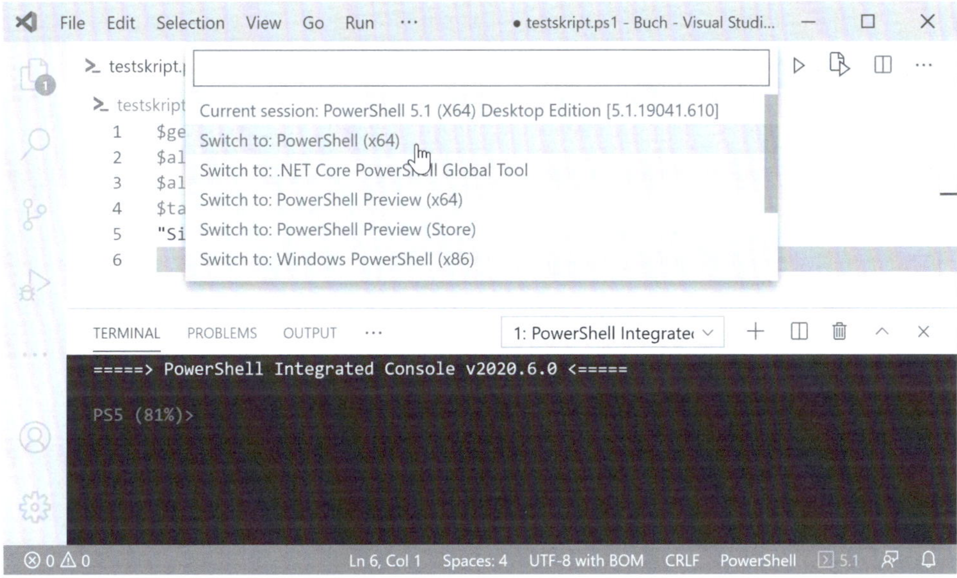

Abbildung 3.2: Eine andere PowerShell-Version auswählen

Wenn Sie auf einem Windows-System mit VSCode Skripte für *Windows PowerShell* entwickeln wollen, achten Sie darauf, dass in der Statusleiste in Grün die PowerShell-Version 5.1 angezeigt wird. Möchten Sie dagegen alle neuen Möglichkeiten der *PowerShell* 7 nutzen, muss dort die Version 7 zu sehen sein.

Falls nicht die richtige PowerShell-Version angezeigt wird, klicken Sie auf die grüne Versionsnummer in der Statusleiste und wählen für *Windows PowerShell* im Ausklappmenü den Eintrag *Windows PowerShell (x64)* und für *PowerShell* 7 einen der angebotenen übrigen Einträge aus, der nicht »Windows PowerShell« im Namen führt. *PowerShell* 7 muss natürlich zuerst, wie in Kapitel 1 beschrieben, installiert worden sein, bevor es in der Ausklappliste von VSCode angeboten wird.

Hinweis

Bei allen Unklarheiten, oder falls sich VSCode nicht so verhält wie erwartet, blättern Sie bitte zurück zu Kapitel 1. Dort wurde die Einrichtung des Editors detailliert beschrieben, einschließlich des Troubleshootings, falls die PowerShell-Unterstützung nicht automatisch aktiviert wird.

Neue Skripte anlegen

Der einfachste Weg, um mit VSCode PowerShell-Skripte zu entwickeln, beginnt damit, einen neuen Ordner anzulegen, in dem Sie Ihre Skripte aufbewahren wollen. Wo Sie den Ordner anlegen, spielt keine Rolle.

Nachdem Sie VSCode gestartet haben, legen Sie Ihren neuen Ordner als neuen Speicherort im Editor fest. Dazu wählen Sie *File/Open Folder*. Im *Öffnen*-Dialog wählen Sie nun Ihren Ordner aus.

Jetzt zeigt VSCode auf seiner linken Seite eine baumartige Navigationsstruktur des Ordners an. Diesen »Explorer« blenden Sie künftig mit dem ersten (obersten) Symbol in der vertikalen Symbolleiste von VSCode ein und aus. Sie können auch `Strg`+`⇧`+`E` drücken.

Im Explorer sehen Sie den Namen des gewählten Ordners (in unserem Beispiel heißt er *Buch*). Wenn Sie mit der Maus über den Namen navigieren, erscheinen zusätzliche Symbole, mit denen Sie unter anderem neue Skriptdateien anlegen. Klicken Sie auf das erste Symbol (siehe Abbildung 3.3).

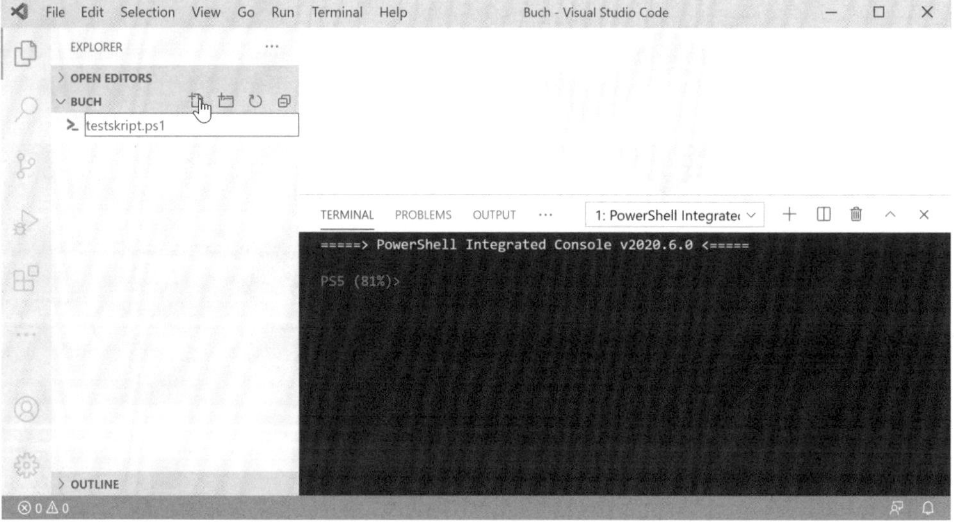

Abbildung 3.3: Eine neue Skriptdatei im Explorer des VSCode-Editors anlegen

Unterhalb erscheint eine neue Datei, der Sie sogleich einen Namen geben können. Achten Sie unbedingt darauf, dass Sie die richtige Dateierweiterung *.ps1* an den Namen anhängen. Sobald Sie den Namen mit `↵` bestätigen, erscheint rechts daneben die geöffnete neue Skriptdatei. Darunter sehen Sie die interaktive PowerShell-Konsole, in die Sie ganz ähnlich wie beim ISE-Editor jederzeit auch direkte PowerShell-Befehle eingeben können.

Sie können nun – solange Sie am Skript arbeiten – den Explorer-Bereich wieder einklappen. Klicken Sie dazu zum Beispiel auf das oberste Symbol der vertikalen Symbolleiste am linken Fensterrand oder drücken Sie [Strg]+[⇧]+[E].

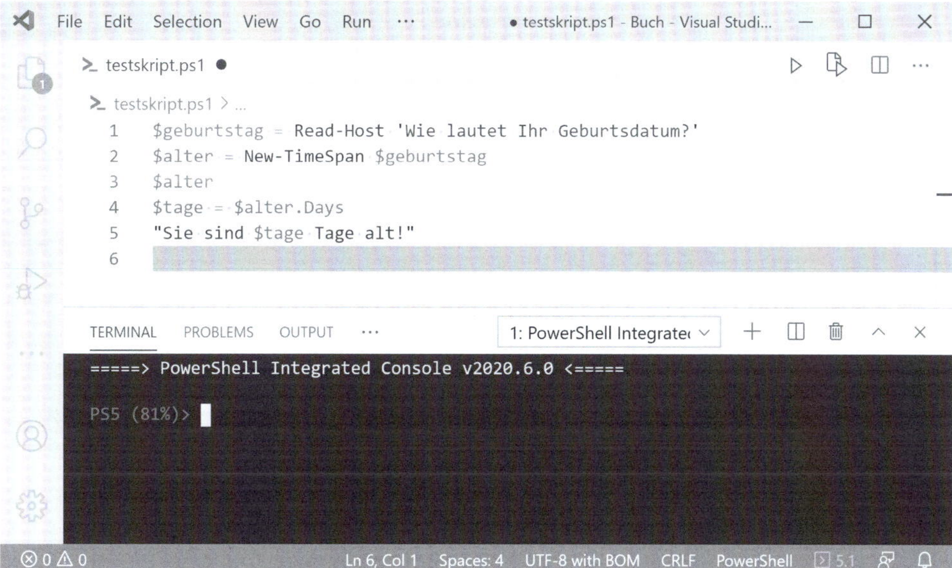

Abbildung 3.4: Ein PowerShell-Skript im VSCode-Editor

Am rechten Rand der Registerleiste finden sich Symbole, mit denen Sie das Skript – ganz ähnlich wie in der ISE – testweise ausführen können. Es gelten auch die gleichen Tastenkombinationen wie in der ISE: [F5] führt das gesamte Skript aus, während [F8] nur den markierten Code beziehungsweise die aktuelle Zeile ausführt.

Solange der VSCode-Editor ein Skript ausführt, färbt sich die Statusleiste um, und im Skriptbereich erscheint ein Zusatzfenster mit Schaltflächen zum Anhalten und Abbrechen des Skripts (siehe Abbildung 3.6).

Abbildung 3.5: Zusätzliche Schaltflächen erscheinen, sobald ein PowerShell-Skript ausgeführt wird.

Ein- und Ausgaben finden ähnlich wie in der ISE in der interaktiven Konsole statt. Wenn Sie also Listing 3.1 im VSCode-Editor ausführen, erscheint in der interaktiven Konsole die Abfrage von `Read-Host`, und Sie müssen dort Ihren Geburtstag eingeben. Solange Sie das nicht tun, läuft das Skript und wartet auf Ihre Eingaben.

Sie können ein Skript aber jederzeit über eine Abbruchschaltfläche (siehe Abbildung 3.5) abbrechen. Es kann einige Sekunden dauern, bis das Skript tatsächlich beendet wird und die Statusleiste wieder ihre normale Farbe anzeigt.

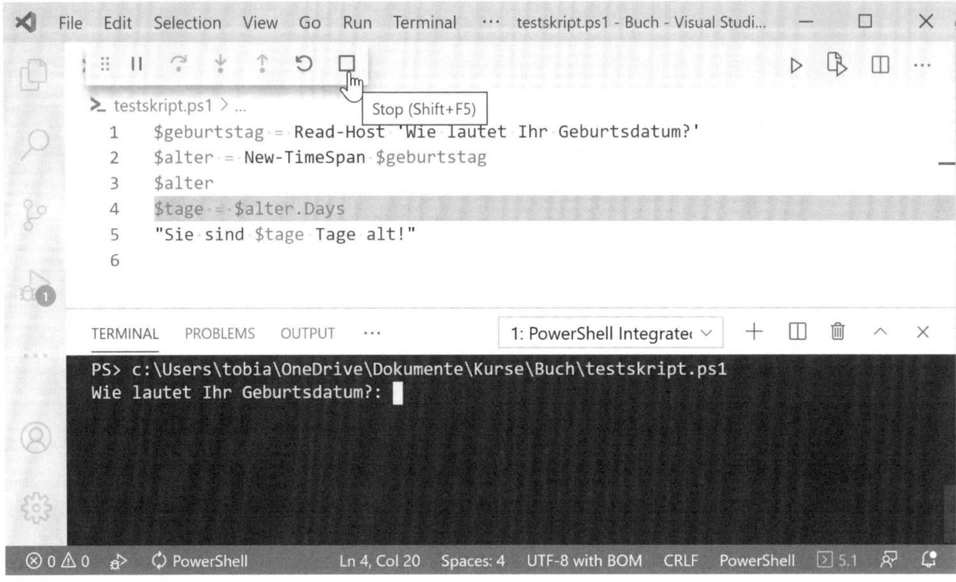

Abbildung 3.6: Abbruch eines laufenden Skripts

Skripte ausführen

Innerhalb eines PowerShell-Editors ist es leicht, ein bereits im Editor geladenes PowerShell-Skript auszuführen. Schließlich führt man während der Entwicklung eines neuen Skripts dieses typischerweise viele Male aus, um es zu testen.

Die meisten Editoren unterstützen einheitliche Tastenkombinationen, um in den Editor geladene Skripte testweise auszuführen: F5 führt das gesamte Skript aus, während F8 nur die aktuelle Zeile oder den markierten Codebereich ausführt.

Skripte innerhalb von PowerShell starten

Wenn ein Skript fertiggestellt ist, funktioniert es innerhalb einer bereits laufenden PowerShell wie ein neuer Befehl. Der Befehlsname ist der absolute Pfadname der Skriptdatei. Hier ein Beispielaufruf eines Skripts (passen Sie die Pfadnamen in den folgenden Beispielen so an, dass sie auf tatsächlich bei Ihnen vorhandene Skripte verweisen):

```
PS> c:\skripte\testskript.ps
```

Sollte der Pfadname Sonder- oder Leerzeichen enthalten, muss der gesamte Pfad in Anführungszeichen gestellt werden. Weil er dadurch zu einem Text wird, ist in diesem Fall auch noch der Call-Operator (`&`) nötig, damit PowerShell weiß, dass Sie den Text als Befehlsnamen verstehen, zum Beispiel so:

```
PS> & 'c:\skripte\verschiedene skripte\test mit benutzereingaben.ps1'
```

Tipp

Verzichten Sie lieber auf Sonder- und Leerzeichen in Skriptnamen oder in den Namen der Ordner, in denen Sie Skripte speichern. Sie ersparen sich unbequeme Anpassungen wie Anführungszeichen und Call-Operatoren.

Skripte wie Befehle aufrufen

Wenn ein Skript nur gelegentlich Automationsaufgaben ausführen soll, gehen Aufrufe über den absoluten Pfadnamen in Ordnung.

Soll ein Skript dagegen häufig aufgerufen werden und sich vielleicht eher wie ein PowerShell-Befehl verhalten, ist der Befehlsname – der absolute Pfadname zum Skript – viel zu lang.

In diesem Fall ist es besser, den Pfad zum Ordner, der Ihre Skripte speichert, in die Umgebungsvariable `$env:path` aufzunehmen. In dieser Umgebungsvariablen finden sich semikolonsepariert die Pfadnamen aller Ordner, in denen das Betriebssystem automatisch nach Anwendungen und Skripten sucht, falls kein absoluter Pfadname angegeben wird:

```
PS> $env:path -split ';'
C:\WINDOWS\system32
C:\WINDOWS
C:\WINDOWS\System32\Wbem
C:\WINDOWS\System32\WindowsPowerShell\v1.0\
C:\WINDOWS\System32\OpenSSH\
(...)
```

Sie könnten ein Skript also wahlweise direkt mit seinem (langen) absoluten Pfadnamen aufrufen:

```
PS> c:\skripte\testskript.ps1
```

Oder Sie könnten den Ordner, in dem sich das Skript befindet – hier also *c:\skripte* – in die Umgebungsvariable `$env:path` aufnehmen. Vergessen Sie dabei nicht das vorangestellte Semikolon (;), mit dem die Ordnerpfade in der Liste voneinander abgegrenzt werden:

```
PS> $env:path += ';c:\skripte'
```

Jetzt kann das Skript auch allein über seinen (kurzen) Dateinamen aufgerufen werden. Selbst die Angabe der Dateierweiterung *.ps1* ist freiwillig, sodass sich das Skript aus Anwendersicht genauso verhält wie jeder andere PowerShell-Befehl:

```
PS> testskript
```

Sogar die IntelliSense-Funktion in PowerShell-Editoren greift nun Ihre Skriptnamen auf, und ⭾ vervollständigt Skriptnamen jetzt ebenfalls – ganz so wie bei allen anderen Befehlen auch.

Achtung

Diese ganze Magie wird allein über die Erweiterung der Umgebungsvariablen `$env:path` erreicht. Diese Erweiterung wirkt indes nur innerhalb der aktuellen PowerShell-Konsole, ist also nicht von Dauer.

Sie müssten diese Anpassung bei jedem Start einer PowerShell erneut vornehmen. Das sollten Sie lieber automatisch von Ihrem Profilskript erledigen lassen. Profilskripte starten bei jedem Start der PowerShell automatisch und können genau solche Personalisierungen Ihrer Arbeitsumgebung festlegen. Mehr dazu erfahren Sie etwas später in diesem Kapitel.

Der Name der Skriptdatei wird also zum Namen des Befehls. Geben Sie Ihren Skripten deshalb sinnvolle Namen, damit Sie auch nächste Woche noch erkennen können, was ein Skript eigentlich tut.

Nennen Sie Ihr Skript besser nicht `test1.ps1`, sondern verwenden Sie lieber die bei Cmdlets übliche Verb-Nomen-Syntax, um damit zu beschreiben, was das Skript leistet.

Falls Sie gerade einen Namen für Listing 3.1 suchen, wäre `Get-Age` vielleicht passend – oder noch besser: Verwenden Sie im zweiten Namensteil ein persönliches Präfix, damit es zu keinen Namenskonflikten kommt, beispielsweise drei Zeichen Ihres Vor- oder Firmennamens: `Get-PscAge`.

Skripte außerhalb von PowerShell starten

Soll ein PowerShell-Skript von außerhalb der PowerShell ausgeführt werden, starten Sie zuerst die gewünschte PowerShell und übergeben ihr als Argument den Namen des Skripts.

Tipp

Bei *Windows PowerShell* ist das bereits im Kontextmenü von PowerShell-Skriptdateien eingebaut: Klicken Sie eine Skriptdatei direkt im Dateisystem-Explorer mit der rechten Maustaste an und wählen im Kontextmenü *Mit PowerShell ausführen*, wird eine *Windows PowerShell*-Konsole geöffnet, die das Skript ausführt.

Falls der Kontextmenübefehl fehlt, wurde die Dateierweiterung *.ps1* nachträglich mit einem anderen Editor assoziiert. Nur wenn PowerShell-Skripte mit dem Windows-Editor Notepad assoziiert sind, ist der oben genannte Kontextmenübefehl sichtbar.

Es gibt viele gute Gründe, das zu tun. Vielleicht wollen Sie eine bestimmte Automationsaufgabe direkt per Mausklick auslösen, ohne zuerst von Hand die PowerShell zu öffnen und darin das Skript zu starten. Oder ein Skript soll automatisch regelmäßig als »Geplante Aufgabe« vom Betriebssystem aufgerufen werden.

Skriptpfad als Argument für PowerShell

Um ein Skript direkt auszuführen, geben Sie den Befehl der gewünschten PowerShell an, also `powershell.exe` für *Windows PowerShell* oder `pwsh.exe` für *PowerShell* 7, und ergänzen dahinter mindestens den Parameter `-File` sowie den Pfadnamen zum Skript. Spätestens wenn der Pfadname Leer- oder Sonderzeichen enthält, muss er in Anführungszeichen gesetzt werden:

```
powershell.exe -File "c:\pfad\zum\skript.ps1"
pwsh.exe       -File "c:\pfad\zum\skript.ps1"
```

Sicherer und zuverlässiger wird der Aufruf mit der Angabe weiterer Parameter, sodass ein vollständiger Aufruf so aussieht:

```
powershell.exe -NoProfile -ExecutionPolicy Bypass -File "c:\pfad\zum\skript.ps1"
pwsh.exe       -NoProfile -ExecutionPolicy Bypass -File "c:\pfad\zum\skript.ps1"
```

- **`-NoProfile`**: Skripte sollten stets unabhängig von Einstellungen sein, die ein Profilskript zuvor eingerichtet hat. Andernfalls würde das Skript ja nur in Kombination mit dem Profilskript funktionieren und Fehler verursachen, sobald Sie es an andere weitergeben. Mit `-NoProfile` werden Profilskripte beim Start der PowerShell übersprungen. Das kann nicht nur den Start beschleunigen, es entlarvt auch unbemerkte Abhängigkeiten zu einem Profilskript, die nun Fehler verursachen. Mehr zu Profilskripten erfahren Sie im Abschnitt »Profilskripte – die Autostartskripte«.
- **`-ExecutionPolicy`**: Mit `-ExecutionPolicy` kann die Ausführung von Skripten (nur für diesen Befehlsaufruf) erlaubt werden. Damit wird der Aufruf unabhängig davon, ob der Anwender die Skriptausführung generell schon genehmigt hat oder nicht.
- **`-File`**: Pfadname zum Skript, das ausgeführt werden soll. Achtung, dieser Parameter muss immer der letzte Parameter sein!

Konsolenfenster geöffnet halten

Wird zur Ausführung eines Skripts ein neues PowerShell-Fenster geöffnet, schließt sich das Konsolenfenster sofort wieder, sobald das PowerShell-Skript seine Arbeit erledigt hat. In den meisten Fällen ist das erwünscht, aber wenn das Skript am Ende zum Beispiel Informationen anzeigen soll, möchte man das Konsolenfenster vielleicht nicht automatisch schließen lassen.

Wenn Sie beim Aufruf den Parameter `-NoExit` angeben, verzichtet PowerShell darauf, die Konsole nach Ausführung des Skripts zu schließen. Sie bleibt dann einfach weiter geöffnet. Allerdings könnte der Anwender nun darin neue Befehle eingeben.

Mehr Kontrolle haben Sie, wenn Sie das PowerShell-Fenster zwar automatisch schließen lassen, aber am Ende Ihres Skripts einfach eine Verzögerung einbauen. Das Fenster wird ja erst geschlossen, wenn das Skript beendet ist. Indem Sie also auf einen Tastendruck warten oder das Skript noch einige Sekunden warten lassen, bleibt das Fenster so lange geöffnet wie nötig.

Hier einige Beispiele, wie man ein PowerShell-Skript künstlich warten lassen kann:

```
# Funktioniert bei allen PowerShell-Versionen:

# Auf Enter-Taste warten:
$null = Read-Host 'EINGABETASTE drücken'

# 5 Sekunden warten lassen (reine Zeitverzögerung):
Start-Sleep -Seconds 5

# Funktioniert bei allen Konsolenfenstern (nicht beim ISE-Editor!)

# Auf beliebigen Tastendruck warten:
Write-Host 'Bitte beliebige Taste drücken!'
$null = $Host.UI.RawUI.ReadKey('NoEcho,IncludeKeyDown')

# Funktioniert nur im Windows-Betriebssystem:
cmd.exe /c pause  # nur bei Windows
```

Listing 3.2: Verschiedene Möglichkeiten, auf einen Tastendruck zu warten

Fenstergröße und unsichtbare Skriptausführung

Mit dem Parameter `-WindowStyle` (nicht `-WindowsStyle`!) bestimmen Sie die Fenstergröße des PowerShell-Konsolenfensters. Erlaubte Werte sind `Normal`, `Minimized`, `Maximized` und `Hidden`.

Ganz verstecken lässt sich ein PowerShell-Fenster indes kaum. Wenn Sie unbemerkt im Hintergrund Aufgaben ausführen lassen wollen – zum Beispiel im Rahmen eines Log-on-Skripts für Benutzer Ihres Unternehmens –, springt bei der Ausführung eines PowerShell-Skripts ein Konsolenfenster zumindest für einen kurzen Moment sichtbar auf den Bildschirm, selbst wenn Sie `-WindowStyle Hidden` oder `-WindowStyle Minimized` verwenden.

Der Grund ist die Architektur der PowerShell: Sie ist eine Konsolenanwendung, und bei ihrem Start wird zuerst ein leeres Konsolenfenster geöffnet. Erst danach wird darin die PowerShell geladen und gestartet. Sie wird das Konsolenfenster dann sofort Ihren Parametern entsprechend anpassen, aber bis das geschieht, ist das Konsolenfenster stets kurz sichtbar.

Encoded Commands

Anstelle eines Skripts kann PowerShell auch Code direkt ausführen. Sie sparen sich damit eine externe Skriptdatei und erhalten einen eigenständigen Befehlseinzeiler.

Dafür ersetzen Sie den Parameter `-File` durch den Parameter `-Command`. Hier ein Beispiel einer Befehlszeile, die Sie wie ein ausführbares Programm von überall aus aufrufen könnten, beispielsweise aus einer Batchdatei oder als geplante Aufgabe:

```
powershell -NoProfile -Command "Get-Service | Where-Object CanStop | Out-GridView -Title \"Welchen
Dienst stoppen?\" -PassThru | Stop-Service -whatIf"
```

Listing 3.3: PowerShell-Code direkt ausführen

Achtung

Ersetzen Sie `powershell` durch `pwsh`, wenn Sie den Code mit *PowerShell 7* ausführen möchten. Das Beispiel in Listing 3.3 verwendet das Cmdlet `Out-GridView`, das nur unter Windows zur Verfügung steht. In anderen Betriebssystemen könnten Sie aber, wie in Kapitel 1 beschrieben, das Cmdlet durch den nachrüstbaren Ersatzbefehl `Out-ConsoleGridView` austauschen.

Der Code hinter `-Command` wird ausgeführt, und es erscheint – ganz ohne Skript – ein Dialogfeld mit allen laufenden Diensten. Wenn Sie einen oder (bei festgehaltener Taste [Strg]) mehrere Dienste markieren und auf *OK* klicken, zeigt `Stop-Service` an, dass die ausgewählten Dienste gestoppt worden wären (entfernen Sie `-WhatIf`, wenn Sie die Dienste tatsächlich stoppen wollen).

Allerdings ist der Code, den Sie hinter `-Command` als Argument angeben, empfindlich und funktioniert nur, wenn die folgenden Bedingungen erfüllt sind:

- Der Code hinter `-File` muss in doppelte (nicht einfache) Anführungszeichen gestellt werden.
- Doppelte Anführungszeichen innerhalb des Codes müssen mit einem Backslash (\) entwertet werden. Aus jedem " wird \".

PowerShell kann für diese Regeln nichts. Sie stammen vom Parser der Befehlszeile des Betriebssystems. Ein robusterer Weg ist deshalb, den auszuführenden Code im Base64-Format zu encodieren. Dann nämlich ist ausgeschlossen, dass der Parser den Code missverstehen kann.

Um PowerShell-Code zu encodieren, nutzen Sie Listing 3.4:

```
# Auszuführenden Code in geschweiften Klammern definieren.
# Ersetzen Sie den Code durch beliebigen anderen PowerShell-Code,
# wenn Sie mögen. Die maximale Länge darf 2.000 Zeichen nicht
# überschreiten:
$code = {
  Get-Service |
  Where-Object CanStop |
  Out-GridView -Title "Welchen Dienst stoppen?" -PassThru |
  Stop-Service -whatIf
}

# Methoden des Betriebssystems wandeln den Code zuerst in Bytes um ...
$bytes = [System.Text.Encoding]::Unicode.GetBytes($code)
# ... danach werden diese Bytes in einen Base64-String verwandelt:
$encoded = [Convert]::ToBase64String($bytes)

# Daraus wird der Befehl konstruiert:

# Zuerst PowerShell-Art feststellen:
if ($PSVersionTable.Edition -eq 'Core')
{
  $ps = 'pwsh'
}
else
{
  $ps = 'powershell'
}
# Dann Befehlszeile zusammenstellen:
"$ps -noprofile -EncodedCommand $encoded" | Set-ClipBoard

Write-Warning 'Befehlszeile liegt in der Zwischenablage.'
```

Listing 3.4: Code in einen Befehlsaufruf mit encodiertem Argument verwandeln

Der auszuführende Code wird in Listing 3.4 in der Variablen `$code` festgelegt. Die übrigen Zeilen verwandeln diesen Code in einen Base64-encodierten Text, und daraus wird schließlich die eigentliche Befehlszeile zusammengestellt, die am Ende in der Zwischenablage liegt.

Wenn Sie sie von dort einfügen, ist daraus dieser (lange) Einzeiler geworden:

```
powershell -noprofile -EncodedCommand
DQAKACAAIABHAGUAdAAtAFMAZQByAHYAaQBjAGUAIAB8ACAADQAKACAAIABXAGgAZQByAGUALQBPAGIAagBlAGMAdAAgAEMAYQ
BuAFMAdABvAHAAIAB8ACAADQAKACAAIABPAHUAdAAtAEcAcgBpAGQAVgBpAGUAdwAgAC0AVABpAHQAbABlACAAIgBXAGUAbABj
AGgAZQBuACAARABpAGUAbgBzAHQAIABzAHQAbwBwAHAAZQBuAD8AIgAgAC0AUABhAHMAcwBUAGgAcgB1ACAAfAANAAoAIAAgAF
MAdABvAHAALQBTAGUAcgB2AGkAYwBlACAALQB3AGgAYQB0AEkAZgANAAoA
```

Listing 3.5: Ein encodierter PowerShell-Befehl

Geben Sie diese Zeile ein, wird der in Listing 3.4 verpackte PowerShell-Code ausgeführt, und Sie sehen erneut das Dialogfeld mit den laufenden Diensten, aus denen Sie sich diejenigen Dienste aussuchen können, die gestoppt werden sollen.

`-EncodedCommand` akzeptiert also Code, der als Base64 im Unicode-Format encodiert wurde. Und weil ein encodierter Befehl kein Skript ist, kann man ihn auch dann ausführen, wenn die `ExecutionPolicy` die Ausführung von Skripten verbietet.

Skripte automatisch starten

Eben haben Sie erfahren, wie PowerShell-Skripte manuell gestartet werden. Skripte lassen sich aber auch automatisch starten:

- **Scheduled Task:** Jedes Betriebssystem verfügt über einen sogenannten *Task Scheduler*, der Programme automatisch zu bestimmten Zeiten oder aufgrund bestimmter Ereignisse startet. Zum Beispiel könnte ein Skript unbeaufsichtigt immer dann starten, wenn der Computer hochgefahren wird oder sich ein Benutzer anmeldet.
- **Profilskripte:** PowerShell prüft bei jedem Start an insgesamt vier verschiedenen Orten, ob dort Skripte unter einem fest vorgegebenen Namen vorhanden sind. Falls ja, werden diese Skripte bei jedem Start der PowerShell ausgeführt. Solche Skripte nennt man *Profilskripte*, und man kann damit die PowerShell-Umgebung personalisieren.

Skriptstart durch Task Scheduler

PowerShell-Skripte können automatisierte Wartungs- und Überwachungsaufgaben übernehmen, indem man sie automatisch durch das Betriebssystem starten lässt, zum Beispiel in regelmäßigen zeitlichen Intervallen. Dabei kann dem Skript ein beliebiges Benutzerkonto zugewiesen werden, sodass zur Ausführung des Skripts kein bestimmter Benutzer angemeldet zu sein braucht. Skripte verhalten sich dann beinahe wie »Dienste« (in Linux »Daemons«).

Zuständig dafür ist der Task Scheduler des jeweiligen Betriebssystems. Bei Linux heißt dieser Task Scheduler zum Beispiel `chron`, bei Windows sind es die »Geplante Aufgaben«.

Um ein PowerShell-Skript automatisch starten zu lassen, gehen Sie vor wie beim manuellen Start und beauftragen den Task Scheduler des jeweiligen Betriebssystems, die gewünschte PowerShell (`powershell` oder `pwsh`) zu starten. Als Argument übergeben Sie die oben bereits besprochenen Argumente, also mindestens den Pfadnamen des Skripts, das ausgeführt werden soll.

Einen Scheduled Task anlegen

Das Windows-Betriebssystem liefert mit dem Modul `ScheduledTasks` bereits alle Cmdlets, die man zum Anlegen und Verwalten von geplanten Aufgaben benötigt.

Andere Betriebssysteme wie Linux und macOS liefern solche Cmdlets (bisher) noch nicht mit, sodass Sie hier die nativen Befehle oder Dialogfelder des Betriebssystems zum Einrichten von geplanten Aufgaben nutzen.

Hinweis

Ein Communitymodul zur automatisierten Steuerung des Linux-Task-Schedulers heißt `BW.Utils.PSCron` und kann mit dem folgenden Befehl von der *PowerShell Gallery* heruntergeladen und installiert werden:

```
Install-Module -Name BW.Utils.PSCron -Scope CurrentUser
```

Der Autor dieses Moduls liefert den Quellcode sowie eine Einführung und Beispiele hier: *https://github.com/realslacker/BW.Utils.PSCron*.

Schritt 1: Ein geeignetes Skript entwickeln

Bevor man überhaupt über automatisierte Skriptstarts nachdenkt, muss natürlich zuerst eine Aufgabe gefunden werden, die sich dafür eignet, regelmäßig automatisiert ausgeführt zu werden. Dabei sollten Sie auch überlegen, ob diese Aufgabe nicht auch auf einfachere Weise gelöst werden kann.

Wenn Sie beispielsweise herausfinden möchten, welche Personen sich an Ihrem Computer an- und abmelden, könnten Sie selbstverständlich ein Skript bei allen An- und Abmeldevorgängen automatisch starten lassen und diese Informationen selbst protokollieren.

An- und Abmeldungen überwacht das Betriebssystem aber ohnehin schon – ebenso wie Tausende weiterer Ereignisse – mithilfe seiner vielfältigen Ereignislogbücher und Auditing-Funktionen, sodass Sie hier lieber die existierenden Informationen aus den Ereignislogbüchern auswerten sollten.

Feststellen, wer Ihren Computer verwendet

Das Windows-Betriebssystem überwacht in seinen Ereignislogbüchern zahlreiche Vorkommnisse, darunter auch die An- und Abmeldung von Benutzern. Zuständig sind die in Tabelle 3.1 aufgeführten Ereignis-IDs.

Ereignis-ID	Beschreibung
4608	Hochfahren
4609	Herunterfahren
4624	erfolgreiche Anmeldung
4625	fehlgeschlagene Anmeldung
4634	Abmeldung
4740	Sperrung eines Benutzerkontos
4647	Beginn der Abmeldung

Tabelle 3.1: Ereignis-IDs im Security-Ereignislogbuch von Windows, die Bezug zu Anmeldungen haben

In den vorangegangenen Kapiteln haben Sie bereits das Cmdlet `Get-WinEvent` kennengelernt, das Informationen aus Ereignislogbüchern liest. Listing 3.6 zeigt, wie Sie damit aus dem Security-Logbuch auslesen können, wann sich welche Benutzer am Windows-Betriebssystem angemeldet haben (siehe Abbildung 3.7).

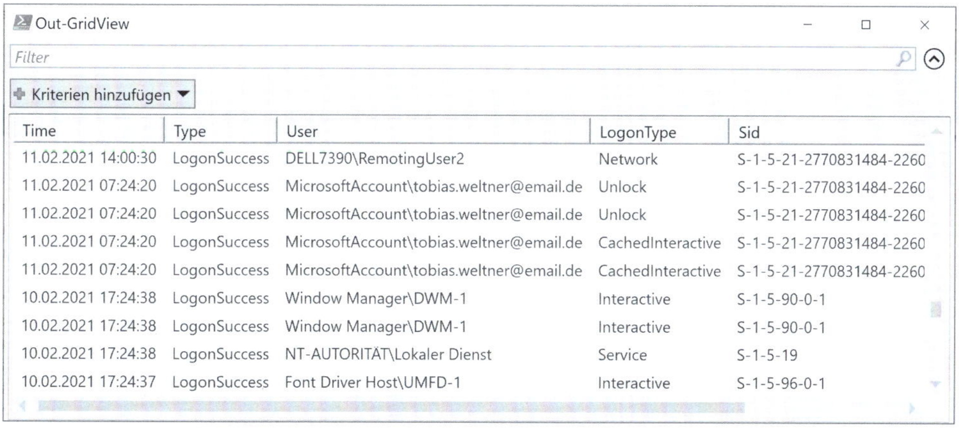

Out-GridView

Filter

Kriterien hinzufügen

Time	Type	User	LogonType	Sid
11.02.2021 14:00:30	LogonSuccess	DELL7390\RemotingUser2	Network	S-1-5-21-2770831484-2260
11.02.2021 07:24:20	LogonSuccess	MicrosoftAccount\tobias.weltner@email.de	Unlock	S-1-5-21-2770831484-2260
11.02.2021 07:24:20	LogonSuccess	MicrosoftAccount\tobias.weltner@email.de	Unlock	S-1-5-21-2770831484-2260
11.02.2021 07:24:20	LogonSuccess	MicrosoftAccount\tobias.weltner@email.de	CachedInteractive	S-1-5-21-2770831484-2260
11.02.2021 07:24:20	LogonSuccess	MicrosoftAccount\tobias.weltner@email.de	CachedInteractive	S-1-5-21-2770831484-2260
10.02.2021 17:24:38	LogonSuccess	Window Manager\DWM-1	Interactive	S-1-5-90-0-1
10.02.2021 17:24:38	LogonSuccess	Window Manager\DWM-1	Interactive	S-1-5-90-0-1
10.02.2021 17:24:38	LogonSuccess	NT-AUTORITÄT\Lokaler Dienst	Service	S-1-5-19
10.02.2021 17:24:37	LogonSuccess	Font Driver Host\UMFD-1	Interactive	S-1-5-96-0-1

Abbildung 3.7: Feststellen, welche Benutzer sich zu welchen Zeiten angemeldet haben

Weil dies sensible Informationen sind, benötigt man Administratorrechte zur Ausführung. Die erste mit `#requires` beginnende Zeile sorgt dafür, dass das Skript auch nur dann gestartet werden kann (diese Anweisung wirkt sich lediglich dann aus, wenn Sie das Listing tatsächlich speichern und als Skript ausführen).

```
#requires -RunAsAdmin
# Benötigt Admin-Rechte, um das Security-Ereignislogbuch von Windows zu lesen

# Klartextauflistung der Log-on-Typen:
enum LogonType {
  None = 0
  Password = 1
  Interactive = 2
  Network = 3
  Batch = 4
  Service = 5
  Unlock = 7
  NetworkClearText = 8
  NewCredentials = 9
  RemoteInteractive = 10
  CachedInteractive = 11
}

# Ereignisse mit ID 4624 (Anmeldung) aus dem Security-Logbuch:
Get-WinEvent -FilterHashtable @{
  LogName = 'Security'
  Id = 4624
} |
# Empfangene Objekte weiter aufbereiten:
ForEach-Object {
  # Im Array-Element 5 (mit Index 4) steht die SID des
  # Users. Anmeldungen von "LocalSystem" mit SID
  # 'S-1-5-18' ignorieren:
  if ($_.Properties[4].Value -ne 'S-1-5-18')
  {
    # Nützliche Informationen aus dem Ereignis in einem eigenen
    # Objekt zusammenfassen:
    [PSCustomObject]@{
      Time = $_.TimeCreated
      Type = 'LogonSuccess'
      User = '{0}\{1}' -f $_.Properties[6].Value, $_.Properties[5].Value
      LogonType = $_.Properties[8].Value -as [LogonType]
      Sid  = $_.Properties[4].Value
    }
  }
} |
# Ergebnisse in einem GridView anzeigen:
Out-GridView
```

Listing 3.6: Herausfinden, wer sich wann an einem Windows-Betriebssystem angemeldet hat

Schauen wir uns kurz an, wie Listing 3.6 das bewerkstelligt hat. Sie finden im Skript zahlreiche Mechanismen, die bereits in Kapitel 2 vorgestellt wurden:

Das Skript erfragt mit `Get-WinEvent` alle Ereignisse mit der ID 4624 (Benutzeranmeldungen) aus dem Security-Logbuch. `Foreach-Object` bereitet die Informationen anschließend sofort weiter auf:

Eine `if`-Bedingung ignoriert zunächst Anmeldungen des Benutzerkontos `LocalSystem` mit der Sicherheitskennung `S-1-5-18`, denn das lokale System meldet sich sehr häufig im Rahmen von Dienststarts an.

Die `Foreach-Object`-Schleife legt dann für alle übrigen Einträge jeweils eigene neue Objekte mithilfe der Struktur `[PSCustomObject]@{}` an. Darin werden einzelne Details der ausgelesenen Ereignislogbucheinträge vermerkt, zum Beispiel die Zeit der Anmeldung (`Time`), der Typ des Ereignisses (`Type` ist hier immer `LogonSuccess`), der Name des Benutzerkontos (`User`), ausgelesen aus den Ereigniseigenschaften mit den Indizes 6 (Domäne) und 7 (Benutzername), sowie die Sicherheitskennung (`Sid`) aus der Eigenschaft mit dem Index 4.

Welche Indizes in der Eigenschaft `Properties` jeweils welche Information enthält, ist für jeden Ereignistyp anders. Die Indizes müssten also angepasst werden, wenn Sie Listing 3.6 ändern und zum Beispiel ein anderes Ereignis (siehe Tabelle 3.1) auslesen möchten.

Die Art der Anmeldung liefert die Information aus `Properties` mit dem Index 8 und wird in `LogonType` gespeichert. Weil die Art der Anmeldung durch einen kryptischen Zahlenwert repräsentiert wird, wandelt Listing 3.6 ihn mithilfe einer sogenannten *Enumeration* (`Enum`) in einen »sprechenden« Text um. Mehr zu solchen Enumerationen lesen Sie in Kapitel 11, aber die Grundzüge dieser Umwandlung sind so einfach, dass Sie sie auch an dieser Stelle bereits sicher nachvollziehen können:

Eine `Enum`-Liste bestimmt, welche Texte welchen Zahlen entsprechen sollen. Wenn Sie den Einträgen in der `Enum` eindeutige Zahlen zuweisen (indem Sie die Zahlen nicht fortlaufen lassen, sondern jeweils verdoppeln) und zusätzlich `[Flags()]` angeben, können Sie sogar mehrere sprechende Werte in einer einzelnen Variablen als einzelnen Zahlenwert speichern. Man nennt das auch *Bitmaske*.

Mathematisch gesehen, speichert PowerShell jeden Text, den die `Enum` definiert, als Bit in einer einzigen Zahl. Das benötigt viel weniger Speicherplatz, als wenn die Texte direkt als Textliste gespeichert würden. `Enum` nimmt Ihnen dabei die aufwendige Arbeit ab, die einzelnen Bits jeweils mathematisch zu berechnen, sodass sich eine Bitmaske fast genauso einfach verwenden lässt wie eine Liste von Texten:

```
[Flags()]
enum Topping {
  Nichts = 0
  Käse = 1
  Tomatensauce = 2
  Schinken = 4
  Salami = 8
  Peperoni = 16
  Zwiebeln = 32
}

# Klartextnamen repräsentieren eigentlich Bits:
[Topping]$Belag = 'Käse','Salami','Zwiebeln'

# Gespeichert werden alle Bits in einer speicherplatzschonenden einzelnen Zahl:
[int]$Belag

# Diese Zahl kann jederzeit in die Klartextnamen umgewandelt werden:
[Topping]41

# Neuen Belag hinzufügen:
$Belag += 'Peperoni'
$Belag
```

```
# Der Zahlenwert wird automatisch umgerechnet:
[int]$Belag

# Belag entfernen:
$Belag -= 'Zwiebeln'
$Belag

# Der Zahlenwert wird automatisch umgerechnet:
[int]$Belag

# Tatsächlich wird jeder Belag intern als Bit (1 oder 0)
# in einer Bitmaske repräsentiert:
[Convert]::ToString([int]$Belag, 2)

# Prüfen, ob die Liste einen bestimmten Wert enthält, z. B. "Käse":
($belag -band 'Käse').Count -gt 0
```

Listing 3.7: Enums und »sprechende« Werte

Erst wenn Sie prüfen wollen, ob die Liste einen bestimmten Wert enthält, werden Sie mit der binären Natur der Liste konfrontiert, und Sie würden den binären Operator `-band` nutzen (siehe Listing 3.7).

Mit den Informationen aus Tabelle 3.1 könnten Sie Listing 3.6 schnell anpassen, falls Sie anstelle der Anmelde- lieber die Abmeldedaten erfahren möchten. Neben der Ereignis-ID müssten Sie im Skript allerdings auch die Indexzahlen der zurückgelieferten Eigenschaften anpassen, denn jede Ereignis-ID liefert jeweils andere Informationen zurück. So könnte man herausfinden, welche Informationen Ereignisse mit der ID 4634 in `Properties` liefern:

```
#requires -RunAsAdmin
# Ein Beispielevent auslesen:
# (passen Sie diese Angaben an, wenn Sie andere Ereignis-IDs untersuchen wollen)
$EventId = 4634
$LogName = 'Security'

$beispiel = Get-WinEvent -FilterHashtable @{
  LogName = $LogName
  Id = $EventId
} -MaxEvents 1

# Inhalt dieses Beispielevents testen:

# Anzahl der Eigenschaften bestimmen:
# eins abziehen, weil Indizes bei 0 und nicht bei 1
# beginnen:
$anzahl = $beispiel.Properties.Count - 1

# Alle Informationen beispielhaft ausgeben:
0..$anzahl | ForEach-Object {
  '$_.Properties[{0}].Value = {1}' -f $_, $beispiel.Properties[$_].Value
}
```

Listing 3.8: Informationen analysieren, die eine bestimmte Ereignis-ID zurückmeldet

Das Ergebnis sieht ungefähr so aus:

```
$_.Properties[0].Value = S-1-5-21-2731831484-2265260476-2133543144-1001
$_.Properties[1].Value = tobia
```

```
$_.Properties[2].Value = DELL7390
$_.Properties[3].Value = 170181815
$_.Properties[4].Value = 2
```

Was die Werte jeweils aussagen, müssen Sie natürlich noch selbst herausfinden, aber auf den ersten Blick wird deutlich, dass Index 0 die SID des abgemeldeten Kontos liefert, während die Indizes 1 und 2 den Benutzernamen und die Domäne enthalten.

Damit lässt sich Listing 3.6 nun schnell umschreiben, falls Sie nicht wissen möchten, wann sich Benutzer an , sondern wann sie sich abgemeldet haben (siehe Listing 3.9):

```
#requires -RunAsAdmin
# Benötigt Admin-Rechte, um das Security-Ereignislogbuch von Windows zu lesen.

# Ereignisse mit ID 4634 (Abmeldung) aus dem Security-Logbuch:
Get-WinEvent -FilterHashtable @{
  LogName = 'Security'
  Id = 4634
} |
# Empfangene Objekte weiter aufbereiten:
ForEach-Object {
  if ($_.Properties[0].Value -ne 'S-1-5-18')
  {
    # Nützliche Informationen aus dem Ereignis in einem eigenen
    # Objekt zusammenfassen:
    [PSCustomObject]@{
      Time = $_.TimeCreated
      Type = 'LogoffSuccess'
      User = '{0}\{1}' -f $_.Properties[2].Value, $_.Properties[1].Value
      Sid  = $_.Properties[0].Value
    }
  }
} |
# Ergebnisse in einem GridView anzeigen:
Out-GridView
```

Listing 3.9: Abmeldeereignisse aus dem Security-Ereignislogbuch lesen

Lassen Sie uns also eine andere Aufgabe finden, die ein Skript automatisch für Sie ausführen kann. Eine sinnvolle Aufgabe könnte beispielsweise sein, die mit `Install-Module` nachinstallierten Module auf Updates zu überprüfen und dafür zu sorgen, dass jeweils die neueste Version verfügbar ist.

Listing 3.10 zeigt eine entsprechende Lösung, die auch einige neue Strategien enthält:

- **Automatisches Protokoll:** Weil das Skript künftig möglicherweise unbeaufsichtigt oder sogar unsichtbar ablaufen wird, benötigt man einen Weg, Fehler oder andere Vorkommnisse zu protokollieren. `Start-Transcript` ist der einfachste Weg: Alle Bildschirmausgaben einschließlich Warnungen und Fehlern werden in eine Protokolldatei umgelenkt. `Stop-Transcript` beendet das Protokoll.
- **Try … Finally:** Ein Skript kann jederzeit abgebrochen werden: manuell zum Beispiel mit [Strg]+[C], aber auch durch äußere Ereignisse wie den Neustart des Computers. Wenn Sie sicherstellen wollen, dass ein Skript vor solchen Abbrüchen noch schnell wichtige Aufräumungsarbeiten erledigt, setzen Sie die Struktur `try {} finally {}` ein: Wird der Code, den `try` ausführt, unterbrochen, führt PowerShell sofort den Code in `finally` aus.

```
# Pfadnamen zu einem Logfile festlegen, wo Updates protokolliert werden.
$logfile = Join-Path -Path $home -ChildPath powershell_updates.log
# Bildschirmausgaben an Logfile anhängen.
Start-Transcript -Path $logfile -Append

# try ... finally sorgt dafür, dass der Code in "finally" AUF JEDEN FALL
# ausgeführt wird, also auch dann, wenn der Code in "try" z. B. mit Strg+C
# abgebrochen wird.
try
{

  # Vorübergehend PowerShell Gallery auf "Trusted" setzen, um ohne Rückfragen
  # bestehende Module zu aktualisieren:
  Set-PSRepository -Name PSGallery -InstallationPolicy Trusted

  # Alle installierten Module überprüfen und bei Bedarf aktualisieren:
  Update-Module -AcceptLicense -Verbose
}

finally
{
  # PowerShell Gallery wieder auf "Untrusted" setzen, um bei neuen Installationen
  # zu bestätigen:
  Set-PSRepository -Name PSGallery -InstallationPolicy Untrusted

  # Log abschließen:
  Stop-Transcript
}
```

Listing 3.10: Automatisch alle von »PowerShellGet« nachinstallierten Module auf Updates prüfen

Starten Sie Listing 3.10 zuerst manuell, um zu überprüfen, ob es wie gewünscht funktioniert. Beim ersten Lauf kann das Skript – je nach Anzahl der früher mit `Install-Module` nachgerüsteten Module – einige Zeit in Anspruch nehmen.

Achtung

Falls Listing 3.10 nicht ausgeführt werden kann und PowerShell unbekannte Parameter meldet, verwenden Sie vermutlich noch eine veraltete Fassung der PowerShell-Module **`PowerShellGet`** und **`PackageManagement`**. Sie sollten diese Module am besten sofort (wie in Kapitel 1 im Abschnitt »Zusammenfassung« beschrieben) aktualisieren.

Alle Bildschirmausgaben werden dabei in eine Logbuchdatei (siehe Abbildung 3.8) umgeleitet und angehängt, die Sie folgendermaßen öffnen und anzeigen lassen:

```
notepad "$home\powershell_updates.log"
```

Listing 3.11: Automatische Logbuchdatei überprüfen

Falls Ihnen das zu viele Informationen sind, entfernen Sie in Listing 3.10 hinter `Update-Module` den Parameter `-Verbose`. Das Cmdlet berichtet dann nicht länger jeden einzelnen Schritt, den es tut. Allerdings erfahren Sie dann auch nicht mehr, welche Module bei der Überprüfung in aktuellem Zustand waren.

```
powershell_updates.log - Editor
Datei Bearbeiten Format Ansicht Hilfe
AUSFÜHRLICH: Ausführen des Vorgangs "Update-Module" für das Ziel "Version '4.3.0' of module 'Az', updating to vers
AUSFÜHRLICH: The installation scope is specified to be 'CurrentUser'.
AUSFÜHRLICH: The specified module will be installed in 'C:\Users\tobia\OneDrive\Dokumente\WindowsPowerShell\Module
AUSFÜHRLICH: The specified Location is 'NuGet' and PackageManagementProvider is 'NuGet'.
AUSFÜHRLICH: Downloading module 'Az' with version '5.5.0' from the repository 'https://www.powershellgallery.com/a
AUSFÜHRLICH: Searching repository 'https://www.powershellgallery.com/api/v2/FindPackagesById()?id='Az'' for ''.
AUSFÜHRLICH: Package 'Az.Accounts' is already installed.
AUSFÜHRLICH: Package 'Az.Advisor' is already installed.
AUSFÜHRLICH: Package 'Az.Aks' is already installed.
AUSFÜHRLICH: Package 'Az.AnalysisServices' is already installed.
AUSFÜHRLICH: Package 'Az.ApiManagement' is already installed.
AUSFÜHRLICH: Package 'Az.AppConfiguration' is already installed.
AUSFÜHRLICH: Package 'Az.ApplicationInsights' is already installed.
AUSFÜHRLICH: Package 'Az.Automation' is already installed.
AUSFÜHRLICH: Package 'Az.Batch' is already installed.
Zeile 1, Spalte 1   100%   Windows (CRLF)   UTF-8 mit BOM
```

Abbildung 3.8: Die Protokolldatei enthält ausführliche Informationen zur Update-Überprüfung der Module.

Schritt 2: Skript extern ausführen lassen

Wenn Listing 3.10 seine Arbeit erfolgreich erledigt hat, soll es künftig automatisch vom Betriebssystem aufgerufen werden. Speichern Sie Listing 3.10 also nun an einem geeigneten Ort. Es sollte ein Ordner sein, bei dem nur derjenige Benutzer Leseberechtigungen besitzt, der gleich im Task Scheduler das Skript automatisiert starten wird. In unserem Beispiel sollte es ein Ordner sein, den nur Sie selbst lesen dürfen.

Achtung

Für die folgenden Beispiele wird davon ausgegangen, dass ein Ordner namens *C:\AutostartSkripte* angelegt und Listing 3.10 darin als *UpdateModules.ps1* gespeichert wurde, also unter *c:\Autostart Skripte\UpdateModules.ps1* ansprechbar ist.

Simulieren Sie jetzt die Arbeit des Task Schedulers, indem Sie das Skript extern über eine Befehlszeile aufrufen. Überlegen Sie sich also zunächst, ob das Skript mit *Windows PowerShell* (Befehl `powershell`) oder mit *PowerShell* (Befehl `pwsh`) ausgeführt werden soll.

Die Befehlszeile sieht dann beispielsweise so aus:

```
PS> powershell -noprofile -executionpolicy bypass -file c:\autostartskripte\updatemodules.ps1
```

Starten Sie das Skript über diese Befehlszeile und stellen Sie sicher, dass es ordnungsgemäß ausgeführt wurde. Am Ende der Protokolldatei sollte anschließend neuer Inhalt eingefügt worden sein:

```
notepad "$home\powershell_updates.log"
```

Schritt 3: Automatischer Skriptaufruf

Nun soll der Aufruf des Skripts automatisch durch das Betriebssystem erfolgen. Dazu muss im Task Scheduler eine geplante Aufgabe eingerichtet werden. Das Betriebssystem muss also wissen, *was* es *wann* für Sie tun soll.

Mithilfe der Cmdlets aus dem Modul `ScheduledTasks` lassen sich beim Windows-Betriebssystem solche Aufgaben direkt aus PowerShell heraus in nur wenigen Zeilen Code anlegen:

```
#requires -Version 2.0 -Modules ScheduledTasks

$taskName = "Update PowerShell Module"
$description = "Überprüft und aktualisiert PowerShell-Module"

# Was soll geschehen?
$taskAction = New-ScheduledTaskAction -Execute 'powershell.exe' -Argument '-noprofile
-executionpolicy bypass -file c:\autostartskripte\updatemodules.ps1'
# Wann soll es geschehen?
$taskTrigger = New-ScheduledTaskTrigger -AtLogOn -User $env:username

# Aufgabe registrieren:
Register-ScheduledTask -TaskName $taskName -Action $taskAction -Trigger $taskTrigger -Description
$description
```

Listing 3.12: Ein Skript automatisch bei jeder Anmeldung ausführen

Sobald Listing 3.12 ausgeführt ist, wird dem Windows-Aufgabenplaner eine neue Aufgabe namens *Update PowerShell Module* hinzugefügt. Mit dem Befehl `taskschd.msc` lässt sich die *Aufgabenplanung* öffnen (siehe Abbildung 3.9).

Die Aufgabe *Update PowerShell Module* zeigt in der Spalte *Letzte Laufzeit* ein Fantasiedatum an, und die Spalte *Ergebnis der letzten Ausführung* klärt darüber auf, dass die Aufgabe noch nie ausgeführt wurde. Die *Nächste Laufzeit* ist ebenfalls leer, weil diese Aufgabe nicht zu einer bestimmten Zeit ausgeführt werden wird, sondern künftig immer dann, wenn Sie sich anmelden. So ist es in der Spalte *Trigger* (Auslöser) vermerkt.

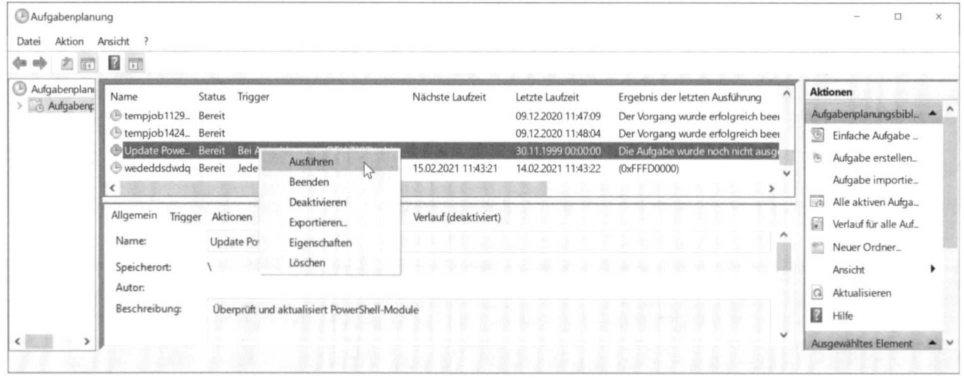

Abbildung 3.9: Neue von PowerShell eingerichtete geplante Aufgabe zum Start eines Skripts

Testen Sie die automatische Ausführung des Skripts, indem Sie in der Aufgabenplanung mit der rechten Maustaste auf die geplante Aufgabe *Update PowerShell Module* klicken und im Kontextmenü *Ausführen* wählen.

Wenn dieser manuelle Aufruf klappt und sich auf dem Bildschirm ein neues PowerShell-Konsolenfenster öffnet und dann automatisch die PowerShell-Module überprüft, können Sie die eigentliche Automatik testen und sich ab- und neu anmelden. Bei jeder Anmeldung sollte das Skript nun automatisch gestartet werden.

Achtung

Wundern Sie sich bitte nicht, falls der Antivirenscanner Ihres Computers den automatisierten Start eines PowerShell-Skripts verdächtig findet. Natürlich wäre das dann ein handfester Fehlalarm, denn regelmäßig und automatisiert startende PowerShell-Skripte sind vollkommen legitim.

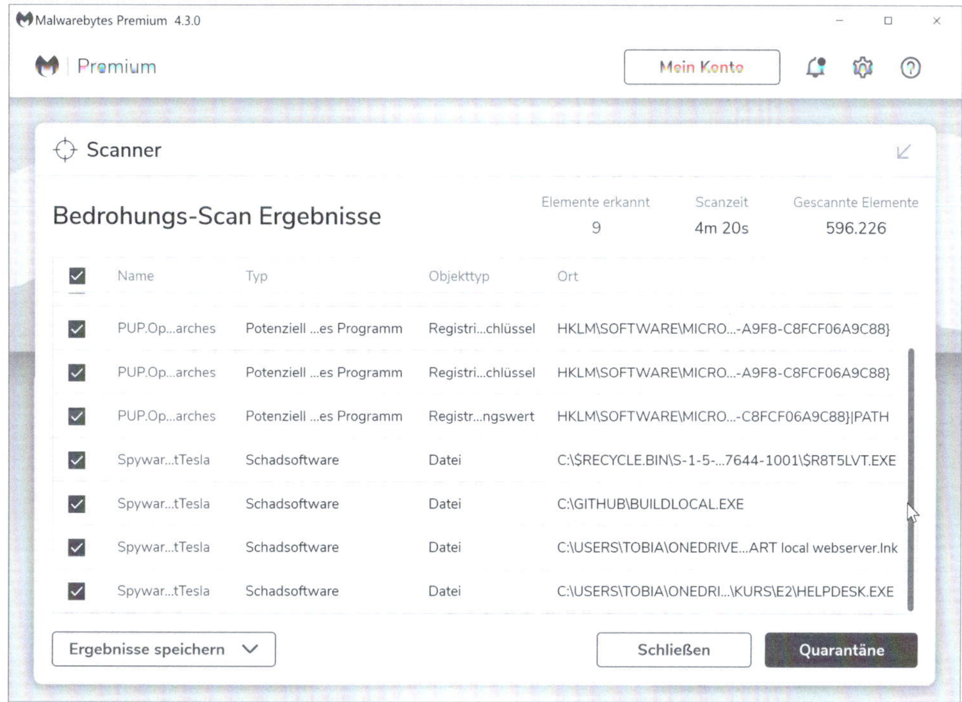

Abbildung 3.10: Manche Antivirenprogramme stufen PowerShell-Skripte pauschal als Bedrohung ein.

Leider ist in letzter Zeit die Tendenz zu beobachten, dass manche Antivirenlösungen allzu leichtfertig PowerShell-Skripte pauschal als Bedrohung einstufen, sobald darin Techniken eingesetzt werden, die in bösartigen Skripten gefunden wurden. Dafür genügt der Aufruf einer PowerShell-Engine, also die Verwendung der Befehle `powershell` oder `pwsh`.

Abbildung 3.10 zeigt beispielsweise das Scanergebnis der Antivirenlösung *MalwareBytes*, das unter anderem eine Reihe von Registrierungsschlüsseln als verdächtig klassifiziert, obwohl es sich dabei lediglich um »Geplante Aufgaben« handelt. Grundsätzlich schlagen viele Antivirenlösungen bereits in dem Moment Alarm, in dem eine PowerShell-Engine (`powershell` oder `pwsh`) gestartet wird – ganz unabhängig davon, welcher Code darin anschließend ausgeführt werden soll.

Profitipp

Im Fenster der *Aufgabenplanung* können Sie per Doppelklick auf die geplante Aufgabe *Update PowerShell Module* die Einstellungen der Aufgabe jederzeit ändern, zum Beispiel wenn Sie das Skript lieber zu einem festen Zeitpunkt (nachts) ausführen lassen möchten. Dazu klicken Sie auf das Register *Trigger* und legen mit *Neu* einen neuen Trigger an, beispielsweise einen uhrzeitgesteuerten Trigger.

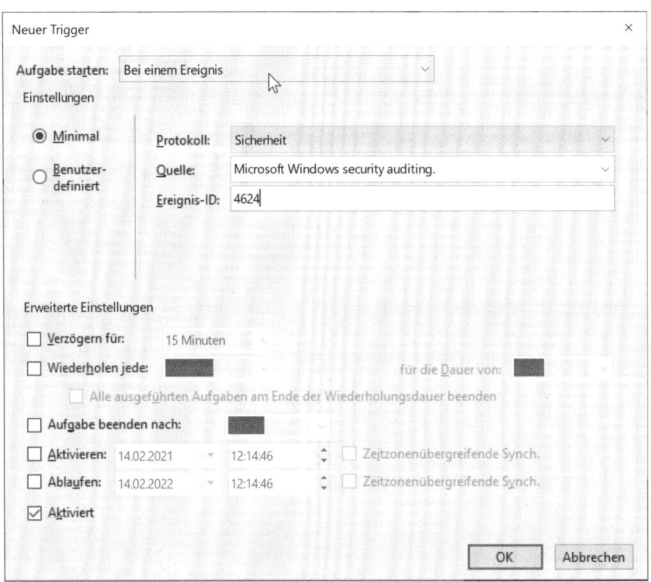

Abbildung 3.11: Skriptstart durch neue Einträge im Windows-Ereignislogbuch auslösen

Sie können Skripte sogar starten lassen, sobald ein bestimmter neuer Ereignislogbucheintrag geschrieben wird, sodass sich hier der Kreis schließt zu Listing 3.9, das Ereignisse aus Ereignislogbüchern gelesen hatte. Jetzt sind Sie also sogar in der Lage, mit einem PowerShell-Skript unmittelbar auf Systemereignisse zu reagieren (siehe Abbildung 3.11).

Das Register *Allgemein* zeigt ein Kontrollkästchen *Mit höchsten Privilegien ausführen*. Ist dieses ausgewählt, kann das Skript alle Berechtigungen Ihres Kontos nutzen. Wenn Sie beispielsweise Administrator sind, würde das Skript nun mit vollen Administratorrechten ablaufen.

Das Register *Allgemein* legt auch fest, ob das Skript unbeaufsichtigt (und unsichtbar ohne Fenster) ausgeführt werden soll: Wählen Sie die Option *Unabhängig von der Benutzeranmeldung ausführen*, kann über die Schaltfläche *Benutzer oder Gruppe ändern* ausgewählt werden, unter welchem Benutzerkonto das Skript ausgeführt wird. So kann ein Skript beispielsweise auch unter dem Konto von *SYSTEM* mit höchsten Rechten ausgeführt werden (siehe Abbildung 3.12).

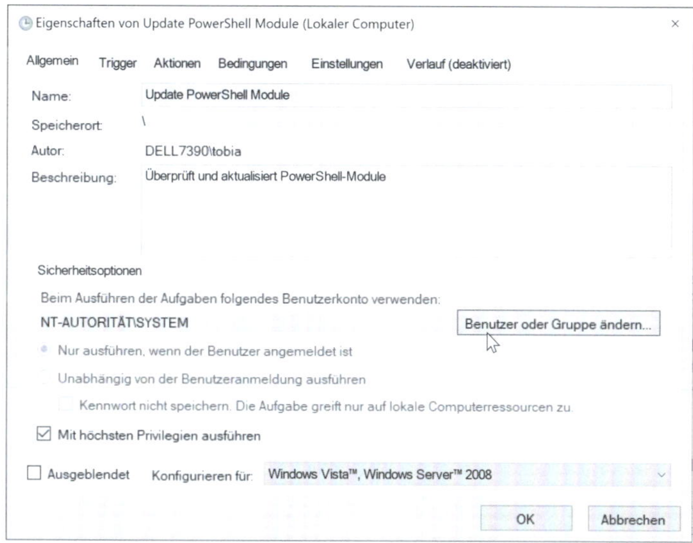

Abbildung 3.12: Skript zu beliebigen Zeiten unsichtbar als »SYSTEM« mit höchsten Rechten ausführen

---

Profilskripte – die Autostartskripte

Unter Umständen brauchen Sie Skripte noch nicht einmal selbst zu starten – PowerShell übernimmt das vollautomatisch für Sie, sofern das Skript unter einem ganz bestimmten Namen an einem ganz bestimmten Ort liegt.

Dann nämlich wird aus dem Skript ein sogenanntes *Profilskript*, also ein Autostartskript, das dazu verwendet wird, bei jedem Start Ihre PowerShell-Umgebung zu personalisieren.

Profitipp

Wenn Sie ein Profilskript in den Editor laden und bearbeiten, können Sie es wie jedes andere Skript auch testweise per F5 ausführen. Dass PowerShell Profilskripte automatisch beim Start ausführt, heißt nämlich nicht, dass man das Skript nicht auch manuell ausführen könnte.

Ansonsten gelten für Profilskripte die gleichen Regeln wie für alle anderen Skripte auch: Solange die `ExecutionPolicy` die Skriptausführung nicht erlaubt, kann auch ein Profilskript nichts für Sie tun.

Typische Aufgaben eines Profilskripts

In Kapitel 1 haben Sie bereits ein Beispiel-Profilskript erstellt (siehe Listing 1.15) und damit einige typische Anpassungen durchgeführt:

- **Farbanpassungen:** Die Farbe von Fehlermeldungen wurde verändert.
- **Skriptausführung:** Die Skriptausführung wurde erlaubt.
- **Konfigurationen:** Das Netzwerkprotokoll TLS 1.2 für *https:*-Verbindungen wurde aktiviert, um bei älteren Windows-Versionen den Zugang zur *PowerShell Gallery* zu ermöglichen.

- **Eingabeaufforderung:** Der Text der Befehlsaufforderung wurde per Definition der speziellen Funktion `prompt` verkürzt, und stattdessen wurde der aktuelle Ordner in der Titelleiste des PowerShell-Fensters eingeblendet.
- **Neue Befehle:** Der neue Befehl `L` zum Herunterladen der Codebeispiele dieses Buchs wurde definiert, damit er in jeder PowerShell zur Verfügung steht.

Darüber hinaus finden sich in Profilskripten häufig weitere Anpassungen:

- **Kürzere Befehle:** Befehle, die normalerweise lange absolute Pfadnamen erfordern, könnten mit `Set-Alias` kürzere Befehlsnamen erhalten.
- **Module laden:** PowerShell lädt Module normalerweise automatisch, sobald ein Cmdlet des Moduls verwendet wird. Wenn ein Modul an einem ungewöhnlichen Ort außerhalb der in `$env:PSModulePath` aufgelisteten Ordner lagert oder wenn ein Modul (wie beispielsweise das Modul `ActiveDirectory`) auch Laufwerke anbietet, die sofort zur Verfügung stehen sollen, kann man Module mit `Import-Module` bereits im Profilskript laden.
- **Neue Laufwerke:** `New-PSDrive` kann weitere Laufwerke zu häufig benötigten Orten definieren.
- **Standardwerte für Parameter:** Sie dürfen Standardwerte für Befehlsparameter definieren. Diese Werte werden dann von Befehlen verwendet, wenn kein anderer Wert festgelegt wurde.
- **Weitere Anpassungen:** Sie könnten Umgebungsvariablen ändern und erweitern, zum Beispiel um dafür zu sorgen, dass Skripte in einem bestimmten Ordner allein über ihren Dateinamen startbar werden (siehe auch Seite 159).

  Sie können natürlich auch eigene globale Variablen wie Servernamen oder andere Infrastrukturdaten definieren, die Sie vielleicht jeden Tag brauchen. Sogar sicher verschlüsselte Anmeldedaten und Kennwörter lassen sich vom Profilskript aus in Variablen laden.

  Über sogenannte *Preference-Variablen* legen Sie auf Wunsch außerdem fest, welche Meldungsarten in der interaktiven Konsole sichtbar sein sollen.
- **Strict Mode:** Insbesondere wenn Sie PowerShell-Code entwickeln und einen Programmiererhintergrund haben, könnten Sie mit `Set-StrictMode -Latest` PowerShell anweisen, besonders »streng« mit Ihnen zu sein und Fehlermeldungen auszugeben, wenn Sie Variablen abrufen, die nicht existieren, oder Methoden aufrufen, die es nicht gibt. Im standardmäßigen Produktionsmodus würden solche Fehler von PowerShell nicht angezeigt. Als Autor von PowerShell-Code kann der strengere Modus indes nützlich sein, weil er Sie zum Beispiel sofort auf Tippfehler in Variablen- oder Methodennamen aufmerksam macht, die sonst leicht untergehen.

Achtung

Die Anweisungen im Profilskript sollen Ihre PowerShell-Arbeitsumgebung personalisieren und bequem einrichten. Das ist gut und empfehlenswert.

Achten Sie aber von Anfang an darauf, dass Sie alle Erleichterungen, die Ihr Profilskript definiert, ausschließlich in der *interaktiven* PowerShell-Konsole verwenden. Sobald Sie Skripte schreiben, die später an andere weitergegeben werden, verwenden Sie dagegen immer die offiziellen Befehle und definieren im Skript sämtliche Variablen und Informationen, die das Skript benötigt.

Wenn Sie sich nämlich in einem Skript auf Anpassungen verlassen, die Ihr Profilskript vorgenommen hat, zum Beispiel auf vordefinierte Variablen oder Aliase (Befehlskurznamen), funktioniert das Skript natürlich nicht mehr ohne das Profilskript und dessen Vorgaben.

Bevor Sie gleich einige Beispiele zu den genannten Punkten sehen, schauen wir uns zunächst im folgenden Abschnitt sämtliche Profilskripte an, die für PowerShell maßgeblich sind: insgesamt bis zu vier Dateien.

Vier verschiedene Profilskripte

Es gibt nicht bloß eine Profilskriptdatei für alle Anwender, sondern insgesamt vier mögliche Profilskripte. So können Sie gezielt festlegen, für welche Personen und für welche PowerShell-Umgebungen Startbefehle wirksam sein sollen.

»Current User Current Host«

Der Pfadname des wichtigsten Profilskripts findet sich stets in der Variablen `$profile`. Ihr Inhalt unterscheidet sich je nachdem, in welcher PowerShell-Umgebung Sie ihren Inhalt abrufen:

```
# powershell.exe
C:\Users\[UserName]\Dokumente\WindowsPowerShell\Microsoft.PowerShell_profile.ps1

# pwsh.exe
C:\Users\[UserName]\Dokumente\PowerShell\Microsoft.PowerShell_profile.ps1

# ISE-Editor
C:\Users\[UserName]\Dokumente\WindowsPowerShell\Microsoft.PowerShellISE_profile.ps1

# VSCode-Editor mit Windows PowerShell
C:\Users\[UserName]\Dokumente\WindowsPowerShell\Microsoft.VSCode_profile.ps1

# VSCode-Editor mit PowerShell 7
C:\Users\[UserName]\Dokumente\PowerShell\Microsoft.VSCode_profile.ps1
```

Die Ordner liegen im Benutzerprofil und sind PowerShell-spezifisch benannt (*WindowsPowerShell* oder *PowerShell*), und die Dateinamen sind hostspezifisch (abhängig von der Art der PowerShell-Anwendung also, die Sie nutzen, dem *Host*). Das nennt man auch `CurrentUserCurrentHost`: Die Profildateien gelten für den aktuellen Benutzer und den aktuellen Host, aus dem heraus `$profile` ausgegeben wurde.

Anfangs existieren diese Dateien alle nicht und müssten bei Bedarf manuell angelegt werden.

»Current User All Hosts«

Manche Einstellungen möchte man unabhängig von einem bestimmten Editor festlegen, sie sollen also überall gelten. Dafür stehen Ihnen zwei weitere Profilskripte zur Verfügung:

```
PS> $profile.CurrentUserAllHosts

# Windows PowerShell
C:\Users\[UserName]\Dokumente\WindowsPowerShell\profile.ps1

# PowerShell 7
C:\Users\[UserName]\Dokumente\PowerShell\profile.ps1
```

Hier heißen die Profilskripte stets *profile.ps1*. Wieder gibt es allerdings separate Ordner für die unterschiedlichen PowerShell-Varianten.

»All Users All Hosts«

Noch allgemeiner (und weitreichender) ist das Profilskript, das für sämtliche Benutzer und alle PowerShell-Umgebungen gilt:

```
PS> $profile.AllUsersAllHosts

# Windows PowerShell
C:\Windows\System32\WindowsPowerShell\v1.0\profile.ps1

# PowerShell 7
C:\Program Files\PowerShell\7\profile.ps1

# PowerShell 7 Portable App, manuell im Ordner C:\myportablePowershell gespeichert
C:\myportablePowershell\profile.ps1
```

Weil *Windows PowerShell* fester Bestandteil des Windows-Betriebssystems ist, ist es im *Windows*-Ordner gespeichert, und dort findet sich auch sein allgemeingültiges Profilskript (falls es existiert). Nur Administratoren können es anlegen oder verändern.

PowerShell 7 indes ist eine optionale Komponente und wird wie jede andere Software im Ordner *Program Files* gelagert, wenn es über Installer wie MSI-Pakete installiert wird. Dort befindet sich auch das Profilskript, und auch hier haben nur Administratoren die Möglichkeit, das Profilskript anzulegen oder zu ändern.

Haben Sie *PowerShell 7* dagegen manuell in einen eigenen Ordner heruntergeladen, liegt auch das Profilskript an diesem von Ihnen gewählten Speicherort, und die notwendigen Änderungsberechtigungen hängen von diesem Ordner ab.

»All Users Current Host«

Schließlich gibt es noch Profilskripte, die für sämtliche Benutzer gelten, aber hostspezifisch sind und also nur von bestimmten PowerShell-Umgebungen beachtet werden. Diese Profilskripte liegen am gleichen Ort wie die vorgenannten, heißen aber nicht *profile.ps1*, sondern verwenden wieder ein hostspezifisches Präfix:

```
$profile.AllUsersCurrentHost

# powershell.exe
C:\Windows\System32\WindowsPowerShell\v1.0\Microsoft.PowerShell_profile.ps1

# pwsh.exe
C:\Program Files\PowerShell\7\Microsoft.PowerShell_profile.ps1

# ISE-Editor
C:\Windows\System32\WindowsPowerShell\v1.0\Microsoft.PowerShellISE_profile.ps1

# VSCode-Editor mit Windows PowerShell
C:\Windows\System32\WindowsPowerShell\v1.0\Microsoft.VSCode_profile.ps1

# VSCode-Editor mit PowerShell 7
C:\Program Files\PowerShell\7\Microsoft.VSCode_profile.ps1
```

Die Wahl des Profils bestimmt also, für wen die Anweisungen darin wirksam werden.

Profil	Beschreibung
`AllUsersAllHosts`	Anweisungen gelten für alle Benutzer Ihres Computers und für alle PowerShell-Anwendungen. Sie benötigen Administratorrechte, um diese Profildatei zu ändern.
`AllUsersCurrentHost`	Anweisungen gelten für alle Benutzer Ihres Computers, aber nur für *powershell.exe* und *PowerShell_ISE.exe*. Sie benötigen Administratorrechte, um diese Profildatei zu ändern.
`CurrentUserAllHosts`	Anweisungen gelten nur für Sie und für alle PowerShell-Anwendungen.
`CurrentUserCurrentHost`	Anweisungen gelten nur für Sie und nur für den jeweiligen PowerShell-Host.

Tabelle 3.2: Vier verschiedene Profilskripte können für Initialisierungsaufgaben eingesetzt werden.

Falls mehrere Profilskripte existieren, werden sie in der Reihenfolge ausgeführt, in der sie in Tabelle 3.2 aufgeführt sind.

Achtung

Es stehen Ihnen zwar pro PowerShell-Umgebung bis zu vier Profilskripte zur Verfügung, aber diese müssen Sie natürlich nicht zwingend alle verwenden.

Meistens werden nur die `CurrentUser...`-Profile eingesetzt, für deren Änderung keine besonderen Administratorrechte nötig sind. `CurrentUserAllHosts` ist das ideale Profilskript für alle allgemeinen PowerShell-Personalisierungen, die nicht an einen bestimmten Editor gebunden sind.

Wenn Sie mehr als ein Profilskript nutzen, achten Sie darauf, Personalisierungen nicht versehentlich doppelt in verschiedenen Profilskripten durchführen.

Profitipp

Wenn Sie auf einem Windows-System sowohl *Windows PowerShell* als auch *PowerShell* parallel nutzen, müssten Sie eigentlich für jede PowerShell-Variante separate Profilskripte pflegen, was zu Redundanz führen kann.

In Kapitel 1 haben Sie bereits eine alternative Möglichkeit kennengelernt: Legen Sie nur das Profilskript für *Windows PowerShell* an und verwenden Sie für *PowerShell 7* sogenannte *Hard Links*, die auf das *Windows PowerShell*-Profilskript verweisen. Dafür sind allerdings Administratorrechte notwendig.

Profilskript anlegen und öffnen

Falls ein Profilskript noch nicht existiert, muss es zunächst angelegt werden, was nicht gänzlich trivial ist, weil dafür teilweise auch fehlende Unterordner zu erstellen sind. Kapitel 1 hat Ihnen bereits einige Beispiele vorgeschlagen. Zusammengefasst, legen Sie ein einzelnes Profilskript folgendermaßen an:

```
# Profil für aktuellen Benutzer, das für alle Hosts gilt:
$Path = $profile.CurrentUserAllHosts

# Prüfen, ob Datei schon existiert:
$vorhanden = Test-Path -Path $Path

# Falls nicht existiert ...
if (-not $vorhanden)
{
```

```
    # ... Datei inklusive aller fehlenden Unterordner anlegen:
    $null = New-Item -Path $Path -ItemType File -Force
}

# Datei nun mit dem assoziierten Programm öffnen und im Kontextmenü
# den Befehl "Bearbeiten" (Edit) aufrufen:
Start-Process -FilePath $Path -Verb Edit
```

Listing 3.13: Profilskript anlegen und öffnen

Typische Profilskriptaufgaben durchführen

Schauen wir uns einige weitere typische Personalisierungen an, die in Profilskripten eingesetzt werden.

Wenn Sie eine neue Personalisierung festlegen wollen, entscheiden Sie zuerst, in welchem der vier Profilskripte die Einstellung am besten aufgehoben ist. Soll die Einstellung nur für Sie, aber für alle PowerShell-Hosts gelten, wäre beispielsweise `CurrentUserAllHosts` das passende Profil.

Danach öffnen Sie das Profilskript in dem Editor Ihrer Wahl, notfalls auch im einfachen Notepad-Editor:

```
PS> Start-Process -FilePath $profile.CurrentUserAllHosts -Verb Edit
PS> notepad $profile.CurrentUserAllHosts
```

Tipp

Bevor Sie eine neue Anweisung in Ihrem Profilskript speichern, probieren Sie sie einfach zuerst interaktiv aus.

Aliase einrichten

Falls Sie häufiger Befehle einsetzen, die sich nur über einen langen absoluten Pfadnamen starten lassen, könnten Sie im Profilskript Aliase definieren.

In Windows-Systemen öffnet sich beispielsweise der Internet Explorer (ein alter Browser, der aber für manche Unternehmensanwendungen noch immer gebraucht wird) nur über seinen absoluten Pfadnamen:

```
PS> & 'C:\Program Files\Internet Explorer\iexplore.exe'
```

Mit einem Alias wie zum Beispiel `ie` wird der Internet Explorer viel bequemer aufrufbar, und Sie können beim Aufruf hinter dem Alias wie gewohnt Argumente angeben, die dann automatisch an die Anwendung weitergeleitet werden:

```
# Neuen Alias "ie" anlegen:
PS> Set-Alias -Name ie -Value 'C:\Program Files\Internet Explorer\iexplore.exe'

PS> ie
PS> ie www.tagesschau.de
```

Selbst wenn Sie den uralten Internet Explorer nicht mehr verwenden wollen, wird der Nutzen von selbst definierten Aliasen schnell deutlich. Über sie kann man auch kryptische Programmnamen in einfacher zu merkende Kürzel verwandeln. Die folgende Zeile definiert einen Alias namens `geräte`, der den Windows-Geräte-Manager öffnet:

```
Set-Alias -Name geräte -Value devmgmt.msc
```

Listing 3.14: Alias für den Windows-Geräte-Manager anlegen

Präferenzen festlegen

Variablen, deren Name auf `preference` (Vorliebe) endet, bestimmen das Standardverhalten der PowerShell. Typischerweise werden solche Variablen im Profilskript verändert, sodass ihre (neuen) Einstellungen bei jedem Start der PowerShell wirksam werden.

```
PS> Get-Variable -Name *preference

Name                          Value
----                          -----
ConfirmPreference             High
DebugPreference               SilentlyContinue
ErrorActionPreference         Continue
InformationPreference         SilentlyContinue
ProgressPreference            Continue
VerbosePreference             SilentlyContinue
WarningPreference             Continue
WhatIfPreference              False
```

PowerShell für Vorsichtige

Die Variablen `$ConfirmPreference` und `$WhatIfPreference` legen fest, ob Cmdlets tatsächlich wirksam werden.

Die Standardeinstellung `High` der Variablen `$ConfirmPreference` legt fest, dass Cmdlets, die das System in schwerwiegender Weise ändern (beispielsweise Dateien oder Benutzerkonten löschen), automatisch eine Bestätigungsabfrage anzeigen.

Wenn Sie vorsichtiger sein wollen oder auf einem sensiblen Produktivsystem arbeiten, ändern Sie die Einstellung in `Medium` oder gar `Low`. Bei `Low` würden auch Befehle eine Bestätigung erfordern, die harmlose und leicht zu korrigierende Veränderungen vornehmen, beispielsweise das Anlegen eines neuen Ordners.

```
PS> $ConfirmPreference = 'Medium'
```

Benötigen Sie gar keine Sicherheitsabfragen, auch nicht bei schwerwiegenden Aktionen wie dem Löschen von Benutzerkonten oder Daten, stellen Sie `$ConfirmPreference` auf `None` ein.

`$WhatIfPreference` sollten Sie nur in Ausnahmefällen in einem Profilskript ändern, denn wenn Sie diese Variable auf `$true` stellen, nehmen Cmdlets überhaupt keine Änderungen mehr am System vor. Stattdessen wird nur angezeigt, was das Cmdlet getan *hätte*.

Wichtig

Alle Einstellungen in diesem Bereich gelten nur für Cmdlets, also PowerShell-Befehle. Sie wirken sich nicht auf andere Befehlsarten wie zum Beispiel Applications oder Methoden aus.

Standardwerte für Parameter

Die besondere Variable `$PSDefaultParameterValues` enthält eine Hashtable, die Ihnen schon einmal in Kapitel 2 begegnet ist – kurz gesagt also eine Sammlung von Schlüssel-Wert-Paaren.

Wer mag, kann in dieser Hashtable eigene Standardwerte für die Parameter beliebiger Befehle definieren. Wann immer also einem bestimmten Parameter kein Wert zugewiesen wurde, wird dann ersatzweise der Wert verwendet, den Sie hier festgelegt haben.

Wie das genau funktioniert und warum das sehr wichtig sein kann, zeigt die folgende Zeile, die Sie in Ihr Profilskript aufnehmen sollten:

```
$PSDefaultParameterValues.Add('*:Encoding', 'UTF8')
```

Listing 3.15: Als Standard-Encoding UTF8 verwenden

Der Schlüssel lautet `*:Encoding` und bedeutet, dass dieser Eintrag für jedes Cmdlet (*) gelten soll, das einen Parameter namens `-Encoding` besitzt. Wenn diesem nicht explizit vom Anwender ein Wert zugewiesen worden ist, soll der Parameter den Wert `UTF8` erhalten.

Hinweis

Das *Encoding* legt fest, auf welche Weise Textdateien die Zeichen speichern, d.h., wie viele Bits für die Zeichen zur Verfügung stehen und wie Sonderzeichen im Text repräsentiert werden. Encodings sind historisch entstanden, heute wird vor allem das Encoding UTF8 verwendet. Solange Sie beim Schreiben und Lesen von Textinformationen stets dasselbe Encoding verwenden, ist alles gut.

Textdateien und Encodings werden an anderer Stelle noch ausführlicher besprochen. Hier soll am Beispiel des Encodings lediglich gezeigt werden, wie Ihr Profilskript und die Einstellungen darin für eine Vereinheitlichung von Parameterwerten sorgen können.

Während bei *PowerShell* 7 inzwischen alle Cmdlets, die mit Textinformationen arbeiten, automatisch das Standard-Encoding UTF8 verwenden, ist das bei *Windows PowerShell* nicht der Fall. Hier nutzen Cmdlets für das Encoding unterschiedliche Vorgabewerte, und wenn Sie mit *einem* Cmdlet eine Textdatei anlegen und dann mit einem *anderen* Cmdlet (oder dem Umleitungspfeil) weitere Textdaten hineinschreiben, ohne das Encoding jeweils mit dem Parameter `-Encoding` explizit festzulegen, sorgen die unterschiedlichen Vorgabewerte dafür, dass das Ergebnis ein Zeichensalat mit verloren gegangenen Sonderzeichen und Umlauten ergeben kann.

Durch die einheitlichen Vorgabewerte, den Sie oben festgelegt haben, beseitigen Sie diesen Wildwuchs. Ab sofort verwenden alle Cmdlets immer das Encoding UTF8, wenn nicht ausdrücklich ein anderes Encoding gewünscht wird.

Natürlich kann `$PSDefaultParameterValues` auch der Bequemlichkeit dienen. Müssen Sie zum Beispiel ständig dieselben Remote-Computer ansprechen, könnten Sie für den Parameter `-ComputerNamen` den Zielcomputernamen vorgeben.

Der folgende Eintrag würde bei allen Cmdlets, die im Nomenteil das Wort `Session` tragen und die über den Parameter `-ComputerNamen` verfügen, als Standardwert `Server12` verwenden:

```
$PSDefaultParameterValues.Add('*-*Session*:ComputerName', 'Server12')
```

Kennwörter – Geheimnisse sicher speichern

Ein Profilskript kann auch sicher gespeicherte Kennwörter und Anmeldedaten in den Speicher lesen, sodass Sie die Anmeldedaten danach ohne lästige Dialoge direkt an Cmdlets weitergeben können.

Um Anmeldeinformationen sicher zu speichern, führen Sie Listing 3.16 aus. Sie werden nun zweimal nach Anmeldedaten gefragt, die danach in der in `$Path` angegebenen Datei sicher verschlüsselt gespeichert werden (`$home` steht für den Basisordner Ihres Benutzerprofils und wäre ein gut geeigneter Ort für solche Informationen).

```
# Hier werden die verschlüsselten Informationen gespeichert:
$Path = "$home\credstore.xyz"

# Tragen Sie hier so viele Identitäten ein,
# wie Sie benötigen:
@{
  ErsteIdentitaet = Get-Credential
  ZweiteIdentitaet = Get-Credential
} | Export-Clixml -Path $Path
```

Listing 3.16: Zwei verschiedene Anmeldeinformationen sicher verschlüsselt speichern

Das »Geheimnis« der verschlüsselten Daten ist Ihre Identität: also der Computer und das aktuelle Benutzerkonto. Nur Sie, und nur auf demselben Computer wie bei der Verschlüsselung, können die Anmeldedaten wieder entschlüsseln.

Und genau das wäre Code, den Sie in Ihr Profilskript aufnehmen:

```
# Verschlüsselte Informationen entschlüsseln ...
$Path = "$home\credstore.xyz"
$anmeldeInfos =  Import-Clixml -Path $Path
```

Listing 3.17: Verschlüsselte Anmeldeinfos in Profilskript laden

Dadurch stünden Ihnen in jeder PowerShell-Sitzung die mit Listing 3.16 gespeicherten Anmeldedaten in der Variablen `$anmeldeInfos` zur Verfügung. Sie könnten nun eine der darin gespeicherten Anmeldeinformationen überall dort nutzen, wo ein Cmdlet ein sogenanntes *Credential* von Ihnen wissen will, also mit dem Parameter `-Credential` Anmeldeinformationen erfragt.

Das folgende Beispiel würde die in `$anmeldeInfos` als erste Identität gespeicherten Anmeldedaten zur Anmeldung an einem Remote-Computer verwenden, um dort PowerShell-Code remote auszuführen. Das funktioniert natürlich nur, wenn sowohl der Remote-Computer für Fernzugriffe eingerichtet und erreichbar ist als auch die gespeicherten Anmeldedaten dort ausreichend berechtigt sind. Das Prinzip der gespeicherten Anmeldedaten wird aber sicher klar:

```
PS> Invoke-Command { "Ich laufe auf $env:computername!" } -ComputerName server12
-Credential $anmeldeInfos.ErsteIdentitaet
```

Neue Befehle: Funktionen

Der Schatz der PowerShell sind seine vielen Tausend Cmdlets: Sie funktionieren wie Legobausteine und lassen sich beliebig miteinander kombinieren.

Dieser »Befehlswerkzeugkasten« ist erweiterbar, und mithilfe von sogenannten *Funktionen* verwandeln Sie beliebigen PowerShell-Code in einen neuen Befehl. Er wird dadurch zu einem weiteren Legobaustein und bringt Ihrer PowerShell neue Fertigkeiten und Tricks bei.

Funktionen sorgen also dafür, dass Code wiederverwendbar wird. Sie machen Code außerdem modular: Anstelle eines Tausende Codezeilen langen Einzelskripts, das zwar eine ganz bestimmte Aufgabe perfekt lösen kann, aber zu nichts anderem zu gebrauchen ist, treten viele kleine Funktionen, die auch unabhängig voneinander für ganz andere Aufgaben wiederverwendet werden können.

Schritt 1: Nützlicher Code

Wann immer Sie über PowerShell-Code stolpern, den Sie nützlich finden, sollten Sie darüber nachdenken, ihn in eine wiederverwendbare Funktion zu verwandeln.

Nehmen wir dazu an, Sie sind zufällig beim Googeln auf Code gestoßen, der auf Windows-Systemen Text in Sprache umwandelt:

```
$Text = 'I am PowerShell, and your system will shut down soon.'
$Rate = 0
$LangId = 409

$tts = New-Object -ComObject Sapi.SpVoice
$tts.Rate = $Rate
$ttsText = "<lang langid='$LangId'>$Text</lang>"
$null = $tts.Speak($ttsText)
```

Listing 3.18: Text in Sprache umwandeln (Text-to-Speech)

Sofern Ihr Computer über eine Soundkarte und angeschlossene Lautsprecher verfügt und die Lautstärke aufgedreht ist, beginnt PowerShell mit Ihnen zu sprechen, sobald Sie Listing 3.18 ausführen.

Hinweis

Listing 3.18 dient hier ausschließlich als Anschauungsobjekt. In Kapitel 12 erfahren Sie mehr zu `New-Object` und den übrigen Details dieses Skripts.

Keins der mitgelieferten Cmdlets kann Text in Sprache umwandeln. Lassen Sie uns also ein neues Cmdlet herstellen, damit PowerShell dazulernt und künftig auch sprechen kann.

Schritt 2: Als Funktion verpacken

Um aus dem Skript aus Listing 3.18 einen neuen Befehl zu machen, wird der Code in geschweiften Klammern gesetzt. Einen Codeblock in geschweiften Klammern nennt man *Skriptblock*: Damit wird Code definiert, der nicht sofort ausgeführt wird – und das ist ja auch richtig:

Der Code soll schließlich nicht jetzt sofort ausgeführt werden, sondern erst dann, wenn Sie ihn brauchen: sobald also der neue Sprachbefehl aufgerufen wird. Damit man den Skriptblock später unter einem neuen Befehlsnamen aufrufen kann, wird ihm nun noch mit dem Schlüsselbegriff `function` ein eigener Name zugewiesen – nennen wir ihn `Out-TextToSpeech`:

```
function Out-TextToSpeech
{
  $Text = 'I am PowerShell, and your system will shut down soon.'
  $Rate = 0
  $LangId = 409

  $tts = New-Object -ComObject Sapi.SpVoice
  $tts.Rate = $Rate
  $ttsText = "<lang langid='$LangId'>$Text</lang>"
```

```
  $null = $tts.Speak($ttsText)
}
```

Listing 3.19: Eine neue Funktion namens Out-TextToSpeech

Profitipp

Sie dürfen Ihre Funktion nennen, wie Sie mögen. Besser ist es aber, sich an der Namenssyntax von Cmdlets zu orientieren. Verwenden Sie also einen englischen Doppelnamen, bei dem das erste Wort ein Verb ist (am besten eines aus der Liste, die **Get-Verb** liefert) und das zweite Wort ein Substantiv in Einzahl.

Auf diese Weise sorgen Sie dafür, dass sich Ihre neue Funktion später harmonisch eingliedert und mit denselben Strategien gefunden werden kann, die Sie Kapitel 2 bereits verwendet haben und die man auch für die Suche nach Cmdlets einsetzt.

Noch besser ist es, wenn Sie vor den zweiten Namensteil ein kurzes Präfix stellen, beispielsweise die Abkürzung Ihres Unternehmensnamens. So ist beinahe ausgeschlossen, dass es zu Namenskonflikten mit gleichnamigen Befehlen kommt, und eigene Cmdlets sind auf den ersten Blick erkennbar. Ein Beispiel: `Out-TobTextToSpeech`.

Wenn Sie Listing 3.19 ausführen, geschieht auf den ersten Blick gar nichts. Da der Code in geschweiften Klammern steht, wird er nicht ausgeführt. Passiert ist aber dennoch etwas: PowerShell hat den Skriptblock an den von Ihnen gewählten Namen `Out-TextToSpeech` geknüpft, und damit haben Sie den Wortschatz Ihrer PowerShell soeben um einen neuen Befehl bereichert.

Auch die Suche im Befehlsverzeichnis der ISE und über `Show-Command` und `Get-Command` funktioniert bereits wie gewohnt: Ihre neue Funktion wird darin genauso berücksichtigt und angezeigt wie alle übrigen Befehle. Sie würden Ihren neuen Befehl also sogar nächste Woche wiederfinden, wenn Sie vor dem gleichen Problem stehen.

```
PS> Get-Command -Noun *Speech*

CommandType Name                 Version Source
----------- ----                 ------- ------
Function    Out-TextToSpeech
```

Damit wirklich etwas passiert und Ihr Computer tatsächlich zu sprechen beginnt, müssen Sie den neuen Befehl nur noch verwenden. Geben Sie ihn ein, begrüßt PowerShell Sie tatsächlich in Englisch. Allerdings immer mit dem gleichen Gruß:

```
PS> Out-TextToSpeech
```

Schritt 3: Parameter definieren

`Out-TextToSpeech` verfügt noch über keine Parameter, tut also bei jedem Aufruf immer das Gleiche. Damit der Code in Ihrer Funktion wirklich wiederverwertbar wird und für unterschiedlichste Szenarien eingesetzt werden kann, wäre es natürlich sinnvoll, wenn der neue Befehl auch etwas anderes sagen könnte und, noch besser, wenn er mehrsprachig wäre.

Im nächsten Schritt muss also überlegt werden, welche Angaben vom Anwender der Befehl berücksichtigen soll und welche Parameter nötig sind. Die Funktion soll drei Parameter erhalten:

-Text: Der Text, der in Sprache verwandelt werden soll. Der Datentyp für Text heißt *String*.

-LanguageId: Die Kennziffer der Sprache, in der der Text ausgegeben werden soll. Die Sprachkennziffern sind international standardisiert. *409* steht für US-Amerikanisch, *407* entspräche Deutsch.

-Rate: Die Sprechgeschwindigkeit.

Parameter hinzufügen

Parameter sind »öffentliche Variablen«, die der Aufrufer mit anderen Werten belegen kann – aber nicht muss. Alle übrigen Variablen innerhalb der Funktion sind privat und für den Aufrufer unsichtbar.

Öffentliche Variablen werden mit einem `param()`-Block als kommaseparierte Liste festgelegt. Der `param()`-Block muss die erste Anweisung innerhalb der Funktion sein. Über dem `param()`-Block sollte zusätzlich `[CmdletBinding()]` stehen. Das ist zwar keine Pflicht, aber Sie sollten es sich dennoch gleich angewöhnen, weil nur so garantiert wird, dass Sie eine moderne sogenannte *Advanced Function* generieren. Mehr dazu erfahren Sie in Kapitel 14.

Die Funktion könnte nun also so aussehen:

```
function Out-TextToSpeech
{
  [CmdletBinding()]
  param
  (
    [string]
    $Text='Hello User!',

    [int]
    $LanguageId = 409,

    [int]
    $Rate = 0
  )

  $Text = 'I am PowerShell, and your system will shut down soon.'
  $Rate = 0
  $LangId = 409

  $tts = New-Object -ComObject Sapi.SpVoice
  $tts.Rate = $Rate
  $ttsText = "<lang langid='$LangId'>$Text</lang>"
  $null = $tts.Speak($ttsText)
}
```

Listing 3.20: Parameter definieren

Allein durch diese neue Zeile gewinnt die Funktion die drei Parameter hinzu. Führen Sie den Code aus, werden die drei Parameter sofort von IntelliSense erkannt und angeboten. Die Namen der Variablen, die Sie im `param()`-Block aufgelistet haben, werden also zu den Namen der Parameter.

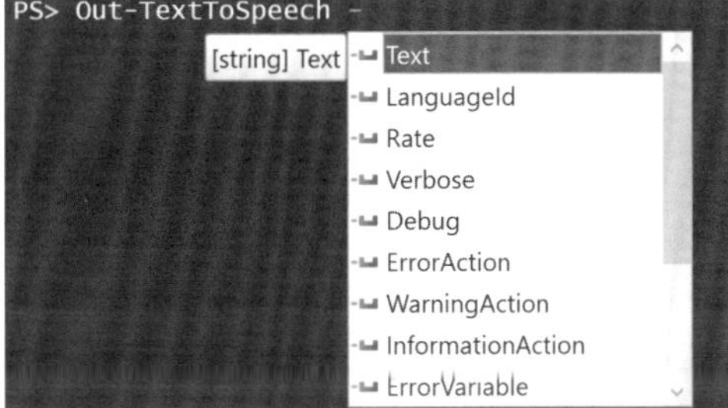

Abbildung 3.13: Die Variablen im Block »param()« legen die Parameter fest.

Unter Ihren selbst definierten Parametern folgen die *Common Parameters*, die bei jedem Cmdlet vorhanden sind und direkt von PowerShell gesteuert werden.

Hinweis

Es gibt für die Parameterdefinition auch eine vereinfachte Syntax, die etwas an VBScript erinnert und bei der die Parameter direkt hinter dem Funktionsnamen festgelegt werden.

```
function Out-TextToSpeech([string]$Text='Hello User!',[int]$LanguageId=409,[int]$Rate=0)
{
  $Text = 'I am PowerShell, and your system will shut down soon.'
  $Rate = 0
  $LangId = 409

  $tts = New-Object -ComObject Sapi.SpVoice
  $tts.Rate = $Rate
  $ttsText = "<lang langid='$LangId'>$Text</lang>"
  $null = $tts.Speak($ttsText)
}
```

Listing 3.21: Parameter können auch direkt hinter dem Funktionsnamen angegeben werden.

Gewöhnen sollten Sie sich an diese Syntax besser nicht, denn ein `param()`-Block ist universeller, bietet mehr Platz für erklärende Kommentare und funktioniert zum Beispiel auch bei Skripten.

Parameter implementieren

Zwar verfügt `Out-TextToSpeech` nun über drei Parameter, mit denen der Anwender Informationen an die Funktion übergeben kann – nur verwendet die Funktion diese Informationen bis jetzt noch nicht. Damit die Parameter Wirkung entfalten, werden ihre Werte als Nächstes in den Code der Funktion eingesetzt:

```
function Out-TextToSpeech
{
  [CmdletBinding()]
  param
  (
    [string]
    $Text='Hello User!',

    [int]
    $LanguageId = 409,
```

```
        [int]
        $Rate = 0
    )
    $tts = New-Object -ComObject Sapi.SpVoice
    $tts.Rate = $Rate
    $ttsText = "<lang langid='$LanguageId'>$Text</lang>"
    $null = $tts.Speak($ttsText)
}
```

Listing 3.22: Die Funktion nutzt die übergebenen Parameter.

Sobald Sie Listing 3.22 ausgeführt haben, entfalten die Parameter ihre gewünschte Wirkung. Wird `Out-TextToSpeech` ganz ohne Argumente aufgerufen, verwendet es die Standardwerte der Parameter und begrüßt Sie mit einem Englischen »Hello User« in normaler Sprechgeschwindigkeit. Mithilfe der Parameter können Sie nun aber auch andere Texte und Sprachen sprechen und die Sprechgeschwindigkeit variieren.

Probieren Sie es aus – der neue Befehl unterstützt wie jedes andere Cmdlet benannte, positionale und auch verkürzte Parameternamen:

```
# Vorgabewerte der Parameter verwenden:
Out-TextToSpeech

# Langsam sprechen:
Out-TextToSpeech -Text 'Yesterday was a long party night' -Rate -10

# Langsam und in Deutsch sprechen:
Out-TextToSpeech -Text 'Die Party gestern war nicht übel!' -Rate -10 -LanguageId 407

# Positionale Parameter in der Reihenfolge, in der die Parameter definiert wurden:
Out-TextToSpeech 'Die Party gestern war nicht übel!' 407 -10

# Verkürzte Parameter:
Out-TextToSpeech -T 'Die Party gestern war nicht übel!' -R -10 -Lang 407
```

Hinweis

Welche Sprachen Windows 10 unterstützt, hängt von den installierten Sprachmodulen ab. Wenn hinter einer installierten Sprache ein Symbol mit einem Bildschirm und einer Sprechblase zu sehen ist (siehe Abbildung 3.14), unterstützt die *Text-to-Speech*-Engine diese Sprache.

Abbildung 3.14: Windows-Anzeigesprachen bringen die Sprachausgabemodule mit.

Zwingend erforderliche Parameter

In den bisherigen Beispielen waren die Parameter der Funktion alle optional. Wenn der Anwender sie nicht angab, wurden Vorgabewerte genutzt. Vorgabewerte ergeben allerdings nicht bei allen Parametern gleich viel Sinn. Warum sollte `Out-TextToSpeech` für den Parameter `-Text` einen Standardtext definieren?

Wenn der Anwender keinen Sprechtext angibt, sollte der Text besser zwingend erfragt werden. Der Parameter `-Text` sollte also nicht freiwillig (*optional*) sein, sondern zwingend (*mandatory*). Eine kleine Kennzeichnung genügt:

```
[Parameter(Mandatory)]
```

Zusätzlich kann eine Hilfe vermerkt werden, die der Anwender später abrufen kann, falls ihm nicht klar ist, was der zwingende Parameter von ihm erwartet:

```
[Parameter(Mandatory, HelpMessage='Der Text, der gesprochen werden soll, du Esel!')]
```

Hier ist die verbesserte Funktion mit einem zwingenden Parameter:

```
function Out-TextToSpeech
{
  [CmdletBinding()]
  param
  (
    [Parameter(Mandatory)]
    [string]
    $Text,

    [int]
    $LanguageId = 409,

    [int]
    $Rate = 0
  )
  $tts = New-Object -ComObject Sapi.SpVoice
  $tts.Rate = $Rate
  $ttsText = "<lang langid='$LanguageId'>$Text</lang>"
  $null = $tts.Speak($ttsText)
}
```

Listing 3.23: Sprachausgabe mit zwingendem Parameter für den Sprechtext

Wenn Sie nun `Out-TextToSpeech` aufrufen und keine Angaben zum Parameter `-Text` machen, fragt PowerShell jetzt nach:

```
PS> Out-TextToSpeech

cmdlet Out-TextToSpeech at command pipeline position 1
Supply values for the following parameters:
Text:
```

Profitipp

Und falls Sie dem zwingenden Parameter wie oben beschrieben auch eine `HelpMessage` gegeben haben, kann der Anwender bei völliger Ratlosigkeit durch Eingabe von `!?` ↵ den hinterlegten Hilfetext abrufen.

Schritt 4: Funktionen dauerhaft verfügbar machen

So praktisch Funktionen sind, ihre Lebensdauer ist kurz und auf die aktuelle PowerShell-Sitzung beschränkt. Sobald Sie PowerShell schließen und neu öffnen, sind alle selbst definierten Funktionen wieder verschwunden.

In Kapitel 2 haben Sie bereits einen ersten Kniff kennengelernt, um eigenen Funktionen »ewiges Leben« zu bescheren: Man definiert sie im Profilskript, das ja bei jedem Start der PowerShell automatisch startet. Das funktioniert zwar, sollte aber nur für wenige persönliche Funktionen reserviert bleiben. Funktionen sollten besser bei Bedarf nachgeladen werden. Das spart Zeit und Speicherplatz.

Dazu braucht man Funktionen nur in einem PowerShell-Modul zu speichern. PowerShell nimmt dann Notiz von den darin enthaltenen Funktionen, schlägt auch ihre Namen per IntelliSense und Autovervollständigung bereits vor, lädt aber das eigentliche Modul und den Quellcode der Funktion erst dann, wenn die Funktion tatsächlich aufgerufen wird.

Wie einfach und praktisch das ist, sehen Sie im folgenden Abschnitt (als Minimallösung). In Kapitel 16 finden Sie alle weiteren Details zu PowerShell-Modulen.

Funktionen im Modul permanent verfügbar

Der neue Befehl `Out-TextToSpeech` steht bis jetzt nur in der PowerShell zur Verfügung, die die Funktion definiert hat, und auch nur so lange, bis Sie sie schließen. In allen anderen PowerShells ist der Befehl unbekannt.

Damit die Funktion »immer« automatisch verfügbar ist, wird sie nun in einem PowerShell-Modul gespeichert. Dazu folgen Sie diesen einfachen Schritten:

- Führen Sie zuerst Listing 3.23 aus, um die Funktion `Out-TextToSpeech` im Speicher zu definieren. Testen Sie die Funktion und stellen Sie sicher, dass alles wie gewünscht funktioniert.
- Führen Sie dann Listing 3.24 aus, um die Funktion `Out-TextToSpeech` in einem (sehr simplifizierten, aber voll funktionsfähigen) neuen PowerShell-Modul zu speichern. Ab sofort steht `Out-TextToSpeech` nun in allen PowerShell-Instanzen zur Verfügung.

```
$name = 'Out-TextToSpeech'
$path = Split-Path -Path $profile
$code = "function $name { $((Get-Item function:\$name).Definition) }"
New-Item -Path $path\Modules\$name\$name.psm1 -ItemType File -Force -Value $code
```

Listing 3.24: Funktion Out-TextToSpeech als Modul speichern

Haben Sie alles richtig gemacht, meldet Listing 3.24, dass eine neue Datei angelegt wurde:

```
Directory: C:\Users\tobias\OneDrive\Dokumente\PowerShell\Modules\Out-TextToSpeech

Mode                 LastWriteTime         Length Name
----                 -------------         ------ ----
-a----          07.02.2021     17:31            333 Out-TextToSpeech.psm1
```

Diese Datei befindet sich im Ordner *Documents*\\WindowsPowerShell*Modules* (wenn Sie *Windows PowerShell* verwenden) beziehungsweise *Documents*\\PowerShell*Modules* (wenn Sie *PowerShell* verwenden), trägt die Dateierweiterung *.psm1* und liegt in einem Unterordner, der so heißt wie die Datei selbst.

Achtung

Die Ordner, in denen PowerShell Module erwartet, liegen für *Windows PowerShell* und *PowerShell* an unterschiedlichen Orten. Möchten Sie das Modul sowohl in *Windows PowerShell* als auch in *PowerShell* nutzen, müssten Sie dafür sorgen, dass es sich in beiden Ordnern befindet.

Das sind die Basiskonventionen, die für Module gelten. Folgerichtig wird Ihr Modul nun auch von `Get-Module` gefunden.

```
PS> Get-Module out-text* -ListAvailable


    Verzeichnis: C:\Users\tobia\OneDrive\Dokumente\WindowsPowerShell\Modules


ModuleType Version Name              ExportedCommands
---------- ------- ----              ----------------
Script     0.0     Out-TextToSpeech Out-TextToSpeech
```

Nun wird auch deutlich, wie das dynamische Nachladen von Modulen bei PowerShell im Detail funktioniert. Starten Sie dazu eine neue frische PowerShell-Konsole, und lassen Sie sich direkt nach dem Start alle Module anzeigen, die geladen sind:

```
PS> Get-Module
```

Geben Sie dann `Out-TextTo` ein und drücken Sie auf [Tab]. Die Autovervollständigung erkennt die neue Funktion `Out-TextToSpeech` und vervollständigt ihren Namen.

Auch die Parameter werden wie gewohnt angezeigt und vervollständigt. Natürlich funktioniert der neue Befehl auch und spricht den angegebenen Text. Wenn Sie sich anschließend noch einmal die geladenen Module anzeigen lassen, erkennen Sie: PowerShell hat beim ersten Aufruf des neuen Befehls das Modul automatisch nachgeladen, das die neue Funktion definiert.

```
PS> Get-Module

ModuleType Version PreRelease Name                              ExportedCommands
---------- ------- ---------- ----                              ----------------
Script     0.0                Out-TextToSpeech                  Out-TextToSpeech
Manifest   7.0.0.0            Microsoft.PowerShell.Diagnostics {Get-Counter, Get-WinEve…
Manifest   7.0.0.0            Microsoft.PowerShell.Management  {Add-Content, Clear-Cont…
Manifest   7.0.0.0            Microsoft.PowerShell.Security    {ConvertFrom-SecureStrin…
Manifest   7.0.0.0            Microsoft.PowerShell.Utility     {Add-Member, Add-Type, C…
Script     2.1.0              PSReadLine                        {Get-PSReadLineKeyHandl….
```

Hinweis

Das in diesem Beispiel generierte Modul ist die Minimalform eines Moduls. Es zeigt beispielsweise immer die Version 0.0 an.

Normalerweise heißen Module nicht so wie der darin enthaltene Befehl, denn Module sind Container und können viele verschiedene Cmdlets verfügbar machen. Der Name eines Moduls ist also typischerweise eher ein thematischer Oberbegriff, der beschreibt, was für Befehle das Modul liefert.

In Kapitel 16 werden Sie vollwertige Module herstellen und erfahren auch, wo man diese am besten platziert, wenn sie in allen PowerShell-Versionen nutzbar sein sollen.

An dieser Stelle ist nur wichtig, dass Sie einen ersten Eindruck gewonnen haben, wie selbst definierte PowerShell-Funktionen mithilfe eines Moduls gespeichert und danach von PowerShell automatisch bei Bedarf geladen werden.

Die gemeinsame Grundlage: der Skriptblock

Tatsächlich sind Skripte und Funktionen im Kern genau dasselbe: nämlich jeweils ein ausführbarer Skriptblock. Sie unterscheiden sich also nur darin, wo dieser Skriptblock gespeichert und wann er ausgeführt wird:

- **Skript:** Geben Sie den absoluten Pfadnamen eines Skripts an, liest PowerShell den Inhalt der Skriptdatei, verwandelt ihn in einen Skriptblock und führt ihn sofort aus. Der Skriptblock selbst ist dauerhaft in der Skriptdatei gespeichert.
- **Funktion:** Hierbei wird der Skriptblock mit dem Schüsselbegriff `function` an einen Namen gebunden und in den Speicher geladen. Der Name der Funktion wird so zu einem Befehl, und wenn dieser Name später verwendet wird, führt PowerShell den hinterlegten Skriptblock aus. Werden Funktionen in PowerShell-Modulen gespeichert, sorgen diese Module automatisch dafür, dass die Funktionen bei Bedarf in den Speicher geladen werden.

Die Gemeinsamkeiten von Skripten und Funktionen demonstriert der folgende Währungsrechner, der einen Euro-Betrag und einen Wechselkurs verlangt und daraus den Dollar-Betrag errechnet:

```
param
(
    # Zwingender Parameter für den Euro-Betrag:
    [double]
    [Parameter(Mandatory)]
    $Eurobetrag,

    # Optionaler Parameter für den Wechselkurs mit
    # einem Defaultwert:
    [double]
    $Wechselkurs = 1.13
)

$Eurobetrag * $Wechselkurs
```

Listing 3.25: Simpler Währungsrechner

Skripte sind gespeicherte Skriptblöcke

Wenn Sie Listing 3.25 als Skript speichern, zum Beispiel als `c:\skripte\Convert-Euro2Dollar.ps1`, können Sie es fortan unter Angabe seines Pfadnamens ausführen und hinter dem Skriptaufruf Ihre Argumente an das Skript übermitteln. PowerShell unterstützt für die Skriptparameter sogar Autovervollständigung über [Tab] oder [Strg]+[Leertaste]:

```
PS> PS> C:\skripte\Convert-Euro2Dollar.ps1 -Eurobetrag 100 -Wechselkurs 1.1
110
```

Funktionen sind vorgeladene Skriptblöcke

Oder aber Sie stellen ein- und denselben Skriptcode in einen Skriptblock und weisen diesem mit dem Schlüsselwort `function` einen Namen zu.

Unter diesem Namen wird der Skriptblock nun in den Speicher geladen, und aus dem Skriptcode wird eine Funktion, die sich wie ein weiteres Cmdlet verhält:

```
function Convert-Euro2Dollar
{
    param
    (
        # Zwingender Parameter für den Euro-Betrag:
        [double]
        [Parameter(Mandatory)]
        $Eurobetrag,

        # Optionaler Parameter für den Wechselkurs mit
        # einem Defaultwert:
        [double]
        $Wechselkurs = 1.13
    )

    $Eurobetrag * $Wechselkurs
}
```

Listing 3.26: Ein benannter Skriptblock wird zu einer PowerShell-Funktion.

Sobald Listing 3.26 ausgeführt wird, verfügt diese PowerShell über einen neuen Befehl namens `Convert-Euro2Dollar`. Erst wenn der Befehl verwendet wird, führt PowerShell den hinterlegten Skriptcode aus:

```
Convert-Euro2Dollar -Eurobetrag 100 -Wechselkurs 1.3
```

Listing 3.27: Skriptcode in eine ausführbare Funktion verwandeln

Module laden Funktionen bei Bedarf in den Speicher

Funktionen stehen also erst bereit, wenn man sie zuvor in den Speicher geladen hat, zum Beispiel wie in Listing 3.26.

Damit Sie das nicht selbst von Hand erledigen müssen, werden Funktionen mithilfe von Modulen bereitgestellt: PowerShell erfährt vom Modul, welche Funktionen es enthält, und kann diese Funktionen bereits mit IntelliSense und der Autovervollständigung anbieten. Geladen werden die Module aber erst, wenn eine der darin enthaltenen Funktionen tatsächlich gebraucht wird. Mehr zu Modulen erfahren Sie in Kapitel 16.

Skript oder Funktion?

Inhaltlich sind Skript und Funktion identisch: Beide bestehen aus einem Skriptblock – also beliebig umfangreichem PowerShell-Code –, und es ist ebendieser Skriptblock, der den PowerShell-Code zu einer ausführbaren Einheit zusammenbringt und mithilfe von `param` Benutzereingaben akzeptiert.

Bei diesen Gemeinsamkeiten stellt sich die Frage: Wann sollte man ein Skript verfassen und wann eine Funktion?

Skripte sind immer dann richtig, wenn Sie sofort Code ausführen wollen, um *ganz spezielle Dinge* zu tun. Möchten Sie also zum Beispiel mit PowerShell eine bestimmte Automationsaufgabe lösen, schreiben Sie ein Skript und führen es bei Bedarf aus.

Falls Ihnen bei der Arbeit am Skript aber auffällt, dass Ihnen für eine bestimmte Teilaufgabe ein passender schlagkräftiger Befehl fehlt, und falls Sie sich dabei ertappen, wie Ihr Skript immer länger und komplizierter wird, sollten Sie innehalten und lieber darüber nachdenken, zuerst mithilfe einer Funktion den fehlenden Befehl nachzurüsten.

Funktionen sind immer dann richtig, wenn Sie *wiederverwertbare Lösungen* erstellen möchten, die für *verschiedenste Dinge* genutzt werden können.

Kapitel 4

Cmdlets – PowerShell-Befehle

In diesem Kapitel:

Ausführlich werden in diesem Kapitel die folgenden Aspekte erläutert:

- **Cmdlets:** PowerShell-Befehle werden *Cmdlets* (sprich: »Commandlets«) genannt. Ihr Name besteht immer aus einem Verb, einem Bindestrich und einem Nomen (engl. *Noun*). Mit `Get-Command` und `Show-Command` kann nach Cmdlets gesucht werden. Welche Cmdlets zur Verfügung stehen, hängt von der eingesetzten PowerShell Version, dem Betriebssystem und der installierten zusätzlichen Softwareausstattung ab.
- **Parameter:** Informationen oder Sonderwünsche empfängt ein Cmdlet ausschließlich über Parameter. Parameternamen beginnen stets mit einem Bindestrich. Gibt man hinter einem Cmdlet ein Leerzeichen und dann einen Bindestrich an, öffnet sich bei Editoren eine Liste der verfügbaren Parameter. In der Konsole kann man sich mit [Tab] die Parameternamen einzeln vorschlagen lassen. Manche Parameter sind zwingend erforderlich, und wird ein zwingender Parameter nicht angegeben, erfragt PowerShell den Parameterwert nachträglich, sobald der Befehl ausgeführt wird.

- **Pipeline:** Werden Cmdlets mit dem Pipeline-Operator (|) verkettet, empfängt PowerShell die Ergebnisse des vorangegangenen Befehls und leitet diese an den passenden Parameter des folgenden Cmdlets weiter. Auch in einer Pipeline empfangen Cmdlets die Argumente also nach wie vor über ihre Parameter. Welche Parameter Pipeline-Eingaben akzeptieren, legt der Entwickler des jeweiligen Cmdlets fest.
- **Aliase:** Viele Cmdlets verfügen über kürzere Aliasnamen (Zweitnamen), die die interaktive Eingabe erleichtern sollen. Die Liste der Aliasnamen erhält man mit `Get-Alias`. In Skripten verwendet man der Einheitlichkeit halber die zugrunde liegenden »echten« Befehlsnamen und keine Aliasnamen.
- **Hilfe:** Mit dem Standardparameter `-?` zeigt man bei allen Cmdlets die Kurzhilfe an. An dessen Ende werden weitere Befehlsaufrufe genannt, über die man bei Bedarf ausführlichere Informationen und Beispielcode abrufen kann. Damit die Hilfe vollständig angezeigt wird, müssen die lokalen Hilfedateien einmalig mit `Update-Help` heruntergeladen werden.
- **Fehlermeldungen:** Der Standardparameter `-ErrorAction` bestimmt, wie sich ein Cmdlet im Fehlerfall verhalten soll. Der Parameter `-ErrorAction Ignore` unterdrückt beispielsweise sämtliche Fehlermeldungen.

Zeichen	Bedeutung
-	Der Bindestrich leitet einen Parameternamen ein. Alle Parameternamen beginnen mit einem Bindestrich.
()	Code, der sofort ausgeführt wird. PowerShell fährt dann mit den Ergebnissen des Codes fort.
{}	Code, der nicht sofort ausgeführt wird. Die geschweiften Klammern dienen also quasi als »Transportcontainer« für Code, den man an jemand anderen übergeben will – zum Beispiel an einen Parameter.
[]	Erste Bedeutung: Platzhalter, der für genau ein Zeichen steht, das aus den Zeichen bestehen darf, die innerhalb der eckigen Klammern angegeben werden.
	Zweite Bedeutung: Angabe der Indexposition eines Arrays: `$array = 1..10; $array[0]`.
*	Platzhalterzeichen, das für beliebige und beliebig viele Zeichen steht.

Tabelle 4.1: Wichtige PowerShell-Sonderzeichen

In Kapitel 2 haben Sie bereits die vier Befehlstypen kennengelernt, aus denen alle PowerShell-Lösungen bestehen. Eine Befehlsart sticht dabei besonders heraus: die PowerShell-Befehle im engeren Sinn, die sogenannten *Cmdlets* (sprich: Commandlets). Man erkennt sie an ihrem Doppelnamen bestehend aus Verb und Nomen.

Die Besonderheit der Cmdlets ist ihre einheitliche Architektur. Jedes Cmdlet löst zwar eine ganz bestimmte und eng umrissene Aufgabe, alle Cmdlets nutzen aber gemeinsam dasselbe Hilfesystem, dieselben Parameterbinder, dieselben Fehlerbehandlungen und vieles mehr.

Das sorgt für sehr schnelle Lernerfolge, denn sobald Sie sich näher mit einem (beliebigen) Cmdlet auseinandergesetzt und seine grundsätzliche Arbeitsweise verstanden haben, können Sie auch mit allen anderen Cmdlets umgehen. Auch untereinander verstehen sich die vielen verschiedenen Cmdlets trotz unterschiedlicher Hersteller wunderbar und lassen sich deshalb beinahe wie Legobausteine in vielfältiger Weise kombinieren.

In Kapitel 2 haben Sie bereits erfahren, wie man mit `Get-Command` und `Show-Command` alle übrigen Cmdlets für eine bestimmte Aufgabe findet und mit `Get-Help` Hilfestellung und Beispiele abruft.

In Kapitel 3 wurde dann gezeigt, wie Sie mit Skripten und Funktionen eigene PowerShell-Befehle herstellen können, um maßgeschneidert weitere Aufgaben und Probleme zu lösen, die in Ihrem Alltag wichtig sind. Skripte und Funktionen sind zwar streng genommen keine Cmdlets, verhalten sich aus Anwendersicht aber genau so und spielen nach denselben Regeln.

In diesem Kapitel erfahren Sie nun mehr über einige weitere, tiefergehende Cmdlet-Konzepte:

- **Parameter und Argumente:** Cmdlets werden ausschließlich über ihre Parameter gesteuert. Andere versteckte oder geheime Wege gibt es nicht. Ein erster Blick auf die Parameter eines Cmdlets verrät sehr viel über dessen Möglichkeiten. Wir werden auch einen tieferen Blick auf das sogenannte »Parameter Binding« werfen: Dieses ist zuständig dafür, Ihre Argumente an den richtigen Parameter des Cmdlets zu übergeben.
- **Parametersätze:** Viele Cmdlets existieren mehrfach unter demselben Namen und unterscheiden sich nur durch ihre Parameter. Im Alltag bemerkt man häufig gar nicht, dass man in Wirklichkeit mit mehreren gleichnamigen Cmdlets arbeitet. Cmdlets können auf diese Weise sich gegenseitig ausschließende Parameter (*Overloads*) und damit ein breiteres Spektrum an Lösungen anbieten.
- **Pipeline-Unterstützung:** Cmdlets sind eigentlich Einzelkämpfer. PowerShell kann trotzdem mehrere Cmdlets innerhalb einer Pipeline zu neuen Lösungen verketten. Wie dabei die Ergebnisse des vorangegangenen Befehls an festgelegte Parameter des folgenden Cmdlets gebunden werden, und wie man herausfindet, welche Cmdlets sich über die Pipeline verketten lassen, wird nun geklärt.

Parameter steuern Cmdlets

Manche Cmdlets funktionieren ganz ohne Benutzerangaben, aber die meisten Cmdlets akzeptieren sogenannte *Argumente*: Informationen von Ihnen also, die dem Cmdlet genauer verraten, was es eigentlich für Sie tun soll.

Argumente an Parameter übergeben

Jedes Argument muss an einen Parameter des Cmdlets »gebunden« werden, damit das Cmdlet weiß, was Ihr Argument eigentlich bedeuten soll. Abbildung 4.1 macht das deutlich:

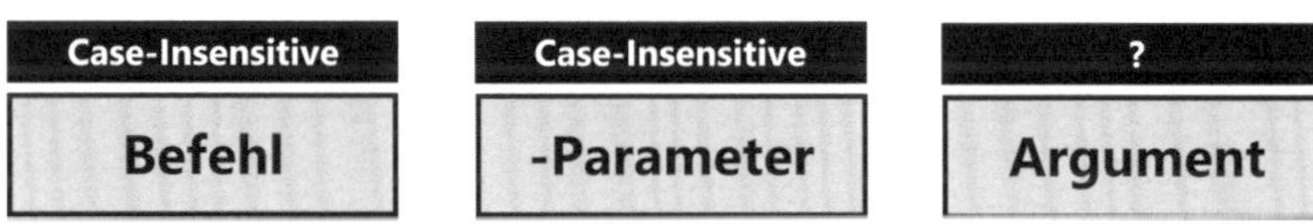

Abbildung 4.1: Aufruf eines PowerShell-Befehls mit Parameter

Die Abbildung verrät auch gleich, dass sowohl beim Befehlsnamen als auch beim Namen des Parameters die Groß- und Kleinschreibung egal ist. Einzig beim Argument – also der Information, die Sie dem Befehl liefern – kann die Groß- und Kleinschreibung eine Rolle spielen. Hier ein Beispiel:

```
# Den aktuellen Monat in der Landessprache ermitteln:
Get-Date -Format MMMM
```

Listing 4.1: Aktuellen Monatsnamen ermitteln

Parameter machen Cmdlets vielseitig

Das Cmdlet `Get-Date` würde ohne weitere Argumente stumpf das aktuelle Datum in einem vordefinierten Format ausgeben.

Mit seinem Parameter `-Format` können Sie die Formatierung aber auch selbst bestimmen: Das (großgeschriebene) `M` steht dabei für den Monat. Je häufiger Sie das `M` angeben, desto ausführlicher wird der Monat ausgeschrieben. Viermal `M` gibt schließlich den kompletten Monatsnamen aus.

Würden Sie indes versehentlich anstelle von `M` Kleinbuchstaben verwenden und ein `m` angeben, erhielten Sie nicht mehr den Monat, sondern die Minute. In diesem Fall ist also die Groß- und Kleinschreibung des Arguments entscheidend. Wie Sie allerdings den Cmdlet-Namen und den Parameternamen schreiben, ist PowerShell egal. Hier ein weiteres Beispiel:

```
gEt-DAte -forMAT '"Hallo, heute ist "dddd", der "dd". "MMMM" anno "yyyy'
```

Listing 4.2: Mit Datumsplatzhaltern eigene Formatierungen definieren

Das Ergebnis von Listing 4.7 könnte so aussehen:

```
Hallo, heute ist Montag, der 15. Februar anno 2021
```

Parameter machen Cmdlets also erst so richtig vielseitig.

`Get-Date` kann zum Beispiel nicht nur das aktuelle Datum formatieren, sondern jedes beliebige: Mit dem Parameter `-Date` darf auch ein anderes Datum festgelegt werden. Erlaubt sind alle gültigen Datumsformate, und so würde diese Zeile ein beliebiges gültiges Datumsformat in das internationale ISO-Format umwandeln:

```
$eingabe = Read-Host -Prompt 'Geben Sie ein gültiges Datum ein'
Get-Date -Date $eingabe -Format 'yyyy-MM-dd HH:mm:ss'
```

Listing 4.3: Datumseingabe in ISO-Format umwandeln

Listing 4.3 sähe im Einsatz (auf einem deutschen Betriebssystem) dann so aus:

```
Geben Sie ein gültiges Datum ein: 12. März 2021 19:30
2021-03-12 19:30:00
```

Mit den Parametern `-Day`, `-Month`, `-Year` usw. überschreiben Sie dagegen die jeweiligen Datumsbestandteile mit neuen Werten. Alles, was nicht überschrieben wird, bleibt auf die aktuellen Datumsbestandteile eingestellt. Deshalb würde die folgende Zeile immer den Wochentag verraten, auf den der Heilige Abend in diesem Jahr fällt (egal welches Jahr »dieses Jahr« konkret ist, weil `-Year` nicht verändert wurde):

```
Get-Date -Format '"Heiligabend ist in diesem Jahr ("yyyy") ein "dddd"."' -Day 24 -Month 12
```

Listing 4.4: Wochentag bestimmen, auf den in diesem Jahr Heiligabend fällt

Und sollten Sie ein Einsatzbeispiel für den IT-Alltag wünschen, stellt Listing 4.5 einen temporären Dateinamen her und speichert die Liste der installierten Hotfixes in dieser Datei, die danach auch gleich geöffnet wird:

```
# Temporären Dateinamen herstellen:
$filename = Get-Date -Format '"report"yyyy-MM-dd-HH-mm-ss-ffff".txt"'
$path = Join-Path -Path $env:temp -ChildPath $filename
```

```
Write-Warning "Speichere in $path"

# Alle installierten Hotfixes in der Datei speichern:
Get-Hotfix | Format-Table -AutoSize -Wrap | Out-File -FilePath $path -Width 100

# Datei mit assoziiertem Programm öffnen:
Invoke-Item -Path $path
```

Listing 4.5: Liste der installierten Hotfixes in einer Datei mit Zeitstempel im Namen speichern

---

Hinweis

`Get-Hotfix` ist zwar nur auf Windows-Systemen vorhanden, das macht aber nichts, weil Cmdlets vielseitig kombinierbar sind.

Listing 4.5 kann die Ergebnisse beliebiger Befehle in die Textdatei schreiben. Falls `Get-Hotfix` bei Ihnen fehlt oder Sie kein Interesse an Hotfixes haben, ersetzen Sie den Befehl durch ein beliebiges anderes Cmdlet, zum Beispiel `Get-Service` oder `Get-Process`.

Ein Parameter und sein Argument bilden also gemeinsam jeweils ein eindeutiges Schlüssel-Wert-Paar, und deshalb ist Code, den Sie auf diese Weise formulieren, selbstbeschreibend, und auch die Reihenfolge der Parameter ist dann egal.

Politisch inkorrekt: positionale Argumente

Wenn es schnell gehen soll, darf man die wichtigsten Argumente eines Cmdlets auch ohne Angabe der Parameter direkt hinter dem Cmdlet angeben. Nun allerdings spielt die Reihenfolge der Argumente eine wichtige Rolle, weil PowerShell allein aufgrund dieser Reihenfolge herausfindet, an welche Parameter die Argumente gehen sollen.

Können Sie sich vorstellen, was dieser Befehl liefert?

```
PS> Get-ChildItem c:\windows *.log -Rec -F -ea 4
```

Er ist wesentlich schlechter zu verstehen, als würden den Argumenten ordnungsgemäß die Parameternamen vorangestellt:

```
PS> Get-ChildItem -Path c:\windows -Filter *.log -Recurse -File -ErrorAction Ignore
```

Jetzt wird klarer: Das Cmdlet `Get-ChildItem` sucht im Windows-Ordner (`-Path`) und allen seinen Unterordnern (`-Recurse`) nach allen Dateien (`-File`), die die Dateiextension *.log* tragen (`-Filter`), und falls dabei Fehler auftreten, zum Beispiel aufgrund mangelnder Leserechte, sollen diese Fehler unterdrückt werden (`-ErrorAction Ignore`). Da moderne PowerShell-Editoren die Parameter bereits vorschlagen und so gut wie keine Tipparbeit mehr anfällt, gibt es kaum noch einen vernünftigen Grund, Argumente positional anzugeben oder Parameternamen abzukürzen.

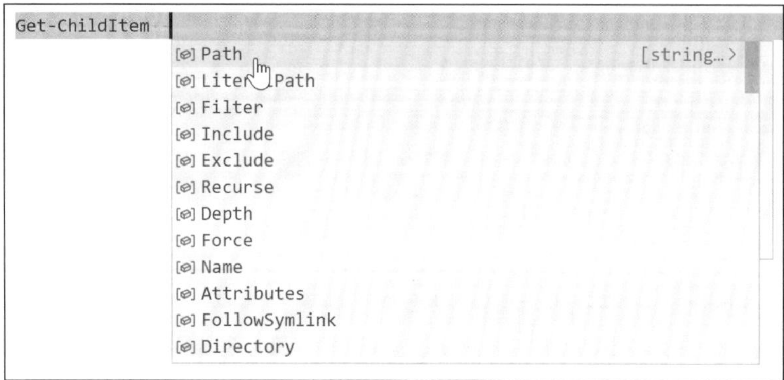

Abbildung 4.2: Parameter verraten viel über den Funktionsumfang eines Cmdlets.

Positionale Argumente sind häufige Fehlerquellen

Positional angegebene Argumente führen oft sogar zu Fehlern, der Code ist also nicht nur schlechter lesbar. Bei falscher Reihenfolge der Argumente können ungeplante Aktionen ausgelöst werden, und positionale Argumente werden nicht von jedem Parameter unterstützt.

Deshalb sollten Sie sich lieber von Anfang an daran gewöhnen, immer für Klarheit zu sorgen und die Parameternamen vor die jeweiligen Argumente zu schreiben.

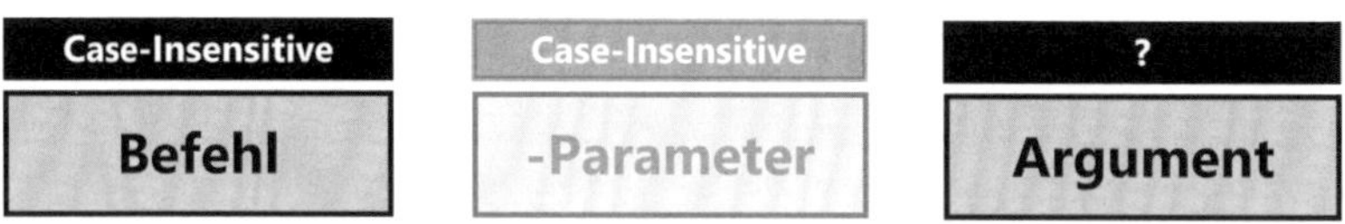

Abbildung 4.3: Schlecht: Argumente ohne Parameter »positional« angeben

Wie leicht es bei positionalen Argumenten zu Missverständnissen und Fehlern kommt und wie schnell man sich im Alltag bei der Reihenfolge und der Bindung von Parametern verschätzen kann, zeigt Listing 4.6: Es startet einen Notepad-Editor, ruft alle laufenden Notepad-Editoren ab und schließt dann alle Notepad-Editoren.

```
# Einen Beispieleditor öffnen
notepad

# Alle Notepad-Editoren auflisten
Get-Process -Name notepad

# Alle Notepad-Editoren stoppen
# (entfernen Sie -WhatIf, wenn Sie die Prozesse tatsächlich stoppen wollen)
Stop-Process -Name notepad -WhatIf
```

Listing 4.6: Cmdlets mit benannten Parametern einsetzen

Wer nun aber annimmt, der Parameter `-Name` sei grundsätzlich immer positional, und auf die Angabe der Parameternamen `-Name` verzichtet (siehe Listing 4.7), kann den Code zwar ohne `-Name` immer noch ausführen:

```
# Einen Beispieleditor öffnen
notepad
```

```
# Alle Notepad-Editoren auflisten
Get-Process notepad

# Alle Notepad-Editoren stoppen
# (hier tritt ein Fehler auf)
Stop-Process notepad
```

Listing 4.7: Die Verwendung von positionalen Argumenten führt leicht zu Fehlern.

Spätestens `Stop-Process` meldet nun aber einen Fehler.

```
Stop-Process: Cannot bind parameter 'InputObject'. Cannot convert the "notepad" value of type
"System.String" to type "System.Diagnostics.Process".
```

Wer Parameternamen also aus Bequemlichkeit weglässt und Argumente stattdessen positional angibt, muss Cmdlets sehr genau kennen und insbesondere wissen, welche Parameter positionale Argumente unterstützen und in welcher Reihenfolge dann die Argumente erwartet werden. `Stop-Process` bindet positionale Argumente nämlich gar nicht so wie `Get-Process` an den Parameter `-Name`:

```
PS> Stop-Process -?

NAME
    Stop-Process

SYNOPSIS
    Stops one or more running processes.

SYNTAX
    Stop-Process [-Id] <System.Int32[]> [-Force] [-PassThru] [-Confirm] [-WhatIf]
    [<CommonParameters>]

    Stop-Process [-InputObject] <System.Diagnostics.Process[]> [-Force] [-PassThru] [-Confirm]
    [-WhatIf] [<CommonParameters>]

    Stop-Process [-Force] -Name <System.String[]> [-PassThru] [-Confirm] [-WhatIf]
    [<CommonParameters>]
(...)
```

Nur wenn in der Syntax ein Parameter in eckige Klammern gestellt ist und außerdem hinter dem Parameter ein Argument erwartet wird, kann er positionale Argumente empfangen. Die möglichen Parameter sind in der Syntax oben fett markiert: Nur die Parameter `-Id` oder `-InputObject` empfangen positionale Argumente.

Sparen Sie sich dieses Kopfzerbrechen. Wenn Sie einfach immer die offiziellen Parameternamen vor Ihre Argumente stellen, erhalten Sie stets gut lesbaren und autodokumentierten Code, brauchen sich nicht um eine besondere Reihenfolge Ihrer Argumente zu kümmern und müssen sich auch nicht mit den sonderbaren Verkürzungsregeln auseinandersetzen.

Verkürzungsmöglichkeiten beim Cmdlet-Aufruf

Weil Ihnen bei Google und in von Mitarbeitenden erstelltem Code sicher immer mal wieder »politisch unkorrekter« (verkürzter) Code begegnet, hier abschließend eine Auflistung der möglichen Abkürzungen:

- **Positionale Parameter:** Nur wenn ein Parametername in der Syntax eines Cmdlets isoliert in eckigen Klammern steht, darf man ihn weglassen und das Argument positional angeben. Positionale Argumente sind nicht für jeden Parameter möglich. In der Syntax von Get-ChildItem zeigt sich, dass nur die Parameter -Path und -Filter überhaupt positional angegeben werden können.

```
Get-ChildItem [[-Path] <System.String[]>] [[-Filter] <System.String>] [-Attributes
{Archive | Compressed | Device |Directory | Encrypted | Hidden | IntegrityStream |
Normal | NoScrubData | NotContentIndexed | Offline | ReadOnly | ReparsePoint | SparseFile |
System | Temporary}] [-Depth <System.UInt32>] [-Directory] [-Exclude <System.String[]>]
[-File] [-FollowSymlink] [-Force] [-Hidden] [-Include <System.String[]>] [-Name]
[-ReadOnly] [-Recurse] [-System] [<CommonParameters>]
```

- **Abgekürzte Parameter:** Alle Parameter, die nicht weggelassen werden dürfen, kann man zumindest abkürzen. Einzige Voraussetzung ist, dass der abgekürzte Parametername nach wie vor eindeutig ist. So kamen im Beispiel oben die Parameter -Rec (für -Recurse) und -F (für -File) zustande.
- **Parameter-Aliase:** Manche Parameter tragen intern Aliasnamen, die der Entwickler des Cmdlets bestimmt. Der Parameter -ErrorAction lässt sich beispielsweise nicht besonders gut abkürzen, weil er mit dem Parameter -ErrorVariable kollidiert. Die kürzeste eindeutige Abkürzung wäre -ErrorA. Deshalb haben die Entwickler für ihn den Aliasnamen -ea hinzugefügt.
- **Argumentabkürzungen:** Im Beispiel oben wurde anstelle des Parameters -ErrorAction Ignore einfach -ea 4 verwendet. Den ersten Teil können Sie sich nun erklären: -ea ist ein Aliasname für -ErrorAction. Aber weshalb die Zahl 4 das Argument Ignore repräsentiert, ist noch nicht ersichtlich. Dazu gleich mehr.

Wenn Sie trotz all der Nachteile und Warnungen dennoch mehr zu den Verkürzungsmöglichkeiten eines Cmdlets erfahren möchten, folgt nun noch ein kleiner Profitipp.

Profitipp

Listing 4.8 ruft mit Get-Command die technischen Informationen für das Cmdlet Get-ChildItem von PowerShell ab (ändern Sie $CmdletName, wenn Sie ein anderes Cmdlet untersuchen möchten). Es ermittelt dann die normalerweise gut versteckten Verkürzungsoptionen der Parameter.

```
:

$CmdletName = 'Get-ChildItem'

(Get-Command -Name $CmdletName).ParameterSets |
  ForEach-Object { $_.Parameters } |
  Sort-Object -Property Name -Unique |
  ForEach-Object {
    if ($_.Position -ge 0)
    {
      $position = $_.Position
    else
    {
      $position = ''
    }
    [PSCustomObject]@{
      Name = $_.Name
      Position = $position
      Alias = $_.Aliases -join ','
      Werte = try {

        ([Enum]::GetValues($_.ParameterType) |
```

```
            ForEach-Object { '{0}={1}' -f [int]$_, $_}) -join ','
        } catch {}
    }
}
```

Listing 4.8: Parameterinformationen für Cmdlet ermitteln

Das Ergebnis sieht so aus:

```
Name                 Position Alias  Werte
----                 -------- -----  -----
Attributes
Debug                         db
Depth
Directory                     ad,d
ErrorAction                   ea
0=SilentlyContinue,1=Stop,2=Continue,3=Inquire,4=Ignore,5=Suspend
ErrorVariable                 ev
Exclude
File                          af
Filter               1
Force
Hidden                        ah,h
Include
InformationAction             infa
0=SilentlyContinue,1=Stop,2=Continue,3=Inquire,4=Ignore,5=Suspend
InformationVariable           iv
LiteralPath                   PSPath
Name
OutBuffer                     ob
OutVariable                   ov
Path                 0
PipelineVariable              pv
ReadOnly                      ar
Recurse                       s
System                        as
UseTransaction                usetx
Verbose                       vb
WarningAction                 wa
0=SilentlyContinue,1=Stop,2=Continue,3=Inquire,4=Ignore,5=Suspend
WarningVariable               wv
```

Die Tabelle zeigt für alle Parameter in der Spalte `Position` eine etwaige Positionalität, nämlich die Reihenfolge, in der die Argumente ohne Parameter erwartet werden (beginnend bei 0). Parameternamen ohne Positionsangabe müssen stets angegeben werden.

In der Spalte `Alias` erfahren Sie die internen Aliasnamen der Parameter, beispielsweise `ea` für `ErrorAction`, und wenn ein Parameter feste Argumente erwartet (sogenannte *Enumerations*), werden die erlaubten Werte sowie die entsprechenden Zahlenwerte ebenfalls angegeben. Wie Sie sehen, entspricht der Zahlenwert `4` dem Argument `Ignore`.

Gratiszugabe: »Common Parameters«

Neben seinen eigenen Parametern verfügt jedes Cmdlet außerdem über Standardparameter (*Common Parameters*). Diese Parameter werden im Hilfethema `about_commonParameters` beschrieben:

```
PS> help about_CommonParameters
```

Tabelle 4.2 listet die Standardparameter und ihre Bedeutungen auf.

Allgemeiner Parameter	Typ	Beschreibung
`-Confirm`	Switch	Fragt für jede Aktion eines Befehls zuerst nach, bevor der Befehl Änderungen vornimmt. Dieser Switch-Parameter steht nur bei Cmdlets zur Verfügung, die Änderungen am System vornehmen.
`-Debug`	Switch	Zeigt Debug-Meldungen an, die eine Funktion oder ein Cmdlet mit `Write-Debug` ausgibt, und fragt dann nach, ob die Ausführung unterbrochen werden soll.
`-ErrorAction`	Wert	Legt fest, wie sich das Cmdlet bei einem Fehler verhalten soll. Erlaubte Werte: `Continue`: Fehler melden und fortsetzen (Vorgabe) `SilentlyContinue`: keinen Fehler melden, weitermachen `Suspend` (nur in Workflows erlaubt): hält den Workflow im Fehlerfall an, sodass der Workflow nach Analyse der Fehlerursache fortgesetzt werden kann `Stop`: Fehler melden und abbrechen `Ignore`: keinen Fehler melden, aber Fehler in `$error` protokollieren und weitermachen `Inquire`: nachfragen Die Vorgabe wird mit der Variablen `$ErrorActionPreference` festgelegt und ist normalerweise auf `Continue` eingestellt.
`-ErrorVariable`	Wert	Fehlermeldungen in der angegebenen Variablen protokollieren. Dieser Parameter verlangt den Namen einer Variablen (ohne vorangestelltes Dollarzeichen).
`-InformationAction`	Wert	Bestimmt, was mit Informationen geschehen soll, die ein Cmdlet oder eine Funktion mit `Write-Information` oder `Write-Host` ausgibt. Erlaubte Werte: `Continue`: Informationen ausgeben und fortsetzen (Vorgabe) `Stop`: Informationen ausgeben und abbrechen `SilentlyContinue`: Informationen unterdrücken, fortfahren `Inquire`: nachfragen Die Vorgabe wird mit der Variablen `$InformationPreference` festgelegt und ist normalerweise auf `Continue` eingestellt.
`-InformationVariable`	Wert	Name einer Variablen, in der Informationen eines Cmdlets oder einer Funktion gespeichert werden, die mit `Write-Information` oder `Write-Host` ausgegeben wurden.
`-OutBuffer`	Wert	Legt fest, wie viele Ergebnisobjekte anfallen müssen, bevor diese en bloc an das nächste Cmdlet einer Pipeline weitergegeben werden. Normalerweise wird jedes Ergebnis einzeln sofort an den nächstfolgenden Pipeline-Befehl weitergereicht.

`-OutVariable`	Wert	Name einer Variablen, in der das Ergebnis des Cmdlets gespeichert werden soll. Nützlich, wenn das Ergebnis eines Cmdlets sowohl in einer Variablen gespeichert als auch in die Konsole ausgegeben werden soll:
		`$ergebnis = Get-ChildItem`
		Weisen Sie das Ergebnis zusätzlich einer Variablen zu, wird es in die Konsole ausgegeben und in einer Variablen gespeichert:
		`Get-ChildItem -OutVariable ergebnis`

Tabelle 4.2: Standardparameter für Cmdlets

Allgemeiner Parameter	Typ	Beschreibung

-PipelineVariable	Wert	Speichert das aktuelle Pipeline-Ergebnis in einer Variablen, damit es von verschachtelten Schleifen nicht überschrieben wird:
		`1..254 | Foreach-Object -PipelineVariable A { $_ } |`
		`Foreach-Object { 1..254 } |`
		`Foreach-Object { "192.168.$A.$_" }`
		Entspricht diesem klassischen Ansatz:
		`1..254 | Foreach-Object {$A = $_; $_ } |`
		`Foreach-Object { 1..254 } |`
		`Foreach-Object { "192.168.$A.$_" }`

-Verbose	Switch	Zeigt Informationen an, die eine Funktion oder ein Cmdlet über Write-Verbose ausgibt. Ohne diesen Parameter werden die Ausgaben normalerweise unterdrückt.
-WarningAction	Wert	Bestimmt, was mit Warnungen geschehen soll, die ein Cmdlet oder eine Funktion mit Write-Warning ausgibt. Erlaubte Werte: Continue: Warnung ausgeben und fortsetzen (Vorgabe) Stop: Warnung ausgeben und abbrechen SilentlyContinue: Warnung unterdrücken, fortfahren Inquire: nachfragen Die Vorgabe wird mit der Variablen $WarningPreference festgelegt und ist normalerweise auf Continue eingestellt.
-WarningVariable	Wert	Name einer Variablen, in der Warnmeldung eines Cmdlets oder einer Funktion gespeichert werden, die mit Write-Warning ausgegeben wurden.
-WhatIf	Switch	Simuliert einen Befehl nur, ohne ihn wirklich auszuführen. Dieser Switch-Parameter wird nur von Cmdlets unterstützt, die tatsächlich Änderungen am System vornehmen würden.

Tabelle 4.2: Standardparameter für Cmdlets (Forts.)

Auf Fehler reagieren

Der Standardparameter -ErrorAction entscheidet, wie ein Cmdlet im Fehlerfall reagieren soll. Wird dieser Parameter nicht angegeben, verwendet PowerShell die Vorgabe aus der Variablen $ErrorActionPreference, die normalerweise Continue lautet: Eine rote Fehlermeldung wird ausgegeben, und das Cmdlet setzt danach seine Arbeit fort.

Häufige Alternativen sind Ignore (alle Fehlermeldungen unterdrücken) und Stop (beim ersten Fehler den Befehl abbrechen). Weitere Möglichkeiten zeigt Tabelle 4.3.

Aktion	Beschreibung
SilentlyContinue	Fehlermeldung unterdrücken und fortfahren. Die Fehlermeldung wird in der Variablen $error protokolliert.
Ignore	Fehlermeldung unterdrücken und fortfahren. Die Fehlermeldung wird nicht protokolliert.
Stop	Fehlermeldung ausgeben und anhalten.
Continue	Fehlermeldung ausgeben und fortfahren (Vorgabe).
Inquire	Nachfragen, welche Aktion durchgeführt werden soll.
Suspend	Nur für Workflows: Workflow anhalten. Der Workflow kann später fortgesetzt werden. Bei *PowerShell 7* nicht mehr vorhanden.

Tabelle 4.3: Mögliche Cmdlet-Aktionen im Fehlerfall

Vielseitigkeit durch Parametersätze

Der Erfinder der PowerShell wollte erreichen, dass Cmdlets universelle Problemlöser für jeweils ein ganz bestimmtes Thema sind. Deshalb arbeiten Cmdlets nach dem Prinzip »schmal, aber tief«: Jedes Cmdlet ist Spezialist für ein ganz bestimmtes Thema und sonst nichts (»schmal«). Innerhalb dieses Themas kann ein Cmdlet aber tiefgreifend alle typischen Fragen beantworten und Aufgaben lösen (»tief«).

Deshalb werden Sie in Cmdlets nie allgemeine Funktionalitäten wie zum Beispiel eine Sortiermöglichkeit finden. Wenn Sie etwas – irgendetwas – sortieren wollen, gibt es dafür ein spezialisiertes Cmdlet: `Sort-Object`.

»Schmal, aber tief« – Cmdlets sind Spezialisten

Weil Cmdlets ihre Arbeitsbereiche klar abgrenzen und gleichzeitig wie Legobausteine mit anderen Cmdlets kombinierbar sind, lassen sich die Möglichkeiten der PowerShell systematisch erschließen. Jedes neue Cmdlet, das Sie sich erschließen, bereichert Ihre Möglichkeiten – unabhängig davon, was genau Sie mit PowerShell eigentlich automatisieren wollen.

Beliebige Daten sortieren

Ganz gleich also, ob Sie künftig mit PowerShell den eigenen Computer verwalten, in der Cloud mit Azure arbeiten, SharePoint-Sites verwalten oder Software verteilen – wann immer es dabei etwas zu sortieren gibt, ist `Sort-Object` richtig:

```
# Prozesse sortieren:
Get-Process | Sort-Object -Property Name

# Zahlenreihe absteigend sortieren:
1,2,3,2,1,2,3,4 | Sort-Object -Descending

# Lottozahlen aufsteigend sortieren:
1..49 | Get-Random -Count 7 | Sort-Object

# Dienste nach Status und dann nach Name sortieren:
Get-Service | Sort-Object -Property Status, Name
```

Listing 4.9: Verschiedene Einsatzbereiche von Sort-Object

Falls die Informationen, die Sie sortieren wollen, mehrere Eigenschaften (Spalten) besitzen, geben Sie mit `-Property` also an, welche Eigenschaft sortiert werden soll. Auch mehrere Eigenschaften lassen sich so nacheinander sortieren, und der verwendete Sortieralgorithmus ergibt sich automatisch aus dem Datentyp, der in der angegebenen Spalte gefunden wird.

Tipp

Ohne `-Property` sortiert `Sort-Object` die Daten direkt, zum Beispiel Zahlenreihen. Das ist in Ordnung.

Sortieren Sie indes Objekte, die mehrere Eigenschaften (Spalten) haben, ohne mit `-Property` eine davon für die Sortierung auszuwählen, behilft sich `Sort-Object` damit, für die Sortierung das gesamte Objekt mit dessen Methode `ToString()` in einen Text umzuwandeln, und sortiert dann diesen Text.

Wie ein Objekt von `ToString()` als Text repräsentiert wird, kann von Fall zu Fall ganz unterschiedlich sein. Deshalb ist es besser, konkret die zu sortierende Eigenschaft mit `-Property` anzugeben.

```
# Nicht gut: Dienste sortieren, ohne mit -Property anzugeben, welche Eigenschaft
# sortiert werden soll:
Get-Service | Sort-Object

# Tatsächlich wird nun die Textrepräsentation der Objekte sortiert:
Get-Service | ForEach-Object { $_.ToString() }
```

Listing 4.10: Vermeiden Sie es, Objekte zu sortieren, ohne mit -Property die zu sortierende Eigenschaft anzugeben.

Deckt alle typischen Sonderwünsche ab

Und weil Cmdlets nicht nur spezifisch (»schmal«), sondern innerhalb ihres Spezialgebiets auch umfassend (»tief«) sind, können Sie alle ähnlich gelagerten Aufgaben ebenfalls damit erledigen. `Sort-Object` kann beispielsweise auf Wunsch auch Doppelgänger aus sortierten Listen entfernen. Wie immer erreichen Sie alle Fähigkeiten eines Cmdlets über seine Parameter. In diesem Fall heißt der Parameter `-Unique`:

```
1,2,3,2,1,2,3,4,3,2,1 | Sort-Object -Unique
```

Listing 4.11: Doppelgänger aus einer Liste entfernen

Profitipp

Im nächsten Kapitel erfahren Sie eine Reihe weiterer Kniffe dazu, wie das Funktionsspektrum von Cmdlets noch ausgeweitet werden kann. Cmdlets wie **`Sort-Object`** akzeptieren zum Beispiel als zu sortierende Eigenschaft auch Skriptblöcke, also ausführbaren Code. Die Sortierreihenfolge wird dann vom Ergebnis dieses Codes bestimmt.

So würde die folgende Zeile die Zahlenreihe völlig zufällig wiedergeben:

```
1..20 | Sort-Object -Property { Get-Random }
```

Listing 4.12: Zufällige Reihenfolge für Zahlenliste

Und weil `Sort-Object` nicht nur Zahlen sortiert, sondern beliebige Objekte, kann man damit einen effektiven kleinen Kennwortgenerator herstellen, der zufällige Kennwörter aus bestimmten Mengen von Klein- und Großbuchstaben sowie Zahlen und Sonderzeichen generiert:

```
# Zufälliges Kennwort aus drei Klein- und drei Großbuchstaben
# sowie einem Sonderzeichen und einer Zahl generieren,
# mehrdeutige Zeichen wie "o" und "O" oder "l" und "1"
# ausschließen.

# Alle Ergebnisse des folgenden Skriptblocks
# gemeinsam weiterverarbeiten:
$zeichen = & {
  # drei Kleinbuchstaben
  'abcdefghkmnprstuvwxyz'.ToCharArray() | Get-Random -Count 3
  # drei Großbuchstaben
  'ABCDEFGHKLMNPRSTUVWXYZ'.ToCharArray() | Get-Random -Count 3
  # ein Sonderzeichen
  '!?=#&$-'.ToCharArray() | Get-Random -Count 1
  # eine Zahl
  '23456789'.ToCharArray() | Get-Random -Count 1
```

```
} |
# "Zutaten" des Kennworts durchmischen:
Sort-Object -Property { Get-Random }

# Aus Zeichen ein Kennwort formen:
$kennwort = -join $zeichen
$kennwort
```

Listing 4.13: Komplexe Kennwörter herstellen

Hierbei wird übrigens ein Skriptblock eingesetzt und mit dem Call-Operator **&** ausgeführt, um die Ergebnisse mehrerer Befehle gemeinsam weiterzuverarbeiten. Erinnern Sie sich? Kapitel 3 hat gezeigt, dass Skriptblöcke beliebigen PowerShell-Code zu einer einzelnen neuen Einheit zusammenfassen können. Im letzten Kapitel waren das Skripte und Funktionen (die beide aus einem Skriptblock bestehen). Wie Listing 4.13 zeigt, dürfen Skriptblöcke auch als ordnendes Element innerhalb von Skripten verwendet werden.

Der verwendete Sortieralgorithmus kann ebenfalls auf diese Weise bestimmt werden, indem man das zu sortierende Objekt während der Sortierung in einen anderen Datentyp umwandelt. Diese Zeile würde beispielsweise IPv4-Adressen korrekt sortieren, indem die Strings vorübergehend mit dem Operator `-as` in einen anderen Datentyp umgewandelt werden – in diesem Fall in eine Softwareversion, die ähnlich wie eine IPv4-Adresse aus vier Ziffern besteht:

```
# Standardmäßig ist die Sortierung alphanumerisch:
'10.10.12.1','2.3.4.5','12.1.2.3','100.1.2.3' | Sort-Object

"=" * 80

# Korrekte Sortierung durch vorübergehende Umwandlung
# der Daten in einen anderen Datentyp (hier: [Version]).
# Der Skriptblock wird für jedes einlaufende Objekt einmal
# ausgeführt, $_ entspricht dem jeweils einlaufenden
# Objekt:
'10.10.12.1','2.3.4.5','12.1.2.3','100.1.2.3' |
  Sort-Object -Property { $_ -as [Version]}
```

Listing 4.14: Sortieralgorithmus ändern durch vorübergehende Umwandlung der zu sortierenden Objekte

Schließlich akzeptieren Cmdlets wie `Sort-Object` für komplexere Wünsche auch Hashtables, sofern diese bestimmte vordefinierte Schlüssel enthalten. `Sort-Object` erwartet in der Hashtable die Schlüssel `Expression` (Name der zu sortierenden Eigenschaft) und wahlweise `Descending` oder `Ascending` als booleschen Wert. Alle Schlüssel dürfen abgekürzt verwendet werden.

So kann man nun auch mehrere Eigenschaften getrennt voneinander auf- und absteigend sortieren:

```
# Normalerweise können mehrere Eigenschaften nur einheitlich
# auf- oder absteigend sortiert werden:

# Alle aufsteigend:
Get-Service | Sort-Object -Property Status, Name
# alle absteigend:
Get-Service | Sort-Object -Property Status, Name -Descending

# Mit Hashtables kann einer bestimmten Eigenschaft jeweils eine bestimmte
# Sortierrichtung zugewiesen werden:

$hashtable1 = @{
  Expression ='Name'
  Descending=$true
}
```

```
# Status aufsteigend, Name absteigend:
Get-Service | Sort-Object -Property Status, $hashtable1

# In einer Zeile
# (Hashtable-Schlüssel auf Anfangsbuchstaben verkürzt)
# (";" entspricht Zeilenumbruch)
Get-Service | Sort-Object -Property Status, @{E='Name';D=$true}
```

Listing 4.15: Verschiedene Eigenschaften in verschiedenen Sortierrichtungen

Falls Sie übrigens eine Hashtable sortieren wollen, also eine Sammlung von Schlüssel-Wert-Paaren, kann `Sort-Object` auch dies. Allerdings ist ein kleiner Kniff nötig, damit sich Hashtables sortieren lassen:

```
# Beispiel-Hashtable:
$hashtable = @{
  Name = 'Weltner'
  Date = Get-Date
  Username = $env:username
  Role = 'Author'
}

# $hashtable enthält eine Liste mit Schlüssel-Wert-Paaren.
$hashtable

# Funktioniert nicht:
$hashtable | Sort-Object -Property Name

# Funktioniert:
# nach Hashtable-Schlüssel sortieren:
$hashtable.GetEnumerator() | Sort-Object -Property Name
# nach Hashtable-Werten sortieren:
$hashtable.GetEnumerator() | Sort-Object -Property Value
```

Listing 4.16: Hashtables sortieren

Mehrere Parametersätze: noch mehr Vielseitigkeit

Mitunter sind die Aufgaben eines Cmdlets so vielseitig, dass sie sich nicht mit einem einzelnen Befehl realisieren lassen. Ein einzelner Befehl müsste dann nämlich verwirrend viele Parameter anbieten, und einige Parameter würden sich vielleicht auch gegenseitig ausschließen müssen.

Deshalb splittet man in solchen Fällen Cmdlets einfach in mehrere gleichnamige Befehle auf, die sich nur durch ihre Parameter unterscheiden. Welcher Befehl also tatsächlich aufgerufen wird, bestimmen die übergebenen Parameter.

Die Aufgaben von `Sort-Object` sind überschaubar, und so existiert dieses Cmdlet (bei *Windows PowerShell*) nur als ein einzelner Befehl, wie die Syntax zeigt:

```
# Windows PowerShell:
PS> (Sort-Object -?).Syntax

Sort-Object [[-Property] <System.Object[]>] [-CaseSensitive] [-Culture <System.String>]
[-Descending] [-InputObject<System.Management.Automation.PSObject>] [-Unique] [<CommonParameters>]
```

Bei *PowerShell* (ab Version 6) wurden `Sort-Object` dagegen (leider) neue Funktionalitäten hinzugefügt, sodass das Cmdlet hier inzwischen in drei Varianten existiert:

```
PowerShell ab Version 6:
PS> (Sort-Object -?).Syntax

Sort-Object [[-Property] <System.Object[]>] -Bottom <System.Int32> [-CaseSensitive]
[-Culture <System.String>][-Descending] [-InputObject <System.Management.Automation.PSObject>]
[-Unique] [<CommonParameters>]

Sort-Object [[-Property] <System.Object[]>] [-CaseSensitive] [-Culture <System.String>]
[-Descending] [-InputObject<System.Management.Automation.PSObject>] -Top <System.Int32>
[-Unique] [<CommonParameters>]

Sort-Object [[-Property] <System.Object[]>] [-CaseSensitive] [-Culture <System.String>]
[-Descending] [-InputObject<System.Management.Automation.PSObject>] [-Unique] [-Stable]
[<CommonParameters>]
```

Die gegenseitig ausschließenden neuen Parameter, die bestimmen, welches der drei Cmdlets jeweils zum Zuge kommt, sind oben fett hervorgehoben: `-Bottom`, `-Top` und `-Stable`.

Hinweis

Wir werden nicht tiefer auf diese drei neuen Parameter eingehen, denn sie sind eigentlich ein »Unfall« und hätten nie hinzugefügt werden sollen. Die Aufbruchstimmung im PowerShell-Team hatte leider vorübergehend dazu geführt, dass man den eigenen Konzepten untreu wurde.

Die neuen Parameter fügen nämlich überhaupt keinen neuen Nutzen hinzu – schlimmer noch, sie verletzen das Prinzip »schmal, aber tief« der Cmdlets: `Sort-Object` wurden Funktionalitäten hinzugefügt, die nichts mit dem eigentlichen Aufgabenbereich des Cmdlets zu tun haben und eigentlich von einem anderen Cmdlet schon längst angeboten werden. `-Top` liefert die ersten *x* Elemente eines Sortierergebnisses zurück:

```
# Nur in PowerShell, nicht in Windows PowerShell:
PS> 1,5,2,3,5,7,89,9 | Sort-Object -Top 3 -Descending
89
9
7
```

Listing 4.17: Neuer Parameter in Sort-Object

Für solche Aufgaben ist indes von jeher `Select-Object` mit seinem Parameter `-First` zuständig, sodass Sie dasselbe auch ohne den neuen Parameter auf diese Weise erreichen:

```
PS> 1,5,2,3,5,7,89,9 | Sort-Object -Descending | Select-Object -First 3
89
9
7
```

Listing 4.18: Etablierte Cmdlets leisten dasselbe und gefährden nicht die Kompatibilität.

Listing 4.18 liefert also genau dasselbe Resultat wie Listing 4.17, nur funktioniert es nach wie vor in allen PowerShell-Versionen.

Die Erweiterung von `Sort-Object` war also in diesem Fall kontraproduktiv, und Sie sollten diese neuen Parameter am besten höflich ignorieren.

`Get-Date` ist ein besseres Beispiel als `Sort-Object`, das den Nutzen verschiedener Parametersätze illustriert. Bei *Windows PowerShell* kommt `Get-Date` mit zwei Parametersätzen daher. Die meisten Parameter sind identisch, nur die Parameter `-Format` und `-UFormat` unterscheiden sich:

```
PS> (Get-Date -?).Syntax

Get-Date [[-Date] <System.DateTime>] [-Day <System.Int32>] [-DisplayHint {Date | Time | DateTime}]
[-Format<System.String>] [-Hour <System.Int32>] [-Millisecond <System.Int32>] [-Minute
<System.Int32>] [-Month <System.Int32>][-Second <System.Int32>] [-Year <System.Int32>]
[<CommonParameters>]

Get-Date [[-Date] <System.DateTime>] [-Day <System.Int32>] [-DisplayHint {Date | Time | DateTime}]
[-Hour<System.Int32>] [-Millisecond <System.Int32>] [-Minute <System.Int32>] [-Month
<System.Int32>] [-Second<System.Int32>] [-UFormat <System.String>] [-Year <System.Int32>]
[<CommonParameters>]
```

Diese beiden Parameter schließen sich damit gegenseitig aus, und das ist gut so, denn beide Parameter haben im Grunde die gleiche Aufgabe, meistern sie aber auf unterschiedliche Weise: Mit dem Parameter `-Format` lässt sich die Ausgabe des Datums im Windows-Format bestimmen und mit dem Parameter `-UFormat` alternativ auch im Unix-Format:

```
PS> Get-Date -UFormat "%A %B/%d/%Y %T %Z"
Donnerstag Januar/07/2021 13:02:00 +01
PS> Get-Date -Format 'dddd MMMM\/dd\/yyyy HH:mm:ss zz'
Donnerstag Januar/07/2021 13:02:03 +01
```

Hinweis

Informationen zu den verschiedenen Platzhalterzeichen, die die beiden Parameter unterstützen, finden Sie in der Hilfe von `Get-Date` – jedenfalls dann, wenn Sie sie mit `Update-Help` wie in Kapitel 1 beschrieben heruntergeladen haben oder online abrufen. Die Platzhalterzeichen für `-Format` werden in der Beschreibung des Parameters aufgeführt, die von `-UFormat` in der Sektion `Notes`:

```
PS> help -Name Get-Date -Full    # vollständige Hilfe seitenweise anzeigen
PS> help -Name Get-Date -Online  # Hilfe online im Browser anzeigen
```

Es ergibt natürlich keinen Sinn und würde sogar zu Konflikten führen, wenn beide Parameter gleichzeitig angegeben würden. Weil sie in verschiedenen Parametersätzen definiert sind, schließen sie sich aber gegenseitig aus, und schon der Versuch, beide gleichzeitig einzusetzen, ist strafbar und wird mit einer Fehlermeldung geahndet:

```
PS> Get-Date -Format 'dddd MMMM\/dd\/yyyy HH:mm:ss zz' -UFormat "%A %B/%d/%Y %T %Z"
Get-Date : Der Parametersatz kann mit den angegebenen benannten Parametern nicht aufgelöst werden.
```

Die Fehlermeldung wurde bei *PowerShell 7* übrigens geändert, damit Einsteiger das Problem verstehen, selbst wenn sie nicht wissen, was »Parametersätze« sind:

```
Get-Date: Parameter set cannot be resolved using the specified named parameters. One or more
parameters issued cannot be used together or an insufficient number of parameters were provided.
```

Praxis: Ereignisse aus dem Ereignislogbuch lesen

Schauen wir uns anhand eines anderen Cmdlets an, was Parametersätze in der Praxis für Sie leisten: `Get-WinEvent`. Dieses Cmdlet wurde in den vergangenen Kapiteln schon häufiger verwendet, um Informationen aus Ereignislogbüchern zu lesen, und weil darin unzählige wichtige Informationen schlummern, ist dies ein guter Zeitpunkt, das Cmdlet näher kennenzulernen.

Hinweis

`Get-WinEvent` existiert nur in Windows-Betriebssystemen, denn es liest spezifisch die Windows-Ereignislogbücher aus. Wenn Sie ein anderes Betriebssystem einsetzen, können Sie die Beispiele zwar nicht ausführen, aber auch beim Lesen lassen sich die Grundprinzipien der Parametersätze gut nachvollziehen und auf andere Cmdlets übertragen.

Da PowerShell auf dem Windows-Betriebssystem erfunden wurde und erst seit Kurzem als *PowerShell* auch auf weiteren Betriebssystemen zur Verfügung steht, bieten die anderen Betriebssysteme von Haus aus noch keine so umfangreiche Cmdlet-Unterstützung an wie Windows. Weil aber die Beispiele in diesem Buch nicht abstrakt, sondern praxisnah sein sollen, lässt es sich nicht immer vermeiden, dass einige Beispiele – wie die folgenden – nur auf Windows ausführbar sind.

Wenn Sie dieses Buch vollständig durchgearbeitet haben, verfügen Sie allerdings über alles nötige Wissen, um der Erste sein zu können, der ein neues PowerShell-Modul mit eigenen Funktionen entwickelt, die ähnlich wie **`Get-WinEvent`** die Linux- oder macOS-Ereignislogbücher zugänglich machen.

`Get-WinEvent` verfügt über insgesamt sieben verschiedene Parametersätze, die die verschiedenen Einsatzbereiche des Cmdlets repräsentieren:

```
PS> (Get-WinEvent -?).Syntax

Get-WinEvent [[-LogName] <String[]>] [-ComputerName <String>] [-Credential <PSCredential>]
[-FilterXPath <String>] [-Force] [-MaxEvents <Int64>] [-Oldest] [<CommonParameters>]

Get-WinEvent [-ListProvider] <String[]> [-ComputerName <String>] [-Credential <PSCredential>]
[<CommonParameters>]

Get-WinEvent [-ProviderName] <String[]> [-ComputerName <String>] [-Credential <PSCredential>]
[-FilterXPath <String>] [-Force] [-MaxEvents <Int64>] [-Oldest] [<CommonParameters>]

Get-WinEvent [-ListLog] <String[]> [-ComputerName <String>] [-Credential <PSCredential>] [-Force]
[<CommonParameters>]

Get-WinEvent [-FilterHashtable] <Hashtable[]> [-ComputerName <String>] [-Credential <PSCredential>]
[-Force] [-MaxEvents <Int64>] [-Oldest] [<CommonParameters>]

Get-WinEvent [-FilterXml] <XmlDocument> [-ComputerName <String>] [-Credential <PSCredential>]
[-MaxEvents <Int64>] [-Oldest] [<CommonParameters>]

Get-WinEvent [-Path] <String[]> [-Credential <PSCredential>] [-FilterXPath <String>]
[-MaxEvents <Int64>] [-Oldest] [<CommonParameters>]
```

Welche Ereignislogbücher gibt es überhaupt?

Bevor Sie ein Ereignislogbuch auswerten können, müssen Sie zuerst wissen, welche es gibt und in welchen Logbüchern überhaupt Informationen enthalten sind. Das erledigt dieser Parametersatz:

```
Get-WinEvent [-ListLog] <String[]> [-ComputerName <String>] [-Credential <PSCredential>] [-Force]
[<CommonParameters>]
```

Und so listen Sie alle verfügbaren Ereignislogbücher auf:

```
PS> Get-WinEvent -ListLog * -ErrorAction Ignore
```

Hinweis

Welche Ereignislogbücher bei Ihnen aufgelistet werden, hängt davon ab, welche weitere Software installiert ist und welche Rollen Ihr Computer übernimmt. Neben den Ereignislogbüchern des Betriebssystems können viele weitere speziellere Logbücher erscheinen.

Einige wenige sind nur für Administratoren lesbar. Deshalb unterdrückt der Aufruf oben sämtliche Fehlermeldungen und zeigt nur die Ereignislogbücher an, die Sie aktuell lesen können.

Möchten Sie alle leeren Ereignislogbücher aussortieren, verfeinern Sie die Resultate mit den Pipeline-Cmdlets aus Kapitel 2:

```
Get-WinEvent -ListLog * -ErrorAction Ignore | Where-Object RecordCount | Sort-Object RecordCount
-Descending
```

Listing 4.19: Ereignislogbücher nach Größe sortiert absteigend ausgeben

Das Ergebnis könnte so aussehen:

```
LogMode   MaximumSizeInBytes RecordCount LogName
-------   ------------------ ----------- -------
Circular            20971520       43187 System
Circular            20971520       35199 Application
Circular            33554432       33271 Microsoft-Windows-Ntfs/Operational
Circular            20000000       26803 Microsoft-Windows-Store/Operational
Circular            15728640       14175 Windows PowerShell
Circular             5242880       12638 Microsoft-Windows-StateRepository/Operational
Circular             1052672        2615 Microsoft-Windows-Wcmsvc/Operational
Circular             1052672        2503 Microsoft-Windows-NCSI/Operational
Circular             1052672        2459 Microsoft-Windows-Crypto-DPAPI/Operational
Circular             1052672        2436 Microsoft-Windows-Winlogon/Operational
Circular            33554432        2327 Microsoft-Windows-Storage-Storport/Operational
Circular             1052672        2261 Microsoft-Windows-Shell-Core/Operational
(...)
```

Logbuchinhalte lesen

Möchten Sie den Inhalt eines Logbuchs begutachten, ist ein anderer Parametersatz zuständig:

```
Get-WinEvent [[-LogName] <String[]>] [-ComputerName <String>] [-Credential <PSCredential>]
[-FilterXPath <String>] [-Force] [-MaxEvents <Int64>] [-Oldest] [<CommonParameters>]
```

Das Auslesen des Logbuchinhalts ist damit wieder kinderleicht. Geben Sie lediglich den Namen des Logbuchs an und wie viele Einträge Sie lesen wollen:

```
Get-WinEvent -LogName Microsoft-Windows-Ntfs/Operational -MaxEvents 5
```

Listing 4.20: 5 Einträge aus einem Ereignislogbuch lesen

Das Ergebnis sieht ungefähr so aus:

```
   ProviderName: Microsoft-Windows-Ntfs

TimeCreated          Id LevelDisplayName Message
-----------          -- ---------------- -------
15.02.2021 12:01:59 146 Informationen    Zusammenfassung zur E/A-Wartezeit:…
15.02.2021 12:01:59 146 Informationen    Zusammenfassung zur E/A-Wartezeit:…
15.02.2021 11:42:43 151 Informationen    In den letzten 3603 Sekunden wurden 2 Dateien gelöscht.
                                         Bei 2 der Löschungen …
15.02.2021 11:42:43 151 Informationen    In den letzten 3603 Sekunden wurden 641 Dateien gelöscht.
Bei 560 der Löschun…
15.02.2021 11:42:43 151 Informationen    In den letzten 3603 Sekunden wurden 641 Dateien gelöscht.
Bei 560 der Löschun…
```

Damit die Informationen nicht abgeschnitten werden, schalten Sie entweder, wie in Kapitel 2 beschrieben, den Zeilenumbruch ein und wählen die gewünschten Eigenschaften aus:

```
Get-WinEvent -LogName Microsoft-Windows-Ntfs/Operational -MaxEvents 5 |
Select-Object -Property TimeCreated, Id, Message |
Format-Table -Wrap
```

Listing 4.21: Informationen aufbereiten und lange Zeilen umbrechen

Oder Sie leiten die Informationen an `Out-GridView` weiter. In diesem Fall sollten Sie sich mit `Select-Object` sämtliche Informationen anzeigen lassen, denn durch die Bildlaufleisten bietet das GridView-Fenster unbegrenzten Platz (siehe Abbildung 4.4):

```
Get-WinEvent -LogName Microsoft-Windows-Ntfs/Operational -MaxEvents 5 |
Select-Object -Property * |
Out-GridView
```

Listing 4.22: Alle verfügbaren Informationen im GridView anzeigen lassen

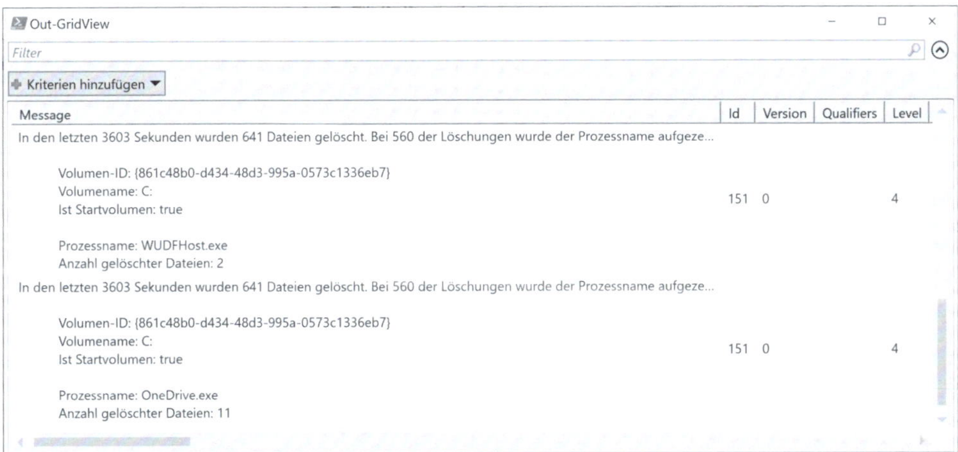

Abbildung 4.4: Ereignislogbuchinformationen im GridView anzeigen

Ergebnisse in Excel-Datei schreiben

`Get-WinEvent` kann seine Ergebnisse prinzipiell an beliebige Cmdlets weitergeben. `Export-Csv` schreibt sie beispielsweise als kommaseparierte Liste in eine Datei, und wer mehr will, kann zusätzliche Befehle nachrüsten, um Informationen beispielsweise direkt in Excel-Dateien zu speichern:

```
Install-Module -Name ImportExcel -Scope CurrentUser
```

Listing 4.23: Befehle für den Datenaustausch mit Excel nachinstallieren

Dieses Modul rüstet unter anderem das neue Cmdlet `Export-Excel` nach, mit dem Daten direkt in einer Microsoft-Excel-Datei gespeichert werden. Microsoft Office wird nur dann benötigt, wenn Sie die generierte Excel-Datei anschließend darin öffnen und anzeigen möchten:

```
Get-WinEvent -LogName 'Microsoft-Windows-Ntfs/Operational' -MaxEvents 10 |
# Einige Spalten auswählen:
Select-Object -Property TimeCreated, Id, Name, UserId, Message |
# Zeilenumbruch in Eigenschaft "Message" entfernen, weil Excel keine
# mehrzeiligen Texte anzeigt:
ForEach-Object {
  $_.Message = $_.Message -replace '\n',' ' -replace '\r'
  $_
} |
# In Excel-Datei exportieren und Excel öffnen:
Export-Excel
```

Listing 4.24: Ereignislogbuchinformationen in Excel-Datei schreiben

Weil Cmdlets universell wie Legobausteine sind, können Sie nun `Export-Excel` natürlich generell dazu verwenden, Befehlsergebnisse in Excel-Tabellen zu schreiben. Für das neue Cmdlet gelten auch dieselben Standards: -? ruft seine Hilfe ab, und so erfahren Sie auch die Namen seiner übrigen Parameter. Damit gewinnen Sie dann noch mehr Kontrolle über die Generierung der Excel-Datei.

Nach bestimmten Ereignissen suchen

Meist möchte man nicht ein ganzes Ereignislogbuch auslesen, sondern darin bestimmte Informationen finden. Die Parametersätze zum Lesen von Ereignislogbüchern sehen dafür verschiedene Filtermöglichkeiten vor:

```
Get-WinEvent [-FilterHashtable] <Hashtable[]> [-ComputerName <String>] [-Credential <PSCredential>]
[-Force] [-MaxEvents <Int64>] [-Oldest] [<CommonParameters>]

Get-WinEvent [-FilterXml] <XmlDocument> [-ComputerName <String>] [-Credential <PSCredential>]
[-MaxEvents <Int64>] [-Oldest] [<CommonParameters>]

Get-WinEvent [[-LogName] <String[]>] [-ComputerName <String>] [-Credential <PSCredential>]
[-FilterXPath <String>] [-Force] [-MaxEvents <Int64>] [-Oldest] [<CommonParameters>]
```

Mit Hashtables filtern

Schauen wir uns dazu eine konkrete Aufgabe an: Aus dem Logbuch `System` sollen alle Fehler und Warnungen der letzten 24 Stunden ausgelesen werden. Am einfachsten funktioniert die Filterung mit dem ersten Parametersatz, bei dem eine Hashtable alle Filterwünsche entgegennimmt:

```
Get-WinEvent [-FilterHashtable] <Hashtable[]> [-ComputerName <String>] [-Credential <PSCredential>]
[-Force] [-MaxEvents <Int64>] [-Oldest] [<CommonParameters>]
```

Und so wird sie eingesetzt:

```
# Zeitpunkt berechnen, ab dem Ereignisse ausgegeben werden sollen:
$stichtag = (Get-Date).AddHours(-24)

$hashtable = @{
  LogName = 'System'
  Level = 1,2,3           # 1=Critical, 2=Error, 3=Warning
  StartTime = $stichtag
}

Get-WinEvent -FilterHashtable $hashtable
```

Listing 4.25: Alle Fehler und Warnungen der letzten 24 Stunden aus dem System-Ereignislogbuch auslesen

Sehr schnell erscheinen nur noch die ausgewählten Ereignisse – was die Frage aufwirft, welche weiteren Schlüssel die Hashtable akzeptiert, die in Listing 4.25 zum Einsatz kam. Diese Frage klärt die Hilfe von `Get-WinEvent`:

```
PS> Get-Help -Name Get-WinEvent -Parameter FilterHashtable

-FilterHashtable <System.Collections.Hashtable[]>
    Specifies a query in hash table format to select events from one or more
    event logs. The query contains a hash table with one or more key/value
    pairs.

    Hash table queries have the following rules:

    - Keys and values are case-insensitive.
    - Wildcard characters are valid only in the values associated with the
      LogName and ProviderName keys. - Each key can be listed only once in
      each hash table.
    - The Path value takes paths to `.etl`, `.evt`, and `.evtx` log files.
    - The LogName, Path, and ProviderName keys can be used in the same query.
```

```
    - The UserID key can take a valid security identifier (SID) or a
      domain account name that can be  used to construct a valid
      System.Security.Principal.NTAccount object .
    - The Data value takes
      event data in an unnamed field. For example, events in classic event
      logs.
    - `<named-data>` key represents a named event data field.

    When `Get-WinEvent` cannot interpret a key/value pair, it interprets the
    key as a case-sensitive name for the event data in the event.

    The valid `Get-WinEvent` key/value pairs are as follows:

    - LogName =`<String[]>`
    - ProviderName =`<String[]>`
    - Path =`<String[]>`
    - Keywords =`<Long[]>`
    - ID =`<Int32[]>`
    - Level =`<Int32[]>`
    - StartTime =`<DateTime>`
    - EndTime =`<DateTime>`
    - UserID =`<SID>`
    - Data =`<String[]>`
    - `<named-data>`=`<String[]>`
    - SuppressHashFilter =`<Hashtable>`

    Required?                    True
    Position?                    0
    Default value                None
    Accept pipeline input?       False
    Accept wildcard characters?  false
```

Der Schlüssel `Level` erwartet also einen oder mehrere Zahlenwerte. Mehr Informationen sind nicht zu finden, aber schnell durch Ausprobieren geklärt: Die Zahl 0 steht für »alle Ereignisarten«. Jede weitere Zahl beschreibt einen Schweregrad, und je kleiner die Zahl ist, desto kritischer ist der Eintrag. Die 1 steht also für »kritische Events«, 2 für »Fehler«, 3 für »Warnungen« und so weiter.

Mit XML filtern

Intern speichert Windows alle Ereigniseinträge in XML-Form, und deshalb können Ereignisse auch direkt über eine XML-Abfrage gesucht werden. Zuständig ist dieser Parametersatz, dessen Parameter `-FilterXml` ein XML-Objekt verlangt:

```
Get-WinEvent [-FilterXml] <XmlDocument> [-ComputerName <String>] [-Credential <PSCredential>]
[-MaxEvents <Int64>] [-Oldest] [<CommonParameters>]
```

Ein solches XML-Dokument zu entwerfen, ist allerdings alles andere als trivial. Mit der Hashtable aus Listing 4.25 war das deutlich einfacher. Und genau deshalb haben die Entwickler dieses Cmdlets überhaupt die Möglichkeit geschaffen, die Filterkriterien über eine simple Hashtable angeben zu können.

Tatsächlich wird für die Suche nach Ereigniseinträgen nämlich immer eine komplexe XML-Abfrage benötigt, und so übersetzt `Get-WinEvent` die Filterkriterien der Hashtable ohnehin in ein XML-Dokument. Gibt man den Parameter `-Verbose` an, kann man die übersetzte XML-Query sogar sehen und als Grundlage für eigene XML-Abfragen verwenden:

```
# XML-Query aus Hashtable erzeugen.

# Zeitpunkt berechnen, ab dem Ereignisse ausgegeben werden sollen:
$stichtag = (Get-Date).AddHours(-24)

$hashtable = @{
  LogName = 'System'
  Level = 1,2,3          # 1=Critical, 2=Error, 3=Warning
  StartTime = $stichtag
}

# Ergebnisse verwerfen, es wird nur die Verbose-Ausgabe in der
# Konsole benötigt:
$null = Get-WinEvent -FilterHashtable $hashtable -MaxEvents 1 -Verbose
```

Listing 4.26: Als Verbose-Ausgabe die tatsächliche XML-Query ausgeben

In der Konsole wird nun die resultierende XML-Query sichtbar:

```
AUSFÜHRLICH: Erstellte strukturierte Abfrage:
<QueryList><Query Id="0" Path="system"><Select
Path="system">*[(System/TimeCreated[@SystemTime&gt;='2021-02-14T12:09:46.000Z']) and
((System/Level=1) or (System/Level=2) or
(System/Level=3))]</Select></Query></QueryList>.
```

Dasselbe Ergebnis wie mit der Hashtable erhält man also auch mit dieser direkten XML-Query:

```
[xml]$xml = @'
<QueryList><Query Id="0" Path="system"><Select
Path="system">*[(System/TimeCreated[@SystemTime&gt;='2021-02-14T12:09:46.000Z']) and
((System/Level=1) or (System/Level=2) or (System/Level=3))]</Select></Query></QueryList>
'@

Get-WinEvent -FilterXml $xml
```

Listing 4.27: Ereignislogbuchabfrage mit XML-Query

Hinweis

Falls Sie versuchen, Listing 4.27 von Hand einzugeben, werden Sie rasch feststellen, warum der Umweg über die Filterung per Hashtable eingeführt wurde: XML ist nämlich äußerst empfindlich und reagiert sensibel auf Groß- und Kleinschreibung oder nicht richtig gesetzte Klammern.

Zudem ist XML statisch, und das Startdatum ist darin fest verdrahtet worden. Bei der Definition der Filter-Hashtable dürfen Sie Variablen und Befehle verwenden. Deshalb konnte man dort bequem relative Daten wie »vor 24 Stunden« berechnen lassen.

Insgesamt geht es an dieser Stelle auch eher darum, die Funktion verschiedener Parametersätze zu verstehen. Es sind Angebote, die ein Cmdlet macht. Welches Angebot Sie nutzen, entscheiden Sie.

Und während man für alltägliche Ereignislogbuchabfragen den `-FilterHashtable`-Parameter bevorzugen wird, bietet der `-FilterXML`-Parameter parallel die Möglichkeit, ausgefeilte Suchabfragen zu formulieren, die über die Möglichkeiten der Hashtable und der vordefinierten Schlüssel hinausgehen.

»ISA/HASA« – wie Cmdlets in der Pipeline funktionieren

Cmdlets sind Einzelkämpfer, und wenn man sie mithilfe der Pipeline und des Pipeline-Operators | verkettet, lassen sich mehrere einzelne Cmdlets zwar zu einer neuen Einheit zusammenfügen:

```
Read-Host -Prompt 'Geben Sie Ihr Geburtsdatum an' | Get-Date -Format '"Ihr Geburtstag fällt auf
einen "dddd.'
```

Listing 4.28: Ein eingegebener Text wird in ein Datum verwandelt, und der Wochentag wird ausgegeben.

Von dieser Teamarbeit bemerken die einzelnen Cmdlets aber nichts. In diesem Abschnitt erfahren Sie nun endlich, wie diese Verkettungen in Wirklichkeit funktionieren. Die Pipeline wird nämlich zentral von der PowerShell orchestriert.

Das »ISA/HASA«-Prinzip

Damit Cmdlets überhaupt im Team arbeiten können, benötigen sie gewisse Standards. Jedes Pipeline-fähige Cmdlet muss auf einheitliche Weise kundtun, welche Art von Information es verarbeiten kann und an welchen seiner Parameter diese Informationen übergeben werden sollen.

In Listing 4.28 hat `Get-Date` zum Beispiel die Informationen weiterverarbeitet, die `Read-Host` geliefert hat. Ein Blick auf die Parameter von `Get-Date` offenbart, was dabei in Wirklichkeit hinter den Kulissen geschehen ist:

```
PS> Get-Help -Name Get-Date -Parameter *

-Date <System.DateTime>
    Specifies a date and time. Time is optional and if not specified, returns 00:00:00.
    Enter the date and time in a format that is standard for the system locale.

    For example, in US English:
    `Get-Date -Date "6/25/2019 12:30:22"` returns Tuesday, June 25, 2019 12:30:22

    Erforderlich?                False
    Position?                    0
    Standardwert                 None
    Pipelineeingaben akzeptieren?True (ByPropertyName, ByValue)
    Platzhalterzeichen akzeptieren?false

-Day <System.Int32>
    Specifies the day of the month that is displayed. Enter a value from 1 to 31.
(...)
```

Der Parameter `-Date` zeigt hinter `Pipelineeingaben akzeptieren`, dass Eingaben von einem vorangegangenen Befehl an diesen Parameter gebunden werden – jedenfalls dann, wenn sich diese Pipeline-Eingaben in den benötigten Datentyp umwandeln lassen, also in diesem Fall ein gültiges Datum darstellen.

Hinter `True` sehen Sie in Klammern noch `ByPropertyName` und `ByValue`. Dies ist der universelle »ISA/HASA«-Kontrakt, den wir uns jetzt etwas näher ansehen.

»ISA« – Pipeline-Input »ist« die benötigte Information

ISA steht für das englische »is a« (ist ein). Wenn also das, was vom vorangegangenen Befehl über die Pipeline kommt, genau das »ist«, was dieser Parameter benötigt, wird es an diesen Parameter übergeben.

Was genau der Parameter benötigt, steht in der Hilfe in spitzen Klammern hinter seinem Namen: eine Information vom Typ `System.DateTime` oder eine Information, die sich in diesen Typ umwandeln lässt. Erlaubt ist also auch ein Text (vom Typ *String*), sofern er so gestaltet ist, dass er in ein gültiges Datum umgewandelt werden kann.

Wenn Sie also Listing 4.28 noch einmal ausführen und diesmal kein gültiges Datum eingeben, erhalten Sie eine Fehlermeldung:

```
Get-Date : Das Eingabeobjekt kann an keine Parameter des Befehls gebunden werden, da der Befehl
keine Pipelineeingaben akzeptiert oder die Eingabe und deren Eigenschaften mit keinem der Parameter
übereinstimmen, die Pipelineeingaben akzeptieren.
```

Die Fehlermeldung beklagt sich nicht etwa darüber, dass kein gültiges Datum eingegeben wurde, sondern meldet, dass `Get-Date` das »Eingabeobjekt« an keinen seiner Parameter binden konnte – weil kein gültiger Kontrakt gefunden wurde.

»HASA« – Pipeline-Input »enthält« die benötigte Information

HASA steht für das englische »has a« (besitzt ein) und entspricht dem Ausdruck `ByPropertyValue`. Wenn also das vom vorangegangenen Befehl eingetroffene Objekt eine Eigenschaft besitzt, die so heißt wie der Parameter (in diesem Fall also `Date`), und wenn diese Eigenschaft ein gültiges Datum repräsentiert oder in ein gültiges Datum umgewandelt werden kann, wird es an diesen Parameter gebunden.

Das Cmdlet `Get-Date` kann also mit allen übrigen Befehlen direkt in der Pipeline zusammenarbeiten, wenn diese entweder direkt ein Datum liefern oder wenn sie ein Objekt liefen, das eine Eigenschaft namens `Date` besitzt, in der ein Datum zu finden ist.

Hier ein Beispiel des »HASA«-Kontrakts, bei dem `Get-Date` über die Pipeline ein Objekt gesendet wird, das dem Kontrakt entspricht und also eine Eigenschaft namens `Date` mit einem Datum enthält:

```
$testobjekt = [PSCustomObject]@{
    Date = '2020-10-12'
    Name = 'Test'
    Id   = 100
}

# Objekt enthält eine Eigenschaft namens Date
# mit einem gültigen Datum:
$testobjekt | Out-GridView

# Objekt kann deshalb direkt an Get-Date weitergeleitet werden:
$testobjekt | Get-Date
```

Listing 4.29: Übergabe einer Objekteigenschaft direkt an den Parameter eines folgenden Cmdlets

Praxisnutzen

Cmdlets definieren über ihre »ISA/HASA«-Kontrakte also freundschaftliche Beziehungen zu anderen Cmdlets. Das ist der Grund dafür, dass `Get-Service` und `Stop-Service` über die Pipeline kombinierbar sind:

```
Get-Service -Name a* | Stop-Service -WhatIf
```

Ein Blick in die Hilfe zeigt, dass in diesem Fall die Dienstobjekte vom Typ `System.ServiceProcess.ServiceController` von `Get-Service` an den Parameter `-InputObject` des Cmdlets `Stop-Service` übergeben werden.

Ohne Kontrakt müssten Sie die einlaufenden Informationen manuell an den passenden Parameter übergeben:

```
Get-Service -Name a* | Foreach-Object { Stop-Service -InputObject $_ -WhatIf }
```

Und ganz ohne Pipeline müssten Sie formulieren:

```
$dienste = Get-Service -Name a*
Stop-Service -InputObject $dienste -WhatIf
```

Auch `Get-Process` und `Stop-Process` verhalten sich freundschaftlich und akzeptieren die Ergebnisse direkt über die Pipeline:

```
Get-Process -Name notepad | Stop-Process -WhatIf
```

Hier werden die Prozesse vom Typ `System.Diagnostics.Process` von `Get-Process` an den Parameter `-InputObject` des Cmdlets `Stop-Process` übergeben. Ohne Kontrakt müssten Sie auch hier die Informationen manuell an den passenden Parameter übergeben:

```
Get-Process -Name notepad | Foreach-Object { Stop-Process -InputObject $_ -WhatIf }
```

Und ganz ohne Pipeline müssten Sie hier formulieren:

```
$prozesse = Get-Process -Name notepad
Stop-Process -InputObject $prozesse -WhatIf
```

Vorteile des Pipeline-Streamings

Die Kontrakte der Cmdlets und der Streaming-Mechanismus der Pipeline verstecken einen Großteil der Komplexität klassischer Programmierung vor dem Anwender. Der Code wird dadurch auf eine einfache Befehlskette reduziert, und klassische Konzepte wie Variablen oder Schleifen sind nicht erforderlich.

Die folgenden Einzeiler würden beispielsweise einem Helpdesk-Mitarbeiter erlauben, aus einem Auswahlmenü heraus laufende Dienste zu stoppen, Prozesse zu beenden oder gesperrte Benutzerkonten zu entsperren.

```
# -WhatIf sorgt jeweils dafür, dass nur simuliert wird. Entfernen Sie -WhatIf, dann
# nehmen die Cmdlets tatsächlich Änderungen vor.

# Laufende Dienste stoppen:
Get-Service | Where-Object CanStop | Out-GridView -PassThru | Stop-Service -WhatIf

# Laufende Prozesse stoppen:
```

```
Get-Process | Where-Object MainWindowTitle | Out-GridView -PassThru | Stop-Process -WhatIf

# Benutzerkonten entsperren:
Search-ADAccount -AccountDisabled | Out-GridView -PassThru | Enable-ADAccount -WhatIf
```

Listing 4.30: Kleine Helpdesk-Tools bieten Auswahldialoge an und ändern dann Betriebszustände

Klassisch und ohne Pipeline programmiert, wären solche Lösungen wesentlich aufwendiger.

Echtzeit-Streaming

Noch wichtiger als die Vereinfachungen bei der Programmierung ist häufig die Echtzeitnatur der Pipeline: Die mit dem Pipeline-Operator | verknüpften Befehle werden alle quasi gleichzeitig ausgeführt, was sehr viel Speicherplatz sparen kann und zu schnellen Rückmeldungen führt.

Genau genommen, sorgt PowerShell dafür, dass stets nur ein Objekt durch die gesamte Befehlskette läuft und am Ende als Ergebnis sofort ausgegeben wird. Erst wenn ein Objekt komplett von allen verketteten Befehlen verarbeitet und ausgegeben wurde, darf das nächste Objekt durch die Pipeline fließen.

Schauen Sie sich dazu den Einzeiler aus Listing 4.31 an, der im *Windows*-Ordner in allen Logbuchdateien sämtliche Textstellen findet, die das Wort »Error« enthalten:

```
Get-ChildItem -Path $env:windir -Recurse -File -Filter *.log -ErrorAction Ignore |
  Select-String -Pattern Error -ErrorAction Ignore |
  Select-Object LineNumber, Path, Line |
  Out-GridView
```

Listing 4.31: Alle Textstellen in allen Logdateien finden, die das Wort »Error« enthalten

Noch während Listing 4.31 den *Windows*-Ordner durchsucht, öffnet sich bereits bei der ersten Fundstelle das GridView und zeigt diese ersten Textstellen an.

Gleichzeitig ist der Speicherbedarf des Skripts extrem niedrig, weil die Pipeline immer nur eine Fundstelle zurzeit bearbeitet und daher nicht alle Logbuchdateien und Fundstellen gemeinsam im Speicher halten muss.

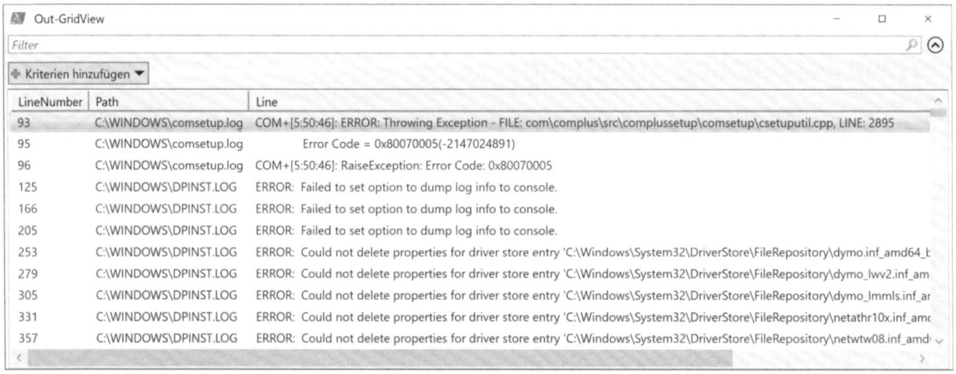

Out-GridView

Filter

Kriterien hinzufügen

LineNumber	Path	Line
93	C:\WINDOWS\comsetup.log	COM+[5:50:46]: ERROR: Throwing Exception - FILE: com\complus\src\complussetup\comsetup\csetuputil.cpp, LINE: 2895
95	C:\WINDOWS\comsetup.log	Error Code = 0x80070005(-2147024891)
96	C:\WINDOWS\comsetup.log	COM+[5:50:46]: RaiseException: Error Code: 0x80070005
125	C:\WINDOWS\DPINST.LOG	ERROR: Failed to set option to dump log info to console.
166	C:\WINDOWS\DPINST.LOG	ERROR: Failed to set option to dump log info to console.
205	C:\WINDOWS\DPINST.LOG	ERROR: Failed to set option to dump log info to console.
253	C:\WINDOWS\DPINST.LOG	ERROR: Could not delete properties for driver store entry 'C:\Windows\System32\DriverStore\FileRepository\dymo.inf_amd64_t
279	C:\WINDOWS\DPINST.LOG	ERROR: Could not delete properties for driver store entry 'C:\Windows\System32\DriverStore\FileRepository\dymo_lwv2.inf_am
305	C:\WINDOWS\DPINST.LOG	ERROR: Could not delete properties for driver store entry 'C:\Windows\System32\DriverStore\FileRepository\dymo_lmmls.inf_ar
331	C:\WINDOWS\DPINST.LOG	ERROR: Could not delete properties for driver store entry 'C:\Windows\System32\DriverStore\FileRepository\netathr10x.inf_amc
357	C:\WINDOWS\DPINST.LOG	ERROR: Could not delete properties for driver store entry 'C:\Windows\System32\DriverStore\FileRepository\netwtw08.inf_amd

Abbildung 4.5: Alle Logdateien finden, die das Wort »Error« enthalten

Durch die »ISA/HASA«-Kontrakte lassen sich die beteiligten Cmdlets zudem direkt miteinander verknüpfen, und der resultierende Code ist erstaunlich kurz – gemessen daran, was der Code bewerkstelligt.

Ohne Pipeline und Kontrakte wäre dasselbe zwar auch erreichbar, aber deutlich komplizierter und nur mit klassischen Programmierkonzepten zu erreichen (siehe Listing 4.32):

- **Schleifen:** Die Pipeline reduziert beliebige Datenmengen immer auf den Einzelfall, sodass Sie keine Schleifen und ähnliche Konstrukte benötigen. Ohne Pipeline sind Sie selbst dafür verantwortlich, Ergebnisse der jeweiligen Befehle einzeln zu verarbeiten, und brauchen dafür in der Regel eine oder mehrere Schleifen.
- **Variablen:** Ohne den Streaming Mechanismus der Pipeline müssen Sie die Gesamtergebnisse der Befehle selbst in Variablen aufbewahren, was je nach Datenmenge viel Speicherplatz bindet.
- **Verknüpfungen:** Ohne die automatischen Kontrakte müssen Sie selbst herausfinden, wie die Eigenschaften der Objekte heißen, die ein Befehl geliefert hat, und diese manuell an die jeweils passenden Parameter der folgenden Befehle übergeben.
- **Dauer:** Die Pipeline liefert bereits Ergebnisse, noch während die beteiligten Befehle arbeiten. Ohne Pipeline arbeiten alle Befehle strikt nacheinander, und Ergebnisse würden erst nach einer geraumen Wartezeit erscheinen, dann allerdings schlagartig und komplett.

```
# Alle Logdateien finden:
$logfiles = Get-ChildItem -Path $env:windir -Recurse -File -Filter *.log -ErrorAction Ignore

# Jede gefundene Logdatei ...
$ergebnis = foreach($file in $logfiles)
{
  # ... nach Zeilen durchsuchen, die das Suchwort enthalten:
  $trefferliste = Select-String -Path $file.FullName -Pattern Error -ErrorAction Ignore


  # Alle gefundenen Treffer der Reihe nach verarbeiten ...
  foreach($treffer in $trefferliste)
  {
    # ... und die gewünschten Eigenschaften zurückgeben:
    Select-Object -InputObject $treffer -Property LineNumber, Path, Line
  }
}

# Endergebnis komplett an das GridView senden:
$ergebnis | Out-GridView
```

Listing 4.32: Ohne Pipeline alle Textstellen in allen Logdateien finden, die das Wort »Error« enthalten

Kapitel 5

Die PowerShell-Pipeline

In diesem Kapitel:

Ausführlich werden in diesem Kapitel die folgenden Aspekte erläutert:

- **Befehlsketten bilden:** Durch die Verkettung mehrerer Befehle mithilfe des Pipeline-Operators (|) lassen sich ohne klassische Programmierung viele Aufgaben lösen. Cmdlets funktionieren dabei wie Legobausteine und können Informationen auf einheitliche Weise empfangen und weitergeben.
- **Streaming-Modus:** Über die Pipeline werden Ergebnisse zwischen Befehlen in Echtzeit weitergereicht. Alle beteiligten Befehle arbeiten gleichzeitig. Daher ist die Pipeline effizient und speicherschonend, aber langsam, weil immer nur ein Datensatz nach dem anderen bearbeitet wird.
- **Pipeline-SQL:** Im Kern bildet die Pipeline mit sechs Cmdlets die Datenbanksprache SQL ab. So kann man bestimmen, welche Informationen relevant sind, welche Datensätze herausgefiltert werden sollen, und man kann natürlich sortieren, gruppieren und zählen.

- **Eigene Pipeline-Befehle:** Mit `Foreach-Object` lassen sich schnell Pipeline-fähige Ad-hoc-Funktionen erstellen, mit denen die durch die Pipeline strömenden Daten in Echtzeit bearbeitet und umgeformt werden können.

Die PowerShell-Pipeline kann mehrere Befehle zu einer Befehlskette kombinieren und entspricht damit »Türchen 1« im »Türchen-Modell« (siehe Abbildung 5.1), das Sie schon aus Kapitel 2 kennen.

In diesem Kapitel erfahren Sie, wie die PowerShell-Pipeline funktioniert. Außerdem werden die sechs typischen Pipeline-Cmdlets besprochen, die in fast jeder Pipeline eingesetzt werden.

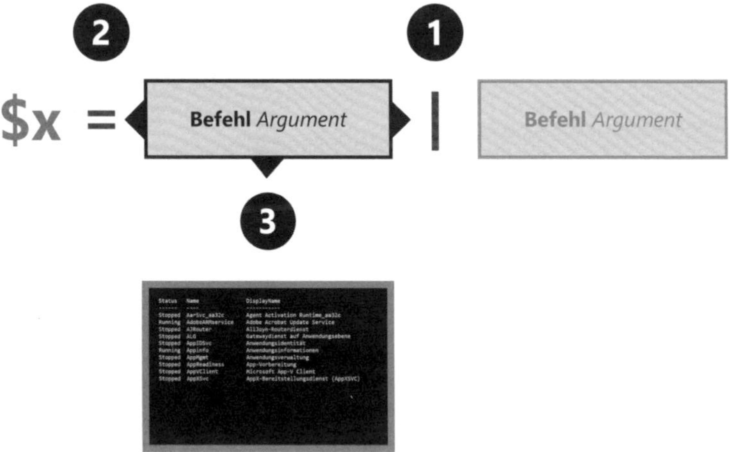

Abbildung 5.1: »Drei-Türchen-Konzept« der PowerShell, über die Befehlsergebnisse weitergeleitet werden können

Aufbau der PowerShell-Pipeline

Auf den ersten Blick funktioniert die PowerShell-Pipeline wie ein Förderband in einer Fabrik, an dem viele verschiedene Industrieroboter arbeiten: Vorn legt quasi jemand Altmetall auf das Förderband, und nachdem die einzelnen Industrieroboter das Rohmaterial schrittweise gebogen, geschnitten und lackiert haben, fallen am Ende praktische Dosenöffner heraus.

Die PowerShell-Pipeline funktioniert nach ebendiesem Muster, nur legt hier am Anfang ein (beliebiger) Befehl Daten auf das digitale »Förderband«. Diese Daten streamen dann durch alle folgenden Befehle hindurch, bis am Ende genau die benötigen Informationen oder Aktionen entstehen.

Die Pipeline hat insbesondere für den Nichtprogrammierer charmante Vorteile:

- **Skalierbar:** Der Pipeline-Konstruktion ist es egal, ob nur ein Datensatz bearbeitet werden muss oder ob es fünf sind oder gar Tausende: Der Pipeline-Operator | sendet stets nur jeweils einen Datensatz an den nächsten Befehl. Dieser Datensatz durchläuft danach alle auf diese Weise verknüpften Befehle und am Ende fällt der bearbeitete Datensatz als Ergebnis heraus, bevor der nächste Datensatz durch die Pipeline läuft.

  Komplizierte Schleifen oder Array-Indizes braucht man bei der Pipeline nicht, und weil die Pipeline stets zeitgleich nur einen einzigen Datensatz im Speicher bearbeitet, ist der Speicherbedarf der Pipeline außerordentlich gering. Die Ergebnisse erscheinen, sobald sie verfügbar sind (und nicht erst, wenn alle beteiligten Cmdlets ihre Arbeit komplett fertiggestellt haben).

Listing 5.1 zeigt, wie die »Rohdaten« von `Get-ChildItem` genau in dem Moment durch die folgenden Cmdlets »zurechtgebogen« werden, in dem die Daten von `Get-ChildItem` ausgegeben werden. Noch während also `Get-ChildItem` das Dateisystem rekursiv durchsucht, erscheinen bereits die ersten Ergebnisse und zeigen eine Versionsliste der Systembibliotheken des Windows-Betriebssystems an. Mehr zur Aufgabe von `Select-Object` erfahren Sie in einem kleinen Moment.

```
Get-ChildItem -Path $env:windir\system32 -Filter *.dll -Recurse -ErrorAction Ignore |
  Select-Object -Property Name -ExpandProperty VersionInfo |
  Select-Object -Property Name, FileVersionRaw, FileDescription, FileName
```

Listing 5.1: Noch während Get-ChildItem Daten liefert, »biegen« Select-Object-Cmdlets die Daten zurecht.

- **Intelligente Verknüpfungen:** Pipeline-fähige Cmdlets besitzen genug Eigenintelligenz, um sich aus den angebotenen Ergebnissen des vorangegangenen Befehls die benötigten Informationen herauszupicken. Der Anwender braucht also nicht selbst bestimmte Eigenschaften anzugeben oder an bestimmte Cmdlet-Parameter weiterzureichen – vorausgesetzt, die Cmdlets sind zueinander kompatibel (mehr dazu etwas später).

  Listing 5.2 zeigt, wie die Rohdaten von `Get-NetAdapter` an zwei Cmdlets weitergereicht werden, ohne dass der Anwender die genaue Struktur der Daten zu kennen braucht.

```
Get-NetAdapter |
  Out-GridView -Title 'Welchen Netzwerkadapter abfragen?' -PassThru |
  Get-NetAdapterAdvancedProperty
```

Listing 5.2: Cmdlets sind zueinander »kompatibel« und benötigen dann keine komplizierten Parameter.

Befehle reichen Ergebnisse weiter

Mit dem Pipeline-Operator (|) wird die Ausgabe eines Befehls direkt an den passenden Parameter des nächsten Befehls weitergereicht, vergleichbar etwa mit der Eimerkette der Feuerwehr.

Wie bei einem echten Fließband oder eben der Eimerkette können so beliebig viele Datensätze bearbeitet werden, aber aktiv bearbeitet wird in der Pipeline immer nur einer. Die Pipeline »vereinzelt« also die zu bearbeitende Datenmenge. Das ist wichtig zu verstehen. Die in der Pipeline verknüpften Befehle arbeiten also nicht nacheinander, sondern sind verzahnt: Jeder Datensatz wird der Reihe nach durch *alle* verketteten Befehle geleitet und fällt bearbeitet als Ergebnis heraus, *bevor* der nächste Datensatz an die Reihe kommt und erneut durch alle verketteten Pipeline-Befehle geleitet wird.

Die Pipeline ist also nicht bloß ein Weg, um mehrere Cmdlets zu verketten. Sie stellt außerdem einen modernen Streaming-Mechanismus dar, der ohne Variablen auskommt und besonders speicherschonend arbeitet, weil sich immer nur ein einziger Datensatz im Speicher befindet, während er von der Pipeline von Befehl zu Befehl weitergereicht wird.

Eine einfache Pipeline-Konstruktion könnte beispielsweise so aussehen:

```
driverquery.exe /FO CSV | ConvertFrom-Csv | Out-GridView
```

Listing 5.3: Rohdaten im CSV-Format in Objekte verwandeln

Hier werden Rohdaten des Befehls `driverquery` im CSV-Format (*Comma Separated Values*) auf die Pipeline gelegt. `ConvertFrom-Csv` verwandelt die Daten dann in strukturierte Objekte, die danach mit `Out-GridView` mehrspaltig in einem Fenster angezeigt werden. Dabei ist es den beteiligten Cmdlets dank der Pipeline egal, wie viele Datensätze `driverquery` tatsächlich liefert: Durch die Pipeline läuft stets ein einzelner Datensatz, der bereits als Ergebnis sichtbar wird, noch während `driverquery` weitere Daten liefert.

Pipeline steuert Befehle

Die einzelnen in der PowerShell-Pipeline verknüpften Befehle wissen nichts von der Pipeline. Die Pipeline ist vielmehr ein Service der PowerShell-Engine, der die darin (ahnungslos) verketteten Befehle choreografiert.

Konkret fängt PowerShell die Ergebnisse eines Befehls auf und leitet diese Ergebnisse einzeln an einen geeigneten Parameter des folgenden Befehls weiter. Die einzelnen Cmdlets, die innerhalb der Pipeline kombiniert wurden, erhalten ihre Eingaben also nach wie vor über ihre ganz normalen Parameter, so als wären die Cmdlets allein für sich aufgerufen worden.

Parameter können Pipeline-Eingaben akzeptieren

Damit PowerShell weiß, welcher Parameter eines Cmdlets die vom vorangegangenen Befehl kommenden Informationen verarbeiten kann, legt jedes Pipeline-fähige Cmdlet in seiner Hilfe fest, welche Parameter Pipeline-Eingaben akzeptieren und welche Art von Daten geeignet sind.

Schauen wir uns das am Beispiel von Listing 5.3 einmal an: Das Cmdlet `ConvertFrom-Csv` erhält über die Pipeline die Ergebnisse des Befehls `driverquery`. Diese Ergebnisse werden dabei also von PowerShell an einen der Parameter des Cmdlets `ConvertFrom-Csv` gebunden.

Welche Parameter dafür infrage kommen, verrät die Hilfe. `Get-Help` ruft im folgenden Beispiel alle Parameter (*) des Cmdlets `ConvertFrom-Csv` ab, und `Where-Object` liefert davon diejenigen, bei denen die Eigenschaft `PipelineInput` nicht (Vergleichsoperator `-ne`: *not equal*) den Text »false« enthält.

Pipeline-fähige Parameter eines Cmdlets finden

Das Ergebnis sind alle Parameter, die prinzipiell über die Pipeline Informationen vom vorherigen Befehl erhalten können – in diesem Fall nur einer, nämlich `-InputObject`:

```
PS> Get-Help -Name ConvertFrom-Csv -Parameter * | Where-Object PipelineInput -ne 'false'

-InputObject <System.Management.Automation.PSObject[]>
    Specifies the CSV strings to be converted to objects. Enter a variable that contains
    the CSV strings or type a command or expression that gets the CSV strings. You can
    also pipe the CSV strings to `ConvertFrom-Csv`.

    Erforderlich?                True
    Position?                    0
    Standardwert                 None
    Pipelineeingaben akzeptieren?True (ByPropertyName, ByValue)
    Platzhalterzeichen akzeptieren?false
```

Achtung

Tatsächlich enthält die Eigenschaft `PipelineInput` bei nicht Pipeline-fähigen Parametern stets den Text `'false'` – und nicht wie üblich einen booleschen Wert *false*, der mit `$false` repräsentiert worden wäre.

ByValue und ByPropertyName

In der Zeile `Pipelineeingaben akzeptieren` steht hier `True (ByPropertyName, ByValue)`. Diese Zeile gibt also Auskunft darüber, ob und – wenn ja – was für Informationen dieser Parameter von der Pipeline akzeptiert. Dazu stehen zwei verschiedene Wege offen:

- **`ByValue`**: Der vorangegangene Befehl hat genau die Information geliefert, die dieser Parameter benötigt.
- **`ByPropertyName`**: Der vorangegangene Befehl hat Objekte geliefert, die eine Eigenschaft enthalten, die so heißt wie dieser Parameter (also `InputObject`) und die die von diesem Parameter benötigten Daten enthält.

Mit diesem Wissen ist nun klar, dass die Ergebnisse von `driverquery` mithilfe der Pipeline automatisch an den Parameter `-InputObject` übergeben wurden. Ohne die Pipeline hätte man die Informationen selbst von Hand an den passenden Parameter übergeben müssen:

```
$result = driverquery.exe /FO CSV
ConvertFrom-Csv -InputObject $result
```

Listing 5.4: Umwandlung von CSV-Daten in Objekte ohne Einsatz der Pipeline

Außerdem hätte man nun eine Variable investieren müssen, die sämtliche Ergebnisse von `driverquery` gleichzeitig im Speicher hält (und nicht nur jeweils einen Datensatz). Und auch die Ergebnisse würden erst dann (schlagartig) erscheinen, wenn sämtliche Daten bearbeitet sind (und nicht, sobald die einzelnen Ergebnisse berechnet sind).

Hinweis

Sie sehen hier nochmals, dass PowerShell zwei grundsätzlich verschiedene Wege anbietet, um Befehle zu kombinieren: die streamende und speicherplatzschonende Pipeline sowie den klassischen Ansatz mit Variablen. Fast alle Aufgaben lassen sich wahlweise mit beiden Ansätzen realisieren. Die Pipeline ist aber aus den genannten Gründen häufig einfacher einsetzbar.

Voraussetzung dafür ist allerdings, dass die in der Pipeline kombinierten Befehle miteinander »kompatibel« sind. Was das heißt, wissen Sie nun:

- Ein Cmdlet muss grundsätzlich Pipeline-fähig sein, also mindestens einen Parameter besitzen, der Pipeline-Eingaben vom vorangegangenen Befehl akzeptiert.
- Und die Ergebnisse des ersten Befehls müssen dem entsprechen, was der Pipeline-fähige Parameter des folgenden Befehls erwartet und sinnvoll verarbeiten kann.

Prinzipieller Aufbau der Pipeline

Zwar gibt es unendlich viele Kombinationsmöglichkeiten, doch die meisten Pipeline-Konstrukte sind nach einem einfachen Schema gewebt:

- **Rohdaten:** Am Anfang jeder Pipeline steht ein Datenbeschaffer. Das ist typischerweise ein Cmdlet mit dem Verb `Get`, es kann aber auch ein externes Programm wie `ipconfig.exe` sein, das Textinformationen in die PowerShell-Konsole liefert.
- **Industrieroboter:** Im Herzen der Pipeline sind zwar alle Cmdlets erlaubt, die Daten über die Pipeline empfangen können (siehe Kapitel 4), aber typischerweise findet man hier häufig Cmdlets mit dem Substantiv `Object`.

  Es dürfen so viele Cmdlets über die Pipeline miteinander kombiniert werden wie nötig. Die Aufgabe der Cmdlets ist es, die Daten des jeweils vorangegangenen Befehls weiterzubearbeiten, also zum Beispiel zu filtern, zu sortieren oder zu verändern.
- **Ausgabe:** Am Ende der Pipeline folgt auf Wunsch ein Ausgabe-Cmdlet. Notwendig ist das nicht. Ohne ein Ausgabe-Cmdlet werden die Ergebnisse der Pipeline in die Konsole geschrieben (»Türchen 3« im »Türchen-Modell«) oder können einer Variablen zugewiesen werden (»Türchen 2« im »Türchen-Modell«) – genau wie bei Einzelbefehlen.

Tipp

Am Anfang einer Pipeline kann natürlich anstelle eines Befehls auch eine Variable stehen, und die Pipeline würde dann die Daten in der Variablen einzeln der Reihe nach bearbeiten.

Variablen am Anfang einer Pipeline sind jedoch nicht unbedingt clever. Die Pipeline soll ja gerade ohne Variablen auskommen und möglichst wenig Speicherplatz verbrauchen. Wer alle Daten zuerst in einer Variablen speichert und diese dann über die Pipeline bearbeitet, verliert die wichtigsten Vorteile der Pipeline: geringer Speicherbedarf und schnelle Erstergebnisse.

Hier wird kaum Speicherplatz verbraucht, und die Ergebnisse erscheinen sofort:

```
Get-ChildItem -Path c:\windows -Recurse -Filter *.log -ErrorAction Ignore | Where-Object Length -gt 10MB
```

Listing 5.5: Alle Logdateien im Windows-Ordner anzeigen, die größer sind als 10 MByte (mit Pipeline)

Hier muss erst abgewartet werden, bis alle Dateien gefunden worden sind, bevor Ergebnisse erscheinen, und die Variable `$files` würde alle gefundenen Dateien gleichzeitig im Speicher halten müssen:

```
$files = Get-ChildItem -Path c:\windows -Recurse -Filter *.log -ErrorAction Ignore
$files | Where-Object Length -gt 10MB
```

Listing 5.6: Alle Logdateien im Windows-Ordner anzeigen, die größer sind als 10 MByte (ohne Pipeline)

Die sechs wichtigsten Pipeline-Befehle

Im Kern der meisten Pipelines kommen die gleichen sechs Cmdlets zum Einsatz und bilden die bekannte Datenabfragesprache SQL nach, die sich seit Jahrzehnten beim Umgang mit Daten bewährt hat.

Cmdlet	Aufgabe
`Select-Object`	Legt fest, welche Informationen pro Objekt angezeigt werden sollen. Kann darüber hinaus mit `-First`, `-Last` und `-Skip` nur bestimmte Ergebnisse ausgeben.
`Where-Object`	Legt fest, welche Objekte angezeigt werden sollen. Ein Filter bestimmt, welche Objekte erwünscht sind.
`Sort-Object`	Sortiert die Ergebnisse und entfernt Duplikate auf Wunsch.
`ForEach-Object`	Pipeline-Schleife: Der angegebene Code wird für jedes durch die Pipeline strömende Objekt einmal ausgeführt.
`Measure-Object`	Zählt die Ergebnisse und kann numerische Ergebnisse statistisch auswerten, also zum Beispiel Maximalwert und Durchschnitt berechnen. Bei Texten berechnet `Measure-Object` die Zeichen- und Worthäufigkeit.
`Group-Object`	Analysiert Verteilungshäufigkeiten: Gruppen mit identischen Eigenschaften können gruppiert werden.

Tabelle 5.1: Die sechs wichtigsten Cmdlets in der PowerShell-Pipeline

Select-Object

`Select-Object` ist das wichtigste Cmdlet dieses Kapitels, weil es Ihnen die Kontrolle darüber gibt, welche Informationen eines Objekts für Sie wichtig sind.

Detailinformationen festlegen

Tatsächlich haben `Select-Object` und »Türchen 3« aus dem »Türchen-Modell« (siehe Listing 5.1) wichtige Ähnlichkeiten. Schon in Kapitel 2 haben Sie gelesen, dass die Ausgabe in die PowerShell-Konsole aufgrund der beschränkten Platzverhältnisse Informationen regelmäßig kürzt.

Wenn Sie beispielsweise mit `Get-Process` einen Prozess abrufen, zeigt die Konsole nur wenige ausgewählte Details des Prozesses an:

```
PS> Get-Process -Id $pid

Handles NPM(K) PM(K) WS(K) CPU(s)   Id SI ProcessName
------- ------ ----- ----- ------   -- -- -----------
    803     41 80540 96224   2,70 2488 11 powershell
```

In Wahrheit enthalten Prozessobjekte – so wie die meisten anderen Objekttypen auch – sehr viel mehr Detailinformationen. Würden diese indes ungefiltert in der PowerShell-Konsole angezeigt werden, würde nicht bloß der Platz darin knapp. Auch ein sinnvoller Umgang mit den Befehlsergebnissen wäre dann kaum mehr möglich, weil Objekte schlicht zu viele Detailinformationen enthalten, als im Alltag sinnvoll wäre.

Deshalb enthält PowerShell intern Spicklisten in Form von **.ps1xml*-Dateien, die für die gebräuchlichsten Objekttypen vorgeben, welche Informationen in der Konsole angezeigt werden – und welche unter den Tisch fallen.

`Select-Object` bietet Ihnen dieselbe Freiheit. Sie können damit also angeben, welche Objekteigenschaften wichtig für Sie sind und welche nicht. Beispielsweise wäre es damit möglich, bei Prozessen nur den Namen und die Prozess-ID auszugeben:

```
PS> Get-Process -Id $pid | Select-Object -Property ProcessName, Id

ProcessName   Id
-----------   --
powershell  2488
```

Und weil es der PowerShell-Pipeline prinzipiell egal ist, wie viele Datensätze sie bearbeitet, könnten Sie damit ebenso gut die gesamte Prozessliste als Zweispalter mit den Informationen ausgeben, die `Select-Object` festgelegt hat (indem Sie den Parameter `-Id` entfernen und nun alle Prozesse durch die Pipeline senden und nicht nur den aktuellen PowerShell-Prozess:

```
Get-Process | Select-Object -Property ProcessName, Id
```

Listing 5.7: Prozessname und Prozess-ID für alle laufenden Prozesse ausgeben

Unsichtbare Eigenschaften sichtbar machen

`Select-Object` kann aber nicht nur weniger Eigenschaften anzeigen, sondern auch mehr. Wie eingangs erwähnt, zeigt die PowerShell-Konsole für die meisten Objekttypen nur einen Teil der vorhandenen Informationen an.

Wenn Sie wirklich sämtliche Eigenschaften sehen möchten, setzen Sie Platzhalterzeichen wie das Sternchen (*) ein. Die folgende Zeile zeigt sämtliche Eigenschaften eines Prozessobjekts an:

```
PS> Get-Process -Id $pid | Select-Object -Property *


Name                       : powershell
Id                         : 2488
PriorityClass              : Normal
FileVersion                : 10.0.19041.860 (WinBuild.160101.0800)
HandleCount                : 728
WorkingSet                 : 95305728
PagedMemorySize            : 78430208
PrivateMemorySize          : 78430208
VirtualMemorySize          : 745717760
TotalProcessorTime         : 00:00:03.0937500
SI                         : 11
Handles                    : 728
VM                         : 2204063940608
WS                         : 95305728
PM                         : 78430208
NPM                        : 41768
Path                       : C:\Windows\System32\WindowsPowerShell\v1.0\powershell.exe
Company                    : Microsoft Corporation
CPU                        : 3,109375
ProductVersion             : 10.0.19041.860
Description                : Windows PowerShell
Product                    : Betriebssystem Microsoft® Windows®
__NounName                 : Process
BasePriority               : 8
ExitCode                   :
HasExited                  : False
ExitTime                   :
Handle                     : 1952
SafeHandle                 : Microsoft.Win32.SafeHandles.SafeProcessHandle
MachineName                : .
```

```
MainWindowHandle           : 593254
MainWindowTitle            : C:\Users\tobia
MainModule                 : System.Diagnostics.ProcessModule (powershell.exe)
MaxWorkingSet              : 1413120
MinWorkingSet              : 204800
Modules                    : {System.Diagnostics.ProcessModule (powershell.exe),
System.Diagnostics.ProcessModule (ntdll.dll), System.Diagnostics.ProcessModule (KERNEL32.DLL),
System.Diagnostics.ProcessModule (KERNELBASE.dll)...}
NonpagedSystemMemorySize   : 41768
NonpagedSystemMemorySize64 : 41768
PagedMemorySize64          : 78430208
PagedSystemMemorySize      : 572656
PagedSystemMemorySize64    : 572656
PeakPagedMemorySize        : 83533824
PeakPagedMemorySize64      : 83533824
PeakWorkingSet             : 99250176
PeakWorkingSet64           : 99250176
PeakVirtualMemorySize      : 758398976
PeakVirtualMemorySize64    : 2204076621824
PriorityBoostEnabled       : True
PrivateMemorySize64        : 78430208
PrivilegedProcessorTime    : 00:00:01.6093750
ProcessName                : powershell
ProcessorAffinity          : 255
Responding                 : True
SessionId                  : 11
StartInfo                  : System.Diagnostics.ProcessStartInfo
StartTime                  : 21.02.2021 09:31:36
SynchronizingObject        :
Threads                    : {5716, 5116, 1132, 19600...}
UserProcessorTime          : 00:00:01.5156250
VirtualMemorySize64        : 2204063940608
EnableRaisingEvents        : False
StandardInput              :
StandardOutput             :
StandardError              :
WorkingSet64               : 95305728
Site                       :
Container                  :
```

Erstens wird hier schnell klar, warum es gut ist, dass die PowerShell normalerweise die Detailinformationen von Objekten filtert – mit dieser Datenflut ist man im hektischen Alltag schnell überfordert. Und zweitens können Sie nun aus dieser kompletten Liste genau die Eigenschaften auswählen, die Sie für eine bestimmte Aufgabe benötigen. Derselbe Befehl – in diesem Fall `Get-Process` – kann Ihnen also von Fall zu Fall völlig unterschiedliche Detailinformationen liefern:

```
PS> Get-Process | Select-Object -Property Name, Description, StartTime, ProductVersion

Name            Description                  StartTime           ProductVersion
----            -----------                  ---------           --------------
Calculator      Calculator.exe               19.02.2021 16:41:57 10.2012.21.0
conhost         Host für Konsolenfenster     21.02.2021 09:31:36 10.0.19041.860
GameBar         Xbox Game Bar                19.02.2021 22:54:09 5.521.02012.0
LockApp         LockApp.exe                  19.02.2021 18:27:20 10.0.19041.789
mbamtray        Malwarebytes Tray Application 19.02.2021 16:40:31
OneDrive        Microsoft OneDrive           19.02.2021 16:40:47 21.016.0124.0003
powershell      Windows PowerShell           21.02.2021 09:31:36 10.0.19041.860
powershell_ise  Windows PowerShell ISE       20.02.2021 18:08:33 10.0.19041.1
(...)
```

Eine bestimmte Eigenschaft auswählen: -ExpandProperty

Häufig ist man an nur einer einzigen Eigenschaft des Objekts interessiert. Sie wollen vielleicht lediglich herausfinden, ob Ihr Skript in *Windows PowerShell* oder in *PowerShell* oder einem ganz anderen Host ausgeführt wird, und möchten dazu die Eigenschaft `ProcessName` auswerten. Nun könnten Sie natürlich einfach nur diese eine Eigenschaft anfordern:

```
PS> Get-Process -Id $Pid | Select-Object -Property ProcessName

ProcessName
-----------
pwsh
```

Die Information wäre aber nach wie vor in der Eigenschaft `ProcessName` »gefangen«, und die Auswertung wäre unnötig kompliziert:

```
PS> $prozess = Get-Process -Id $Pid | Select-Object -Property ProcessName
PS> if ($prozess.ProcessName -eq 'pwsh') { 'PS7' } else { 'WPS' }
PS7
```

Noch unangenehmer: Wenn Sie diese Information in einen Text integrieren, sieht das Ergebnis sonderbar aus, weil die gewünschte Information ja nach wie vor in einer Eigenschaft lagert. Es würde im Text also nicht bloß der gewünschte Wert angezeigt, sondern nach wie vor auch die Spaltenüberschrift:

```
PS> "PowerShell-Prozess: $prozess"
PowerShell-Prozess: @{ProcessName=pwsh}
```

Wann immer Sie nur eine Eigenschaft eines Objekts abrufen wollen, nutzen Sie deshalb als Faustregel den Parameter `-ExpandProperty` anstelle von `-Parameter`. `-ExpandProperty` liefert den reinen *Inhalt* einer Eigenschaft:

```
PS> $prozess = Get-Process -Id $Pid | Select-Object -ExpandProperty ProcessName
PS> if ($prozess -eq 'pwsh') { 'PS7' } else { 'WPS' }
PS7
PS> "PowerShell-Prozess: $prozess"
PowerShell-Prozess: pwsh
```

Nun enthält `$prozess` nur noch den Namen des Prozesses (als String). Die Bedingung vereinfacht sich, und auch im Text erscheint lediglich noch der Prozessname, nicht mehr der Eigenschaftenname.

Dateiversionen ausgeben

Das Windows-Betriebssystem besteht aus unzähligen Befehlsbibliotheken, die sich in Form von **.dll*-Dateien im Ordner *c:\windows\system32* befinden. Um zu überprüfen, ob das Betriebssystem in gutem Zustand ist, möchte man vielleicht die Versionsnummern dieser Bibliotheken überprüfen. Listing 5.1 hat dafür bereits eine Lösung als Einzeiler geliefert, in der `Select-Object` eine wichtige Rolle übernahm. Jetzt wird es Zeit, die darin verwendeten Techniken genauer zu beleuchten.

Wenn man sich die Informationen für eine beliebige Datei anzeigen lässt, ist darin zunächst gar keine Versionsinformation zu finden.

```
Get-ChildItem -Path C:\windows\system32 -Filter *.dll | Select-Object -First 1
```

Listing 5.8: Informationen einer Datei anzeigen

Listing 5.8 liefert nur Informationen ähnlich diesen:

```
    Directory: C:\Windows\System32

Mode                 LastWriteTime         Length Name
----                 -------------         ------ ----
-a---          13.01.2021     02:07          419328 AboveLockAppHost.dll
```

Sie wissen inzwischen, dass »Türchen 3« (die automatische Konsolenausgabe) nicht alle Informationen anzeigt, die ein Befehl liefert. Erst wenn Sie `Select-Object -Property *` einsetzen, können Sie sicherstellen, dass Sie alle Eigenschaften zu sehen bekommen:

```
Get-ChildItem -Path C:\windows\system32 -Filter *.dll | Select-Object -First 1 -Property *
```

Listing 5.9: Sämtliche Eigenschaften einer Datei anzeigen

Tatsächlich erscheinen in der Konsole nun sehr viel mehr Informationen, und darin findet sich auch die Eigenschaft `VersionInfo`, die offenbar die Dateiversion als verschachtelte Information beinhaltet:

```
PSPath            :
Microsoft.PowerShell.Core\FileSystem::C:\Windows\System32\AboveLockAppHost.dll
PSParentPath      : Microsoft.PowerShell.Core\FileSystem::C:\Windows\System32
PSChildName       : AboveLockAppHost.dll
PSDrive           : C
PSProvider        : Microsoft.PowerShell.Core\FileSystem
PSIsContainer     : False
Mode              : la---
ModeWithoutHardLink : -a---
VersionInfo       : File:             C:\Windows\System32\AboveLockAppHost.dll
                    InternalName:     AboveLockAppHost
                    OriginalFilename: AboveLockAppHost.dll
                    FileVersion:      10.0.19041.746 (WinBuild.160101.0800)
                    FileDescription:  AboveLockAppHost
                    Product:          Microsoft® Windows® Operating System
                    ProductVersion:   10.0.19041.746
                    Debug:            False
                    Patched:          False
                    PreRelease:       False
                    PrivateBuild:     False
                    SpecialBuild:     False
                    Language:         Englisch (Vereinigte Staaten)

BaseName          : AboveLockAppHost
Target            :
LinkType          : HardLink
Length            : 419328
DirectoryName     : C:\Windows\System32
Directory         : C:\Windows\System32
IsReadOnly        : False
FullName          : C:\Windows\System32\AboveLockAppHost.dll
Extension         : .dll
Name              : AboveLockAppHost.dll
Exists            : True
CreationTime      : 13.01.2021 02:07:09
CreationTimeUtc   : 13.01.2021 01:07:09
LastAccessTime    : 12.02.2021 07:26:30
LastAccessTimeUtc : 12.02.2021 06:26:30
LastWriteTime     : 13.01.2021 02:07:09
```

```
LastWriteTimeUtc     : 13.01.2021 01:07:09
Attributes           : Archive
```

Da sich die Version in der Eigenschaft `VersionInfo` befindet, setzen Sie `-ExpandProperty` ein, um nur den Inhalt dieser Eigenschaft zu lesen:

```
Get-ChildItem -Path C:\windows\system32 -Filter *.dll | Select-Object -ExpandProperty VersionInfo |
Out-GridView
```

Listing 5.10: Eine Versionsliste der Windows-Befehlsbibliotheken erstellen

Listing 5.10 liefert jetzt für jede ausgewählte Datei den Inhalt der Eigenschaft `VersionInfo`. Weil in dieser Eigenschaft ein Versionsobjekt liegt, sehen Sie nun dessen Eigenschaften im GridView. Noch mehr Informationen erscheinen, wenn Sie sich auch von diesem Objekt mit `Select-Object -Property *` wieder sämtliche Eigenschaften anzeigen lassen:

```
Get-ChildItem -Path C:\windows\system32 -Filter *.dll | Select-Object -ExpandProperty VersionInfo |
Select-Object -Property * | Out-GridView
```

Listing 5.11: Das komplette VersionInfo-Objekt sämtlicher Dateien im GridView anzeigen

Das Ergebnis von Listing 5.11 zeigt Abbildung 5.2. Scrollen Sie im GridView nach rechts, um die vielen weiteren Produkteigenschaften zu sehen, die nun ausgegeben werden.

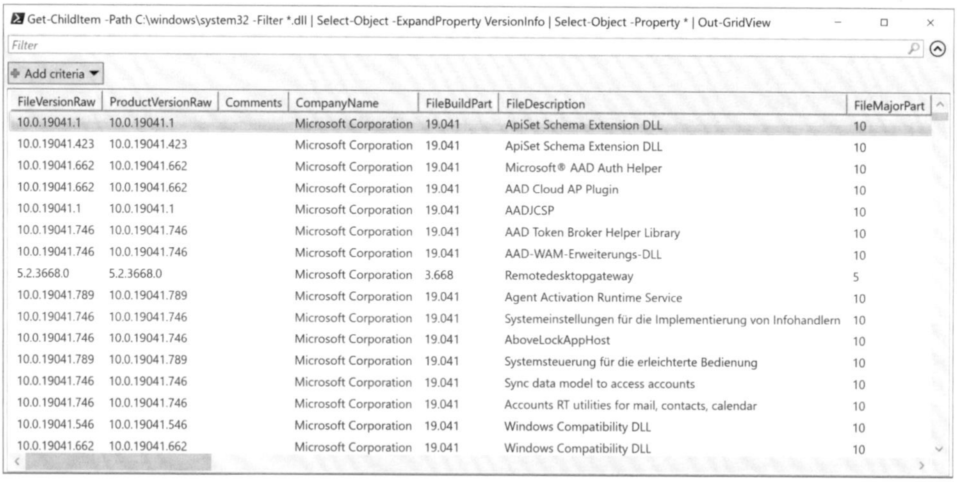

Get-ChildItem -Path C:\windows\system32 -Filter *.dll | Select-Object -ExpandProperty VersionInfo | Select-Object -Property * | Out-GridView

Filter

Add criteria

FileVersionRaw	ProductVersionRaw	Comments	CompanyName	FileBuildPart	FileDescription	FileMajorPart
10.0.19041.1	10.0.19041.1		Microsoft Corporation	19.041	ApiSet Schema Extension DLL	10
10.0.19041.423	10.0.19041.423		Microsoft Corporation	19.041	ApiSet Schema Extension DLL	10
10.0.19041.662	10.0.19041.662		Microsoft Corporation	19.041	Microsoft® AAD Auth Helper	10
10.0.19041.662	10.0.19041.662		Microsoft Corporation	19.041	AAD Cloud AP Plugin	10
10.0.19041.1	10.0.19041.1		Microsoft Corporation	19.041	AADJCSP	10
10.0.19041.746	10.0.19041.746		Microsoft Corporation	19.041	AAD Token Broker Helper Library	10
10.0.19041.746	10.0.19041.746		Microsoft Corporation	19.041	AAD-WAM-Erweiterungs-DLL	10
5.2.3668.0	5.2.3668.0		Microsoft Corporation	3.668	Remotedesktopgateway	5
10.0.19041.789	10.0.19041.789		Microsoft Corporation	19.041	Agent Activation Runtime Service	10
10.0.19041.746	10.0.19041.746		Microsoft Corporation	19.041	Systemeinstellungen für die Implementierung von Infohandlern	10
10.0.19041.746	10.0.19041.746		Microsoft Corporation	19.041	AboveLockAppHost	10
10.0.19041.789	10.0.19041.789		Microsoft Corporation	19.041	Systemsteuerung für die erleichterte Bedienung	10
10.0.19041.746	10.0.19041.746		Microsoft Corporation	19.041	Sync data model to access accounts	10
10.0.19041.746	10.0.19041.746		Microsoft Corporation	19.041	Accounts RT utilities for mail, contacts, calendar	10
10.0.19041.546	10.0.19041.546		Microsoft Corporation	19.041	Windows Compatibility DLL	10
10.0.19041.662	10.0.19041.662		Microsoft Corporation	19.041	Windows Compatibility DLL	10

Abbildung 5.2: Alle Versions- und Produktinformationen für alle Windows-Systembibliotheken anzeigen

Selbst festlegen, welche Informationen wichtig sind

Cmdlets mit dem Verb `Get` liefern reine, körperlose Informationen. Wie diese dargestellt werden, richtet sich danach, wem die Informationen übergeben werden:

```
PS> Get-Process
PS> Get-Process | Format-List
PS> Get-Process | Out-GridView
PS> Get-Process | Out-Printer
```

Übergeben Sie die Informationen niemandem, leitet PowerShell sie automatisch zu »Türchen 3«, und sie werden durch die interne PowerShell-Logik als verkürzter Preview-Text in der Konsole angezeigt. In allen anderen Fällen bestimmt der Befehl, an den die Informationen gesendet wurden, wie sie sich darstellen. `Format-List` zeigt pro Prozess nur vier Informationen, `Out-GridView` dagegen acht.

Erst wenn Sie mit `Select-Object` festlegen, welche Informationen Ihnen wichtig sind, übernehmen Sie die Kontrolle. Dabei wird wieder deutlich, wie dieselben Ausgangsdaten (in diesem Fall das Ergebnis von `Get-Process`) ganz unterschiedliche Erkenntnisse liefern, je nachdem, welche Detailinformationen Sie auswählen:

```
Get-Process |
  Select-Object -Property ProcessName, Id |
  Out-GridView -Title 'Prozess-ID-Zuordnung'

Get-Process |
  Select-Object -Property Name, Company, Description |
  Out-GridView -Title 'Herstellerliste'

Get-Process |
  Select-Object -Property Name, StartTime, CPU |
  Out-GridView -Title 'Ressourcenansicht'

Get-Process |
  Select-Object -Property Name, *Time* |
  Out-GridView -Title 'Zeitenübersicht'

Get-Process |
  Select-Object -Property * |
  Out-GridView -Title 'Alle Eigenschaften (max 30)'
```

Listing 5.12: Ergebnis von Get-Process auf verschiedene Fragestellungen anwenden

---

Hinweis

Wenn Sie diese Beispiele nicht auf dem Windows-Betriebssystem ausführen und also `Out-GridView` nicht verwenden können, lassen Sie diesen Befehl einfach weg (einschließlich des letzten Pipeline-Operators). Die Informationen erscheinen dann eben in der Konsole und werden dort höchstens durch den horizontalen Platz beschränkt.

Der Parameter `-Property` akzeptiert einen oder mehrere (kommaseparierte) Eigenschaftennamen. Platzhalterzeichen (*) sind ebenfalls erlaubt, sodass sich wahlweise auch alle Eigenschaften mit einem bestimmten Stichwort darin ausgeben lassen – oder eben sogar alle Eigenschaften (wie im letzten Beispiel).

```
PS> Get-ChildItem -Path $env:windir | Select-Object -Property *Name*

PSChildName          BaseName            Name                FullName
-----------          --------            ----                --------
ABLKSR               ABLKSR              ABLKSR              C:\Windows\ABLKSR
addins               addins              addins              C:\Windows\addins
AppCompat            AppCompat           AppCompat           C:\Windows\AppCompat
AppPatch             AppPatch            AppPatch            C:\Windows\AppPatch
(...)
```

```
PS> Get-CimInstance -ClassName Win32_VideoController | Select-Object -Property Caption, *resolu*

Caption                          CurrentHorizontalResolution CurrentVerticalResolution
-------                          --------------------------- -------------------------
DisplayLink USB Device                                  3840                      2160
DisplayLink USB Device                                  3840                      2400
Intel(R) Iris(R) Plus Graphics                          3840                      2400

# passen Sie den Namen des Remotecomputers an, und stellen Sie sicher, dass Sie
Zugriffsberechtigungen besitzen:

PS> Get-CimInstance -ClassName Win32_VideoController -Computer storage1 | Select-Object -Property
Caption, *resolu*

Caption                          CurrentHorizontalResolution    CurrentVerticalResolution
-------                          ---------------------------    -------------------------
Intel(R) 82945G Express Ch...                           1024                          768
```

Weitere Informationen anfügen

`Select-Object` reagiert erstaunlich gelassen auf Tippfehler: Geben Sie eine Objekteigenschaft an, die das zugrunde liegende Objekt gar nicht besitzt, meldet `Select-Object` keinen Fehler. Stattdessen fügt `Select-Object` diese Eigenschaft dem Objekt kurzerhand hinzu. Deshalb führen solche Tippfehler nicht zu Fehlermeldungen, sondern zu leeren Spalten.

Hier wurde die Eigenschaft `Description` versehentlich »Deskription« geschrieben und erscheint als leere Spalte:

```
PS> Get-Process | Select-Object -Property ID, Name, Deskription

   Id Name                        Deskription
   -- ----                        -----------
 2156 AppleMobileDeviceService
 5176 ApplicationFrameHost
 5008 audiodg
 2164 BtwRSupportService
(...)
```

Dieses Verhalten verdeutlicht, wie `Select-Object` tatsächlich funktioniert:

- Im ersten Schritt legt es ein völlig neues Objekt mit den Eigenschaften an, die Sie genannt haben – also auch mit allen vertippten Eigenschaften oder solchen, die Sie dem Objekt hinzufügen möchten.
- Im zweiten Schritt werden die alten Eigenschaften aus dem Originalobjekt in die neuen gleichnamigen Eigenschaften des neuen Objekts hinüberkopiert. Eigenschaften, die Sie »hinzuerfunden« oder bei denen Sie sich vertippt haben, bleiben dabei einfach leer, weil diese Informationen nicht aus dem alten Objekt zu beschaffen waren.

`Select-Object` legt also stets Kopien der Originalobjekte an, und Sie können weitere Informationen in Form von neuen Eigenschaften anfügen.

Wichtig

Nach dem Einsatz von `Select-Object` dürfen Sie mit den resultierenden Objekten tun, was Sie wollen: Alle Eigenschaften sind les- und schreibbar, denn das resultierende Objekt ist jetzt ja nur noch eine Kopie, die nun Ihnen gehört.

-First, -Last und -Skip

`Select-Object` verfügt über weitere Parameter namens `-First`, `-Last` und `-Skip`.

Die folgende Zeile sucht zum Beispiel rekursiv im gesamten Windows-Ordner nach der Datei *powershell.exe* und liefert den vollen Pfadnamen (`FullPath`) der ersten gefundenen Datei zurück. Die Pipeline wird von `Select-Object` beendet, sobald die gewünschte Anzahl von Ergebnissen vorhanden ist:

```
PS> Get-ChildItem -Path c:\windows -Filter powershell.exe -ErrorAction SilentlyContinue -Recurse |
Select-Object -ExpandProperty FullName -First 1

C:\windows\System32\WindowsPowerShell\v1.0\powershell.exe
```

Ohne `-First 1` würde die Pipeline nach dem Fund der ersten *powershell.exe* noch den restlichen Ordnerbaum zu Ende durchsuchen.

Berechnete Eigenschaften

`Select-Object` akzeptiert nicht nur Eigenschaftennamen und Platzhalterzeichen, sondern auch Skriptblöcke. Damit kann man berechnete Eigenschaften anfügen.

Der Skriptblock wird für jedes Pipeline-Element jeweils einmal ausgeführt, und das jeweilige Pipeline-Element steht im Skriptblock in `$_` zur Verfügung.

In Ordner-Listings erscheint die Dateigröße in der Eigenschaft `Length` zum Beispiel stets in Bytes:

```
# Dateigröße in Bytes:
Get-ChildItem -Path $env:windir -File |
  Select-Object -Property Mode, LastWriteTime, Length, Name
```

Listing 5.13: Dateigrößen werden in der Eigenschaft »Length« immer in Bytes angegeben.

Möchte man die Dateigröße lieber in Kilobytes anzeigen lassen, kann dazu eine berechnete Eigenschaft verwendet werden:

```
# Dateigröße in Kilobytes, gerundet auf eine Nachkommastelle:
Get-ChildItem -Path $env:windir -File |
  Select-Object -Property Mode, LastWriteTime, { [Math]::Round(($_.Length/1KB),1) }, Name
```

Listing 5.14: Dateigrößen automatisch in Kilobytes umrechnen und auf eine Nachkommastelle runden

Allerdings wird die Eigenschaft nun so genannt wie die Berechnungsformel:

```
Mode   LastWriteTime       [Math]::Round(($_.Length/1KB),1)  Name
----   -------------       ---------------------------------- ----
-a---- 14.10.2020 14:09:15                                0,1 aktuellesdatum.txt
-a---- 13.01.2021 02:06:38                                 76 bfsvc.exe
-a--s- 21.02.2021 16:03:12                                 66 bootstat.dat
```

Deshalb sollte man berechnete Eigenschaften am besten mithilfe einer Hashtable definieren: Der Schlüssel `Name` legt dann den Spaltennamen fest, und der Schlüssel `Expression` definiert den Skriptblock, der die jeweiligen Eigenschafteninhalte berechnet:

```
$lengthKB = @{
  Name = 'Length(KB)'
  Expression = { [Math]::Round(($_.Length/1KB),1) }
}

# Dateigröße in Kilobytes, gerundet auf eine Nachkommastelle:
Get-ChildItem -Path $env:windir -File |
  Select-Object -Property Mode, LastWriteTime, $LengthKB, Name
```

Listing 5.15: Berechnete Eigenschaft mit eigenem Namen und berechnetem Inhalt

---

Profitipp

Die Schlüssel `Name` und `Expression` in der Hashtable müssen nicht ausgeschrieben werden, und die Zeilenumbrüche können auch durch ein Semikolon (;) ersetzt werden.

Notfalls kann man den erforderlichen Code also auch in eine einzige Zeile quetschen, die dann allerdings nicht mehr allzu übersichtlich erscheint:

```
Get-ChildItem -Path $env:windir -File | Select-Object -Property Mode, LastWriteTime,
@{N='Length(KB)';E={[Math]::Round(($_.Length/1KB),1)}}, Name
```

Listing 5.16: Hashtable für berechnete Spalte als Einzeiler mit abgekürzten Schlüsselnamen

---

Where-Object

Das zweitwichtigste Cmdlet dieses Kapitels heißt `Where-Object`. Damit nämlich kann man unerwünschte Objekte entfernen. Allerdings hat Oma schon gewusst: »Lade dir nicht mehr auf den Teller, als du essen kannst!« – alles andere wäre Verschwendung, und das gilt auch für die IT.

Bevor Sie also mit `Where-Object` unerwünschte Objekte entfernen, probieren Sie zuerst mit den Parametern des ursprünglichen Datenlieferanten, die Menge der unerwünschten Objekte zu minimieren. `Where-Object` ist immer die zweite Wahl und sollte nur verwendet werden, wenn es keinen anderen Weg gibt, um die unerwünschten Objekte verschwinden zu lassen.

Die folgenden Zeilenpaare liefern jeweils das gleiche Resultat, einmal ohne `Where-Object` und einmal mit Einsatz dieses Cmdlets. Die erste Variante ist natürlich stets die bessere:

```
PS> Get-ChildItem -Path $env:windir -Filter *.txt
PS> Get-ChildItem -Path $env:windir | Where Extension -eq .txt

PS> Get-Alias -Definition Get-ChildItem
PS> Get-Alias | Where Definition -eq Get-ChildItem

PS> Get-Command -Noun Service
PS> Get-Command | Where Noun -eq Service
```

Die erste Variante (ohne `Where-Object`) ist nicht nur kürzer, sondern auch ressourcenschonender – das gilt erst recht für Befehle, die Daten via Netzwerk anfordern.

Unterschieden wird also zwischen diesen beiden Filtertypen:

- **Serverseitig (schnell):** Im jeweils ersten Fall ruft das Cmdlet von vornherein nur die notwendigen Informationen ab.
- **Clientseitig (langsam):** Im jeweils zweiten Fall muss das vorausgehende Cmdlet zuerst sämtliche Daten beschaffen, und erst danach sortiert `Where-Object` die unerwünschten Ergebnissätze aus.

Clientseitiger Universalfilter

Gibt es keine andere Möglichkeit, dann teilen Sie `Where-Object` das Kriterium mit, das für erwünschte Objekte gelten soll. Alle Objekte, die dieses Kriterium nicht erfüllen, werden aus der Pipeline entfernt.

Tipp

Keine Sorge: `Where-Object` löscht nichts, und Sie können bedenkenlos mit diesem Cmdlet experimentieren. `Where-Object` funktioniert eher wie ein Türsteher, der nur bestimmte Objekte durch die Pipeline hindurch zum nächsten Pipeline-Cmdlets lässt.

Wenn Sie beispielsweise eine Liste laufender Dienste benötigen, wird schnell klar, dass `Get-Service` nur sämtliche Dienste liefern kann, aber keinen Parameter kennt, mit dem Sie ausschließlich die laufenden Dienste erhalten können.

Das ist ein Fall für `Where-Object`. Laufende Dienste könnte man zum Beispiel an der Eigenschaft `Status` erkennen, denn diese muss für laufende Dienste den Wert `Running` enthalten.

```
PS> Get-Service | Where-Object Status -eq Running
```

Tipp

Leiten Sie das Ergebnis von `Get-Service` einfach zu `Select-Object -Property * -First 1`, um exemplarisch alle verfügbaren Eigenschaften eines Diensts (für den ersten zufällig ausgewählten Dienst) zu sehen:

```
Get-Service | Select-Object -Property * -First 1
```

Listing 5.17: Alle Eigenschaften eines Diensts sichtbar machen

Jede aufgelistete Eigenschaft könnte als Kriterium verwendet werden, um Dienste mit `Where-Object` auszuwählen oder auszuschließen.

Entsprechend werden hier alle Dateien im angegebenen Ordner gefunden, die größer sind als 1 MByte:

```
PS> Get-ChildItem -Path c:\windows -File | Where-Object Length -gt 1MB
```

`Where-Object` prüft also für jedes Ergebnisobjekt, ob in der angegebenen Eigenschaft der erwartete Inhalt vorhanden ist.

Hinweis

Die Vergleichsoperatoren, die `Where-Object` verwendet, sind Ihnen bereits in Kapitel 2 begegnet und werden in Kapitel 8 ausführlich behandelt. Auch in der Hilfe finden Sie eine Übersicht:

```
PS> Get-Help -Name comparison -ShowWindow
```

Leere Elemente aussortieren

Wird hinter `Where-Object` nur der Name einer Eigenschaft genannt, aber kein Vergleichsoperator, filtert das Cmdlet alle Objekte heraus, bei denen diese Eigenschaft leer ist.

Die folgende Zeile findet also alle Prozesse mit einem eigenständigen Fenster:

```
PS> Get-Process | Where-Object MainWindowTitle
```

Entsprechend liefert diese Pipeline alle Prozesse, bei denen ein Hersteller angegeben ist:

```
PS> Get-Process | Where-Object Company | Select-Object -Property Name, Description, Company
```

Und hier werden von der WMI (*Windows Management Instrumentation*) alle Netzwerkkartenkonfigurationen abgerufen, bei denen (mindestens) eine IP-Adresse hinterlegt ist:

```
PS> Get-CimInstance -ClassName Win32_NetworkAdapterConfiguration | Where-Object IPAddress
```

In all diesen Fällen kam es hinter den Kulissen in Wirklichkeit zu einer Umwandlung: Weil `Where-Object` normalerweise das Ergebnis eines Vergleichs benötigt, also `$true` oder `$false` – oder genauer genommen einen Wert vom Typ `[bool]` –, wird ohne Vergleichsoperator der Inhalt der angegebenen Eigenschaft in den Typ `[bool]` umgewandelt.

Diese Umwandlung ergibt für Null-Werte und leere Texte `$false`, für alles andere `$true` – jedoch mit einer Ausnahme: Such die Zahl 0 wird zu `$false`.

```
PS> [bool]$null
False
PS> [bool]''
False
PS> [bool]0
False
PS> [bool]'trara'
True
```

Wenn Sie also mit dem Trick arbeiten wollen, achten Sie darauf, dass die betreffende Eigenschaft nicht den Wert 0 enthalten kann – denn der würde wie eine leere Eigenschaft behandelt.

Fortgeschrittene Syntax bietet mehr Möglichkeiten

`Where-Object` unterstützt neben der einfachen Syntax von eben – Eigenschaftenname, Vergleichsoperator und erwartetes Ergebnis – auch einen Skriptblock. Der wird für jedes Pipeline-Objekt ausgeführt, und wenn der Skriptblock das Ergebnis `$true` liefert, darf das Pipeline-Objekt zum nächsten Befehl weiterreisen. Andernfalls wird er aussortiert.

Hier zwei Vergleichsbefehle, die beide dasselbe Resultat liefern:

```
PS> Get-Service | Where-Object Status -eq Running
PS> Get-Service | Where-Object { $_.Status -eq 'Running' }

PS> Get-ChildItem -Path $env:windir -File | Where-Object Length -gt 1MB
PS> Get-ChildItem -Path $env:windir -File | Where-Object { $_.Length -gt 1MB }
```

Eigentlich sind die Unterschiede nur klein:

- Die Bedingung wird in geschweiften Klammern in einen Skriptblock gestellt.
- Vor den Spaltennamen, der ausgewertet werden soll, wird die Zeichenfolge `$_.` gestellt.
- Alle Texte (wie zum Beispiel `Stopped` bei der Filterung der Dienste) müssen in Anführungszeichen gesetzt werden.

Die fortgeschrittene Syntax ist in zwei Fällen zwingend, die die folgenden Beispiele zeigen:

```
# Alle Zeilen ausgeben, in denen das Wort "IPv4" vorkommt:
ipconfig | Where-Object { $_ -like '*IPv4*' }

# Alle Bilddateien mit der Endung .bmp oder .jpg finden:
Get-ChildItem -Path $env:windir -File -Recurse -ErrorAction Ignore |
    Where-Object { $_.Extension -eq '.bmp' -or $_.Extension -eq '.jpg' }
```

Das erste Beispiel kann nicht in die vereinfachte Schreibweise übersetzt werden, weil `Where-Object` hier direkt die einlaufenden Objekte überprüfen soll (also die einzelnen Textzeilen in `$_`, die der Befehl `ipconfig` liefert).

Die vereinfachte Schreibweise kann nur bestimmte *Eigenschaften* des einlaufenden Objekts prüfen, aber nicht das *ganze Objekt*. Würden Sie das erste Beispiel in die vereinfachte Schreibweise umzuwandeln versuchen, würde es schließlich folgendermaßen aussehen (und nicht lauffähig sein):

```
# Alle Zeilen ausgeben, in denen das Wort "IPv4" vorkommt
# (vereinfachte Schreibweise, führt zu einem fehlerhaften Befehl):
ipconfig | Where-Object -like *IPv4*
```

Das zweite Beispiel kann nicht übersetzt werden, weil hier mehrere Bedingungen mit einer *Oder*-Verknüpfung kombiniert werden. Es sollen alle Dateien gefunden werden, deren Dateierweiterung *entweder* `.bmp` *oder* `.jpg` lautet.

In einem Skriptblock sind solche Fragestellungen dank der logischen Operatoren `-and`, `-or` und `-xor` erlaubt, denn es kommt nur darauf an, dass der Skriptblock am Ende `$true` oder `$false` zurückliefert.

In der vereinfachten Schreibweise sind logische Verknüpfungen indes nicht möglich, weil diese immer nur eine einzige Bedingung unterstützt, aber keine logischen Operatoren. Sie könnten höchstens versuchen, mehrere `Where-Object`-Anweisungen hintereinander zu kombinieren, um mehrere Bedingungen anzuwenden. Dabei erhalten Sie automatisch logische *Und*-Verknüpfungen.

Out-GridView: das »menschliche« Where-Object

`Out-GridView` funktioniert beinahe wie `Where-Object`, sobald Sie den Parameter `-PassThru` hinzufügen: Es filtert dann wie `Where-Object` die einlaufenden Objekte – jedoch ohne festes Filterkriterium. Stattdessen übernehmen Sie – der Mensch – die Auswahl. Als grafisches Cmdlet ist `Out-GridView` nur auf dem Windows-Betriebssystem verfügbar (siehe Kapitel 1).

Die folgende Zeile filtert zunächst alle Dienste automatisch so, dass nur solche Dienste übrig bleiben, die sich stoppen lassen (bei denen die Eigenschaft `CanStop` den Wert `$true` aufweist). Danach werden diese Dienste im GridView angezeigt, und Sie könnten als Helpdesk-Mitarbeiter entscheiden, welche Dienste neu gestartet werden sollen. Halten Sie `Strg` fest, wenn Sie mehrere Dienste auswählen möchten.

```
Get-Service |
Where-Object CanStop |
Out-GridView -Title 'Welche Dienste neu starten?' -OutputMode Multiple |
Restart-Service -WhatIf
```

Listing 5.18: Kleines Helpdesk-Tool zum Restart ausgewählter Dienste

Sobald Sie im GridView unten rechts auf *OK* klicken, werden die von Ihnen ausgewählten Dienste an `Restart-Service` weitergeleitet.

Listing 5.18 ist dabei das Strickmuster für viele andere Helpdesk-Tools. Wenn Sie das Modul `ActiveDirectory` installiert haben, könnten Sie damit auch vorübergehend gesperrte Mitarbeiterkonten entsperren:

```
#requires -Version 3.0 -Modules ActiveDirectory
Search-ADAccount -AccountDisabled |
Out-GridView -Title 'Welches Konto aktivieren?' -OutputMode Multiple |
# Entfernen Sie -WhatIf, wenn tatsächlich entsperrt werden soll:
Enable-ADAccount -WhatIf
```

Listing 5.19: Alle gesperrten Konten auflisten und selektierte Konten entsperren

Sort-Object

Sortieren ist eine Routineaufgabe, die `Sort-Object` stellvertretend für alle übrigen Cmdlets übernimmt – deshalb werden Sie in keinem anderen Cmdlet separate Möglichkeiten zur Sortierung finden.

`Sort-Object` sortiert primitive Datentypen wie Zahlenreihen oder Text und kann bei dieser Gelegenheit auf Wunsch mit `-Unique` auch gleich Dubletten entfernen:

```
PS> 'Hans', 'werner', 'Agnes', 'Tim' | Sort-Object

Agnes
Hans
Tim
werner

PS> 10,4,1,4,2 | Sort-Object

1
2
4
4
10

PS> 10,4,1,4,2 | Sort-Object -Unique

1
2
4
10
```

Cmdlet-Ergebnisse sortieren

Auch die objektorientierten Ergebnisse von Cmdlets lassen sich mit `Sort-Object` sortieren. Weil diese die Informationen auf zahlreiche Spalten (Eigenschaften) aufteilen, muss `Sort-Object` hier wissen, nach welcher Spalte sortiert werden soll. Geben Sie die Eigenschaft, die sortiert werden soll, mit `-Property` an:

```
PS> Get-Service | Sort-Object -Property Name
PS> Get-ChildItem -Path $env:windir | Sort-Object -Property Length
PS> Get-ChildItem -Path $env:windir | Sort-Object -Property LastWriteTime
```

Der Sortieralgorithmus, der dabei zum Einsatz kommt, richtet sich automatisch nach dem Datentyp der Informationen in der gewählten Eigenschaft. `Sort-Object` sortiert also automatisch »richtig«. Um die Sortierreihenfolge umzudrehen und ab- anstelle von aufsteigend zu sortieren, verwenden Sie den Parameter `-Descending`.

Tipp

Der Parameter `-Desc` ist übrigens nur die abgekürzte Form des Parameters `-Descending`. Bei PowerShell müssen Parameternamen nicht ausgeschrieben werden, solange sie eindeutig sind.

Sortierung mit anderen Cmdlets kombinieren

Sortierungen können auch helfen, neue Erkenntnisse zu erlangen. Dazu kombinieren Sie das Cmdlet mit anderen Cmdlets. Die folgende Zeile pickt beispielsweise die fünf CPU-intensivsten Prozesse heraus und nennt ihre Namen:

```
PS> Get-Process | Sort-Object -Property CPU -Descending | Select-Object -First 5 -Property Name,
Description, CPU

Name            Description                      CPU
----            -----------                      ---
WINWORD         Microsoft Word             274,40625
powershell_ise  Windows PowerShell ISE     196,78125
explorer        Windows-Explorer           69,140625
Receiver        Citrix Receiver Application   58,375
DbrFactorySetup                            41,953125
```

Die zehn größten Speicherplatzfresser in Ihrem Benutzerprofil finden Sie dagegen folgendermaßen heraus:

```
PS> Get-ChildItem -Path $HOME -Recurse | Sort-Object -Property Length -Descending |
Select-Object -Property Length, FullName -First 10 | Format-Table -AutoSize

 Length FullName
 ------ --------
1118208 C:\Users\Tobias\config\WindowsFirewallLog.evtx
 460960 C:\Users\Tobias\config\WindowsFirewallConfig.txt
  69632 C:\Users\Tobias\config\WWANLog.evtx
  69632 C:\Users\Tobias\config\WLANAutoConfigLog.evtx
  69632 C:\Users\Tobias\config\WindowsFirewallLogVerbose.evtx
  69632 C:\Users\Tobias\config\WCMLog.evtx
  53751 C:\Users\Tobias\config\envinfo.txt
  44859 C:\Users\Tobias\config\WindowsFirewallEffectiveRules.txt
```

```
42414 C:\Users\Tobias\Documents\PowerShell_transcript.20120828145700.txt
36326 C:\Users\Tobias\config\WcnInfo.txt
```

Die ältesten laufenden Prozesse ermitteln Sie so:

```
PS> Get-Process | Sort-Object StartTime -Descending -ErrorAction Ignore | Select-Object -First 5 |
Select-Object -Property Name, StartTime
```

Tipp

Führen Sie diese Zeile in einer PowerShell-Instanz ohne Administratorrechte aus, kann `Sort-Object` die Information `StartTime` nur von Ihren eigenen Prozessen abrufen, für alle anderen kassieren Sie eine Fehlermeldung. Aber auch mit Administratorrechten erscheint mindestens eine Fehlermeldung, weil der Prozess `System` selbst von Administratoren nicht abgefragt werden darf. Weil diese Fehlermeldungen keine Konsequenzen haben, werden sie deshalb mit `-ErrorAction Ignore` unterdrückt.

Datentyp der Sortierung ändern

Normalerweise bestimmt `Sort-Object` den Sortieralgorithmus automatisch aus dem Datentyp der Daten, die sortiert werden sollen. Das funktioniert in den meisten Fällen auf Anhieb gut.

Wenn allerdings die Rohdaten in einem unpassenden Datentyp angeboten werden, kann der automatisch gewählte Sortieralgorithmus auch einmal zu unerwünschten Sortierungen führen. Im folgenden Beispiel wurden die zu sortierenden Zahlen in Anführungszeichen gestellt und sind also Text. Deshalb sortiert `Sort-Object` sie alphanumerisch und nicht numerisch:

```
'1','2','10','12','200' | Sort-Object
```

Listing 5.20: Texte werden alphanumerisch sortiert, auch wenn die Texte wie Zahlen aussehen.

Um den Sortieralgorithmus selbst zu bestimmen, kann man dem Parameter `-Property` einen Skriptblock übergeben. Dieser wird für jedes zu sortierende Eingabeobjekt einmal ausgeführt, und `$_` entspricht dann jeweils dem zu sortierenden Objekt.

So kann man das Objekt vorübergehend in einen anderen und gegebenenfalls besser geeigneten Datentyp umwandeln:

```
'1','2','10','12','200' | Sort-Object -Property { $_ -as [int] }
```

Listing 5.21: Texte werden vorübergehend in Integer-Zahlen umgewandelt und numerisch sortiert.

Mit entsprechender Kreativität kann man so auch ganz andere Datentypen sortieren, beispielsweise IPv4-Adressen. Auch diese sind zunächst nur Texte und werden also alphanumerisch sortiert:

```
'80.1.12.100', '127.0.0.1', '217.89.12.100' | Sort-Object
```

Listing 5.22: IPv4-Adressen werden alphanumerisch sortiert.

Indem man die Texte vorübergehend in den Datentyp `[version]` umwandelt, der normalerweise Softwareversionen repräsentiert, können aber auch IPv4-Adressen korrekt sortiert werden:

```
PS> [version]'10.12.1.8'

Major  Minor  Build  Revision
-----  -----  -----  --------
10     12     1      8
```

Dazu geht man vor wie eben:

```
'80.1.12.100', '127.0.0.1', '217.89.12.100' | Sort-Object { $_ -as [Version] }
```

Listing 5.23: IPv4-Adressen vorübergehend in Versionsnummern konvertieren und korrekt sortieren

Mehrere Spalten in umgekehrter Sortierung

Um mit `Sort-Object` nach mehreren Spalten zu sortieren und die Sortierreihenfolge für jede Spalte einzeln anzugeben, setzen Sie Hashtables mit den Schlüsseln `Expression`, `Ascending` und `Descending` ein:

```
$kriterium1 = @{Expression='Company'; Ascending=$true }
$kriterium2 = @{Expression='CPU'; Descending=$true }
Get-Process | Where-Object { $_.Company -ne $null } | Sort-Object $kriterium1, $kriterium2 |
Select-Object Company, CPU
```

Listing 5.24: Zwei Spalten in umgekehrter Sortierreihenfolge ausgeben

So erhalten Sie als Ergebnis eine Liste, in der die Prozesse in aufsteigender Reihenfolge nach Hersteller und innerhalb jedes Herstellers in absteigender Reihenfolge nach CPU-Belastung aufgeführt sind.

Group-Object

`Group-Object` wird eingesetzt, um Häufigkeitsverteilungen von größeren Datenmengen festzustellen und um Ergebnisse zu gruppieren.

Häufigkeiten feststellen

Zur Ermittlung von Häufigkeitsverteilungen geben Sie mit `-Property` den Namen der Eigenschaft an, mit der die einzelnen Objekte unterschieden werden sollen. Zusätzlich wird `-NoElement` verwendet, damit nur die Häufigkeit der Objekte bestimmt wird, aber keine Haufen gebildet werden – das spart Speicherplatz.

Die folgende Zeile liefert die Häufigkeitsverteilung von Dateitypen im Windows-Ordner. Das Kriterium zur Unterscheidung ist die Eigenschaft `Extension`, also die Dateierweiterung der Dateien:

```
PS> Get-ChildItem -Path $env:windir -File | Group-Object Extension -NoElement

Count Name
----- ----
    4 .txt
   14 .exe
    1 .dat
```

```
    4 .INI
    8 .log
    4 .xml
    1 .config
    1 .tmp
    1 .DMP
    1 .bin
    4 .dll
    1 .prx
```

Nach ähnlichem Muster könnten Sie auch die am häufigsten aufgetretenen Fehlerquellen und Probleme ermitteln, die in den letzten zehn Tagen im System-Ereignislogbuch aufgetreten sind:

```
$heute = Get-Date
$stichtag = $heute.AddDays(-10)


Get-WinEvent -FilterHashtable @{
  LogName = 'System'
  Level = 1,2,3
  StartTime = $stichtag
  } |
  Group-Object -Property ProviderName -NoElement |
  Sort-Object -Property Count -Descending |
  Format-Table -AutoSize
```

Listing 5.25: Die häufigsten Probleme der letzten zehn Tage, die im System-Ereignislogbuch zu finden sind

Die Daten liefert Get-WinEvent, indem aus dem System-Logbuch alle Einträge mit den Schweregraden 1 bis 3 (*Critical, Error, Warning*) ausgelesen wurden, die nach dem Stichtag in $stichtag aufgetreten sind. Der Stichtag ergibt sich aus dem heutigen Datum von Get-Date, von dem mit .AddDays() zehn Tage abgezogen werden.

Group-Object gruppiert die Rohdaten dann nach der Eigenschaft ProviderName (also nach der Herkunft der Problemmeldungen). Das Ergebnis ist eine Liste mit den Häufigkeiten, mit denen die einzelnen Provider ins Logbuch geschrieben haben. Diese Liste wird dann von Sort-Object absteigend sortiert, sodass die häufigsten Problemursachen oben in der Liste erscheinen.

Das Prinzip lässt sich beliebig wiederholen. Interessieren Sie sich dafür, von welchen Herstellern die Software stammt, die gerade auf Ihrem Computer ausgeführt wird, rufen Sie die laufenden Prozesse ab und gruppieren diese nach der Eigenschaft Company:

```
Get-Process |
Where-Object Company |
Group-Object Company -NoElement |
Sort-Object Count -Descending
```

Listing 5.26: Anzahl der Software, die von einem Hersteller auf Ihrem System gerade ausgeführt wird

Daten gruppieren

Neben der reinen Häufigkeitsanalyse will man möglicherweise aber auch die Rohdaten selbst in Gruppen einteilen und dann auf die einzelnen gruppierten Objekte zugreifen.

Dazu beauftragt man Group-Object mit den Parametern -AsHashtable und -AsString, die Rohdaten als Hashtable zu gruppieren. Das Unterscheidungskriterium wird dabei zum Schlüssel, mit dem man die jeweiligen Gruppeninhalte abrufen kann:

```
$ergebnis = Get-Service | Group-Object -Property Status -AsHashTable -AsString

# Alle laufenden Dienste abrufen:
$ergebnis.Running
$ergebnis['Running'] # alternative Syntax


# Alle gestoppten Dienste abrufen:
$ergebnis.Stopped
$ergebnis['Stopped'] # alternative Syntax
```

Listing 5.27: Laufende und gestoppte Dienste gruppenweise abrufen.

Hinweis

Verwenden Sie am besten die Parameter `-AsHashtable` und `-AsString` immer in Kombination. Ohne `-AsString` würde `Group-Object` den direkten Inhalt der angegebenen Eigenschaft als Schlüssel verwenden, und das Resultat könnte eine Überraschung sein: Listing 5.28 liefert nun (ohne `-AsString`) nämlich kein Ergebnis mehr:

```
$ergebnis = Get-Service | Group-Object -Property Status -AsHashTable

# Alle laufenden Dienste abrufen (funktioniert nicht)
$ergebnis.Running
```

Listing 5.28: Hashtable mit unzugänglichen Schlüsseln

Tatsächlich enthalten Dienste in der Eigenschaft `Status` nämlich keinen Text, sondern einen Wert vom Typ `System.ServiceProcess.ServiceControllerStatus`, der bloß aussieht wie ein Text:

```
PS> Get-Service -Name Spooler | Get-Member -Name Status


   TypeName: System.ServiceProcess.ServiceController

Name   MemberType Definition
----   ---------- ----------
Status Property   System.ServiceProcess.ServiceControllerStatus Status {get;}
```

Weil `Group-Object` den Inhalt der Eigenschaft nun direkt als Schlüssel für die Hashtable verwendet hat (und dieses Objekt nicht mit `-AsString` vorher in einen Text umwandelte), kann man die Gruppenmitglieder in der Hashtable nun nur noch über solch einen Typ abrufen:

```
PS> $ergebnis[[System.ServiceProcess.ServiceControllerStatus]::Running]

Status   Name                DisplayName
------   ----                -----------
Running  AdobeARMservice     Adobe Acrobat Update Service
Running  AgentShellService   Spiceworks Agent Shell Service
Running  Appinfo             Anwendungsinformationen
(...)
```

Das vermeidet man, indem man mit `-AsString` den Hashtable-Schlüssel immer als normalen Text vereinbart.

Berechnete Gruppierungskriterien

Normalerweise gruppiert Group-Object nach dem Inhalt einzelner Eigenschaften. Das Cmdlet kann aber auch beliebige selbst berechnete Kriterien zur Gruppenbildung einsetzen.

Dazu übergibt man seinem Parameter -Property einen Skriptblock. Dieser Skriptblock wird pro zu gruppierendes Objekt jeweils einmal aufgerufen, und $_ repräsentiert dann innerhalb des Skriptblocks das zu gruppierende Objekt.

Das, was der Skriptblock als Ergebnis zurückliefert, bestimmt nun das Gruppierungskriterium. Im folgenden Beispiel werden Dateien basierend auf ihrer Dateigröße in zwei Gruppen eingeteilt: kleiner/gleich 100 KByte und größer als 100 KByte:

```
PS> Get-ChildItem -Path $env:windir -File | Group-Object {$_.Length -gt 100KB}

Count Name                      Group
----- ----                      -----
   82 False                     {addins, AppCompat, AppPatch, assembly...}
    7 True                      {explorer.exe, HelpPane.exe, notepad.exe, nt...
```

Der Rückgabewert des Ausdrucks muss aber nicht True oder False sein. Er ist genau das, was der Skriptblock zurückliefert, und kann auch wesentlich »sprechender« sein. Das nächste Beispiel nennt die beiden Gruppen klein und gross:

```
PS> Get-ChildItem -Path $env:windir -File | Group-Object { if($_.Length -gt 100KB) { 'gross' } else
{ 'klein' }}

Count Name                      Group
----- ----                      -----
   82 klein                     {addins, AppCompat, AppPatch, assembly...}
    7 gross                     {explorer.exe, HelpPane.exe, notepad.exe, nt...
```

Wird Group-Object mit -AsHashtable und -AsString aufgerufen, können die Gruppenmitglieder unter diesen Namen abgerufen werden:

```
$hashtable = Get-ChildItem -Path $env:windir -File |
  Group-Object -Property { if($_.Length -gt 100KB) { 'gross' } else { 'klein' }} -AsHashTable
-AsString


$hashtable.klein
```

Listing 5.29: Gruppennamen werden zu Hashtable-Schlüsseln.

In der nächsten Zeile ermittelt der Ausdruck den Anfangsbuchstaben des Dateinamens und gibt diesen in Großbuchstaben zurück. Das Ergebnis Group-Object gruppiert den Ordnerinhalt nach Anfangsbuchstaben:

```
Get-ChildItem -Path $env:windir | Group-Object {$_.Name.Substring(0,1).toUpper()}

Count Name                      Group
----- ----                      -----
    4 A                         {Application Data, alias1, ausgabe.htm, ausgabe.txt}
    2 B                         {Backup, backup.pfx}
    2 C                         {Contacts, cmdlet.txt}
    5 D                         {Debug, Desktop, Documents, Downloads...}
    5 F                         {Favorites, filter.ps1, findview.PS1, findview2.PS1...}
(...)
```

Wenn Sie sich das Ergebnis von `Group-Object` näher ansehen, fällt wieder auf: Hinter jedem Gruppennamen wird in `Group` ein Feld angezeigt, in dem die einzelnen Objekte dieser Gruppe zusammengefasst sind. Sie könnten also aus diesem Ergebnis heraus eine praktische alphabetisch gruppierte Ordneransicht ausgeben:

```
Get-ChildItem -Path $env:windir | Group-Object {$_.name.Substring(0,1).toUpper()} |
ForEach-Object { ($_.Name)*7; "======="; $_.Group}

(...)
BBBBBBB
=======
d----        26.07.2012     11:03            Backup
-a---        17.09.2012     16:05       1732 backup.pfx
CCCCCCC
=======
d-r--        13.04.2012     15:05            Contacts
-a---        13.08.2012     13:41      23586 cmdlet.txt
DDDDDDD
=======
d----        28.06.2012     18:33            Debug
d-r--        30.08.2012     15:56            Desktop
d-r--        17.09.2012     13:29            Documents
d-r--        24.09.2012     11:22            Downloads
-a---        26.04.2012     11:43       1046 drive.vbs
(...)
```

Measure-Object

Manchmal benötigt man nur die Anzahl der Ergebnisse, sonst nichts. Vielleicht wollen Sie herausfinden, wie viele Programmdateien im Windows-Ordner liegen, wie viele Dienste derzeit gestoppt sind oder wie viele Prozessoren ein Computer besitzt. `Measure-Object` kann dann die Ergebnisse eines anderen Befehls zählen und die Fragen von gerade eben beantworten:

```
PS> Get-ChildItem -Path $env:windir -Filter *.exe | Measure-Object

Count    : 9
Average  :
Sum      :
Maximum  :
Minimum  :
Property :

PS> Get-Service | Where Status -eq Stopped | Measure-Object | Select-Object -ExpandProperty Count
93
```

Neben `Count` enthält das Ergebnis viele weitere leere Eigenschaften. Zum Zählen allein ist `Measure-Object` also nicht gedacht. Man kann damit vor allem numerische Eigenschaften statistisch aufrechnen und so zum Beispiel die Größe eines Ordners aus der Summe der Größe der darin enthaltenen Dateien berechnen.

Statistische Berechnungen

Im einfachsten Fall summiert `Measure-Object` Werte und kann dabei auch den Durchschnitt bilden sowie Minimum und Maximum berechnen:

```
PS> 1,4,6,2,5,7,4,12,-3  | Measure-Object -Sum -Average -Min –Max

Count    : 9
Average  : 4,22222222222222
Sum      : 38
Maximum  : 12
Minimum  : -3
Property :
```

Ordnergrößen berechnen

Dasselbe funktioniert für Objekte, nur geben Sie dann mit dem Parameter `-Property` die Eigenschaft an, die die Zahlen enthält, die `Measure-Object` berücksichtigen soll.

Möchten Sie zum Beispiel die Gesamtgröße eines Ordners bestimmen, lassen Sie sich mit `Get-ChildItem` die einzelnen Dateien auflisten und beauftragen `Measure-Object`, jeweils die Dateigröße in der Eigenschaft `Length` aufzusummieren.

Die folgende Zeile liefert die Gesamtgröße Ihres Benutzerprofils:

```
PS> (Get-ChildItem -Path $HOME -File -Recurse -Force -ErrorAction Ignore | Measure-Object -Property
Length -Sum).Sum
```

Foreach-Object

Falls keiner der übrigen fünf gerade besprochenen Pipeline-Befehle die gestellte Aufgabe lösen kann, greift man zu `Foreach-Object`. Dies ist ein frei programmierbares Pipeline-Element und führt für jedes durch die Pipeline laufende Objekt einen Skriptblock aus. Darin ist das aktuelle Pipeline-Objekt in `$_` sichtbar.

Grundprinzip: eine Schleife

Im Grunde verhält sich `Foreach-Object` also wie eine Schleife. Wenn Sie 255 Zahlen in die Pipeline senden, wird der Skriptblock hinter `Foreach-Object` 255-mal ausgeführt. Die dabei jeweils durch die Pipeline laufende Zahl ist in `$_` zu sehen, sodass Sie damit beispielsweise IP-Listen erzeugen könnten:

```
PS> 1..255 | ForEach-Object -Process { "192.168.2.$_" }

192.168.2.1
192.168.2.2
192.168.2.3
(...)
```

Format-Cmdlets

Eine besondere Familie von Cmdlets nutzt das Verb `Format`. Die am häufigsten gebrauchten Cmdlets heißen `Format-Table` und `Format-List`.

Auf den ersten Blick sind diese beiden Cmdlets überaus praktisch, denn sie bestimmen, ob Ergebnisse in der PowerShell-Konsole als Tabelle oder als Liste formatiert werden, und man kann sogar ähnlich wie bei `Select-Object` die gewünschten Objekteigenschaften angeben oder mit dem Platzhalterzeichen * alle Eigenschaften anzeigen lassen:

```
PS> Get-Process -Id $pid | Format-List *


Name                        : powershell_ise
Id                          : 360
PriorityClass               : Normal
(...)
```

Gefährlich: Format-Cmdlets verändern Objekte

Erst später zeigen sich die erheblichen Nebenwirkungen dieser Cmdlets, die nämlich die Objekte so tiefgreifend verändern, dass sie anschließend kaum noch weiterverarbeitet werden können und sich im Grunde nur noch für die Ausgabe in die PowerShell-Konsole eignen:

```
PS> Get-Process -Id $pid | Format-List * | Out-GridView
Out-GridView : Das Datenformat wird von "Out-GridView" nicht unterstützt.
```

Tatsächlich konvertieren alle `Format`-Cmdlets die Datenobjekte in reine Formatierungsobjekte, die sich nur noch zur Textkonvertierung durch `Out-Default`, `Out-File`, `Out-String` und `Out-Printer` eignen (wobei `Out-Default` der Konsolenausgabe entspricht):

```
PS> Get-Process -Id $pid | Format-List * | Get-Member | Group-Object -Property TypeName -NoElement

Count Name
----- ----
   10 Microsoft.PowerShell.C...
    7 Microsoft.PowerShell.C...
    8 Microsoft.PowerShell.C...
    6 Microsoft.PowerShell.C...
    6 Microsoft.PowerShell.C...
```

Dort (und nur dort) sind die `Format`-Cmdlets allerdings von großem Nutzen. Wie das Beispiel oben zeigt, können Spaltendarstellungen in der Konsole zum Beispiel abgeschnitten werden, und das kann auch geschehen, obwohl eigentlich noch ausreichend Platz zur Verfügung stand.

In solchen Fällen hilft `Format-Table` mit den Parametern `-AutoSize` und `-Wrap`: `-AutoSize` sorgt für optimale Spaltenanordnungen, und falls selbst dann der horizontale Raum nicht ausreicht, wird die Zeile dank `-Wrap` nicht abgeschnitten, sondern umbrochen.

Nun zeigt die Tabelle die vollständigen Namen der Datentypen an, die von `Format`-Cmdlets generiert werden: Es sind interne Formatierungsobjekte, die mit den ursprünglichen Daten nichts mehr gemein haben und nur noch für die direkte Ausgabe gedacht sind:

```
PS> Get-Process -Id $pid | Format-List * | Get-Member | Group-Object -Property TypeName
-NoElement | Format-Table -AutoSize -Wrap

Count Name
----- ----
   10 Microsoft.PowerShell.Commands.Internal.Format.FormatStartData
    7 Microsoft.PowerShell.Commands.Internal.Format.GroupStartData
    8 Microsoft.PowerShell.Commands.Internal.Format.FormatEntryData
    6 Microsoft.PowerShell.Commands.Internal.Format.GroupEndData
    6 Microsoft.PowerShell.Commands.Internal.Format.FormatEndData
```

Mehrspaltige Anzeigen

`Format-Wide` dient dazu, möglichst viele Ergebnisse auf kleinstem Raum auszugeben. Deshalb kann dieses Cmdlet nur jeweils eine Objekteigenschaft wie beispielsweise den Dateinamen ausgeben. Spaltenüberschriften werden überhaupt nicht angezeigt:

```
Get-ChildItem -Path $env:windir | Format-Wide Name -Column 3
```

Listing 5.30: Ordner-Listing dreispaltig ausgeben

Genügt Ihnen das nicht, könnten Sie die Eigenschaft, die angezeigt wird, auch mit einer Hashtable berechnen lassen und dabei mehrere Informationen verknüpfen. Das nächste Beispiel listet die Dateinamen und dahinter in Klammern den Tag und den Monat der letzten Änderung auf:

```
$combined = @{Expression={ '{0} ({1:dd.MM.})' -f $_.Name, $_.LastWriteTime }}
Get-ChildItem -Path $env:windir | Format-Wide $combined -Column 3
```

Listing 5.31: Dreispaltiges Ordner-Listing mit jeweils zusammengefassten Informationen

Was der Code berechnet, ist Ihnen natürlich freigestellt. So könnte man auch das Alter der Datei in den Klammern hinter dem Dateinamen angeben:

```
$combined = @{Expression={ '{0} ({1:#,##0} Tage)' -f $_.Name,
((New-Timespan $_.LastWriteTime).Days) }}
Get-ChildItem -Path $env:windir -File | Format-Wide $combined -Column 3
```

Listing 5.32: Dreispaltiges Ordner-Listing mit Altersangabe der Dateien

Tabellenausgabe mit Gruppierung

`Format-Table` unterstützt die Ausgabe von Gruppen und kann die Informationen auf mehrere Tabellen aufteilen. Dazu dient der Parameter `-Group`, dem man als Hashtable eine frei berechenbare Gruppierung übergeben kann.

Möchten Sie die Ausgabe einer Dateiliste zum Beispiel nach Anfangsbuchstaben gruppieren, wäre dies eine Lösung:

```
$gruppe = @{Name='Anfangsbuchstabe'; Expression={$_.Name.Substring(0,1).toUpper()}}

Get-ChildItem -Path $env:windir |
Sort-Object -Property Name |
Format-Table Name, LastWriteTime, Length -Group $gruppe -AutoSize
```

Listing 5.33: Dateiliste als gruppierte Tabellen

Das Ergebnis sieht aus wie gewünscht:

```
   Anfangsbuchstabe: A

Name                                   LastWriteTime        Length
----                                   -------------        ------
ABLKSR                                 29.07.2009 07:20:19
addins                                 14.07.2009 07:32:39
AppCompat                              06.08.2012 22:06:45
(...)
AsDebug.log                            06.08.2012 18:59:32 4319008
AsFac.log                              24.02.2012 02:33:34   84747
(...)

   Anfangsbuchstabe: B

Name         LastWriteTime       Length
----         -------------       ------
bfsvc.exe    20.11.2010 14:24:28  71168
Boot         14.07.2009 07:32:38
bootstat.dat 08.11.2012 09:03:40  67584
(...)
```

Der Ausdruck, der das Gruppierungskriterium erstellt, kann natürlich auch komplexer sein. Der folgende Code gruppiert die Dateien beispielsweise in `neu`, `älter` und `sehr alt`:

```
$gruppe = @{
  Name='Alter'
  Expression={
    Switch ((New-Timespan $_.LastWriteTime).Days) {
      { $_ -lt 10 } { 'neu'; continue }
      { $_ -lt 30 } { 'älter'; continue }
      { $_ -ge 30 } { 'sehr alt'; continue }
      default { 'Unbekannt' }
    }
  }
}

Get-ChildItem -Path $env:windir |
  Sort-Object -Property LastWriteTime -Descending |
  Format-Table Name, LastWriteTime, Length -Group $gruppe -Auto
```

Listing 5.34: Gruppierte Tabellenausgabe nach Dateialter

Tatsächlich spielen Hashtables also bei sehr vielen Cmdlets eine Rolle und bieten Ihnen dann die Möglichkeit, Feineinstellungen vorzunehmen (siehe Tabelle 5.2).

Cmdlet	Hashtable-Aufbau
`Sort-Object`	`Expression` <Zeichenfolge> oder <Skriptblock>
	`Ascending` <boolescher Wert>
	`Descending` <boolescher Wert>
`Select-Object`	Name (oder `Label`) <Zeichenfolge>
	`Expression` <Zeichenfolge> oder <Skriptblock>
`Format-Wide`	`Expression` <Zeichenfolge> oder <Skriptblock>
	`FormatString` <Zeichenfolge>

Tabelle 5.2: Cmdlets mit Parameter -Property, die Hashtables unterstützen

Cmdlet	Hashtable-Aufbau
`Format-Table`	Name (oder `Label`) <Zeichenfolge>
	`Expression` <Zeichenfolge> oder <Skriptblock>
	`FormatString` <Zeichenfolge>
	`Width` <int32>
	`Alignment` (Wert kann `Left`, `Center` oder `Right` lauten)
`Format-Custom`	`Expression` <Zeichenfolge> oder <Skriptblock>
	`Depth` <int32>
`Format-List`	Name (oder `Label`) <Zeichenfolge>
	`Expression` <Zeichenfolge> oder <Skriptblock>
	`FormatString` <Zeichenfolge>
`Group-Object`	`Expression` <Zeichenfolge> oder <Skriptblock>
`New-Object`	<Zeichenfolge> legt beliebige neue Eigenschaften im Objekt an
`Compare-Object`	`Expression` <Zeichenfolge> oder <Skriptblock>
`ConvertTo-Html`	`Label` <Zeichenfolge>
	`Expression` <Zeichenfolge> oder <Skriptblock>

Tabelle 5.2: Cmdlets mit Parameter -Property, die Hashtables unterstützen (Forts.)

Kapitel 6
Arrays und Hashtables

In diesem Kapitel:

Ausführlich werden in diesem Kapitel die folgenden Aspekte erläutert:

- **Array:** Wenn mehr als ein Wert in einer Variablen gespeichert werden soll, verwendet PowerShell Object-Arrays. In ihnen lassen sich beliebig viele Einzelwerte speichern und über einen numerischen Index einzeln ansprechen.
- **Index:** Bei allen Arrays beginnt der Index bei 0. Das erste Array-Element wird also stets im Index 0 gefunden. PowerShell erlaubt auch negative Indizes, die das Array »von hinten« ansprechen. Das letzte Array-Element findet sich also im Index –1.
- **Alternative Array-Typen:** Das simple Object-Array, das PowerShell als Vorgabe nutzt, kann nicht dynamisch vergrößert werden. Falls das gewünscht ist, sollte man das Array umwandeln in eine ArrayList oder eine generische Liste. Diese lassen sich jederzeit und ohne Zeitverlust vergrößern.
- **Hashtables:** Sie funktionieren ganz ähnlich wie Arrays, aber verwenden keinen festen numerischen Index für die in ihnen gespeicherten Inhalte. Stattdessen kann man bei Hashtables die Schlüssel frei bestimmen, mit denen die Einzelinformationen abrufbar sind.

In den vergangenen fünf Kapiteln haben Sie mit PowerShell und seinen Befehlstypen bereits vieles erreicht und automatisiert. Jetzt wird es Zeit, kurz innezuhalten und einige wichtige Hilfsmittel bewusst wahrzunehmen und zu besprechen, die dabei zum Einsatz gekommen sind: In diesem Kapitel beschäftigen wir uns mit Arrays (Feldern) und Hashtables.

Arrays verwenden

Arrays (in Deutsch auch »Felder« genannt) helfen dabei, mehrere Werte in einer einzigen Variablen zu speichern, so wie hier:

```
$array = 1,2,3,4,5
```

Listing 6.1: Mehrere Werte in einer Variablen speichern

Das Array wird in Listing 6.1 mit dem Kommaoperator (,) erzeugt. Sie hätten auch den Zahlenfolgenoperator (`..`) verwenden können (`1..5`). Das Array kann dann – wie üblich beim »Türchen-Schema« der PowerShell – durch eines der drei Türchen geleitet werden und wird im Beispiel durch »Türchen 2« in einer Variablen abgelegt. Weitergeleitet an ein GridView (»Türchen 1«), sähe das Array aus wie in Abbildung 6.1:

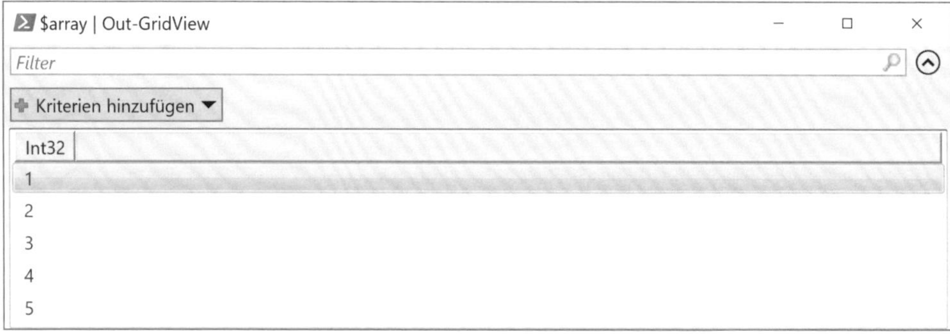

Abbildung 6.1: Array-Elemente erscheinen im GridView als eigenständige Zeilen.

Profitipp

Ob eine Variable ein Array enthält oder nicht, können Sie mit dem Operator `-is` prüfen. Ein Array ist stets vom Datentyp `[Array]` abgeleitet:

```
PS> $array = 1,2,3,4,5
PS> $array -is [Array]
True
PS> $array = 1
PS> $array -is [Array]
False
```

Die Größe eines Arrays verrät stets die Eigenschaft `Count`:

```
PS> $array = 1,2,3,4,5
PS> $array.Count
5
```

Auf Array-Elemente zugreifen

Ein Array verhält sich wie eine Kommode mit Schubladen, und die Schubladen sind mit Zahlen beschriftet. Diese Beschriftung startet stets mit der Zahl 0.

Gezielt Elemente ansprechen

Möchte man gezielt auf einzelne Array-Elemente zugreifen, kann man diese Indizes verwenden. Sie werden in eckigen Klammern hinter dem Array angegeben:

```
PS> $array = 1,2,3,4,5

PS> $array[0]
1
PS> $array[-1]
5
PS> $array[0,-1]
1
5
PS> $array[0..2]
1
2
3
```

Wie Sie sehen, dürfen auch mehrere Indizes angegeben werden, die dann alle angegebenen Array-Elemente abrufen. Auch negative Indizes sind erlaubt und zählen »rückwärts«: Während 0 also das erste Array-Element bezeichnet, erhalten Sie mit –1 das letzte, mit –2 das vorletzte usw.

Enthält ein Array lediglich Zahlen – so wie im Beispiel eben –, ist der gezielte Zugriff auf Array-Elemente natürlich wenig sinnvoll. Arrays können indes überall dort entstehen, wo mehr als ein Ergebnis erzeugt wird. Das gilt auch für Textoperationen, von denen Sie in Kapitel 9 noch viel lesen werden.

Um Ihnen ein praktisches Beispiel des direkten Array-Zugriffs zu zeigen, lassen Sie uns mit dem Operator `-split` einen Pfadnamen in Einzelteile aufsplitten. Das Ergebnis ist ein Array, und über den direkten Zugriff kann man Pfadbestandteile aus dem Array lesen, die sich stets an zum Beispiel erster (Laufwerk) oder letzter (Dateiname) Position befinden:

```
PS> $pfad = 'C:\windows\explorer.exe'
PS> $pfadteile = $pfad -split '\\'
PS> $pfadteile[0]
C:
PS> $pfadteile[-1]
explorer.exe
```

Tipp

Ein *String* (Text) kann ebenfalls als Array betrachtet werden. Jeder Text ist eigentlich eine Liste von Buchstaben. Deshalb darf man Strings auch wie Arrays behandeln und kann über die eckige Klammer gezielt auf Buchstaben eines Texts zugreifen:

```
PS> "c:\windows"[0]
c
```

Sämtliche Array-Elemente ansprechen

Sehr viel häufiger will man sämtliche Elemente eines Arrays ansprechen. Hierbei benötigt man weder die Größe des Arrays, noch muss man selbst auf einzelne Array-Elemente zugreifen. Stattdessen setzt man die `foreach`-Schleife ein, die Sie bereits in Form des Cmdlets `Foreach-Object` aus dem letzten Kapitel kennen.

Listing 6.2 zeigt das in Aktion. Hier wird ein Array direkt in der Pipeline weiterverarbeitet, und die Array-Elemente bestimmen also die Anzahl der Schleifenwiederholungen. Das jeweils durch die Pipeline geleitete Array-Element wird in diesem Beispiel dazu verwendet, IPv4-Adressen zu generieren:

```
1..100 | ForEach-Object { "192.168.2.$_" }
```

Listing 6.2: Ein IP-Segment herstellen

Die Pipeline ist auf Echtzeitbearbeitung spezialisiert. Liegen die zu bearbeitenden Daten bereits in einer Variablen vor, ist die `foreach`-Schleife (ohne Pipeline-Mechanismus) wesentlich schneller:

```
$array = 1..100
foreach($_ in $array)
{
  "192.168.2.$_"
}
```

Listing 6.3: Klassische foreach-Schleife

Wichtig

Die Pipeline aus dem letzten Kapitel ist PowerShells universeller Weg, um beliebige Datenmengen zu bearbeiten. Der Pipeline ist es egal, ob ein Einzelergebnis oder ein Array mit vielen Objekten zu bearbeiten ist.

Deshalb greift man in PowerShell fast nie direkt auf Array-Elemente zu und verwendet Array-Indizes eigentlich nur, wenn, wie oben gezeigt, ein Pfad in seine Einzelteile gesplittet wird.

Mehrdimensionale Arrays werden in PowerShell schon gar nicht verwendet. Möglich wäre das zwar durchaus, aber die Kombination aus Pipeline und objektorientierten Ergebnissen macht die relativ ineffizienten und unübersichtlichen mehrdimensionalen Arrays immer überflüssig. Wer sie dennoch vermisst, sollte sich Kapitel 5 noch einmal genauer ansehen.

Eigene Arrays (und einige Fallen)

Schauen wir uns als Nächstes an, wie Arrays erzeugt werden. Dies kann völlig automatisch und ohne Ihr Zutun geschehen. Sie können Arrays aber auch selbst herstellen und manipulieren.

Automatische Array-Erzeugung

Sobald ein Befehl mehr als ein Ergebnis liefert, verpackt PowerShell diese Ergebnisse automatisch in einem Array:

```
PS> $ergebnis = Get-Process
PS> $ergebnis -is [Array]
True
```

Schauen Sie einmal genau hin: `Get-Process` liefert nicht etwa immer Arrays zurück, sondern nur dann, wenn mehr als ein Prozess geliefert wird:

```
PS> $ergebnis = Get-Process -Id $pid
PS> $ergebnis -is [Array]
False
```

Und eigentlich liefert auch nicht `Get-Process` das Array, sondern PowerShell. Befehle geben lediglich ihre Ergebnisse aus. PowerShell kümmert sich anschließend darum, Ergebnisse in Arrays zu verpacken, falls sie anders nicht gespeichert werden könnten. Hier ein zugegebenermaßen skurriles Beispiel:

```
PS> $a,$b,$c = Get-Process
PS> $a -is [Array]
False
PS> $a.Count
1
PS> $c -is [Array]
True
PS> $c.Count
248
```

In diesem Beispiel wurden die Ergebnisse von `Get-Process` in drei Variablen gespeichert. `$a` erhält also den ersten Prozess, `$b` den zweiten und `$c` – den ganzen Rest. Hier würde PowerShell also nur aus den restlichen Prozessen ein Array erzeugen, um es in der verbliebenen Variablen speichern zu können.

Profitipp

Eigentlich ist die automatische Erzeugung von Arrays eine revolutionäre Idee, die aber zu weiteren Schwierigkeiten führt. Denn nun weiß der PowerShell-Entwickler nicht, was ihm ein Befehl tatsächlich liefert. Das entscheidet sich oft erst zur Laufzeit, wenn man weiß, ob der Befehl keine, genau eine oder viele Instanzen »von irgendetwas« liefern kann.

Die Eigenschaft `Count` ist beispielsweise eigentlich nur bei Arrays verfügbar. Möchte man feststellen, wie viele Prozesse gerade ausgeführt werden, ist die folgende Zeile (eigentlich) nur möglich, solange mehr als ein Prozess (also ein Array) geliefert wird:

```
PS> (Get-Process).Count
247
```

Umgekehrt ist der Zugriff auf Eigenschaften der Prozessobjekte ebenfalls eigentlich nur möglich, wenn man diese Objekte direkt anspricht, es sich also nicht um ein Array handelt:

```
PS> (Get-Process -Id $Pid).Description
Windows PowerShell
```

Um dies alles zu harmonisieren, gibt es seit PowerShell 3 zwei »Cheats«: Erstens wird die Eigenschaft `Count` bei jedem Objekt und sogar bei Nullwerten unterstützt (aber nicht im IntelliSense angezeigt), sodass es zu Einheitlichkeit kommt:

```
PS> $null.Count
0
PS> (1).Count
```

```
1
PS> (1,2,3).Count
3
```

Und zweitens baut PowerShell bei Bedarf automatisch im Hintergrund eine Schleife und liefert die Eigenschaftswerte sämtlicher Array-Elemente. Das wird *Automatic Unrolling* genannt und sorgt für eine weitere Harmonisierung. Bei einem Einzelobjekt funktionieren also IntelliSense und der Zugriff auf Objekteigenschaften wie gewohnt:

```
PS> $dienst = Get-Service -Name Spooler
PS> $dienst.DisplayName
Druckwarteschlange
```

Bei einem Array, das ja über keine Eigenschaft `DisplayName` verfügt, liefert PowerShell zwar kein IntelliSense, untersucht aber die Array-Elemente. Verfügen diese über die genannte Eigenschaft, gibt PowerShell diese Eigenschaft für alle Objekte im Array aus:

```
PS> $dienst = Get-Service
PS> $dienst.DisplayName
Agent Activation Runtime_27fd0483
Adobe Acrobat Update Service
AllJoyn-Routerdienst
(...)
```

Wer solche »Cheats« nicht mag, kann auch auf klassische Weise harmonisieren und mit dem Ausdruck `@()` dafür sorgen, dass der Inhalt der runden Klammern immer in ein Array verwandelt wird. So werden auch Nullwerte und Einzelergebnisse zu einem Array und lassen sich dann programmiertechnisch immer wie ein Array behandeln:

```
PS> $proc = @(Get-Process -Id $Pid) # echtes Array erzeugen:
PS> $proc -is [Array]
True
PS> $proc.Count # echte Eigenschaft Count des Arrays
1

PS> $proc = Get-Process -Id $Pid # Befehl liefert ein Process-Object, kein Array
PS> $proc -is [Array]
False
PS> $proc.Count # Cheat, die Eigenschaft Count existiert eigentlich nicht
1
```

Manuelle Array-Erzeugung

Wenn Sie selbst mehrere Werte in einem Array speichern möchten, verwenden Sie, wie eingangs dieses Kapitels bereits gezeigt hat, die Operatoren `..` oder `,`.

Schlecht: der +=-Operator

Sie können auch ein vollkommen leeres Array mit `@()` anlegen und diesem anschließend mit `+=` weitere Elemente hinzufügen. Obwohl sich dieser Ansatz in der Praxis in unzähligen Varianten wiederfindet, ist er schlecht und verlangsamt PowerShell teilweise erheblich. Listing 6.4 zeigt das (schlechte) Grundprinzip:

```
$liste = 1..100000

$stopwatch = [System.Diagnostics.Stopwatch]::StartNew()
```

```
$eimer = @()

foreach($pc in $liste)
{
    $eimer += "PC $pc"
}

$stopwatch.Stop()
$stopwatch.Elapsed.TotalSeconds
```

Listing 6.4: Langsam: Ein Array wird mit »+=« gefüllt.

Hinweis

Die Beispiele verwenden zur Performancemessung eine Stoppuhr, nämlich den .NET-Typ `System.Diagnostics.Stopwatch`. Was .NET-Befehle sind und wie man sie verwendet, haben Sie bereits in Kapitel 2 gelesen. Sehr viel mehr Hintergrundwissen dazu erhalten Sie bei Bedarf ab Kapitel 11.

Das Muster ist immer dasselbe: In `$eimer` wird mit `@()` ein leeres Array angelegt, in das das Skript anschließend nach und nach Ergebnisse mit `+=` aufnimmt.

Zwar funktioniert das, aber Arrays sind in Wahrheit nicht dynamisch erweiterbar. PowerShell muss also jedes Mal, wenn `+=` ein neues Array-Element ins Array aufnimmt, in Wirklichkeit ein neues (etwas größeres) Array anlegen und die alten Inhalte ins neue Array kopieren.

Für wenige Array-Elemente ist das in Ordnung, aber wenn Sie Listing 6.4 mit seinen 100.000 Iterationen ausprobieren, können Sie bis zur Fertigstellung getrost Kaffee trinken gehen.

Viel besser: PowerShell-Automatismus nutzen

Dabei bräuchten Sie eigentlich bloß das bekannte »PowerShell-Türchen-Modell« zu nutzen: Immer wenn Sie einer Variablen mehr als ein Element zuweisen, macht PowerShell daraus für Sie ein Array:

```
$liste = 1..100000

$stopwatch = [System.Diagnostics.Stopwatch]::StartNew()



$eimer = foreach($pc in $liste)
{
    "PC $pc"
}

$stopwatch.Stop()
$stopwatch.Elapsed.TotalSeconds

$eimer.Count
```

Listing 6.5: Viel schneller: PowerShell generiert das Array automatisch.

Statt fünf Minuten benötigt das Skript für dasselbe Resultat nun nur noch 0,13 Sekunden. So sollte es sein.

Profitipp

Mit Skriptblöcken (siehe Kapitel 3) kann man ebenfalls blitzschnell Arrays herstellen, weil auch hier alles, was innerhalb des Skriptblocks durch »Türchen 3« geleitet wird, zum Rückgabewert wird:

```
$liste = 1..100000

$stopwatch = [System.Diagnostics.Stopwatch]::StartNew()

$eimer = & {
  # Ergebnisse dieses Skriptblocks werden gegebenenfalls in Array verwandelt.
  foreach($pc in $liste)
  {
    "PC $pc"
  }


}
stopwatch.Stop()
$stopwatch.Elapsed.TotalSeconds

$eimer.Count
```

Listing 6.6: Beliebiger Code in einem Skriptblock liefert automatisch Arrays.

Gebräuchliche Ersatz-Arrays

Normale Arrays – das haben Sie gesehen – lassen sich nachträglich nicht erweitern oder in ihrer Größe ändern. Das ist meist auch gar nicht nötig, sofern Sie PowerShell die Arbeit der Array-Erzeugung überlassen.

Wünschen Sie sich dennoch mehr Kontrolle und möchten Arrays selbst schrittweise füllen, dann konvertieren Sie normale Arrays in einen leistungsfähigeren Array-Typ. Solche leistungsfähigeren Typen können sehr effizient Arrays vergrößern und auch verkleinern.

Ein gebräuchlicher Typ lautet `[System.Collections.ArrayList]`. Damit könnte das Konzept von Listing 6.4 doch noch weiterverwendet und ein Array schrittweise gefüllt werden. Nur käme diesmal nicht mehr `+=` zum Einsatz, sondern die neue Methode `Add()` des neuen Array-Typs:

```
$liste = 1..100000

$stopwatch = [System.Diagnostics.Stopwatch]::StartNew()

$eimer = [System.Collections.ArrayList]@()
foreach($pc in $liste)
{
    $null = $eimer.Add("PC $pc")
}

$stopwatch.Stop()
$stopwatch.Elapsed.TotalSeconds

$eimer.Count
```

Listing 6.7: Ein flexiblerer Array-Typ erlaubt das Hinzufügen von neuen Elementen ohne Zeitverlust.

Eine ArrayList speichert beliebige Datentypen. Möchten Sie aus Gründen der Ökonomie oder Gründlichkeit nur bestimmte Datentypen in Ihrem Array erlauben, verwenden Sie eine generische Liste. Sie heißt »generisch«, weil dieser Typ eine Art Platzhalter enthält:

```
[System.Collections.Generic.List[PLATZHALTER]]
```

Anstelle des Platzhalters geben Sie den Datentyp an, auf den die Liste festgelegt sein soll. Da in unserem Beispiel Texte produziert wurden, bietet sich `string` an:

```
$liste = 1..100000

$stopwatch = [System.Diagnostics.Stopwatch]::StartNew()

$eimer = [System.Collections.Generic.List[string]]@()
foreach($pc in $liste)
{
    $eimer.Add("PC $pc")
}

$stopwatch.Stop()
$stopwatch.Elapsed.TotalSeconds

$eimer.Count
```

Listing 6.8: Ein typisiertes generisches Array verwenden, das nur Strings speichert

---

Tipp

Die Methode `Add()` der ArrayList liefert stets den Index des Arrays zurück, an dem das neue Element eingefügt wurde. Weil diese Information niemand braucht, musste sie in Listing 6.7 umständlich an `$null` geleitet werden.

Bei der generischen Liste entfällt dies, weil dort die Methode `Add()` nur neue Elemente hinzufügt, aber keine Indizes zurückmeldet.

Hashtables – »sprechende Arrays«

Hashtables sind Arrays sehr ähnlich, nur dürfen Sie hier die einzelnen »Schubladen« selbst beschriften, während bei Arrays die darin enthaltenen Daten stets mit Zahlen angesprochen werden und diese stets bei 0 beginnen.

Hashtables sind also im Grunde eine menschenfreundliche Liste von Schlüssel-Wert-Paaren. Eine neue leere Hashtable wird mit `@{}` angelegt (achten Sie auf den Unterschied, ein neues leeres normales Array wird mit `@()` erzeugt).

Danach können Sie mit der Hashtable umgehen wie mit einem Array, nur dass Sie den Schlüssel des jeweiligen Array-Elements frei bestimmen:

```
PS> $hashtable = @{}
PS> $hashtable['Name'] = 'Weltner'
PS> $hashtable['Datum'] = Get-Date
PS> $hashtable['Name']
Weltner
PS> $hashtable['Datum']

Montag, 12. April 2021 10:06:09
```

Hashtables unterstützen neben der (empfohlenen) Array-Syntax mit eckigen Klammern auch die ansonsten vor allem bei Objekten gebräuchliche Punktschreibweise:

```
PS> $hashtable = @{}
PS> $hashtable.Name = 'Weltner'
PS> $hashtable.Datum = Get-Date
PS> $hashtable.Name
Weltner
PS> $hashtable.Datum

Montag, 12. April 2021 10:04:44
```

Tipp

Eine Hashtable darf bereits beim Anlegen mit Schlüssel-Wert-Paaren gefüllt werden:

```
$hashtable = @{
  Name = 'Weltner'
  Datum = Get-Date
}
```

Die Hashtable lässt sich auch in Gänze ausgeben und zeigt dann alle darin gespeicherten Schlüssel-Wert-Paare.

```
PS> $hashtable

Name                           Value
----                           -----
Name                           Weltner
Datum                          12.04.2021 10:04:44
```

Hashtables in Objekte umwandeln

Eine Hashtable kann in ein Objekt vom Typ `PSCustomObject` umgewandelt werden: Die Schlüssel werden dabei zu den Objekteigenschaften des neuen Objekts und die Werte zu ihren Inhalten. So lassen sich Informationen aus unterschiedlichen Quellen in einem einzigen Objekt zusammenfassen:

```
# Leere Hashtable anlegen:
$hashtable = @{}


# Informationen aus verschiedenen Quellen in der Hashtable sammeln:
$hashtable.Benutzer = $env:username
$hashtable.Datum = Get-Date
$hashtable.ComputerName = $env:COMPUTERNAME
$hashtable.Dienste = Get-Service

# Hashtable in ein Objekt umwandeln:
$objekt = [PSCustomObject]$hashtable

$objekt
$objekt | Out-GridView
```

Listing 6.9: Informationen in eigenem Objekt zusammenfassen

Was Sie mit dem Objekt danach anstellen, bleibt Ihnen überlassen, es funktioniert wie jedes andere Objekt auch. Sie können es also in die Konsole ausgeben, an andere Befehle wie `Out-GridView` weiterleiten oder auch seine einzelnen Eigenschaften abfragen.

```
Dienste                             ComputerName Benutzer Datum
-------                             ------------ -------- -----
{AarSvc_c62890, AdobeARMservice, ALG…} DELL7390     tobia    15.12.2020 14:05:04
```

Profitipp

Wenn Sie sich das Ergebnis von eben genauer ansehen, werden Sie feststellen, dass die Reihenfolge der Eigenschaften im Objekt nicht der Reihenfolge entspricht, in der Sie die Eigenschaften ursprünglich in die Hashtable eingefügt haben. Diese Reihenfolge ist tatsächlich zufällig.

Falls die Reihenfolge wichtig ist, verwenden Sie eine `OrderedHashtable`, die sich die Reihenfolge merkt.

```
$hashtable = [Ordered]@{}
```

Tatsächlich ist das übrigens gemogelt, denn den Typ `Ordered` gibt es gar nicht. Der richtige Typ heißt `System.Collections.Specialized.OrderedDictionary`.

```
PS> $hashtable.GetType().FullName
System.Collections.Specialized.OrderedDictionary
```

Weil sich fast niemand so einen langen Typnamen merken kann, hat PowerShell die Abkürzung `Ordered` erfunden. Eigentlich müsste die Umwandlung so aussehen wie unten (und sie funktioniert natürlich ebenfalls):

```
$hashtable = [System.Collections.Specialized.OrderedDictionary]@{}
```

Neue Objekte mit Eigenschaften initialisieren

Hashtables kann man auch dazu verwenden, um neue Objekte eines bestimmten Typs herzustellen und dabei in einem Aufwasch bereits bestimmte Objekteigenschaften festzulegen. Das ist zwar eher Thema von Kapitel 12, aber die Rolle der Hashtables können Sie sich bereits hier anhand eines kleinen Beispiels verdeutlichen:

Listing 6.10 verwendet beispielsweise ein *Öffnen*-Dialogfeld. Die Einstellungen dieses Dialogfelds werden in der Hashtable festgelegt (zum Beispiel der Titeltext des Fensters und die darin auswählbaren Dateien). Danach wird die Hashtable in den gewünschten Datentyp umgewandelt: Das Dialogfeld ist vom Typ `Microsoft.Win32.OpenFileDialog`:

```
$hashtable = @{
    MultiSelect = $false
    CheckFileExists = $true
    InitialDirectory = "$Home\Documents"
    Title = 'PowerShell Skript auswählen'
    Filter = 'PS-Skript|*.ps1|Alles|*.*'
}

Add-Type -AssemblyName PresentationFramework
$dialog = [Microsoft.Win32.OpenFileDialog]$hashtable

$ok = $dialog.ShowDialog()
if ($ok)
{
  $dialog.FileName
}
```

Listing 6.10: Ein Öffnen-Dialogfenster anzeigen

Hinweis

Alle Hintergrundinformationen zu Datentypen und `Add-Type` finden Sie in Kapitel 11.

Weitere Einsatzbereiche

Hashtables werden Ihnen bei PowerShell häufig begegnen, nämlich immer dann, wenn mehrere Informationen in strukturierter Form bereitgestellt werden sollen.

In Kapitel 3 haben Sie eigene Skripte und Funktionen hergestellt. Innerhalb der Skriptblöcke liefert eine Hashtable namens `$PSBoundParameters` die vom Anwender jeweils übergebenen Parameter:

```
function Test-Parameter
{
  param
  (
    [String]
    $Name,

    [int]
    $Id = -1
  )

  $PSBoundParameters

  if ($PSBoundParameters.ContainsKey('id'))
  {
    'Anwender hat ID manuell angegeben!'
  }

}
```

Listing 6.11: »$PSBoundParameters« führt Buch über die übergebenen Parameter und Argumente.

Sobald Sie Listing 6.11 ausgeführt haben, steht der neue Befehl `Test-Parameter` zur Verfügung. `$PSBoundParameters` zeigt nun bei jedem Aufruf, welche Parameter der Aufrufer tatsächlich verwendet hat:

```
PS> Test-Parameter -Name hallo -Id 1

Key  Value
---  -----
Name hallo
Id   1
Anwender hat ID manuell angegeben!
```

So kann die Funktion beispielsweise auch prüfen, ob der Parameter `-Id` vom Anwender übergeben wurde oder ob dessen Defaultwert verwendet wird.

In Kapitel 5 haben Sie bereits gelesen, wie Hashtables in der Pipeline berechnete Eigenschaften definieren können.

Und auch in Kapitel 9 begegnen Ihnen Hashtables: Setzen Sie *reguläre Ausdrücke* und den Operator `-match` ein, finden sich die Ergebnisse in einer Hashtable in der automatischen Variablen `$matches`.

Kapitel 7

PowerShell-Laufwerke

In diesem Kapitel:

Ausführlich werden in diesem Kapitel die folgenden Aspekte erläutert:

- **PowerShell-Laufwerke:** PowerShell beschränkt Laufwerke nicht auf das Dateisystem. Auch andere hierarchisch gegliederte Informationssysteme wie die Windows-Registrierungsdatenbank können mithilfe von *Providern* als Laufwerk dargestellt und von den Laufwerk-Cmdlets verwaltet werden. Die Liste der verfügbaren Laufwerke liefert `Get-PSDrive`, die geladenen Provider macht `Get-PSProvider` sichtbar, und mit `New-PSDrive` lassen sich neue Laufwerke hinzufügen.
- **Laufwerkbefehle:** Jedes Element, das sich auf einem Laufwerk befindet, bezeichnet PowerShell als *Item*. Weitere Informationen zu einem Item bezeichnet PowerShell als *ItemProperty*. Alle Laufwerkbefehle kann man daher über `Get-Command -Noun Item*` abrufen. Auch die Cmdlets aus der Familie `Path` unterstützen die PowerShell-Laufwerke: `Get-Command -Noun Path`. Klassische Konsolenbefehle wie `robocopy.exe` oder `net use` werden durch PowerShell-Cmdlets nicht obsolet, sondern ergänzen sie und werden weiterhin häufig verwendet.

- **Umgebungsvariablen:** Windows-Umgebungsvariablen werden von PowerShell als Laufwerk namens `env:` verwaltet. Das PowerShell-Sonderzeichen `$` greift auf Elemente eines Laufwerks zu. Wird kein Laufwerk angegeben, greift PowerShell auf das Standardlaufwerk `variable:` zu. Über `$env:windir` wird beispielsweise die Variable `windir` auf dem Laufwerk `env:\` gelesen, die klassische Windows-Umgebungsvariable `%WINDIR%` also.
- **Platzhalterzeichen in Pfaden:** PowerShell unterstützt die Platzhalterzeichen `*`, `?`, `[a-f]` und `[abc]` in der Regel bei allen Parametern, die `-Path` heißen. Die Platzhalterzeichen werden bei Parametern, die `-LiteralPath` heißen, wörtlich genommen. Parameter namens `-FilePath` akzeptieren nur klassische Dateisystempfade. Ob sich Cmdlet-Autoren immer an diese »Best Practice« halten, steht indes auf einem anderen Blatt.

Cmdlet	Alias	Beschreibung
`Clear-Item`	`cli`	Löscht den Inhalt eines Items, aber nicht das Item selbst.
`Clear-ItemProperty`	`clp`	Löscht eine Item-Eigenschaft.
`Copy-Item`	`copy, cp, cpi`	Kopiert ein Item an einen anderen Ort.
`Copy-ItemProperty`	`cpp`	Kopiert eine Item-Eigenschaft an einen anderen Ort.
`Get-ChildItem`	`dir, gci, ls`	Listet den Inhalt eines Containers auf.
`Get-Item`	`gi`	Ruft ein bestimmtes Item ab.
`Get-ItemProperty`	`gp`	Ruft die Eigenschaften eines bestimmten Items ab.
`Invoke-Item`	`ii`	Führt die in Windows festgelegte Standardaktion für ein Item aus. Dateien können so beispielsweise mit dem zugeordneten Programm geöffnet werden.
`Move-Item`	`mi, move, mv`	Verschiebt ein Item an einen anderen Ort.
`Move-ItemProperty`	`mp`	Verschiebt die Eigenschaften eines Items an einen neuen Ort.
`New-Item`	`ni`	Legt ein neues Item an.
`New-ItemProperty`	–	Legt eine neue Eigenschaft für ein vorhandenes Item an.
`Remove-Item`	`del, erase, rd, ri, rm, rmdir`	Löscht ein oder mehrere Items. Platzhalterzeichen sind erlaubt.
`Remove-ItemProperty`	`rp`	Löscht Eigenschaften eines Items.
`Rename-Item`	`ren, rni`	Ändert den Namen eines Items.
`Rename-ItemProperty`	`rnp`	Ändert den Namen einer Item-Eigenschaft.
`Set-Item`	`si`	Ändert den Inhalt eines Items.
`Set-ItemProperty`	`sp`	Ändert den Inhalt einer Item-Eigenschaft.

Tabelle 7.1: Cmdlets für PowerShell-Laufwerke

Dateisystemaufgaben wie das Anlegen neuer Ordner oder das Kopieren von Dateien gehören ins Alltagsgeschäft jedes Administrators, aber auch Poweruser wollen vielleicht Ordner mit Urlaubsbildern »aufräumen« oder die Festplatte von Ballast befreien.

PowerShell bietet nicht nur Befehle für Dateisystemoperationen, sondern erweitert auch das Konzept der Laufwerke in fundamentaler Weise: Laufwerke beschränken sich innerhalb der PowerShell nicht auf das Dateisystem. Jede Form von hierarchisch gegliedertem Informationssystem kann von PowerShell als Laufwerk dargestellt werden. Mit denselben Befehlen, die im

Dateisystem neue Dateien oder Ordner erzeugen, lassen sich also beispielsweise in der Windows-Registrierungsdatenbank neue Schlüssel anlegen – und Sie können Ihr Wissen unverändert auch zur Lösung von ganz anderen Aufgaben einsetzen.

Dieses Kapitel beginnt mit einem Blick auf klassische Dateisystemaufgaben und die Cmdlets, die dafür eingesetzt werden. Danach schauen wir uns andere Laufwerke an, und Sie können dieselben Cmdlets dann auch dazu verwenden, Informationen in der Windows-Registrierungsdatenbank zu lesen und zu ändern, auf Windows-Umgebungsvariablen zuzugreifen oder sogar das Active Directory zu durchforsten.

Am Ende des Kapitels erfahren Sie, wie die Laufwerkunterstützung in PowerShell funktioniert und wie Sie auch ganz andere hierarchisch gegliederte Informationsspeicher als Laufwerk einbinden.

Dateisystemaufgaben meistern

Da sich Laufwerke in PowerShell nicht auf Dateien und Ordner beschränken, sind zur Beschreibung von Laufwerkinhalten etwas abstraktere Begriffe nötig als »Datei« und »Ordner«. Laufwerkinhalte können schließlich auch etwas ganz anderes sein als Dateien und Ordner.

Um die Cmdlets zu finden, die Laufwerkinhalte manipulieren, benötigen Sie diese drei Begriffe:

- **Item:** Alles, was sich auf einem Laufwerk befindet, bezeichnet PowerShell als *Item*. `Get-Command -Noun Item*` zeigt alle Cmdlets an, die mit Laufwerkinhalten zu tun haben.
- **ItemProperty:** Zusätzliche Informationen, die zu einem Item gehören. In der Registrierungsdatenbank wäre ein Item beispielsweise ein Registrierungsschlüssel, und die *ItemProperties* wären die einzelnen Registrierungswerte dieses Schlüssels.
- **Content:** Der Inhalt von Items wird mit dem Begriff *Content* bezeichnet. `Get-Content` liest also den Inhalt eines Items, zum Beispiel den Inhalt einer Datei.

Schauen wir uns als Nächstes an, welche Cmdlets es gibt.

Cmdlets für das Dateisystem finden

Um Cmdlets für das Dateisystem zu finden, sucht man nach dem Begriff `Item` im *Noun* des Cmdlet-Namens. Dabei kann man sich zunutze machen, dass PowerShell für Umsteiger von anderen Shells zahlreiche historische Aliase definiert hat. So fällt es trotz des abstrakten Begriffs `Item` leicht, die passenden Cmdlets zu identifizieren:

```
PS> Get-Alias -Definition *-Item* | Select-Object -Property Name, Definition

Name  Definition
----  ----------
cli   Clear-Item
clp   Clear-ItemProperty
copy  Copy-Item
cp    Copy-Item
cpi   Copy-Item
(...)
```

Zusätzlich spielen noch die Gruppen der Cmdlets mit den Begriffen `Path` und `Content` eine Rolle für die Dateisystemverwaltung, sodass Sie sich mit Listing 7.1 eine Liste der Cmdlets ausgeben lassen können, die in diesem Kapitel die Hauptrolle spielen werden:

```
# Alle Cmdlets mit den angegebenen Stichwörtern in Noun finden, die aus einem
# Modul stammen, das von PowerShell selbst stammt.
# Anschließend nach Noun und dann nach Verb sortieren.
# Ausgabe als Spalten. Die Gruppierungsüberschrift soll "Familie" heißen
# und die Eigenschaft Noun der jeweils gefundenen Befehle ($_) anzeigen:
Get-Command -Noun *Item, ItemProperty, Path, Content -Module Microsoft.PowerShell.* |
  Sort-Object -Property Noun, Verb |
  Format-Wide -Property Name -GroupBy @{Name='Familie'; Expression={$_.Noun}} -AutoSize
```

Listing 7.1: Komplette Liste der Laufwerk-Cmdlets ausgeben

Das Ergebnis sieht folgendermaßen aus:

```
   Familie: ChildItem

Get-ChildItem


   Familie: Content

Add-Content      Clear-Content   Get-Content     Set-Content


   Familie: ControlPanelItem

Get-ControlPanelItem        Show-ControlPanelItem


   Familie: Item

Clear-Item    Copy-Item     Get-Item       Invoke-Item  Move-Item     New-Item
Remove-Item   Rename-Item   Set-Item


   Familie: ItemProperty

Clear-ItemProperty    Copy-ItemProperty    Get-ItemProperty     Move-ItemProperty
New-ItemProperty      Remove-ItemProperty Rename-ItemProperty Set-ItemProperty


   Familie: Path

Convert-Path  Join-Path     Resolve-Path  Split-Path    Test-Path
```

Erste Schritte

Die Dateisystem-Cmdlets funktionieren wie jedes andere Cmdlet auch, und so können Sie mit ihnen bereits viele typische Aufgaben unmittelbar lösen:

```
# Inhalt einer Protokolldatei lesen
Get-Content -Path C:\windows\WindowsUpdate.log

# Alle Protokolldateien aus dem Windows-Ordner auflisten:
Get-ChildItem -Path C:\Windows -Filter *.log -Recurse -ErrorAction Ignore -File
```

```
# Einen neuen Ordner anlegen:
New-Item -Path C:\BackupLogs -ItemType Directory -ErrorAction Ignore

# Überprüfen, ob ein Ordner oder eine Datei existiert:
Test-Path -Path C:\BackupLogs

# Alle Protokolldateien aus dem Windows-Ordner in einen Backup-Ordner kopieren:
Get-ChildItem -Path C:\Windows -Filter *.log -Recurse -ErrorAction Ignore -File |
Copy-Item -Destination C:\BackupLogs -ErrorAction SilentlyContinue

# Ordner im Windows-Explorer öffnen:
Invoke-Item -Path C:\BackupLogs
```

Um sich mit den einzelnen Cmdlets vertraut zu machen, rufen Sie zum Beispiel mit dem Parameter -? die Hilfe für einzelne Cmdlets ab:

```
PS> Get-Content -?
```

Wie immer können Sie sich mit den am Ende der Kurzhilfe genannten Get-Help-Befehlen Beispielcode anzeigen oder die unterstützten Parameter einzeln erklären lassen:

```
PS> Get-Help -Name Get-Content -Examples
PS> Get-Help -Name Get-Content -Parameter *
```

Beides setzt natürlich voraus, dass Sie, wie in Kapitel 1 beschrieben, mit Update-Help die lokale Hilfe heruntergeladen und installiert haben.

Als Nächstes schauen wir uns die typischsten Dateisystemaufgaben und die am häufigsten benötigten Cmdlets genauer an.

Ordner anlegen

New-Item legt neue Elemente auf einem Laufwerk an. Im Dateisystem kann man damit also einen oder mehrere Ordner anlegen, einschließlich noch fehlender übergeordneter Ordner. Die folgende Zeile legt beispielsweise insgesamt bis zu sechs neue Ordner an:

```
New-Item -Path c:\FolderA\test\sub, c:\FolderB, c:\FolderC\new -ItemType Directory
```

Die angelegten Ordner werden dabei zurückgeliefert und in der Konsole angezeigt. Wenn das unerwünscht ist, weist man das Ergebnis der Variablen $null zu. Sie vergisst grundsätzlich sofort alles, was man ihr zuweist, und eignet sich ideal, um unerwünschte Informationen speicherplatzschonend zu entsorgen.

Falls ein anzulegender Ordner bereits existiert, kommt es zu einem Fehler. Möchten Sie nur sicherstellen, dass bestimmte Ordner existieren, könnten Sie Fehlermeldungen mit dem bei allen Cmdlets vorhandenen Standardparameter -ErrorAction Ignore unterdrücken:

```
$null = New-Item -Path c:\FolderA\test\sub, c:\FolderB, c:\FolderC\new -ItemType Directory
-ErrorAction Ignore
```

Allerdings würden Sie nun sämtliche Fehler unterdrücken, also auch Fehler aufgrund fehlender Berechtigungen, ungültiger Laufwerkangaben oder fehlenden Speicherplatzes. Der Befehl ist also keine Garantie dafür, dass der angegebene Ordner anschließend existiert. Besser ist es deshalb, Ordner nur anzulegen, wenn sie nicht bereits existieren, und Fehlermeldungen nicht zu unterdrücken. Das schauen wir uns als Nächstes an.

Bedingungen verwenden

Immer wenn Sie Code nur in bestimmten Situationen ausführen wollen, brauchen Sie folgende Hilfsmittel:

- **Skriptblock:** Geschweifte Klammern ({}) kennzeichnen PowerShell-Code, der nicht immer und sofort ausgeführt werden soll. Stattdessen übergibt man diesen Skriptblock jemandem, der von Fall zu Fall entscheidet, ob der Code ausgeführt werden soll oder nicht: einer Bedingung.
- **Kriterium:** Ein Kriterium prüft – meist mithilfe eines Vergleichsoperators –, ob die Voraussetzungen erfüllt sind, um bestimmten Code auszuführen.
- **Bedingung:** Eine Struktur, die Skriptblöcke ausführt, wenn bestimmte Kriterien erfüllt sind.

Listing 7.2 setzt diese drei Hilfsmittel ein, um einen neuen Ordner nur dann anzulegen, wenn er noch fehlt:

```
# Dieser Ordner soll existieren:
$Path = 'c:\neuerordner'

# Prüfen, ob Ordner schon vorhanden ist:
$ergebnis = Test-Path -Path $Path

# Kriterium:
$ordnerFehltNoch = $ergebnis -eq $false

# Bedingung bestimmt, welcher Skriptblock ausgeführt wird:
if ($ordnerFehltNoch)
{
    # Ergebnis von New-Item an $null zuweisen,
    # weil das Ergebnis nicht gebraucht wird
    $null = New-Item -Path $Path -ItemType Directory
    Write-Warning 'Neuer Ordner angelegt'
}
else
{
    Write-Warning "Ordner '$path' war bereits vorhanden."
}
```

Listing 7.2: Neuen Ordner anlegen, falls er noch nicht existiert

Kernstück von Listing 7.1 ist also die Bedingung `if`, die den im Skriptblock übergebenen Code nur ausführt, wenn das Kriterium erfüllt (`$true`) ist.

Das Kriterium in `$ordnerFehltNoch` ist nur dann `$true`, wenn das Ergebnis von `Test-Path` `$false` ergeben hat. Mehr Informationen zur Bedingung `if` erhalten Sie über diesen Befehl:

```
Help about_if
```

Listing 7.3: Hilfe zur if-Konstruktion abrufen

Profitipp

PowerShell 7 hat eine Reihe weiterer Operatoren eingeführt, darunter den sogenannten *Ternary*-Operator (?). Er ist auch eine Bedingung, funktioniert im Grunde wie eine ultrakompakte `if`-Anweisung und wird ebenfalls im Hilfethema `about_if` beschrieben.

Anfangs wirkt seine Idee charmant:

```
(Test-Path -Path c:\neuerordner) ? "vorhanden" : "nicht vorhanden"
```

Listing 7.4: Funktionsweise des Ternary-Operators

Sobald man allerdings echte Befehle ausführen und nicht nur Texte ausgeben will, folgen die ersten störenden Regeln: Befehle müssen in runde Klammern gesetzt werden:

```
PS> (Test-Path -Path $Path) ? 'existiert bereits' : (New-Item -Path $Path -ItemType Directory)
```

Und sobald Sie mehr als nur einen einzelnen Ausdruck (Befehl) ausführen wollen oder auch nur das Ergebnis eines Befehls einer Variablen zuweisen möchten, verhält sich der Ternary-Operator unerwartet und weist das Befehlsergebnis nicht nur zu, sondern gibt es außerdem in die Konsole aus:

```
PS> (Test-Path -Path $Path) ? 'existiert bereits' : ($null = New-Item -Path $Path
-ItemType Directory)
```

In diesem Fall muss man wissen, dass der Ternary-Operator nur einzelne Ausdrücke ausführen kann, und sobald man mehr möchte, muss man Befehle mit einem *Subexpression*-Operator `$()` in einen einzelnen Ausdruck verschmelzen:

```
# Dieser Ordner soll existieren:
$Path = 'c:\neuerordner2'

# Ordner anlegen, wenn er fehlt.
# (Ternary-Operator existiert NICHT in Windows PowerShell!)
(Test-Path -Path $Path) ? (Write-Warning "Ordner '$path' war bereits vorhanden.") :
$($null = New-Item -Path $Path -ItemType Directory; Write-Warning 'Neuer Ordner angelegt')
```

Listing 7.5: Sehr dichter und schlecht lesbarer Einzeiler mit neuem Ternary-Operator

Spätestens jetzt allerdings wird der resultierende Code endgültig unleserlich, und der Ternary-Operator verliert gänzlich seinen Charme. Er eignet sich also nur für sehr simple Entscheidungsbäume. Die folgende Zeile legt einen Ordner an, wenn er noch nicht existiert, und macht andernfalls gar nichts:

```
$path = 'c:\neuerordner'
$null = (Test-Path -Path $path) ? '' : (New-Item -Path $path -ItemType Directory)
```

Listing 7.6: Ordner anlegen, falls er noch nicht existiert (Ternary-Operator)

Dateien anlegen und Informationen speichern

Mit `New-Item` lassen sich beliebige Laufwerkelemente neu anlegen. Im Dateisystem können Sie also auch Dateien anlegen.

Der folgende Code hat den Code aus Listing 7.2 nur gering modifiziert und prüft, ob die PowerShell-Profildatei (Autostartdatei) vorhanden ist. Falls nicht, legt `New-Item` eine (leere) Profildatei an und sorgt dafür, dass alle im Pfad vielleicht noch fehlenden übergeordneten Ordner ebenfalls angelegt werden:

```
# Existiert die PowerShell-Profildatei bereits?
$existiert = Test-Path -Path $profile

# Falls nicht, diese Datei anlegen ...
if (!$existiert)
{
    $null = New-Item -Path $profile -ItemType File -Force
}

# ... danach im Notepad-Editor öffnen:
notepad $profile
```

Listing 7.7: PowerShell-Profildatei anlegen, falls sie noch nicht existiert

Nachdem Listing 7.7 die Profildatei geöffnet hat, können Sie darin nun beliebige Befehle eintragen, die künftig jedes Mal ausgeführt werden, wenn PowerShell startet. Die Profildatei ist allerdings PowerShell- und hostspezifisch. Es gibt also verschiedene Profildateien (siehe Kapitel 1).

Achtung

Der Parameter `-Force` sorgt beim Anlegen von Dateien dafür, dass auch alle eventuell noch fehlenden Ordner im Pfadnamen mit angelegt werden (bei neuen Ordnern werden immer alle fehlenden Ordner im angegebenen Pfad mit angelegt).

Gleichzeitig überschreibt `-Force` aber eine existierende Profildatei. Deshalb ist es auch hier wichtig, den Befehl nur dann auszuführen, wenn die Profildatei noch nicht existiert – es sei denn, es ist Ihr ausdrücklicher Wunsch, eine vorhandene Profildatei zu neutralisieren.

Informationen in Dateien speichern

Möchten Sie Informationen in Dateien schreiben, greifen Sie zu `Out-File`. Dieses Cmdlet legt also nicht nur eine leere Datei an, sondern schreibt auch Inhalt in die Datei. Falls die Datei bereits existiert, wird sie überschrieben.

Wollen Sie lieber Informationen an eine schon vorhandene Datei anhängen, nutzen Sie den Parameter `-Append`.

```
# Datei im temporären Ordner unter diesem Namen ablegen:
$path = "$env:temp\testfile.txt"
# Text in die Datei schreiben:
"Hello World!" | Out-File -FilePath $path
# Mehr Text anhängen:
Get-Date | Out-File -FilePath $path -Append
# Dateiinhalt in einem Editor öffnen
notepad $path
```

Listing 7.8: Texte in eine Datei schreiben

Das kann man gleich für ein konkretes Beispiel nutzen. In Kapitel 3 auf Seite 166 haben Sie bereits Get-WinEvent kennengelernt, um Informationen aus dem Ereignislogbuch zu lesen. Listing 7.9 erfragt damit die Liste der installierten Updates und schreibt sie in eine Textdatei:

```
$path = "$env:temp\updates.txt"

$filter = @{
    ProviderName="Microsoft-Windows-WindowsUpdateClient"
    Id=19
}

Get-WinEvent -FilterHashtable $filter | Out-File -FilePath $path
notepad $path
```

Listing 7.9: Alle installierten Updates eines Windows-Systems erfragen

Leider schreibt Out-File die Informationen exakt so in die Datei, wie sie ohne den Befehl in der Konsole ausgesehen hätten, und richtet sich dabei nach der augenblicklichen Breite der Konsole; es werden also wie üblich wichtige Teile der Informationen abgeschnitten.

Allerdings können Sie die Formatierungs-Cmdlets der Konsole einsetzen, zum Beispiel Format-Table, und so überlange Zeilen umbrechen, anstatt sie abzuschneiden. Out-File kann mit dem Parameter -Width zudem mehr Platz zugewiesen werden. Und wieder sind das alles nur Sonderwünsche, die Sie mit Parametern festlegen:

```
$Path = "$env:temp\Updates.txt"

$filter = @{
    ProviderName="Microsoft-Windows-WindowsUpdateClient"
    Id=19
}

# Liste der installierten Updates ermitteln ...
Get-WinEvent -FilterHashtable $filter |
    # ... als Tabelle mit optimaler Spaltenbreite formatieren, und wenn
    # der Platz nicht reicht, den Rest nicht abschneiden, sondern
    # umbrechen (Wrap) ...
    Format-Table -AutoSize -Wrap |
    # ... und in eine Textdatei schreiben, die maximal 120
    # Zeichen breit sein soll:
    Out-File -FilePath $Path -Width 120

# Dateiinhalt in einem Editor öffnen:
Notepad $Path
```

Listing 7.10: Liste der installierten Updates ohne Informationsverlust in eine Textdatei schreiben

Die Textdatei ist nun bis zu 120 Zeichen breit, und wenn auch das nicht genügt, wird die Information umbrochen und nicht mehr abgeschnitten:

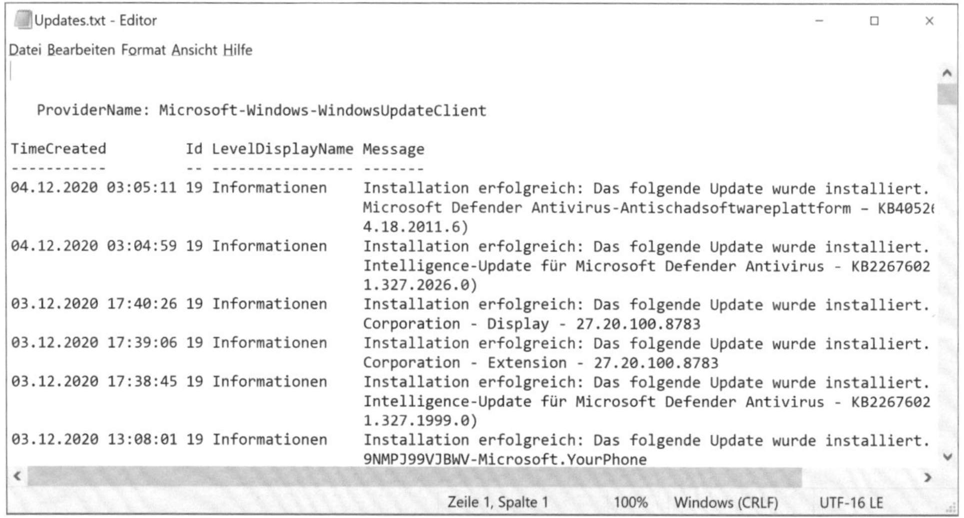

```
   ProviderName: Microsoft-Windows-WindowsUpdateClient

TimeCreated         Id LevelDisplayName Message
-----------         -- ---------------- -------
04.12.2020 03:05:11 19 Informationen    Installation erfolgreich: Das folgende Update wurde installiert.
                                        Microsoft Defender Antivirus-Antischadsoftwareplattform - KB4052(
                                        4.18.2011.6)
04.12.2020 03:04:59 19 Informationen    Installation erfolgreich: Das folgende Update wurde installiert.
                                        Intelligence-Update für Microsoft Defender Antivirus - KB2267602
                                        1.327.2026.0)
03.12.2020 17:40:26 19 Informationen    Installation erfolgreich: Das folgende Update wurde installiert.
                                        Corporation - Display - 27.20.100.8783
03.12.2020 17:39:06 19 Informationen    Installation erfolgreich: Das folgende Update wurde installiert.
                                        Corporation - Extension - 27.20.100.8783
03.12.2020 17:38:45 19 Informationen    Installation erfolgreich: Das folgende Update wurde installiert.
                                        Intelligence-Update für Microsoft Defender Antivirus - KB2267602
                                        1.327.1999.0)
03.12.2020 13:08:01 19 Informationen    Installation erfolgreich: Das folgende Update wurde installiert.
                                        9NMPJ99VJBWV-Microsoft.YourPhone
```


Abbildung 7.1: Ergebnisse ohne Informationsverlust in Textdateien schreiben

Profitipp

Wenn Sie sich Abbildung 7.1 genauer ansehen, stellen Sie fest, dass die Liste der installierten Updates eine Überschrift trägt, nämlich einen sogenannten `ProviderName` voranstellt. Außerdem enthält die Tabelle einige Informationen, die Sie vielleicht gar nicht benötigen, zum Beispiel die Spalten `Id` und `LevelDisplayName`.

Sie wissen inzwischen, dass PowerShell ein Legokasten ist, und der Befehl `Select-Object` wählt die Spalten aus, die Sie sehen möchten. Mit nur einer weiteren Zeile bestimmen Sie deshalb selbst, welche Informationen in Ihrer Datei erscheinen:

```
$path = "$env:temp\Updates.txt"

$filter = @{
    ProviderName="Microsoft-Windows-WindowsUpdateClient"
    Id=19
}

Get-WinEvent -FilterHashtable $filter |
    Select-Object -Property TimeCreated, Message |
    Format-Table -AutoSize -Wrap |
    Out-File -FilePath $path -Width 120

notepad $path
```

Listing 7.11: Nur erwünschte Spalten in Textdatei ausgeben

Cmdlets wie `Get-WinEvent` liefern also strukturierte Objekte zurück, und in Kapitel 12 lernen Sie mehr über den Aufbau solcher Objekte. Mit diesem Wissen können Sie dann auch direkt auf die in den Ereigniseinträgen eingebetteten Informationen zugreifen und eine echte Update-Liste erzeugen, die nur noch Installationsdatum und die Namen der installierten Updates enthält:

```
$path = "$env:temp\Updates.txt"

$filter = @{
    ProviderName="Microsoft-Windows-WindowsUpdateClient"
    Id=19
}

Get-WinEvent -FilterHashtable $filter |
    Foreach-Object {'{0:dd. MMM yyyy}: {1}' -f $_.TimeCreated, $_.Properties[0].Value} |
    Out-File -FilePath $path

notepad $path
```

Listing 7.12: Selbst zusammengestellten Text in eine Datei schreiben

Das Ergebnis sieht nun so aus:

```
08. Jan 2021: 9WZDNCRFHWD2-Microsoft.MicrosoftSolitaireCollection
08. Jan 2021: Security Intelligence-Update für Microsoft Defender Antivirus - KB2267602
07. Jan 2021: 9NBLGGH4R32N-Microsoft.WindowsFeedbackHub
07. Jan 2021: 9PNLMKKPCLJJ-Icons8LLC.Lunacy
07. Jan 2021: 9NMPJ99VJBWV-Microsoft.YourPhone
07. Jan 2021: 9WZDNCRFJ3Q2-Microsoft.BingWeather
07. Jan 2021: 9WZDNCRFJBBG-MICROSOFT.WINDOWSCAMERA
06. Jan 2021: Security Intelligence-Update für Microsoft Defender Antivirus - KB2267602
06. Jan 2021: Intel Corporation - SCSIAdapter - 17.9.1.1009
(...)
```

Wieder liefern die Beispiele universelle Lösungen. Wenn Sie künftig objektorientierte Befehlsergebnisse ohne Informationsverlust in eine Textdatei schreiben möchten, hängen Sie die beiden Befehle `Format-Table` und `Out-File` an den Befehl an. Egal welche Ergebnisse der Befehl liefert – die Textdatei beinhaltet danach das Ergebnis ohne abgeschnittene Informationen.

Falls Sie die Liste der Updates lieber in einem völlig anderen Format speichern möchten, schauen Sie sich Cmdlets mit dem Verb `Export` an: `Export-Csv` oder `Export-Clixml` speichern die Liste der Updates als CSV- oder XML-Datei.

Und sofern Sie in den vorangegangenen Kapiteln das kostenlose Zusatzmodul `ImportExcel` installiert haben, generieren Sie mit diesem simplen Beispiel sogar eine Excel-Liste Ihrer Updates:

```
#requires -Version 2.0 -Modules ImportExcel

$filter = @{
    ProviderName="Microsoft-Windows-WindowsUpdateClient"
    Id=19
}

Get-WinEvent -FilterHashtable $filter | Export-Excel
```

Listing 7.13: Liste installierter Updates als Excel-Sheet exportieren

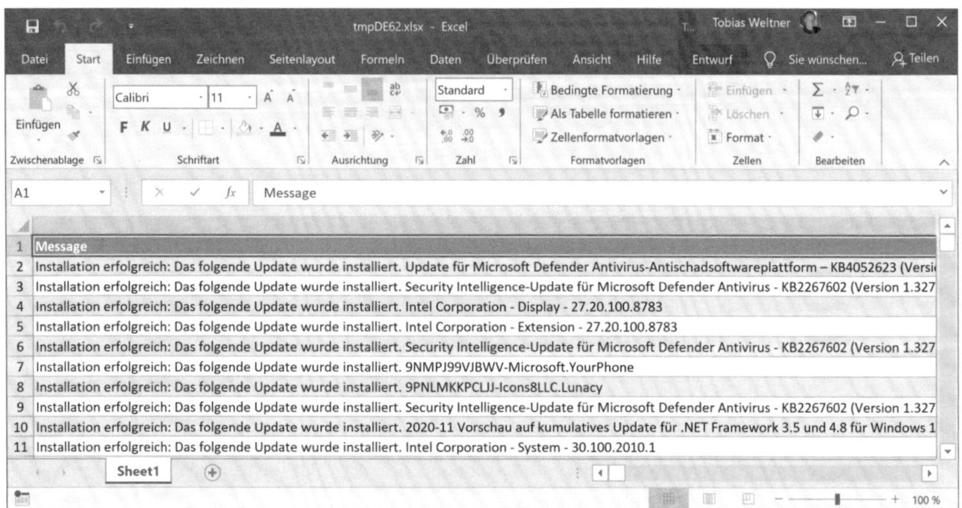

Abbildung 7.2: PowerShell funktioniert wie ein Legokasten, und Befehle können beliebig kombiniert werden.

PowerShell besteht also aus beinahe frei kombinierbaren »Legobausteinen«, den Cmdlets.

Einfachen Text in Dateien schreiben

`Out-File` schreibt auch komplexe Objekte automatisch als Text in Dateien und kann deshalb alle Arten von Informationen in Dateien schreiben. Die Umwandlung von strukturierten Objekten in Text ist allerdings überflüssig, wenn Sie von vornherein nur einfachen Text in eine Datei schreiben möchten. Dann sind die kleinen Brüder `Set-Content` und `Add-Content` effizienter und auch etwas schneller.

Ehrlicherweise sind die Geschwindigkeitsgewinne bei normalen Anwendungsszenarien aber nicht dramatisch. Wenn Sie also eine möglichst simple Welt bevorzugen und es bei Ihren Skripten nicht auf ein paar Sekunden ankommt, verwenden Sie grundsätzlich immer `Out-File`, wenn Sie Informationen in Textdateien schreiben wollen.

Encoding von Textdateien

Eine der größten Fallen, in die man beim Umgang mit Textdateien geraten kann, ist das sogenannte *Encoding*. Es legt fest, wie die einzelnen Zeichen in einer Textdatei gespeichert werden. Wer beim Lesen einer Textdatei ein anderes Encoding verwendet als beim Schreiben, erhält häufig verstümmelten Text, bei dem insbesondere Sonderzeichen wie die deutschen Umlaute nicht mehr richtig dargestellt werden.

Encodings sind ein Relikt aus den Anfängen der Computerei, als Speicherplatz noch wertvoll war, und bilden einen Kompromiss aus Dateigröße und der Anzahl der abbildbaren Zeichensätze. Heute ist das nicht mehr nötig, und es hat sich allgemein das Encoding *UTF8 ohne BOM* plattformübergreifend durchgesetzt. Bei *PowerShell* 7 brauchen Sie sich also um das Encoding kaum noch Sorgen zu machen, weil dort überall *UTF8 ohne BOM* als Standard verwendet wird.

Anders ist das, wenn Sie Textdateien aus anderen Quellen oder von anderen Anwendungen erhalten oder wenn Sie *Windows PowerShell* einsetzen. *Windows PowerShell* stammt noch aus dem proprietären Windows-Zeitalter, und hier werden ganz unterschiedliche Encodings verwendet, die teilweise nicht zueinander passen.

```
$path = "$env:temp\beispiel.txt"
'Test mit Sonderzeichen: ÄÖÜäöüß' | Out-File -FilePath $path -Encoding ASCII
Get-Content -Path $path -Encoding UTF7
```

Listing 7.14: Wenn Encodings nicht zueinander passen, können Texte nicht richtig gelesen werden

Was dann passieren kann, provoziert zur Anschauung Listing 7.14: Die Sonderzeichen gehen verloren. Schlimmstenfalls kann die ganze Datei nicht mehr gelesen werden.

```
Dies ist ein Test mit Sonderzeichen: ???????
```

Encodings sichtbar machen

Weil Encoding bei Textdateien so enorm wichtig ist, schauen wir uns kurz an, wie man das tatsächliche Encoding einer Textdatei nachträglich bestimmen kann. Um Encodings wirklich zu verstehen und im Zweifelsfall bei unbekannten Dateien das richtige Encoding herauszufinden, sollten Sie das Cmdlet `Get-Encoding` nachinstallieren:

```
Install-Module -Name EncodingAnalyzer -Scope CurrentUser
```

Listing 7.15: Cmdlet zur Bestimmung von Encodings nachinstallieren

Die folgende Zeile macht dann das Encoding zum Beispiel aller PowerShell-Skripte in Ihrem Benutzerprofil sichtbar:

```
PS> Get-ChildItem -Path $home -Filter *.ps1 -Recurse | Get-Encoding

  BOM Encoding Confidence Path
  --- -------- ---------- ----
(...)
 True UTF-8           100 C:\Beispiele\voraussetzungen.ps1
False ASCII           100 C:\Beispiele\Get-EarthQuakeInfo.ps1
False ASCII           100 C:\Beispiele\Get-ExchangeRate.ps1
False UTF-8           100 C:\Beispiele\Show-Map.ps1
 True UTF-16          100 C:\Beispiele\Find-Enum.ps1
False UTF-8           100 C:\BeispieleChart.ps1
(...)
```

Das Ergebnis zeigt nicht nur, dass selbst PowerShell-Skripte unterschiedliches Encoding verwenden können, es zeigt auch die Spalten `BOM` und `Confidence` (Verlässlichkeit) an, die andeuten, wie die nachträgliche Bestimmung des Encodings funktioniert.

Normalerweise enthalten Textdateien nämlich nur den darin gespeicherten Text, aber keine weiteren Metadaten, die Auskunft darüber geben könnten, welches Encoding zur Speicherung verwendet wurde.

In der Windows-Welt hatte man deshalb die im Grunde gute Idee, Metadaten in eine Textdatei zu speichern, um das verwendete Encoding eindeutig zu kennzeichnen, *BOM* (*Byte Order Mask*) genannt: Die ersten vier Bytes der Datei beschreiben hier eindeutig den beim Speichern verwendeten Encoding-Typ, und deshalb zeigt `Get-Encoding` bei solchen *BOM*-Dateien immer eine Confidence (Zuverlässigkeit) von 100 %.

Hinweis

Offensichtlich hat Microsoft nicht die Weltherrschaft erlangt, und *BOM* hat sich außerhalb der Windows-Welt nicht durchgesetzt. Das wird heute in einer immer stärker zusammenrückenden plattformübergreifenden Welt zu einem Problem, denn wenn Sie eine *BOM*-Datei an jemanden geben, der *BOM* ignoriert, führen die vier Bytes am Anfang der Datei zu Fehlern und unerklärlichem Verhalten.

Würden Sie beispielsweise ein PowerShell-Skript im *BOM*-Encoding von einem Windows-System zum Cloud-Service *github.com* hochladen, speichert dieser Dienst die Datei ohne *BOM*, belässt aber die *BOM*-Bytes in der Datei.

Wird das Skript später wieder heruntergeladen, erhält der Empfänger eine Textdatei ohne *BOM*, dafür aber nun mit mehreren unsichtbaren Bytes am Anfang der Datei (dem ehemaligen *BOM*). Das kann dazu führen, dass das Skript in Editoren wie üblich zu lesen ist, sich aber von PowerShell nicht mehr ausführen lässt.

Textdateien ohne *BOM* enthalten ausschließlich den Text, der darin gespeichert ist. Will man hier das verwendete Encoding bestimmen, geschieht dies heuristisch.

Bei kleinen Textdateien ohne Sonderzeichen ist die Zuordnung zu einem bestimmten Encoding manchmal überhaupt nicht möglich, denn Text ohne Sonderzeichen sieht bei ASCII- und UTF8-Encoding genau gleich aus. Entsprechend kann die Confidence, die `Get-Encoding` meldet, hier geringer sein (was allerdings nicht tragisch ist, denn bei solchen Dateien würde der Inhalt auch in beiden Encodings korrekt gelesen).

Standard-Encoding

PowerShell 7 verwendet das Encoding *UTF8 ohne BOM* überall als Standard und interpretiert auch *BOM*-lose Textdateien immer als UTF8. Das gilt ebenfalls für plattformübergreifende Editoren wie VSCode.

Völlig chaotisch sieht es dagegen bei *Windows PowerShell* aus, wie Listing 7.16 zeigt:

```
#requires -Modules EncodingAnalyzer

# Verschiedene Test-Textdateien sollen geschrieben werden:
$p1 = "$env:temp\out-file.txt"
$p2 = "$env:temp\set-content.txt"
$p3 = "$env:temp\redirection.txt"
$p4 = "$env:temp\out-file default.txt"
$p5 = "$env:temp\set-content default.txt"

# Dazu werden unterschiedliche Befehle eingesetzt:
'Hallo ÄÖÜ' | Out-File -FilePath $p1
'Hallo ÄÖÜ' | Set-Content -Path $p2
'Hallo ÄÖÜ' > $p3
'Hallo ÄÖÜ' | Out-File -FilePath $p4 -Encoding Default
'Hallo ÄÖÜ' | Set-Content -Path $p5 -Encoding Default

# Das Ergebnis wird mit Get-Encoding überprüft:
$p1, $p2, $p3, $p4, $p5 | Get-Encoding
```

Listing 7.16: Standard-Encoding verschiedener Befehle überprüfen

Wenn Sie es mit *Windows PowerShell* ausführen, erhalten Sie folgendes Ergebnis:

```
  BOM Encoding Confidence Path
  --- -------- ---------- ----
 True UTF-16          100 C:\Users\tobia\AppData\Local\Temp\out-file.txt
False ANSI             25 C:\Users\tobia\AppData\Local\Temp\set-content.txt
 True UTF-16          100 C:\Users\tobia\AppData\Local\Temp\redirection.txt
False ANSI             25 C:\Users\tobia\AppData\Local\Temp\out-file default.txt
False ANSI             25 C:\Users\tobia\AppData\Local\Temp\set-content default.txt
```

Wird kein Encoding angegeben, verwenden `Out-File` und `Set-Content` hier also völlig unterschiedliche Encodings und erzeugen inkompatible Textdateien. Wird mit dem Parameter `-Encoding` gezielt das Encoding *Default* ausgewählt, verwenden beide Befehle zwar dasselbe Encoding, aber das ANSI-Encoding führt auf anderen Betriebssystemen zu Fehlern.

Führen Sie Listing 7.16 dagegen mit *PowerShell* 7 aus, ergibt sich ein harmonisches Bild: Alle Verfahren nutzen dasselbe *BOM*-lose UTF8-Encoding:

```
  BOM Encoding Confidence Path
  --- -------- ---------- ----
False UTF-8            88 C:\Users\tobia\AppData\Local\Temp\out-file.txt
False UTF-8           100 C:\Users\tobia\AppData\Local\Temp\set-content.txt
False UTF-8           100 C:\Users\tobia\AppData\Local\Temp\redirection.txt
False UTF-8           100 C:\Users\tobia\AppData\Local\Temp\out-file default.txt
False UTF-8           100 C:\Users\tobia\AppData\Local\Temp\set-content default.txt
```

Wichtige Schlussfolgerungen

Aus den Beispielen oben ergibt sich eine Reihe wichtiger Schlussfolgerungen beim Umgang mit Textdateien:

- **Unbekannte Textdateien:** Wenn Sie mit fremden Textdateien umgehen müssen, finden Sie das passende Encoding heraus (entweder indem Sie mit dem Parameter `-Encoding` beim Lesen der Datei so lange experimentieren, bis die Datei korrekt gelesen wird, oder indem Sie das Encoding mit `Get-Encoding` bestimmen). Geben Sie bei allen Cmdlets, die mit der Datei arbeiten, explizit den Parameter `-Encoding` mit dem passenden Encoding an.
- **Eigene Textdateien:** Bei Dateien, die Sie selbst anlegen, verwenden Sie am besten das *UTF8-Encoding ohne BOM*: Geben Sie bei allen beteiligten Befehlen explizit den Parameter `-Encoding UTF8` an.

  Bei *PowerShell* 7 wäre dies zwar nicht unbedingt nötig, weil es UTF8 wie gesehen als Standard verwendet, aber wenn Sie UTF8 explizit angeben, läuft Ihr Skript auch auf *Windows PowerShell* einwandfrei.
- **Vorsicht mit Encoding Default:** Das Encoding *Default* sollten Sie besser nicht verwenden, weil es bei *Windows PowerShell* und *PowerShell* 7 zu unterschiedlichen Encodings führt. Das Encoding *Default* ist allenfalls in seltenen Fällen auf Windows-Systemen nötig, wenn Sie eine Textdatei mit keinem anderen Encoding korrekt lesen können (beispielsweise von Microsoft Excel exportierte CSV-Dateien).

Profitipp

Viele Inkompatibilitäten könnte man sich sparen, wenn *Windows PowerShell* – so wie *PowerShell 7* – das Encoding UTF8 überall als Standard verwenden würde. Tatsächlich geht das. Führen Sie dazu in *Windows PowerShell* die folgende Zeile aus:

```
$PSDefaultParameterValues['*:Encoding'] = 'utf8'
```

Listing 7.17: UTF8 als Standardwert für alle -Encoding-Parameter

Mit `$PSDefaultParameterValues` definieren Sie eigene Standardwerte für Parameter. Das Sternchen * steht dabei für beliebige Cmdlets. Nachdem Sie Listing 7.17 ausgeführt haben, verwenden alle Cmdlets, die einen Parameter `-Encoding` besitzen, dafür als Standardwert UTF8.

Weil hinter dem Umleitungsoperator > in Wirklichkeit ab PowerShell Version 5.1 das Cmdlet `Out-File` steckt, gilt das neue Standard-Encoding nun also sogar für Umleitungen.

Die Definition des neuen Standardparameters gilt nur so lange, bis PowerShell wieder geschlossen wird. Um die Einstellung dauerhaft zu machen, tragen Sie den Befehl in Ihr Profilskript ein (siehe Kapitel 1).

Dateien finden

Um eine bestimmte Datei zu finden, sind in aller Regel drei Kriterien wichtig:

- In welchem Ordnerbaum soll gesucht werden?
- Um welchen Dateityp handelt es sich, und sind weitere Informationen über den Dateinamen bekannt?
- Was soll die Datei enthalten, die gesucht wird?

Nach Dateinamen oder Dateitypen suchen

Die Suche kann entsprechend von drei verschiedenen Cmdlets ausgeführt werden. Suchen Sie nach einem bestimmten Dateityp oder sind Namensteile bekannt, kann `Get-ChildItem` rekursiv einen ganzen Ordnerbaum durchsuchen. Mit dem Parameter `-Filter` geben Sie an, wonach gesucht wird.

Die folgende Zeile findet im Windows-Ordner alle Dateien, die mit *powershell* beginnen und die Erweiterung *.exe* tragen:

```
Get-ChildItem -Path $env:windir -Filter powershell*.exe -Recurse -ErrorAction Ignore
```

Listing 7.18: Dateien in einem ganzen Ordnerbaum finden

Der Parameter `-ErrorAction Ignore` ignoriert dabei alle Fehlermeldungen, die bei der Suche auftreten können, wenn die Suche auf Unterordner stößt, für die Sie keine Zugriffsberechtigungen haben. Sind Sie nur an den Pfadnamen interessiert, kann `Select-Object` die Ausgabe auf den Inhalt der Eigenschaft `FullName` beschränken, die normalerweise nicht sichtbar ist:

```
PS> Get-ChildItem -Path $env:windir -Filter powershell*.exe -Recurse -ErrorAction SilentlyContinue |
  Select-Object -ExpandProperty FullName

C:\WINDOWS\System32\WindowsPowerShell\v1.0\powershell.exe
C:\WINDOWS\System32\WindowsPowerShell\v1.0\powershell_ise.exe
(...)
```

-Filter und -Include: Unterschiede verstehen

Mit dem Parameter -Filter haben Sie eben festgelegt, wonach gesucht wird. Der Parameter -Filter wird direkt vom Laufwerkprovider verarbeitet, ist also besonders schnell. Allerdings wird er lediglich vom FileSystem-Provider unterstützt und funktioniert auf anderen Laufwerktypen nicht:

```
PS> Get-PSProvider

Name                 Capabilities                          Drives
----                 ------------                          ------
Registry             ShouldProcess, Transactions           {HKLM, HKCU}
Alias                ShouldProcess                         {Alias}
Environment          ShouldProcess                         {Env}
FileSystem           Filter, ShouldProcess, Credentials    {C, Z}
Function             ShouldProcess                         {Function}
Variable             ShouldProcess                         {Variable}
```

Außerdem verhält er sich mitunter merkwürdig. Die folgende Zeile soll eigentlich nur PowerShell-Skripte mit der Erweiterung *.ps1* im Windows-Ordner finden. Tatsächlich werden aber auch Dateien gefunden, deren Erweiterung mit *.ps1* beginnt, zum Beispiel *.ps1xml*:

```
PS> Get-ChildItem -Path $env:windir -Filter *.ps1 -Recurse -ErrorAction SilentlyContinue |
Group-Object -Property Extension -NoElement

Count Name
----- ----
  660 .ps1
  342 .ps1xml
    2 .ps1xml_96095401
    2 .ps1xml_f5fc2012
    2 .ps1xml_b1460d8a
(...)
```

Um das zu verhindern, können Sie anstelle von -Filter (oder in Kombination) auch den Parameter -Include einsetzen. Dieser arbeitet nicht auf Providerebene, sondern filtert die Ergebnisse nur nachträglich. Daher funktioniert -Include unabhängig von Provider und Laufwerktyp immer. Allerdings ist -Include im Vergleich zu -Filter sehr viel langsamer und liefert nur bei rekursiven Suchen Ergebnisse. Sie müssen also immer auch -Recurse angeben, um -Include nutzen zu können.

Ein Kompromiss für das Dateisystem besteht daher darin, einfach beide Parameter einzusetzen. -Filter übernimmt dann die grobe Vorauswahl, und -Include filtert diese Ergebnisse anschließend:

```
PS> Get-ChildItem -Path $env:windir -Filter *.ps1 -Include *.ps1 -Recurse -ErrorAction
SilentlyContinue | Group-Object -Property Extension -NoElement

Count Name
----- ----
  660 .ps1
```

Mehrere Top-Level-Ordner durchsuchen

Platzhalterzeichen können in Pfadnamen ebenfalls eingesetzt werden, und durch Verschachtelung von mehreren Get-ChildItem-Aufrufen lässt sich noch mehr erreichen. Die folgende Suche würde nur in denjenigen direkten Unterordnern suchen, die mit *Sys* beginnen:

```
PS> Get-ChildItem -Path $env:windir\Sys* -Directory


    Verzeichnis: C:\WINDOWS


Mode                LastWriteTime         Length Name
----                -------------         ------ ----
d-----       30.10.2015     08:24                System
d-----       25.11.2015     09:21                System32
d-----       30.10.2015     10:07                SystemApps
d-----       30.10.2015     08:24                SystemResources
d-----       16.11.2015     12:03                SysWOW64
```

Diese Ordner kann man nun erneut an `Get-ChildItem` leiten, sodass dieser zweite Aufruf nur noch folgende Top-Level-Ordner rekursiv durchsucht:

```
PS> Get-ChildItem -Path $env:windir\Sys* -Directory |
  Get-ChildItem -Filter powershell*.exe -Recurse -ErrorAction SilentlyContinue |
  Select-Object -ExpandProperty FullName

C:\WINDOWS\System32\WindowsPowerShell\v1.0\powershell.exe
C:\WINDOWS\System32\WindowsPowerShell\v1.0\powershell_ise.exe
C:\WINDOWS\SysWOW64\WindowsPowerShell\v1.0\powershell.exe
C:\WINDOWS\SysWOW64\WindowsPowerShell\v1.0\powershell_ise.exe
```

Hier sehen Sie besonders schön die mitgelieferten PowerShell-Hosts, die jeweils in einer 32-Bit- und einer 64-Bit-Variante vorliegen. Der erste Aufruf von `Get-ChildItem` liefert nur diejenigen Ordner, die durchsucht werden sollen. Diese werden dann an den zweiten Aufruf weitergeleitet, der darin rekursiv die Dateien sucht.

Wissen Sie bereits, wie viele Ergebnisse Sie benötigen, kann `Select-Object` mit dem Parameter `-First` die langwierige rekursive Suche abbrechen, sobald die gewünschte Anzahl von Ergebnissen erreicht ist, und so den Aufruf stark beschleunigen. Die folgende Zeile findet die erste *powershell.exe*-Datei im Windows-Ordner:

```
PS> Get-ChildItem -Path $env:windir -Filter powershell.exe -Recurse -ErrorAction SilentlyContinue |
  Select-Object -ExpandProperty FullName -First 1
```

Ab PowerShell 5 unterstützt `Get-ChildItem` außerdem den Parameter `-Depth`, mit dem die Verschachtelungstiefe einer rekursiven Suche festgelegt wird. Der Parameter `-Recurse` muss dann nicht mehr angegeben werden.

Alternative zur Rekursion

Eine rekursive Suche kann sehr lange dauern, weil dabei sämtliche Unterordner und alle darin vorhandenen Dateien durchsucht werden. Wenn Sie bereits wissen, auf welcher Ebene sich eine Datei befindet, beschleunigen Platzhalterzeichen im Pfad die Suche erheblich.

Die folgende Zeile liefert zum Beispiel alle Instanzen von *excel.exe* (Microsoft Excel) im *Programme*-Verzeichnis. Gefunden werden sowohl 32- als auch 64-Bit-Fassungen beliebiger Versionen:

```
Get-Item -Path 'c:\program*\Microsoft Office\Office*\excel.exe' | Select-Object -ExpandProperty
FullName
```

Ersetzen Sie in einem absoluten Pfad einfach die Stellen, die Sie nicht genau festlegen können, durch `*`. `Get-Item` findet daraufhin alle infrage kommenden Dateien.

Nach Dateiinhalten suchen

Falls Sie auch den Dateiinhalt als Suchkriterium einbeziehen möchten, werden die Ergebnisse anschließend an `Select-String` weitergeleitet. Dieses Cmdlet prüft, ob ein bestimmtes Wort oder eine Phrase in der Datei vorkommt.

Voraussetzung ist, dass die Datei einen textbasierten Inhalt hat. Binäre oder speziell formatierte Dateien lassen sich damit nicht filtern. Das gilt auch für proprietäre Dateiformate wie Word-Dateien von Microsoft Office.

Die folgende Zeile findet alle PowerShell-Skripte im Windows-Ordner, die das Wort »Get-ChildItem« enthalten:

```
Get-ChildItem -Path $env:windir -Filter *.ps1 -Recurse -ErrorAction Ignore |
  Select-String -Pattern 'Get-ChildItem' -List |
  Select-Object -ExpandProperty Path
```

`Select-String` findet normalerweise alle Textstellen (Zeilen) mit dem Suchwort und gibt diese aus. Wenn nur ein Ergebnis pro Datei gefunden werden soll, gibt man den Parameter `-List` an. Da der Code nicht die gefundene Textstelle liefern soll, sondern den Pfadnamen der Datei, wird anschließend mit `Select-Object` nur die normalerweise unsichtbare Eigenschaft `Path` ausgegeben.

Hinweis

Falls Sie sich gerade fragen, woher man weiß, dass das Ergebnis von **`Select-String`** eine versteckte Eigenschaft namens **`Path`** beinhaltet, ersetzen Sie einfach **`-ExpandProperty Path`** durch **`-Property *`**. Sie sehen dann alle verfügbaren Eigenschaften.

Das Codebeispiel zeigt die Grundlage für universelle Suchwerkzeuge zum Finden von Dateien. Hier ist ein angepasstes Beispiel, das beliebige PowerShell-Skripte in Ihrem Benutzerprofil findet, wenn Sie ein entsprechendes Stichwort angeben.

Das Skript wird natürlich keine Ergebnisse liefern, solange Sie nicht auch tatsächlich damit begonnen haben, eigene Skripte irgendwo in Ihrem Benutzerprofil zu speichern.

```
$stichwort = Read-Host -Prompt 'Nach welchem Wort in Ihrem Skript suchen Sie'

Get-ChildItem -Path $home -Filter *.ps1 -Recurse -ErrorAction SilentlyContinue |
  Select-String -Pattern $stichwort -List |
  Select-Object -Property LineNumber, Line, FileName, Path |
  Out-GridView -Title 'Datei aussuchen' -OutputMode Multiple |
  Select-Object -ExpandProperty Path
```

Listing 7.19: Suchfunktion, um Skripte über ein Schlüsselwort wiederzufinden

Achtung

`Out-GridView` steht nur im Windows-Betriebssystem zur Verfügung. Es gibt aber eine textbasierte Alternative namens **`Out-ConsoleGridView`**, die bei *PowerShell 7* nachinstalliert werden kann (siehe Kapitel 1).

Wenn Sie Informationen an **`Out-GridView`** schicken und den Parameter **`-OutputMode`** verwenden, wird aus dem GridView ein Dialogfeld. Dieses wartet, bis Sie einen Eintrag auswählen und danach auf die Schaltfläche *OK* klicken oder bis Sie das Fenster per Klick auf *Abbrechen* schließen. Achten Sie also darauf, das GridView nach Testläufen auch wieder zu schließen (es versteckt sich vielleicht hinter dem Editorfenster). Solange es geöffnet ist, können Sie in der PowerShell keine neuen Befehle starten.

Und noch eine zweite Besonderheit ist wichtig: Die Schaltfläche *OK* darf erst betätigt werden, wenn das GridView vollständig gefüllt ist. Andernfalls würde es sich zwar schließen, aber keine Auswahlergebnisse zurückliefern.

Dieses Verhalten ist für den Anwender natürlich nicht besonders vorhersehbar. Er sieht ja nicht, wann das GridView komplett gefüllt ist. Klickt er zu früh, wird die getroffene Auswahl nicht weitergegeben.

Dauert die Füllung des GridViews unabsehbar lange und soll das GridView als Auswahldialog eingesetzt werden, sollte man die Daten besser zunächst in einer Variablen sammeln und diese danach in einem Zug an `Out-GridView` übergeben.

Dateien und Ordner kopieren

`Copy-Item` ist ein primitiver Kopierbefehl für einzelne Dateien und Ordner. Das Kopieren ganzer Ordnerinhalte ist mit `Copy-Item` hingegen ein Wagnis, denn es verhält sich mitunter unerwartet. Es folgen einige erhellende Beispiele.

Einzelne Datei kopieren

Listing 7.20 zeigt, wie zunächst mit `Set-Content` eine Datei angelegt und dann mit `Copy-Item` eine Sicherheitskopie der Datei erstellt wird. `Join-Path` konstruiert dabei jeweils die absoluten Pfadnamen der beiden Dateien.

Beachten Sie hier den Rückgriff auf das .NET Framework und dessen Methode `GetFolderPath()`, um auf Windows-Systemen den absoluten Pfadnamen zum Desktop-Ordner zu erhalten. Alternativ können Sie `$desktop` natürlich auch jeden anderen Ordner zuweisen, für den Sie Schreibberechtigung haben.

```
# Datei anlegen:

# Pfadnamen zum Desktop feststellen (Windows)
$desktop = [Environment]::GetFolderPath('Desktop')

# Pfadnamen für Original und Kopie festlegen:
$original = Join-Path -Path $desktop -ChildPath 'original.txt'
$kopie = Join-Path -Path $desktop -ChildPath 'kopie.txt'

# Originaldatei herstellen:
"Hallo Welt" | Set-Content -Path $original -Encoding UTF8

# Sicherheitskopie erstellen:
Copy-Item -Path $original -Destination $kopie

# Die zwei zuletzt geänderten Dateien auf dem Desktop auflisten:
Get-ChildItem -Path $desktop -File |
  Sort-Object -Property LastWriteTime -Descending |
  Select-Object -First 2
```

Listing 7.20: Sicherheitskopie einer Datei anlegen

Achtung

Wenn Sie Listing 7.20 mehrfach ausführen, erleben Sie, dass `Copy-Item` vorhandene Dateien ohne Rückfrage überschreibt. Wollen Sie das nicht, müssten Sie selbst vor der Kopieraktion mit `Test-Path` prüfen, ob die Zieldatei schon existiert, und entsprechende Vorkehrungen treffen.

Mehrere Dateien kopieren

`Copy-Item` kann mehrere Dateien in einem Schritt kopieren. Dabei sind zwei Vorgehensweisen möglich.

- Im einfachsten Fall wird im Pfad ein Platzhalterzeichen (*) eingesetzt, das mehrere Dateien beschreibt, und für `-Destination` ein bereits existierender Ordner angegeben. `Copy-Item` kopiert dann alle Dateien in diesen Ordner hinein.

  Dies setzt aber unbedingt voraus, dass der angegebene Zielordner bereits vorhanden ist. Ist er nicht vorhanden, wertet `Copy-Item` die Angabe für `-Destination` als neuen Dateinamen für die zu kopierende Datei.
- Im komplexeren Fall wird `-Destination` ein Skriptblock übergeben.

Beginnen wir mit dem einfacheren Szenario: Das folgende Skript sucht zuerst alle Dateien mit der Erweiterung *.log* aus dem Windows-Ordner und kopiert diese dann in einen gemeinsamen Ordner. Gleichnamige Dateien werden überschrieben:

```
$zielordner = 'C:\LogFiles'
# Zielordner anlegen oder überschreiben, falls vorhanden.
# ACHTUNG: Ein vorhandener Zielordner wird komplett gelöscht!
$null = New-Item -Path $zielordner -ItemType Directory -Force

# Alle .log-Dateien im Windows-Ordner finden und in Zielordner kopieren:
Get-ChildItem -Path $env:windir -Filter *.log -Recurse -ErrorAction Ignore -File |
  Copy-Item -Destination $zielordner -ErrorAction SilentlyContinue -ErrorVariable e

# Kopierfehler anzeigen:
$e.CategoryInfo | Select-Object -Property Reason, TargetName

# Zielordner öffnen
explorer $zielordner
```

Listing 7.21: Alle .log-Dateien aus dem Windows-Ordner in einen anderen Ordner kopieren

Alle Kopierfehler werden mit `-ErrorAction SilentlyContinue` unterdrückt und stattdessen in der mit `-ErrorVariable` angegebenen Variablen protokolliert. So kann nach der Kopieraktion aufgelistet werden, welche Dateien nicht kopiert werden konnten und warum:

```
Reason                       TargetName
------                       ----------
UnauthorizedAccessException C:\Windows\Panther\setupact.log
UnauthorizedAccessException C:\Windows\Panther\setuperr.log
UnauthorizedAccessException C:\Windows\Panther\UnattendGC\setupact.log
UnauthorizedAccessException C:\Windows\Panther\UnattendGC\setuperr.log
IOException                 C:\Windows\System32\catroot2\edb.log
IOException                 C:\Windows\System32\catroot2\edbtmp.log
```

Typische Fehlerursachen sind mangelnde Berechtigungen und Sperrungen, weil die Datei gerade in Benutzung war.

Beim Kopiervorgang in Listing 7.21 blieb der Originaldateiname also unverändert. Nur der Zielordner änderte sich.

Copy-Item kann allerdings während des Kopiervorgangs den Namen der Zieldateien ändern. Damit das auch klappt, wenn mehrere Dateien kopiert werden, darf -Destination kein fester Zieldateiname angegeben werden, denn der wäre sonst für alle Dateien identisch.

Stattdessen kann -Destination den Zieldateinamen dynamisch berechnen. Dazu übergibt man dem Parameter einen Skriptblock ({}). Dieser Skriptblock wird für jede zu kopierende Datei automatisch wiederholt, und innerhalb des Skriptblocks steht die zu kopierende Originaldatei in der Variablen $_ zur Verfügung. So kann man den Zieldateinamen vom Originaldateinamen ableiten.

Schauen wir uns das an einem etwas konstruierten Beispiel an. Lassen Sie uns Sicherheitskopien von den Logbuchdateien anlegen, die Listing 7.21 eben gerade kopiert hat. Die Sicherheitskopien sollen in demselben Ordner landen wie die Originale:

```
$originale = 'C:\LogFiles'

# Alle log-Dateien aus dem Ordner $originale als Sicherheitskopie
# mit Endung .bak in denselben Ordner legen:
Get-ChildItem -Path $originale -Filter *.log |
  Copy-Item -Destination {
        # Der Skriptblock berechnet den Zielnamen.
        # $_ repräsentiert jeweils eine zu kopierende Originaldatei
        # mit all ihren Eigenschaften.

        # Der Dateiname der Originaldatei findet sich in "Name":
        $name = $_.Name
        # Der neue Dateiname soll die Extension ".bak" tragen:
        $neuerName = $name + '.bak'
        # Der absolute Pfadname der Originaldatei liegt in "FullName".
        # Split-Path berechnet daraus den Ordner, in dem die Originaldatei liegt:
        $ordner = Split-Path $_.FullName
        # Join-Path berechnet daraus den neuen absoluten Pfadnamen.
        # Ergebnis wird weder an Variable zugewiesen noch an Pipeline weitergegeben
        # und somit zum Rückgabewert (Türchen 3 im Türchen-Modell aus Kapitel 2):
        Join-Path -Path $ordner -ChildPath $neuerName
      }

# Ordnerinhalt auflisten:
Get-ChildItem -Path $originale
```

Listing 7.22: Sicherheitskopien für alle Skriptdateien auf dem Desktop anlegen

Ordner kopieren

Mit Copy-Item und seinem Parameter -Recurse können auch ganze Ordnerbäume kopiert werden. Dabei werden allerdings schon vorhandene Zielordner nur überschrieben, wenn zusätzlich -Force angegeben wird.

Listing 7.23 soll beispielsweise Ihre persönlichen PowerShell-Präferenzen und Anpassungen sichern. Der Ordner, in dem diese Anpassungen gespeichert werden, ist bei *Windows PowerShell* und *PowerShell* unterschiedlich, kann aber stets aus $profile bestimmt werden.

Ändern Sie höchstens gegebenenfalls den Zielpfad in $ziel, falls Sie Ihre persönlichen PowerShell-Präferenzen und Anpassungen auf einen USB-Stick oder in ein Cloud-Drive kopieren möchten.

```
# PowerShell-Profil kopieren.
# Dieses Profil ist der Parent-Folder des Profilskripts, dessen Pfad in
# $profile vorliegt:
$quelle = Split-Path $profile
$ziel   = 'c:\Sicherheitskopie'

# Ein PowerShell-Profil muss nicht unbedingt existieren.
# Wenn Sie keine persönlichen Anpassungen vorgenommen haben, z. B. ein
# Profilskript angelegt oder weitere Module im Scope CurrentUser nachinstalliert
# haben, dann gibt es gegebenenfalls noch keinen Profilordner:
$existiert = Test-Path -Path $quelle
if (!$existiert)
{
        Write-Warning "Das Profil $quelle existiert nicht - nichts zu kopieren!"
        return
}

# Originalprofil in Sicherheitskopie speichern:
Copy-Item -Path $quelle -Destination $ziel -Recurse -Force

explorer $ziel
```

Listing 7.23: Sicherheitskopie des PowerShell-Ordners anlegen

Wollen Sie größere Ordnerstrukturen kopieren oder komplexere Kopierarbeiten vornehmen, dann denken Sie daran, dass Cmdlets nicht die einzige Befehlsart ist, die PowerShell unterstützt. Erlaubt sind auch alle Anwendungen des Betriebssystems. Cmdlets sind nicht grundsätzlich besser oder empfehlenswerter als andere Befehlsarten. Bei Windows greifen Sie daher für größere Kopieraktionen besser zu `robocopy.exe`:

```
# PowerShell-Profil kopieren:
$quelle = Split-Path $profile
$ziel   = 'c:\Sicherheitskopie'

$null = robocopy.exe $quelle $Ziel /R:0 /S

explorer $ziel
```

Listing 7.24: PowerShell-Profil mit robocopy.exe kopieren

Listing 7.24 ist nicht nur kürzer, sondern auch ganz erheblich schneller: `robocopy.exe` kopiert Dateien nur, wenn sie sich von den Zieldateien unterscheiden, und nutzt acht Kopier-Threads gleichzeitig.

Dateien umbenennen

`Rename-Item` benennt Dateien und Ordner um, ohne sie zu kopieren.

Einzelne Datei

Hier zunächst ein simples Beispiel: Auf Ihrem Desktop wird als Anschauungsobjekt eine Datei namens *datei.txt* angelegt. Darin werden die Ergebnisse des Befehls `Get-Process` gespeichert.

Anschließend wird die Datei umbenannt. Auf dem Desktop liegt am Ende die Datei *prozesse.txt*.

```
#requires -Version 1

# Pfadnamen zum Desktop feststellen (Windows):
$desktop = [Environment]::GetFolderPath('Desktop')

# Pfadnamen definieren:
$path = Join-Path -Path $desktop -ChildPath datei.txt

# Ergebnisse von Get-Process in Textdatei speichern:
Get-Process | Format-Table -AutoSize -Wrap | Out-File -FilePath $path -Width 120

# Ausgabedatei umbenennen:
Rename-Item -Path $path -NewName prozesse.txt
```

Listing 7.25: Datei anlegen und anschließend umbenennen

Ganze Ordnerinhalte umbenennen

`Rename-Item` kann auch viele Dateien gleichzeitig umbenennen. Dazu wird `-NewName` ähnlich wie bei `Copy-Item` ein Skriptblock übergeben, der aus den Informationen der Originaldatei, die innerhalb des Skriptblocks in der Variablen `$_` stehen, den neuen Namen jeweils berechnet.

Als Vorbereitung kopiert Listing 7.26 zunächst alle Bilder aus Ihrem Fotoordner in einen Testordner, damit durch die folgenden Experimente kein Schaden angerichtet werden kann. Natürlich können Sie in `$quelle` auch einen beliebigen anderen Pfad angeben, in dem Bilder gesucht werden sollen:

```
$quelle = [Environment]::GetFolderPath('MyPictures')
$ziel = 'C:\Fotos'

# Zielordner anlegen:
if ((Test-Path -Path $ziel) -eq $false)
{ $null = New-Item -Path $ziel -ItemType Directory }

# Alle Bilderdateien aus dem Quellverzeichnis in den Zielordner kopieren:
Get-ChildItem -Path $quelle -Include *.jpg, *.jpeg, *.png -Recurse -File |
  Copy-Item -Destination $ziel -ErrorAction Ignore


# Zielordner öffnen:
explorer $ziel
```

Listing 7.26: Alle JPEG-Bilder aus dem Windows-Ordner in einen Testordner kopieren

Nun sollen alle Bilddateien im Zielordner systematisch umbenannt werden. Der neue Name soll sich aus dem Erstellungsdatum der Datei und einer hochzählenden vierstelligen Indexzahl zusammensetzen:

```
$ziel = 'C:\Fotos'
$index = 0

# Alle Dateien aus dem Zielordner auflisten und umbenennen:
Get-ChildItem -Path $ziel -File |
  Rename-Item -NewName {
    # Dieser Skriptblock wird für jede umzubenennende Datei aufgerufen.
    # Die jeweilige Originaldatei liegt in $.
    # Die Aufgabe des Skriptblocks ist es, den neuen Namen zu berechnen.

    # Ein Index wird um eins hochgezählt:
```

```
    $script:index++

    # Der neue Name wird mit dem Operator -f und einer Textschablone generiert:
    # zuerst ein Datum im Format Jahr-Monat-Tag Stunde-Minute-Sekunde,
    # dann "Pic", gefolgt von einem vierstelligen Index,
    # dann die Dateiextension der Originaldatei:
    '{0:yyyy-MM-dd HH-mm-ss} Pic{1:d4}{2}' -f $_.CreationTime, $index, $_.Extension
  }

# Zielordner öffnen:
explorer $ziel
```

Listing 7.27: Alle Bilder im Ordner mit laufender vierstelliger Zahl umbenennen

Nach dem Ausführen des Skripts sind alle Dateien im Ordner umbenannt. Ihr Name besteht nun aus dem Datum, dem Wort *Pic* und einer vierstelligen Indexzahl.

Achtung

Automatisierte Umbenennungen setzen voraus, dass der neu berechnete Dateiname noch nicht im Ordner existiert. Andernfalls erhalten Sie einen Fehler.

Listing 7.27 demonstriert, wie für jede Datei im Ordner ein individueller Dateiname berechnet wird. Die Hauptaufgabe erledigt der Operator `-f`, der aus mehreren Einzelinformationen einen formatierten Text erstellt. Weitere Informationen zu diesem Operator bietet auch die PowerShell-Hilfe:

```
Get-Help about_Operators
```

Ein Teil des neuen Dateinamens soll eine laufende Zahl sein. Dazu wird `$index` bei jeder Umbenennung mit dem Inkrement-Operator `++` um eins erhöht. Das Präfix `script:` in `$script:index` verwandelt die Variable in eine »skriptglobale« Variable, die sich ihren Wert skriptweit merkt und nicht bei jedem Aufruf des Skriptblocks neu angelegt wird.

Grundsätzlich können Sie die neuen Dateinamen auch auf Metadaten der Datei aufbauen. Metadaten sind Informationen wie Auflösung, Autor, Kameratyp usw. und werden normalerweise im Dialogfeld *Eigenschaften* einer Datei auf der Registerkarte *Details* angezeigt.

PowerShell enthält kein Cmdlet, um die Metadaten einer Datei auszulesen, aber Sie können einen solchen Befehl leicht nachrüsten:

```
Install-Module -Name PSSharedGoods -Scope CurrentUser -AllowClobber
```

Listing 7.28: Nützliche Befehlssammlung nachinstallieren, mit der unter anderem Datei-Metadaten lesbar sind

Das Modul rüstet ein Sammelsurium nützlicher neuer Cmdlets nach, darunter auch `Get-FileMetaData`. Damit werden die Metadaten einer Datei sichtbar:

```
PS> Get-FileMetaData -File 'C:\Fotos\2021-01-10 13-02-08 Pic10000.jpg'

Name                     : 2021-01-10 13-02-08 Pic10000.jpg
Größe                    : 441 KB
Elementtyp               : JPG-Datei
Änderungsdatum           : 08.04.2016 14:25
Erstelldatum             : 10.01.2021 13:02
LetzterZugriff           : 10.01.2021 13:10
Attribute                : A
ErkannterTyp             : Bild
```

```
Besitzer              : DELL7390\tobia
Art                   : Bild
Aufnahmedatum         : ?08.?04.?2016 ??13:25
Bewertung             : Nicht bewertet
Kameramodell          : iPhone 6
Abmessungen           : ?1280 x 960?
Kamerahersteller      : Apple
Programmname          : 9.2.1
Gesamtgröße           : 938 GB
Computer              : DELL7390 (dieser PC)
Dateierweiterung      : .jpg
Dateiname             : 2021-01-10 13-02-08 Pic10000.jpg
FreierSpeicherplatz   : 358 GB
Bittiefe              : 24
HorizontaleAuflösung  : ?72 dpi
Breite                : ?1280 Pixel
VertikaleAuflösung    : ?72 dpi
Höhe                  : ?960 Pixel
(...)
```

Dateien und Ordner löschen

Das Löschen von Dateien und Ordnern übernimmt `Remove-Item`. Wollen Sie mit diesem Cmdlet ganze Ordner samt Inhalt löschen, muss zusätzlich der Parameter `-Recurse` angegeben werden.

Hier ein kleines Aufräumskript, das überflüssige Dateien entsorgt, um Festplattenspeicher freizugeben: Zunächst werden die Verknüpfungen aus dem Ordner *Recent* entfernt, die für jede Datei angelegt werden, die man mit dem Explorer öffnet. Danach wird der temporäre Ordner bereinigt. Dabei kann es zu Fehlern kommen, falls temporäre Dateien oder Ordner gelöscht werden sollen, die noch verwendet werden. Solche Fehler unterdrückt das Skript dann einfach:

```
#requires -Version 1

# RECENT-Dateien löschen
Get-ChildItem -Path "$env:appdata\Microsoft\Windows\Recent" -Filter *.lnk |
  Remove-Item

# TEMP-Ordner löschen
Get-ChildItem -Path $env:temp | Remove-Item  -Recurse -ErrorAction SilentlyContinue
```

Listing 7.29: Überflüssige Dateien von der Festplatte löschen

---

Achtung

Das Löschen von Dateien und Ordnern ist immer kritisch. Eines der größten Risiken ist dabei das Argument für `-Path`. Wenn Sie dieses Argument nicht wie im Beispiel als absoluten Pfad hardcodieren, sondern etwa als Variable übergeben, ist allergrößte Sorgfalt nötig.

Sollten Sie sich bei der Angabe der Variablen beispielsweise vertippen oder ist die Variable aus anderen Gründen versehentlich leer, verweist `-Path` automatisch auf den aktuellen Ordner. Sie würden in diesem Fall womöglich die völlig falschen Dateien und Ordner löschen. Das ist ein enormes Risiko.

Größe eines Laufwerks ermitteln

Die aktuelle Speicherbelegung eines Laufwerks ermittelt man mit `Get-PSDrive`. Dieses Cmdlet listet alle PowerShell-Laufwerke auf. Um nur Dateisystemlaufwerke zu sehen, wird die Ansicht mit `-Provider FileSystem` auf das Dateisystem beschränkt:

```
PS> Get-PSDrive -PSProvider FileSystem

Name           Used (GB)     Free (GB) Provider      Root
----           ---------     --------- --------      ----
C                 153,86        311,94 FileSystem    C:\
```

Man kann auch die Eigenschaften `Free` und `Used` aus dem Laufwerkobjekt erfragen und daraus die Gesamtgröße sowie die Speicherbelegung in Prozent ermitteln:

```
#requires -Version 1

$drive = Get-PSDrive -PSProvider FileSystem -Name C

$free = $drive.Free
$used = $drive.Used
$total = $free + $used
$percent = $used / $total

'Gesamt:    {0,10:n1} GB' -f ($total/1GB)
'Belegt:    {0,10:n1} GB' -f ($used/1GB)
'Frei:      {0,10:n1} GB' -f ($free/1GB)
'Belegung:     {0,10:p}' -f $percent
```

Listing 7.30: Speicherbelegung eines Laufwerks ermitteln

Hinweis

Um das Ergebnis zu formatieren, wird in Listing 7.30 der Operator `-f` eingesetzt. Auf seiner linken Seite steht die Textschablone, in die das berechnete Ergebnis von seiner rechten Seite eingefügt wird. In Kapitel 9 wird dieser Operator ganz genau erklärt.

Das Ergebnis könnte dann ungefähr so aussehen:

```
Gesamt:        465,8 GB
Belegt:        153,9 GB
Frei:          311,9 GB
Belegung:       33,03 %
```

Größe eines Ordners ermitteln

Die Gesamtgröße eines Ordners wird Ihnen erstaunlicherweise von keinem Cmdlet frei Haus geliefert. Das ist auch nicht nötig, denn die Gesamtgröße eines Ordners ist ja einfach die Summe aller darin enthaltenen Dateien.

Deshalb genügt es, mit `Get-ChildItem` alle Dateien im Ordner aufzulisten. Das allein ist die tatsächlich dateisystemspezifische Aufgabe, die so aussehen könnte:

```
# Die Größe dieses Ordners soll ermittelt werden:
$Path = 'c:\windows'

# Es sollen alle Dateien berücksichtigt werden
```

```
# (ersetzen Sie dies z. B. durch '*.log', um nur solche
# Dateien zu zählen):
$Filter = '*'

Get-ChildItem -Path $Path -Filter $Filter -File -ErrorAction SilentlyContinue
```

Das Ergebnis ist eine lange Dateiliste, und pro Datei findet sich die jeweilige Größe in der Spalte `Length`:

```
    Verzeichnis: C:\windows


Mode                LastWriteTime         Length Name
----                -------------         ------ ----
-a---l       10.07.2015     12:59          61952 bfsvc.exe
-a--s-       12.11.2015     16:37          67584 bootstat.dat
-a----       06.08.2015     12:22           6705 comsetup.log
-a----       21.11.2014     04:47          35851 CoreConnectedSingleLanguage.xml
-a----       01.04.2015     10:52             12 csup.txt
-a---l       20.08.2015     04:42         236544 DfsrAdmin.exe
```

Um diese Rohdaten ins gewünschte Format zu bringen, müsste nun aus all den Größenangaben die Summe gebildet werden. Summen zu bilden, ist keine wirklich dateisystemspezifische Aufgabe, sondern kann auch in ganz anderen Zusammenhängen wichtig sein. Deshalb wird die Aufgabe von einem weiteren Cmdlet erledigt: `Measure-Object`. Wie es funktioniert, zeigt dieses einfache Beispiel:

```
PS> 1,4,7,12,55 | Measure-Object -Sum


Count    : 5
Average  :
Sum      : 79
Maximum  :
Minimum  :
Property :

PS> 1,4,7,12,55 | Measure-Object -Sum | Select-Object -ExpandProperty Sum
79
```

Kombiniert man beides, erhält man die Ordnergesamtgröße. Fügen Sie `Get-ChildItem` höchstens noch die Parameter `-Recurse` (damit auch die Unterordner durchsucht werden) und `-Force` (damit versteckte Dateien berücksichtigt werden) an:

```
# Die Größe dieses Ordners soll ermittelt werden:
$Path = 'c:\windows'

# Es sollen alle Dateien berücksichtigt werden
# (ersetzen Sie dies z. B. durch '*.log', um nur solche
# Dateien zu zählen):
$Filter = '*'

$TotalSize = Get-ChildItem -Path $Path -Filter $Filter -File -ErrorAction SilentlyContinue -Recurse
-Force | Measure-Object -Property Length -Sum |  Select-Object -ExpandProperty Sum

"Die Gesamtgröße des Ordners $Path beträgt $TotalSize Bytes."

$TotalSizeMB = $TotalSize / 1MB

'Die Gesamtgröße des Ordners "{0}" beträgt {1:n1} MB.' -f $Path, $TotalSizeMB
```

Listing 7.31: Gesamtgröße eines Ordners feststellen

Das Ergebnis sieht nach einiger Wartezeit ungefähr so aus:

```
Die Gesamtgröße des Ordners c:\windows beträgt 31833632517 Bytes.
Die Gesamtgröße des Ordners "c:\windows" beträgt 30.358,9 MB.
```

Die erste Textzeile wurde durch das einfache Einfügen der Variablen erzeugt, sieht aber etwas unübersichtlich aus.

Die zweite Textzeile nutzt den Operator `-f`, der links eine Textschablone und rechts die darin einzusetzenden Werte erwartet. Sie haben natürlich recht, wenn Sie einwerfen, dass dieser Operator bisher noch nicht erklärt wurde. Er wird erst im nächsten Kapitel seinen Auftritt haben, soll aber hier trotzdem schon einmal zeigen, was er kann. Und vielleicht haben Sie ja Lust, jetzt bereits auszutüfteln, wie er die wesentlich schöner formatierte Textzeile erzeugt hat:

Die Platzhalter stehen in der Textschablone als Zahlen in geschweiften Klammern. `{0}` ist also der erste Platzhalter, in den der Inhalt von `$Path` eingefügt wird, und `{1}` ist der zweite Platzhalter, der den Wert aus `$TotalSizeMB` anzeigt. Der Zusatz `:n1` legt fest, dass genau eine Nachkommastelle sowie Tausendertrennzeichen zur Formatierung der Zahl verwendet werden. Und genau daher hat der Operator `-f` seinen Namen: Das `f` steht für »Formatierung« und kann Textausgaben und insbesondere Zahlen hübsch formatieren. Eigentlich gar nicht so schwierig, nur etwas ungewohnt.

Umgebungsvariablen

Im vorherigen Abschnitt hatten Sie auf den Windows-Ordner zugegriffen und dessen Pfad *c:\windows* verwendet. Das ist zwar der übliche Pfadname für den Windows-Ordner, aber vorgeschrieben ist er nicht. Windows kann auch in einen ganz anderen Ordner installiert worden sein, und wenn Sie ein anderes Betriebssystem verwenden, kann der Ordner des Betriebssystems natürlich völlig anders lauten.

Damit Skripte zuverlässig funktionieren, sollten absolute Pfadangaben möglichst vermieden werden. Erfragen Sie lieber mithilfe von Umgebungsvariablen (manchmal auch *Systemvariable* genannt), wo sich der Ordner des Betriebssystems tatsächlich befindet.

Alle Umgebungsvariablen auflisten

PowerShell organisiert die Umgebungsvariablen des Betriebssystems in einem eigenen Laufwerk. Dieses Laufwerk wird vom Provider `Environment` verwaltet, und das Laufwerk nutzt den Laufwerksbuchstaben `env:`.

Eine Übersicht sämtlicher Umgebungsvariablen erhalten Sie so:

```
PS> Get-ChildItem -Path env:

Name                           Value
----                           -----
abc                            123
ALLUSERSPROFILE                C:\ProgramData
APPDATA                        C:\Users\Tobias\AppData\Roaming
asl.log                        Destination=file
(…)
```

`Get-ChildItem` unterstützt Platzhalterzeichen, sodass Sie die Suche auch einschränken können. Dieser Befehl liefert alle Umgebungsvariablen mit dem Schlüsselwort `dir`:

```
PS> dir env:\*dir*

Name                           Value
----                           -----
windir                         C:\WINDOWS
```

Auf einzelne Umgebungsvariablen zugreifen

Möchten Sie auf eine bestimmte Umgebungsvariable zugreifen, tun Sie genau das, was Sie in PowerShell immer tun, wenn Sie auf ein Laufwerkelement zugreifen möchten: Sie geben das Zeichen `$` ein und dahinter den Laufwerksbuchstaben sowie den Namen des Elements.

Um zum Beispiel die Umgebungsvariable `windir` abzurufen, gehen Sie daher so vor:

```
PS> $env:windir
C:\WINDOWS
```

Profitipp

Tatsächlich erkennen Sie hier, dass es Variablen bei PowerShell eigentlich nicht gibt. Wenn Sie mit dem Dollarzeichen **$** eine Variable anlegen oder lesen, arbeiten Sie immer mit einem Laufwerk und greifen eigentlich nur auf Laufwerkelemente zu:

```
# Normaler Umgang mit Variablen:

# Schreiben:
$a = 1

# Lesen:
$a

# Tatsächlich lautet die volle Schreibweise so:

# Schreiben:
$variable:a

# Lesen:
$variable:a

# Alle "normalen" Variablen werden also auf dem Laufwerk "variable:" gespeichert.
# PowerShell verwendet dieses Laufwerk als Vorgabe, wenn Sie hinter "$" kein
# Laufwerk angeben.

# Alle derzeit definierten Variablen ausgeben:
Get-ChildItem -Path variable: |
  Select-Object -Property Name, Value, Description |
  Out-GridView
```

Listing 7.32: Variablen werden auf dem Laufwerk »variable:« gespeichert.

Das Zeichen **$** liefert also einen Direktzugriff auf Laufwerkelemente und funktioniert sogar im Dateisystem, um Dateiinhalte zu lesen. Allerdings muss wegen der vielen Sonderzeichen in Pfadnamen hier der Name der »Variablen« in geschweifte Klammern gestellt werden.

Das folgende Beispiel zeigt den Inhalt der Datei *hosts* auf Windows-Betriebssystemen:

```
PS> ${C:\windows\system32\drivers\etc\hosts}
# Copyright (c) 1993-2009 Microsoft Corp.
#
# This is a sample HOSTS file used by Microsoft TCP/IP for Windows.
# huhu
# This file contains the mappings of IP addresses to host names. Each
# entry should be kept on an individual line. The IP address should
# be placed in the first column followed by the corresponding host name.
# The IP address and the host name should be separated by at least one
# space.
#
# Additionally, comments (such as these) may be inserted on individual
# lines or following the machine name denoted by a '#' symbol.
#
# For example:
#
#      102.54.94.97     rhino.acme.com          # source server
#       38.25.63.10     x.acme.com              # x client host

# localhost name resolution is handled within DNS itself.
#       127.0.0.1       localhost
#       ::1             localhost
```

Natürlich verwendet man zum Lesen von Dateien besser das Cmdlet `Get-Content`, zumal nicht jeder Laufwerkprovider den Direktzugriff über `$` unterstützt. Der Provider `Registry` ist dazu zum Beispiel nicht in der Lage.

Aber dennoch ist der Zusammenhang zwischen Laufwerken und `$` eine neue wichtige Erkenntnis, wenn man PowerShells Grundkonzepte bis ins Detail verstehen möchte.

Umgebungsvariablen ändern

PowerShell kann Umgebungsvariablen auch ändern oder erweitern. Möchten Sie zum Beispiel PowerShell in die Lage versetzen, PowerShell-Module auch von einem USB-Stick nachzuladen, erweitern Sie die Umgebungsvariable `$env:PSModulePath` beispielsweise so:

```
PS> $env:PSModulePath += ';Z:\'
```

Ab sofort würde auch das Laufwerk *Z:* in die Modulsuche mit einbezogen, allerdings nur so lange, bis Sie die PowerShell schließen. Änderungen an den Umgebungsvariablen wirken sich lediglich auf die Prozesskopie aus, gelten also lediglich für die aktuelle PowerShell-Sitzung (und alle von ihr aus gestarteten weiteren Prozesse).

Achtung

Wenn Sie der Umgebungsvariablen `$env:PSModulePath` weitere Suchpfade hinzufügen, vermeiden Sie UNC-Netzwerkpfade (oder gemappte Laufwerke, deren Ziel im Netzwerk liegt).

PowerShell greift auf die hier vermerkten Pfade intensiv zu, beispielsweise bei jedem IntelliSense-Vorgang. Langsame Netzwerkverbindungen verlangsamen auch PowerShell erheblich, ganz zu schweigen vom zusätzlichen Netzwerk-Traffic, der so entsteht.

Wollen Sie Umgebungsvariablen dauerhaft ändern, ist das nur über direkte Systemfunktionsaufrufe möglich. Diese werden an anderer Stelle beschrieben und sollen hier nur als Randnotiz der Vervollständigung dienen:

```
#requires -Version 1

# Neue User-Umgebungsvariable anlegen:
[Environment]::SetEnvironmentVariable('test', '123', 'User')

# Umgebungsvariable wieder löschen:
[Environment]::SetEnvironmentVariable('test', $null, 'User')
```

Listing 7.33: Umgebungsvariable dauerhaft anlegen beziehungsweise löschen

Ersetzen Sie `User` durch `Machine`, wenn Sie eine Umgebungsvariable für alle Anwender setzen oder löschen wollen. Dafür allerdings benötigen Sie Administratorrechte.

Hinweis

Denken Sie daran, dass PowerShell Umgebungsvariablen nur beim Start einliest und danach ausschließlich mit seiner Prozesskopie arbeitet. Wenn Sie also, wie eben beschrieben, neue Umgebungsvariablen systemweit anlegen, erkennt PowerShell diese erst beim nächsten Start.

Windows-Registrierungsdatenbank

In der Linux-Welt werden Konfigurationsdaten des Betriebssystems textbasiert gespeichert. Dort kann man mit den oben bereits beschriebenen Mitteln allein über Änderungen in Textdateien viele Einstellungen des Betriebssystems kontrollieren.

Windows dagegen ist ein API-basiertes Betriebssystem, bei dem reine Textdateien zur Steuerung und Speicherung von Daten fast keine Rolle spielen. Stattdessen ist Windows weitgehend objektorientiert und setzt eine interne Datenbank ein, die sogenannte *Registry*, in der alle wichtigen Zustände und Einstellungen abgelegt werden.

Gleichwohl können Sie in PowerShell mit demselben Wissen, das Sie eben zur Manipulation von Textdateien genutzt haben, auch die Windows-Registrierungsdatenbank lesen und beschreiben, denn PowerShell behandelt sie kurzerhand wie ein Laufwerk.

In diesem Abschnitt geht es weniger darum, *warum* Sie Informationen in der Registrierungsdatenbank lesen oder ändern wollen oder sollten (diese Frage sollten Sie selbst beantworten können oder andernfalls die Finger von Änderungen bestehender Schlüssel und Werte lassen), sondern eher um das *Wie*.

Solange Sie also das Warum nicht selbstbewusst vertreten können, sollten Sie lieber testweise eigene Schlüssel und Werte anlegen – so wie in den nachfolgenden Beispielen – und die von Windows benötigten Einträge gänzlich in Ruhe lassen.

Die übliche Warnung, bevor Sie auf die Windows-Registrierungsdatenbank zugreifen: Informationen in der Windows-Registrierungsdatenbank sind oft lebenswichtig für Windows, und wer Daten darin beschädigt oder löscht, riskiert, dass Windows anschließend nicht mehr richtig oder überhaupt nicht mehr funktioniert.

Schlüssel suchen

Der Provider `Registry` ist in der Lage, die Inhalte der Registrierungsdatenbank zu lesen und zu verändern, und stellt dafür die Laufwerke *HKCU:* (für den Zweig *HKEY_CURRENT_USER*) und *HKLM:* (für den Zweig *HKEY_LOCAL_MACHINE*) zur Verfügung.

Um beispielsweise alle Schlüssel im Zweig *HKEY_LOCAL_MACHINE* zu finden, die das Wort »PowerShell« im Namen tragen, genügt diese Zeile:

```
PS> Get-ChildItem -Path HKLM:\ -Include *PowerShell* -Recurse -ErrorAction SilentlyContinue

    Hive: HKEY_LOCAL_MACHINE\SOFTWARE\Classes


Name                           Property
----                           --------
Microsoft.PowerShellCmdletDefi EditFlags        : 131072
nitionXML.1                    FriendlyTypeName : @"C:\WINDOWS\system32\windows
                               powershell\v1.0\powershell.exe"
                                                  ,-120
(…)
```

Werte lesen

Die eigentlichen Informationen (Werte), die in einem Registry-Schlüssel hinterlegt sind, bezeichnet PowerShell als `ItemProperty`. Um alle Werte eines bestimmten Registry-Schlüssels sichtbar zu machen, genügt wiederum bloß eine Zeile:

```
PS> Get-ItemProperty -Path 'HKLM:\SOFTWARE\Microsoft\Windows NT\CurrentVersion'


SystemRoot                : C:\WINDOWS
BuildBranch               : th1
CurrentBuild              : 10240
CurrentMajorVersionNumber : 10
CurrentMinorVersionNumber : 0
CurrentType               : Multiprocessor Free
CurrentVersion            : 6.3
EditionID                 : Professional
InstallationType          : Client
InstallDate               : 1438856757
ProductName               : Windows 10 Pro
RegisteredOrganization    :
SoftwareType              : System
UBR                       : 16463
PathName                  : C:\WINDOWS
ProductId                 : 00330-80000-00000-AA620
DigitalProductId          : {164, 0, 0, 0...}
DigitalProductId4         : {248, 4, 0, 0...}
CurrentBuildNumber        : 10240
BuildLab                  : 10240.th1.150819-1946
BuildLabEx                : 10240.16463.amd64fre.th1.150819-1946
BuildGUID                 : ffffffff-ffff-ffff-ffff-ffffffffffff
InstallTime               : 130833303579534715
Customizations            : ModernApps
RegisteredOwner           : Tobias
PSPath                    : Microsoft.PowerShell.Core\Registry::HKEY_LOCAL_MACH
```

```
                          INE\SOFTWARE\Microsoft\Windows NT\CurrentVersion
PSParentPath            : Microsoft.PowerShell.Core\Registry::HKEY_LOCAL_MACH
                          INE\SOFTWARE\Microsoft\Windows NT
PSChildName             : CurrentVersion
PSDrive                 : HKLM
PSProvider              : Microsoft.PowerShell.Core\Registry
```

Der Befehl liefert sämtliche Werte zurück, die in dem angegebenen Registry-Schlüssel hinterlegt sind. Interessieren Sie davon nur bestimmte Werte, setzen Sie `Select-Object` ein und geben an, welche Werte Sie ausgeben lassen möchten.

Diese Zeile würde nur die Werte liefern, in deren Namen das Wort »Install« vorkommt:

```
PS> Get-ItemProperty -Path 'HKLM:\SOFTWARE\Microsoft\Windows NT\CurrentVersion' | Select-Object
-Property *Install*

InstallationType InstallDate        InstallTime
---------------- -----------        -----------
Client            1438856757 130833303579534715
```

Einzelne Werte lassen sich auch direkt auslesen. Dazu wird das Ergebnis des Befehls zunächst in einer Variablen gespeichert. Gibt man hinter dieser Variablen später einen Punkt ein, stehen die einzelnen Informationen zur Verfügung. Man kann so also nacheinander alle erforderlichen Werte aus der Variablen auslesen.

```
PS> $werte = Get-ItemProperty -Path 'HKLM:\SOFTWARE\Microsoft\Windows NT\CurrentVersion'
PS> $werte.RegisteredOwner
Tobias
PS> $werte.ProductName
Windows 10 Pro
```

Einzelne Werte lassen sich – beispielsweise mit dem Operator `-f` – auch zu einem Reporttext kombinieren:

```
PS> $werte = Get-ItemProperty -Path 'HKLM:\SOFTWARE\Microsoft\Windows NT\CurrentVersion'
PS> $schablone = 'Produktname: "{0}" Besitzer: "{1}"'
PS> $schablone -f $werte.ProductName, $werte.RegisteredOwner
Produktname: "Windows 10 Pro" Besitzer: "Tobias"
```

`Get-ItemProperty` erlaubt sogar Platzhalterzeichen in Pfadnamen und kann mehrere Pfadnamen auf einmal verarbeiten. So lässt sich mit nur einer Zeile ein ganzes Softwareinventar aus der Windows-Registrierungsdatenbank auslesen (siehe Listing 7.34):

```
#requires -Version 2

$Path32Bit = 'HKLM:\SOFTWARE\Wow6432Node\Microsoft\Windows\CurrentVersion\Uninstall\*'
$Path64Bit = 'HKLM:\SOFTWARE\Microsoft\Windows\CurrentVersion\Uninstall\*'

Get-ItemProperty -Path $Path32Bit, $Path64Bit |
  Select-Object -Property DisplayName, DisplayVersion, UninstallString |
  Out-GridView
```

Listing 7.34: Installierte Software aus der Windows-Registrierungsdatenbank lesen

Hier liest `Get-ItemProperty` alle Registry-Keys direkt unterhalb von *Uninstall* für beide Registry-Pfade aus und gibt die Werte `DisplayName`, `DisplayVersion` und `UninstallString` aus (sofern vorhanden).

Die von Listing 7.34 erstellt Liste weist allerdings einige Leerzeilen auf. Diese entstehen immer dann, wenn Registry-Schlüssel die gewünschten Werte gar nicht besitzen.

Neue Registry-Schlüssel anlegen

Registry-Schlüssel werden ganz ähnlich angelegt wie Ordner im Dateisystem – und genau das ist ja der Sinn des PowerShell-Laufwerkkonzepts: Sie sollen Ihr vorhandenes Wissen ohne große Änderung auch auf andere Aufgabenstellungen anwenden können.

Nutzen Sie entweder historische Aliase und Funktionen, wie `md` oder `mkdir`, oder das diesen Aliasen zugrunde liegende Cmdlet `New-Item`.

Alle folgenden Zeilen legen Registry-Schlüssel an. Mit dem Parameter `-Value` können Sie dem neuen Schlüssel auch gleich einen Standardwert zuweisen:

```
PS> md HKCU:\Software\Testkey1


    Hive: HKEY_CURRENT_USER\Software


Name                           Property
----                           --------
Testkey1

PS> mkdir HKCU:\Software\Testkey2

    Hive: HKEY_CURRENT_USER\Software


Name                           Property
----                           --------
Testkey2

PS> New-Item -Path HKCU:\Software\Testkey3 -Value 'Standardwert festgelegt'

    Hive: HKEY_CURRENT_USER\Software


Name                           Property
----                           --------
Testkey3                       (default) : Standardwert festgelegt
```

Auch hinter den Aliasen `md` und `mkdir` steckt eigentlich das Cmdlet `New-Item`. Es liefert den generierten Schlüssel als Objekt zurück. Weisen Sie den Rückgabewert `$null` zu, falls Sie die Ausgabe unterdrücken wollen:

```
PS> $null = New-Item -Path HKCU:\Software\Testkey4
```

Tipp

In der Registry kann New-Item nur dann neue Schlüssel anlegen, wenn der übergeordnete Schlüssel bereits existiert. Im Dateisystem verhält sich New-Item kulanter und würde fehlende übergeordnete Ordner automatisch mit anlegen.

Wenn Sie allerdings den Parameter -Force angeben, werden auch in der Registry fehlende übergeordnete Schlüssel mit angelegt. Weil dabei der Zielschlüssel – sollte er bereits existieren – überschrieben wird, darf man -Force nur in Kombination mit einer Überprüfung einsetzen, die feststellt, ob der gewünschte Schlüssel tatsächlich noch fehlt:

```
$path = 'HKCU:\Test\LogonSkripts\Protokoll\Erfolgreich'
$exists = Test-Path -Path $path
if (!$exists)
{
    $null = New-Item -Path $path -Force
    Write-Warning 'Schlüssel angelegt.'
}
else
{
    Write-Warning 'Schlüssel schon vorhanden.'
}
```

Listing 7.35: Registry-Schlüssel mit übergeordneten Schlüsseln anlegen, falls er noch fehlt

Registry-Schlüssel löschen

Das Löschen von Schlüsseln funktioniert ähnlich: Entweder nutzen Sie die historischen Aliase, oder Sie greifen zu Remove-Item. Geben Sie den Parameter -Recurse an, damit auch Schlüssel gelöscht werden, die weitere Unterschlüssel enthalten:

```
PS> del HKCU:\Software\Testkey1
PS> rd HKCU:\Software\Testkey2
PS> rmdir HKCU:\Software\Testkey3
PS> Remove-Item -Path HKCU:\Software\Testkey4 -Recurse
```

Weitere Aufgaben rund um Registry-Schlüssel erläutern die folgenden Beispiele:

```
# Testschlüssel anlegen:
PS> New-Item –Path HKCU:\Testschlüssel1

# Registrierungsschlüssel umbenennen:
PS> Rename-Item -Path HKCU:\Testschlüssel1 -NewName Testschlüssel2

# Auf einen bestimmten Registrierungsschlüssel zugreifen:
PS> Get-Item -Path HKCU:\Testschlüssel2

# Schlüsselbäume einschließlich ihrer Werte von einem Ort zu einem anderen kopieren:
PS> Copy-Item -Path HKLM:\Software\Microsoft\Windows\CurrentVersion\Uninstall\* -Destination
HKCU:\Testschlüssel2 -Recurse

# Unterschlüssel auflisten:
PS> Get-ChildItem -Path HKCU:\Testschlüssel2

# Schlüssel samt Inhalt löschen:
PS> Remove-Item -Path HKCU:\Testschlüssel2 -Recurse
```

Tipp

Am besten verfolgen Sie Ihre Experimente im grafischen Registrierungs-Editor, den Sie über den Befehl `regedit` auch direkt aus PowerShell heraus starten können. In der linken Spalte werden die Registrierungsschlüssel angezeigt. Die rechte Spalte zeigt die Registrierungswerte des Schlüssels an, der gerade in der linken Spalte markiert ist.

Sobald Sie Änderungen am Inhalt der Registrierungsdatenbank vornehmen, sollten Sie den Registrierungs-Editor durch resolutes Drücken auf F5 darauf aufmerksam machen, damit er seine Ansicht aktualisiert und die Änderungen auch sichtbar werden.

Werte hinzufügen, ändern und löschen

Die Werte der einzelnen Registrierungsschlüssel werden von PowerShell nicht als eigenständige Elemente des Laufwerks betrachtet, sie gehören zu den jeweiligen Registrierungsschlüsseln. PowerShell nennt die Werte eines Registrierungsschlüssels deshalb nicht `Item`, sondern `ItemProperty`. Somit sind die Cmdlets mit `ItemProperty` im Namen zuständig, wenn Sie Werte anlegen, ändern oder löschen möchten:

```
# Einen neuen Registrierungsschlüssel anlegen:
PS> New-Item -Path HKCU:\Testschlüssel -Value 'Der Standardwert'

# Standardwert eines Schlüssels auslesen:
PS> (Get-ItemProperty -Path HKCU:\Testschlüssel).'(Default)'

# Standardwert eines Schlüssels nachträglich ändern:
PS> Set-ItemProperty -Path HKCU:\Testschlüssel -Name '(Default)' -Value 'Neuer Standardwert'

# Einen DWORD-Wert hinzufügen
PS> Set-ItemProperty -Path HKCU:\Testschlüssel -Name Testwert1 -Value 12 -Type DWORD

# Einen Binärwert hinzufügen:
PS> Set-ItemProperty -Path HKCU:\Testschlüssel -Name Testwert2 -Value (0..255) -Type Binary

# Einen String hinzufügen:
PS> Set-ItemProperty -Path HKCU:\Testschlüssel -Name Testwert3 -Value 'Test'

# Einen Multi-String hinzufügen:
PS> Set-ItemProperty -Path HKCU:\Testschlüssel -Name Testwert4 -Value 'Hello','World'
-Type MultiString

# Alle Werte eines Schlüssels auf einmal lesen:
PS> Get-ItemProperty -Path HKCU:\Testschlüssel

# Wert eines Schlüssels löschen:
PS> Remove-ItemProperty -Path HKCU:\Testschlüssel -Name Testwert4

# Einen bestimmten Wert lesen:
PS> (Get-ItemProperty -Path HKCU:\Testschlüssel).Testwert3

# Schlüssel samt Inhalt löschen:
PS> Remove-Item -Path HKCU:\Testschlüssel -Recurse

# Liste installierter Software anzeigen:
PS> Get-ItemProperty HKLM:\SOFTWARE\Microsoft\Windows\CurrentVersion\Uninstall\*  | Select-Object
DisplayName, Publisher
```

Profitipp

Aufgrund eines Bugs, der sich bereits seit PowerShell 1.0 durch alle Versionen zieht, ist es nicht möglich, den Standardwert eines Registrierungsschlüssels mit `Remove-ItemProperty` zu entfernen.

Als Workaround kann man aber notfalls dafür auf die Low-Level-.NET-Schnittstellen zugreifen, mit denen auch die Cmdlets intern arbeiten. Solche Zugriffe werden in einem späteren Kapitel behandelt, daher hier erst mal ein kleiner thematischer Vorgriff:

```
# Standardwert des Schlüssels HKCU:\Testschlüssel entfernen.

# Zuerst den übergeordneten Schlüssel öffnen:
PS> $key = Get-Item -Path HKCU:\

# Dann den gewünschten Schlüssel mit Schreibrechten öffnen:
PS> $key2 = $key.OpenSubKey('Testschlüssel', 'ReadWriteSubTree')

# Nun kann der Standardwert gelöscht werden:
PS> $key2.DeleteValue('')
```

Virtuelle Laufwerke und Provider

Provider (zu Deutsch Anbieter) kümmern sich hinter den Kulissen darum, die Informationen in den verschiedenen Informationsspeichern als Laufwerk bereitzustellen. Welche Provider es gibt, offenbart `Get-PSProvider`:

```
PS> Get-PSProvider

Name                 Capabilities                  Drives
----                 ------------                  ------
Alias                ShouldProcess                 {Alias}
Environment          ShouldProcess                 {Env}
FileSystem           Filter, ShouldProcess, C...   {C}
Function             ShouldProcess                 {Function}
Registry             ShouldProcess, Transactions   {HKLM, HKCU}
Variable             ShouldProcess                 {Variable}
```

In der Spalte `Drives` werden die Laufwerke genannt, die der jeweilige Provider zur Verfügung stellt. Wie Sie sehen, ist der Provider `Environment` für das Laufwerk `env:` zuständig. Die klassischen Dateilaufwerke werden vom Provider `FileSystem` betreut, und der Zugang zur Registrierungsdatenbank wird durch den Provider `Registry` ermöglicht.

Tipp

Der Name eines Laufwerks wird stets ohne den abschließenden Doppelpunkt angegeben. Wollen Sie auf ein Laufwerk zugreifen, müssen Sie den Doppelpunkt immer anfügen. Um beispielsweise alle digitalen Zertifikate zu sehen, die auf Ihrem Computer installiert sind, könnten Sie erneut auf das altbewährte `Get-ChildItem` zugreifen:

```
PS> Get-ChildItem -Path cert:\ -Recurse
```

Denken Sie daran, dem Laufwerk einen Backslash (\) anzufügen, wenn Sie seinen Stammordner meinen. Ohne diesen verwendet PowerShell stattdessen den aktuellen Pfad des Laufwerks, und der kann auf einen ganz anderen Ort innerhalb des Laufwerks voreingestellt sein.

Die Spalte `Capabilities` verrät, was ein Provider leisten kann:

Capability	Beschreibung
`ShouldProcess`	Unterstützung für die allgemeinen Parameter `-WhatIf` und `-Confirm`, mit denen eine Aktion nur simuliert wird oder einzeln bestätigt werden muss.
`Filter`	Unterstützung für schnelle und direkte Filterung. Nur bei Providern, die diese Fähigkeit haben, kann beispielsweise der Parameter `-Filter` des Cmdlets `Get-ChildItem` eingesetzt werden. Bei allen übrigen Providern muss `Get-ChildItem` auf das langsamere `-Include` ausweichen.
`Credentials`	Die Fähigkeit, Anmeldedaten zu erfragen und den Benutzer am Informationsspeicher, der hinter dem jeweiligen Laufwerk steckt, unter anderen Anmeldedaten anzumelden.
`Transactions`	Die Fähigkeit, mehrere Änderungen zu einer sogenannten Transaktion zusammenzufassen, die dann in Gänze entweder tatsächlich durchgeführt oder ebenfalls in Gänze abgebrochen wird. Nur Provider, die Transaktionen unterstützen, können die Cmdlets der Familie `Transaction` nutzen, also beispielsweise mit `Start-Transaction` eine Transaktion beginnen und diese mit `Complete-Transaction` abschließen oder mit `Undo-Transaction` rückgängig machen.

Tabelle 7.2: Fähigkeiten eines Providers und was genau dahintersteckt

Provider sind wie Cmdlets kein fester Bestandteil von PowerShell, sondern werden genau wie Cmdlets von Modulen zur Verfügung gestellt. Die Provider aus Tabelle 7.2 stammen aus Modulen, die PowerShell selbst mitbringt. Sie stehen also immer zur Verfügung. Weitere Provider können aber aus anderen Modulen nachgerüstet werden.

Das Modul `ActiveDirectory` aus RSAT (*Remote Server Administration Toolkit*, eine kostenlos erhältliche Software von Microsoft) liefert beispielsweise nicht nur viele zusätzliche Cmdlets zur Verwaltung des Active Directory (Benutzerverwaltung im Unternehmen), sondern auch den Provider `ActiveDirectory` sowie das Laufwerk *AD:*. Mit diesem Laufwerk kann der Inhalt des gesamten Unternehmens-Active-Directory durchsucht und verwaltet werden.

Auch die Datenbank Microsoft SQL Server bringt ein PowerShell-Modul mit einem neuen Provider und dem Laufwerk *SQL:* mit.

Hinweis

Provider stehen erst zur Verfügung, wenn das Modul geladen wurde, das den Provider liefert. Module werden automatisch geladen, sobald Sie ein Cmdlet aus dem Modul verwenden. Andernfalls muss das Modul manuell geladen werden. Haben Sie zum Beispiel die RSAT-Tools von Microsoft installiert und möchten den Provider `ActiveDirectory` beziehungsweise dessen Laufwerk *AD:* nutzen, könnten Sie mit folgender Zeile sicherstellen, dass dieses Modul auch tatsächlich geladen ist:

```
PS> Import-Module –Name ActiveDirectory
```

Neue PowerShell-Laufwerke

Provider können beliebig viele Laufwerke bereitstellen. `Get-PSDrive` listet zunächst nur die automatisch angelegten Laufwerke auf:

```
PS> Get-PSDrive

Name           Used (GB)     Free (GB) Provider      Root
----           ---------     --------- --------      ----
Alias                                  Alias
C                  89,62         11,54 FileSystem    C:\
```

```
Cert                                    Certificate  \
Env                                     Environment
Function                                Function
HKCU                                    Registry     HKEY_CURRENT_USER
HKLM                                    Registry     HKEY_LOCAL_MACHINE
Variable                                Variable
WSMan                                   WSMan
```

Weitere Laufwerke werden mit `New-PSDrive` hinzugefügt. Sinnvoll kann das etwa sein, wenn Sie es häufig mit einem bestimmten Ort auf einem Laufwerk zu tun haben. Die folgende Zeile liefert beispielsweise ein neues Laufwerk namens `Desktop:`, dessen Wurzelverzeichnis auf Ihren Desktop eingestellt ist:

```
$desktop = [Environment]::GetFolderPath('Desktop')
New-PSDrive -Name Desktop -PSProvider FileSystem -Root $desktop
Get-ChildItem -Path Desktop:
```

Listing 7.36: Laufwerk »desktop:« anlegen

Tipp

Neue Laufwerke gelten nur für die aktuelle PowerShell-Sitzung. Möchten Sie sie dauerhaft nutzen, müssten Sie die entsprechenden `New-PSDrive`-Anweisungen in Ihr Profilskript aufnehmen (siehe Kapitel 1 Seite 65).

Mit neuen Laufwerken gelangen Sie auch an diejenigen Teile der Registrierungsdatenbank, die von den automatisch definierten Laufwerken aus nicht erreichbar sind.

Die nächsten Zeilen fügen ein Laufwerk namens *HKU:* hinzu, das auf den Registrierungszweig *HKEY_USERS* verweist (und nur mit vollen Administratorrechten gelesen werden kann), und eines namens *HKCR:* (*HKEY_CLASSES_ROOT*), das die Assoziationen von Dateiendungen mit Programmen verwaltet:

```
New-PSDrive -Name HKU -PSProvider Registry -Root HKEY_USERS
New-PSDrive -Name HKCR -PSProvider Registry -Root HKEY_CLASSES_ROOT

Get-ChildItem -Path HKU: -ErrorAction Ignore
Get-ChildItem -Path HKCR: -ErrorAction Ignore
```

Listing 7.37: Wichtige Registry-Wurzeln als neue Laufwerke zugänglich machen

---

Profitipp

Laufwerke erfüllen bei PowerShell hauptsächlich eine Aufgabe: Sie legen fest, welcher Provider einen bestimmten Pfadnamen interpretieren soll. Nur so weiß PowerShell, wie ein Pfad zu verstehen ist.

Das erklärt, warum Pfade ohne Laufwerksbuchstaben für Überraschungen sorgen können. UNC-Netzwerkpfade sind ein Beispiel dafür. Möchten Sie zum Beispiel testen, ob ein UNC-Pfad existiert (also beispielsweise eine Netzwerkverbindung erreichbar ist), könnten Sie `Test-Path` einsetzen:

```
PS> Test-Path -Path '\\127.0.0.1\c$'
True
```

Der Pfad enthält indes keinen Laufwerksbuchstaben, und so weiß PowerShell nicht, welcher Provider den Pfad auswerten soll. Es wählt dann den Provider des aktuell eingestellten Laufwerks, und weil das meistens ein Dateisystempfad ist, wird der UNC-Pfad korrekterweise vom Provider `FileSystem` ausgewertet.

Das aber ist nur Zufall. Würden Sie den aktuellen Pfad so ändern, dass ein anderer Provider zuständig wäre, würde der UNC-Pfad nun von diesem ausgewertet. Wechseln Sie also zum Beispiel in die Registrierungsdatenbank, wäre das Ergebnis eher überraschend:

```
PS> cd HKCU:\SOFTWARE
PS> Test-Path -Path '\\127.0.0.1\c$'
False
```

Eine Lösung für dieses Problem ist, den Namen des Providers vor dem Pfad anzugeben. So ist eindeutig festgelegt, welcher Provider für diesen Pfad zuständig ist:

```
PS> cd HKCU:\SOFTWARE
PS> Test-Path -Path 'FileSystem::\\127.0.0.1\c$'
True
```

Ohne Laufwerksbuchstaben direkt auf Provider zugreifen

Gerade haben Sie gesehen, dass die PowerShell-Laufwerksbuchstaben im Grunde nur dafür sorgen, dass der jeweils zuständige Provider einen Pfad interpretiert. Sie können also Pfade auch im nativen Format eines Providers angeben und ihm direkt zuweisen, wenn Sie vor den Pfad den Namen des zuständigen Providers schreiben.

Auf diese Weise kann man beispielsweise ganz ohne zusätzliche Laufwerksbuchstaben auf beliebige Orte innerhalb der Registrierungsdatenbank zugreifen:

```
PS> dir Registry::


    Hive:


Name                           Property
----                           --------
HKEY_LOCAL_MACHINE
HKEY_CURRENT_USER
HKEY_CLASSES_ROOT
HKEY_CURRENT_CONFIG
HKEY_USERS
HKEY_PERFORMANCE_DATA          Global : {80, 0, 69, 0...}
                               Costly : {80, 0, 69, 0...}
```

Man muss nun auch nicht länger den Pfadnamen, den man sich aus Tools wie `regedit.exe` herauskopiert, umständlich umformen, um die Laufwerksbuchstaben darin einzusetzen:

```
PS> Get-Item -Path 'Registry::HKEY_LOCAL_MACHINE\SOFTWARE\Microsoft\Windows NT\CurrentVersion\'


    Hive: HKEY_LOCAL_MACHINE\SOFTWARE\Microsoft\Windows NT


Name                           Property
----                           --------
CurrentVersion                 SystemRoot                : C:\WINDOWS
                               BaseBuildRevisionNumber   : 1
                               BuildBranch               : vb_release
                               BuildGUID                 : ffffffff-ffff-ffff-...
BuildLab                  : 19041.vb_release.191206-1406
                               BuildLabEx                : 19041.1.amd64fre...
                               CompositionEditionID      : Enterprise
                               CurrentBuild              : 19042
                               CurrentBuildNumber        : 19042
```

-Path oder -LiteralPath?

Fast alle Laufwerk-Cmdlets verlangen die Angabe eines Pfadnamens und fragen diesen typischerweise mit den Parametern `-Path` und `-LiteralPath` ab. Wenn ein Cmdlet beide Parameter unterstützt, schließen sie sich gegenseitig aus.

Die meisten Anwender nutzen routinemäßig den Parameter `-Path`, obwohl `-LiteralPath` mitunter besser geeignet wäre. Der Hauptunterschied besteht nämlich darin, ob der Pfadname Platzhalterzeichen enthalten darf oder nicht: `-Path` unterstützt die Platzhalterzeichen aus Tabelle 7.3, `-LiteralPath` dagegen nimmt diese Zeichen wörtlich (und muss eingesetzt werden, wenn ein Datei- oder Ordnername eins der Platzhalterzeichen im Namen trägt).

Zeichen	Beschreibung	Beispiel
*	beliebig viele Zeichen	`a*`
?	ein beliebiges Zeichen	`?i`
[]	eins der angegebenen Zeichen	`[wp]*`
[a-z]	eins der Zeichen im Bereich	`[o-z]*`

Tabelle 7.3: Unterstützte Platzhalterzeichen in Pfaden

Die folgende Zeile würde im Windows-Ordner alle Unterordner auflisten, die entweder mit »P« oder mit »W« beginnen:

```
PS> Get-ChildItem -Path "$env:windir\[pw]*" -Directory
```

Existenz eines Pfads prüfen

`Test-Path` prüft, ob ein Pfad existiert, und funktioniert mit Pfaden sämtlicher Provider. Sie haben dieses Cmdlet schon ein paarmal eingesetzt, und es funktioniert für alle PowerShell-Laufwerke. Sie können damit also nicht nur prüfen, ob ein Ordner oder eine Datei existiert, sondern ebenso gut, ob ein Registry-Schlüssel, eine Variable oder eine Umgebungsvariable vorhanden ist.

Dieses Cmdlet kann aber noch einiges mehr. Im Dateisystem lässt sich zum Beispiel prüfen, ob ein Pfad eine Datei oder einen Ordner repräsentiert:

```
PS> Test-Path -Path c:\windows
True

PS> # ist es eine Datei?
PS> Test-Path -Path c:\windows -PathType Leaf

PS> # ist es ein Ordner?
PS> Test-Path -Path c:\windows -PathType Container
True
```

`Test-Path` kann auch prüfen, ob ein Pfad überhaupt möglich ist (unabhängig davon, ob er existiert). Im folgenden Beispiel liefert der erste Pfad `$true` zurück, weil es das Laufwerk C:\ gibt, und der zweite Aufruf `$false`, weil das Laufwerk *j:* nicht vorhanden ist.

```
PS> Test-Path -Path c:\machbar -IsValid
True
PS> Test-Path -Path j:\machbar -IsValid
False
```

Der Parameter -isValid prüft leider nicht, ob Sie verbotene Sonderzeichen im Pfad verwenden, sondern nur, ob Laufwerksbuchstabe und prinzipielle Syntax stimmen.

Das folgende Beispiel würde alle Laufwerksbuchstaben ausgeben, die belegt sind:

```
PS> 65..90 | ForEach-Object { [Char]$_ + ':\' } | Where-Object { Test-Path -Path $_ -IsValid }
C:\
```

Test-Path kommt sogar mit Platzhalterzeichen zurecht. Möchten Sie wissen, ob auf Ihrem Computer Microsoft Excel installiert ist, ohne dabei auf 32-/64-Bit-Fassungen und verschiedene Versionen achten zu müssen, ersetzen Sie die fraglichen Teile des Pfads mit *:

```
PS> $Path = 'C:\Program Files*\Microsoft Office\Office*\EXCEL.EXE'
PS> $excelVorhanden = Test-Path -Path $Path

PS> "Excel vorhanden: $excelVorhanden"
Excel vorhanden: True
```

Pfadnamen auflösen

Relative Pfadnamen werden von Resolve-Path in absolute Pfadnamen übersetzt, zum Beispiel so:

```
PS> Resolve-Path .\test.txt

Path
----
C:\Users\Tobias Weltner\test.txt
```

Der aufgelöste Pfad ist nun eindeutig, während der relative Pfad relativ zum aktuellen Ordner (.) angegeben war.

Wichtiger noch ist die Fähigkeit, auch Platzhalterzeichen zu unterstützen. Damit lassen sich ungefähre Pfadangaben konkretisieren. Wollen Sie zum Beispiel den Pfad zu Microsoft Excel herausfinden, ist das nicht immer leicht. Microsoft Excel kann in 32-Bit- und 64-Bit-Varianten vorliegen und noch dazu in verschiedenen Office-Versionen. Der ungefähre Pfadname ist aber stets gleich. Resolve-Path kann die Platzhalterzeichen auflösen und den oder die tatsächlich existierenden Pfade liefern:

```
# Platzhalterzeichen im Pfad auflösen:
PS> Resolve-Path -Path 'C:\Program Files*\Microsoft Office\Office*\EXCEL.EXE'

Path
----
C:\Program Files (x86)\Microsoft Office\Office15\EXCEL.EXE


# Pfad ermitteln:
PS> (Resolve-Path -Path 'C:\Program Files*\Microsoft Office\Office*\EXCEL.EXE').Path
C:\Program Files (x86)\Microsoft Office\Office15\EXCEL.EXE

# Feststellen, ob Excel vorhanden ist:
PS> Test-Path -Path (Resolve-Path -Path 'C:\Program Files*\Microsoft
Office\Office*\EXCEL.EXE').Path
True
```

Kapitel 8

Operatoren und Bedingungen

In diesem Kapitel:

Ausführlich werden in diesem Kapitel die folgenden Aspekte erläutert:

- **Operatoren:** Operatoren kombinieren zwei Informationen miteinander. Ein arithmetischer Operator (zum Beispiel `+`) addiert, während ein Zuweisungsoperator (zum Beispiel `=`) einen Wert einer Variablen oder Eigenschaft zuweist. Der Operator steht zwischen den beiden Informationen, die er kombinieren soll. Ausnahmsweise können Operatoren auch vor oder hinter einer einzelnen Information stehen und wirken nur auf diese Information (unäre Operatoren). Der Operator `++` erhöht beispielsweise den Inhalt einer Variablen um den Wert 1, sofern die Variable einen numerischen Inhalt hat.
- **Zuweisungsoperatoren:** Diese Gruppe von Operatoren weist Variablen und Objekteigenschaften neue Inhalte zu oder ergänzt schon vorhandenen Inhalt.
- **Vergleichsoperatoren:** Diese Operatoren bilden die Grundlage für Entscheidungen und liefern bei einfachen Vergleichen stets `$true` oder `$false`. Werden Arrays verglichen, verhalten sich Vergleichsoperatoren wie Filter und liefern diejenigen Array-Elemente, auf die der Vergleich zutrifft.

- **Bedingungen:** Bedingungen führen Code auf der Basis von booleschen Werten aus und lassen sich daher ideal mit Vergleichsoperatoren kombinieren, um Code nur in bestimmten Fällen auszuführen.

Operatoren sind unschätzbare Helfer und sorgen dafür, dass Sie die Ergebnisse der Befehle überhaupt weiterverarbeiten können:

- Mathematische Operatoren wie `+`, `-`, `*` und `/` führen Berechnungen durch.
- Zuweisungsoperatoren wie `=` oder `+=` weisen Variablen neue Werte zu.
- Vergleichsoperatoren wie `-eq`, `-ne` oder `-gt` vergleichen zwei Werte und melden, ob der Vergleich zutrifft oder nicht – die Grundlage für Entscheidungen (*Bedingungen*), die zum Beispiel Strukturen wie `if` oder Cmdlets wie `Where-Object` nutzen.

Operatoren – Aufbau und Namensgebung

Ein Operator steht üblicherweise zwischen zwei Dingen und verknüpft diese miteinander. Das ist so selbstverständlich, dass der Operator in den folgenden Anweisungen häufig gar nicht bewusst wahrgenommen wird:

```
PS> $variable = 'Wert'
PS> 1 + 4
5
PS> 7 -gt 12
False

PS> 'Hallo Welt' -like '*We*'
True

PS> $true -and $false
False

PS> $true -or $false
True
```

Die Operatoren in diesen Beispielen lauteten `=` (ein Zuweisungsoperator), `+` (ein arithmetischer Operator), `-gt` und `-like` (beides Vergleichsoperatoren) sowie `-and` und `-or` (beides logische Operatoren). Operatoren sind also in Familien unterteilt. Die PowerShell-Hilfe widmet jeder dieser Familien ein eigenes Hilfethema (jedenfalls dann, wenn Sie die Hilfe wie im ersten Kapitel beschrieben mit `Update-Help` heruntergeladen haben):

```
PS> help operator
about_Comparison_Operators       HelpFile
about_Logical_Operators          HelpFile
about_Operators                  HelpFile
about_Operator_Precedence        HelpFile
about_Type_Operators             HelpFile
```

Einige Operatoren wie `+` oder `=` sind Sonderzeichen, wie man sie aus anderen Skriptsprachen gewohnt ist. Die allermeisten Operatoren allerdings beginnen bei PowerShell mit einem Bindestrich, gefolgt von wenigen Buchstaben, die häufig die Anfangsbuchstaben der Silben des ausgesprochenen Operators sind. `-gt` steht zum Beispiel für *greater than* und `-le` für *less or equal.*

Wie Operatornamen aufgebaut sind

Warum verwendet PowerShell für den Vergleich »größer als« eigentlich den Operatornamen -gt und nicht >, wie in anderen Sprachen auch? Weil PowerShell sehr viele Techniken vereint und bereits zahlreiche klassische Operatorzeichen anderweitig belegt sind. > ist zum Beispiel ein in Konsolen seit Urzeiten eingesetzter Umleitungsoperator:

```
PS> Get-Process > $env:TEMP\prozessliste.txt
```

Deshalb werden in PowerShell die meisten Operatoren nach einem anderen Schema benannt: Sie beginnen mit einem Bindestrich, gefolgt von den Anfangsbuchstaben der Silben des Klartextnamens oder einem ähnlichen Kurzwort.

Da auch Parameternamen in PowerShell mit einem Bindestrich beginnen, besteht Verwechslungsgefahr, zum Beispiel hier:

```
PS> 'Ihr Name lautet {0}.' -f $env:USERNAME
Ihr Name lautet Tobias.
```

Wo steht hier der Befehl, zu dem der Parameter -f gehört? Nirgends, denn -f ist ein Operator. Das »f« steht für »Formatierung«: Dieser Operator erwartet links eine Textschablone mit Platzhaltern und füllt die Platzhalter dann mit den Werten auf seiner rechten Seite auf. Er steht wie die meisten übrigen Operatoren zwischen den beiden Dingen, die er miteinander verbindet. Im ISE-Editor fällt die Unterscheidung zwischen Operatoren und Parametern aber leicht: Parameter sind dunkelblau, Operatoren hingegen hellgrau.

Unäre Operatoren

Es gibt auch »unäre« Operatoren, die seltener sind. Sie benötigen nur eine Information, die links oder rechts von ihnen stehen kann:

```
PS> $wert = 1
PS> $wert++
PS> $wert
2
```

Auf welcher Seite sich die Operatoren befinden, macht häufig einen entscheidenden Unterschied aus:

```
PS> $wert = 1
PS> $kopie = $wert++
PS> $kopie
1

PS> $wert = 1
PS> $kopie = ++$wert
PS> $kopie
2
```

Manche Operatoren können sowohl unär sein als auch mit zwei Informationen arbeiten. Der Textoperator -join fügt zum Beispiel als unärer Operator die Elemente eines Arrays zu einem String zusammen, wenn Sie den Operator davorstellen:

```
PS> (Get-CimInstance -ClassName Win32_BIOS).BIOSVersion
_ASUS_ - 1072009
```

```
BIOS Date: 06/05/12 16:39:27 Ver: 04.06.05
BIOS Date: 06/05/12 16:39:27 Ver: 04.06.05

PS> -join (Get-CimInstance -ClassName Win32_BIOS).BIOSVersion
_ASUS_ - 1072009BIOS Date: 06/05/12 16:39:27 Ver: 04.06.05BIOS Date: 06/05/12 16:39:27 Ver:
04.06.05
```

Alternativ dürfen Sie das Trennzeichen aber auch auf seiner rechten Seite angeben. Jetzt liefert der Operator kommaseparierte Listen:

```
PS> (Get-CimInstance -ClassName Win32_BIOS).BIOSVersion -join ', '
_ASUS_ - 1072009, BIOS Date: 06/05/12 16:39:27 Ver: 04.06.05, BIOS Date: 06/05/12 16:39:27 Ver:
04.06.05
```

Doppelte Array-Elemente können vorher mit den üblichen Pipeline-Befehlen natürlich aussortiert werden:

```
PS> ((Get-CimInstance -ClassName Win32_BIOS).BIOSVersion | Sort-Object -Unique) -join ', '
_ASUS_ - 1072009, BIOS Date: 06/05/12 16:39:27 Ver: 04.06.05
```

Zuweisungsoperatoren

Variablen sind Aufbewahrungsorte, in denen man Ergebnisse vorübergehend ablegen kann. Zuweisungsoperatoren sorgen dafür, dass eine Variable einen (neuen oder aktualisierten) Wert erhält. Existiert die Variable noch nicht, wird sie bei der Zuweisung automatisch angelegt.

Der am häufigsten verwendete Zuweisungsoperator ist `=`. Er speichert einen neuen Wert in einer Variablen, legt die Variable dabei nötigenfalls an oder überschreibt den vorherigen Wert einer bereits vorhandenen Variablen.

Der Zuweisungsoperator `=` fungiert übrigens, anders als in vielen anderen Sprachen, bei PowerShell nicht außerdem in Personalunion als Vergleichsoperator. Wollen Sie auf Gleichheit prüfen, wird dafür der Vergleichsoperator `-eq` eingesetzt.

```
$betrag = 300
$kurs = 1.04
$ergebnis = $betrag * $kurs

"$betrag USD zum Kurs von $kurs ergibt $ergebnis EUR"
```

Listing 8.1: Zuweisungsoperator einsetzen

Variablen stellen einen Weg dar, um mehrere Befehle miteinander zu verknüpfen. Das Ergebnis des ersten Befehls kann also vorübergehend einer Variablen zugewiesen werden, die dann im nächsten Schritt einem zweiten Befehl übergeben wird. Daher folgen Zuweisungen und Variablen üblicherweise einem einfachen »Strickmuster«: Sie werden zuerst auf der linken Seite angelegt und dann später auf der rechten Seite wieder eingesetzt:

```
$betrag = 300
$kurs = 1.04
$ergebnis = $betrag * $kurs

"$betrag USD zum Kurs von $kurs ergibt $ergebnis EUR"
```

Tipp

Der Zuweisungsoperator kann auch in einem Schritt mehrere Variableninhalte festlegen, zum Beispiel um in einem Zug mehrere Variablen mit einem Ausgangswert zu initialisieren:

```
# Mehrere Variablen in einem Schritt mit demselben Wert füllen:
PS> $a = $b = $c = 1
```

Mehreren Variablen unterschiedliche Werte zuweisen

Stehen rechts und links vom Zuweisungsoperator Arrays mit genau derselben Anzahl von Elementen, tauscht PowerShell die Werte gegeneinander aus. So lassen sich mehrere Variablen mit unterschiedlichen Werten belegen, aber auch Variableninhalte gegeneinander austauschen:

```
# Mehrere Variablen in einem Schritt mit verschiedenen Werten füllen:
PS> $Wert1, $Wert2 = 10, 20

# Variableninhalte gegeneinander tauschen:
PS> $Wert1, $Wert2 = $Wert2, $Wert1
```

Variableninhalte ändern

Der Zuweisungsoperator = setzt den Inhalt einer Variablen neu und überschreibt die vorhandenen Werte. Anders bei den übrigen Zuweisungsoperatoren: Sie ändern den bestehenden Variableninhalt und können numerische Inhalte zum Beispiel um eins erhöhen oder verringern:

```
PS> $wert = 1
PS> $wert++
PS> $wert
2
PS> $wert--
PS> $wert
1
```

Flexibler ist die folgende Gruppe von Zuweisungsoperatoren, die beliebige Werte zu bestehenden Werten hinzufügen oder entfernen können:

```
PS> $wert+=10
PS> $wert
11
PS> $wert-=10
PS> $wert
1
```

Was genau diese Operatoren hinzufügen oder abziehen können, hängt von den Ausgangswerten ab. Enthält eine Variable bereits Text, kann man mit += weiteren Text anhängen:

```
PS> $meldung = 'Starte'
PS> $meldung += 'Arbeite'
PS> $meldung += 'Fertig'

PS> $meldung
StarteArbeiteFertig
```

Handelt es sich um ein Array, würde += dagegen neue Array-Elemente einfügen. Ein einziges Komma kann also erhebliche Unterschiede bewirken, denn durch das Komma wird `$meldung` zu einem Array und Starte nur ein Element in diesem Array. Entsprechend fügt += die neuen Texte als weitere separate Array-Elemente hinzu:

```
PS> $meldung = ,'Starte'
PS> $meldung += 'Arbeite'
PS> $meldung += 'Fertig'

PS> $meldung
Starte
Arbeite
Fertig

PS> $meldung -join ' - '
Starte - Arbeite – Fertig
```

Null-bedingte Zuweisung

Neu in *PowerShell* 7 ist die null-bedingte Zuweisung ??=: Sie weist einen Wert nur dann zu, wenn die Variable noch leer oder undefiniert war:

```
# Variable auf 20 setzen, wenn sie noch nicht existiert:
$zähler ??= 10
# Variable um 20 erhöhen
$zähler += 20
# Ausgeben:
$zähler
```

Listing 8.2: Werte nur dann zuweisen, wenn die Variable (noch) leer ist

Dieses Skript setzt die Variable $zähler nur dann auf den Wert 10, wenn sie noch leer ist oder nicht existiert. Starten Sie das Skript in einem Editor mehrfach, wird die Variable also nicht jedes Mal neu auf 10 gesetzt, sondern zählt kontinuierlich hoch.

Vergleichsoperatoren

Vergleichsoperatoren liefern einen booleschen Wert zurück, also entweder $true (der Vergleich stimmt) oder $false (der Vergleich trifft nicht zu). Nur wenn dem Vergleichsoperator ein Array mit mehreren Werten übergeben wird, arbeitet er als Filter und liefert dann diejenigen Elemente des Arrays zurück, die dem Vergleich entsprechen.

Tatsächlich sind Vergleichsoperatoren das Herzstück intelligenter Skripten, denn mit ihnen kann man Entscheidungen treffen. Hat ein Benutzer beispielsweise zugestimmt, und darf der Computer jetzt heruntergefahren werden? Sind noch mindestens 20 % Festplattenspeicher frei, oder muss aufgeräumt werden? Geht dem Notebook-Akku gerade die Energie aus, oder kann noch ein Backup gestartet werden?

Vergleichsoperatoren allein liefern indes nur das Ergebnis eines Vergleichs. Die Entscheidung trifft dann eine Bedingung auf Basis dieses Ergebnisses. Vergleichsoperatoren arbeiten also eng mit Bedingungen zusammen. Eine der einfachsten Bedingungen ist if, die die Codeschnipsel von eben um Aktionen bereichern könnte:

```
$ladezustand = Get-CimInstance -ClassName Win32_Battery |
  Measure-Object -Property EstimatedChargeRemaining -Average |
  Select-Object -ExpandProperty Average

$alarm = $ladezustand -lt 10

if ($ladezustand -eq $null)
```

```
{
  'Kein Akku vorhanden.'
}
elseif ($alarm -eq $true)
{
  'Hier könnte eine Alarmmeldung oder Aktion stehen'
}
else
{
  'Alles in Ordnung.'
}
```

Listing 8.3: Alarmmeldung bei niedrigem Akkustand ausgeben

Eine Bedingung erwartet übrigens nur das Ergebnis eines Vergleichs, also einen booleschen Wert wie `$true` oder `$false`. `$alarm` ist als Ergebnis eines Vergleichs aber bereits ein boolescher Wert. Diese Variable enthält also schon `$true` oder `$false`, was sich durch den Vergleich auch nicht mehr ändert:

```
PS> $alarm
False

PS> $alarm -eq $true
False
```

Deshalb kann man sich einen weiteren Vergleich sparen und vereinfacht schreiben:

```
if ($alarm)
{
  'Hier könnte eine Alarmmeldung oder Aktion stehen'
}
(...)
```

Operator	Analogie	Beschreibung	Beispiel	Ergebnis
-eq	= oder ==	gleich	10 -eq 15	$false
-ne	<> oder !=	ungleich	10 -ne 15	$true
-gt	>	größer	10 -gt 15	$false
-ge	>=	größer oder gleich	10 -ge 15	$false
-lt	<	kleiner	10 -lt 15	$true
-le	<=	kleiner oder gleich	10 -le 15	$true
-contains		enthält	1,2,3 -contains 1	$true
-notcontains		enthält nicht	1,2,3 -notcontains 1	$false
-in		wie -contains, aber Argumente in umgekehrter Reihenfolge (neu in PowerShell 3.0)	'hallo' -in 'hallo','welt'	$true
-notin		wie -nocontains, aber Argumente in umgekehrter Reihenfolge (neu in PowerShell 3.0)	'hallo' -notin 'hallo','welt'	$false
-is		Typgleichheit	$array =1,2 $array -is [array]	$true
-isnot		Typungleichheit	$array =1,2 $array -isnot [array]	$false
-like		Gleichheit mit Platzhaltern	'Hallo' -like '*lo*'	$true

Tabelle 8.1: Vergleichsoperatoren

Operator	Analogie	Beschreibung	Beispiel	Ergebnis
-notlike		Ungleichheit mit Platzhaltern	'Hallo' -notlike '*a*'	$false
-match		Gleichheit mit regulärem Ausdruck	'der 1. Mai' -match '\d'	$true
-notmatch		Ungleichheit mit regulärem Ausdruck	'Wort' -match '\bo'	$false

Tabelle 8.1: Vergleichsoperatoren (Forts.)

Ternary-Operator

In *PowerShell* 7 wurden viele neue Operatoren nachgerüstet, um noch kompakteren Code zu ermöglichen. Natürlich müssen Sie diese neuen Operatoren nicht verwenden, und wenn Sie darauf verzichten, bleibt Ihr Code abwärtskompatibel zu *Windows PowerShell*.

Der sogenannte *Ternary*-Operator (?) ist der wohl bekannteste neue Operator und funktioniert wie eine sehr kompakte `if`-Anweisung. Im Folgenden wird beispielhaft ein neuer Ordner angelegt, falls er noch nicht existiert. Dazu nutzt das Beispiel die klassische `if`-Bedingung und prüft mit dem Vergleichsoperator `-eq`, ob der gewünschte Ordner existiert:

```
$Path = 'c:\neuerOrdner'

# Prüfen, ob Ordner bereits existiert:
$existiert = Test-Path -Path $Path -PathType Container

# Vergleichsoperator prüft eine Bedingung ...
if ($existiert -eq $false)
{
    # ... if-Struktur führt den ersten Skriptblock aus, wenn
    # der Vergleich $true ergab:
    $null = New-Item -Path $Path -ItemType Directory
    Write-Warning "Ordner $Path wurde neu angelegt."
}
else
{
    # Andernfalls wird der Skriptblock hinter "Else" ausgeführt:
    Write-Warning "Ordner $Path existierte schon."
}
```

Listing 8.4: Klassisches Konstrukt: if-Bedingung verwendet einen Vergleichsoperator.

Wenn Sie *PowerShell* 7 oder höher verwenden, können Sie jede beliebige `if`-Bedingung mithilfe des *Ternary*-Operators ? verkürzen, so auch das Beispiel oben:

```
$Path = 'c:\neuerOrdner'

(Test-Path -Path $Path -PathType Container) ? $(Write-Warning "Ordner $Path existierte schon.") :
$($null = New-Item -Path $Path -ItemType Directory; Write-Warning "Ordner $Path wurde neu
angelegt.")
```

Listing 8.5: Der Ternary-Operator funktioniert wie eine kompakte if-Anweisung.

Wenn Sie Listing 8.5 ausführen, liefert es tatsächlich exakt dasselbe Ergebnis wie Listing 8.4, nur ist der Code wesentlich kürzer – und auch wesentlich schlechter lesbar. Sie erkennen also sofort: Der *Ternary*-Operator löst keinesfalls die klassische `if`-Bedingung ab und eignet sich nicht für komplexe Bedingungen, die aus mehreren Befehlen bestehen.

Im Grunde funktioniert der *Ternary*-Operator nach diesem simplen Muster:

```
PS> $true ? 'war true' : 'war false'

war true
PS> $false ? 'war true' : 'war false'

war false
```

Wenn also der Ausdruck links vom *Ternary*-Operator `$true` ergibt, wird die Anweisung rechts vom *Ternary*-Operator ausgeführt. Ist der Ausdruck dagegen `$false`, wird die übernächste Anweisung ausgeführt. Beide Anweisungen müssen durch einen Doppelpunkt voneinander abgegrenzt sein. Zum *Ternary*-Operator gehört also zwingend der Doppelpunkt mit dazu, mit dem die beiden Anweisungen voneinander abgegrenzt werden.

Als wäre dies nicht schon genug Kleingedrucktes, kann der *Ternary*-Operator auch nur exakt eine Anweisung ausführen. Alles, was darüber hinausgeht – eine Variablenzuweisung oder gar mehrere Befehle oder einen Skriptblock –, kann man nur verwenden, wenn man daraus mithilfe von `$()` so wie in Listing 8.5 eine einzelne Anweisung macht.

Daraus wird deutlich, dass der *Ternary*-Operator eigentlich nur dann sinnvoll ist, wenn Sie tatsächlich nur eine einzelne Anweisung auszuführen haben:

```
$message = (Test-Path -Path c:\temp) ? "TEMP existiert" : "TEMP nicht vorhanden"
"Status: $message"
```

Listing 8.6: Ternary-Operator eignet sich vor allem dafür, einzelne Anweisungen auszuführen.

Wichtig

Wie Sie an Listing 8.6 sehen, können Sie mithilfe des *Ternary*-Operators durchaus Variablen füllen. Füllen Sie die Variablen aber nicht in den einzelnen Anweisungen auf seiner rechten Seite. Dort produzieren Sie ausschließlich die Ergebnisse. Die Variablenzuweisung erfolgt auf der linken Seite des Ternary-Operators.

Unterscheidung zwischen Groß- und Kleinschreibung

Vergleiche unterscheiden nicht zwischen Groß- und Kleinschreibung, es sei denn, Sie wünschen es. Dann fügen Sie vor den Operatornamen ein `c` für *case* ein, verwenden also zum Beispiel `-ceq` statt `-eq`. Sie dürfen stattdessen auch ein `i` für *insensitive* voranstellen. Damit erreichen Sie zwar im Ergebnis keinen Unterschied zu den normalen (ebenfalls »insensitiven«) Operatoren (`-eq` und `-ieq` sind folglich identisch), machen aber deutlich, dass Sie ganz bewusst einen Vergleich ohne Berücksichtigung der Groß- und Kleinschreibung durchführen.

```
PS> $password = 'GeHEIm'
PS> $password -eq "geheim"
True

PS> $password -ieq "geheim"
True

PS> $password -ceq "geheim"
False
```

Unterschiedliche Datentypen vergleichen

Vergleichsoperatoren können nur dieselben Datentypen miteinander vergleichen, also beispielsweise Zahlen mit Zahlen oder Texte mit Texten. Wenn Sie verschiedene Datentypen miteinander vergleichen, sind die Ergebnisse manchmal nicht erwartungsgemäß:

```
PS> "12" -eq 012
True

PS> "012" -eq 012
False

PS> 123 -lt 123.4
True

PS> 123 -lt "123.4"
False (bei PowerShell 2.0), True (bei PowerShell 3.0)

PS> 123 -lt "123.5"
True
```

Die teils sonderbaren Ergebnisse entstehen, weil PowerShell für den Vergleich zuerst einen der beiden Datentypen in den anderen umwandeln muss. Diese automatische Umwandlung führt allerdings nicht immer zu dem Resultat, das man intuitiv erwarten würde. Auf der sicheren Seite sind Sie nur, wenn Sie selbst die Datentypen vorher in ein gemeinsames Format gebracht hatten. Solange Sie aber Texte mit Texten oder Zahlen mit Zahlen vergleichen, entspricht das Ergebnis immer genau dem, was Sie intuitiv erwarten.

Der Datentyp des ersten Werts zählt

Wenn Sie prüfen, ob zwei Werte gleich sind, sollte es eigentlich keinen Unterschied machen, in welcher Reihenfolge Sie die beiden Werte miteinander vergleichen. Bei PowerShell spielt diese Reihenfolge aber eine Rolle, denn der erste Vergleich ergibt `True`, der zweite `False`:

```
PS> 012 -eq "012"
True

PS> "012" -eq 012
False
```

Weil die beiden Informationen unterschiedlichen Typs sind, muss PowerShell einen davon zuerst umwandeln und wählt dabei stets den linken. Im ersten Beispiel ist das eine Zahl, also wird auch der Text in eine Zahl umgewandelt – beide sind somit gleich. Im zweiten Beispiel steht links ein Text, also wird die Zahl auf der rechten Seite auch in einen Text umgewandelt, nämlich in den Text `"12"` (ohne die führende Null!). Die beiden Texte sind folglich unterschiedlich, und es wird entsprechend `False` gemeldet.

Automatisches Widening

In Ausnahmefällen richtet sich PowerShell auch nach dem Datentyp auf der rechten Seite. Wenn auf der rechten Seite ein »präziserer« Datentyp steht als auf der linken, nimmt PowerShell diesen Datentyp als Referenz. Ohne dieses automatische *Widening* würde nämlich der folgende Vergleich eigentlich `False` liefern:

```
PS> 123 -lt 123.3
True
```

Hätte sich PowerShell stur nach der linken Seite gerichtet, wäre die Gleitkommazahl in eine Ganzzahl verwandelt und entsprechend abgerundet worden. Beide Werte wären dann gleich, das Vergleichsergebnis mithin False. Weil so was allen intuitiven Prinzipien widersprechen würde, sorgt das Widening hier für das erwartete Vergleichsergebnis True. Das erklärt auch, warum der erste und der letzte der folgenden Vergleiche das erwartete Ergebnis liefert, der mittlere aber zumindest in PowerShell 2.0 nicht:

```
PS> 123 -lt 123.4
True

PS> 123 -lt "123.4"
False / True

PS> # False in PowerShell 2.0, True in PowerShell 3.0

PS> 123 -lt "123.5"
True
```

Im ersten Fall wurde der erste Wert als Ganzzahl angegeben, der zweite als Gleitkommazahl. Weil beide Werte Zahlen sind, wendet PowerShell das Widening an und wandelt den ersten Wert um. Danach wird verglichen, ob 123,0 kleiner ist als 123,4. Ergebnis: True.

Im zweiten Fall wurde der erste Wert als Ganzzahl und der zweite als Text angegeben. Weil einer der Datentypen keine Zahl ist, sondern Text, gibt es kein eindeutig optimales Datenformat, und PowerShell 2.0 richtet sich stur nach dem Datentyp des ersten Werts – wandelt den Text also um in eine Ganzzahl. Aus "123.4" wird so die Ganzzahl 123. Danach wird verglichen, ob 123 kleiner ist als 123. Ergebnis bei PowerShell 2.0: False.

Im letzten Fall passiert im Grunde dasselbe, nur ergibt die Umwandlung des Texts "123.5" diesmal die Ganzzahl 124, weil bei der Konvertierung automatisch gerundet wird, hier also aufgerundet. Danach wird verglichen, ob 123 kleiner ist als 124: Ergebnis: True.

Hinweis

Weil sich das Ergebnis des zweiten Vergleichs so haarsträubend falsch anfühlt, hat man ab PowerShell 3.0 das Widening nachgebessert und wendet es jetzt auch an, wenn ein Text in eine Zahl verwandelbar ist. Damit erhalten Sie True. Ab PowerShell 3.0 ergeben daher alle drei Vergleiche das intuitiv erwartete Ergebnis.

Vergleiche umkehren

Weil Vergleichsoperatoren einen booleschen Wert liefern, also $true oder $false, kann man ihr Ergebnis mit dem logischen Operator -not auch umdrehen. Die Kurzform für -not lautet übrigens !. Dasselbe gilt für Befehlsergebnisse, die boolesche Werte zurückgeben. Test-Path liefert zum Beispiel $true, wenn ein Ordner existiert. Dreht man sein Ergebnis um, liefert der Befehl $true, wenn der Ordner nicht existiert. Genau das Richtige für die folgende Bedingung, die einen Ordner nur dann anlegen soll, wenn er noch nicht vorhanden ist:

```
$Path = 'C:\bilderordner'

if (-not (Test-Path -Path $Path) )
{
  New-Item -Path $Path -ItemType Directory
```

```
  Write-Warning "Ordner '$Path' angelegt."
}
else
{
  Write-Warning "Ordner '$Path' existiert schon."
}
```

Sie hätten auch einen der Vergleichsoperatoren einsetzen können, um zu einem für die Bedingung auswertbaren booleschen Wert zu gelangen:

```
if ((Test-Path -Path $Path) -eq $false )
```

Achtung

Denken Sie an die runden Klammern, um Ihren Ausdruck eindeutig zu machen! Runde Klammern stehen für Code, der *sofort* (bzw. *zuerst*) ausgeführt werden soll. Zuerst soll `Test-Path` den Pfad prüfen. Danach erst soll sein Ergebnis weiterverarbeitet werden. Wenn Sie die Klammern vergessen, erhalten Sie schnell unerwartete Resultate:

```
PS> $a = 10
PS> $a -gt 10
False

# Dieses Ergebnis stimmt nicht:
PS> -not $a -gt 10
False

# So lautet das richtige Ergebnis:
PS> -not ($a -gt 10)
True
```

Ohne Klammern wertet `-not` den unmittelbar folgenden Ausdruck aus, also `$a`. Weil `$a` weder `$true` noch `$false` ist, wandelt PowerShell `$a` in einen booleschen Wert um. Das Ergebnis wäre erstaunlicherweise `$true`:

```
PS> [bool]$a
True
```

Der Grund: Alle Zahlenwerte ungleich `0` werden zu `$true`, nur der Zahlenwert `0` wird zu `$false` konvertiert:

```
PS> $a = 0
PS> [bool]$a
False
```

Vergleiche kombinieren

Weil jeder Vergleich entweder `True` oder `False` ergibt, können Sie mehrere Vergleiche mit logischen Operatoren verknüpfen, also kombinieren. Möchten Sie zum Beispiel eine Bedingung erstellen, die aus zwei Fragestellungen besteht, verknüpfen Sie das Ergebnis der beiden Einzelvergleiche mit dem logischen Operator `-and`. Die folgende Bedingung ergibt nur dann `True`, wenn beide Teilvergleiche `True` zum Ergebnis haben:

```
PS>  ( ($alter -ge 18) -and ($geschlecht -eq "m") )
```

Im Kopf eines Diskothekentürstehers könnte also unter Umständen die folgende PowerShell-Bedingung ablaufen:

```
PS> ( ($alter -ge 18) -and ($geschlecht -eq "m") ) -or ($geschlecht -eq "w")
```

Achten Sie bei logischen Operatoren darauf, dass diese nur `True` und `False` verknüpfen. Stellen Sie also einzelne Vergleiche in runde Klammern, weil Sie nur die Ergebnisse dieser Vergleiche verknüpfen wollen und nicht etwa die Vergleiche selbst.

Operator	Beschreibung	Linker Wert	Rechter Wert	Ergebnis

`-and`	Beide Bedingungen müssen erfüllt sein.	`True`
		`False`
		`False`
		`True`
			`False`
			`True`
			`False`
			`True`
				`False`
				`False`
				`False`
				`True`

`-or`	Eine der beiden Bedingungen muss mindestens erfüllt sein.	`True`
		`False`
		`False`
		`True`
			`False`
			`True`
			`False`
			`True`
				`True`
				`True`
				`False`
				`True`

`-xor`	Die eine oder die andere Bedingung muss erfüllt sein, aber nicht beide.	`True`
		`False`
		`False`
		`True`
			`True`
			`False`
			`True`
			`False`
				`False`
				`False`
				`True`
				`True`

`-not`	Dreht das Ergebnis um.	(entfällt)	`True` `False`	`False` `True`

Tabelle 8.2: Logische Operatoren

Vergleiche auf Arrays anwenden

Vergleichsoperatoren werden auf jedes Element eines Arrays angewendet und funktionieren dann wie ein Filter: Zurückgeliefert werden diejenigen Array-Elemente, bei denen der Vergleich `$true` ergeben hat. Im einfachsten Fall verwenden Sie den Vergleichsoperator `-eq` (*equal*), um alle Elemente in einem Array zu finden, die dem angegebenen Element entsprechen:

```
PS> 1,2,3,4,3,2,1 -eq 3
3
3
```

Im Array befanden sich zwei Elemente mit dem Wert 3. Diese beiden Elemente wurden zurückgeliefert. Umgekehrt geht es auch: Möchten Sie nur die Elemente eines Arrays sehen, die nicht dem Vergleichswert entsprechen, verwenden Sie zum Beispiel `-ne` (*not equal*):

```
PS> 1,2,3,4,3,2,1 -ne 3
1
2
4
2
1
```

Die übrigen Vergleichsoperatoren funktionieren entsprechend: Mit `-ge` (*greater or equal*) finden Sie etwa alle Elemente, die mindestens so groß sind wie das Vergleichselement:

```
PS> 1,2,3,4,3,2,1 -ge 3
3
4
3
```

Interessiert Sie nur, wie viele Elemente Ihrem Vergleich entsprachen? Das, was der Vergleichsoperator in diesen Beispielen zurückliefert, ist wiederum ein Array, dessen `Count`-Eigenschaft Ihnen die gesuchte Anzahl verrät. Speichern Sie dazu das Ergebnis des Vergleichs entweder in einer neuen Variablen oder setzen Sie den gesamten Ausdruck in runde Klammern, damit er ausgewertet wird und das Ergebnis-Array liefert, bevor Sie anschließend dessen Count-Eigenschaft abfragen:

```
PS> $ergebnis = 1,2,3,4,3,2,1 -ge 3
PS> $ergebnis.Count
3

PS> (1,2,3,4,3,2,1 -ge 3).Count
3
```

Möchten Sie wissen, ob das Vergleichselement überhaupt im Array vorkommt (unabhängig davon, wie oft), greifen Sie zu -contains:

```
PS> 1,2,3,4,3,2,1 -contains 3
True
```

Auch die Textvergleichsoperatoren -like und -match funktionieren mit Arrays und liefern dann alle Array-Elemente, die dem Muster entsprechen. Die Textinformationen können zum Beispiel von textbasierten Befehlen wie ipconfig.exe stammen. Es lassen sich aber auch ganze Textdateien mit Get-Content einlesen und dann filtern.

```
PS> (ipconfig) -like '*IPv4*'
   IPv4-Adresse  . . . . . . . . . . : 192.168.2.109
```

Ohne diese Automatik hätten Sie selbst eine Schleife bauen müssen:

```
# klassische Schleife:
foreach($zeile in (ipconfig))
{
    if ($zeile -like '*IPv4*')
    {
      $zeile
    }
}

# Pipeline-Schleife mit Bedingung:
ipconfig | Where-Object { $_ -like '*IPv4*' }
```

Hinweis

Nur Vergleichsoperatoren können direkt mit Arrays umgehen. Der arithmetische Modulo-Operator % liefert beispielsweise nur ungerade Zahlen, kommt aber nicht mit Arrays zurecht und muss deshalb einzeln auf die Array-Elemente angewendet werden. Hier müssen Sie also selbst für die Schleife sorgen:

```
PS> 1..10 % 2
Fehler beim Aufrufen der Methode, da [System.Object[]] keine Methode mit dem Namen "op_Modulus"
enthält.

PS> 1..10 | Where-Object { $_ % 2 }
1
3
5
7
9
```

Bedingungen

Mit Bedingungen kann man steuern, ob bestimmte Codeteile ausgeführt oder übersprungen werden sollen. Die meisten Bedingungen erwarten dazu einen booleschen Wert, also `$true` oder `$false`, der in der Regel von einem Vergleichsoperator stammt.

if-Bedingung

Die klassischste Bedingung heißt `if` und kann mit den Schlüsselwörtern `elseif` und `else` ergänzt werden. In Listing 8.7 gibt ein Skript zum Beispiel je nach Tageszeit eine andere Meldung aus.

```
$datum = Get-Date
$stunde = $datum.Hour

$vormittag =  $stunde -gt 6 -and $stunde -lt 12
$mittag = $stunde -ge 12 -and $stunde -le 13
$nachmittag = $stunde -gt 13 -and $stunde -lt 18
$abend = $stunde -ge 18

if ($vormittag)
{
  'Guten Morgen!'
}
elseif ($mittag)
{
  'Guten Hunger!'
}
elseif ($nachmittag)
{
  'Bald ist Feierabend ...!'
}
elseif ($abend)
{
  'Bis morgen!'
}
else
{
  'Es herrscht Nacht ...'
}
```

Listing 8.7: Die if-Konstruktion führt den Vergleich nicht selbst durch.

Der Aufbau dieser Konstruktion ist leicht zu verstehen, wenn man die Bedeutung der verschiedenen Klammern berücksichtigt: Geschweifte Klammern bezeichnen immer Code, der nicht sofort ausgeführt wird. Die Codeteile in den geschwungenen Klammern (die *Skriptblöcke*) werden also nicht von Ihnen ausgeführt, sondern stattdessen in die Hände der `if`-Konstruktion gegeben. Diese entscheidet, welcher davon tatsächlich ausgeführt wird.

Dazu prüft `if` jeweils in den runden Klammern, ob der Inhalt dem Wert `$true` entspricht. Sobald das der Fall ist, wird der zugehörige Skriptblock ausgeführt und die Konstruktion verlassen. Selbst wenn also folgende `elseif`-Anweisungen ebenfalls zutreffend wären, werden sie nicht mehr ausgeführt.

Der if-Konstruktion ist es gleichgültig, was genau Sie in den runden Klammern formulieren. Runde Klammern bezeichnen stets Code, der sofort ausgeführt wird, und so führt die if-Konstruktion den Code in den runden Klammern aus, um festzustellen, ob er $true ergibt. In Listing 8.7 hat die if-Konstruktion den Vergleich nicht selbst durchgeführt, sondern Variablen genutzt, die bereits einen booleschen Wert enthielten. Man kann die Vergleiche aber auch direkt in den runden Klammern durchführen und sich die Variablen sparen. Das führt indes häufig zu unübersichtlicherem Code:

```
$datum = Get-Date
$stunde = $datum.Hour

if ($stunde -gt 6 -and $stunde -lt 12)
{
  'Guten Morgen!'
}
elseif ($stunde -ge 12 -and $stunde -le 13)
{
  'Guten Hunger!'
}
elseif ($stunde -gt 13 -and $stunde -lt 18)
{
  'Bald ist Feierabend ...!'
}
elseif ($stunde -ge 18)
{
  'Bis morgen!'
}
else
{
  'Es herrscht Nacht ...'
}
```

Listing 8.8: Die if-Konstruktion führt den Vergleich selbst durch.

switch-Bedingung

Soll immer gegen dieselbe Ausgangsvariable getestet werden, kann die Sonderform von if verwendet werden: switch. Die switch-Konstruktion führt zu kompakterem Code:

```
$datum = Get-Date
$stunde = $datum.Hour

Switch ($stunde)
{
  { $_ -gt 6 -and $_ -lt 12 }  { 'Guten Morgen!' }
  { $_ -ge 12 -and $_ -le 13 } { 'Guten Hunger!' }
  { $_ -gt 13 -and $_ -lt 18 } { 'Bald ist Feierabend ...!' }
  { $_ -ge 18 }                { 'Bis morgen!' }
  default                      { 'Es herrscht Nacht ...' }
}
```

Listing 8.9: Die switch-Konstruktion führt mehrere Vergleiche durch.

Im Gegensatz zu if führt switch normalerweise immer sämtliche Vergleiche durch. Treffen mehrere zu, werden alle zugeordneten Skriptblöcke ausgeführt. Möchte man das nicht, kann man in den Skriptblöcken das Schlüsselwort break einsetzen. Es verlässt die switch-Konstruktion sofort.

Die switch-Konstruktion wird beispielsweise gern eingesetzt, um numerische Rückgabewerte in Klartextnamen umzuwandeln. Werden statische Werte verglichen, benötigt man den ersten Skriptblock nicht. Listing 8.10 zeigt dies an einem Beispiel. Die auszuwertende Fehlernummer wird hierbei per Get-Random zufällig aus einem Wertebereich von 0 bis 10 gewählt.

switch wertet die Fehlercodes aus. Alle bekannten Fehlercodes ergeben eine Klartextmeldung. Nicht abgedeckte Fehlercodes werden von default als »unbekannt« gemeldet und als Zahl ausgegeben. Innerhalb des Skriptblocks steht der aktuell verglichene Wert in $_ bereit.

```
$errorcode = Get-Random -Maximum 10

switch ($errorcode)
{
  0           { 'OK.' }
  1           { 'Keine Holzkohle' }
  2           { 'Grillanzünder nicht vorhanden' }
  5           { 'Bratwurst not found'}
  7           { 'Gluttemperatur zu niedrig'}
  default     { "Unbekannte Fehlernummer $_" }
}
```

Listing 8.10: Diskrete Fehlernummern in Klartextmeldungen übersetzen

---

Profitipp

Numerische Werte lassen sich auch über Arrays in Klartextnamen übersetzen, indem der Index des Array-Elements dem zu übersetzenden Code entspricht. Das funktioniert aber nur bei Fehlercodes, die bei 0 beginnen und durchgängig dokumentiert sind.

Hashtables können dagegen ähnlich wie switch nur ausgewählte Fehlercodes behandeln. Anders als switch verfügen sie aber nicht über einen default-Mechanismus, mit dem man bequem die nicht dokumentierten Fehler behandeln könnte. Deshalb bräuchte man hier eine separate if-Bedingung. switch ist kürzer und übersichtlicher. Vergleichen Sie Listing 8.10 mit Listing 8.11! Beide leisten dasselbe – welches finden Sie angenehmer zu lesen?

```
$info = @{
  0 = 'OK.'
  1 = 'Keine Holzkohle'
  2 = 'Grillanzünder nicht vorhanden'
  5 = 'Bratwurst not found'
  7 = 'Gluttemperatur zu niedrig'
 }

$errorcode = Get-Random -Maximum 10
if ($info.ContainsKey($errorcode) -eq $false)
{
  "Unbekannter Fehler $errorcode"
}
else
{
  $info[$errorcode]
}
```

Listing 8.11: Diskrete Fehlercodes mit einer Hashtable übersetzen

---

switch kennt viele weitere Sonderformen und kann zum Beispiel auch reguläre Ausdrücke oder Platzhalterzeichen verwenden sowie direkt Textdateien einlesen und zeilenweise filtern. Diese Sonderformen werden hier nicht weiter vertieft. Sie erhalten aber eine komplette Übersicht darüber mit folgender Zeile (vorausgesetzt, Sie haben, wie im ersten Kapitel gezeigt, die PowerShell-Hilfe aus dem Internet heruntergeladen):

```
PS> Get-Help -Name about_switch -ShowWindow
```

Where-Object

Auch Where-Object (das bereits ausführlich in Kapitel 5 besprochen wurde) ist eine Bedingung: Die Objekte, die beim Vergleich $false ergeben, werden aus der Pipeline herausgefiltert. Die folgende Zeile liefert beispielsweise alle laufenden Prozesse der Firma Microsoft:

```
Get-Process | Where-Object { $_.Company -like '*Microsoft*' } | Select-Object -Property Name,
Company, Description, Id
```

Listing 8.12: Where-Object ist eine Pipeline-Bedingung.

Tatsächlich wurde dabei lediglich für jedes Pipeline-Element eine if-Bedingung ausgewertet, und wenn die Bedingung erfüllt war, wurde das empfangene Objekt an den nächsten Pipeline-Befehl weitergegeben beziehungsweise andernfalls aussortiert:

```
Get-Process | Foreach-Object { if ($_.Company -like '*Microsoft*') { $_ } } | Select-Object
-Property Name, Company, Description, Id
```

Listing 8.13: In Wirklichkeit wertet Where-Object eine gewöhnliche Bedingung aus.

Profitipp

Wer noch tiefer hinter die Kulissen schaut, wird entdecken, dass sämtliche in Kapitel 5 besprochenen Pipeline-Cmdlets in Wirklichkeit lediglich vordefinierte Skriptblöcke sind. Sobald Sie in Kapitel 15 erfahren, wie Skriptblöcke Pipeline-fähig gemacht werden, könnte man auch ganz ohne **Where-Object** und **Foreach-Object** auskommen:

```
Get-Process | & {process {if ($_.Company -like '*Microsoft*') {$_}}} | Select-Object -Property
Name, Company, Description, Id
```

Listing 8.14: Pipeline-fähige Skriptblöcke können Where-Object ersetzen und direkt if-Bedingungen verwenden.

Allerdings ist der resultierende Code nicht mehr besonders leserlich – ein Grund dafür, dass es meist doch besser ist, bei den Cmdlets zu bleiben.

Null-Koaleszenz-Operatoren

Neu in *PowerShell* 7 ist der Null-Koaleszenz-Operator ??, der im Grunde wie eine Bedingung funktioniert. Er prüft, ob ein Wert leer (null) ist. Falls ja, liefert er einen Ersatzwert:

```
# Der Operator reagiert nur auf $null (echte undefinierte Leerwerte):
PS> $eingabe = $null
PS> $eingabe ?? 'undefiniert'
undefiniert
```

```
# Ein leerer Text ('') ist für den Operator "??" nicht leer:
PS> $eingabe = ''
PS> $eingabe ?? 'undefiniert'
```

Wenn also in den Beispielen `$eingabe` nicht existiert oder gänzlich leer ist, liefert ?? einen Ersatzwert, ansonsten den Inhalt der Variablen. Ein leerer Text ist übrigens nicht `$null`:

```
PS> '' -eq $null
False
```

Hier noch einmal zum Vergleich der klassische Ansatz, der in allen PowerShell-Versionen funktioniert, und die Verkürzung durch ??, die ab *PowerShell* 7 unterstützt wird:

```
$eingabe = $null

# Klassisch:
if ($eingabe -eq $null) { 'Ersatzwert' }
# Mit neuem Operator:
$eingabe ?? 'Ersatzwert'
```

Profitipp

Wenn Sie mit dem Operator **-as** versuchen, eine Information in einen anderen Datentyp umzuwandeln, liefert dieser Operator **$null** zurück, falls das misslingt. Damit ist dies ein Fall für Null-Koaleszenz-Operatoren.

Sie könnten zum Beispiel beschließen, einen Standardwert zu verwenden, wenn eine Benutzereingabe nicht passt. Das folgende Beispiel erfragt vom Benutzer ein Datum. Gibt der Benutzer kein gültiges Datum ein, wird stattdessen ein Standardwert verwendet:

```
$datum = Read-Host -Prompt 'Datum eingeben'

# Falls das eingegebene Datum kein gültiges Datum ist,
# stattdessen den 1.1.2000 verwenden:
$datum = ($datum -as [DateTime]) ?? (Get-Date -Date '2000-01-01')

$datum
```

Listing 8.15: Datum erfragen und bei ungültigem Datum einen Standardwert einsetzen (PowerShell 7)

Es geht aber auch hier natürlich ohne den neuen Operator:

```
$datum = (Read-Host -Prompt 'Datum eingeben') -as [DateTime]
if (!$datum) { $datum = Get-Date -Date '2000-01-01' }

$datum
```

Listing 8.16: Datum erfragen und bei ungültigem Datum einen Standardwert einsetzen (alle Versionen)

Pipeline-Verkettungsoperatoren

Neu in *PowerShell* 7 sind auch die Pipeline-Verkettungsoperatoren `&&` und `||`. Diese beiden Operatoren überprüfen, ob die links von ihnen stehende Anweisung einen Fehler verursacht hat. Abhängig davon führen sie die Anweisung auf ihrer rechten Seite aus (`&&`) oder überspringen sie (`||`).

Hinweis

Obwohl diese Operatoren »Pipeline-Verkettungsoperatoren« genannt werden, haben sie nicht wirklich etwas mit der Pipeline zu tun. Die Anweisungen auf der linken und auf der rechten Seite der Operatoren sind und bleiben separate Anweisungen. Die Operatoren leiten also nicht etwa die Ergebnisse der linken Anweisung an die rechte Anweisung weiter und sind deshalb auch keine Spezialvarianten des klassischen Pipeline-Operators `|`.

Im einfachsten Fall könnte man mit `||` und `&&` zusätzliche Anmerkungen in die Ausgabe ausgeben, zum Beispiel weil man die Ausgaben seines Skripts mit `Start-Transcript` in eine Logdatei sendet und diese Logdatei mit eigenen Anmerkungen lesbarer gestalten möchte.

Das folgende Beispiel spricht einen bestimmten Prozess an, und wenn dieser nicht gefunden wurde, kommt es zu einem Fehler. Nur in diesem Fall würde `Write-Warning` nun eine Warnmeldung ausgeben:

```
PS> $a = Get-Process -id 999 -ErrorAction Ignore || Write-Warning 'Kein Prozess mit ID 999 vorhanden'
WARNING: Kein Prozess mit ID 999 vorhanden
```

Was genau im Fehlerfall geschehen soll, bestimmen natürlich Sie allein. Wenn eine besonders kritische Anweisung fehlschlägt, könnte das Skript im Notfall auch mit `exit` abgebrochen werden. Der Aufrufer erhielte dann den hinter `exit` festgelegten Exit-Code.

Das folgende Beispiel versucht, den `Spooler`-Dienst zu beenden. Wenn das nicht funktioniert, zum Beispiel aufgrund mangelnder Berechtigungen, wird das gesamte Skript kurzerhand beendet, und der Exit-Code 1 wird an den Aufrufer gemeldet:

```
Stop-Service -Name Spooler || $(exit 1)
```

Wichtig

Wie alle neuen *PowerShell 7*-Operatoren unterstützen auch die Pipeline-Verkettungsoperatoren nur einzelne Befehle. Wenn Sie ein Skript abbrechen wollen, ist dafür die Anweisung `exit` nötig.

`exit` ist indes kein Befehl, sondern ein Element der PowerShell-Sprache. Um es mit den neuen Operatoren einzusetzen, müssen Sie es in `$()` einschließen und so in eine eigenständige Anweisung umwandeln. `exit` bricht die gesamte Ausführung Ihres Codes ab und gibt die Kontrolle an den Aufrufer zurück. Das bedeutet, dass diese Anweisung Ihre PowerShell-Umgebung schließt.

Ersetzen Sie `||` durch `&&`, werden die Anweisungen auf der rechten Seite nicht bei Fehlern, sondern im Erfolgsfall ausgeführt. Weil die Operatoren nicht nur .NET-Fehler berücksichtigen, sondern auch das Resultat der Variablen `$LastExitCode`, die den Exit-Code der zuletzt ausgeführten Anwendung enthält, sind Konstruktionen wie diese ebenfalls möglich:

```
PS> ping powershell.one -n 1 -w 500 | Out-Null && 'erreichbar'

erreichbar
```

Hier wird `ping.exe` aufgerufen und die Erreichbarkeit des Servers `powershell.one` getestet. Die übrigen Argumente sorgen dafür, dass `ping.exe` nur einmal pingt und höchstens 500 ms auf die Antwort wartet. Das Textergebnis von `ping.exe` wird an `Out-Null` weitergeleitet, also vernichtet.

`ping.exe` liefert wie die meisten Konsolenbefehle einen (unsichtbaren) numerischen Exit-Code zurück, der in der Variablen `$LastExitCode` manuell geprüft werden könnte. Dies erledigen die beiden Operatoren automatisch und werten einen Wert von 0 als Erfolg, alle übrigen Werte als Misserfolg. `ping.exe` gibt einen Wert von 0 zurück, wenn es eine Antwort erhalten hat, sonst 1. Wenn also `ping.exe` eine Antwort erhalten hat, wertet `&&` dies als Erfolg und führt die Anweisung zu seiner rechten Seite aus.

Das entspricht diesem Vorgehen (das Sie anstelle von `&&` in allen PowerShell-Versionen nutzen können):

```
ping powershell.one -n 1 -w 2000 | Out-Null
if ($LASTEXITCODE -eq 0) { 'erreichbar' }
```

Listing 8.17: Exit-Code einer Anwendung auswerten

Wie Sie sehen, kommt man ohne die neuen Operatoren nicht nur gut zurecht, der Code ist außerdem besser lesbar und flexibler. Denn die neuen Operatoren können leicht für Verwirrung sorgen, wenn man sie nicht vollständig versteht. Haben Sie eine Idee, warum die folgende Variante zum Beispiel kein Ergebnis liefert?

```
# Funktioniert:
ping powershell.one -n 1 -w 2000 | Out-Null && 'erreichbar'

# Kein Ergebnis:
$null = ping powershell.one -n 1 -w 2000 && 'erreichbar'
```

Hier hat die Anweisung `$null =` nicht etwa nur das Ergebnis von `ping.exe` vernichtet, sondern das der gesamten Anweisung einschließlich der Ergebnisse, die die Anweisung auf der rechten Seite geliefert hat. Sie hätten also die Anweisung auf der linken Seite abgrenzen und in `$()` einschließen müssen:

```
$($null = ping powershell.one -n 1 -w 500) && 'erreichbar'
```

Damit verlieren die Operatoren natürlich einen Teil ihres Charmes. Der klassische Ansatz ist nicht so empfindlich, weil hier alle Bestandteile ohnehin klar voneinander abgegrenzt sind:

```
# Funktioniert problemlos auch so:
$null = ping powershell.one -n 1 -w 2000
if ($LASTEXITCODE -eq 0) { 'erreichbar' }
```

Achtung

Zwar unterstützen die neuen Operatoren die numerischen Rückgabewerte von Anwendungen wie `ping.exe` und Konsorten, was gut ist, wenn Sie dies aber in Ihren Skripten nutzen wollen, müssen Sie genau verstehen, welche Exit-Codes eine Anwendung zurückliefert und was sie bedeuten.

Bei `ping.exe` steht der Exit-Code 0 zum Beispiel immer für eine empfangene Antwort, egal von wem. Es muss nicht die Antwort des Zielservers sein. Auch ein Router, der darüber informiert, dass die IP-Adresse nicht im Zielnetz liegt, gehört dazu.

Besser sind deshalb objektorientierte Methoden, bei denen sowohl Argumente als auch Rückgabewerte eindeutig sind. Es ist zwar kaum vorstellbar, aber tatsächlich gibt es in PowerShell keine eingebauten Cmdlets, mit denen sich das simple `ping.exe` abbilden lässt. `Test-Connection` kommt `ping.exe` in Bezug auf Funktionalität am nächsten, verfügt aber über keine Möglichkeit, ein Time-out anzugeben (weswegen es bei nicht erreichbaren Computern zu langen Verzögerungen kommen kann), und außerdem ist `Test-Connection` ein abschreckendes Beispiel für mangelhafte Kompatibilität: Die Macher von *PowerShell 7* haben dieses Cmdlet beinahe komplett umgeschrieben und dabei sowohl Parameter als auch Ergebnisse völlig verändert. Setzen Sie es also ein, wird Ihr Code voraussichtlich nicht mehr in allen PowerShell-Versionen funktionieren.

Wenn es Ihnen auf maximale Kompatibilität ankommt und Sie für eine bestimmte Aufgabe kein passendes Cmdlet finden, bleibt indes immer der direkte Zugriff auf .NET Framework Core, auf dem *PowerShell 7* basiert und das kompatibel ist zu *Windows PowerShell*.

Später erfahren Sie noch alle Details dazu, aber schon jetzt dürfte es nicht schwierig sein, Listing 8.18 einzusetzen und für Ihre Zwecke anzupassen:

```
# Zuverlässiger Ping-Ersatz,
# funktioniert in PowerShell und Windows PowerShell:

# Die Argumente: Ziel des Pings und sein Time-out in Millisekunden:
$ComputerName = 'powershell.one'
$Timeout = 2000

$pinger = [System.Net.NetworkInformation.Ping]::new()
$ergebnis = $pinger.Send($ComputerName, $Timeout)

# Die relevanten Ergebnisse zurückliefern:
$ergebnis | Select-Object -Property Address, Status, RoundTripTime
```

Listing 8.18: Zuverlässiges Ping in PowerShell

Kapitel 9

Textoperationen und reguläre Ausdrücke

In diesem Kapitel:

Ausführlich werden in diesem Kapitel die folgenden Aspekte erläutert:

- **Texte zusammenfügen:** Mit dem Operator `-join` werden mehrere Textteile zu einem Gesamttext zusammengefügt. Doppelte Anführungszeichen integrieren auf einfache Weise Variableninhalte in Text. Mehr Kontrolle erlaubt der Operator `-f`. Er entspricht der .NET-Methode `[String]::Format()`.
- **Einfache Textoperationen:** Texte beinhalten bereits alle wichtigen Methoden, um Textteile zu finden und aus einem Gesamttext herauszuschneiden.
- **Reguläre Ausdrücke:** Sie beschreiben ein Textmuster und können dieses Muster in Texten finden (`-match`), ersetzen (`-replace`) und den Text unterteilen (`-split`).

Der Umgang mit Textinformationen ist beinahe bei jeder Automationsaufgabe an irgendeinem Punkt wichtig: Aus einem Pfadnamen soll der Dateiname oder die Dateiextension gelesen werden, aus einem Logbuch benötigt man Fehlermeldungen, oder es sollen Pfadnamen für temporäre Dateien zusammengestellt werden.

Deshalb haben sich die Textoperatoren und -operationen ein eigenes Kapitel verdient.

Texte zusammenfügen

Wollen Sie mehrere Einzeltexte und/oder Variablen zusammenfassen, können Sie diese einfach addieren:

```
$datum = Get-Date
"Heute ist " + $datum
```

Listing 9.1: Texte addieren

Dabei werden Informationen, die nicht im String-Format vorliegen, automatisch zu Text konvertiert. Im Beispiel enthält `$datum` keinen Text, sondern eine Datumsinformation vom Typ `DateTime`.

Allerdings richtet sich die Konversion bei mathematischen Operationen stets nach dem Datentyp auf der linken Seite. Deshalb ist die Verkettung von Texten mithilfe des Operators + fehlerträchtig: Beginnt die Zuweisung nicht mit einem Text, schlägt die automatische Konversion nämlich fehl:

```
$datum = Get-Date
# Funktioniert nicht:
$datum + ' ist heute.'
```

Sie können dieses Problem indes beheben, indem Sie die Verkettung immer mit einem (leeren) Text beginnen:

```
$datum = Get-Date
'' + $datum + " ist heute."
```

Profitipp

Der mathematische Operator * (Multiplikation) funktioniert ebenfalls mit Texten. Damit lassen sich beispielsweise bequem Trennstriche ziehen:

```
PS> '=' * 60
============================================================
```

Aber auch ganze Zeichenfolgen können so beliebig oft wiederholt werden:

```
PS> '-ENDE' * 10 + "-"
-ENDE-ENDE-ENDE-ENDE-ENDE-ENDE-ENDE-ENDE-ENDE-ENDE-
```

Doppelte Anführungszeichen lösen Variablen auf

Ein weitaus einfacherer Weg nutzt doppelte Anführungszeichen ("). Darin dürfen auch Variablen verwendet werden, deren Inhalt dann automatisch in Text umgewandelt wird:

```
$datum = Get-Date
"heute ist $datum"
```

Listing 9.2: Variablen direkt in Text einbetten

Dies gilt allerdings nur für die Variable selbst. Enthält die Variable ein Objekt und möchten Sie auf Objekteigenschaften zugreifen, müssen Sie den gesamten Ausdruck mit `$()` umschließen. Dann dürfen sogar Befehle in den Text direkt eingebettet werden:

```
# Löst nur die Variable $host auf und fügt
# dahinter '.Version' an:
"PowerShell-Version: $host.Version"

# Richtig:
"PowerShell-Version: $($host.Version)"

# Auch direkte Befehle sind möglich:
"Heute ist $(Get-Date -Format dddd)"
```

Listing 9.3: Ausdrücke und Befehlsaufrufe in Text integrieren

Diesen Ansatz kann man auch verwenden, um in Text eingebettete Variablen von übrigem Text abzugrenzen, denn manchmal kommt es – wie im folgenden Beispiel – zu Konflikten:

```
# Schlägt fehl:
"Benutzername $env:username:"
```

PowerShell grenzt hier die Variable `$env:username` nicht vom folgenden Doppelpunkt ab. Mithilfe von `$()` können Sie dieses Missverständnis auflösen:

```
"Benutzername $($env:username):"
```

Geht es nur darum, einen Variablennamen vom übrigen Text abzugrenzen, können Sie diesen alternativ auch in geschweifte Klammern setzen (was aus Sicht von PowerShell einfacher ist und deshalb ein paar Millisekunden schneller geht):

```
"Benutzername ${env:username}:"
```

Wichtig

Doppelte Anführungszeichen unterstützen neben Variablen auch das PowerShell-Escape-Zeichen, den *Accent grave* (`` ` ``). Mit ihm kann man das Dollarzeichen entwerten, falls man es ausnahmsweise wörtlich meint:

```
PS> "`$env:username = $env:username"
$env:username = tobia
```

Auch Sonderzeichen wie Tabulatoren (`` `t ``) sowie Zeilenumbrüche (`` `r`n ``) lassen sich so einfügen.

Einfache Anführungszeichen (') verhalten sich anders: Der Text, der von ihnen umschlossen wird, ist tabu für PowerShell und wird niemals nachträglich verändert. Verwenden Sie einfache Anführungszeichen immer dann, wenn sich in Ihrem Text keine Variablen oder Escape-Zeichen befinden.

Der Formatierungsoperator -f

Für einfache Zeichenverkettungen genügen die doppelten Anführungszeichen, die Sie gerade kennengelernt haben.

Sobald Sie aber mehr als ein paar Informationen zu einem Gesamttext kombinieren möchten oder zusätzliche Formatierungswünsche haben, ist der Formatierungsoperator `-f` deutlich leistungsfähiger. Schauen wir uns einige Beispiele jeweils mit doppelten Anführungszeichen und mithilfe des Operators `-f` an:

```
# In doppelten Anführungszeichen muss $() eingesetzt werden, wenn auf
# Objekteigenschaften zugegriffen werden soll:
PS> "PowerShell-Version: $($host.Version)"
PowerShell-Version: 5.1.19041.610

# Das ist bei -f nicht nötig:
PS> 'PowerShell-Version: {0}' -f $host.Version
PowerShell-Version: 5.1.19041.610

# Bei doppelten Anführungszeichen muss der Variablenname mitunter durch {}
# vom restlichen Text abgegrenzt werden:
PS> "Benutzername ${env:username}:"
Benutzername tobias:

# Auch das ist bei -f nicht nötig:
PS> 'Benutzername {0}:' -f $env:username
Benutzername tobias:

# Werden Nicht-String-Informationen eingebettet, haben Sie bei doppelten
# Anführungszeichen keine Kontrolle über die Formatierung:
PS> $datum = Get-Date
PS> "heute ist $datum"
heute ist 12/14/2020 01:17:59

# Bei -f gibt es viele Formatierungsoptionen:
PS> 'heute ist {0:dddd", der "dd. MMMM yyyy}' -f (Get-Date)
heute ist Montag, der 14. Dezember 2020
```

Der Operator `-f` steht, wie bei Operatoren üblich, zwischen zwei Dingen, die er verknüpft: Links steht die statische Textschablone, und rechts stehen einer oder mehrere Werte, die in die Textschablone eingefügt werden sollen.

Anders als bei doppelten Anführungszeichen ist in der Textschablone exakt festgelegt, wo genau die Information eingefügt werden soll: Ein nummeriertes Platzhalterzeichen in geschwungenen Klammern legt das fest. Die Nummerierung beginnt immer bei 0. Schauen Sie sich als Nächstes an, wie mehrere Platzhalter verwendet werden:

```
# Beispiel Lottozahlen
$lottozahlen = 1..49 | Get-Random -Count 7
$zusatzzahl = $lottozahlen[0]
$zahlen = $lottozahlen[1..6] | Sort-Object

'Die Lottozahlen lauten {0} und die Zusatzzahl ist {1}' -f ($zahlen -join ','),
$zusatzzahl
```

Listing 9.4: Der Operator -f trennt statischen Text von einzusetzenden dynamischen Inhalten.

Auf der rechten Seite des Operators befindet sich also stets ein Array (oder eine kommaseparierte Liste, die ein Array produziert). Wenn Sie auf der rechten Seite des Operators nur eine Information verwenden, wird auch dann daraus ein Array, eben nur mit einem einzigen Element.

Jedenfalls sind die Zahlen in den Platzhaltern die Indizes der Array-Elemente, die eingefügt werden sollen. Hier wird mit dem Kommaoperator (,) auf der rechten Seite ein Array mit zwei Elementen angelegt. Im Schablonentext auf der linken Seite können nun also die Indizes 0 und 1 verwendet werden:

```
PS> '{0}: Der User {1} ist angemeldet.' -f (Get-Date), $env:username
12.12.2020 14:02:55: Der User tobia ist angemeldet.
```

Auf der rechten Seite könnte sich aber auch direkt ein Array befinden:

```
PS> $inhalte = (Get-Date), $env:username
PS> '{0}: Der User {1} ist angemeldet.' -f $inhalte
12.12.2020 14:03:52: Der User tobia ist angemeldet.
```

Und weil die Platzhalter nur auf Array-Elemente zugreifen, können Sie diese gern auch mehrfach verwenden. Das folgende Beispiel baut an mehreren Stellen im Text einen Zeilenumbruch ein (ASCII-Codes 10 und 13) und produziert so mehrzeiligen Text.

```
PS> 'Erste Zeile{0}Zweite Zeile{0}Dritte Zeile' -f [String][Char[]]10,13
Erste Zeile
Zweite Zeile
Dritte Zeile
```

Nun wird vielleicht klarer, wie der Operator -f tatsächlich funktioniert: Er vereinfacht den schnellen Zugriff auf Array-Elemente. Gehen wir davon aus, dass diese zwei Informationen in einen Text eingefügt werden sollen:

```
# Die Inhalte liegen in einem Array vor:
PS> $inhalte = (Get-Date), $env:username
```

Ohne den Operator -f müsste man die einzelnen Array-Elemente mühsam über Textverkettung einfügen:

```
PS> '' + $inhalte[0] + ': Der User ' + $inhalte[1] + ' ist angemeldet.'
12/12/2020 14:05:22: Der User tobia ist angemeldet.
```

Beim Einsatz von -f genügt es, den Index des gewünschten Elements anzugeben:

```
PS> '{0}: Der User {1} ist angemeldet.' -f $inhalte
12.12.2020 14:05:22: Der User tobia ist angemeldet.
```

Platzhalter verstehen

Die Platzhalter im statischen Text auf der linken Seite des Operators stehen immer in geschweiften Klammern und haben dieses Format:

```
{Index  [  ,Breite  ][  : FormatString  ]}
```

- **Index:** Pflicht. Index des Platzhalters. Der Index entspricht der Indexzahl des Arrays und beginnt immer bei 0. Der maximal mögliche Wert entspricht dem höchsten Index des Arrays. Bei einem Array mit drei Werten darf der Index also eine Zahl zwischen 0 und 2 sein.

- **Breite:** Optional. Mindestbreite in Zeichen. Ist der Inhalt des Platzhalters größer, wird der Platz erweitert. Ein positiver Wert als Mindestbreite führt zu einer rechtsbündigen Darstellung, ein negativer Wert zu einer linksbündigen.
- **FormatString:** Optional. Gibt ein bestimmtes Format an. Der Inhalt des Platzhalters muss sich in diesem Format darstellen lassen. Werden beispielsweise bestimmte Zahlenformate festgelegt, darf der Platzhalter keinen Text anzeigen.

Profitipp

Wollen Sie in Ihrem Text geschweifte Klammern ausgeben, müssen Sie diese doppelt angeben, damit der Operator `-f` sie nicht mit Platzhaltern verwechselt:

```
$Bedingung = { $a -eq 1 }
$Code = { "A ist 1" }
'if ({0}) {{ {1} }}' -f $bedingung, $code
```

Listing 9.5: Dynamische Codegenerierung erfordert geschweifte Klammern im Text.

Listing 9.5 liefert nun einen zusammengesetzten Text zurück, in dem geschweifte Klammern vorkommen:

```
if ( $a -eq 1 ) {  "A ist 1"  }
```

Im einfachsten Fall gibt der Platzhalter nur den Array-Index an, der an seiner Stelle eingefügt werden soll:

```
$vordergrund, $hintergrund = $Host.UI.RawUI.ForegroundColor, $Host.UI.RawUI.BackgroundColor
'Aktuelle Vordergrundfarbe: {0}. Aktuelle Hintergrundfarbe: {1}' -f $vordergrund, $hintergrund
```

Listing 9.6: Mehrere Informationen in einen Text integrieren

Das Ergebnis sieht so aus:

```
Aktuelle Vordergrundfarbe: White. Aktuelle Hintergrundfarbe: DarkMagenta
```

Dem Operator `-f` ist es dabei gleichgültig, ob Sie auf seiner rechten Seite ein Array mit dem Komma selbst anlegen oder bereits ein fertiges Array übergeben:

```
PS> $farben = $Host.UI.RawUI.ForegroundColor, $Host.UI.RawUI.BackgroundColor
PS> 'Aktuelle Vordergrundfarbe: {0}. Aktuelle Hintergrundfarbe: {1}' -f $farben
Aktuelle Vordergrundfarbe: White. Aktuelle Hintergrundfarbe: DarkMagenta
```

Bündige Spalten herstellen

Geben Sie im Platzhalter zusätzlich mit einem Komma getrennt eine Mindestbreite an, lassen sich (bei Schriftarten mit einheitlicher Zeichenbreite) bündige Spalten erzeugen:

```
Get-Service |
  ForEach-Object {
    '{0,-35} : {1,-28}' -f $_.Name, $_.Status
  }
```

Listing 9.7: Dienste als bündige Tabelle ausgeben

Das Ergebnis könnte so aussehen:

```
AarSvc_c62890                    : Stopped
AdobeARMservice                  : Running
AJRouter                         : Stopped
(...)
```

Für linksbündige Spalten wird die Mindestbreite negativ angegeben, für rechtsbündige Spalten wird sie positiv angegeben.

Solche strikten Formatierungen sind indes nur nötig, wenn Sie objektorientierte Informationen unbedingt selbst in Text verwandeln wollen. Normalerweise verwandelt man die Informationen besser nicht in Text, sondern wählt einfach die gewünschten Informationen objektorientiert aus (siehe Kapitel 5, Abschnitt »Select-Object«) und überlässt es PowerShell, die optimalen Spaltenbreiten zu ermitteln:

```
Get-Service |
  Format-Table -Property Name, Status
```

Listing 9.8: PowerShell formatiert bündige Tabellen automatisch.

Das Ergebnis sieht dann so aus:

```
Name                                                     Status
----                                                     ------
AarSvc_c62890                                           Stopped
AdobeARMservice                                         Running
AJRouter                                                Stopped
(...)
```

Falls die Spaltenüberschriften unerwünscht sind, kann man sie mit dem Parameter `-HideTableHeaders` entfernen.

Zahlen formatieren

Sollen Zahlen in den Text eingeblendet werden, sind die Formatierungsoptionen des Operators `-f` von großem Wert. Für Serverlisten benötigen Sie vielleicht führende Nullen. Die liefert `-f` auf Wunsch sehr leicht:

```
PS> 7..12 | ForEach-Object { 'PC_{0:d4}' -f $_ }
PC_0007
PC_0008
PC_0009
PC_0010
PC_0011
PC_0012
```

Hinter dem Platzhalterzeichen wird das gewünschte Format nach einem Doppelpunkt angegeben. `d` steht für *digit*, und die Zahl dahinter legt die Anzahl der Digits fest.

Auch Rundungen und die Begrenzung auf eine bestimmte Anzahl von Nachkommastellen leistet `-f` auf diese Weise. Das Format `n` erzeugt Fließkommazahlen, und die Zahl dahinter gibt die Zahl der Nachkommastellen an – Rundung inklusive. Das folgende Beispiel zeigt die Größe des Laufwerks C:\ in GByte mit einer Nachkommastelle:

```
$driveC = Get-CimInstance -ClassName Win32_LogicalDisk -Filter 'DeviceID="C:"'
$sizeByte = $driveC.Size
$sizeGB = $sizeByte / 1GB

'Festplatte C:\ Größe: {0:n1} GB' -f $sizeGB
```

Listing 9.9: Größe des Laufwerks C:\ in GByte mit einer Nachkommastelle angeben

Das Ergebnis sieht entsprechend so aus:

```
Festplatte C:\ Größe: 465,8 GB
```

Die Formatierungszeichen braucht man sich nicht unbedingt zu merken. Man kann sein Wunschformat auch mit den Zeichen `0` (immer sichtbare Stelle) und `#` (potenziell sichtbare Stelle) zusammenstellen:

```
'Festplatte C:\ Größe: {0:#,##0.0} GB' -f $sizeGB
```

Tabelle 9.1 listet die gebräuchlichsten Formatierungszeichen für Sie auf. Damit lassen sich dann sogar Dezimalzahlen in hexadezimaler Schreibweise ausgeben:

```
PS> '{0} entspricht hexadezimal 0x{0:x10}' -f 46118343220
46118343220 entspricht hexadezimal 0x0abcde1234

PS> '{0} entspricht hexadezimal 0x{0:X10}' -f 46118343220
46118343220 entspricht hexadezimal 0x0ABCDE1234
```

Platzhalter	Beschreibung	Beispiel	Ergebnis
#	Ziffernstelle optional	"{0:(#).##}" -f $wert	(1000000)
0	Ziffernstelle Pflicht	"{0:00.0000}" -f $wert	1000000,0000
.	Dezimaltrennzeichen	"{0:0.0}" -f $wert	1000000,0
,	Tausendertrennzeichen	"{0:0,0}" -f $wert	1.000.000
D	Dezimalzahl (*decimal*)	"{0:d}" -f $wert	1000000
N	Tausendertrennzeichen mit Nachkommastellen	"{0:n}" -f $wert	1.000.000,00
F	Festkommazahl (*fixed point*)	"{0:f}" -f $wert	1000000,00
X	hexadezimal, Kleinbuchstaben	"0x{0:x4}" -f $wert	0xf4240
X	hexadezimal, Großbuchstaben	"0x{0:X4}" -f $wert	0xF4240
%	Prozentwert	"{0:0%}" -f $wert	100000000 %
C	Währung (*currency*)	"{0:c}" -f $wert	1.000.000,00 €
E	Exponentialschreibweise (wissenschaftlich)	"{0:e}" -f $wert "{0:00e+0}" -f $wert	1,000000e+006 10e+5
G	generisch (*general*)	"{0:g}" -f $wert	1000000
,.	ganzzahliges Vielfaches von 1.000	"{0:0,.} " -f $wert	1000

Tabelle 9.1: Zahlen formatieren. $wert wird dabei als 1000000 (eine Million) angenommen.

Datums- und Zeitangaben formatieren

Für Zeit- und Datumswerte sind die Formatierungen in den folgenden beiden Tabellen 9.2 und 9.3 zuständig. Wie sich die Format-Strings konkret auswirken, zeigt zuerst ein kleiner Codeschnipsel, der eine zweispaltige Beispieltabelle mit fester Spaltenbreite herstellt und dabei auf das Wissen der letzten Abschnitte aufbaut:

```
$datum= Get-Date
$formate = 'd;D;f;F;g;G;m;r;s;t;T;u;U;y;dddd;MMMM;dd;yyyy;M/yy;dd-MM-yy' -split ';'

$formate | ForEach-Object {
  "{0,-30} {1:$_}" -f "Format '$_' liefert:", $datum
}
Format 'd' liefert:            10.11.2012
```

```
Format 'D' liefert:          Samstag, 10. November 2012
Format 'f' liefert:          Samstag, 10. November 2012 12:28
(...)
```

Ein Datumsformat kann entweder vollkommen frei mit den allgemeinen Platzhaltern definiert werden:

Platzhalter	Beschreibung	Beispiel	Ergebnis
Dd	Tag	"{0:dd}" -f $datum	10
Ddd	Name des Tages (Kürzel)	"{0:ddd}" -f $datum	Sa
Dddd	Name des Tages (ausgeschrieben)	"{0:dddd}" -f $datum	Samstag
Gg	Ära	"{0:gg}" -f $datum	n. Chr.
Hh	Stunde 2-stellig (12-Stunden-Format)	"{0:hh}" -f $datum	12
HH	Stunde 2-stellig (24-Stunden-Format)	"{0:HH}" -f $datum	12
Mm	Minuten	"{0:mm}" -f $datum	28
MM	Monat	"{0:MM}" -f $datum	11
MMM	Monatsname (Kürzel)	"{0:MMM}" -f $datum	Nov
MMMM	Monatsname (ausgeschrieben)	"{0:MMMM}" -f $datum	November
Ss	Sekunden	"{0:ss}" -f $datum	51
Tt	AM oder PM (nur englisch)	"{0:tt}" -f $datum	–
Yy	Jahr 2-stellig	"{0:yy}" -f $datum	12
Yyyy	Jahr 4-stellig	"{0:YY}" -f $datum	2012
Zz	Zeitzone (kurz)	"{0:zz}" -f $datum	+01
Zzz	Zeitzone (lang)	"{0:zzz}" -f $datum	+01:00

Tabelle 9.2: Datumswerte individuell formatieren

Oder Sie greifen zu den speziellen Formatplatzhaltern, die bereits die gebräuchlichsten Datums- und Zeitformate darstellen, ohne dass Sie das jeweilige Format selbst definieren müssen:

Platzhalter	Beschreibung	Beispiel	Ergebnis
D	kurzes Datumsformat	"{0:d}" -f $datum	10.11.2021
D	langes Datumsformat	"{0:D}" -f $datum	Samstag, 10. November 2012
T	kurzes Zeitformat	"{0:t}" -f $datum	12:28
T	langes Zeitformat	"{0:T}" -f $datum	12:28:51
F	Datum und Uhrzeit komplett (kurz)	"{0:f}" -f $datum	Samstag, 10. November 2012 12:28
F	Datum und Uhrzeit komplett (lang)	"{0:F}" -f $datum	Samstag, 10. November 2012 12:28:51
G	Standarddatum (kurz)	"{0:g}" -f $datum	10.11.2012 12:28
G	Standarddatum (lang)	"{0:G}" -f $datum	10.11.2012 12:28:51

Tabelle 9.3: Datumswerte formatieren

Platzhalter	Beschreibung	Beispiel	Ergebnis
M	Tag numerisch, Monat ausgeschrieben	"{0:M}" -f $datum	10 November
R	RFC1123-Datumsformat	"{0:r}" -f $datum	Sat, 10 Nov 2012 12:28:51 GMT
S	sortierbares Datumsformat	"{0:s}" -f $datum	2012-11-10T12:28:51
U	universell sortierbares Datumsformat	"{0:u}" -f $datum	2012-11-10 12:28:51Z
U	universell sortierbares GMT-Datumsformat	"{0:U}" -f $datum	Samstag, 10. November 2012 11:28:51
Y	Jahr/Monat-Muster	"{0:Y}" -f $datum	November 2012

Tabelle 9.3: Datumswerte formatieren (Forts.)

Profitipp

Welche Platzhalterzeichen in einem Format-String angegeben werden dürfen, hängt vom Datentyp ab, den Sie anzeigen wollen. Dezimalzahlen etwa kann man mit `x` hexadezimal darstellen, aber nur, wenn es sich um Ganzzahlen und nicht um Gleitkommazahlen handelt. Bei einem Datum lässt sich mit `dddd` der Wochentag anzeigen, was wiederum bei einer Zahl oder einem Text nicht funktionieren würde. Die Platzhalterzeichen der verschiedenen Tabellen in diesem Abschnitt funktionieren nicht nur mit dem Operator `-f`, `Get-Date` verwendet genau die gleichen Platzhalterzeichen mit seinem Parameter `-Format`:

```
PS> Get-Date -Format dddd
Samstag
```

Alle sonstigen Datentypen, die Formatierungen unterstützen, verfügen über eine Methode namens `ToString()`, die ebenfalls eine Unterstützung für diese Platzhalterzeichen bietet:

```
PS> $datum = Get-Date
PS> $datum.ToString('dddd')
Samstag

PS> $zahl = 123
PS> $zahl.ToString('n2')
123,00
```

Mit `ToString()` kann man auch leicht die Platzhalterzeichen ermitteln, die für einen bestimmten Datentyp erlaubt sind – indem man der Methode einen ungültigen Platzhalter vorsetzt. Die Fehlermeldung listet dann zumindest bei manchen Datentypen die gültigen Platzhalterzeichen auf:

```
PS> [System.GUID]::NewGUID()

Guid
----
0e4e4253-830d-4ef2-87c1-873164bfb111

PS> $guid = [System.GUID]::NewGUID()
PS> $guid.ToString('?')
Ausnahme beim Aufrufen von "ToString" mit 1 Argument(en):  "Format String can be only "D", "d", "N",
"n", "P", "p", "B", "b", "X" or "x"."

PS> $guid.ToString('D')
cd76407f-5243-4f22-8a88-8d3c895dade7
```

```
PS> $guid.ToString('B')
{cd76407f-5243-4f22-8a88-8d3c895dade7}

PS> $guid.ToString('X')
{0xcd76407f,0x5243,0x4f22,{0x8a,0x88,0x8d,0x3c,0x89,0x5d,0xad,0xe7}}
```

Array-Elemente in Text umwandeln

Möchten Sie Array-Elemente zu einem Gesamttext zusammenfügen, verwenden Sie den Operator `-join`. Wird er unär verwendet, fügt er die Textteile nahtlos zusammen.

Arrays erhalten Sie oft als Ergebnis von Befehlsaufrufen. Mit dem Operator `,` (Komma) lassen sich aber auch selbst Arrays herstellen:

```
PS> $texte = 'erster Text', 'zweiter Text'
PS> -join $texte
erster Textzweiter Text
```

Gibt man auf der linken Seite die Texte und auf der rechten Seite ein Trennzeichen an, wird stattdessen das Trennzeichen verwendet, um die Texte zu verbinden:

```
PS> $texte = 'erster Text', 'zweiter Text'
PS> $texte -join ', '
erster Text, zweiter Text
```

Der Operator `-join` wird in erster Linie dazu eingesetzt, Arrays in eine Textzeile zu verwandeln. Das folgende Beispiel generiert Lottozahlen und fügt das Array mit Zufallszahlen zu einem kommaseparierten Text zusammen:

```
$lottozahlen = 1..49 | Get-Random -Count 6 | Sort-Object
$lottozahlen -join ', '
```

Listing 9.10: Lottozahlen als kommaseparierte Liste

Die Inhalte des Arrays könnten ebenso gut auch umschlossen werden, wie dieses Beispiel zeigt:

```
$lottozahlen = 1..49 | Get-Random -Count 6 | Sort-Object
$text =  $lottozahlen -join '] ['
"[$text]"
```

Listing 9.11: Array-Elemente mit Zeichen umschließen

Das Ergebnis sieht nun ähnlich aus wie dieses:

```
[1] [8] [15] [18] [32] [34]
```

Profitipp

Mit `-join` entscheiden Sie selbst, wie die Elemente eines Arrays zu einem einzelnen Text zusammengefasst werden. Andernfalls greift Ihnen die »PowerShell-Magie« automatisch unter die Arme:

```
$lottozahlen = 1..49 | Get-Random -Count 6 | Sort-Object
$text = "Die Lottozahlen lauten: $lottozahlen"
$text
```

Listing 9.12: Automatische Umwandlung von Arrays in Text

Dieses Ergebnis sieht nun ähnlich aus wie das hier:

```
Die Lottozahlen lauten: 5 23 28 33 36 49
```

Offensichtlich wurde das Array auch ohne `-join` in einen Text verwandelt. Das passiert immer dann automatisch, wenn Sie ein Array innerhalb eines Texts ausgeben. Hierbei verwendet PowerShell also automatisch hinter den Kulissen `-join` und erledigt die Umwandlung notfalls selbst. Als Trennzeichen kommt ein Leerzeichen zum Einsatz.

Bevorzugen Sie ein anderes Trennzeichen, zum Beispiel ein Komma, müssten Sie die Umwandlung entweder doch noch selbst in die Hand nehmen:

```
$lottozahlen = 1..49 | Get-Random -Count 6 | Sort-Object
$lottozahlenText = $lottozahlen -join ', '
$text = "Die Lottozahlen lauten: $lottozahlenText"
$text
```

Listing 9.13: Manuelle Umwandlung eines Arrays in Text

Jetzt würden die Lottozahlen kommasepariert ausgegeben, und PowerShell spart sich seine Automatik, weil in `$lottozahlenText` nun bereits reiner Text lagerte und keine weitere Umwandlung nötig ist.

Oder Sie teilen PowerShell mit, welches Trennzeichen Sie bei der automatischen Umwandlung lieber hätten:

```
# Geheime variable legt automatisches Trennzeichen fest.
# ofs = output field separator
$ofs = ', '

$lottozahlen = 1..49 | Get-Random -Count 6 | Sort-Object
$text = "Die Lottozahlen lauten: $lottozahlen"
$text
```

Listing 9.14: Automatische Umwandlung von Arrays zu Text mit eigenem Trennzeichen

Jetzt würde die automatische Umwandlung anstelle des Leerzeichens Ihr in `$ofs` angegebenes Trennzeichen verwenden. Das gilt nun indes für sämtliche automatischen Umwandlungen, und deshalb sollten Sie `$ofs` mit Vorsicht verwenden. Denn falls Ihr Skript andere Skripte aufruft (oder auch Befehle, die von anderen Autoren stammen), kann die geänderte Textumwandlung dort gegebenenfalls für unerwünschte Resultate sorgen.

Löschen Sie `$ofs` deshalb möglichst nach Gebrauch wieder. Die Variable wird spätestens dann automatisch gelöscht, wenn Sie PowerShell schließen.

```
Remove-Variable -Name ofs
```

Textstellen finden und extrahieren

Texte werden von PowerShell in Objekten vom Typ *String* gespeichert. Ein String ist ein Array aus einzelnen Zeichen, und deshalb kann man jeden String auch wie ein Array behandeln, wenn man einzelne Zeichen daraus lesen möchte. Die folgende Zeile ermittelt zum Beispiel den Laufwerksbuchstaben eines Dateipfads:

```
PS> $profile
C:\Users\Tobias\Documents\WindowsPowerShell\Microsoft.PowerShellISE_profile.ps1

PS> $profile[0]

C
```

Jedes String-Objekt verfügt darüber hinaus über die Methoden (Befehle) aus Tabelle 9.4. Alle diese Methoden können direkt über den Punkt angesprochen werden. Um also einen Pfadnamen wahlweise in Klein- oder Großbuchstaben zu verwandeln, genügen diese Zeilen:

```
PS> $profile
C:\Users\Tobias\Documents\WindowsPowerShell\Microsoft.PowerShellISE_profile.ps1

PS> $profile.ToUpper()
C:\USERS\TOBIAS\DOCUMENTS\WINDOWSPOWERSHELL\MICROSOFT.POWERSHELLISE_PROFILE.PS1

PS> $profile.ToLower()
c:\users\tobias\documents\windowspowershell\microsoft.powershellise_profile.ps1
```

Funktion	Beschreibung	Beispiel
`EndsWith()`	Prüft, ob der Text mit einer bestimmten Zeichenfolge endet.	`("Hello").EndsWith("lo")`
`IndexOf()`	Bestimmt die erste Position eines Vergleichstexts.	`("Hello").IndexOf("l")`
`IndexOfAny()`	Bestimmt die erste Position eines beliebigen Zeichens aus einem Vergleichstext.	`("Hello").IndexOfAny("loe")`
`LastIndexOf()`	Findet die letzte Position des angegebenen Zeichens.	`("Hello").LastIndexOf("l")`
`LastIndexOfAny()`	Findet die letzte Position eines beliebigen Zeichens der angegebenen Zeichenfolge.	`("Hello").LastIndexOfAny("loe")`
`PadLeft()`	Erweitert den Text auf die angegebene Länge und fügt auf der linken Seite Leerzeichen hinzu (rechtsbündiger Text).	`("Hello").PadLeft(10)`
`PadRight()`	Erweitert den Text auf die angegebene Länge und fügt auf der rechten Seite Leerzeichen hinzu (linksbündiger Text).	`("Hello").PadRight(10) + "World!"`
`Remove()`	Entfernt ab der angegebenen Position die gewünschte Anzahl von Zeichen.	`("Hello World").Remove(5,6)`
`Replace()`	Ersetzt Zeichen durch andere Zeichen.	`("Hello World").Replace("l", "x")`
`Split()`	Konvertiert den Text mit den angegebenen Trennzeichen in ein Array.	`("Hello World").Split("l")`
`StartsWith()`	Prüft, ob der Text mit den angegebenen Zeichen beginnt.	`("Hello World").StartsWith("He")`
`Substring()`	Extrahiert Zeichen aus dem Text.	`("Hello World").Substring(4, 3)`

Tabelle 9.4: Wichtige Methoden des String-Objekts

Funktion	Beschreibung	Beispiel
ToCharArray()	Konvertiert Text in ein Array mit Einzelzeichen.	("Hello World").ToCharArray()
ToLower()	Verwandelt den Text in Kleinbuchstaben.	("Hello World").ToLower()
ToUpper()	Verwandelt den Text in Großbuchstaben.	("Hello World").ToUpper()
Trim()	Entfernt Leerzeichen links und rechts.	(" Hello ").Trim() + "World"
TrimEnd()	Entfernt Leerzeichen rechts.	(" Hello ").TrimEnd() + "World"
TrimStart()	Entfernt Leerzeichen links.	(" Hello ").TrimStart() + "World"

Tabelle 9.4: Wichtige Methoden des String-Objekts (Forts.)

Texte splitten

Oft enthält ein Text wiederkehrende Ankerpunkte. Ein Pfadname unterteilt seine Pfadbestandteile zum Beispiel mithilfe eines Backslashs (\). Mit der Methode `Split()` kann der Text an solchen Ankerzeichen aufgetrennt werden. Sie erhalten ein Array mit den Textbruchstücken, aus dem Sie dann die gewünschten Teile herauslesen. Die folgenden Beispiele zeigen das:

```
PS> $teile = $profile.Split('\')

# Laufwerksbuchstaben ermitteln:
PS> $teile[0]
C:

# Dateinamen ermitteln:
PS> $teile[-1]
Microsoft.PowerShellISE_profile.ps1

# Dateiextension ermitteln:
PS> $profile.Split('.')[-1]
ps1
```

Nach diesem Muster kann man sehr häufig vorgehen, um Informationen zu extrahieren, denn Texte enthalten oft Strukturen, an denen gesplittet werden kann. Hier sehen Sie, wie PowerShell aus einem X500-Pfad den Namen des Endglieds ausliest:

```
PS> 'CN=Tobias,OU=Autoren,OU=Work,DC=powershell,DC=one'.Split(',')[0].Split('=')[-1]
Tobias
```

Gesplittet wird am Komma, und das Ergebnis ist ein Array. Das erste Array-Element (mit dem Index 0) ist das gesuchte Endglied. Es wird erneut gesplittet, diesmal am Gleichheitszeichen. Wieder ist das Ergebnis ein Array. Diesmal interessiert das letzte Array-Element (mit dem Index -1).

`Split()` unterscheidet wie die meisten String-Methoden zwischen Groß- und Kleinschreibung. Zudem dürfen Sie bei `Split()` nur genau ein Zeichen angeben, an dem der Text getrennt werden soll. Dafür ist `Split()` aber auf Wunsch in der Lage, die Anzahl der gewünschten Textbruchstücke zu berücksichtigen:

```
PS> 'HP667I,Printer,Farbe,SW'.Split(',')
HP667I
Printer
Farbe
SW
```

```
PS> 'HP667I,Printer,Farbe,SW'.Split(',', 3)
HP667I
Printer
Farbe,SW
```

Hinweis

Weil das Aufteilen von Pfadnamen häufig benötigt wird, bietet PowerShell dafür ein eigenes Cmdlet namens `Split-Path`. Es liefert die gleichen Informationen wie oben, kann aber nur das tun, was sein Erfinder programmiert hat. Im Gegensatz zur universellen `Split()`-Methode finden Sie damit zum Beispiel nicht die Dateierweiterung heraus:

```
PS> Split-Path -Path $profile -Qualifier
C:

PS> Split-Path -Path $profile -Leaf
Microsoft.PowerShellISE_profile.ps1
```

Splitting kann man auch einsetzen, um sich lästige Tipparbeit zu sparen. Anstelle mühsam viele einzelne Zeichen jeweils in Anführungszeichen zu setzen, splitten Sie:

```
$zeichen = 'a','b','c','d','e','f','g','h','i','j','k','l','m','n','o','p',
'q','r','s','t','u','v','w','x','y','z','0','1','2','3','4','5','6','7','8','9',
'!','"','§','$','%','&','/','(',')','=','?'

$zeichen = 'a,b,c,d,e,f,g,h,i,j,k,l,m,n,o,p,q,r,s,t,u,v,w,x,y,z,0,1, 2,3,4,5,6,7,8,9,
!,",§,$,%,&,/,(,),=,?'.Split(',')
```

Damit lässt sich ein Kennwortgenerator erstellen:

```
# Aus diesen Zeichen soll das Kennwort zusammengesetzt werden
# (sehr ähnliche Zeichen wie "q", "o" und "0" sind nicht enthalten):
$kleinbuchstaben = 'a,b,c,d,e,f,g,h,k,m,n,p,r,s,t,u,v,w,x,y,z'
$grossbuchstaben = $kleinbuchstaben.ToUpper()
$zahlen = '2,3,4,5,6,7,8,9'
$sonderzeichen = '§,$,%,&,?'

# Kennwort aus zufälligen Zeichen zusammensetzen:
$zeichen = $kleinbuchstaben.Split(',') | Get-Random -Count 3
$zeichen += $grossbuchstaben.Split(',') | Get-Random -Count 3
$zeichen += $zahlen.Split(',') | Get-Random -Count 1
$zeichen += $sonderzeichen.Split(',') | Get-Random -Count 1

# Zeichen bunt zusammenwürfeln:
$zeichen = $zeichen | Get-Random -Count 100

# Zeichen zu einem Text zusammensetzen:
$kennwort = $zeichen -join ''

# Kennwort besteht aus 3 Klein- und 3 Großbuchstaben, einer Zahl
# und einem Sonderzeichen.
$kennwort
```

Listing 9.15: Kennwortgenerator für komplexe zufällige Kennwörter

Ebenfalls praktisch ist die Methode `ToCharArray()`, die die einzelnen Zeichen eines Texts als Array liefert:

```
$zeichen = 'abcdefghkmnprstuvwxyz23456789!"§$%&/()=?'.ToCharArray()
```

So könnten Sie sich sogar das abgrenzende Komma in Ihrer Zeichenliste sparen. Der einfachste Kennwortgenerator der Welt benötigt damit nur noch eine Zeile Code. Die folgende Zeile generiert ein zufälliges Kennwort mit einer Länge von sieben Zeichen:

```
-join ('abcdefghkmnprstuvwxyz23456789!"§$%&/()=?'.ToCharArray() | Get-Random -Count 7)
```

Listing 9.16: Simpler Kennwortgenerator in einer Zeile

Informationen in Texten finden

Wird eine bestimmte Information innerhalb eines Texts gesucht, greifen viele Skriptprogrammierer auf die klassischen Methoden zurück, die im String-Objekt vorhanden sind. Mit regulären Ausdrücken kann man diese Aufgaben häufig indes wesentlich einfacher lösen.

Schauen wir uns zunächst die klassischen Methoden an, danach die Alternativen mit den regulären Ausdrücken.

Die folgende Zeile liefert mit `Substring()` immer die vier Textzeichen ab Position 7 (die Zählung beginnt bei 0):

```
PS> 'Server77625.'.Substring(6,5)
77625
```

Positionen bestimmen und Text extrahieren

Das funktioniert natürlich nur, wenn Sie schon wissen, wo sich der gesuchte Textbereich befindet. Um diesen Textbereich zu ermitteln, können `IndexOf()` und `LastIndexOf()` eingesetzt werden. Sie ermitteln die Position eines Suchtexts, jeweils ausgehend vom Anfang oder vom Ende eines Texts:

```
$text = 'Server77625.'

# 6 Zeichen hinter dem Wort beginnt die Zahl:
$positionAnfang = $text.IndexOf('Server') + 6
# 1 Zeichen hinter dem Punkt endet die Zahl:
$positionEnde = $text.IndexOf('.', $positionAnfang+1)

# Zahl mit den berechneten Positionen aus dem Text extrahieren:
$text.Substring($positionAnfang, $positionEnde - $positionAnfang)
```

Listing 9.17: Position einer Zahl innerhalb eines Texts bestimmen

Tatsächlich finden Sie so die Zahl, und der Code würde auch alle anderen Inhalte zwischen den beiden Ankern `'Server'` und `'.'` finden, weil die Positionen, die `Substring()` verwendet, stets korrekt berechnet werden.

Nur ist dieser Ansatz einigermaßen aufwendig und mitunter auch fehlerträchtig. Wenn der Text nicht exakt so aufgebaut ist wie angenommen, liefert der Code nicht das gewünschte Ergebnis. Würde der Text zum Beispiel nicht mit einem Punkt enden, sondern mit einem Ausrufezeichen, würden Sie anstelle der Ausgabe einen Fehler erhalten. `$positionEnde` wäre jetzt nämlich -1 (was »nicht gefunden« entspricht).

Reguläre Ausdrücke

Mithilfe eines regulären Ausdrucks und des Operators `-match` findet man das Wort hinter `'Server'` sehr viel einfacher. Allerdings muss man dazu das gesuchte Textmuster zuerst beschreiben. Diese Beschreibung nennt man *regulären Ausdruck*.

Zur Beschreibung stehen Platzhalterzeichen zur Verfügung, die immer jeweils genau *ein Zeichen* beschreiben. Platzhalter können aber mit Quantifizierern versehen werden, wenn Sie *mehr als nur ein Zeichen* suchen.

Hinweis

Schon im nächsten Abschnitt lernen Sie alle verfügbaren Platzhalterzeichen und weitere Hintergründe zu regulären Ausdrücken kennen. Im Augenblick soll zunächst illustriert werden, wie sich die typischen String-Methoden, die Sie zum Beispiel in Listing 9.17 eingesetzt haben, mithilfe von regulären Ausdrücken ebenfalls formulieren lassen.

Das Muster für die gesuchte fünfstellige Zahl lautet `\d{5}`. Dabei steht `\d` für eine Zahl (*digit*), und der folgende Quantifizierer `{x}` bestimmt die Anzahl der gesuchten Zahlen, also fünf:

```
$muster = '\d{5}'
```

Achtung

Reguläre Ausdrücke unterscheiden zwischen Klein- und Großschreibung. Wenn Sie eine Zahl meinen, müssen Sie also unbedingt `\d` angeben und nicht etwa `\D`. `\D` beschreibt das genaue Gegenteil von der Variante in Kleinbuchstaben, also in diesem Fall ein Zeichen, das *keine* Zahl ist.

Nun kann man den Operator `-match` beauftragen, im Text das gesuchte Muster zu finden. Wenn der Operator fündig wird, gibt er `$true` zurück, und der gefundene Text steht in der Variablen `$matches` zur Verfügung:

```
$text = 'Server77625.'
$muster = '\d{5}'

$ergebnis = if ($text -match $muster)
{
  # Gefundene Zahl zurückgeben:
  $Matches[0]
} else {
  # Wenn die Zahl nicht gefunden wird,
  # "N/A" zurückgeben:
  'N/A'
}

"Server-Nummer: $ergebnis"
```

Listing 9.18: Textmuster in Text finden

Profitipp

Sofern Sie (ausschließlich) mit *PowerShell 7* arbeiten, könnten Sie auch den im letzten Kapitel beschriebenen neuen *Ternary*-Operator einsetzen und den Code aus Listing 9.18 wesentlich abkürzen:

```
$text = 'Server77625.'
$muster = '\d{5}'
$ergebnis = $text -match $muster ? $Matches[0] : 'N/A'

"Server-Nummer: $ergebnis"
```

Listing 9.19: Textmuster in Text finden und Ternary-Operator zur Auswertung verwenden (PowerShell 7)

Ein besonderes Merkmal der regulären Ausdrücke ist ihre enorme Flexibilität. In Listing 9.18 kam zum Beispiel der Quantifizierer `{5}` zum Einsatz und fand immer eine *genau* fünfstellige Zahl. Ersetzen Sie den Quantifizierer durch `{5,}`, findet das Muster *mindestens* fünfstellige Zahlen. Die Zahl darf nun aber auch länger sein. Und ersetzen Sie den Quantifizierer durch `{5,10}`, muss die Zahl zwischen fünf- und zehnstellig sein.

Dabei sind reguläre Ausdrücke zunächst »gierig« (*greedy*) und versuchen, so viele Zeichen wie möglich zu finden, die dem Muster entsprechen. Das ist für die meisten Aufgaben die richtige Einstellung, denn schließlich wollen Sie im Beispiel oben ja die gesamte Servernummer erfahren.

Möchten Sie dagegen das kürzestmögliche Muster finden lassen, beauftragen Sie den Quantifizierer, stattdessen »faul« (*lazy*) zu sein, indem Sie ihm ein `?` anfügen. Der Quantifizierer `{5,10}?` würde also nach wie vor fünf- bis zehnstellige Zahlen finden, aber nur fünf Zahlen zurückgeben.

Falls Sie nun etwas neugierig geworden sind, steigen wir im nächsten Abschnitt etwas tiefer ein in reguläre Ausdrücke.

Reguläre Ausdrücke: Textmustererkennung

Reguläre Ausdrücke sind eine sonderbare Sache: Sie sind leichter zu schreiben als zu lesen, und anfangs tun sich die meisten Anwender schwer damit.

Schauen wir uns daher zunächst an, woraus jeder reguläre Ausdruck besteht und wie man damit Textmuster beschreibt.

Hinweis

Machen Sie bitte nicht den Fehler, als Einsteiger damit beginnen zu wollen, fremde reguläre Ausdrücke nachzuvollziehen. Das, was fast überall sonst sinnvoll ist, kann bei regulären Ausdrücken höchst frustrierend enden, weil sie so dermaßen kompakt und kryptisch sind.

Besser ist es, zunächst eigene reguläre Ausdrücke zusammenzustellen und zu versuchen, Textmuster selbst zu beschreiben. Denn es ist wirklich so: Das Konzipieren von eigenen regulären Ausdrücken ist sehr viel einfacher, als fremde reguläre Ausdrücke zu verstehen.

Reguläre Ausdrücke sind eine alte Technik. Sie wurden in den 1970er-Jahren erfunden, als es in der IT vor allem um Textauswertungen ging. Reguläre Ausdrücke sind also weder objektorientiert, noch kennen sie spezielle Datentypen wie Bytes, Integer oder Datum und Zeit. Alles, was ein regulärer Ausdruck beschreibt, ist eine Serie von einzelnen Textzeichen.

Reguläre Ausdrücke sind dabei immer aus diesen drei Zutaten zusammengesetzt:

- **Anker:** Unveränderliche Begriffe im Text, an denen sich der reguläre Ausdruck »festhalten« kann. Anker können unveränderliche Zeichenfolgen sein, aber auch ein Textanfang oder -ende oder ein Wortanfang oder -ende.
- **Platzhalter:** Ein Platzhalter steht stets für *genau ein Zeichen*. Um welches Zeichen es sich handeln kann, bestimmt der jeweilige Platzhalter. Es gibt Platzhalter für Zahlen, für alphanumerische Zeichen, für Whitespace (beinhaltet Leerzeichen und Tabulatoren), und es gibt den Universalplatzhalter. Dieser listet in eckigen Klammern die erlaubten Zeichen auf. Die meisten Platzhalter verwenden Kleinbuchstaben, und Großbuchstaben stehen für das genaue Gegenteil. `\s` beschreibt zum Beispiel genau ein Whitespace-Zeichen (Leerzeichen oder Tabulator), während `\S` für ein Zeichen steht, das kein Whitespace ist.
- **Quantifizierer:** Weil ein Platzhalter stets für genau ein Zeichen steht, folgt ihm häufig ein Quantifizierer. Dieser legt dann fest, wie oft das Zeichen erscheinen kann. Der universellste Quantifizierer besteht aus geschwungenen Klammern und kann die Mindest- und Höchstzahl angeben. Sie haben das im letzten Abschnitt bereits mit mehrstelligen Zahlen kennengelernt.

Erste Schritte: Textmuster basteln

Lassen Sie uns ein erstes kleines Praxisbeispiel damit versuchen. Nehmen wir an, ein Logbuch enthielte Zeilen mit Servernamen wie diese:

```
Mar 18, 2020Server_07786success
```

Muster definieren

Wollte man den Servernamen aus dieser Zeile heraustrennen, könnte man zunächst »Anker« suchen. Anker sind immer gleich, und das Muster kann sich an solchen Ankern »festhalten«. Im Beispiel wäre ein guter Anker der Text »Server_«. Der erste Teil des Musters ist also schon fertig:

```
$muster = 'Server_'
```

Achtung

Weil reguläre Ausdrücke für die vielen Platzhalter einige Sonderzeichen verwenden, müssen manche Zeichen, die Sie wörtlich meinen, mit dem Escape-Zeichen \ gekennzeichnet werden. Suchen Sie beispielsweise in einem UNC-Pfad explizit nach einem \-Zeichen, müssten Sie es »escapen« und schreiben: \\.

Suchen Sie nach dem UNC-Pfad `\\server1\c$`, müssten Sie das Muster `\\\\server1\\c\$` verwenden. Richtig gesehen: Auch das »$« hat in regulären Ausdrücken eine besondere Bedeutung und muss escapt werden, wenn Sie es wörtlich meinen.

Weil sich kaum jemand merken kann, welche Zeichen in einem regulären Ausdruck escapt werden müssen und welche nicht, gibt es dafür eine praktische Funktion:

```
PS> [Regex]::Escape('\\server1\c$')
```

Listing 9.20: Einen beliebigen Text automatisch mit Escape-Zeichen für reguläre Ausdrücke versehen

Nutzen Sie diese Funktion immer dann, wenn Sie in regulären Ausdrücken wörtlich nach Text suchen wollen.

Nach dem Anker folgt in unserem Beispiel eine variable Information, nämlich eine Zahl. Weil Sie keine bestimmte Zahl suchen, sondern irgendeine Zahl, setzen Sie für die Zahl einen Platzhalter (`\d`) ein.

Der Platzhalter repräsentiert stets nur ein Textzeichen. Weil die Zahl fünfstellig ist, ergänzen Sie den Platzhalter mit dem Quantifizierer `{5}`.

Tipp

Auch hier gilt wieder: Falls die Zahl auch größer sein darf, wäre **{5,}** der richtige Quantifizierer (mindestens fünf Zeichen). Und dürfte die Zahl zwar größer sein, aber nicht beliebig groß, setzen Sie zum Beispiel **{5,8}** ein (fünf- bis achtstellig).

Was sich in regulären Ausdrücken dagegen nicht (leicht) definieren lässt, sind Wertebereiche – denn reguläre Ausdrücke sind wie gesagt zeichenbasiert und nicht datentypbasiert. Es gibt also keinen (einfachen) Weg, eine Zahl zwischen 12 und 88 zu suchen.

Nun zeigt sich das Muster so:

```
$muster = 'Server_\d{5}'
```

Und so würde der komplette Code aussehen:

```
$text = 'Mar 18, 2016Server_07786success'
$muster = 'Server_\d{5}'

if ($text -match $muster)
{
  $Matches[0]
}
```

Listing 9.21: Servernamen aus Text auslesen

Viele Treffer pro Datei finden

Der Operator `-match` kann stets nur ein Ergebnis finden. Falls der Text also zwei Textstellen enthielte, die Ihrem Muster entsprechen, würde `$matches` stets nur die erste Fundstelle liefern.

Für die meisten administrativen Aufgaben ist diese Einschränkung aber kein Problem, denn wenn Sie zum Beispiel eine Logbuchdatei auswerten und darin bestimmte Informationen finden wollen, wird die Datei in der Regel zeilenweise eingelesen. Sie finden also zwar jeweils nur einen Treffer, allerdings *pro Zeile*. Das genügt üblicherweise.

Lassen Sie uns das ausprobieren. Dazu benötigen wir zuerst eine Logbuchdatei, die man auswerten könnte. In den Ordnern Ihres Betriebssystems werden Sie viele Logbuchdateien finden, aber damit wir im Rahmen des Buchs über die gleichen Inhalte sprechen, generiert Listing 9.22 eine Beispieldatei, die gleich durchsucht werden soll:

```
# Logdatei hier speichern:
$Path = "$env:temp\logfile.csv"

# Inhalt des Windows-Ordners ...
```

```
Get-ChildItem -Path c:\windows |
    # ... mit diesen Eigenschaften ...
    Select-Object -Property LastWriteTime, Name, Extension, Length, FullName |
    # … als CSV-Datei speichern:
    Export-Csv -Path $Path -NoTypeInformation -Encoding UTF8

# Ergebnis im Notepad-Editor anzeigen:
notepad $Path
```

Listing 9.22: Eine Datei mit Textinhalten erstellen, die als Übungsobjekt für Regex-Ausdrücke dient

Der Inhalt der Testdatei repräsentiert den Inhalt des Windows-Ordners (wählen Sie in Listing 9.22 gern einen anderen Ordner, wenn Ihnen das lieber ist oder Sie ein anderes Betriebssystem verwenden). Die Informationen liegen als typische kommaseparierte Daten vor. Das entspricht im Aufbau vielen üblichen Logdateien:

```
"LastWriteTime","Name","Extension","Length","FullName"
"07.12.2019 15:52:40","addins","",,"C:\windows\addins"
"28.09.2020 15:17:20","ADFS","",,"C:\windows\ADFS"
"01.10.2020 08:56:30","appcompat","",,"C:\windows\appcompat"
"09.12.2020 17:22:31","apppatch","",,"C:\windows\apppatch"
(...)
```

Obwohl `-match` stets nur einen Treffer finden kann, findet der folgende Code trotzdem alle Dateien mit der Erweiterung *.exe* in der Logbuchdatei:

```
# Pfad zur Logbuchdatei (im vorangegangenen Beispiel generiert):
$Path = "$env:temp\logfile.csv"

$muster = '"\w{1,}\.exe"'

Get-Content -Path $path |
  Where-Object { $_ -match $muster } |
  ForEach-Object { $Matches[0] }
```

Listing 9.23: Servernamen aus dem Beispiellogbuch extrahieren

Ausgegeben werden die Namen, die dem Muster entsprechen, also alle in Anführungszeichen stehenden Dateinamen, die auf *.exe* enden.

Schauen Sie sich zuerst das verwendete Muster in `$muster` an: Gesucht wurde ein Anführungszeichen, dann ein alphanumerisches Zeichen (`\w`), mindestens ein Zeichen lang (`{1,}`), gefolgt von noch einem Anführungszeichen.

Und warum hat `-match` nun mehrere Treffer geliefert? Hat es nicht. Es wurde nur mehrfach aufgerufen, jeweils einmal pro Zeile:

`Get-Content` liest die Logbuchdatei Zeile für Zeile. Jede einzelne Zeile wird an `Where-Object` gesendet. Dort überprüft `-match` jeweils diese Zeile, und wenn `-match` erfolgreich war, wird die Zeile an `Foreach-Object` weitergeleitet. `Foreach-Object` gibt dann den jeweils gefundenen Treffer aus `$matches` zurück.

Muster erweitern

Lassen Sie uns als Nächstes das Muster erweitern, um mehr als eine Information aus den Textdaten der Logbuchdatei zu ernten.

Vielleicht interessieren Sie sich nicht nur für den Dateinamen, sondern auch für die Dateigröße. In der Logbuchdatei sieht die Rohinformation für jede Datei so aus:

```
"07.12.2020 07:25:49","setupact.log",".log","33578","C:\windows\setupact.log"
```

Wir suchen nun also nach mindestens einem alphanumerischen Zeichen in Anführungszeichen, das von einem Punkt und weiteren Zeichen gefolgt wird und vor und nach dem jeweils ein Komma steht (der Dateiname):

```
,"\w{1,}\.\w{1,}",
```

Und darüber hinaus suchen wir nach einer mindestens einstelligen Zahl in Anführungszeichen, vor und hinter der jeweils wieder ein Komma steht (die Dateigröße):

```
,"\d{1,}",
```

Zwischen den beiden soll beliebiger Text stehen (der Punkt `.` repräsentiert ein beliebiges Zeichen), aber nur so wenig wie nötig (*lazy*):

```
.{1,}?
```

Damit ergibt sich das Gesamtmuster aus den drei Teilmustern. Mit runden Klammern können Sie darin nun außerdem diejenigen Teile kennzeichnen, an denen Sie nachher interessiert sind. Weil die äußeren Anführungszeichen nicht dazuzählen, werden sie mit den Klammern ausgeschlossen:

```
$muster = ',"(\w{1,}\.\w{1,})",.{1,}?,"(\d{1,})",'
```

Hinweis

Wenn Sie sich das entstandene Muster in `$muster` ohne seinen Entstehungsweg anschauen, wird klar, warum reguläre Ausdrücke häufig »kompliziert« wirken oder »klingonisch« erscheinen. Lesen ist hier wirklich schwieriger als schreiben.

Probieren wir es aus:

```
# Pfad zur Logbuchdatei (im vorangegangenen Beispiel generiert):
$Path = "$env:temp\logfile.csv"
$muster = ',"(\w{1,}\.\w{1,})",.{1,}?,"(\d{1,})",'

Get-Content -Path $path |
  Where-Object { $_ -match $muster } |
  ForEach-Object {
    # Eigenes Rückgabeobjekt erstellen:
    [PSCustomObject]@{
        Name = $matches[1] # Inhalt der ersten runden Klammer
        Size = $matches[2] # Inhalt der zweiten runden Klammer
    }
}
```

Listing 9.24: Mehrere Informationen aus jeweils einer Textzeile extrahieren

Tatsächlich erhalten Sie nun Dateinamen und Dateigrößen aus jeder Zeile der Textdatei zurück:

```
Name                          Size
----                          ----
aktuellesdatum.txt            88
bfsvc.exe                     78336
bootstat.dat                  67584
BRRBCOM.INI                   353
(...)
```

Ergebnisse in Objekte verwandeln

In Listing 9.24 wurden die beiden Einzelinformationen händisch mit `[PSCustomObject]@()` in ein Objekt verwandelt. Das funktioniert auch vollautomatisch. Hier die ganze Geschichte dazu sowie ein Beispiel:

Wenn Sie mehr als eine Information an jemand anderen weitergeben wollen, verpacken Sie die Einzelinformationen am besten in einem Objekt – so machen das auch die allermeisten PowerShell-Befehle. Eigene Objekte kann man zum Beispiel so wie in Listing 9.24 aus einer Hashtable herstellen, indem man die Hashtable in den Typ `[PSCustomObject]` umwandelt.

Allerdings liefert der Operator `-match` in der Variablen `$matches` bereits eine solche fix und fertige Hashtable zurück. Sie könnten also auch `$matches` direkt in ein Objekt umwandeln und so Listing 9.24 vereinfachen:

```
# Pfad zur Logbuchdatei (im vorangegangenen Beispiel generiert):
$Path = "$env:temp\logfile.csv"
$muster = ',"(\w{1,}\.\w{1,})",.{1,}?,"(\d{1,})",'

Get-Content -Path $path |
  Where-Object { $_ -match $muster } |
  ForEach-Object {
    [PSCustomObject]$matches
  }
```

Listing 9.25: Direkt Objekte aus $matches herstellen

Das Ergebnis wären nun tatsächlich Objekte, aber die Eigenschaften (Spaltenüberschriften) wären Zahlen:

```
2          1                             0
-          -                             -
88         aktuellesdatum.txt            ,"aktuellesdatum.txt",".txt","88",
78336      bfsvc.exe                     ,"bfsvc.exe",".exe","78336",
67584      bootstat.dat                  ,"bootstat.dat",".dat","67584",
353        BRRBCOM.INI                   ,"BRRBCOM.INI",".INI","353",
```

Das ist auch nicht verwunderlich, denn `$matches` verwendet Zahlen als Schlüssel. Die Zahl 0 entspricht stets dem ganzen Muster, und alle weiteren Zahlen wären die Inhalte der Unterausdrücke, also der runden Klammern im Muster.

Damit Sie aus `$matches` sinnvolle Objekte direkt herstellen können, müssten Sie den Unterausdrücken vernünftige Namen geben können, und genau das funktioniert auch:

```
# Pfad zur Logbuchdatei (im vorangegangenen Beispiel generiert):
$Path = "$env:temp\logfile.csv"
$muster = ',"(?<Name>\w{1,}\.\w{1,})",.{1,}?,"(?<Größe>\d{1,})",'

Get-Content -Path $path |
```

```
Where-Object { $_ -match $muster } |
ForEach-Object {
  $matches.Remove(0)
  [PSCustomObject]$matches
}
```

Listing 9.26: Benannte Unterausdrücke direkt in Objekte umwandeln

Der Name des jeweiligen Unterausdrucks (der jeweiligen runden Klammer) wird direkt im regulären Ausdruck am Anfang der Klammer mit `?<...>` festgelegt. `$matches` verwendet nun für die Unterausdrücke keine aufsteigenden Zahlen mehr, sondern die festgelegten Namen. Wird `$matches` in ein Objekt umgewandelt, werden daraus die Eigenschaftennamen (Spaltennamen):

```
Name                    Größe
----                    -----
aktuellesdatum.txt      88
bfsvc.exe               78336
bootstat.dat            67584
(...)
```

Da `$matches` allerdings außerdem stets den gesamten Match im Schlüssel `"0"` enthält, braucht dieser in Listing 9.26 mithilfe von `Remove()` nur noch aus `$matches` entfernt zu werden, bevor daraus das Objekt hergestellt wird.

Gedanken aus der realen Praxis

An dieser Stelle wird besonders deutlich, warum es ein solches Glück ist, dass PowerShell eine objektorientierte Skriptsprache ist. Sie müssen sich nämlich mit regulären Ausdrücken nur dann herumärgern, wenn Sie unstrukturierten Textinformationen (zum Beispiel Logbuchinhalten) nachträglich eine Struktur geben müssen.

Innerhalb von PowerShell und generell in einer objektorientierten Welt haben die Daten dagegen immer Struktur, und deshalb kann man hier bequem auf die benötigten Information zugreifen – einfach per Name, ohne Muster und Tricks.

Dieselbe Information wie oben hätten Sie mit den strukturierten Originaldaten, die `Get-ChildItem` liefert und die beim Speichern als Textdatei verloren gingen, direkt als Objekteigenschaften ansprechen können:

```
PS> Get-ChildItem -Path $env:windir -File | Select-Object -Property Name, Length
```

Selbst wenn Sie mit rohen Textinformationen konfrontiert werden, sollten Sie sich diese Texte zuerst genau anschauen. Reguläre Ausdrücke bieten nur einen Weg von vielen, um unstrukturierte Texte nachträglich zu strukturieren. Oft gibt es einfachere Alternativen.

Die Test-Logbuchdatei, die Listing 9.22 generierte und die wir gerade verwendet haben, besitzt bei genauerem Hinsehen nämlich durchaus bereits eine Struktur. Es ist schließlich eine kommaseparierte Datei (CSV, *Comma Separated Values*): Die Einzelinformationen sind also jeweils durch Kommata klar voneinander abgegrenzt. Und sie beschreibt in der ersten Zeile die Namen der Einzelinformationen.

Bei solchen Dateiformaten, die bei Logbuchdateien sehr verbreitet sind, könnten Sie auch `Import-Csv` verwenden, denn PowerShell und CSV sind Freunde. `Import-Csv` kann beliebige Textdateien einlesen, die das CSV-Format verwenden, und liefert strukturierte Objekte. Damit vereinfacht sich das Problem ganz erheblich, und Sie kommen ohne reguläre Ausdrücke aus. Weil `Import-Csv` strukturierte Objekte liefert, dürfen Sie die benötigten Informationen direkt über ihre Spaltenüberschriften ansprechen:

```
Import-Csv -Path "$env:temp\logfile.csv" | Select-Object -Property Name, Length
```

`Import-Csv` kann übrigens auch »CSV-ähnliche« Logbuchdateien lesen. Mit dem Parameter `-Delimiter` legen Sie das Trennzeichen fest (das also auch ein Semikolon oder ein Tabulator sein darf). Und mit dem Parameter `-Headers` legen Sie die Spaltenüberschriften fest, falls diese in der Datei fehlen.

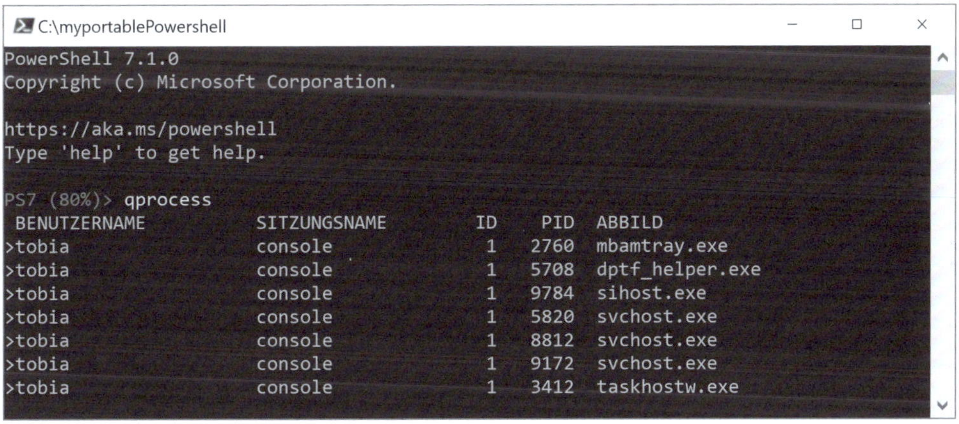

```
C:\myportablePowershell
PowerShell 7.1.0
Copyright (c) Microsoft Corporation.

https://aka.ms/powershell
Type 'help' to get help.

PS7 (80%)> qprocess
 BENUTZERNAME              SITZUNGSNAME        ID    PID  ABBILD
>tobia                     console              1   2760  mbamtray.exe
>tobia                     console              1   5708  dptf_helper.exe
>tobia                     console              1   9784  sihost.exe
>tobia                     console              1   5820  svchost.exe
>tobia                     console              1   8812  svchost.exe
>tobia                     console              1   9172  svchost.exe
>tobia                     console              1   3412  taskhostw.exe
```

Abbildung 9.1: Textergebnisse mit festen Spaltenbreiten lassen sich in PowerShell als CSV interpretieren.

Selbst wenn die Logbuchdatei überhaupt kein spezielles Trennzeichen, sondern feste Spaltenbreiten verwendet, kann ihr Inhalt ins CSV-Format gebracht werden. Der Windows-Befehl `qprocess` liefert beispielsweise solche Daten mit festen Spaltenbreiten (siehe Abbildung 9.1) und meldet, welcher User gerade über welche Anmeldesitzung welche Anwendung nutzt.

Feste Spaltenbreiten verwenden eigentlich ebenfalls Trennzeichen, nämlich mehrere Whitespace-Zeichen, aber leider wissen Sie nicht, wie viele. Vielleicht ahnen Sie es schon: Der Operator `-replace` unterstützt reguläre Ausdrücke. Reguläre Ausdrücke können eine *beliebige Anzahl* von Whitespace-Zeichen (Platzhalter \s für Whitespace, Quantifizierer {1,} für mindestens eins) durch *genau ein* Komma ersetzen. Fertig ist das CSV-Format:

```
PS> (qprocess) -replace '\s{1,}',','
,BENUTZERNAME,SITZUNGSNAME,ID,PID,ABBILD
>tobia,console,1,2760,mbamtray.exe
>tobia,console,1,5708,dptf_helper.exe
>tobia,console,1,9784,sihost.exe
(...)
```

Auch das offensichtlich störende erste Zeichen kann mit den Mitteln aus diesem Kapitel noch schnell entfernt werden (die String-Methode `Substring()` gibt den Text nach dem ersten Zeichen aus):

```
(qprocess) -replace '\s{1,}',',' | Foreach-Object { $_.SubString(1) } | ConvertFrom-Csv |
Out-GridView
```

Listing 9.27: Rohe Textinformationen mit festen Spaltenbreiten in strukturierte Objekte verwandeln

Aus den rohen Textinformationen in Abbildung 9.1 sind so mit wenigen Handgriffen strukturierte objektorientierte Informationen geworden, mit denen der Umgang nun sehr einfach ist (siehe Abbildung 9.2).

Bei der Aufbereitung des rohen Texts kamen ganz verschiedene Techniken aus diesem Kapitel zum Einsatz. Denn weder String-Methoden noch Cmdlets noch reguläre Ausdrücke allein sind im rauen Alltag der Praxis der alleinige Königsweg. Sie alle gemeinsam ebnen den Weg und sind die Werkzeuge, die in Kombination fast jedes Problem lösbar machen.

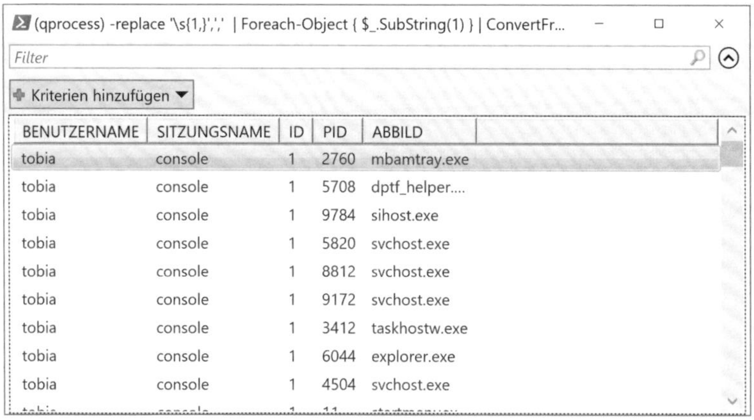

(qprocess) -replace '\s{1,}',',' | Foreach-Object { $_.SubString(1) } | ConvertFr...

Filter

Kriterien hinzufügen

BENUTZERNAME	SITZUNGSNAME	ID	PID	ABBILD
tobia	console	1	2760	mbamtray.exe
tobia	console	1	5708	dptf_helper....
tobia	console	1	9784	sihost.exe
tobia	console	1	5820	svchost.exe
tobia	console	1	8812	svchost.exe
tobia	console	1	9172	svchost.exe
tobia	console	1	3412	taskhostw.exe
tobia	console	1	6044	explorer.exe
tobia	console	1	4504	svchost.exe

Abbildung 9.2: Die ursprünglich rohen Textinformationen lassen sich nun objektorientiert bearbeiten.

Eigene reguläre Ausdrücke konzipieren

Eben haben Sie bereits einige Beispiele dafür erlebt, wie Sie mithilfe von regulären Ausdrücken Informationen aus Texten extrahieren können. Aber welche Platzhalterzeichen unterstützen reguläre Ausdrücke sonst noch, und was gibt es darüber hinaus zu wissen? In diesem Kapitel folgt nun also die nötige Systematik für die Gestaltung eigener regulärer Ausdrücke.

Diese bestehen aus drei Zutaten: aus Ankern, Platzhaltern und Quantifizierern.

Anker

Neben den Ankern aus Tabelle 9.5 sind auch Textanker erlaubt, also statischer Text, der immer in genau der angegebenen Weise im Text vorkommt. Denken Sie bei Textankern nur daran, etwaige Sonderzeichen im Text mit einem vorangestellten \ zu entwerten. Wie das bequem mit `Escape()` geschieht, haben Sie ja bereits in Listing 9.20 gesehen.

Baustein	Beschreibung
$	Ende der Zeichenkette (bei mehrzeiligen Texten ist \Z eindeutiger)
\A	Anfang der Zeichenkette, auch bei mehrzeiligen Texten
\b	Wortgrenze
\B	keine Wortgrenze
\G	nach dem letzten Treffer (keine Überlappungen)
\Z	Ende der Zeichenkette oder vor einem Zeilenumbruch
\z	Ende der Zeichenkette
^	Anfang der Zeichenkette (bei mehrzeiligen Texten ist \A eindeutiger)

Tabelle 9.5: Anker

Platzhalter

Neben den vordefinierten Platzhalterzeichen aus Tabelle 9.6 verdienen vor allen Dingen die eckigen Klammern besondere Aufmerksamkeit. Damit lassen sich die erlaubten Zeichen selbst definieren. Ein hexadezimales Zeichen wird zum Beispiel durch diesen Platzhalter beschrieben:

```
[0-9a-f]
```

Ein Platzhalter steht immer genau für ein einzelnes Zeichen. Erwarten Sie mehr als ein Zeichen, fügen Sie nach dem Platzhalter einen Quantifizierer hinzu (siehe Tabelle 9.7)

Baustein	Beschreibung
`.`	genau ein beliebiges Zeichen außer einem Zeilenumbruch (entspricht `[^\n]`)
`[^abc]`	alle Zeichen außer den angegebenen
`[^a-z]`	alle Zeichen außer denen im angegebenen Bereich
`[abc]`	eines der angegebenen Zeichen
`[a-z]`	eines der Zeichen im Bereich
`\c`	beliebiges in einem XML-Namen erlaubtes Zeichen
`\cA-\cZ`	Control+A bis Control+Z, entsprechend ASCII 1 bis ASCII 26
`\d`	eine Zahl (entspricht `[0-9]`)
`\D`	beliebiges Zeichen außer Zahlen
`\e`	Escape (ASCII 27)
`\f`	Form Feed, also Seitenumbruch (ASCII 12)
`\n`	Zeilenumbruch
`\r`	Wagenrücklauf
`\s`	Leerzeichen, Tabulator oder Zeilenumbruch
`\S`	beliebiges Zeichen außer Leerzeichen, Tabulator und Zeilenumbruch
`\t`	Tabulatorzeichen
`\uFFFF`	Unicode-Zeichen mit dem hexadezimalen Code FFFF (das Euro-Symbol trägt beispielsweise den Code 20AC)
`\v`	vertikaler Tabulator (ASCII 11)
`\w`	Buchstabe, Ziffer oder Unterstrich
`\W`	beliebiges Zeichen außer Buchstaben
`\xnn`	bestimmtes Zeichen, wobei nn den hexadezimalen ASCII-Code festlegt
`.*`	beliebig viele beliebige Zeichen (einschließlich gar keinem Zeichen)

Tabelle 9.6. Platzhalter für ein einzelnes Zeichen

Quantifizierer

Mit einem Quantifizierer bestimmen Sie, wie oft ein Platzhalterzeichen mindestens und höchstens vorkommen darf. `\d{1,3}` steht also für eine Zahl, die ein- bis dreimal vorkommen darf, also für eine bis zu dreistellige Zahl.

Reguläre Ausdrücke unterstützen eine Reihe von traditionellen Quantifizierern. So steht * zum Beispiel für eine beliebige Anzahl von Zeichen. Weil diese vielen Spezialquantifizierer aber schwer zu merken sind, sollten Sie besser ausschließlich den Quantifizierer `{x,y}` verwenden. Er kann alle übrigen ersetzen, und tatsächlich sind die Quantifizierer * und `{0,}` identisch – nur ist der letztere selbstbeschreibend: mindestens 0 Zeichen.

Tabelle 9.7 listet alle Quantifizierer auf. Die Spalte *Entspricht* zeigt, wie Sie den jeweiligen Quantifizierer durch den selbstbeschreibenden Standardquantifizierer {x,y} ersetzen können.

Quantifizierer	Anzahl	Entspricht	Umfang
*	0, 1 oder mehr	{0,}	längstes Muster
*?	0, 1 oder mehr	{0,}?	kürzestes Muster
?	0, 1	{0,1}	längstes Muster
??	0, 1	{0,1}?	kürzestes Muster
+	1 oder mehr	{1,}	längstes Muster
+?	1 oder mehr	{1,}?	kürzestes Muster
{n}	genau n		-
{n,m}	mindestens n, höchstens m		längstes Muster
{n,m}?	mindestens n, höchstens m		kürzestes Muster
{n,}	mindestens n		längstes Muster
{n,}?	mindestens n		kürzestes Muster

Tabelle 9.7: Quantifizierer

Längste oder kürzeste Fassung?

Als Vorgabe versucht ein Muster stets, den längstmöglichen Treffer zu finden. Das ist aber nicht immer erwünscht.

Im folgenden Beispiel sind zwei HTML-Links enthalten. Das Muster beschreibt einen Link, aber -match würde den Text vom Anfang des ersten Links bis zum Ende des zweiten Links liefern:

```
$quellcode = '<a href="eine adresse">Link 1</a><a href="noch eine">Link 2</a>'
$pattern = '<a href="(?<link>.*)".*>(?<text>.*)</a>'
if ($quellcode -match $pattern) { $Matches }
```

Listing 9.28: Längstmöglichen Treffer finden

Hier das Ergebnis:

```
Name                           Value
----                           -----
link                           eine adresse">Link 1</a><a href="noch eine
text
0                              <a href="eine adresse">Link 1</a><a href="...
```

Geben Sie hinter einem Quantifizierer ein ? an, wird nicht der längstmögliche Treffer gefunden, sondern der kürzestmögliche:

```
$quellcode = '<a href="eine adresse">Link 1</a><a href="noch eine">Link 2</a>'
$pattern = '<a href="(?<link>.*?)".*?>(?<text>.*?)</a>'
if ($quellcode -match $pattern) { $Matches }
```

Listing 9.29: Kürzestmöglichen Treffer finden

Jetzt sieht das Ergebnis so aus:

```
PS> $Matches

Name                           Value
----                           -----
link                           eine adresse
text                           Link 1
0                              <a href="eine adresse">Link 1</a>
```

Textstellen ersetzen

Textstellen können wahlweise mit der String-Methode `Replace()` oder dem Operator `-replace` ersetzt werden.

Einfache Ersetzungen

Die String-Methode `Replace()` ersetzt statischen Text durch anderen statischen Text. Muster und Platzhalter werden dabei nicht unterstützt, und die Groß- und Kleinschreibung wird immer unterschieden.

Wenn Sie damit leben können, ist diese Methode schnell und einfach. Das folgende Beispiel generiert aus einem Pfad zu einer fiktiven Datei einen zweiten, um eine Sicherungskopie der Datei herzustellen. Dabei wird die Dateierweiterung *.log* umbenannt in *.Kopie*:

```
# Ein beliebiger Pfad zu einer Datei:
$path = 'c:\temp\fehler.log'
# Dateierweiterung umbenennen:
$kopie = $path.Replace('.log','.Kopie')

# Eine Kopie könnte nun hergestellt werden,
# falls die Originaldatei tatsächlich
# vorhanden wäre:
# Copy-Item -Path $path -Destination $kopie

# Zur Kontrolle beide Informationen ausgeben:
[PSCustomObject]@{
    Path =  $path
    Kopie = $kopie
}
```

Listing 9.30: Einfache Textersetzungen mit Replace()

Als Ergebnis wird die Umbenennung sichtbar gemacht:

```
Path                Kopie
----                -----
c:\temp\fehler.log c:\temp\fehler.Kopie
```

Code wie der in Listing 9.30 sollten Sie allerdings auf keinen Fall produktiv einsetzen, denn die Wahrscheinlichkeit ist hoch, dass der Code nicht richtig funktionieren wird. `Replace()` unterliegt einfach zu vielen Einschränkungen:

- **Groß- und Kleinschreibung:** Weil `Replace()` Groß- und Kleinschreibung unterscheidet, würde er den Pfadnamen nicht umbenennen, wenn dessen Dateierweiterung nicht *.log* heißen würde, sondern zum Beispiel *.LOG*. Sie müssten den Pfadnamen deshalb zuerst mit `ToLower()` in einheitliche Kleinbuchstaben umwandeln. Dann aber bestünde der gesamte neue Pfadname stets aus Kleinbuchstaben, was vielleicht wiederum unerwünscht ist.
- **Keine Muster und Anker:** Noch schlimmer ist, dass `Replace()` ausschließlich statischen Text unterstützt, aber keine Anker oder Platzhalterzeichen, mit denen man genauer festlegen könnte, was genau ersetzt werden soll. Würde der Pfadname zum Beispiel *c:\temp\mein.log.file.log* heißen, würde `Replace()` alle Vorkommnisse von *.log* ersetzen und den neuen Pfadnamen *c:\temp\mein.Kopie.file.Kopie* erzeugen. Nicht gut.

Sichere Ersetzungen mit -replace

Wesentlich mehr Kontrolle als `Replace()` erlaubt der Operator `-replace`, der anders als `Replace()` die Groß- und Kleinschreibung nur dann unterscheidet, wenn Sie ausdrücklich seine `c`-Variante (`c` steht für *case-sensitive*) `-creplace` verwenden. Andernfalls sind ihm Groß- und Kleinschreibung egal. Das gilt übrigens für alle Operatoren.

`-replace` verlangt als Argument ein Array mit genau zwei Elementen: Das erste Element ist der reguläre Ausdruck des Texts, den Sie suchen. Das zweite Element ist der Text, der ersetzt werden soll. Damit lässt sich das Problem in Listing 9.30 zuverlässig beheben:

```
# Ein beliebiger Pfad:
$path = 'c:\temp\fehler.log'
# Dateierweiterung umbenennen:
$muster = '\.log$'
$kopie = $path -replace $muster,'.Kopie'
# Eine Kopie könnte nun hergestellt werden,
# falls die Originaldatei tatsächlich
# vorhanden wäre:
# Copy-Item -Path $path -Destination $kopie
# Zur Kontrolle beide Informationen ausgeben:
[PSCustomObject]@{
    Path =  $path
    Kopie = $kopie
}
```

Listing 9.31: Textersetzungen mit -replace und regulären Ausdrücken

Schauen Sie sich den eingesetzten regulären Ausdruck `\.log$` an: Er beschreibt einen Punkt (\.; weil Sie einen tatsächlichen Punkt und nicht das Platzhalterzeichen `.` aus Tabelle 9.6 meinen, muss der Punkt escapt werden), gefolgt vom Text `log` und schließlich einem Anker für das Textende (`$`, siehe Tabelle 9.5).

Weil das Muster also einen Anker verwendet, wird der Text `.log` nur noch dann ersetzt, wenn er sich am Ende des Texts befindet.

Mehrere Zeichen durch eins ersetzen

Dank der flexiblen Quantifizierer kann `-replace` sehr leicht auch mehrere Zeichen durch ein einzelnes ersetzen. Das haben Sie bereits in Listing 9.27 erlebt, wo Textinformationen mit festen Spaltenbreiten auf diese Weise in kommaseparierte Informationen verwandelt wurden. Ganz ähnlich funktioniert dies im folgenden Beispiel, in dem mehrere Leerzeichen durch genau eines ersetzt werden:

```
PS> $text = 'Hier stehen   mehr    Leerzeichen     als      erforderlich     .'
PS> $text -replace '\s{2,}', ' '
Hier stehen mehr Leerzeichen als erforderlich .
```

Gesucht werden zwei oder mehr (`{2,}`) Leerzeichen (\s), die dann durch genau ein Leerzeichen ersetzt werden. Dass nun vor dem abschließenden Punkt ebenfalls ein Leerzeichen steht, ist kein Fehler, sondern ergibt sich aus dem regulären Ausdruck, der mehrere Leerzeichen ja nur auf genau eines reduziert.

Möchten Sie Leerzeichen vor einem Punkt entfernen, könnte man eine weitere Ersetzung vornehmen und diese auch verketten, zum Beispiel so:

```
PS> $text = 'Hier stehen   mehr    Leerzeichen    als     erforderlich    .'
PS> $text -replace '\s{2,}', ' ' -replace '\s{1,}\.','.'
Hier stehen mehr Leerzeichen als erforderlich.
```

Split und Join: eine mächtige Strategie

Die Operatoren `-split` und `-join` bilden als Tandem eine Lösung für viele Textaufgaben, bei denen Textbereiche ausgetauscht oder entfernt werden sollen.

Möchten Sie beispielsweise Pfadnamen systematisch ändern, also vielleicht die Pfadnamen aus einer Testumgebung auf Pfadnamen in einer Produktionsumgebung umstellen, könnte man die Pfade zuerst mit `-split` in einzelne Bestandteile aufsplitten und dann gezielt Pfadteile entfernen oder umbenennen.

Dateipfade ändern

Hier werden alle Pfadbestandteile, die mit der Zeichenfolge »test« beginnen, entfernt:

```
$Path = 'c:\testumgebung\abteilung1\testing\Benutzerkonten'
$Path -split '\\' -notlike 'test*' -join '\'
```

Listing 9.32: Pfadbestandteile ändern mit -split und -join

Aus dem Pfadnamen *c:\testumgebung\abteilung1\testing\Benutzerkonten* wird so der Pfad *c:\abteilung1\Benutzerkonten*. Und so funktioniert's:

1. `-split` bricht den Pfadnamen am Zeichen \ in mehrere Teilstücke, liefert also ein Array zurück. Weil `-split` wie alle Textoperatoren reguläre Ausdrücke erwartet, muss das Zeichen \ escapt und als \\ angegeben werden.
2. Der Vergleichsoperator `-notlike` filtert nun alle Array-Elemente heraus, die nicht dem Muster `test*` entsprechen, also nicht mit »test« beginnen. `-like` und `-notlike` erwarten keine regulären Ausdrücke, sondern die sehr viel simpleren Muster, die Sie vielleicht auch aus dem Dateisystem kennen. Das Zeichen `*` steht dabei für beliebig viele beliebige Zeichen, und wenn Sie lieber Pfadbestandteile herausfiltern möchten, die irgendwo die Zeichenfolge »test« enthalten, verwenden Sie »test«.

   Grundsätzlich können Sie jeden Vergleichsoperator einsetzen, denn alle Vergleichsoperatoren wirken wie Filter, wenn man sie auf Arrays anwendet. Möchten Sie also lieber auch hier reguläre Ausdrücke nutzen, wählen Sie `-notmatch`: `-notmatch '^test'` (Pfadelemente, die mit »test« beginnen) oder `-notmatch 'test'` (Pfadelemente, die »test« enthalten).
3. `-join` fügt die Array-Elemente zum Schluss wieder zu einem Pfadnamen zusammen und verwendet das Zeichen \, um die Array-Elemente zu verbinden. Fertig.

X500-Pfade auslesen

Wie flexibel diese Strategie ist, zeigt ein weiteres Beispiel, diesmal aus dem Bereich des Active Directory. Vielleicht wollen Sie den Domänenanteil aus einem X500-Pfad auslesen.

Wieder gehen Sie vor wie eben:

```
PS> 'CN=Tobi,OU=Autoren,OU=Work,DC=powershell,DC=one'.Split(',') -like 'DC=*' -join ','
DC=powershell,DC=one
```

Sie können sogar das Format umwandeln, wenn Sie mögen:

```
PS> ('CN=Tobi,OU=Autoren,OU=Work,DC=powershell,DC=one'.Split(',') -like 'DC=*' |
ForEach-Object { $_.Split('=')[-1] }) -join '.'
powershell.one
```

Profitipp

Oder Sie wenden direkt reguläre Ausdrücke an. Da **-match** nur jeweils einen Match pro Text findet, müssten Sie die Bestandteile zuerst splitten:

```
PS> 'CN=Tobi,OU=Autoren,OU=Work,DC=powershell,DC=one'.Split(',') | Where-Object { $_ -match
'DC=(.{1,})' } | ForEach-Object { $matches[1] }
powershell
one

PS> ('CN=Tobi,OU=Autoren,OU=Work,DC=powershell,DC=one'.Split(',') | Where-Object { $_ -match
'DC=(.{1,})' } | ForEach-Object { $matches[1] }) -join '.'
powershell.one
```

Tatsächlich können Sie mit `Select-String` sogar mehrere Matches pro Text finden und bräuchten daher nicht einmal zu splitten. Das setzt aber ein Faible für kryptischen Code voraus:

```
PS> ('CN=Tobi,OU=Autoren,OU=Work,DC=powershell,DC=one' | Select-String -Pattern
'\bDC=(.{1,}?)\b' -AllMatches).Matches.Value
DC=powershell
DC=one

PS> ('CN=Tobi,OU=Autoren,OU=Work,DC=powershell,DC=one' | Select-String -Pattern
'\bDC=(.{1,}?)\b' -AllMatches).Matches | Foreach-Object { $_.Groups[1].Value }
powershell
one

PS> (('CN=Tobi,OU=Autoren,OU=Work,DC=powershell,DC=one' | Select-String -Pattern
'\bDC=(.{1,}?)\b' -AllMatches).Matches | Foreach-Object { $_.Groups[1].Value }) -join '.'
powershell.one
```

Kapitel 10
Anwendungen und Konsolenbefehle

In diesem Kapitel:

Ausführlich werden in diesem Kapitel die folgenden Aspekte erläutert:

- **Anwendungen:** PowerShell kann beliebige Anwendungsprogramme direkt starten. Zum Start eines Anwendungsprogramms muss der absolute oder relative Pfadname angegeben werden, es sei denn, die Anwendung liegt in einem der Ordner, die in der Umgebungsvariablen `$env:path` festgelegt sind. Steht der Pfadname in Anführungszeichen, muss er mit dem Call-Operator (`&`) aufgerufen werden. Über `Start-Process` lassen sich Anwendungsprogramme außerdem mit vielen zusätzlichen Optionen starten.
- **Konsolenbefehle:** Das Ergebnis von Konsolenbefehlen (z.B. `ipconfig.exe`) ist wie bei PowerShell-Befehlen umleitbar und kann in Variablen gespeichert oder zu folgenden Befehlen weitergestreamt werden. Den numerischen *Error Level* des zuletzt ausgeführten Konsolenbefehls findet man in `$LASTEXITCODE`. Liefert ein Konsolenbefehl kommaseparierte Informationen, kann PowerShell diese mit `ConvertFrom-CSV` in strukturierte Objekte verwandeln.
- **Argumente:** Einige Anwendungsprogramme akzeptieren ähnlich wie PowerShell-Befehle Argumente. Es hängt von der jeweiligen Anwendung ab, ob diese als ein einzelner Text

übergeben und vom Anwendungsprogramm geparst werden oder ob die einzelnen Argumente als Array separater Texte übergeben werden müssen. Interaktiv erfragte Benutzereingaben können einem Konsolenbefehl auch über die Pipeline übergeben werden, um den Befehl unbeaufsichtigt ausführen zu können.

In einer perfekten Welt wären alle Automationsprobleme mit PowerShell-Befehlen lösbar, und dieses Buch wäre jetzt zu Ende. Ist es aber nicht. Ein kurzer Blick auf die Fülle der Kapitel in diesem Buch nährt den Verdacht, dass Cmdlets allein wohl doch nicht genügen, um die Welt zu retten. Es gibt einfach nicht für jeden denkbaren Anwendungsfall das passende Cmdlet.

Glücklicherweise ist PowerShell pragmatisch und erlaubt Ihnen, auch andere Befehlslöser einzusetzen. Dazu zählen zum Beispiel die vielen Anwendungen und Konsolenbefehle, die es außerhalb von PowerShell gibt. Bei Windows heißen sie zum Beispiel `ipconfig.exe`, `robocopy.exe` oder `icacls.exe`, und auch Linux und macOS verfügen über Hunderte solcher Anwendungsprogramme.

PowerShell führt diese Anwendungen gleichberechtigt und genauso aus wie die eigenen Cmdlets:

```
PS> ipconfig

Windows-IP-Konfiguration

Ethernet-Adapter Ethernet:

   Verbindungsspezifisches DNS-Suffix: Speedport_W_921V_1_17_000
   Verbindungslokale IPv6-Adresse  . : fe80::e1a2:d0c:f7fc:f49c%12
   IPv4-Adresse  . . . . . . . . . . : 10.0.2.15
   Subnetzmaske  . . . . . . . . . . : 255.255.255.0
   Standardgateway . . . . . . . . . : 10.0.2.2
(...)

PS> ping 127.0.0.1

Ping wird ausgeführt für 127.0.0.1 mit 32 Bytes Daten:
Antwort von 127.0.0.1: Bytes=32 Zeit<1ms TTL=128
Antwort von 127.0.0.1: Bytes=32 Zeit<1ms TTL=128
(...)
```

Entscheidend ist, dass das »Türchenkonzept« aus Kapitel 2, mit dessen Hilfe Befehlsergebnisse weiterverarbeitet werden können, nicht auf Cmdlets beschränkt ist, sondern uneingeschränkt auch für Anwendungsprogramme gilt (siehe Abbildung 10.1), vorausgesetzt natürlich, dass diese Befehle tatsächlich Ergebnisse zurückliefern:

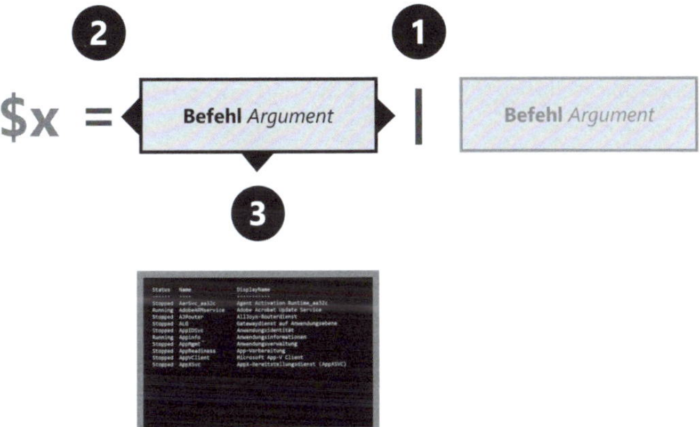

Abbildung 10.1: Funktioniert auch bei Anwendungen: die drei Arten der Weiterleitung von Befehlsergebnissen

So könnten Sie beispielsweise »Türchen 2« in Abbildung 10.1 einsetzen und das Ergebnis eines Konsolenbefehls wie `ipconfig` mit dem Zuweisungsoperator `=` in einer Variablen speichern:

```
PS> $info = ipconfig
PS> $info -like '*IPv4*'
   IPv4-Adresse  . . . . . . . . . . : 10.154.240.127
```

Weil Anwendungsprogramme reinen Text zurückliefern, finden sich in der Variablen danach die zurückgelieferten Textzeilen als Array, und Sie könnten mithilfe von Vergleichsoperatoren wie `-like` gesuchte Informationen aus den Ergebnissen herausfiltern, beispielsweise jene Zeilen, die die Zeichenfolge »IPv4« enthalten.

Sie könnten ebenso gut »Türchen 1« (siehe Abbildung 10.1) verwenden und die Textzeilen des Konsolenbefehls mit dem Pipeline-Operator (|) in einen anderen Befehl leiten. `Select-String` beispielsweise verwendet sogenannte reguläre Ausdrücke, also Textmuster. In Kapitel 9 finden Sie dazu Näheres. Die folgende Anweisung würde die Ergebnisse von `ipconfig` filtern und nur die Zeilen darstellen, die eine (beliebige) IPv4-Adresse enthalten:

```
PS> ipconfig | Select-String -Pattern '(\d{1,3}\.){3}\d{1,3}'

   IPv4-Adresse  . . . . . . . . . . : 192.168.2.105
   Subnetzmaske  . . . . . . . . . . : 255.255.255.0
   Standardgateway . . . . . . . . . : 192.168.2.1
```

Nicht alle Anwendungen liefern Informationen zurück. Viele Anwendungen öffnen stattdessen Fenster. Natürlich können Sie auch solche Anwendungen von PowerShell aus aufrufen, zum Beispiel um bestimmte Dialoge oder Funktionen ohne aufwendige Klickerei direkt zu öffnen, etwa die Systemsteuerung oder den Geräte-Manager. Hier sehen Sie Beispiele aus der Windows-Welt:

```
PS> notepad
PS> control
PS> devmgmt
PS> wscui
PS> lpksetup
```

Programme starten

PowerShell startet externe Programme, wenn Sie den Namen des Programms angeben:

```
PS> regedit
PS> tracert www.microsoft.com
PS> driverquery
```

Handelt es sich um eine Windows-Anwendung, öffnet sie ihr Fenster, und PowerShell setzt seine Arbeit unmittelbar fort. Ist es dagegen eine Konsolenanwendung, teilt sie sich das Ausgabefenster mit PowerShell, und PowerShell wartet dann, bis die Konsolenanwendung wieder beendet ist.

Manche Programme lassen sich von PowerShell überraschenderweise jedoch nicht starten, obwohl sie nachweislich vorhanden sind:

```
PS> iexplore

iexplore : Die Benennung "iexplore" wurde nicht als Name eines Cmdlet, einer Funktion, einer
Skriptdatei oder eines ausführbaren Programms erkannt. Überprüfen Sie die Schreibweise des Namens,
oder ob der Pfad korrekt ist (sofern enthalten), und wiederholen Sie den Vorgang.
(…)
```

Damit PowerShell ein Programm finden kann, muss es sich in einem derjenigen Ordner befinden, die in der Umgebungsvariablen `$env:Path` aufgelistet sind. Nur diese durchsucht PowerShell automatisch:

```
PS> $env:Path -split ';'
```

Liegt das Programm woanders, müssen Sie den absoluten oder relativen Pfadnamen angeben, zum Beispiel so:

```
PS> & 'C:\Program Files\Internet Explorer\iexplore.exe'
```

Wenn Sie absolute Pfadnamen angeben, kann es vorkommen, dass der Pfadname wie im Beispiel oben Sonderzeichen enthält, beispielsweise Klammern oder Leerzeichen. In diesem Fall muss der Pfad in Anführungszeichen gestellt werden. Weil Text in Anführungszeichen für PowerShell indes nur noch als reiner Text verstanden wird, aber nicht mehr als ausführbarer Befehl, ist in solch einem Fall außerdem der Call-Operator `&` nötig: Er behandelt einen Text wie einen Befehl. Schauen Sie sich das an einem Beispiel an:

```
PS> "notepad"     # gibt den Text "notepad" aus
PS> & "notepad"   # führt die Anwendung "notepad" aus
```

Und natürlich dürfen Sie Anwendungsprogrammen auch Argumente übergeben (sofern diese etwas damit anzufangen wissen). Die folgende Zeile öffnet auf Windows-Systemen den Internet Explorer und lädt die angegebene Webseite:

```
PS> & 'C:\Program Files\Internet Explorer\iexplore.exe' www.powershell.one
```

Profitipp

Ein Sonderfall bei Windows sind sogenannte *Apps*, die über den Microsoft Store installiert wurden. Diese können nicht direkt über PowerShell gestartet werden, weil Apps keine klassischen ausführbaren Programme sind und stattdessen über interne App-Namen angesprochen werden. Für solche Sonderfälle können Sie aber das Cmdlet `Start-Process` verwenden.

Möchten Sie zum Beispiel eine Webseite nicht über den veralteten Internet Explorer öffnen, sondern über den moderneren Edge-Browser, versuchen Sie es mit dieser Zeile:

```
Start-Process -FilePath microsoft-edge:https://powershell.one
```

Schon öffnet sich der Edge-Browser und zeigt die angegebene Webseite an.

Wollen Sie die Webseite lieber separat in einer Variablen festlegen, dürfen Sie den Aufruf auch kombinieren, indem Sie die Variable einfach in den Text integrieren – also den gewünschten Bereich »variabel« halten (daher der Name):

```
$url = 'https://powershell.one'
Start-Process -FilePath microsoft-edge:$url
```

Tipp

Nutzen Sie die Autovervollständigung, um Pfadnamen einzugeben:

```
PS> c:\pro[Tab]
PS> & 'C:\Program Files'\int[Tab]
PS> & 'C:\Program Files\Internet Explorer'\iexp[Tab]
PS> & 'C:\Program Files\Internet Explorer\iexplore.exe'
```

Die Autovervollständigung findet nicht nur die Pfadbestandteile (drücken Sie mehrmals auf [Tab], um alle Auswahlmöglichkeiten zu sehen), sie achtet auch automatisch darauf, Pfadnamen in Anführungszeichen zu setzen, wenn darin Sonderzeichen wie Leerzeichen vorkommen. Weil ein Pfadname in Anführungszeichen zu reinem Text wird, würde PowerShell ihn nun allerdings nicht mehr als Befehl verstehen und einfach den Text ausgeben:

```
PS> 'C:\Program Files\Internet Explorer\iexplore.exe'
C:\Program Files\Internet Explorer\iexplore.exe
```

Deshalb stellt die Autovervollständigung außerdem noch den Call-Operator `&` vor den Text, wie etwas weiter oben schon zu sehen war. Können Sie zum kurzen Rekapitulieren nachvollziehen, was in diesem (leicht skurrilen) Beispiel geschieht?

```
PS> $a = 'not'
PS> $b = 'epa'
PS> $c = 'D'
PS> & "$a$b$c"
```

Geben Sie einfach den Text ohne den Call-Operator aus. Dann wird klarer, warum PowerShell den Notepad-Editor gestartet hat:

```
PS> "$a$b$c"
notepaD
```

Wird ein Text in doppelte Anführungszeichen gefasst, ersetzt PowerShell alle darin vorkommenden Variablen durch ihren Inhalt. Die einzelnen Textbruchstücke werden so zu `notepaD` zusammengefügt, und der Call-Operator führt diesen Befehl aus. Die Groß- und Kleinschreibung wird von PowerShell dabei grundsätzlich ignoriert.

Auf Dauer ist die Eingabe langer Pfadnamen natürlich keine Lösung. Müssen Sie Anwendungen häufiger aufrufen, die sich nicht allein über ihren Namen starten lassen, haben Sie diese Möglichkeiten:

Sie könnten den absoluten Pfadnamen des Programms in einer eigenen Variablen speichern und diese dann mit dem Call-Operator aufrufen:

```
PS> $ie = 'C:\Program Files\Internet Explorer\iexplore.exe'
PS> & $ie https://powershell.one
```

Oder Sie legen einen neuen Alias auf den Programmpfad an:

```
PS> Set-Alias -Name ie -Value 'C:\Program Files\Internet Explorer\iexplore.exe'
PS> ie https://powershell.one
```

Schließlich könnten Sie auch den Ordner, in dem sich das Programm befindet, in die Umgebungsvariable `$env:Path` aufnehmen und das Programm dann direkt und ohne Pfadangabe mit seinem Namen aufrufen:

```
PS> $env:Path += ';C:\Program Files\Internet Explorer\'
PS> iexplore www.powertheshell.com
```

Zu guter Letzt könnten Sie einen neuen, eigenen Befehl erfinden, eine sogenannte *Function*. Die Details dazu verrät Kapitel 12. Tatsächlich lässt sich so unter einem beliebigen Namen beliebiger Code ausführen. Hier die Funktion `edge`, mit der Sie Webseiten bequem im Edge-Browser öffnen:

```
function edge
{
    Start-Process -FilePath "microsoft-edge:https://$args"
}
```

Listing 10.1: Die simple Funktion leitet Argumente in »$args« weiter an den Startbefehl des Edge-Browsers.

Probieren Sie anschließend den Aufruf:

```
edge powershell.one
```

Alle vier Varianten – Variable, Alias, Umgebungsvariable und Funktion – wirken sich allerdings nur in der aktuellen PowerShell-Sitzung aus. Wer länger etwas von diesen Änderungen haben möchte, kann sie zum Beispiel in sein Profilskript aufnehmen.

Optionen für den Programmstart festlegen

Haben Sie besondere Wünsche für den Programmstart, dann greifen Sie zu `Start-Process` und starten das Programm mit diesem Cmdlet. Es kann nicht nur wie eben gezeigt auch »Apps« starten, sondern liefert außerdem viele optionale Parameter, mit denen Sie Sonderwünsche festlegen können.

Warten, bis ein Programm wieder beendet ist

Die folgende Zeile öffnet den Windows-Editor *synchron*. PowerShell wartet also so lange, bis der Editor geschlossen wird, bevor der Befehlsprompt zurückkehrt:

```
PS> Start-Process -FilePath notepad -Wait
```

Bei Konsolenanwendungen wartet PowerShell normalerweise ohnehin, bis der Konsolenbefehl seine Arbeit erledigt hat. Möchten Sie einen Konsolenbefehl *asynchron* ausführen, ihn also in seinem eigenen Fenster sich selbst überlassen und nicht auf ihn warten, starten Sie ihn mit `Start-Process`:

```
PS> Start-Process -FilePath systeminfo
```

Ein zweites Konsolenfenster öffnet sich, und darin wird der Befehl `systeminfo` parallel zu PowerShell ausgeführt. Sobald `systeminfo` fertig ist, schließt sich das Fenster – zusammen mit allen Hoffnungen, an die Resultate des Befehls zu gelangen. Die sind jetzt nämlich ebenfalls weg. Konsolenbefehle sollten also nur dann in einem Extrafenster parallel ausgeführt werden, wenn sie lediglich etwas parallel erledigen sollen, aber keine Ergebnisse an PowerShell zurückliefern müssen.

Programme unter anderem Benutzernamen ausführen

Wollen Sie ein Programm im Namen eines anderen Benutzers ausführen, greifen Sie zu `-Credential`. Die folgende Zeile startet den Windows-Editor als Benutzer *testfirma/testuser*:

```
PS> Start-Process -FilePath notepad.exe -WorkingDirectory C:\ -Credential testfirma/testuser
-LoadUserProfile
```

Ein Anmeldedialog erscheint, in den das passende Kennwort eingegeben wird. Danach startet Notepad unter dem Namen des angegebenen Benutzers.

Profitipp

Wann immer Sie `Start-Process` mit `-Credential` einsetzen, werden zwei andere Parameter essenziell: `-LoadUserProfile` lädt zusätzlich das Benutzerprofil des angegebenen Anwenders. Ohne das Benutzerprofil funktionieren manche Programme nicht. Außerdem legt `-WorkingDirectory` fest, in welchem Ordner das Programm startet. Wählen Sie einen Ordner aus, auf den der angegebene Benutzer auch tatsächlich Zugriffsrechte hat. Andernfalls wird nämlich Ihr augenblicklicher Ordner als Arbeitsverzeichnis verwendet, und die Chancen stehen sehr gut, dass der Anwender darauf nun keinerlei Zugriffsrechte hat oder das Laufwerk dieses Ordners noch nicht einmal sieht (falls es ein persönliches Netzwerklaufwerk ist). In beiden Fällen würde der Aufruf scheitern, und das Programm könnte nicht gestartet werden.

Manchmal sind die Anwendungsfälle weniger offensichtlich. In einem Szenario wurden Clientcomputer eingerichtet, aber es sollten außerdem automatisiert Benutzerprofile für einige Benutzer eingerichtet werden. Sofern die Anmeldedaten dieser Benutzer bekannt sind, kann PowerShell dies auf oben beschriebene Weise lösen: Rufen Sie `Start-Process` mit `-Credential` und den Benutzeranmeldedaten auf und starten Sie auf diese Weise ein beliebiges Programm, das von allein endet (beispielsweise `ipconfig`). Dabei wird bei der Erstanmeldung automatisch das benötigte Benutzerprofil angelegt.

`Start-Process` bietet noch viele weitere Parameter, mit denen Sie zum Beispiel die Fenstergröße kontrollieren und festlegen, ob die Anwendung Administratorrechte anfordern soll. Diese Zeile startet den Notepad-Editor in einem maximierten Fenster mit elevierten Administratorrechten:

```
PS> Start-Process -FilePath Notepad -WindowStyle Maximized -Verb Runas
```

Hinweis

Der Parameter `-Verb` hat nichts mit Linguistik zu tun. »Verb« steht im Englischen auch für »Kontextmenübefehle«. `-Verb Runas` ruft also intern den Kontextmenübefehl *Run As Administrator* (*Als Administrator ausführen*) auf, der die Elevierung erledigt.

Welche Kontextmenübefehle eine Anwendung unterstützt und wie diese heißen, bestimmt die Anwendung selbst. Existiert auf Ihrem Computer beispielsweise eine Anwendung, die PDF-Dateien öffnen und drucken kann, könnten Sie die Kontextmenüaktion *Print* ausprobieren. Diese Zeilen würden dann im Idealfall den Ausdruck auf dem Standarddrucker starten:

```
$PDFFile = "C:\testfile.pdf"
Start-Process -FilePath $PDFFile -Verb Print
```

Wie Sie hier außerdem sehen, kann `Start-Process` nicht nur Anwendungen starten, sondern auch Dokumente, die mit einer Anwendung verknüpft sind.

`Start-Process` kann Ihnen mit `-PassThru` sogar das Prozessobjekt zurückliefern, sodass Sie die Kontrolle über den gestarteten Prozess behalten und ihn später zum Beispiel jederzeit wieder schließen könnten. Diese Zeilen öffnen Notepad für genau fünf Sekunden und schließen es dann wieder:

```
PS> $prozess = Start-Process -FilePath Notepad -PassThru
PS> Start-Sleep -Seconds 5
PS> Stop-Process -InputObject $prozess
```

Profitipp

Der Parameter `-PassThru` findet sich bei relativ vielen Cmdlets. Wenn ein Cmdlet ihn anbietet, wissen Sie, dass es normalerweise keine oder nur reduzierte Ergebnisse zurückliefert. Erst wenn Sie ausdrücklich `-PassThru` (durchleiten) angeben, liefert das Cmdlet Ergebnisse.

Diese Zeile listet alle Cmdlets auf, die den Parameter `-PassThru` unterstützen:

```
Get-Help -Name * -Parameter PassThru
```

Argumente an Anwendungen übergeben

Auch Anwendungen – insbesondere aber Konsolenbefehle – akzeptieren Argumente, mit denen Sie ähnlich wie mit Cmdlets Wünsche an den Befehl übermitteln. Welche Argumente eine Anwendung unterstützt, hängt von der jeweiligen Anwendung ab.

Hilfe für Konsolenbefehle anzeigen

Die allermeisten Anwendungen unterstützen den Parameter /?, mit dem man sich die unterstützten Parameter anzeigen lassen kann. Schauen Sie sich beispielsweise den Konsolenbefehl `systeminfo.exe` an, der Teil von Windows ist:

```
PS> systeminfo /?
```

```
SYSTEMINFO [/S System [/U Benutzername [/P [Kennwort]]]] [/FO Format] [/NH]

Beschreibung:
    Mit diesem Programm wird die Betriebssystemkonfiguration für
    einen lokalen bzw. Remotecomputer, inklusive Service Packs, angezeigt.

Parameterliste:
    /S      System              Bestimmt das Remotesystem mit dem die Verbindung
                                hergestellt werden soll.
    /U      [Domäne\]Benutzer Bestimmt den Benutzerkontext unter dem
                                der Befehl ausgeführt werden soll.
    /P      [Kennwort]          Bestimmt das Kennwort für den zugewiesenen
                                Benutzerkontext. Bei Auslassung, wird dieses
                                angefordert.
    /FO     format              Bestimmt das Format in dem die Ausgabe
                                angezeigt werden soll.
                                Gültige Werte: "TABLE", "LIST", "CSV".
    /NH                         Bestimmt, dass der "Spalten-Header" in der
                                Ausgabe nicht angezeigt werden soll.
                                Nur für Formate TABLE und CSV.
    /?                          Zeigt diese Hilfe an.

Beispiele:
    SYSTEMINFO
    SYSTEMINFO /?
    SYSTEMINFO /S System
    SYSTEMINFO /S System /U Benutzer
    SYSTEMINFO /S System /U Domäne\Benutzer /P Kennwort /FO TABLE
    SYSTEMINFO /S System /FO LIST
    SYSTEMINFO /S System /FO CSV /NH
```

Die Beispiele am Ende des Hilfetexts können genau so wie angegeben in PowerShell verwendet werden. Das ist allerdings nicht immer der Fall. Welche Fallstricke es bei der Angabe von Argumenten gibt, schauen wir uns als Nächstes an.

Beispiel: Lizenzstatus von Windows überprüfen

Auch viele Skripte geben mit dem Parameter /? Hilfestellung oder zeigen automatisch Informationen über die vorrätigen Parameter, wenn beim Aufruf falsche oder keine Parameter angegeben wurden. Hinter `slmgr` verbirgt sich zum Beispiel ein VBScript, das Teil von Windows ist und die Windows-Lizenzen verwaltet:

```
PS> Get-Command -Name slmgr

CommandType     Name                                               ModuleName
-----------     ----                                               ----------
Application     slmgr.vbs

PS> slmgr

Ungültige Kombination von Befehlszeilenparametern.

Windows-Software-Lizenzverwaltungstool
Syntax: slmgr.vbs [Computername [Benutzerkennwort]] [<Option>]
           Computername: Name des Remotecomputers (Standard: lokaler Computer)
           Benutzer:     Konto mit erforderlichen Rechten für Remotecomputer
           Kennwort:     Kennwort für das vorherige Konto
```

```
Globale Optionen:
/ipk <Product Key>
    Product Key installieren (ersetzt den vorhandenen Key)
/ato [Aktivierungs-ID]
    Windows aktivieren
/dli [Aktivierungs-ID | All]
    Lizenzinformationen anzeigen (Standard: aktuelle Lizenz)
/dlv [Aktivierungs-ID | All]
    Detaillierte Lizenzinformationen anzeigen (Standard: aktuelle Lizenz)
/xpr [Aktivierungs-ID]
    Ablaufdatum für aktuellen Lizenzstatus

Erweiterte Optionen:
/cpky
    Product Key aus Registrierung löschen (verhindert Offenlegungsangriffe)
(...)

PS> slmgr /dli

Name: Windows(R), Professional edition
Beschreibung: Windows(R) Operating System, RETAIL channel
Teil-Product Key: HMFDH
Lizenzstatus: Lizenziert
```

Achtung

VBScripts wie `slmgr` geben ihre Ergebnisse wahlweise als Fenster oder in eine Konsole aus. Wenn bei Ihnen die Ergebnisse in separaten Fenstern aufpoppen, legen Sie mit dem folgenden Befehl fest, dass die Ergebnisse stattdessen in das Konsolenfenster geschrieben werden sollen.

```
wscript /h:cscript
```

Der Befehl muss mit Administratorrechten ausgeführt werden.

Ergebnisse von Anwendungen weiterverarbeiten

Es kann durchaus nützlich sein, einfach nur externe Programme aufzurufen. Für Automationslösungen möchte man häufig aber zumindest wissen, ob das externe Programm seine Aufgaben fehlerfrei erledigt hat, oder sogar Rückgaben empfangen.

Error Level auswerten

Konsolenbasierte Programme liefern einen numerischen Rückgabewert, den *Error Level* (Fehlerstufe). Was die zurückgemeldete Zahl bedeutet, bestimmt der Autor des Programms. In aller Regel steht die Zahl 0 für »keine Fehler« und alle anderen Zahlen für Sonderfälle oder Probleme.

PowerShell liefert diese Zahl in der Variablen `$LASTEXITCODE` zur weiteren Auswertung an den Aufrufer – also Sie – zurück. Allerdings sollten Sie die Variable rasch auswerten, denn schon der nächste Aufruf eines Konsolenprogramms würde den Inhalt dieser Variablen wieder überschreiben.

Möchten Sie zum Beispiel herausfinden, ob eine bestimmte IP-Adresse oder Webseite in Ihrem Netzwerk erreichbar ist, können Sie diese Adresse mit `ping.exe` »anpingen«, was man sich ein wenig so vorstellen kann wie das Echolot aus der Schifffahrt, mit dem sich zum Beispiel U-Boote orten lassen. Wird das ausgesendete Signal an der angegebenen IP-Adresse »reflektiert« und kommt zu Ihnen zurück, wissen Sie nicht nur, dass es die IP-Adresse gibt, sondern auch, wie lange das Signal für die Reise gebraucht hat.

```
PS> ping www.tagesschau.de

Ping wird ausgeführt für a1838.g.akamai.net [62.154.232.146] mit 32 Bytes Daten:
Antwort von 62.154.232.146: Bytes=32 Zeit=44ms TTL=60
Antwort von 62.154.232.146: Bytes=32 Zeit=34ms TTL=60
Antwort von 62.154.232.146: Bytes=32 Zeit=30ms TTL=60
Antwort von 62.154.232.146: Bytes=32 Zeit=29ms TTL=60

Ping-Statistik für 62.154.232.146:
    Pakete: Gesendet = 4, Empfangen = 4, Verloren = 0
    (0% Verlust),
Ca. Zeitangaben in Millisek.:
    Minimum = 29ms, Maximum = 44ms, Mittelwert = 34ms
```

Zwar könnten Sie den von `ping` gelieferten Text untersuchen, einfacher ist es aber, den (normalerweise unsichtbaren) numerischen Rückgabewert des Konsolenbefehls zurate zu ziehen. Bei `ping` lautet er 0, falls eine Antwort empfangen wurde, ansonsten 1.

```
PS> $LASTEXITCODE
0
```

Sind Sie nur am Rückgabewert eines Befehls interessiert, nicht aber an seiner Textausgabe, können Sie diese zum Beispiel an die besondere Variable `$null` weiterleiten, die alles, was man ihr übergibt, sofort wieder vergisst:

```
PS> ping.exe 10.10.10.10 -n 1 -w 500 > $null
PS> "Antwort erhalten (0) oder nicht (1): $LASTEXITCODE"
```

Wirkliche Begeisterungsstürme wird das allein noch nicht auslösen, denn bisher fehlen Ihnen die Mittel, um daraus Hunderte oder Tausende von Webseiten oder IP-Adressen automatisiert anzupingen. Auch die Aussagekraft des Rückgabewerts ist nur so gut wie der Befehl, von dem er stammt, denn `ping` meldet auch dann freudig eine empfangene Antwort, wenn diese gar nicht vom adressierten Computer stammt, sondern lediglich von einem Router, der meldet, dass die IP-Adresse nicht in seinem Einzugsgebiet liegt:

```
PS> ping 169.254.1.2

Ping wird ausgeführt für 169.254.1.2 mit 32 Bytes Daten:
Antwort von 10.0.2.15: Zielhost nicht erreichbar.
(…)
Ping-Statistik für 169.254.1.2:
    Pakete: Gesendet = 4, Empfangen = 4, Verloren = 0
    (0% Verlust),

PS> $LASTEXITCODE
0
```

Außerdem verwenden viele Computer taktische Tarnkappen und antworten erst gar nicht auf den ausgesendeten Ping, um potenziellen Hausierern die Geschäftsgrundlage zu entziehen:

```
PS> ping www.microsoft.com

Ping wird ausgeführt für lb1.www.ms.akadns.net [64.4.11.42] mit 32 Bytes Daten:
Zeitüberschreitung der Anforderung.
(...)
Ping-Statistik für 64.4.11.42:
    Pakete: Gesendet = 4, Empfangen = 0, Verloren = 4
    (100% Verlust),

PS> $LASTEXITCODE
1
```

Das sollte Sie jetzt aber nicht weiter irritieren, denn hier geht es nicht um die Zuverlässigkeit von Pings, sondern ausschließlich darum, wie Konsolenbefehle mit Ihnen über den numerischen Error Level kommunizieren.

Fragen an Benutzer stellen mit choice.exe

Ob der numerische Rückgabewert eines Konsolenbefehls Ihnen helfen kann, ist also eine Einzelfallentscheidung. Nützlich ist er zum Beispiel bei `choice.exe`, einem (interaktiven) Konsolenbefehl, der dem Anwender Fragen stellt. Über dessen Parameter /? erhalten Sie eine Übersicht seiner Parameter.

Achtung

Weil `choice.exe` interaktiv arbeitet, funktioniert er leider nicht im ISE-Editor und kann nur in der PowerShell-Konsole oder in VSCode eingesetzt werden.

Der folgende Aufruf fragt den Anwender etwa, ob er den Computer neu starten möchte (`/C` legt die erlaubten Antworten fest und `/M` die Frage an den Anwender), und gibt ihm für die Entscheidungsfindung 10 Sekunden Zeit (`/T`). Genügt das nicht, um den Anwender zu einer Reaktion zu bewegen – antwortet er also nicht –, wird die Default-Antwort (`/D`) genommen, in diesem Fall vorsichtshalber die Antwort `N` für *Nein*.

```
PS> choice /C JN /T 10 /D N /M "Wollen Sie den Computer neu starten?"
Wollen Sie den Computer neu starten? [J,N]?N

PS> $LASTEXITCODE
2

PS> choice /C JN /T 10 /D N /M "Wollen Sie den Computer neu starten?"
Wollen Sie den Computer neu starten? [J,N]?J

PS> $LASTEXITCODE
1
```

Der Befehl `choice.exe` startet den Computer in Wirklichkeit natürlich nicht neu, er stellt nur (beliebige) Fragen – irritierend scheint eher zu sein, dass nirgendwo angezeigt wird, welche Auswahl der Benutzer getroffen hat. Diese ist zunächst unsichtbar und wird durch den Error Level in `$LASTEXITCODE` gemeldet. Die zurückgelieferte Zahl steht für die mit `/C` angegebene Auswahlmöglichkeit, eine 1 also für die erste Auswahlmöglichkeit und eine 2 für die zweite.

Tipp

Damit PowerShell auf die Ergebnisse eines anderen Befehls reagiert, also zum Beispiel wirklich den Computer neu startet, wenn der Anwender auf [J] drückt, benötigen Sie sogenannte Bedingungen. Dass Bedingungen nicht wirklich kompliziert sind, zeigt ihr Einsatz in diesem kleinen Skript:

```
choice /C JN /T 10 /D N /M "Wollen Sie den Computer neu starten?"
If ($LASTEXITCODE -eq 1) { Restart-Computer -WhatIf }
```

Vorsicht: Dieses Skript würde nun *wirklich* den Computer neu starten, wenn Sie die passende Antwort geben (zumindest dann, wenn Sie im Code hinter `Restart-Computer` den Simulationsmodus `-WhatIf` entfernen).

Rückgabetext auswerten

PowerShell kann den Ergebnistext eines Konsolenbefehls oder Skripts empfangen und auswerten, sofern dieser Ergebnisse zurückmeldet:

```
PS> whoami.exe
w8ps\tobias

PS> $username = whoami.exe
PS> $username
w8ps\tobias

PS> "Angemeldeter User: $username"
Angemeldeter User: w8ps\tobias
```

Etwas größer ist die Herausforderung, wenn ein Befehl mehrere Zeilen Text ausgibt:

```
PS> driverquery

Modulname    Anzeigename            Treibertyp    Linkdatum
============ ====================== ============= ======================
1394ohci     OHCI-konformer 1394-Ho Kernel        26.07.2012 04:26:46
3ware        3ware                  Kernel        08.03.2012 21:33:45
ACPI         Microsoft ACPI-Treiber Kernel        26.07.2012 04:28:26
acpiex       Microsoft ACPIEx Drive Kernel        26.07.2012 04:25:57
acpipagr     ACPI-Prozessoraggregat Kernel        26.07.2012 04:27:16
AcpiPmi      ACPI-Energieanzeigetre Kernel        26.07.2012 04:27:33
(...)
```

Stellen Sie den Befehl in `@()` und verwandeln das Ergebnis des Befehls damit in ein Array, können Sie mit Vergleichsoperatoren wie `-like` bestimmte Textzeilen herausfiltern, zum Beispiel alle, die die Zeichenfolge »net« enthalten:

```
PS> @(driverquery) -like '*net*'

b06bdrv      Broadcom NetXtreme II  Kernel        14.05.2012 23:42:24
ebdrv        Broadcom NetXtreme II  Kernel        13.05.2012 17:32:42
IPNAT        IP Network Address Tra Kernel        26.07.2012 04:23:01
Ndu          Windows Network Data U Kernel        26.07.2012 04:23:41
NetBIOS      NetBIOS Interface      File System   26.07.2012 04:28:19
NetBT        NetBT                  Kernel        26.07.2012 04:24:26
srvnet       srvnet                 File System   26.07.2012 04:23:17
tdx          NetIO-Legacy-TDI-Suppo Kernel        26.07.2012 04:24:58
```

Dieses Prinzip lässt sich auf viele Fälle und Konsolenbefehle übertragen. Möchten Sie zum Beispiel wissen, ob das PowerShell-Remoting auf Ihrem Computer eingeschaltet ist und Ihr Computer also über Port 5985 ansprechbar ist, könnten Sie den Konsolenbefehl `netstat` einsetzen. Die folgende Zeile verwendet den Vergleichsoperator `-match`, der die Zahl 5985 als allein stehendes Wort in den Befehlsergebnissen sucht:

```
PS> @(netstat -an) -match '\b5985\b'
  TCP    0.0.0.0:5985           0.0.0.0:0              ABHÖREN
  TCP    [::]:5985              [::]:0                 ABHÖREN
```

Wenn der Befehl Ergebnisse liefert, wissen Sie, dass Port 5985 aktiv ist und Ihr Computer über das Netzwerk und PowerShell-Remoting ansprechbar ist. Wollen Sie nur prüfen, ob Sie mehr als null Ergebnisse erhalten haben, könnten Sie mit `Count` nachfragen, wie viele Ergebnisse `-match` gefunden hat:

```
PS> (@(netstat -an) -match '\b5985\b').Count -gt 0
True
```

Liefert die Zeile `$true` zurück, ist das PowerShell-Remoting eingeschaltet, und bei `$false` ist es ausgeschaltet.

Wollen Sie dagegen nur erfahren, welche Netzwerkverbindungen es derzeit zu Ihrem Computer gibt, filtern Sie nach Zeilen, die das Wort »hergestellt« enthalten:

```
PS> (netstat -an) -match 'hergestellt'
  TCP    192.168.2.105:49465    51.103.5.159:443       HERGESTELLT
  TCP    192.168.2.105:54094    192.168.2.106:5510     HERGESTELLT
  TCP    192.168.2.105:54135    66.102.1.188:5228      HERGESTELLT
  TCP    192.168.2.105:54136    104.244.42.130:443     HERGESTELLT
  TCP    192.168.2.105:54137    104.244.42.193:443     HERGESTELLT
  TCP    192.168.2.105:54149    52.113.199.42:443      HERGESTELLT

...
```

Spätestens hier werden die Limitationen solcher Textauswertungen deutlich: Während diese Zeile auf einem deutschen System einwandfrei funktioniert, würde sie auf einem anderssprachigen Betriebssystem scheitern, weil hergestellte Verbindungen dort nicht mit »hergestellt« gekennzeichnet werden.

Hinweis

Die Beispiele eben gerade haben zwei verschiedene Vergleichsoperatoren verwendet: `-like` und `-match`. Während `-like` nur wenige einfache Platzhalterzeichen kennt, zum Beispiel `*`, unterstützt `-match` reguläre Ausdrücke, die mit wesentlich mehr und wesentlich detaillierteren Platzhalterzeichen arbeiten. Die Details finden Sie in Kapitel 9.

Anstelle von

```
(netstat -an) -match 'hergestellt'
```

hätte man auch schreiben können:

```
(netstat -an) -like '*hergestellt*'
```

Laufende Programme steuern

Zur Verwaltung von Programmen liefert PowerShell eine kleine Familie von Cmdlets mit, die alle das Substantiv Process tragen:

```
PS> Get-Command -Noun Process

CommandType     Name                                               Version    Source
-----------     ----                                               -------    ------
Cmdlet          Debug-Process                                      3.1.0.0    Mic...
Cmdlet          Get-Process                                        3.1.0.0    Mic...
Cmdlet          Start-Process                                      3.1.0.0    Mic...
Cmdlet          Stop-Process                                       3.1.0.0    Mic...
Cmdlet          Wait-Process                                       3.1.0.0    Mic...
```

Feststellen, ob ein Prozess läuft

Möchten Sie wissen, ob ein bestimmter Prozess läuft, greifen Sie zu Get-Process und suchen den Prozess. So finden Sie heraus, wie viele Instanzen des Prozesses laufen. Das folgende Beispiel prüft, ob der Notepad-Editor ausgeführt wird und, falls ja, wie viele Instanzen laufen:

```
#requires -Version 1
$name = 'notepad'
$prozesse = Get-Process -Name $name -ErrorAction SilentlyContinue
$anzahl = $prozesse.Count
$läuft = $anzahl -gt 0

if ($läuft)
{
  "Es werden $anzahl Instanzen von $name ausgeführt."
}
else
{
  "$name läuft nicht."
}
```

Listing 10.2: Herausfinden, ob ein bestimmter Prozess ausgeführt wird

Sie können den Prozessnamen in $name ändern, um ein anderes Programm zu überprüfen. Ändern Sie die Variable zum Beispiel in excel, wenn Sie wissen möchten, ob Microsoft Excel ausgeführt wird.

Auf einen Prozess warten

Soll PowerShell warten, bis ein bestimmter Prozess beendet ist, greifen Sie zu Wait-Process. Die folgende Zeile wartet maximal 20 Sekunden darauf, dass sämtliche Instanzen von Microsoft Excel geschlossen werden.

```
# Auf Microsoft Excel warten:
Wait-Process -Name excel -Timeout 10 -ErrorAction SilentlyContinue -ErrorVariable err

# Fehlermeldung auswerten:
if ($err.FullyQualifiedErrorId -eq
'ProcessNotTerminated,Microsoft.PowerShell.Commands.WaitProcessCommand')
```

```
{
  'Excel läuft immer noch.'
}
elseif ($err.FullyQualifiedErrorId -eq
'NoProcessFoundForGivenName,Microsoft.PowerShell.Commands.WaitProcessCommand')
{
  'Excel lief gar nicht.'
}
else
{
  'Excel wurde beendet.'
}
```

Listing 10.3: Warten, bis Microsoft Excel beendet wurde

Das Skript kann eine von drei Meldungen ausgeben: Lief überhaupt kein Microsoft Excel, wird `Excel lief gar nicht.` ausgegeben. Wurde Excel nicht innerhalb von 20 Sekunden beendet, meldet das Skript `Excel läuft immer noch.` Wurde Excel innerhalb des Time-outs beendet, lautet die Meldung `Excel wurde beendet.`

Welche Situation vorliegt, erkennt das Skript an der Fehlermeldung, die von `Wait-Process` ausgegeben wurde. Mit `-ErrorAction SilentlyContinue` wurde die Fehlermeldung zwar unsichtbar gemacht, aber durch `-ErrorVariable err` in der Variablen `$err` gespeichert. Dort kann sie ausgewertet werden. Die Eigenschaft `FullyQualifiedErrorId` liefert die eindeutige Fehler-ID, auf die das Skript dann reagiert.

Einstellungen laufender Prozesse ändern

PowerShell kann die Priorität eines Prozesses im laufenden Betrieb ändern und damit kontrollieren, wie viel Rechenzeit dem Prozess zur Verfügung gestellt wird. Das funktioniert prinzipiell für jeden Prozess, auf den Sie mit `Get-Process` zugreifen können, ist aber insbesondere für PowerShell selbst interessant.

Wenn PowerShell ein Skript ausführt, verwendet es dafür so viel CPU-Leistung, wie es bekommen kann. Führen Sie also ein aufwendiges Skript aus, kann dadurch ein gesamter CPU-Kern mit Volllast belegt werden. Oft ist die Bearbeitung eines Skripts aber gar nicht so wichtig. Möchten Sie also CPU-Last einsparen und ein Skript lieber etwas gemütlicher ausführen, reduzieren Sie die Priorität des PowerShell-Prozesses vorübergehend etwas.

In der Variablen `$pid` finden Sie stets die Prozess-ID des aktuellen PowerShell-Prozesses. Die folgende Zeile liefert also immer den eigenen PowerShell-Prozess.

```
PS> $prozess = Get-Process -ID $PID
```

Dessen Eigenschaften lassen sich dann verändern. Das folgende Skript ermittelt rekursiv eine Liste mit allen Logfiles aus dem Windows-Ordner und schaltet dafür die Prozesspriorität vorübergehend auf `BelowNormal`. Alle anderen normalen Prozesse erhalten Vorrang vor dem PowerShell-Prozess, sodass das Skript andere Prozesse nicht beeinflusst.

```
#requires -Version 1

# Priorität verringern
$prozess = Get-Process -id $pid
$prozess.PriorityClass = 'BelowNormal'
```

```
$liste = Get-ChildItem -Path $env:windir -Filter *.log -Recurse -ErrorAction SilentlyContinue |
Select-Object -ExpandProperty Fullname

# Priorität wiederherstellen
$prozess.PriorityClass = 'Normal'
```

Listing 10.4: Priorität der PowerShell vorübergehend verringern

Die folgenden Einstellungen sind für `PriorityClass` erlaubt: `Normal`, `Idle`, `High`, `RealTime`, `BelowNormal`, `AboveNormal`. Sie können die Priorität der PowerShell also auch erhöhen. Das allerdings kann das Betriebssystem aus dem Takt bringen: Es reagiert danach eventuell nur noch hakelig oder zeitweise gar nicht mehr. `Idle` dagegen würde das PowerShell-Skript nur noch ausführen, wenn gerade kein anderes Programm CPU-Zeit benötigt.

Hinweis

Falls Sie verwundert feststellen, dass sich die Ausführungszeit eines Skripts bei verschiedenen Prioritäten gar nicht nennenswert ändert, arbeiten Sie vielleicht mit einem sehr gut ausgestatteten System. Selbst bei der Einstellung `Idle` läuft das Skript nicht spürbar langsamer, wenn die CPU ohnehin nur Däumchen dreht und nicht ausgelastet ist.

Die meisten modernen Computer verfügen über Multicore-Prozessoren, die also aus mehreren logischen Einzelprozessoren bestehen. Verfügt ein Computer über mehr als einen Prozessor, kann er mehrere Aufgaben gleichzeitig ausführen, indem die Aufgaben auf die unterschiedlichen Prozessoren verteilt werden. Welchem Prozessor ein Prozess zugeordnet werden kann, verrät die Eigenschaft

`ProcessorAffinity`:

```
PS> $prozess.ProcessorAffinity
15
```

Das Ergebnis ist eine Bitmaske, wobei jedes Bit für einen Prozessor steht. Indirekt können Sie darüber nebenbei herausfinden, über wie viele Prozessoren ein Computer verfügt, weil Prozesse wie Notepad als Vorgabe allen Prozessoren zugewiesen werden. Lautet das Ergebnis also 1, steht nur ein Prozessor zur Verfügung. Ist das Ergebnis 15 (binär: 1111), stehen vier Prozessoren zur Verfügung. Wollen Sie einen Prozess an einen bestimmten Prozessor binden, weisen Sie diesem die passende Bitmaske zu. Der folgende Aufruf würde Notepad mit dem Wert 4 (binär: 0100) exklusiv an Prozessor 3 binden:

```
PS> $prozess.ProcessorAffinity = 4
```

Allerdings kassieren Sie erwartungsgemäß eine Fehlermeldung, wenn Sie versuchen, einen Prozess an einen nicht vorhandenen Prozessor zu binden (was besonders diejenigen betrifft, deren Computer nicht über einen Multicore-Prozessor bzw. über mehrere Prozessoren verfügt und die deshalb auch keine Auswahlmöglichkeiten haben).

Die folgende Zeile liefert die Anzahl der logischen Prozessoren Ihres Systems:

```
PS> [Environment]::ProcessorCount
4
```

Prozesse vorzeitig abbrechen

Muss ein Prozess abgebrochen werden, kann dafür `Stop-Process` eingesetzt werden, was allerdings relativ ungehobelt vonstattengeht: Der Prozess wird sofort und ohne weitere Rückfragen beendet. Daten, die ein Anwender möglicherweise noch nicht gespeichert hat, gehen dabei verloren.

Ein höflicherer Weg bei Windows-Anwendungen ist, den Prozess zunächst nur aufzufordern, sich selbst zu beenden. Dem Prozess bleibt damit die Freiheit, dem Anwender noch anzubieten, seine Daten in Sicherheit zu bringen. Zuständig für diese Aufforderung ist die Methode `CloseMainWindow()`, die jedes Prozessobjekt unterstützt, das ein eigenes Anwendungsfenster betreibt. Der folgende Code öffnet zum Beispiel einen neuen Windows-Editor und speichert das zugehörige Prozessobjekt in einer Variablen:

```
PS> $prozess = Start-Process -FilePath notepad -PassThru
```

Geben Sie nun beliebigen Text in den Editor ein, ohne ihn zu speichern. Danach fordern Sie den Prozess auf, sich zu schließen:

```
PS> $null = $prozess.CloseMainWindow()
```

Weil `CloseMainWindow()` zurückmeldet, ob es die Aufforderung an den gewünschten Prozess senden konnte oder nicht, wird diese im Augenblick unwichtige Randnotiz noch kurz in `$null` gespeichert, also vernichtet. Die Sache funktioniert: Es erscheint tatsächlich im Editor die übliche Nachfrage, ob der Anwender seine Daten speichern will, und anschließend beendet sich der Prozess. Allerdings hat der Anwender ein Schlupfloch: Klickt er auf *Abbrechen*, wird der Prozess nicht beendet. Ein Skript würde deshalb nach einer großzügigen Karenzzeit nachprüfen, ob der Prozess auch wirklich beendet wurde, und falls nicht, mit `Stop-Process` nachhelfen:

```
PS> $prozess.CloseMainWindow()
PS> $prozess | Wait-Process -Timeout 30 -ErrorAction Ignore
PS> $prozess | Stop-Process
```

`Wait-Process` gibt dem Anwender hier also maximal 30 Sekunden Zeit, ungesicherte Arbeiten zu speichern. Wenn der Prozess danach noch vorhanden ist, beendet `Stop-Process` ihn ohne Rücksicht auf Datenverluste.

Kapitel 11
Typen verwenden

In diesem Kapitel:

Ausführlich werden in diesem Kapitel die folgenden Aspekte erläutert:

- **Typ:** Der Typ eines Objekts ist seine »Sorte«. Er gibt an, was für Informationen sich mit einem Objekt darstellen lassen.
- **Typkonvertierung:** Hierbei wird eine Information in einen anderen Typ umgewandelt, der diese Information möglicherweise besser darstellen oder speichern kann als sein ursprünglicher Typ.
- **Typisierte Variable:** Eine Variable, der ein fester Typ zugewiesen ist, wandelt automatisch alles in diesen Typ um, was man ihr zuweist. Kann die Information nicht in den Zieltyp umgewandelt werden, kommt es zu einem Fehler.
- **Statische Methoden:** Typen enthalten Eigenschaften und Methoden, die man *statisch* nennt. Sie lassen sich als praktische Befehlserweiterung nutzen.

Der Begriff *IT* steht für *Informationstechnologie*, und so geht es bei den allermeisten IT-Aufgaben darum, Informationen zu verarbeiten. Auf welche Weise Informationen verarbeitet werden, unterscheidet sich grundlegend von Shell zu Shell.

Während man in einer textbasierten Shell (typisch bei Linux-Betriebssystemen) Informationen einheitlich als Text speichert und es dem Anwender überlässt, aus diesem Text mit Werkzeugen wie `grep` die passenden Informationen »herauszuschneiden«, verwenden objektbasierte Shells (wie PowerShell) passende »Behälter«, in denen die jeweiligen Informationen aufbewahrt werden – die sogenannten *Typen*.

Typen dienen also dazu, Informationen möglichst optimal zu speichern: mit möglichst wenig Speicherbedarf und möglichst einfachem Zugriff auf die Details der gespeicherten Informationen.

Wenn Sie sich nicht selbst um solche Typen kümmern, wählt PowerShell für Informationen automatisch gut geeignete Typen aus. Dabei beschränkt sich PowerShell allerdings auf wenige Basistypen für die grundsätzlichen Informationsarten (siehe Tabelle 11.1).

Datentyp	Beschreibung
`[int32]`	ganze Zahlenwerte (ohne Nachkommastellen)
`[double]`	Zahlen mit Nachkommastellen
`[datetime]`	Datums- und Zeitinformationen
`[bool]`	`$true` und `$false` (boolesche Werte, Vergleichsergebnisse)
`[string]`	alles, was sich nicht in einem der spezielleren Datentypen speichern ließ

Tabelle 11.1: Basisdatentypen, die PowerShell üblicherweise einsetzt

Welchen Typ PowerShell jeweils automatisch wählt, finden Sie leicht heraus. Stellen Sie einfach die Information, die Sie untersuchen möchten, in den folgenden Beispielen in die runden Klammern. Zurückgemeldet wird dann der Typ, den PowerShell automatisch ausgewählt hat:

```
PS> (1).GetType().FullName
System.Int32
PS> (1.5).GetType().FullName
System.Double
PS> ($true).GetType().FullName
System.Boolean
PS> ('huhu!').GetType().FullName
System.String
PS> (Get-Date).GetType().FullName
System.DateTime
```

Profitipp

PowerShell verwendet dieselben .NET-Typen, die auch Anwendungsprogrammierer kennen, die mit Sprachen wie C# Software entwickeln. Es gibt Tausende, und um Typen einigermaßen übersichtlich zu organisieren, sind diese hierarchisch gegliedert, beinahe wie Dateien in den Ordnern und Unterordnern eines Dateisystems.

So kann ein Typname aus zahlreichen mit Punkten verbundenen Einzelbegriffen bestehen, beispielsweise `System.Net.Mail.MailAddress`. Um den Umgang mit den wichtigsten Typen etwas zu erleichtern, gibt es bei PowerShell aber Abkürzungen. So muss der Begriff »System.« am Anfang eines Typnamens nicht angegeben werden. Anstelle von `System.String` genügt also `String`. Und obwohl PowerShell nicht zwischen Groß- und Kleinschreibung unterscheidet, hat es sich eingebürgert, Typnamen kleinzuschreiben, also `string` anstelle von `String`. Pflicht ist das aber nicht.

Für die allerwichtigsten Typen bietet PowerShell darüber hinaus abgekürzte Namen an, die sogenannten *Type Accelerators*. Ganze Zahlen werden beispielsweise im Typ `System.Int32` aufbewahrt. Anstelle dieses vollen Typnamens könnten Sie auch `Int32` verwenden oder den Type Accelerator `int`:

```
PS> [int].FullName
System.Int32
```

Falls Sie sich gerade fragen, welche Type Accelerators es wohl gibt, werfen Sie einen Blick in den Abschnitt »Type Accelerators untersuchen«!

Typumwandlungen

Wenn Sie sich nicht selbst um den passenden Datentyp für eine Information kümmern, wählt PowerShell wie gerade gezeigt selbst einen passenden Datentyp aus. Allerdings beschränkt sich diese Automatik nur auf eine Handvoll universeller Datentypen. Häufig gibt es speziellere Datentypen, in denen die Information sehr viel besser repräsentiert wird.

Deshalb können Sie auch selbst bestimmen, in welchem Datentyp eine bestimmte Information gespeichert werden soll. Dazu stehen Ihnen die implizite und die explizite Datenumwandlung zur Verfügung, die Sie als Nächstes kennenlernen.

Geeignete Datentypen auswählen

Wenn es sich bei Ihrer Information beispielsweise um ein Datum handelt und Sie es einer Variablen zuweisen, kann PowerShell nicht wissen, dass diese Information ein Datum sein soll. Rein theoretisch hätte es ja auch die Seriennummer eines Unterseeboots oder irgendetwas anderes sein können, das bloß wie ein Datum aussieht.

Diplomatisch wird PowerShell deshalb in solchen Fällen den Allzweckdatentyp `String` wählen:

```
PS> $datum = '1.3.2000'

PS> $datum
1.3.2000

PS> $datum.GetType().FullName
System.String
```

Das genügt zwar, um die Information abzuspeichern, und so könnten Sie es auch in Ihren Skripten tun, es hat aber viele Nachteile. Der Datentyp `String` speichert so gut wie alle Arten von Informationen. Der Variablen könnte nun also auch (versehentlich) irgendetwas ganz anderes zugewiesen werden, ohne dass PowerShell mit einer Fehlermeldung Alarm schlagen würde.

Noch unschöner: Wenn Sie bestimmte Datumsbestandteile benötigen – wie zum Beispiel nur den Wochentag oder nur den Monat –, müssten Sie diese Informationen mit komplizierten String-Manipulationen aus dem Gesamttext herauslösen. Wie komplex das mit String-Methoden sein kann, zeigt dieses Beispiel – das zudem deutlich macht, wie fehleranfällig String-Methoden sein können, weil das Beispiel fehlschlägt, sobald der Wochentag nicht ein-, sondern zweistellig angegeben wird:

```
PS> $datum = '1.3.2000'
PS> $datum.SubString(0,1)
1
```

Schon gar nicht könnten Sie auf diese Weise mit vertretbarem Aufwand einen Tag vom Datum abziehen – zum Beispiel wenn Sie das gestrige Datum brauchen.

Da Sie indes, anders als PowerShell, genau wissen, dass Ihre Information ein Datum repräsentieren soll, könnten Sie die Information kurzerhand nicht in einem `String`-Typ speichern, sondern in einem Typ, der optimal für Datumsangaben geeignet ist: `System.DateTime` (oder kurz `datetime`).

Dazu stehen Ihnen zwei Umwandlungsmöglichkeiten zur Verfügung: die explizite und die implizite Umwandlung.

Explizite Umwandlung

Bei einer expliziten Datumsumwandlung fordern Sie PowerShell explizit (und nur für diesen einen Fall) auf, die Information in einen anderen Datentyp umzuwandeln. Dazu geben Sie auf der linken Seite der Information den gewünschten Zieldatentyp an. Datentypen werden in PowerShell mit eckigen Klammern gekennzeichnet, sodass der Zieldatentyp für ein Datum `[DateTime]` lautet:

```
PS> [DateTime]'1.3.2000'

Montag, 3. Januar 2000 00:00:00
```

Das Ergebnis ist ein echtes `DateTime`-Objekt, und dass bei dieser Umwandlung einiges geschehen ist, sehen Sie bereits am Ergebnis: Nun wird das Datum anständig formatiert, und sogar den Wochentag bestimmt der Datentyp jetzt automatisch. Auch wird bei der Umwandlung überprüft, ob die Information überhaupt ein gültiges Datum ist, und falls nicht, wird ein Fehler ausgegeben:

```
PS> [DateTime]'hallo!'

InvalidArgument: Cannot convert value "hallo!" to type "System.DateTime". Error: "The string
'hallo!' was not recognized as a valid DateTime. There is an unknown word starting at index '0'."
```

Allerdings findet Ihr Enthusiasmus möglicherweise schnell ein jähes Ende, wenn Sie sich das erste Ergebnis genauer ansehen: Aus dem Text »1.3.2000« ist das Datum »3.1.2000« geworden!

Die Umwandlung eines Datentyps in einen anderen Datentyp erfolgt nach festen Regeln, die Sie nicht kontrollieren. Wenn Sie Informationen (so wie eben) durch direkte Angabe des Zieldatentyps umwandeln, passieren immer zwei Dinge:

- **Kulturneutrales Format:** Falls die Information in verschiedenen Kulturen unterschiedlich repräsentiert werden kann (wie das zum Beispiel bei Datumsangaben der Fall ist), verwendet die Umwandlung das kulturneutrale (US-amerikanische) Format. Deshalb wurde im Beispiel eben die erste Zahl als Monat und die zweite als Tag interpretiert.
- **Fehlermeldung bei fehlgeschlagener Umwandlung:** Kann die Ausgangsinformation nicht ins gewünschte Zielformat umgewandelt werden, kommt es immer zu einem Fehler.

Gefallen Ihnen diese Regeln nicht, führen Sie stattdessen die explizite Umwandlung mit dem Operator `-as` durch (siehe nächsten Abschnitt).

Deutsches Datumsformat mit dem Operator -as

Der Operator -as kann ebenfalls Informationen in einen anderen Datentyp umwandeln und erwartet auf seiner linken Seite die Ausgangsinformation und auf der rechten Seite den Zieldatentyp. Damit kann man auf deutschen Computersystemen das deutsche Datumsformat korrekt umwandeln:

```
PS> '1.3.2000' -as [DateTime]

Mittwoch, 1. März 2000 00:00:00
```

Dieser Operator spielt nämlich nach etwas anderen Regeln:

- **Lokale Kultur:** Falls die Information in verschiedenen Kulturen unterschiedlich repräsentiert werden kann, richtet sich der Operator -as nach der lokalen Kultur, also der im Betriebssystem augenblicklich eingestellten Sprache. Welche Sprache das ist, verrät $host.CurrentUICulture:

```
PS> $host.CurrentUICulture

LCID             Name             DisplayName
----             ----             -----------
1031             de-DE            Deutsch (Deutschland)
```

- **Keine Fehlermeldung bei fehlgeschlagener Umwandlung:** Lässt sich die Ausgangsinformation nicht in das gewünschte Zielformat umwandeln, löst -as keine Fehlermeldung aus, sondern gibt einfach »nichts« zurück (also den Wert $null).

```
PS> 'hallo!' -as [DateTime]
PS>
```

Profitipp

Programmierer kennen die von -as verwendete Form der Umwandlung unter dem Begriff *TryCast*: Es wird umzuwandeln versucht, aber wenn das nicht glückt, entsteht kein Fehler. Das kann man sich zunutze machen, um beispielsweise Benutzereingaben zu validieren.

Im folgenden Fall wird der Wochentag des eingegebenen Datums nur berechnet, wenn der Benutzer ein gültiges Datum angegeben hat. Andernfalls wird er so lange erneut gefragt, bis er endlich ein gültiges Datum angegeben hat:

```
# Erste Eingabeaufforderung:
$nachricht = 'Geburtstag eingeben'

do {
    $eingabe = (Read-Host -Prompt $nachricht) -as [DateTime]
    # Falls die Schleife wiederholt wird, diese Meldung ausgeben:
    $nachricht = 'Das war kein Datum. Nochmal'
# Schleife wiederholen, wenn $eingabe den Wert $null enthält,
# weil die Benutzereingabe nicht in ein Datum umgewandelt werden konnte:
} until ($eingabe -ne $null)

# Datumsinformation ausgeben. Der Operator -f füllt die Informationen
# an den Platzhalterstellen in den Text ein. Die Zeichen nach dem Doppelpunkt
# bestimmen, welche Datumsinformationen Sie ausgeben wollen, und unterscheiden
# zwischen Groß- und Kleinschreibung.
'Das Datum "{0:dd.MM.yyyy}" fällt auf einen {0:dddd}.' -f $eingabe
```

Listing 11.1: Benutzereingaben validieren und dann den Wochentag bestimmen, auf den ein Datum fällt

Angeben darf der Benutzer übrigens jedes in den Ländereinstellungen des Betriebssystems als gültig vermerkte Datumsformat:

```
PS> Geburtstag eingeben: sag ich nicht
Das war kein Datum. Noch mal: na gut
Das war kein Datum. Noch mal: 15. September 1812
Das Datum "15.09.1812" fällt auf einen Dienstag.
PS>
```

Welche Formate das sind, verrät auf Wunsch `$host.CurrentUICulture`:

```
PS> $host.CurrentUICulture.DateTimeFormat

AMDesignator                     :
Calendar                         : System.Globalization.GregorianCalendar
DateSeparator                    : .
FirstDayOfWeek                   : Monday
CalendarWeekRule                 : FirstFourDayWeek
FullDateTimePattern              : dddd, d. MMMM yyyy HH:mm:ss
LongDatePattern                  : dddd, d. MMMM yyyy
LongTimePattern                  : HH:mm:ss
MonthDayPattern                  : d. MMMM
PMDesignator                     :
RFC1123Pattern                   : ddd, dd MMM yyyy HH':'mm':'ss 'GMT'
ShortDatePattern                 : dd.MM.yyyy
ShortTimePattern                 : HH:mm
SortableDateTimePattern          : yyyy'-'MM'-'dd'T'HH':'mm':'ss
TimeSeparator                    : :
UniversalSortableDateTimePattern : yyyy'-'MM'-'dd HH':'mm':'ss'Z'
YearMonthPattern                 : MMMM yyyy
AbbreviatedDayNames              : {So, Mo, Di, Mi…}
ShortestDayNames                 : {S, M, D, M…}
DayNames                         : {Sonntag, Montag, Dienstag, Mittwoch…}
AbbreviatedMonthNames            : {Jan, Feb, Mär, Apr…}
MonthNames                       : {Januar, Februar, März, April…}
IsReadOnly                       : True
NativeCalendarName               : Gregorianischer Kalender
AbbreviatedMonthGenitiveNames    : {Jan., Feb., März, Apr.…}
MonthGenitiveNames               : {Januar, Februar, März, April…}
```

In `DayNames` finden sich beispielsweise die spezifischen Wochentage und in `MonthNames` die Namen der Monate:

```
PS> $host.CurrentUICulture.DateTimeFormat.DayNames
Sonntag
Montag
Dienstag
Mittwoch
Donnerstag
Freitag
Samstag
```

Verkettete Umwandlungen

Typumwandlungen lassen sich verketten. Das Ergebnis einer Typumwandlung kann also sofort weiter in den nächsten Typ umgewandelt werden. Im folgenden Beispiel wird ein einzelnes Zeichen vom Typ `Char` aus einem ASCII-Code generiert:

```
PS> $tab = [Char]9
```

Indem Sie Typen verketten, könnten Sie nun ebenso gut auch Texte erzeugen, die aus mehreren ASCII-Codes bestehen, beispielsweise einen Zeilenumbruch:

```
PS> $crlf = [string][Char[]](13,10)
```

Selbst Buchstabenlisten lassen sich so aus einer Serie von ASCII-Codes herstellen:

```
PS> [String][Char[]](65..90)
A B C D E F G H I J K L M N O P Q R S T U V W X Y Z

PS> -join [Char[]](65..90)
ABCDEFGHIJKLMNOPQRSTUVWXYZ
```

Den praktischen Nutzen zeigt dieser Einzeiler, der die in Benutzung befindlichen Laufwerksbuchstaben ermittelt:

```
[Char[]](65..90) | Where-Object { Test-Path "${_}:\" }
```

Listing 11.2: In Benutzung befindliche Laufwerksbuchstaben

Umgekehrt liefert dies noch unbenutzte Laufwerksbuchstaben, die derzeit keinem Laufwerk zugewiesen sind:

```
[Char[]](65..90) | Where-Object { (Test-Path "${_}:\") -eq $false }
```

Listing 11.3: Nicht in Benutzung befindliche Laufwerksbuchstaben

Schließlich könnte ein Text auch umgekehrt in seine ASCII-Codes zerlegt werden, indem man den Text zuerst in ein Array vom Typ `Char` umwandelt und dieses dann in ein Array vom Typ `Byte`:

```
PS> [Byte[]][Char[]]'Hello World!'
72
101
108
108
111
32
87
111
114
108
100
33
```

Typen: optimale Informationsbehälter

Datentypen sorgen für eine Qualitätskontrolle, indem sie nur bestimmte Informationen akzeptieren. Der Datentyp `DateTime` akzeptiert zwar beispielsweise eine ganze Reihe von Datumsformaten, aber es muss sich in jedem Fall um ein gültiges Datum handeln.

Sobald die Information erfolgreich im gewünschten Datentyp gespeichert ist, stehen Ihnen darüber hinaus vielfältige maßgeschneiderte Eigenschaften und Methoden zur Verfügung, die den Umgang mit der entsprechenden Information stark erleichtern. Datentypen speichern also nicht nur Informationen, sondern erleichtern auch den Umgang mit ihnen.

Bei `DateTime` – spezialisiert auf Datum und Zeit – können Sie beispielsweise gezielt Datumsbestandteile abrufen oder Zeitmengen hinzuzählen oder abziehen:

```
# Setzt ein deutsches Betriebssystem voraus:
$datum = '24. Dezember 2021' -as [DateTime]

$datum.Day
$datum.Month
$gestern = $datum.AddDays(-1)
$gestern
```

Listing 11.4: Eigenschaften und Methoden eines DateTime-Objekts verwenden

Der Datentyp `[Version]` funktioniert nach demselben Prinzip, ist aber auf Softwareversionsnummern spezialisiert, die aus vier Zahlenwerten bestehen:

```
$version = [Version]'12.1.99.832'
$version

$version.Major
$version.Minor

if ($version.Major -gt 10)
{
  "Version $version ist größer als Version 10.x.x.x"
}
else
{
  "Version $version ist NICHT größer als Version 10.x.x.x"
}
```

Listing 11.5: Eigenschaften und Methoden eines Version-Objekts verwenden

Und wenn Sie eine E-Mail-Adresse speichern wollen, greifen Sie zu `[System.Net.Mail.MailAddress]`. Dieser Typ ist auf E-Mail-Adressen spezialisiert und erlaubt ohne Aufwand den Zugriff auf Teilinformationen wie den Hostnamen:

```
$email = [System.Net.Mail.MailAddress]'Tobias Weltner<tobias@powershell.one>'
$email

$email.DisplayName
$email.Host
```

Listing 11.6: Eigenschaften und Methoden eines E-Mail-Objekts einsetzen

Das wirft natürlich die Frage auf, welche Datentypen es überhaupt gibt. Eine einfache Antwort auf diese Frage gibt es leider nicht, denn das .NET Framework bringt Tausende davon mit. Am besten schärfen Sie Ihre Wahrnehmung und fahnden in fremden Skriptbeispielen gezielt nach neuen Datentypen, die Sie vielleicht noch nicht kennen. Sie alle funktionieren nach demselben hier gezeigten Muster.

Wichtiger an dieser Stelle ist, dass Sie erkennen, was Datentypen tun: Sie funktionieren in der Tat wie spezialisierte Informationscontainer, die eine bestimmte Informationsart besonders gut speichern und wiedergeben können.

Implizite Umwandlung

Typumwandlungen müssen nicht immer ausdrücklich (explizit) geschehen. Manchmal passiert das auch unsichtbar und automatisch (implizit), nämlich immer dann, wenn der Empfänger einer Information diese in einem bestimmten Datentyp erwartet. Entspricht die Information nicht seinen Erwartungen, wandelt er sie *implizit* um – oder wirft eine Fehlermeldung aus, falls die Umwandlung nicht möglich ist.

Typisierte Variablen

Anfangs sind Variablen auf keinen bestimmten Typ festgelegt und können »alles« speichern. Deshalb kommt es in diesem Fall auch nie zu einer impliziten Umwandlung.

Stellt man bei einer Zuweisung vor die Variable allerdings einen bestimmten Datentyp, weist man der Variablen nicht nur einen neuen Wert zu, sondern legt diese Variable auch auf den angegebenen Typ fest – und zwar jetzt und für die Zukunft.

Die Variable behält diesen Typ nun also bei, und wenn ihr später andere Informationen zugewiesen werden, wandelt die Variable diese Informationen wiederum automatisch um. Die implizite Umwandlung folgt den Regeln der kulturneutralen Umwandlung und führt daher zu einem Fehler, wenn die Umwandlung nicht möglich ist. Variablen, die nur noch einen ganz bestimmten Datentyp speichern können, nennt man auch *typisierte Variablen*.

Im folgenden Beispiel wird eine Variable auf den Typ `[int]` festgelegt, der ganze Zahlen repräsentiert. Wird der Variablen später eine Fließkommazahl zugewiesen, wandelt die Variable diese Zahl automatisch in eine ganze Zahl um (und rundet entsprechend). Wird der Variablen überhaupt keine gültige Zahl zugewiesen, kommt es zu einer Fehlermeldung:

```
# Die Variable $test wird auf den Datentyp "int" festgelegt:
PS> [int]$test = 50
PS> $test
50

# Neue Zuweisungen werden automatisch (implizit) in diesen Typ umgewandelt:
PS> $test = 12.8
PS> $test
13

# Ungeeignete Werte führen zu einem Umwandlungsfehler:
PS> $test = 'keine Zahl'
MetadataError: Cannot convert value "keine Zahl" to type "System.Int32". Error: "Input string was
not in a correct format."
```

Weil typisierte Variablen also die Informationen überprüfen, stellen sie ein wichtiges Sicherheitsnetz für robusten Code dar. Falls eine Variable beispielsweise ein Datum speichern soll, ihr aber kein gültiges Datum zugewiesen wird, schlägt PowerShell sofort bei der Zuweisung des ungeeigneten Werts Alarm und gibt einen Fehler aus.

Profitipp

Variablen unterstützen dieselben Validierungsattribute wie Parameter, sodass man die für eine bestimmte Variable akzeptablen Informationen noch stärker einschränken kann. Damit können Sie Ihren Variablen sogar noch mehr Eigenintelligenz geben und das Sicherheitsnetz Ihrer Skripte noch dichter weben – jedenfalls dann, wenn der sinnvolle Wertebereich einer Variablen vorab klar festgelegt werden kann.

Mit dem Attribut `ValidateRange()` legen Sie beispielsweise einen Zahlenbereich fest. Die folgende Variable akzeptiert Fließkommazahlen (Datentyp `[double]`), aber schränkt den Wertebereich zusätzlich ein auf Zahlen zwischen –4,5 und +10,2:

```
PS> [ValidateRange(-4.5,10.2)][double]$wert = 5
PS> $wert = -5
MetadataError: The variable cannot be validated because the value -5 is not a valid value for the
wert variable.
PS> $wert = -4
PS> $wert = 10.2
PS> $wert = 10.3
MetadataError: The variable cannot be validated because the value 10,3 is not a valid value for the
wert variable.
```

Und mit dem Attribut `[ValidateScript()]` validieren Sie den Inhalt einer Variablen mit PowerShell-Code. Der Code wird nun also jedes Mal ausgeführt, wenn der Variablen ein neuer Wert zugewiesen wird, und nur wenn der Code `$true` ergibt, wird der Wert (in `$_`) akzeptiert.

Das folgende Beispiel akzeptiert Texte (Datentyp `String`), aber nur, wenn es sich um tatsächlich im Windows-Ordner vorkommende Dateinamen handelt. Das Skript im Attribut verwendet `Test-Path`, um zu prüfen, ob es den angegebenen Dateinamen im Windows-Ordner gibt. Nur dann gibt `Test-Path` den Wert `$true` zurück, und auch nur dann wird die Zuweisung der Information gestattet:

```
PS> [ValidateScript({Test-Path -Path "$env:windir\$_"})][string]$filename = 'explorer.exe'
PS> $filename = 'notepad.exe'
PS> $filename = 'zumsel.exe'
MetadataError: The variable cannot be validated because the value zumsel.exe is not a valid value
for the filename variable.
```

Parameter und Argumente

Die implizite Typkonvertierung findet auch bei Argumenten statt, die Sie an Befehlsparameter übergeben – ohne dass Sie dies vielleicht bisher wahrgenommen haben. Wenn Sie beispielsweise eine neue Skriptausführungsrichtlinie festlegen, geben Sie lediglich den Namen der Richtlinie an. Dieser Aufruf erlaubt zum Beispiel die uneingeschränkte Skriptausführung:

```
PS> Set-ExecutionPolicy -Scope CurrentUser -ExecutionPolicy Bypass -Force
```

In Wahrheit erwartet der Parameter `-ExecutionPolicy` aber gar keinen String, sondern Informationen vom Typ `ExecutionPolicy`. Der folgende Befehl zeigt, wie Sie den Datentyp eines Cmdlet-Parameters in Erfahrung bringen:

```
PS> (Get-Help -Name Set-ExecutionPolicy -Parameter ExecutionPolicy).type.name
Microsoft.PowerShell.ExecutionPolicy
```

Hier eine Alternative:

```
PS> (Get-Command Set-ExecutionPolicy).Parameters['ExecutionPolicy'].ParameterType.FullName
Microsoft.PowerShell.ExecutionPolicy
```

Sie dürfen für den Parameter `-ExecutionPolicy` also nur deshalb einen Text angeben, weil er sich in den gewünschten Typ konvertieren lässt, wie das folgende Beispiel beweist:

```
PS> [Microsoft.PowerShell.ExecutionPolicy]'Bypass'
Bypass
```

Geben Sie dagegen einen ungültigen Text an, scheitert die Umwandlung, und Sie sehen in etwa die gleiche Fehlermeldung, die Sie auch erhalten hätten, wenn Sie diesen Text als Argument für den Parameter `-ExecutionPolicy` eingesetzt hätten. Am Ende führt die Fehlermeldung die erlaubten Werte auf:

```
PS> [Microsoft.PowerShell.ExecutionPolicy]'Unsinn'
InvalidArgument: Cannot convert value "Unsinn" to type "Microsoft.PowerShell.ExecutionPolicy".
Error: "Unable to match the identifier name Unsinn to a valid enumerator name. Specify one of the
following enumerator names and try again: Unrestricted, RemoteSigned, AllSigned, Restricted,
Default, Bypass, Undefined"
```

Diese erlaubten Werte sind durch den Typ definiert:

```
PS> [Microsoft.PowerShell.ExecutionPolicy]::GetNames( [Microsoft.PowerShell.ExecutionPolicy])
Unrestricted
RemoteSigned
AllSigned
Restricted
Default
Bypass
Undefined
```

Vergleichsoperationen

Bei Vergleichsoperationen ist der Typ der beteiligten Daten ebenfalls essenziell, und auch hier kann es zu einer impliziten Umwandlung kommen, denn PowerShell kann nur gleichartige Typen miteinander vergleichen.

Vergleichen Sie unterschiedliche Typen, richtet sich PowerShell nach dem Typ auf der linken Seite und wandelt den Typ auf der rechten Seite implizit in denselben Typ wie auf der linken Seite um. Das erklärt die folgenden Resultate:

```
# maßgeblicher Typ: Integer
PS> 12 -gt '2'
True

# maßgeblicher Typ: String
PS> '12' -gt 2
False

# maßgeblicher Typ: String
PS> '2' -gt 12
True

# maßgeblicher Typ: Integer
PS> 10 * '66'
660

# maßgeblicher Typ: String
PS> '66' * 10
6666666666666666666
```

Das Ergebnis des Vergleichs hängt also vom Datentyp ab – genauer gesagt, vom Datentyp des ersten Werts. Unterschiedliche Typen liefern unter Umständen völlig unterschiedliche Vergleichsergebnisse. Möchten Sie beispielsweise herausfinden, ob eine Programmversion höher ist als eine andere, würde der folgende Vergleich misslingen, denn er vergleicht Strings und nutzt also einen alphanumerischen Vergleich:

```
# maßgeblicher Typ: String
PS> '3.5.12.112' -gt '10.1.55.67'
True
```

Bei alphanumerischen Vergleichen werden die Textzeichen basierend auf ihrem ASCII-Code verglichen. Weil der ASCII-Code von 3 größer ist als der von 1, behauptet der Vergleich, dass die erste Versionsnummer größer sei als die zweite.

Indem Sie die linke Seite des Vergleichs in einen besser geeigneten Typ umwandeln, gelingt der Vergleich:

```
# maßgeblicher Typ: Version
PS> [System.Version]'3.5.12.112' -gt '10.1.55.67'
False
```

Profitipp

Mit etwas Fantasie können Sie nun Datentypen und Vergleichsoperatoren kombinieren, um beinahe alle Arten von Benutzereingaben zu validieren. Das folgende Skript fragt zum Beispiel so lange nach, bis der Anwender eine gültige IPv4-Adresse eingibt:

```
do {
    $ip = Read-Host -Prompt 'IPv4'
} until ($ip -like '*.*.*.*' -and $ip -as [Net.IPAddress])
```

Listing 11.7: Eine gültige IPv4-Adresse überprüfen

Der Operator `-as` allein hätte hier nicht genügt, denn dann hätte der Anwender immer noch eine IPv6-Adresse oder sogar eine Dezimalzahl eingeben können. Sie alle lassen sich in den Typ `System.Net.IPAddress` umwandeln:

```
PS> 66 -as [System.Net.IPAddress]

AddressFamily      : InterNetwork
ScopeId            :
IsIPv6Multicast    : False
IsIPv6LinkLocal    : False
IsIPv6SiteLocal    : False
IsIPv6Teredo       : False
IsIPv4MappedToIPv6 : False
Address            : 66
IPAddressToString  : 66.0.0.0
```

Auch der Operator `-like` allein hätte nicht ausgereicht, denn das sehr einfache Textmuster »*.*.*.*« beschreibt zwar die grundsätzliche Struktur von IPv4-Adressen, kontrolliert aber nicht, ob Zahlen eingegeben wurden oder die Zahlen tatsächlich jeweils Bytes waren:

```
PS> 'moin.diesist.keineIP.' -like '*.*.*.*'
True
```

Durch die Kombination der beiden mit -and müssen indes beide Kriterien erfüllt sein. Diese treffen tatsächlich nur auf IPv4-Adressen zu. So haben Sie sich mit zwei sehr einfachen Überprüfungen um den Einsatz eines einzelnen sehr komplexen regulären Ausdrucks (siehe Kapitel 9) herumgemogelt, der zwar IPv4-Adressen in nur einem Schritt geprüft hätte, aber für viele kaum mehr zu durchschauen ist:

```
# Regex-Muster für eine IPv4-Adresse:
$regex = '^(?:(?:25[0-5]|2[0-4][0-9]|[01]?[0-9][0-9]?)\.){3}(?:25[0-5]|2[0-4][0-9]|[01]?[0-9]
[0-9]?)$'

# true:
'10.12.100.1' -match $regex
# false:
'10.12.100.259' -match $regex
```

Listing 11.8: Der reguläre Ausdruck für eine IPv4-Adresse ist relativ komplex.

Statische Methoden eines Typs verwenden

Typen eignen sich nicht nur zur Umwandlung von Informationen, sie enthalten auch nützliche Eigenschaften (Informationen) und Methoden (Befehle) rund um den betreffenden Datentyp.

Im Microsoft Active Directory werden beispielsweise Zeitinformationen als riesige 64-Bit-Zahlen repräsentiert, die den Ticks (100-Nanosekunden-Einheiten) seit dem 1.1.1601 entsprechen. Solche Riesenzahlen lassen sich nur sehr aufwendig in echte Datums- und Zeitinformationen umrechnen.

Der Datentyp `datetime` kann nicht nur Datums- und Zeitinformationen speichern, sondern bietet auch nützliche Methoden rund ums Thema Datum und Zeit. Darunter sind solche, mit denen sich die Active-Directory-Zeitangaben umrechnen lassen:

```
# Active-Directory-Zeitangaben umrechnen
[DateTime]::FromFileTime(0)
[DateTime]::FromFileTime(132286587086212618)
```

Listing 11.9: Zeitangaben aus dem Active Directory in DateTime-Format umrechnen

Es geht auch eine Nummer einfacher: Wer lediglich wissen möchte, wie viele Tage ein bestimmter Monat hat, wählt die Methode `DaysInMonth()`, ebenfalls vom Datentyp `datetime` bereitgestellt. Die folgende Zeile offenbart, dass der Monat Februar (2) des Jahres 2020 genau 29 Tage lang war, wir es also mit einem Schaltjahr zu tun hatten:

```
[DateTime]::DaysInMonth(2020,2)
```

Listing 11.10: Tage eines Monats berechnen

Auf diese Weise funktionieren alle Methoden, die in Datentypen integriert sind: Der Datentyp wird in eckige Klammern gestellt, und dann werden zwei Doppelpunkte angeführt.

In PowerShell-Editoren erscheint nun bereits eine Liste der verfügbaren Eigenschaften und Methoden. Ohne IntelliSense können Sie mit [Tab] autovervollständigen.

Oder Sie rufen die statischen Member mit `Get-Member` ab:

```
PS> [DateTime] | Get-Member -Static
```

```
   TypeName: System.DateTime

Name             MemberType Definition
----             ---------- ----------
Compare          Method     static int Compare(datetime t1, datetime t2)
DaysInMonth      Method     static int DaysInMonth(int year, int month)
Equals           Method     static bool Equals(datetime t1, datetime t2), ...
FromBinary       Method     static datetime FromBinary(long dateData)
FromFileTime     Method     static datetime FromFileTime(long fileTime)
FromFileTimeUtc  Method     static datetime FromFileTimeUtc(long fileTime)
FromOADate       Method     static datetime FromOADate(double d)
IsLeapYear       Method     static bool IsLeapYear(int year)
new              Method     datetime new(long ticks), datetime new(long ticks,...
Parse            Method     static datetime Parse(string s), static datetime Parse(...
ParseExact       Method     static datetime ParseExact(string s, string format,...
ReferenceEquals  Method     static bool ReferenceEquals(System.Object objA, ...
SpecifyKind      Method     static datetime SpecifyKind(datetime value, ...
TryParse         Method     static bool TryParse(string s, [ref] datetime result),...
MaxValue         Property   static datetime MaxValue {get;}
MinValue         Property   static datetime MinValue {get;}
Now              Property   datetime Now {get;}
Today            Property   datetime Today {get;}
UtcNow           Property   datetime UtcNow {get;}
```

Die Liste, die `Get-Member` nun liefert, zeigt in der Spalte `MemberType` die Eigenschaften (Informationen) als `Property` und die Methoden (Befehle) als `Method`:

- **Eigenschaft:** Funktioniert wie eine Variable und enthält Informationen, die man abrufen kann. Wenn in der Beschreibung nicht nur `get;` steht, sondern `get;set;`, kann der Eigenschaft auch ein neuer Wert zugewiesen werden. Andernfalls ist die Eigenschaft nur lesbar.

  ```
  [DateTime]::UtcNow
  ```

- **Methode:** Funktioniert wie ein Cmdlet und erwartet die Argumente als kommaseparierte Liste in den Klammern hinter dem Methodennamen. Wenn bei einem Methodennamen die Klammern ganz weggelassen werden, liefert PowerShell die Kurzbeschreibung der Methode, also das, was `Get-Member` in der Spalte `Definition` anzeigen würde:

  ```
  PS> [DateTime]::DaysInMonth

  OverloadDefinitions
  -------------------
  static int DaysInMonth(int year, int month)
  ```

Typen haben also zwei Aufgaben:

- **Optimaler Datencontainer:** Sie sollen Objekte herstellen, in denen sich bestimmte Informationen besonders gut oder speicherschonend speichern lassen.
- **Befehlsbibliothek:** Sie sollen Befehle zu einem bestimmten Thema bereitstellen. Das können Befehle sein, die mit den Daten zu tun haben, die ein Typ optimal speichern kann. Das können aber auch Befehle rund um ein beliebiges anderes Thema sein. Der Datentyp `[Math]` beispielsweise bietet überhaupt keine Objekte an, in denen man Informationen speichern kann, sondern dient ausschließlich als Sammlung mathematischer Befehle.

Während Sie in den bisherigen Abschnitten gelesen haben, wie Typen bei der Speicherung von Informationen helfen, konzentriert sich der restliche Teil dieses Kapitels nun auf die in Typen enthaltenen Eigenschaften und Methoden.

Nicht immer sind Methoden nützlich, und manchmal sind sie sogar gefährlich. Sie greifen stets direkt auf Betriebssystemfunktionen zu, die nicht speziell für PowerShell geschrieben wurden. Die folgende Zeile würde zum Beispiel Ihre PowerShell sofort zum Absturz bringen:

```
PS> [Environment]::FailFast('ups')
```

`FailFast()` tut genau das, was der Name suggeriert, und ist eigentlich für Anwendungsentwickler gedacht, deren Anwendung so sehr außer Kontrolle geraten ist, dass sie sofort abgebrochen werden muss.

Dateiextension ermitteln

Alle Befehle für die Arbeit mit Pfadnamen finden sich im Typ `[IO.Path]`. Möchten Sie beispielsweise die Dateierweiterung eines Pfads ermitteln, hilft `GetExtension()`:

```
PS> [IO.Path]::GetExtension($profile)
.ps1
```

Eine vollständige Übersicht der Möglichkeiten liefert `Get-Member`:

```
PS> [IO.Path] | Get-Member -Static


   TypeName: System.IO.Path

Name                         MemberType Definition
----                         ---------- ----------
ChangeExtension              Method     static string ChangeExtension(string pa...
Combine                      Method     static string Combine(string path1, str...
Equals                       Method     static bool Equals(System.Object objA, ...
GetDirectoryName             Method     static string GetDirectoryName(string p...
GetExtension                 Method     static string GetExtension(string path)
GetFileName                  Method     static string GetFileName(string path)
GetFileNameWithoutExtension  Method     static string GetFileNameWithoutExtensi...
GetFullPath                  Method     static string GetFullPath(string path)
GetInvalidFileNameChars      Method     static char[] GetInvalidFileNameChars()
GetInvalidPathChars          Method     static char[] GetInvalidPathChars()
GetPathRoot                  Method     static string GetPathRoot(string path)
GetRandomFileName            Method     static string GetRandomFileName()
GetTempFileName              Method     static string GetTempFileName()
GetTempPath                  Method     static string GetTempPath()
HasExtension                 Method     static bool HasExtension(string path)
IsPathRooted                 Method     static bool IsPathRooted(string path)
ReferenceEquals              Method     static bool ReferenceEquals(System.Obje...
AltDirectorySeparatorChar    Property   static char AltDirectorySeparatorChar {...
DirectorySeparatorChar       Property   static char DirectorySeparatorChar {get;}
InvalidPathChars             Property   static char[] InvalidPathChars {get;}
PathSeparator                Property   static char PathSeparator {get;}
VolumeSeparatorChar          Property   static char VolumeSeparatorChar {get;}
```

Mathematische Funktionen

Der Typ [Math] liefert alle mathematischen Funktionen, die über die Grundrechenarten hinausgehen:

```
# Vorzeichen entfernen:
PS> [Math]::Abs(-789)
789

# 6 hoch 2:
PS> [Math]::Pow(6,2)
36

# Abrunden:
PS> [Math]::Floor(7.8)
7

# Aufrunden:
PS> [Math]::Ceiling(3.2)
4

# Den kleineren Wert zurückgeben:
PS> [Math]::Min(100,500)
100

# Den größeren Wert zurückgeben:
PS> [Math]::Max(100,500)
500
```

Tabelle 11.2 zeigt eine Übersicht der Mathematikfunktionen.

Funktion	Beschreibung	Beispiel
Abs	Gibt den Absolutbetrag einer angegebenen Zahl zurück (ohne Vorzeichen).	[Math]::Abs(-5)
Acos	Gibt einen Winkel zurück, dessen Kosinus die angegebene Zahl ist.	[Math]::Acos(0.6)
Asin	Gibt einen Winkel zurück, dessen Sinus die angegebene Zahl ist.	[Math]::Asin(0.6)
Atan	Gibt einen Winkel zurück, dessen Tangens die angegebene Zahl ist.	[Math]::Atan(90)
Atan2	Gibt einen Winkel zurück, dessen Tangens der Quotient zweier angegebener Zahlen ist.	[Math]::Atan2(90, 15)
BigMul	Berechnet das vollständige Produkt aus zwei 32-Bit-Zahlen.	[Math]::BigMul(1GB, 6)
Ceiling	Gibt die kleinste Ganzzahl zurück, die größer oder gleich der angegebenen Zahl ist.	[Math]::Ceiling(5.7)
Cos	Gibt den Kosinus des angegebenen Winkels zurück.	[Math]::Cos(90)
Cosh	Gibt den Hyperbelkosinus des angegebenen Winkels zurück.	[Math]::Cosh(90)
DivRem	Berechnet den Quotienten zweier Zahlen und gibt außerdem den Rest als Ausgabeparameter zurück.	$a = 0 [Math]::DivRem(10,3,[ref]$a) $a
Exp	Gibt die angegebene Potenz von *e* zurück.	[Math]::Exp(12)
Floor	Gibt die größte Ganzzahl zurück, die kleiner oder gleich der angegebenen Zahl ist.	[Math]::Floor(5.7)
IEEERemainder	Gibt den Rest der Division zweier angegebener Zahlen zurück.	[Math]::IEEERemainder(5,2)

Tabelle 11.2: Mathematikfunktionen aus der [Math]-Bibliothek

Funktion	Beschreibung	Beispiel
Log	Gibt den Logarithmus der angegebenen Zahl zurück.	[Math]::Log(1)
Log10	Gibt den Logarithmus einer angegebenen Zahl zur Basis 10 zurück.	[Math]::Log10(6)
Max	Gibt die größere von zwei angegebenen Zahlen zurück.	[Math]::Max(-5, 12)
Min	Gibt die kleinere von zwei angegebenen Zahlen zurück.	[Math]::Min(-5, 12)
Pow	Potenziert eine angegebene Zahl mit dem angegebenen Exponenten.	[Math]::Pow(6,2)
Round	Rundet einen Wert auf die nächste Ganzzahl oder auf die angegebene Anzahl von Dezimalstellen.	[Math]::Round(5.51)
Sign	Gibt einen Wert zurück, der das Vorzeichen einer Zahl angibt.	[Math]::Sign(-12)
Sin	Gibt den Sinus des angegebenen Winkels zurück.	[Math]::Sin(90)
Sinh	Gibt den Hyperbelsinus des angegebenen Winkels zurück.	[Math]::Sinh(90)
Sqrt	Gibt die Quadratwurzel einer angegebenen Zahl zurück.	[Math]::Sqrt(64)
Tan	Gibt den Tangens des angegebenen Winkels zurück.	[Math]::Tan(45)
Tanh	Gibt den Hyperbeltangens des angegebenen Winkels zurück.	[Math]::Tanh(45)
Truncate	Berechnet den ganzzahligen Teil einer Zahl.	[Math]::Truncate(5.67)

Tabelle 11.2: Mathematikfunktionen aus der [Math]-Bibliothek (Forts.)

Zahlenformate konvertieren

Der Typ `Convert` enthält zahlreiche Konvertierungsfunktionen, mit denen sich Zahlen zum Beispiel binär, oktal oder hexadezimal anzeigen lassen:

```
# Binär (Basis 2):
PS> [System.Convert]::ToString(42562,2)
1010011001000010

# Oktal (Basis 8):
PS> [System.Convert]::ToString(42562,8)
123102

# Hexadezimal (Basis 16):
PS> [System.Convert]::ToString(42562,16)
a642
```

DNS-Auflösung

Wollen Sie den Computernamen herausfinden, der zu einer IP-Adresse gehört (oder umgekehrt), kann der Typ `System.Net.Dns` diese Informationen beschaffen. Die folgende Zeile löst Ihren eigenen Computernamen im Netzwerk auf und liefert dessen aktuelle IP-Adresse:

```
PS> [System.Net.Dns]::GetHostByName('')

HostName                      Aliases                       AddressList
--------                      -------                       -----------
demo5                         {}                            {127.0.0.1}
```

Natürlich können Sie anstelle eines Leertexts auch einen konkreten Computernamen (DNS-Namen) angeben und die zugewiesenen IP-Adressen ermitteln:

```
PS> [System.Net.Dns]::GetHostByName('microsoft.com')

HostName      Aliases AddressList
--------      ------- -----------
microsoft.com {}      {104.40.211.35, 23.96.52.53, 104.43.195.251, 191.239.213...


# Nur die IP-Adressen:
PS> [System.Net.Dns]::GetHostEntry('microsoft.com').AddressList.IPAddressToString
104.40.211.35
23.96.52.53
104.43.195.251
191.239.213.197
23.100.122.175

# Als sortierte Liste (zur Sortierung vorübergehend ersatzweise in [Version] umwandeln)
PS> [System.Net.Dns]::GetHostEntry('microsoft.com').AddressList.IPAddressToString |
Sort-Object { $_ -as [Version] }
23.96.52.53
23.100.122.175
104.40.211.35
104.43.195.251
191.239.213.197
```

Möchten Sie alle IP-Adressen erfahren, die Ihrem Computer (oder einem anderen) zugeordnet sind, greifen Sie zu `GetHostAddresses()`:

```
PS> [System.Net.Dns]::GetHostAddresses('')
```

Eine reine IP-Liste erhalten Sie so:

```
PS> [System.Net.Dns]::GetHostAddresses('').IPAddressToString
fe80::7ca6:5208:b378:5c84%13
2003:40:e72a:5761:f9b6:eb23:7049:116c
2003:40:e72a:5761:7ca6:5208:b378:5c84
fe80::140e:2884:a22b:c5f%14
192.168.2.105
2001:0:5ef5:79fb:140e:2884:a22b:c5f
```

Sind Sie nur an IPv4-Adressen interessiert, filtern Sie auf Grundlage der Eigenschaft `AddressFamily`:

```
PS> [system.Net.Dns]::GetHostAddresses('') | Where-Object { $_.AddressFamily -eq 'InterNetwork' } |
Select-Object -ExpandProperty IPAddressToString
192.168.2.105
```

Umgebungsvariablen

Dank des virtuellen Laufwerks `env:` kostet es Sie kein größeres Kopfzerbrechen, den Inhalt einer Umgebungsvariablen anzuzeigen – oder bestimmte Umgebungsvariablen zu finden:

```
PS> dir env:*user*

Name                           Value
----                           -----
USERPROFILE                    C:\Users\Tobias
ALLUSERSPROFILE                C:\ProgramData
```

```
USERNAME                        Tobias
USERDOMAIN                      PowerShellPC

PS> $env:USERNAME
Tobias

PS> "$env:USERDOMAIN\$env:USERNAME"
PowerShellPC\Tobias
```

Sie dürfen Umgebungsvariablen sogar ändern und beispielsweise einen neuen Ordner registrieren, in dem PowerShell nach Modulen sucht:

```
PS> $env:PSModulePath += ';c:\PSModule'
PS> $env:PSModulePath -split ';'
C:\Users\Tobias\Documents\WindowsPowerShell\Modules
C:\Windows\system32\WindowsPowerShell\v1.0\Modules\
c:\psmodule
```

Allerdings ist die Änderung nur innerhalb Ihrer aktuellen PowerShell wirksam. PowerShell greift mit dem Laufwerk `env:` ausschließlich auf das `Process`-Set der Umgebungsvariablen zu, also die Kopie, die *powershell.exe* beim Start vom System erhält. Entsprechend limitiert ist die Lebensdauer aller Änderungen.

Über den Typ `System.Environment` erhalten Sie volle Kontrolle und können aussuchen, ob Sie mit Umgebungsvariablen aus dem `Machine`-Set (für alle Benutzer), dem `User`-Set (Ihren eigenen Umgebungsvariablen) oder dem `Process`-Set (im aktuellen Prozess) arbeiten möchten. Machen Sie dazu am besten ein kleines PowerShell-Ping-Pong-Spiel und öffnen Sie zwei PowerShell-Konsolen. Danach legen Sie in der ersten eine Umgebungsvariable namens `Transfer` im `User`-Kontext an:

```
PS> [System.Environment]::SetEnvironmentVariable('transfer', 123, 'user')
```

Die Umgebungsvariable wird ohne weitere Rückmeldung angelegt, und Sie können sie jetzt bereits in den Betriebssystemeinstellungen sehen. PowerShell selbst ignoriert die neue Umgebungsvariable aber scheinbar:

```
PS> $env:transfer
PS>
```

Auch die zweite PowerShell-Sitzung kann die Variable nicht abrufen. Erst wenn Sie eine dritte PowerShell-Sitzung öffnen, gelingt es. Der Grund: Beim Start eines Prozesses fertigt Windows eine Kopie aller zu diesem Zeitpunkt gültigen Umgebungsvariablen an, und weil beim Start der ersten beiden PowerShell-Konsolen die Umgebungsvariable `$env:transfer` noch nicht existierte, sieht PowerShell sie nicht.

Allerdings können Sie mit `System.Environment` auch bestimmen, von wo Sie eine Umgebungsvariable lesen möchten. Die folgende Zeile liest den Inhalt der Variablen sofort frisch aus dem `User`-Kontext aus. So könnten sich verschiedene Anwendungen (und PowerShell-Sitzungen) Informationen gegenseitig zuspielen.

```
PS> [System.Environment]::GetEnvironmentVariable('transfer', 'user')
123
```

Die auf diese Weise angelegten Umgebungsvariablen bleiben so lange erhalten, bis Sie sie wieder ausdrücklich entfernen, indem Sie der Umgebungsvariablen den Wert `$null` (oder einen leeren Text) zuweisen:

```
PS> [System.Environment]::SetEnvironmentVariable('transfer', $null, 'user')
```

Pfade zu Systemordnern finden

Die Methode GetFolderPath() aus System.Environment liefert die Pfadnamen zu vielen speziellen Windows-Systemordnern. Geben Sie einfach ein beliebiges Argument an, listet die Fehlermeldung die Namen der Windows-Ordner auf, die zum Abfragen zur Verfügung stehen:

```
PS> [System.Environment]::GetFolderPath("Unsinn")
Das Argument "folder" mit dem Wert  "Unsinn" für "GetFolderPath" kann nicht in den Typ
"System.Environment+SpecialFolder" konvertiert werden: "Der Wert "Unsinn" kann nicht in den Typ
"System.Environment+SpecialFolder" konvertiert werden. Fehler: "Der Bezeichner "Unsinn" kann keinem
gültigen Enumeratornamen zugeordnet werden. Geben Sie einen der folgenden Enumeratornamen an, und
wiederholen Sie den Vorgang: Desktop, Programs, MyDocuments, Personal, Favorites, Startup, Recent,
SendTo, StartMenu, MyMusic, MyVideos, DesktopDirectory, MyComputer, NetworkShortcuts, Fonts,
Templates, CommonStartMenu, CommonPrograms, CommonStartup, CommonDesktopDirectory, ApplicationData,
PrinterShortcuts, LocalApplicationData, InternetCache, Cookies, History, CommonApplicationData,
Windows, System, ProgramFiles, MyPictures, UserProfile, SystemX86, ProgramFilesX86,
CommonProgramFiles, CommonProgramFilesX86, CommonTemplates, CommonDocuments, CommonAdminTools,
AdminTools, CommonMusic, CommonPictures, CommonVideos, Resources, LocalizedResources,
CommonOemLinks, CDBurning.""
```

Möchten Sie herausfinden, wo sich auf Ihrem Computer der Bilderordner befindet, wissen Sie nun, dass dieser Ordner mit dem Begriff MyPictures angesprochen wird:

```
PS> [System.Environment]::GetFolderPath("MyPictures")
C:\Users\Tobias Weltner\Pictures
```

Konsoleneinstellungen

Der Typ System.Console steuert alle wichtigen Funktionen rund um Konsolenfenster. Sie können damit zum Beispiel die Farben und die Größe der Konsole neu festlegen sowie den Fenstertitel wählen. Tatsächlich macht PowerShell einige diese Einstellungen bereits über das $Host-Objekt verfügbar:

```
PS> $Host.UI.RawUI.BackgroundColor = 'Green'
PS> [System.Console]::BackgroundColor = 'Blue'
```

Andere Funktionen stehen nur im zugrunde liegenden .NET-Typ zur Verfügung. Mit ResetColor() stellen Sie beispielsweise nach verunglückten Farbexperimenten die Standardfarben der Konsole wieder her:

```
PS> [System.Console]::ResetColor()
```

Über die Eigenschaft CursorVisible kann die blinkende Einfügemarke vorübergehend abgeschaltet werden:

```
PS> [System.Console]::CursorVisible = $false
PS> [System.Console]::CursorVisible = $true
```

NumberLock verrät, ob die NumLock-Funktion der Tastatur gerade eingeschaltet ist:

```
PS> [System.Console]::NumberLock
False
```

Schließlich kann der System.Console-Typ mit Beep() auch noch Signaltöne ausgeben:

```
PS> [System.Console]::Beep()
PS> [System.Console]::Beep(1000, 500)
```

Der erste Zahlenwert entspricht dabei der Tonhöhe in Hertz, der zweite der Tondauer in Millisekunden. Wollen Sie damit einen kleinen Hör- oder Lautsprechertest durchführen, fehlt nur noch eine Schleife:

```
PS> for ($freq=300; $freq -lt 20000; $freq+=200) { [System.Console]::Beep($freq, 100) }
```

Profitipp

Wenn Sie den Inhalt der Konsole löschen möchten, greifen Sie wahrscheinlich zum Befehl `cls` oder dem zugrunde liegenden Cmdlet `Clear-Host`. Erstaunlicherweise verfügt das `$Host`-Objekt anders als `[System.Console]` nicht über die Methode `Clear()`. Deshalb muss `Clear-Host` den Inhalt der PowerShell-Konsole auf relativ umständliche Art löschen. Schauen Sie sich mal den Quellcode von `Clear-Host` an:

```
PS> (Get-Command Clear-Host).Definition
$space = New-Object System.Management.Automation.Host.BufferCell
$space.Character = ' '
$space.ForegroundColor = $Host.UI.rawui.ForegroundColor
$space.BackgroundColor = $Host.UI.rawui.BackgroundColor
$rect = New-Object System.Management.Automation.Host.Rectangle
$rect.Top = $rect.Bottom = $rect.Right = $rect.Left = -1
$origin = New-Object System.Management.Automation.Host.Coordinates
$Host.UI.RawUI.CursorPosition = $origin
$Host.UI.RawUI.SetBufferContents($rect, $space)
```

Sehr viel einfacher und schneller geht es über `Clear()`:

```
[System.Console]::Clear()
```

Wer mag, kann seine Funktion `Clear-Host` deshalb nun etwas optimieren:

```
function Clear-Host { [System.Console]::Clear() }
```

Spezielle Datumsformate lesen

Müssen Sie ein ungewöhnliches Datumsformat lesen, greifen Sie kurzerhand zum Typ `[DateTime]` und nutzen dessen Methode `ParseExact()`. Ihr kann man das ungewöhnliche Datumsformat mithilfe einer Schablone erklären, und schon wird es richtig verstanden:

```
# Rohinformation liefert Datum in ungewöhnlichem Format:
PS> $information = '12Nov(2012)18h30m17s'

# Muster beschreibt das Datumsformat. "\" entwertet Zeichen, die wörtlich gemeint sind:
PS> $muster = 'ddMMM\(yyyy\)HH\hmm\mss\s'

# ParseExact() interpretiert das Rohdatum gemäß dem angegebenen Muster:
PS> [DateTime]::ParseExact($information, $muster, $null)
Montag, 12. November 2012 18:30:17
```

Zeichen, die nicht zum Datum gehören, werden im Muster mit einem vorangestellten \ markiert. Sie dürfen statischen Text auch in einfache Anführungszeichen stellen, zum Beispiel so:

```
PS> $information = '12Nov(2012)18h30m17s'

# Muster beschreibt das Datumsformat. "\" maskiert Zeichen, die wörtlich gemeint sind:
```

```
PS> $muster = 'ddMMM\(yyyy\)HH\hmm\mss\s'

# ParseExact() interpretiert das Rohdatum gemäß dem angegebenen Muster:
PS> [DateTime]::ParseExact($information, $muster, $null)
```

ParseExact() unterstützt keine Platzhalter für Anteile, die nicht direkt zum Datum gehören. Wenn sich also zwischen Monat und Jahr beliebig viele Leerzeichen befinden können, ist ParseExact() überfordert. Dasselbe gilt, wenn sich das Datum innerhalb eines Texts befindet, denn ParseExact() erwartet ausschließlich den Datumstext. In solchen Fällen greifen Sie besser zu regulären Ausdrücken, die ein Datum ebenfalls beschreiben können.

Datumsinformationen und verschiedene Kulturen

Datumsinformationen zählen in allen Programmiersprachen zu den problematischsten Informationen, denn sie unterliegen kulturellen Einflüssen. Das Datumsformat ist in beinahe jeder Region der Welt anders. Das .NET Framework, auf dem PowerShell aufbaut und von dem die Typen stammen, mit denen Sie gerade arbeiten, ist darauf vorbereitet.

Der Typ System.Globalization.CultureInfo zeigt Ihnen alle erdenklichen Informationen zur aktuellen Kultur an. Darin finden Sie auch die aktuell gültigen Datumsdefinitionen und können so abschätzen, ob ein bestimmtes Datumsformat – zum Beispiel in einer Protokolldatei – über die Standardumwandlung in den Typ DateTime umgewandelt wird oder das Datumsmuster selbst mit ParseExact() definiert werden muss:

```
PS> [System.Globalization.CultureInfo]::CurrentUICulture.DateTimeFormat

AMDesignator                     :
Calendar                         : System.Globalization.GregorianCalendar
DateSeparator                    : .
FirstDayOfWeek                   : Monday
CalendarWeekRule                 : FirstFourDayWeek
FullDateTimePattern              : dddd, d. MMMM yyyy HH:mm:ss
LongDatePattern                  : dddd, d. MMMM yyyy
LongTimePattern                  : HH:mm:ss
MonthDayPattern                  : dd MMMM
PMDesignator                     :
RFC1123Pattern                   : ddd, dd MMM yyyy HH':'mm':'ss 'GMT'
ShortDatePattern                 : dd.MM.yyyy
ShortTimePattern                 : HH:mm
SortableDateTimePattern          : yyyy'-'MM'-'dd'T'HH':'mm':'ss
TimeSeparator                    : :
UniversalSortableDateTimePattern : yyyy'-'MM'-'dd HH':'mm':'ss'Z'
YearMonthPattern                 : MMMM yyyy
AbbreviatedDayNames              : {So, Mo, Di, Mi...}
ShortestDayNames                 : {So, Mo, Di, Mi...}
DayNames                         : {Sonntag, Montag, Dienstag, Mittwoch...}
AbbreviatedMonthNames            : {Jan, Feb, Mrz, Apr...}
MonthNames                       : {Januar, Februar, März, April...}
IsReadOnly                       : False
NativeCalendarName               : Gregorianischer Kalender
AbbreviatedMonthGenitiveNames    : {Jan, Feb, Mrz, Apr...}
MonthGenitiveNames               : {Januar, Februar, März, April...}
```

Möchten Sie ein Datum zum Beispiel in Chinesisch ausgeben, benötigen Sie nur die jedem DateTime-Objekt zugrunde liegende Methode ToString(), der Sie Format und Kultur übergeben können.

Welche Kulturen es gibt und wie deren Kurzbezeichner lauten, verrät wieder einmal ein Typ mit seiner statischen Methode GetCultures():

```
PS> [System.Globalization.CultureInfo]::GetCultures('InstalledWin32Cultures') | Out-GridView
```

Das Ergebnis erscheint im GridView. In dessen oberstem Textfeld dürfen Sie wie immer filtern und können sich so ganz bequem auch die übrigen chinesischen Kulturen und Kürzel herausfischen – oder jede andere unterstützte Kultur. Nun haben Sie bereits alles, was Sie für einen universellen Datumskonvertierer brauchen. Wissen Sie zum Beispiel, dass ein Datum aus einem Protokoll im französischen Format vorliegt, und möchten es ins taiwanesische Format umwandeln, geht das jetzt ganz einfach:

```
# Datum liegt in einer französischen Schreibweise vor:
$datumFranzoesisch = 'vendredi 23 novembre 2012 11:19:13'

# Für die Umwandlungen die Quell- und Zielkultur besorgen:
[System.Globalization.CultureInfo]$Frankreich = 'fr-FR'
[System.Globalization.CultureInfo]$Taiwan = 'zh-TW'

# Datumstext unter Angabe seiner Kultur in einen DateTime-Typ verwandeln,
# dieser ist sprachunabhängig:
$DateTime = [datetime]::Parse($datumFranzoesisch, $Frankreich)

# Von hier aus in Zielkultur umwandeln,
# das Ergebnis ist jetzt wieder Text (String):
$datumTaiwan = $DateTime.ToString($Taiwan)

''
"$datumFranzoesisch -> $datumTaiwan"
```

Listing 11.11: Das Skript »convert_datetime_culture.ps1«

Statische Eigenschaften verwenden

Statische Eigenschaften unterscheiden sich nicht von den Eigenschaften, die Sie bereits bei Objekten kennengelernt haben. Sie funktionieren grundsätzlich wie Variablen. Die Informationen darin lassen sich also einfach abrufen, wenn sie gebraucht werden.

Werten Sie beispielsweise die Adressbreite eines Zeigers (Typname IntPtr) aus, können Sie so feststellen, ob Ihr Skript in einer 32- oder einer 64-Bit-Umgebung ausgeführt wird:

```
PS> [IntPtr]::Size
8

PS> if ([IntPtr]::Size -eq 8) { "Ein 64-Bit-System" } else { "Ein 32-Bit-System" }
Ein 64-Bit-System
```

Sie könnten auch den Typ Environment befragen:

```
PS> [Environment]::Is64BitOperatingSystem
True
```

```
PS> [Environment]::Is64BitProcess
True

PS> [Environment]::HasShutdownStarted
False
```

Und falls Sie den Wert der Konstanten »PI« benötigen, finden Sie diesen ebenfalls im passenden Typ:

```
PS> [Math]::PI
3,14159265358979
```

Neue .NET-Typen finden

Es gibt keine ultimative Liste von .NET-Typen. Es gibt Tausende Typen, und ständig werden es mehr. Nur ein Bruchteil davon ist für Skriptaufgaben interessant. Daher haben Sie in diesem Kapitel bereits die wichtigsten .NET-Typen für die Systemadministration in Aktion erlebt und kennen sie jetzt.

Wenn Sie weiterforschen und neue Typen finden wollen, können Sie sich aber selbst auf die Suche begeben. Hier die drei wichtigsten Informationsquellen:

- **Type Accelerators:** PowerShell hat die wichtigsten .NET-Typen mit Kurzformen ausgestattet.
- **Typ von Objekten bestimmen:** Schauen Sie nach, wie der Typ der Objekte heißt, mit denen Sie jeden Tag arbeiten.
- **Assemblies durchsuchen:** Lassen Sie sich die Typen anzeigen, die in allen geladenen Assemblies enthalten sind.

Type Accelerators untersuchen

Die in PowerShell eingebauten Abkürzungen für .NET-Typen, die *Type Accelerators*, lassen sich auflisten, sodass Sie diese Typen anschließend untersuchen könnten:

```
$typname = 'System.Management.Automation.TypeAccelerators'
  $typ = [psobject].Assembly.GetType($typname)
  ($typ::Get).GetEnumerator() |
    Where-Object { $_.Value.FullName -notlike '*attribute' } |
    Sort-Object -Property Key
```

Listing 11.12: Eingebaute Abkürzungen für Typen sichtbar machen

Das Ergebnis könnte ähnlich aussehen wie das hier:

```
Key                Value
---                -----
adsi               System.DirectoryServices.DirectoryEntry
adsisearcher       System.DirectoryServices.DirectorySearcher
array              System.Array
bigint             System.Numerics.BigInteger
bool               System.Boolean
byte               System.Byte
char               System.Char
cimclass           Microsoft.Management.Infrastructure.CimClass
```

```
cimconverter          Microsoft.Management.Infrastructure.CimConverter
ciminstance           Microsoft.Management.Infrastructure.CimInstance
cimtype               Microsoft.Management.Infrastructure.CimType
cultureinfo           System.Globalization.CultureInfo
datetime              System.DateTime
decimal               System.Decimal
double                System.Double
float                 System.Single
guid                  System.Guid
hashtable             System.Collections.Hashtable
initialsessionstate   System.Management.Automation.Runspaces.InitialSessionState
int                   System.Int32
int16                 System.Int16
int32                 System.Int32
int64                 System.Int64
ipaddress             System.Net.IPAddress
long                  System.Int64
mailaddress           System.Net.Mail.MailAddress
NullString            System.Management.Automation.Language.NullString
powershell            System.Management.Automation.PowerShell
psaliasproperty       System.Management.Automation.PSAliasProperty
pscredential          System.Management.Automation.PSCredential
pscustomobject        System.Management.Automation.PSObject
pslistmodifier        System.Management.Automation.PSListModifier
psmoduleinfo          System.Management.Automation.PSModuleInfo
psnoteproperty        System.Management.Automation.PSNoteProperty
psobject              System.Management.Automation.PSObject
psprimitivedictionary System.Management.Automation.PSPrimitiveDictionary
psscriptmethod        System.Management.Automation.PSScriptMethod
psscriptproperty      System.Management.Automation.PSScriptProperty
psvariable            System.Management.Automation.PSVariable
psvariableproperty    System.Management.Automation.PSVariableProperty
ref                   System.Management.Automation.PSReference
regex                 System.Text.RegularExpressions.Regex
runspace              System.Management.Automation.Runspaces.Runspace
runspacefactory       System.Management.Automation.Runspaces.RunspaceFactory
sbyte                 System.SByte
scriptblock           System.Management.Automation.ScriptBlock
securestring          System.Security.SecureString
single                System.Single
string                System.String
switch                System.Management.Automation.SwitchParameter
timespan              System.TimeSpan
type                  System.Type
uint16                System.UInt16
uint32                System.UInt32
uint64                System.UInt64
uri                   System.Uri
version               System.Version
void                  System.Void
wmi                   System.Management.ManagementObject
wmiclass              System.Management.ManagementClass
wmisearcher           System.Management.ManagementObjectSearcher
xml                   System.Xml.XmlDocument
```

Profitipp

Wenn Sie mögen, könnten Sie übrigens auch eigene Type Accelerators in die Abkürzungsliste einfügen. Sind Sie es beispielsweise leid, auf die nützlichen `System.IO.Path`-Funktionalitäten über `[System.IO.Path]` oder zumindest `[IO.Path]` zuzugreifen, erfinden Sie eine neue Abkürzung:

```
PS> [PSObject].Assembly.GetType('System.Management.Automation.TypeAccelerators')::Add(
'Path',[System.IO.Path])


PS> [Path]::ChangeExtension($profile, '.bak')
C:\Users\Tobias\Documents\WindowsPowerShell\Microsoft.PowerShellISE_profile.bak
```

Ab sofort könnten Sie den Typ `[System.IO.Path]` auch unter `[Path]` erreichen – allerdings natürlich nur dort, wo es Ihre neue Abkürzung gibt. Ohne sie wäre Ihr Code nicht mehr lauffähig.

Typen nachladen

Wenn Sie damit beginnen, in Ihren Skripten .NET-Typen zu verwenden, sollten Sie parallel ein Verständnis dafür entwickeln, von wo der verwendete Typ eigentlich stammt und ob er automatisch geladen wird oder erst noch nachgeladen werden muss.

Da der ISE-Editor mehr Assemblies lädt als die Konsole, kann es nämlich sein, dass Sie in der ISE auf Typen zugreifen können, die in der Konsole noch gar nicht geladen sind. Ein Beispiel ist der Typ `Microsoft.Win32.OpenFileDialog`.

Assembly-Namen feststellen

Wenn Sie also mit Typen umgehen, lassen Sie sich mit der folgenden Zeile anzeigen, aus welcher Assembly dieser Typ eigentlich stammt:

```
PS> [Microsoft.Win32.OpenFileDialog].Assembly.FullName.Split(',')[0]
PresentationFramework

PS> [String].Assembly.FullName.Split(',')[0]
mscorlib

PS> [System.Diagnostics.Process].Assembly.FullName.Split(',')[0]
System
```

Die Assemblies `mscorlib` und `system` werden immer automatisch geladen, aber die Assembly `PresentationFramework` nur vom ISE-Editor. Diese Assembly ist für Fenster zuständig, und Fenster benötigt die PowerShell-Konsole normalerweise nicht.

Aktuell geladene Assemblies auflisten

Um nun festzustellen, ob eine Assembly automatisch von PowerShell geladen wird oder erst noch nachgeladen werden muss, öffnet man am besten eine frische PowerShell-Konsole ohne Profilskripte (nicht den ISE-Editor) und lässt sich dann mit der folgenden Zeile die automatisch geladenen Assemblies ausgeben:

```
Start-Process powershell.exe -ArgumentList '-noprofile -command [AppDomain]::CurrentDomain.
GetAssemblies().Fullname.Foreach{$_.Split('','')[0]} | Sort-Object | clip'
```

Listing 11.13: Namensliste der automatisch geladenen Assemblies für die PowerShell-Konsole erstellen

Die Liste der Standard-Assemblies, die von PowerShell immer geladen werden, befindet sich jetzt in der Zwischenablage und kann von dort zum Beispiel in einen Editor eingefügt werden. Alle Assemblies, die nicht in dieser Liste genannt sind, müssen stets nachgeladen werden.

Zusätzliche Assembly nachladen

Wird eine spezielle Assembly wie `PresentationFramework` benötigt, lädt man sie mit `Add-Type` nach. Sie sollten `Add-Type` im Zweifel großzügig einsetzen. Falls der Typ schon geladen war, bemerkt PowerShell das und lädt ihn kein zweites Mal. Die folgende Zeile lädt die Assembly `PresentationFramework` nach:

```
PS> Add-Type -AssemblyName PresentationFramework
```

Assembly aus Datei nachladen

Alle Assemblies des Betriebssystems befinden sich im sogenannten *Global Assembly Cache* (GAC) und können von dort aus über ihren Namen angesprochen werden. Liegt die Assembly hingegen als Datei an einem anderen Ort vor, geben Sie stattdessen den Pfadnamen zur Assembly-Datei an.

Auch Assemblies aus dem GAC werden schlussendlich über einen Pfadnamen geladen. Der GAC erspart Ihnen lediglich die Angabe des kompletten Pfadnamens.

```
PS> [Microsoft.Win32.OpenFileDialog].Assembly.Location
C:\WINDOWS\Microsoft.Net\assembly\GAC_MSIL\
PresentationFramework\v4.0_4.0.0.0__31bf3856ad364e35\PresentationFramework.dll

PS> $path = [Microsoft.Win32.OpenFileDialog].Assembly.Location
PS> Add-Type -Path $path
```

Kapitel 12

Mit Objekten arbeiten

In diesem Kapitel:

Ausführlich werden in diesem Kapitel die folgenden Aspekte erläutert:

- **Hinter Informationen stecken Objekte:** Informationen wie zum Beispiel die Ergebnisse von Befehlen werden in Form von Objekten geliefert. Für fast jede Art von Information – Zahlen, Texte, Dateien, Benutzerkonten usw. – gibt es Objekttypen, die ideal dafür geeignet sind, die jeweilige Art von Information zu speichern und darzustellen.
- **Eigenschaften und Methoden:** Ein Objekt enthält Eigenschaften (was das Objekt »ist«) und Methoden (was das Objekt »kann«). Sie werden gemeinsam als *Member* eines Objekts bezeichnet. `Get-Member` kann die Eigenschaften und Methoden eines Objekts anzeigen.
- **Punktschreibweise:** Gibt man hinter einer Variablen einen Punkt an, erhält man direkten Zugriff auf die Eigenschaften und Methoden des Objekts, das in der Variablen gespeichert ist. Enthält die Variable ein Array mit vielen Objekten, können ab PowerShell 3.0 auch die Eigenschaften und Methoden der Einzelobjekte im Array angesprochen werden. Das nennt man *Automatic Unrolling*.
- **Änderbare Eigenschaften:** Manche Eigenschaften eines Objekts sind änderbar, andere nicht. `Get-Member` verrät, welche Eigenschaften geändert werden können.

Auf den ersten oberflächlichen Blick erscheint PowerShell wie eine textbasierte Befehlskonsole: Sie geben einen Befehl ein, und in der Konsole erscheinen die Ergebnisse als Text. Fertig.

Inzwischen wissen Sie aber, dass die Konsole der PowerShell lediglich eine Art Vorschaufenster darstellt, in dem die Objekte (oder bestimmte Teile davon) näherungsweise als Text dargestellt werden. Tatsächlich bestehen diese Objekte aber meist aus sehr viel mehr Informationen, als in der Konsole sichtbar, und zusätzlich zu den Informationen bieten Objekte praktische Servicebefehle, mit denen Sie die im Objekt gespeicherten Informationen bearbeiten und abrufen.

In diesem Kapitel konzentrieren wir uns auf die wahre Objektnatur von Befehlsergebnissen, und Sie werden schnell erkennen, wie wertvoll dieses neue Grundwissen zu Objekten im Skriptalltag ist.

Objekte kennenlernen

Objekte sind im Gegensatz zu Text strukturiert, und die einzelnen darin enthaltenen Informationen lassen sich gezielt mit Namen ansprechen.

Schauen Sie sich zum Beispiel an, was geschieht, wenn Sie das Ergebnis von `Get-Date` in die Konsole ausgeben:

```
PS> Get-Date

Montag, 14. Dezember 2020 15:03:53
```

Es wirkt so, als würde `Get-Date` einen simplen Text mit dem aktuellen Datum zurückgeben. Das Datum erscheint auf einem deutschen System sogar in Deutsch. Toll.

Was allerdings ist zu tun, wenn Sie für Ihre Aufgabe den Wochentag benötigen? Oder nur den Namen des Wochentags? Und wie verhält sich Ihr Skript, wenn es später anderswo auf einem nicht deutschen System ausgeführt wird?

Wäre PowerShell eine textbasierte Shell, müssten Sie die einzelnen Informationen mühselig – zum Beispiel mithilfe von komplizierten regulären Ausdrücken – aus dem Text herausfischen. Das haben Sie bereits in Kapitel 9 kennengelernt, und es war ein nur begrenzter Spaß. Ihr Skript würde außerdem spätestens dann nicht mehr richtig funktionieren, wenn das Datum auf einem anderssprachigen System in einem womöglich völlig anderen Format ausgegeben würde.

Schon am Anfang dieses Buchs haben Sie das »Türchen-Konzept« der PowerShell kennengelernt (siehe Abbildung 12.1). Solange Sie die »Türchen« 1 oder 2 verwenden und also das Ergebnis eines Befehls nicht direkt in die Konsole ausgeben, bleibt die Information objektorientiert. Solange die Information ein Objekt bleibt, lassen sich alle eben skizzierten Probleme sehr einfach lösen.

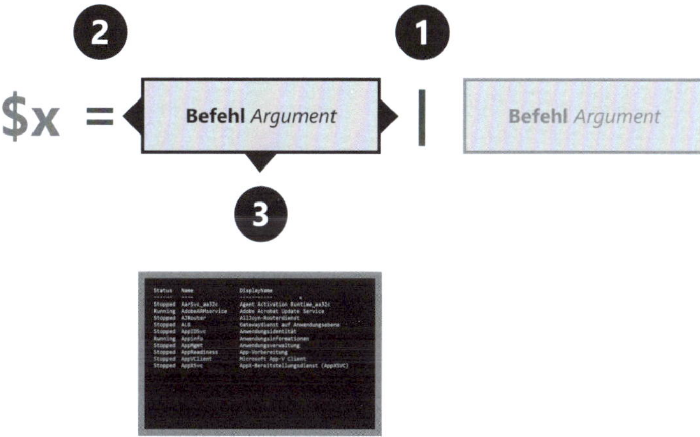

Abbildung 12.1: Das »Türchen-Konzept« der PowerShell

Objekte funktionieren wie beschriftete Schubladen

Geben Sie das Ergebnis von `Get-Date` über »Türchen 1« an `Out-GridView` weiter, offenbart sich dessen Struktur:

```
Get-Date | Out-GridView
```

Listing 12.1: Datumsinformation als objektorientierte Struktur sichtbar machen

Plötzlich zeigt sich, dass die Datumsinformation, die `Get-Date` geliefert hat, in Wahrheit die Einzelinformationen in klar benannten Eigenschaften speichert (siehe Abbildung 12.2), beinahe wie Schubladen in einer Kommode.

Alles, was Sie in diesem Objekt finden, wird immer und verlässlich in dieser Form zurückgeliefert. Hier drohen also keine Sprachüberraschungen, ganz gleich, welche Sprache Ihr Betriebssystem spricht. Der Wochentag zum Beispiel wird immer in der Eigenschaft `DayOfWeek` – und immer in Englisch – zurückgemeldet.

Get-Date | Out-GridView

Filter

Add criteria

DisplayHint	Date	Day	DayOfWeek	DayOfYear	Hour	Kind	Millisecond	Minute	Month	Second	Ticks	TimeOfD
DateTime	14.12.2020 00:00:00	14	Monday	349	15	Local	659	10	12	3	637.435.554.036.597.829	15:10:03

Abbildung 12.2: PowerShell-Befehle liefern strukturierte Informationen.

Speichern Sie das Ergebnis mit »Türchen 2« in einer Variablen, wird auch hier das strukturierte Objekt hinterlegt. Mit dem Punktoperator (.) können Sie dann auf die gewünschte Einzelinformation zurückgreifen. Um den Wochentag (stets in Englisch) zu erfahren, genügt also dieser Code:

```
PS> $datum = Get-Date
PS> $datum.DayOfWeek
Monday
```

Oder noch kürzer:

```
PS> (Get-Date).DayOfWeek
Monday
```

Man kann sich den Punkt in der objektorientierten Welt quasi wie den Backslash (\) in einem Pfadnamen vorstellen: Bei einem Dateipfad beginnt die Reise auf oberster Ebene, dem Laufwerk, und führt dann über den Backslash und die Unterordner bis zur gewünschten Datei, beinahe wie eine Wegbeschreibung. Genauso funktioniert das auch bei Objektpfaden, nur dass hier ein Punkt anstelle eines Backslashs die einzelnen Ebenen abgrenzt.

Tipp

In spezialisierten PowerShell-Editoren wie der ISE oder VSCode öffnet sich nach Eingabe des Punkts ein IntelliSense-Menü und zeigt Ihnen alle verfügbaren Eigenschaften.

Öffnet sich das IntelliSense-Menü nicht von allein oder haben Sie es versehentlich geschlossen, drücken Sie `Strg`+`Leertaste`, um es erneut zu öffnen.

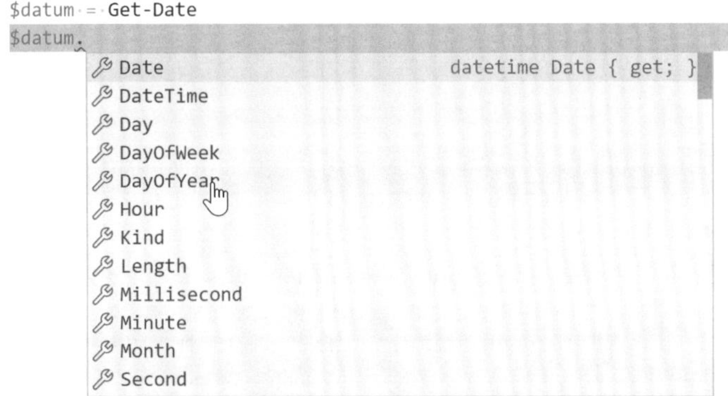

Abbildung 12.3: PowerShell-Editoren zeigen die Objekteigenschaften per IntelliSense-Menü an.

Halten wir fest: Erst wenn Objekte in die PowerShell-Konsole ausgegeben werden, geht ihre Struktur verloren, und sie werden zu unstrukturiertem Text reduziert. Anschließend ist es kaum noch möglich, ohne großen Aufwand an Teilinformationen heranzukommen.

In einer Variablen ist das Objekt dagegen mit all seinen Eigenschaften sicher. Sie könnten die Information zum Beispiel von der Variablen über »Türchen 1« verlustfrei an `Select-Object` senden, um gezielt einige seiner Eigenschaften anzuzeigen:

```
PS> $datum | Select-Object -Property DayOfWeek, Day, Year

DayOfWeek Day Year
--------- --- ----
   Monday  14 2020
```

Wollen Sie alle Eigenschaften sichtbar machen, verwenden Sie stattdessen das Platzhalterzeichen *:

```
PS> $datum | Select-Object -Property *

DisplayHint : DateTime
DateTime    : Montag, 14. Dezember 2020 15:16:18
Date        : 14.12.2020 00:00:00
Day         : 14
DayOfWeek   : Monday
DayOfYear   : 349
Hour        : 15
Kind        : Local
Millisecond : 779
Minute      : 16
Month       : 12
Second      : 18
Ticks       : 637435557787794698
TimeOfDay   : 15:16:18.7794698
Year        : 2020
```

Profitipp

Benötigen Sie dagegen die technischen Informationen zu den Eigenschaften eines Objekts, senden Sie es zu `Get-Member` und fragen nach allen Membern, die auf »Property« (engl. für Eigenschaft) enden:

```
PS> $datum | Get-Member -MemberType *Property

   TypeName: System.DateTime

Name        MemberType     Definition
----        ----------     ----------
DisplayHint NoteProperty   DisplayHintType DisplayHint=DateTime
Date        Property       datetime Date {get;}
Day         Property       int Day {get;}
DayOfWeek   Property       System.DayOfWeek DayOfWeek {get;}
DayOfYear   Property       int DayOfYear {get;}
Hour        Property       int Hour {get;}
Kind        Property       System.DateTimeKind Kind {get;}
Millisecond Property       int Millisecond {get;}
Minute      Property       int Minute {get;}
Month       Property       int Month {get;}
Second      Property       int Second {get;}
Ticks       Property       long Ticks {get;}
TimeOfDay   Property       timespan TimeOfDay {get;}
Year        Property       int Year {get;}
DateTime    ScriptProperty System.Object DateTime {get=if ((& { ...
```

`Get-Member` liefert Ihnen im Grunde dieselbe Information wie die IntelliSense-Menüs des PowerShell-Editors (siehe Abbildung 12.3), jedoch klappt sie jetzt nicht nach ein paar Sekunden wieder zu. Stattdessen könnten Sie die Informationen hier sogar an `Out-Printer` weiterleiten, wenn Sie sie ausdrucken und als Spickzettel verwenden möchten:

```
PS> $datum | Get-Member -MemberType *Property | Out-Printer
```

Sie erfahren darin oben hinter `TypeName`, dass Datums- und Zeitinformationen bei PowerShell grundsätzlich in Objekten vom Typ `System.DateTime` gespeichert werden. Begegnen Ihnen künftig anderswo Datums- und Zeitinformationen, sind sie immer so aufgebaut wie das Objekt, das Sie gerade untersuchen, und stellen die Datums- und Zeitinformationen immer in den hier aufgelisteten Eigenschaften bereit.

Sie können nun auch einzelne Eigenschaften des DateTime-Objekts genauer untersuchen und stellen zum Beispiel fest, dass die Eigenschaft DayOfWeek nicht etwa einen Text zurückliefert, sondern wiederum ein spezialisiertes Objekt vom Typ System.DayOfWeek (oder kurz DayOfWeek).

Objekte vom Typ DayOfWeek sind speziell für Wochentage geschaffen worden und können ausschließlich einen von sieben Wochentagen repräsentieren:

```
PS> [Enum]::GetNames([System.DayOfWeek])
Sunday
Monday
Tuesday
Wednesday
Thursday
Friday
Saturday
```

Anders gesagt: In der objektorientierten Welt herrscht im Gegensatz zur textbasierten Welt kein Wildwuchs. Für beinahe alles gibt es maßgeschneiderte Objekte, die immer verlässlich nach gleichem Schema aufgebaut sind und nur die jeweils bestimmungsgemäßen Informationen enthalten können. Zwei Objekttypen haben Sie gerade eben kennengelernt: [DateTime] speichert Datum und Zeit, und [DayOfWeek] speichert (englischsprachige) Wochentagsnamen.

Typisierte Variablen

Das könnten Sie sich sofort zunutze machen: Wenn Sie nämlich vor eine Variable einen Typ schreiben, legen Sie die Variable auf diesen Typ fest und können fortan nichts anderes mehr darin speichern. Typen werden bei PowerShell immer in eckige Klammern gefasst:

```
PS> [DayOfWeek]$Wochentag = 'Monday'
PS> $Wochentag = 'Friday'
PS> $Wochentag = 'Feiertag'
MetadataError: Cannot convert value "Feiertag" to type "System.DayOfWeek". Error: "Unable to match
the identifier name Feiertag to a valid enumerator name. Specify one of the following enumerator
names and try again: Sunday, Monday, Tuesday, Wednesday, Thursday, Friday, Saturday"
```

Tun Sie es dennoch, beschwert sich PowerShell und verrät, welche Werte erlaubt gewesen wären. Auf diese Weise kann man robusteren Skriptcode schreiben, bei dem sofort auffällt, wenn einer Variablen ein unerwarteter Wert zugewiesen wird. Genau dieses Prinzip hatten Sie bereits im letzten Kapitel bei der impliziten Konversion gesehen: Variablen, die Sie auf einen bestimmten Typ festlegen, akzeptieren fortan nur noch passende Informationen und bieten damit zusätzliche Sicherheit: Wird einer solchen Variablen irrtümlich doch einmal eine unpassende Information zugewiesen, schlägt PowerShell mit einer Fehlermeldung Alarm.

Objekteigenschaften erforschen

Dass es sich wirklich lohnt, ein Verständnis für Objekte aufzubauen, soll ein kurzes Beispiel zeigen:

Wollen Sie zum Beispiel wissen, wann Ihr Betriebssystem zum letzten Mal neu gestartet wurde, liefert Get-ComputerInfo diese Information in der Eigenschaft OsLastBootupTime. Der Inhalt ist wieder vom Typ DateTime, und Sie könnten auch hier dieselben Eigenschaften verwenden wie eben:

```
PS> $info = Get-ComputerInfo
PS> $info.OsLastBootUpTime

Donnerstag, 10. Dezember 2020 17:22:57

PS> $info.OsLastBootUpTime.DayOfWeek
Thursday
PS> $info.OsLastBootUpTime.Ticks
637432177775330390
```

Die Eigenschaft `Ticks` gibt zum Beispiel – in Einheiten von 100 Nanosekunden gemessen – die Zeitspanne an, die seit dem 1.1.1601 vergangen ist. Das klingt skurril, kann Ihnen aber dabei helfen, herauszufinden, seit wie vielen Tagen Ihr Computer bereits läuft. Schauen Sie mal, ob Sie den folgenden Code verstehen können:

```
PS> $ticksJetzt = (Get-Date).Ticks
PS> $ticksBoot = $info.OsLastBootUpTime.Ticks
PS> $differenz = $ticksJetzt - $ticksBoot
PS> $differenz
3409795437829
```

Weil jedes `DateTime`-Objekt `Ticks` kennt, können Sie die Ticks des Bootzeitpunkts von den Ticks der aktuellen Zeit abziehen und wissen nun, dass seit dem Hochfahren Ihres Rechners 3409795437829 Ticks verstrichen sind.

Zeitdifferenzen werden bei PowerShell mit Objekten vom Typ `TimeSpan` (engl. für Zeitspanne) repräsentiert, sodass Sie die berechnete Zeitdifferenz in Ticks einfach in diesen Typ umwandeln können:

```
PS> [Timespan]$differenz

Days              : 3
Hours             : 22
Minutes           : 42
Seconds           : 59
Milliseconds      : 543
Ticks             : 3409795437829
TotalDays         : 3,94652249748727
TotalHours        : 94,7165399396944
TotalMinutes      : 5682,99239638167
TotalSeconds      : 340979,5437829
TotalMilliseconds : 340979543,7829


PS> $differenz = [Timespan]$differenz
PS> 'Ihr Computer läuft seit {0:n1} Tagen' -f $differenz.TotalDays
Ihr Computer läuft seit 3,9 Tagen
```

Allerdings geht es sogar noch einfacher, denn PowerShell kann auch Datumsinformationen vom Typ `DateTime` direkt voneinander abziehen, sodass Ihnen der folgende Einzeiler die Laufzeit Ihres Betriebssystems in (gerundeten, weil in den Datentyp `[int]` konvertiert) Minuten liefert:

```
[int]((Get-Date) - (Get-ComputerInfo).OsLastBootUpTime).TotalMinutes
```

Listing 12.2: Laufzeit des Betriebssystems in Minuten ermitteln

Leider benötigt `Get-ComputerInfo` eine beträchtliche Zeit, die Information auszulesen, weil es neben dem Bootzeitpunkt noch viele weitere Informationen abruft. Später werden Sie schnellere Lösungen sehen, doch an dieser Stelle kommt es einstweilen nur darauf an, dass Sie den Nutzen von Objekten und Datentypen sehen: Man kann gezielt auf Teilinformationen zugreifen und direkt mit passenden Datentypen rechnen, also auch Datums- und Zeitinformationen voneinander abziehen.

Eigenschaften lesen

Schauen wir uns den Unterschied zwischen der text- und der objektorientierten Welt an weiteren Beispielen an. Wenn Sie die Variable `$host` ausgeben, erfahren Sie allerhand Wissenswertes über Ihre aktuelle PowerShell-Umgebung, unter anderem ihre Version.

```
PS> $host

Name             : ConsoleHost
Version          : 7.1.0
InstanceId       : ed2135c0-0744-4d39-92bd-9a4cbae3e8b4
UI               : System.Management.Automation.Internal.Host.InternalHostUserInterface
CurrentCulture   : de-DE
CurrentUICulture : de-DE
PrivateData      : Microsoft.PowerShell.ConsoleHost+ConsoleColorProxy
DebuggerEnabled  : True
IsRunspacePushed : False
Runspace         : System.Management.Automation.Runspaces.LocalRunspace
```

In der Konsole sehen Sie die auf Text reduzierten Informationen. Wenn Sie dagegen die entsprechende »Schublade« aufziehen und die darin eingesperrte Information »befreien«, kann sie sich entfalten und zeigt immer neue Informationen. Hier einige Beispiele sowie Varianten dazu, wie die Informationen mithilfe des Operators `-f` in Text ausgegeben werden (mehr zu diesem Operator in Kapitel 9).

```
PS> $host.Version

Major  Minor  Build  Revision
-----  -----  -----  --------
7      1      0      -1

PS> $host.Version.Major
7

PS> 'Ihre PowerShell-Version: {0}.{1}' -f $host.Version.Major, $host.Version.Minor
Ihre PowerShell-Version: 7.1

PS> $host.CurrentUICulture

LCID             Name             DisplayName
----             ----             -----------
1031             de-DE            Deutsch (Deutschland)

PS> $host.CurrentUICulture.DisplayName
Deutsch (Deutschland)

PS> 'Ihre Anzeigesprache {0} entspricht LCID 0x{1:x4} ({1})' -f
$host.CurrentUICulture.DisplayName, $host.CurrentCulture.LCID
Ihre Anzeigesprache Deutsch (Deutschland) entspricht LCID 0x0407 (1031)
```

Objekte bieten also die Möglichkeit, Informationen aufzubewahren. Jedes Objekt stammt von einem bestimmten Typ ab. Und für beinahe jede Informationsart gibt es den passenden Typ, der darauf spezialisiert ist und die notwendigen »Schubladen« (Eigenschaften) bereitstellt:

```
PS> [DateTime]'12. September 2020'

Samstag, 12. September 2020 00:00:00

PS> [Version]'12.1.33.1'

Major  Minor  Build  Revision
-----  -----  -----  --------
12     1      33     1

PS> [Net.Mail.MailAddress]'Tobias<tobias@powershell.one>'

DisplayName User   Host           Address
----------- ----   ----           -------
Tobias      tobias powershell.one tobias@powershell.one

PS> [int]99.8
100
PS> [string]'irgendein text'
irgendein text
PS> [bool]0
False
PS> [bool]1
True
```

Mit etwas Kreativität und Kombinationsgabe kann man allein durch die Wahl der passenden Objekte viel erreichen. Falls Sie zum Beispiel herausfinden wollen, ob Sie ein Sonntagskind sind oder auf welchen Wochentag Heiligabend fällt, enträtseln Sie doch einmal den folgenden Code:

```
PS> ([DateTime]'1968-03-18').DayOfWeek
Monday
PS> ([DateTime]'2021-12-24').DayOfWeek
Friday
```

Profitipp

Ganz so trivial waren die letzten beiden Beispiele übrigens nicht. Hier wurde Text in den Datentyp `DateTime` umgewandelt, und das kann kräftig schiefgehen, auch in Produktionsskripten. Bei der Umwandlung von Text in `DateTime` spielen nämlich wieder einmal die Spracheinstellungen des Betriebssystems eine Rolle.

Auf Nummer sicher gehen Sie indes, wenn Sie Datum und Zeit stets im kulturneutralen ISO-Format angeben, so wie im Beispiel eben. Es ist leicht zu merken, denn es geht stets vom Allgemeinen zum Speziellen, beginnt also beim Jahr und endet beim Tag. Wer mag, kann auch die Uhrzeit im 24-Stunden-Format mitdefinieren:

```
PS> [DateTime]'2021-10-12 19:22:11'

Dienstag, 12. Oktober 2021 19:22:11
```

Eigenschaften ändern

Eigenschaften beschreiben ein Objekt, und hier gilt ein Ehrengesetz: Wenn ein Objekt etwas repräsentiert, zum Beispiel eine Datei oder einen Prozess, dann muss eine Eigenschaft eines Objekts das, was es beschreibt, zwingend wahrheitsgemäß beschreiben. Anders gesagt: Wenn Sie in einem Objekt, das eine Datei repräsentiert, die Größenangabe ändern, müsste die Datei in der echten Welt daraufhin tatsächlich größer oder kleiner werden.

```
PS> $datei = Get-Item -Path C:\windows\notepad.exe
PS> $datei.Length
202240

PS> # ändern geht nicht
PS> $datei.Length = 10MB
InvalidOperation: 'Length' is a ReadOnly property.
```

Das tut sie natürlich nicht, und deshalb ist es bei den meisten Eigenschaften verboten, sie zu ändern. Man kann sie nur lesen.

Manche Eigenschaften lassen sich indes sehr wohl ändern und ändern damit auch die »Wirklichkeit«. Lassen Sie uns zu Testzwecken dafür eine Testdatei anlegen und auf sie zugreifen:

```
"testinhalt" | Out-File -FilePath $env:temp\testdatei.txt
$datei = Get-Item -Path $env:temp\testdatei.txt
```

Listing 12.3: Testdatei anlegen

`Get-Item` greift auf die Datei zu und liefert ein Objekt vom Typ `System.IO.FileInfo`. Wieder begegnet Ihnen ein neuer wichtiger Objekttyp: `[IO.FileInfo]` repräsentiert bei PowerShell grundsätzlich Dateien.

```
PS> $datei | Get-Member -MemberType *Property

   TypeName: System.IO.FileInfo

Name                     MemberType     Definition
----                     ----------     ----------
LinkType                 CodeProperty   System.String LinkType{get=GetLinkType;}
Mode                     CodeProperty   System.String Mode{get=Mode;}
ModeWithoutHardLink      CodeProperty   System.String
ModeWithoutHardLink{get=ModeWithoutHardLink;}
Target                   CodeProperty   System.String Target{get=GetTarget;}
(...)
```

Die Spalte `Definition` liefert Details zu den Eigenschaften, und wenn dahinter `get;` steht, dürfen Sie diese Eigenschaft lesen. Steht dort auch `set;`, kann man der Eigenschaft sogar auch neue Werte zuweisen:

```
PS> $datei | Get-Member -MemberType *Property | Where-Object Definition -like '*set;*'

   TypeName: System.IO.FileInfo

Name              MemberType Definition
----              ---------- ----------
Attributes        Property   System.IO.FileAttributes Attributes {get;set;}
CreationTime      Property   datetime CreationTime {get;set;}
CreationTimeUtc   Property   datetime CreationTimeUtc {get;set;}
IsReadOnly        Property   bool IsReadOnly {get;set;}
```

```
LastAccessTime    Property   datetime LastAccessTime {get;set;}
LastAccessTimeUtc Property   datetime LastAccessTimeUtc {get;set;}
LastWriteTime     Property   datetime LastWriteTime {get;set;}
LastWriteTimeUtc  Property   datetime LastWriteTimeUtc {get;set;}
```

Alle diese Eigenschaften dürfen bei Dateien also geändert werden, und das funktioniert tatsächlich: Lassen Sie uns die `CreationTime` der Testdatei auf das Datum »18. April 1766« um »20:12 Uhr« einstellen und die Datei mit einem Schreibschutz versehen:

```
PS> $datei.CreationTime = '1766-04-18 20:12'
PS> $datei.IsReadOnly = $true
```

Es klappt: Die Zuweisung neuer Werte an eine Eigenschaft funktioniert genauso wie die Zuweisung neuer Werte an eine Variable. Tatsächlich sind Eigenschaften technisch gesehen im Grunde Variablen. Nur werden diese Variablen nicht von PowerShell verwaltet, sondern vom jeweiligen Objekt.

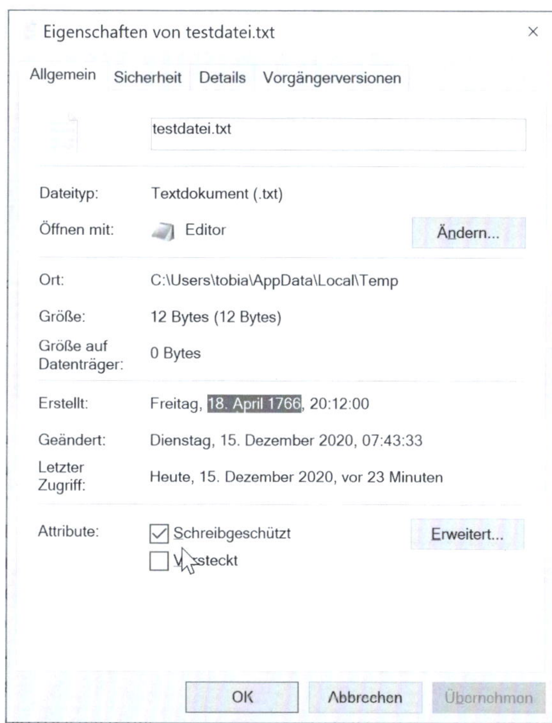

Abbildung 12.4: Erstelldatum und Schreibschutz von Dateien mit PowerShell ändern

Und weil sich die Eigenschaften ändern ließen, muss sich nun auch das repräsentierte Objekt – die Datei – verändert haben. Tatsächlich zeigt der Explorer das veränderte Datum an, und die Datei ist wirklich mit einem Schreibschutz versehen worden (siehe Abbildung 12.4).

Wenn Sie das selbst nachprüfen wollen, lassen Sie sich die Datei im Explorer anzeigen, klicken mit der rechten Maustaste auf die Datei und wählen im Kontextmenü *Eigenschaften*:

```
PS> explorer /select,$env:temp\testdatei.txt
```

Methoden verwenden

Objekte enthalten nicht nur Informationen (die das Objekt beschreiben und deshalb *Eigenschaften* oder *Properties* heißen), sie können auch Befehle enthalten, die irgendetwas mit dem Objekt anstellen.

Solche Befehle nennt man *Methoden*, und die Methoden von String-Objekten standen in Kapitel 9 bereits im Rampenlicht. Erinnern Sie sich?

```
PS> "Hallo Welt!".ToUpper()
HALLO WELT!
PS> "55".PadLeft(8, '0')
00000055
```

Wenn Sie Objekte in die PowerShell-Konsole ausgeben, werden stets nur die Eigenschaften angezeigt. Die Methoden bleiben unsichtbar, daher übersehen viele Einsteiger sie zunächst. Sie sind aber da und werden in PowerShell-Editoren auch in den IntelliSense-Menüs angezeigt. Sie müssen das Menü höchstens ein Stück weit nach unten scrollen.

Eigenschaften und Methoden sind in diesem Menü mit unterschiedlichen Symbolen markiert. Abbildung 12.5 zeigt zum Beispiel das IntelliSense-Menü für ein Objekt vom Typ `DateTime` mit einer Reihe von Methoden.

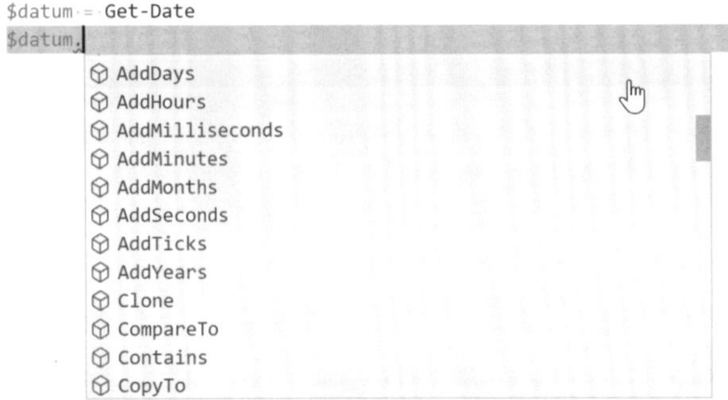

Abbildung 12.5: Objekte enthalten neben den Eigenschaften auch Befehle (Methoden).

Eine davon heißt `AddHours()`, und mit ihr kann man dem Datum im Objekt stundenweise Zeit hinzufügen oder davon abziehen. Die »Bedienungsanleitung« einer Methode erhalten Sie, wenn Sie die Methode ohne die Klammern aufrufen:

```
PS> (Get-Date).AddHours

OverloadDefinitions
-------------------
datetime AddHours(double value)
```

Profitipp

Die Beschreibung der Methode findet sich in der Spalte `OverloadDefinitions`. Dort können durchaus auch mehrere Beschreibungen stehen:

```
PS> '66'.PadLeft
```

```
OverloadDefinitions
-------------------
string PadLeft(int totalWidth)
string PadLeft(int totalWidth, char paddingChar)
```

Dann lässt sich die Methode auf mehrere Arten aufrufen, und die Anzahl und die Art der übergebenen Argumente unterscheiden diese Aufrufe.

`PadLeft()` kann also entweder links Leerzeichen anfügen, bis ein Text die gewünschte Breite aufweist, oder anstelle des Leerzeichens ein von Ihnen bestimmtes Zeichen zum Auffüllen verwenden. So lassen sich zum Beispiel Zahlen mit führenden Nullen herstellen, beispielsweise für Servernamen oder Testdateien:

```
PS> '66'.PadLeft(10)
        66
PS> '66'.PadLeft(10,'.')
........66
PS> '66'.PadLeft(10,'0')
0000000066
```

Hier erfahren Sie, dass `AddHours()` von Ihnen die Zahl der Stunden erwartet (Datentyp `Double`, eine Zahl mit Nachkommastellen ist also auch erlaubt):

```
# Eineinhalb Stunden in die Zukunft gehen:
(Get-Date).AddHours(1.5)
```

Falls Sie künftig wissen wollen, welcher Wochentag vor 28 Stunden war, kann Ihnen jetzt geholfen werden:

```
PS> (Get-Date).AddHours(-28)

Sonntag, 13. Dezember 2020 12:44:31

PS> (Get-Date).AddHours(-28).DayOfWeek
Sunday
```

Und sollten Sie sich vorhin schon gefragt haben, wie man den Wochentag Ihres Geburtstags auch in Deutsch ausgeben kann:

```
PS> Get-Date -Date '1968-03-18' -Format dddd
Montag
```

Oder mit reinen Objektmitteln ganz ohne Cmdlets:

```
PS> ([DateTime]'1968-03-18').ToString('dddd')
Montag
```

Die in Objekte eingebauten Methoden funktionieren in etwa wie der Lastenkran am Tieflader: Es sind Werkzeuge, die Ihnen helfen sollen, mit den Informationen zu arbeiten, die im Objekt gerade gespeichert sind. Und genau so hat das in Kapitel 9 ja tatsächlich mit String-Objekten funktioniert. Die Methoden wirkten sich stets auf den Text aus, der im Objekt gespeichert war.

Dank `AddHours()` könnten Sie zum Beispiel nun sehr bequem alle Fehler und Warnungen aus dem `System`-Ereignislogbuch auswerfen lassen, die in den letzten 48 Stunden vorgekommen sind:

```
Get-WinEvent -FilterHashtable @{
    LogName = 'System'
    StartTime = (Get-Date).AddHours(-48)
    Level = 0,1,2
}
```

Listing 12.4: Alle Fehler und Warnungen der letzten 48 Stunden aus dem System-Ereignislog auslesen

---

Tipp

`Get-WinEvent` ist ein etwas sonderbares Cmdlet: Es empfängt die Argumente nicht über Parameter, sondern fordert eine Hashtable an. Darin sind die Suchkriterien hinterlegt. `Level` legt fest, um was für einen Logbucheintrag es sich handeln soll. Je höher die Zahl, desto harmloser ist der Eintrag. 0 steht für kritische Ereignisse, 1 für Fehler und 2 für Warnungen.

Falls der Befehl keine Daten liefert, sondern eine Fehlermeldung, sollten Sie diese lesen, bevor Sie zu fluchen beginnen. Möglicherweise waren im angegebenen Zeitraum schlicht keine Fehler und Warnungen im Logbuch zu finden gewesen. Entweder vergrößern Sie dann das Zeitfenster, indem Sie ein paar mehr Stunden vom aktuellen Datum abziehen, oder Sie fügen weitere Levels hinzu. Spätestens wenn Sie mit `Level = 0,1,2,3,4` auch harmlose Informationsmeldungen ausgeben, sollten die Ergebnisse sprudeln.

Wenn Sie Listing 12.4 ausprobieren, werden Sie übrigens wieder einmal das Problem des »Türchen-Konzepts« der PowerShell (siehe Abbildung 12.1) erleben: Weil `Get-WinEvent` die Daten in die Konsole ausgibt, werden sie dort zu Text, und wenn der Platz nicht ausreicht, schneidet die Konsole brutal Informationen ab.

Die Lösung kennen Sie inzwischen: Leiten Sie die Ergebnisse über die Pipeline (»Türchen 1«) zum Beispiel an `Out-GridView` oder – falls dieser Befehl bei Ihnen fehlt (weil Sie nicht Windows verwenden) – an `Select-Object -Property *`:

```
Get-WinEvent -FilterHashtable @{
    LogName = 'System'
    StartTime = (Get-Date).AddHours(-48)
    Level = 0,1,2
} | Out-GridView
```

In Wirklichkeit ist PowerShell also eine Welt voller Objekte, und alles, was Befehle und Cmdlets liefern, sind ebenfalls Objekte, mit denen man sehr viel mehr machen kann als mit reinem Text. PowerShell beinhaltet demnach zwei Welten: einerseits die simple textbasierte Welt, die der Einsteiger sieht, und andererseits die dahinter tatsächlich verborgene objektorientierte Welt.

In diesem Kapitel werden Sie wie der Protagonist Neo im Science-Fiction-Klassiker »Matrix« die rote Pille schlucken: Sie verlassen die vertraute und simple textbasierte (aber in Wahrheit nur simulierte) Welt und betreten die komplexere mehrdimensionale (aber mächtige) reale Welt der Objekte.

Schauen wir uns die Mechanismen, die Sie gerade kennengelernt haben, nun etwas systematischer an.

Zusammenfassende Systematik

In einem klassischen IT-Kurs würde man Sie im Zusammenhang mit Objekten relativ schnell mit diesen Fachbegriffen malträtieren: *Objekt*, *Instanz*, *Klasse*, *Typ* sowie *Member (Mitglied)*, *Eigenschaft* (*Property*) und *Methode*. Tatsächlich sind diese Begriffe nicht ganz unwichtig, aber beschreiben eigentlich ganz einfache Dinge:

- **Klasse, Typ:** Die »Sorte« eines Objekts, zum Beispiel *Dateien*, *Prozesse*, *Dienste* oder auch *Ganze Zahlen*, *Dezimalzahlen*, *Texte*. Für alles, was Sie speichern oder repräsentieren wollen, gibt es einen passenden Typ.
- **Objekt, Instanz:** Ein reales Objekt einer bestimmten »Sorte« – etwa einer von mehreren laufenden Prozessen oder eine bestimmte Datei oder ein Text in Anführungszeichen.
- **Eigenschaft (Property):** Was etwas »ist« (unverwechselbare Merkmale, Information), also zum Beispiel der Name und das Erstelldatum einer Datei oder die Prozess-ID und der Name eines Prozesses oder die Länge eines Texts.
- **Methode:** Was etwas »kann« (Fähigkeiten, Befehle), zum Beispiel der Befehl `AddHours()` bei einem Datum, mit dem man stundenweise Zeit hinzufügen oder entfernen kann, oder der Befehl `ToUpper()` eines Texts, der den Text in Großbuchstaben wandelt.
- **Member:** Sammelbegriff für alle Eigenschaften und Methoden.

In »schlau« könnte man damit also formulieren: Ein laufender Prozess ist ein *Objekt* des *Typs* `System.Diagnostics.Process`. Oder: Ein laufender Prozess ist eine *Instanz* der *Klasse* `System.Diagnostics.Process`.

Eigenschaften

Wodurch unterscheidet sich ein beliebiger Prozess von allen übrigen Prozessen? Durch seine *Eigenschaften* – etwa durch seine eindeutige Prozess-ID, seinen Namen und auch die CPU-Belastung, die er verursacht hat. Solche Eigenschaften eines Objekts werden von PowerShell typischerweise angezeigt, wenn Sie den Prozess in die Konsole ausgeben, und können mit `Select-Object` auch ausgewählt werden.

`Get-Process` liefert zum Beispiel alle gerade laufenden Prozesse. Sie alle sind von derselben »Sorte« (vom selben *Typ* oder derselben *Klasse*). Deswegen zeigt PowerShell alle in einer gemeinsamen Tabelle an. Die Spaltenüberschriften zeigen die verschiedenen Eigenschaften dieser Prozesse. Sie sehen also auf einen Blick, worin sich die Prozesse voneinander unterscheiden:

```
PS> Get-Process

Handles  NPM(K)    PM(K)      WS(K) VM(M)   CPU(s)     Id  SI ProcessName
-------  ------    -----      ----- -----   ------     --  -- -----------
    241      30    82664      68156   347    28,11    872   1 Adobe CEF Helper
    235      21    56708      27752   308     7,33   6584   1 Adobe CEF Helper
  26121      44    40860      59540   273   209,45   6344   1 Adobe Desktop Service
    210      16     4388       4352   102    90,13   6832   1 AdobeIPCBroker
    194      12     2492       7804    73            2520   0 AGSService
    246      20     3852       7228   120            2612   0 AppleMobileDeviceService
    553      26    18976      34688 ...11     2,38  20868   1 ApplicationFrameHost
    111       8     1196        892    54            2464   0 armsvc
    326      16     3264      16924 ...60     0,41  30876   1 browser_broker
    142      10     1700       1260    74            2500   0 BtwRSupportService
     35       3      428        264    11     0,03   8012   1 CCLibrary
```

Jede Zeile der Tabelle entspricht einem anderen Prozess, und genau genommen repräsentiert jede Zeile ein echtes »lebendiges« `Process`-Objekt. Erst bei der Ausgabe dieser Informationen in die Konsole reduziert PowerShell die Objekte zu reinen Textzeilen.

Weil in der Konsole nur relativ wenig Platz zur Verfügung steht, entscheidet PowerShell, welche Eigenschaften der Prozesse Ihnen angezeigt werden.

Mit `Select-Object` entscheiden Sie selbst, welche Eigenschaften sichtbar sein sollen. Beauftragen Sie `Select-Object` mit dem Parameter `-Property *` damit, alle Eigenschaften anzuzeigen, präsentiert sich die detailreiche Objektnatur. Es werden jetzt sehr viel mehr Informationen pro Prozess geliefert als vorher, und weil das ziemlich viele sein können, wird im folgenden Beispiel mit `-First 1` nur das erste gelieferte Prozessobjekt sichtbar gemacht:

```
PS> Get-Process | Select-Object -Property * -First 1

__NounName                 : Process
Name                       : notepad
Handles                    : 64
VM                         : 75407360
WS                         : 397312
PM                         : 2027520
NPM                        : 7320
Path                       : C:\Windows\system32\notepad.exe
Company                    : Microsoft Corporation
CPU                        : 0,0936006
FileVersion                : 6.1.7601.17514 (win7sp1_rtm.101119-1850)
ProductVersion             : 6.1.7601.17514
Description                : Editor
Product                    : Betriebssystem Microsoft® Windows®
Id                         : 12064
(...)
```

Tipp

In den Beispielen zeigt PowerShell die Ergebnisse wahlweise als Tabelle oder als Liste an. Welches Format PowerShell wählt, hängt davon ab, wie viele Eigenschaften angezeigt werden sollen. Sind es zu viele, um sinnvoll nebeneinander angezeigt zu werden, schaltet PowerShell automatisch um in die Listendarstellung.

Aus der Liste sämtlicher Eigenschaften könnten Sie nun diejenigen aussuchen, die Sie gerade interessant finden. Obwohl also `Get-Process` stets dieselben Daten liefert, kann ein nachfolgendes `Select-Object` daraus ganz unterschiedliche Ansichten zaubern:

```
PS> Get-Process | Select-Object -Property ProcessName, Company, Description, MainWindowTitle

ProcessName      Company              Description        MainWindowTitle
-----------      -------              -----------        ---------------
notepad          Microsoft Corpo... Editor             Unbenannt - Editor
```

Automatic Unrolling: Punktschreibweise bei Arrays

Auch bei der Punktschreibweise gibt es einen automatischen Auspackmechanismus, ähnlich wie bei der Pipeline. Er wird *Automatic Unrolling* genannt, wurde mit PowerShell 3.0 eingeführt und sorgt dafür, dass Sie bei einem Array mit der Punktschreibweise nicht nur die Eigenschaften des Arrays angeben können, sondern auch die seines Inhalts.

Schauen Sie sich das mal näher an. Die folgende Zeile liefert alle DLL-Dateien im Windows-Ordner und speichert sie in `$dll`.

```
PS> $dll = Get-ChildItem c:\windows\system32\*.dll
```

Diese Variable enthält nun also ein Array, und mit der Punktschreibweise können Sie (eigentlich) nur auf die Eigenschaften und Methoden des Arrays zugreifen, zum Beispiel seine Größe feststellen:

```
PS> $dll.Count
3578
```

Um irgendetwas zu den DLL-Dateien in Erfahrung zu bringen, die im Array liegen, müssten Sie eigentlich diese Elemente mit eckigen Klammern ansprechen. Folgende Zeile würde die Eigenschaft `VersionInfo` mit Versionsinformationen für die erste Datei ausgeben, die sich im Array befindet:

```
PS> $dll[0].VersionInfo

ProductVersion   FileVersion      FileName
--------------   -----------      --------
10.0.19041.1     10.0.19041.1 (W… C:\windows\system32\69fe178f-26e7-43a9-aa7d-2…
```

Um also diese Versionsinformationen für sämtliche Dateien im Array auszugeben, müssten Sie außerdem alle Array-Elemente der Reihe nach über eine Schleife ansprechen, zum Beispiel so:

```
PS> $dll | ForEach-Object { $_.VersionInfo } | select -First 10

ProductVersion   FileVersion      FileName
--------------   -----------      --------
(...)
10.0.19041.662   10.0.19041.662 … C:\windows\system32\aadauthhelper.dll
10.0.19041.320   10.0.19041.320 … C:\windows\system32\aadcloudap.dll
10.0.19041.1     10.0.19041.1 (W… C:\windows\system32\aadjcsp.dll
10.0.19041.662   10.0.19041.662 … C:\windows\system32\aadtb.dll
10.0.19041.561   10.0.19041.561 … C:\windows\system32\aadWamExtension.dll
5.2.3668.0       5.2.3668.0       C:\windows\system32\AagMmcRes.dll
10.0.19041.662   10.0.19041.662 … C:\windows\system32\AarSvc.dll
10.0.19041.561   10.0.19041.561 … C:\windows\system32\AboutSettingsHandlers.dll
(...)
```

Automatic Unrolling nimmt Ihnen diese Arbeit ab: Sie brauchen die Schleife nicht selbst zu programmieren, sondern können auch bei einem Array direkt die Eigenschaften und Methoden der Array-Inhalte ansprechen:

```
PS> $dll.VersionInfo

ProductVersion   FileVersion      FileName
--------------   -----------      --------
(...)
10.0.19041.662   10.0.19041.662 … C:\windows\system32\aadauthhelper.dll
10.0.19041.320   10.0.19041.320 … C:\windows\system32\aadcloudap.dll
10.0.19041.1     10.0.19041.1 (W… C:\windows\system32\aadjcsp.dll
10.0.19041.662   10.0.19041.662 … C:\windows\system32\aadtb.dll
10.0.19041.561   10.0.19041.561 … C:\windows\system32\aadWamExtension.dll
5.2.3668.0       5.2.3668.0       C:\windows\system32\AagMmcRes.dll
10.0.19041.662   10.0.19041.662 … C:\windows\system32\AarSvc.dll
10.0.19041.561   10.0.19041.561 … C:\windows\system32\AboutSettingsHandlers.dll
(...)
```

Praxisbeispiel: Prozesspriorität ändern

Ein Skript soll auf einem Produktionsserver eine bestimmte Aufgabe ausführen, zum Beispiel nach Logbuchdateien suchen oder Kopier- und Backup-Aufgaben erledigen. Die Aufgabe ist einigermaßen aufwendig, aber nicht zeitkritisch.

Trotzdem würde Ihr PowerShell-Skript auf dem Server einen vollen Kern der CPU mit 100 % belasten, denn wie jedes Programm würde es natürlich versuchen, die gestellte Aufgabe so schnell wie möglich zu erledigen.

Weil der Produktionsserver aber auch noch andere Aufgaben zu erledigen hat, die vielleicht wesentlich wichtiger sind als Ihr Skript, wäre es besser, wenn Ihr Skript den anderen Aufgaben Vortritt lassen würde.

Lösung: Indem Sie die folgende Befehlszeile als ersten Befehl in Ihr Skript aufnehmen, weisen Sie Ihrem PowerShell-Prozess eine niedrigere Priorität zu. Ihr Skript würde trotzdem auch weiterhin 100 % CPU-Last auf einem Kern verursachen, aber nur, wenn keine anderen, wichtigeren Prozesse die CPU benötigen. In diesem Fall würden die anderen Prozesse mit höherer Priorität zuerst ausgeführt, und Ihr Skript würde etwas langsamer laufen:

```
(Get-Process -Id $Pid).PriorityClass = 'BelowNormal'
```

Listing 12.5: Priorität des PowerShell-Prozesses absenken

`Get-Process` liefert Ihren PowerShell-Prozess zurück. Der ist leicht zu finden, weil PowerShell stets seine eigene Prozess-ID in der Variablen `$Pid` einblendet. Sie könnten auf diese Weise zum Beispiel auch jederzeit herausfinden, in welchem PowerShell-Host Ihr Skript gerade läuft oder ob beim Start der PowerShell weitere Kommandozeilenparameter übergeben wurden:

```
PS> (Get-Process -Id $Pid).Path
C:\myportablePowershell\pwsh.exe
PS> (Get-Process -Id $Pid).CommandLine
"C:\myportablePowershell\pwsh.exe"
```

Die Eigenschaft `PriorityClass` legt die Prozesspriorität fest. Normal ist der Wert `Normal`, und `BelowNormal` liegt eine Prioritätsstufe darunter. Diese Eigenschaft ist les- und schreibbar, und wenn Sie ihr einen neuen gültigen Wert zuweisen, ändert sich dadurch die tatsächliche Prozesspriorität.

Die Eigenschaft `PriorityClass` ist vom Typ `System.Diagnostics.ProcessPriorityClass` und kann die folgenden Werte akzeptieren:

```
PS> (Get-Process -Id $Pid).PriorityClass.GetType().FullName
System.Diagnostics.ProcessPriorityClass

PS> [Enum]::GetNames([System.Diagnostics.ProcessPriorityClass])
Normal
Idle
High
RealTime
BelowNormal
AboveNormal
```

Methoden

Ein Prozess kann mit seinen Eigenschaften nicht nur Informationen über seinen Zustand *berichten*, sondern auch Dinge *tun*. Gültige Befehle bei Prozessen sind zum Beispiel `GetType()`, `CloseMainWindow()` sowie `Kill()`.

Methoden unterscheiden sich bereits rein formal von Eigenschaften durch die runden Klammern, die immer am Ende des Methodennamens stehen. Diese runden Klammern gehören zum Methodennamen dazu und dürfen auch nicht wie in anderen Skriptsprachen durch ein Leerzeichen abgetrennt werden. Methoden werden genau wie Eigenschaften vom IntelliSense-Menü angezeigt, wenn Sie mit dem Punkt auf ein Objekt zugreifen (siehe Abbildung 12.5):

```
PS> $ProzessObjekt = Start-Process -FilePath notepad -PassThru
PS> $ProzessObjekt.GetType()

IsPublic IsSerial Name                                     BaseType
-------- -------- ----                                     --------
True     False    Process                                  System.Compone...


PS> $ProzessObjekt.GetType().Name
Process

PS> $ProzessObjekt.GetType().FullName
System.Diagnostics.Process

PS> $ProzessObjekt.CloseMainWindow()
True
```

Wenn Sie die Klammern hinter einer Methode weglassen, gibt PowerShell wieder die *Signatur* der Methode zurück, also eine Art Mini-Betriebsanleitung, aus der hervorgeht, welche Informationen eine Methode von Ihnen erwartet:

```
PS> $ProzessObjekt.Kill

OverloadDefinitions
-------------------
void Kill()

PS> $ProzessObjekt.CloseMainWindow

OverloadDefinitions
-------------------
bool CloseMainWindow()

PS> $ProzessObjekt.WaitForExit

OverloadDefinitions
-------------------
bool WaitForExit(int milliseconds)
void WaitForExit()
```

Diese Signaturen verraten Ihnen, wie die Methode aufgerufen wird (ob sie also in ihren runden Klammern weitere Informationen benötigt) und was für Informationen die Methode an Sie zurückliefert:

- Die Methode `Kill()` erwartet von Ihnen zum Beispiel keinerlei Information und liefert auch nichts zurück. Der Rückgabewert ist vom Typ `void` (`void` heißt »ungültig« und zeigt an, dass kein Wert geliefert wird).
- Die Methode `CloseMainWindow()` erwartet ebenfalls keine Informationen von Ihnen, liefert aber `$true` oder `$false` zurück (der zurückgegebene Typ ist `bool`). `$true` bedeutet in diesem Fall, dass der Wunsch, das Fenster zu schließen, an das Fenster des Prozesses übermittelt werden konnte, und `$false`, dass das nicht möglich war.
- Die Methode `WaitForExit()` schließlich hat zwei Signaturen: Entweder rufen Sie die Methode ohne Argumente auf. Dann wartet PowerShell (notfalls ewig), bis der Prozess wieder beendet ist. Oder Sie geben eine maximale Wartefrist in Millisekunden an. Dann wartet `WaitForExit()` höchstens so lange wie angegeben und gibt `$true` oder `$false` zurück, je nachdem, ob der Prozess in dieser Zeit beendet wurde oder nicht.

Tipp

Die Methoden eines Objekts verfügen zwar leider über keine eingebaute Hilfe, aber Sie werden gleich erfahren, wie Sie im Internet mehr über die Funktionsweisen einzelner Methoden herausfinden.

Der Unterschied zwischen `CloseMainWindow()`, `Kill()` und dem Cmdlet `Stop-Process` ist übrigens: `Kill()` ist die Methode, die intern von `Stop-Process` selbst eingesetzt wird. Sie beendet den Prozess sofort. Nicht gespeicherte Informationen gehen also verloren. `CloseMainWindow()` dagegen sendet eine Schließen-Aufforderung an das Hauptfenster eines Prozesses und entspricht damit genau dem, was geschieht, wenn der Anwender dieses Hauptfenster per Maus schließt. Enthält die Anwendung noch nicht gespeicherte Daten, erscheint wie üblich eine Sicherheitsabfrage, und wenn der Anwender darin auf *Abbrechen* klickt, wird der Prozess doch nicht beendet.

Lassen Sie uns die Methoden von eben in einigen Praxisbeispielen anwenden.

Listing 12.6 nutzt das Time-out von `WaitForExit()` und startet einen Notepad-Editor. Wenn Sie ihn innerhalb von drei Sekunden schließen, bemerkt das Skript dies und setzt die Ausführung unmittelbar fort. Wenn nicht, gibt das Skript nach diesen drei Sekunden Wartezeit eine andere Meldung aus:

```
$ProzessObjekt = Start-Process -FilePath notepad -PassThru
$ergebnis = $ProzessObjekt.WaitForExit(3000)
if ($ergebnis)
{
  'Prozess wurde innerhalb von 3 Sekunden beendet und läuft nicht mehr.'
}
else
{
  'Prozess wurde in den letzten 3 Sekunden nicht beendet und läuft noch.'
}
```

Listing 12.6: Maximal drei Sekunden auf die Beendigung des Notepad-Editors warten

Listing 12.7 schließt einen beliebigen Prozess zunächst auf »nette« Weise mit `CloseMainWindow()`: Der Anwender erhält die Chance, ungesicherte Arbeiten zu speichern. Wenn das innerhalb der angegebenen Zeit nicht zum Beenden des Prozesses führt oder wenn der Prozess gar kein eigenes Hauptfenster besitzt, das geschlossen werden könnte, wird `Kill()` eingesetzt.

Wenn Sie Listing 12.7 starten, öffnet sich ein neues Notepad-Fenster. Geben Sie darin einige Textzeilen ein, ohne die Datei zu speichern. Dann wechseln Sie zurück zu PowerShell und drücken [↵]. PowerShell sendet nun dem Prozess die Aufforderung, sein Hauptfenster zu schließen. Der Anwender sieht daraufhin ein Dialogfeld, das ihn auffordert, ungesicherte Daten zu speichern.

Tut er das oder verwirft er die Informationen per Klick auf *Abbrechen*, schließt sich Notepad, und PowerShell endet. Andernfalls wartet PowerShell maximal 5.000 Millisekunden. Ist Notepad dann noch immer nicht geschlossen, wird es mit `Kill()` sofort beendet.

```
# Maximal 5 Sekunden warten, bis der Prozess
# gekillt wird:
$Timeout = 5000

$prozess = Start-Process -FilePath notepad -PassThru
$null = Read-Host "Geben Sie Text in den Editor ein, und drücken Sie dann hier ENTER!"

# Schließen-Aufforderung an Prozess senden:
$erfolg = $prozess.CloseMainWindow()

if ($erfolg)
{
    # Maximal 5 Sekunden darauf warten, dass der Prozess
    # beendet wird:
    $null = $prozess.WaitForExit($Timeout)
}

# Wenn der Prozess noch läuft, sofort beenden:
if ($prozess.HasExited -eq $false)
{
    $prozess.Kill()
}
```

Listing 12.7: Einen Prozess beenden und dem Anwender anbieten, ungesicherte Informationen zu speichern

Hilfe finden

Weil die internen Eigenschaften und Methoden eines Objekts keine Cmdlets sind, verfügen sie auch nicht über eine eingebaute Hilfe. Im Internet sind die Eigenschaften und Methoden vieler Objekte aber bestens beschrieben. Googeln Sie einfach nach dem Datentyp und dem Namen der Eigenschaft oder Methode, die Sie interessieren.

Oder erweitern Sie PowerShell kurzerhand mit diesem simplen Code:

```
$code = {
    # Objektbeschreibung bei Microsoft anzeigen:
    $url = 'https://docs.microsoft.com/en-us/dotnet/api/{0}' -f $this.GetType().FullName
    # Im Standardbrowser öffnen:
    Start-Process $url
}

# Code als neuen Befehl Help() für alle Objekte vom Typ "System.Object" anzeigen:
Update-TypeData -MemberType ScriptMethod -MemberName Help -Value $code -TypeName
System.Object -Force
```

Listing 12.8: Neuer Befehl »Help()« für alle Objekte nachrüsten

Wenn Sie Listing 12.8 ausführen, rüstet PowerShell für alle Objekte vom Typ `System.Object` den neuen Befehl `Help()` nach.

Achtung

Die Befehlserweiterung ist für die Dauer Ihrer PowerShell-Session aktiv. Sobald Sie PowerShell schließen und neu öffnen, muss Listing 12.8 neu ausgeführt werden, wenn Sie `Help()` weiterhin nutzen möchten. Deshalb könnte man den Code aus diesem Listing auch in eine Profildatei (z. B. `$profile.CurrentUserAllHosts`) einfügen, sodass der Code automatisch bei jedem Start der PowerShell ausgeführt wird.

Denken Sie daran, dass die Profildatei möglicherweise noch gar nicht existiert und erst noch angelegt werden muss.

Weil sämtliche .NET-Objekte von diesem Typ abgeleitet sind, steht Ihnen `Help()` nun für jedes Objekt zur Verfügung, und Sie könnten mit folgendem Befehl zum Beispiel die Hilfe für die Typen `System.String` und `System.DateTime` abrufen:

```
'Hello'.Help()
(Get-Date).Help()
```

In Ihrem Standardbrowser öffnet sich eine Seite wie die in Abbildung 12.6, und Sie könnten darin nun links eine Eigenschaft oder Methode des Typs aussuchen, um rechts mehr dazu zu erfahren.

Allerdings sind diese Hilfeseiten nicht unbedingt für PowerShell-Anwender konzipiert worden. Die meisten Beispiele richten sich an Entwickler der Programmiersprache C#. Dennoch lassen sich die Informationen meist leicht auf PowerShell übertragen und sind besser als nichts.

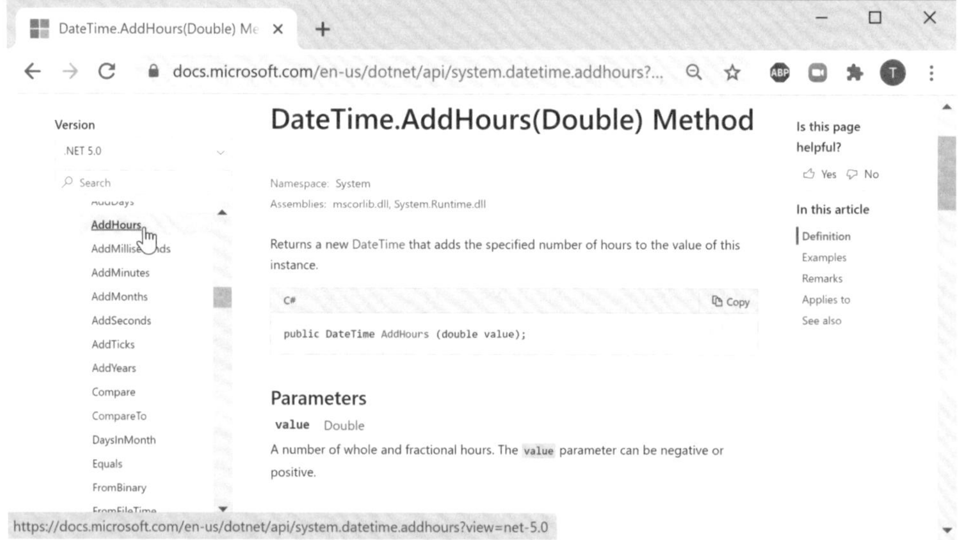

Abbildung 12.6: Automatisch Hilfe zu .NET-Typen anzeigen

Neue Objekte herstellen

Alle Objekte, mit denen Sie es bisher zu tun hatten, stammten entweder direkt von aufgerufenen Befehlen oder wurden über Typumwandlungen aus anderen schon vorhandenen Objekten generiert. Sie dürfen sich aber auch selbst neue Objekte erstellen lassen.

Dazu geben Sie nur den gewünschten Typ an. Die nächste Zeile erzeugt ein neues `DateTime`-Objekt:

```
PS> New-Object -TypeName System.DateTime

Montag, 1. Januar 0001 00:00:00
```

Konstruktoren verstehen

Das ist natürlich nicht besonders aufregend, weil Sie `DateTime`-Objekte sowieso bereits mit `Get-Date` sehr viel leichter beschaffen können. Spannender wird es, wenn man sich anschaut, auf welche Weise neue `DateTime`-Objekte angelegt werden können. Dazu werfen Sie einen Blick auf dessen sogenannte *Konstruktoren*:

```
PS> [DateTime].GetConstructors() | ForEach-Object { $_.toString() }
Void .ctor(Int32, Int32, Int32)
Void .ctor(Int64)
Void .ctor(Int64, System.DateTimeKind)
Void .ctor(Int32, Int32, Int32, System.Globalization.Calendar)
Void .ctor(Int32, Int32, Int32, Int32, Int32, Int32)
Void .ctor(Int32, Int32, Int32, Int32, Int32, Int32, System.DateTimeKind)
Void .ctor(Int32, Int32, Int32, Int32, Int32, Int32, System.Globalization.Calendar
)
Void .ctor(Int32, Int32, Int32, Int32, Int32, Int32, Int32)
Void .ctor(Int32, Int32, Int32, Int32, Int32, Int32, Int32, System.DateTimeKind)
Void .ctor(Int32, Int32, Int32, Int32, Int32, Int32, Int32, System.Globalization.C
alendar)
Void .ctor(Int32, Int32, Int32, Int32, Int32, Int32, Int32, System.Globalization.C
alendar,
System.DateTimeKind)
```

Jede zurückgelieferte Zeile beschreibt genau einen Konstruktor (`ctor` ist dabei die Abkürzung für *Constructor*), und die unterschiedlichen Konstruktoren unterscheiden sich lediglich in den Argumenten, die man ihnen mitgibt. Die Aufgabe des Konstruktors ist es, das gewünschte Objekt herzustellen. Die folgenden Aufrufe verwenden unterschiedliche Konstruktoren, um neue `DateTime`-Objekte zu erzeugen:

```
# Datum aus Jahr, Monat und Tag herstellen:
PS> New-Object System.DateTime(2016,5,1)

Sonntag, 1. Mai 2016 00:00:00


# Datum aus Ticks herstellen:
PS> New-Object System.DateTime(568687676789080999)

Montag, 7. Februar 1803 07:54:38
```

Leider ist die Liste der Konstruktoren ohne etwas Aufbereitung kaum zu gebrauchen, denn darin erscheinen zunächst nur die Datentypen der Argumente. Mit einer kleinen Hilfsfunktion kann man die Konstruktoren eines Typs in PowerShell 5 aber auch detailreicher ausgeben:

```
filter Get-Constructor
{
  $type = $_

  foreach($constructor in $type.GetConstructors())
  {
    $info = $constructor.GetParameters().Foreach{$_.ToString()} -Join ', '
    "($info)"
  }
}
```

Listing 12.9: Get-Constructor liefert die Konstruktoren eines Typs.

Wenn Sie einen Typ über die Pipeline an `Get-Constructor` weiterleiten, ergibt sich jetzt ein klareres Bild davon, mit welchen Informationen man Objekte des angegebenen Typs herstellen kann. Die ersten beiden Konstruktoren wurden in den Beispielen oben eingesetzt, es stehen aber viele weitere zur Verfügung:

```
PS> [DateTime] | Get-Constructor
(Int32 year, Int32 month, Int32 day)
(Int64 ticks)
(Int64 ticks, System.DateTimeKind kind)
(Int32 year, Int32 month, Int32 day, System.Globalization.Calendar calendar)
(Int32 year, Int32 month, Int32 day, Int32 hour, Int32 minute, Int32 second)
(Int32 year, Int32 month, Int32 day, Int32 hour, Int32 minute, Int32 second, Syste
m.DateTimeKind kind)
(Int32 year, Int32 month, Int32 day, Int32 hour, Int32 minute, Int32 second, Syste
m.Globalization.Calendar calendar)
(Int32 year, Int32 month, Int32 day, Int32 hour, Int32 minute, Int32 second, Int32
 millisecond)
(Int32 year, Int32 month, Int32 day, Int32 hour, Int32 minute, Int32 second, Int32
 millisecond, System.DateTimeKind kind)
(Int32 year, Int32 month, Int32 day, Int32 hour, Int32 minute, Int32 second, Int32
 millisecond, System.Globalization.Calendar calendar)
(Int32 year, Int32 month, Int32 day, Int32 hour, Int32 minute, Int32 second, Int32
 millisecond, System.Globalization.Calendar calendar, System.DateTimeKind kind)
```

Ein Credential-Object zur automatischen Anmeldung

Viele Cmdlets unterstützen den Parameter `-Credential`, mit dem man sich unter einem anderen Benutzerkonto anmelden kann. Gibt man ein Benutzerkonto an, wird indes stets ein Anmeldedialog geöffnet, in dem man manuell ein Kennwort eingeben muss. Dadurch lässt sich der Code nicht mehr unbeaufsichtigt ausführen:

```
PS> Get-WMIObject -Class Win32_BIOS -ComputerName RemoteServerABC -Credential firma\hans
```

In der Hilfe sehen Sie, dass der Parameter `-Credential` ein Objekt vom Typ `PSCredential` verlangt:

```
PS> Get-Help -Name Get-WMIObject -Parameter Credential
-Credential [<PSCredential>]
    Specifies a user account that has permission to perform this action. The
    default is the current user. Type a user name, such as "User01",
(...)
```

Das Anmeldefenster erscheint nur, wenn man stattdessen einen Text angibt, also nur, wenn eine implizite Typumwandlung erforderlich ist. Man braucht daher lediglich von vornherein ein `PSCredential`-Objekt anzugeben, um das Anmeldefenster loszuwerden. Ein solches Objekt könnte man mit dem Wissen von eben gerade durch `New-Object` selbst anlegen. Der Konstruktor des Typs `PSCredential` verlangt entweder ein sonderbares `pso`-Objekt oder aber den Benutzernamen als `String` und das Kennwort als `SecureString`:

```
PS> [PSCredential] | Get-Constructor
(System.String userName, System.Security.SecureString password)
(System.Management.Automation.PSObject pso)
```

Unter Angabe von Benutzername und Kennwort lässt sich die Anmeldeinformation also folgendermaßen erzeugen und nutzen:

```
$username = 'firma\Hans'
$password = 'topSecret99' | ConvertTo-SecureString -AsPlainText -Force
$credential = New-Object -TypeName PSCredential($username, $password)

Get-WmiObject -Class Win32_BIOS -ComputerName RemoteServerABC -Credential $credential
```

Listing 12.10: Ohne Anmeldedialog unter anderer Identität auf ein Remote-System zugreifen

---

Achtung

Wie Sie vielleicht bemerkt haben, ist in Listing 12.10 ein Kennwort im Klartext enthalten. Das ist natürlich ein grober Verstoß gegen die Sicherheit, jedenfalls dann, wenn das Skript nicht anderweitig vor unbefugtem Zugriff geschützt ist – und auch der Grund dafür, dass PowerShell von sich aus Kennwörter stets mit einem Dialogfeld sicher abfragt.

Alternativ lassen sich die Anmeldeinformationen auch verschlüsselt in einer XML-Datei speichern. Mit dem folgenden Code rüsten Sie die Befehle `Export-Credential` und `Import-Credential` nach:

```
function Export-Credential($cred, $file) {
  $ergebnis = 1 | Select-Object Username, Password
  $ergebnis.Username = $cred.UserName
  $ergebnis.Password = $cred.Password | ConvertFrom-SecureString
  $ergebnis | Export-Clixml $file
}

function Import-Credential($file) {
  $ergebnis = Import-Clixml $file
  $user = $ergebnis.username
  $password = $ergebnis.password | ConvertTo-SecureString
  New-Object system.Management.Automation.PSCredential($user, $password)
}
```

Listing 12.11: Export-Import-Credential.ps1

Sie können nun zuerst Ihre Anmeldedaten in einer XML-Datei verschlüsselt speichern:

```
PS> Export-Credential (Get-Credential) $HOME\anmeldung.xml
```

Später können Skripte jederzeit die Anmeldedaten aus der XML-Datei importieren und für Anmeldevorgänge nutzen:

```
PS> Get-WmiObject Win32_BIOS -ComputerName storage1 -Credential (Import-Credential
$HOME\anmeldung.xml)

SMBIOSBIOSVersion : P03
Manufacturer      : Phoenix Technologies LTD
Name              : Ver 1.00PARTTBLw
SerialNumber      : 98H340ED2H9300237A30A1
Version           : PTLTD  - 6040000
```

Hinweis

Die Verschlüsselung verwendet Ihr persönliches Anmeldetoken als Schlüssel. Derjenige, der die Anmeldedaten gespeichert hat, kann sie also auch wieder laden. Fällt die Datei jedoch jemand anderem in die Hände, kann derjenige nichts damit anfangen.

Eigene Objekte erstellen

Im letzten Kapitel haben Sie bereits gesehen, dass Sie lediglich den gewünschten Typ vor eine Information schreiben müssen, um die Information in diesen Zieltyp umzuwandeln:

```
PS> [int]78.762
79
```

Tatsächlich entsteht bei dieser Umwandlung immer ein ganz neues Objekt, was aber oft nicht besonders auffällt: Die Information erscheint nun eben einfach in einem neuen Format:

```
PS> [version]'10.12.1.99'

Major  Minor  Build  Revision
-----  -----  -----  --------
10     12     1      99
```

Bei der Umwandlung von Informationen in einen neuen Typ erzeugen Sie also ebenfalls neue Objekte, und das kann enorm nützlich sein. Auf diese Weise lassen sich nämlich zum Beispiel auch ganz eigene neue Objekte erzeugen. So kann man mehr als nur eine Information in strukturierter Form speichern und an andere weitergeben.

Die Informationen werden dazu zuerst in einer Hashtable gesammelt und danach in den Typ `[PSCustomObject]` umgewandelt. Das folgende Beispiel speichert drei verschiedene Informationen aus drei verschiedenen Quellen in einem neuen Objekt:

```
# Eigenes Objekt herstellen:
$objekt = [PSCustomObject]@{
  Name = $env:username
  Date = Get-Date
  ID = 12
}

# Eigenes Objekt ausgeben:
$objekt
```

Listing 12.12: Ein eigenes neues Objekt aus einer Hashtable erzeugen

Profitipp

Möchten Sie die Informationen, die später in ein Objekt umgewandelt werden sollen, zuerst in einer Hashtable sammeln, verwenden Sie eine sogenannte geordnete Hashtable. Nur dann entspricht die Reihenfolge der Objekteigenschaften später der Reihenfolge, in der Sie die Informationen in die Hashtable eingetragen haben:

```
# Geordnete Hashtable erzeugen:
$hashtable = [Ordered]@{
  Name = $env:username
  Date = Get-Date
}

# Informationen können jederzeit hinzugefügt werden:
$hashtable.ID = 12
$hashtable.Sonstiges = 'test'

# Am Ende die Hashtable in Objekt umwandeln:
$objekt = [PSCustomObject]$hashtable

# Eigenes Objekt ausgeben:
$objekt
```

Listing 12.13: Eine geordnete Hashtable merkt sich die Reihenfolge, in der Informationen eingetragen werden.

Tatsächlich erzeugen Sie auf die eben beschriebene Weise jedes Mal Unikate, basierend auf den Informationen in der Hashtable. Das ist ein gebräuchlicher Weg, entspricht aber nicht der klassischen systematischen Programmierung, die Sie von Cmdlets und anderen Befehlen kennen.

Sobald Sie mehr als nur ein Objekt eines bestimmten Typs benötigen, wäre es sinnvoll, die Struktur des gewünschten Datentyps zuerst wie eine Blaupause zu definieren. Danach könnten Sie dann so viele (gleichartige) Objekte dieses Typs erzeugen, wie Sie benötigen.

```
# Eigenen Typ definieren:
class MeineDreiInfos
{
  [string]$Name
  [datetime]$Date
  [int]$Id
}

# Neues Objekt beschaffen:
$objekt = [MeineDreiInfos]::new()

# Informationen im Objekt speichern:
$objekt.Name = $env:username
$objekt.Date = Get-Date
$objekt.Id = 12

# Eigenes Objekt ausgeben:
$objekt
```

Listing 12.14: Einen eigenen Datentyp definieren und ein Objekt dieses Typs verwenden

Listing 12.14 nutzt das Schlüsselwort `class`, um einen neuen Datentyp namens `MeineDreiInfos` zu definieren. Im einfachsten Fall besteht diese Definition nur aus einer Liste von Variablen, die

die Eigenschaftsnamen festlegen, und einem davorstehenden Datentyp, der jeweils festlegt, welche Information die Eigenschaft erwartet.

Mit der Methode `new()` können nun beliebig viele neue Objekte von diesem Datentyp erzeugt werden. Sie brauchen anschließend nur noch mit Informationen beladen zu werden.

Der Vorteil dieses Ansatzes ist, dass alle Objekte genau den gleichen Aufbau besitzen und die Eigenschaften streng typisiert sind. Mehr zu `class` und seinen Möglichkeiten erfahren Sie im nächsten Kapitel.

Achtung

Auch mit dem Cmdlet **Add-Member** kann man neue eigene Objekte erschaffen, doch ist das meist keine gute Idee. **Add-Member** fügt bestehenden Objekten neue *Member*, also neue Eigenschaften und Methoden hinzu.

Gedacht ist dieser Weg nur für zwei Fälle: Sie wollen entweder einem bestehenden Objekt zusätzliche Informationen anfügen, ohne seinen Typ zu ändern, oder Sie wollen nicht nur Eigenschaften, sondern auch eigene Methoden hinzufügen.

In allen übrigen Fällen – und diese machen den überwiegenden Teil der Fälle aus – greifen Sie besser zur Hashtable-Lösung vom Anfang dieses Abschnitts oder definieren sich wie eben gezeigt einen eigenen Datentyp.

Schauen Sie mal, wie unhandlich eine Lösung wäre, die die drei Informationen von eben mit **Add-Member** in einem Objekt unterbringt:

```
$objekt = [PSObject]::new() | Add-Member -MemberType NoteProperty -Name Name -Value $env:username
-PassThru
$objekt | Add-Member -MemberType NoteProperty -Name Datum -Value (Get-Date)
$objekt | Add-Member -MemberType NoteProperty -Name Id -Value 12

$objekt
```

Listing 12.15: Keine gute Idee: neue einfache Objekte mit Add-Member erzeugen

---

Kapitel 13

Eigene Typen und Attribute

In diesem Kapitel:

Ausführlich werden in diesem Kapitel die folgenden Aspekte erläutert:

- **Typ (auch »Klasse« genannt):** Bauplan für Objekte. Kann Eigenschaften (Variablen) und Methoden (Funktionen) enthalten. PowerShell nutzt normalerweise die Typen des .NET Framework, kann aber auch eigene Typen definieren.
- **Vererbung:** Typen dürfen von bereits vorhandenen Typen abgeleitet werden, zum Beispiel um bestehende Typen zu erweitern. Hierbei übernimmt die Klasse also die Eigenschaften und Methoden einer anderen Klasse und fügt eigene weitere Eigenschaften und/oder Methoden hinzu.
- **Attribute:** Dies sind Typen, die von bestimmten Basistypen abgeleitet worden sind und mit denen man Informationen oder Logik an Objekte und Variablen heften kann. Ein Transformationsattribut prüft und stellt beispielsweise sicher, dass Informationen in einem bestimmten Format vorliegen.
- **API-Funktionen (Application Programming Interface):** Low-Level-Funktionen des Betriebssystems, auf die das .NET Framework zugreift. PowerShell kann solche Funktionen über `Add-Type` ebenfalls ansprechen.

In den vorangegangenen beiden Kapiteln haben Sie Typen (»Tierarten«) und die von ihnen abgeleiteten realen Objekte (»Tiere«) kennen- und hoffentlich auch schätzen gelernt. In diesem Kapitel schauen wir uns beide aus dem umgekehrten Blickwinkel an, nämlich nicht als »Konsument«, sondern als »Produzent«.

Seit PowerShell 5 können Sie nämlich nicht nur mit fremden Typen arbeiten, sondern auch ganz eigene Typen definieren. Selbst wenn es Ihnen nie in den Sinn kommen sollte, eigene Typen herzustellen, wird es Ihr Verständnis von Typen sehr vertiefen, wenn Sie sich diese einmal aus dem Blickwinkel des Programmierers anschauen. Und nach der Lektüre dieses Kapitels werden Sie vielleicht doch den einen oder anderen äußerst nützlichen Anwendungsfall entdecken, der sich mit selbst hergestellten Typen elegant lösen lässt.

Typen (Klassen) selbst herstellen

Häufig möchte man mehrere Informationen in strukturierter Weise an jemand anderen weitergeben, und bisher haben alle Beispiele in diesem Buch dafür jeweils einzeln hergestellte Datencontainer gebastelt. Nehmen wir an, Sie wollten Informationen zu einem Mitarbeiter zusammenfassen. Dann ginge dies zum Beispiel so:

```
$person = [PSCustomObject]@{
    Name = $env:username
    Datum = Get-Date
    Id = 12
}

$person
```

Listing 13.1: Mehrere Informationen in einem Custom-Objekt speichern

Hier werden also die (beliebigen) Schlüssel-Wert-Paare einer Hashtable in den Datentyp `PSCustomObject` konvertiert, und das Ergebnis ist ein Objekt mit drei Eigenschaften:

```
Name   Datum               Id
----   -----               --
tobias 05.04.2021 15:33:28 12
```

Das Ziel, mehrere Informationen strukturiert in einem einzelnen Objekt herzustellen, ist definitiv erreicht, und der Empfänger kann das Objekt nicht nur untersuchen und dabei die darin enthaltenen Eigenschaften (Spaltenüberschriften) sichtbar machen, sondern auch einzelne Informationen aus dem Objekt je nach Bedarf abrufen:

```
PS> $person.Name
tobias
```

Allerdings entspricht das Objekt nicht ganz den Objekten, die Sie aus anderen Quellen erhalten. Weil Sie das Objekt von Hand auf Basis der Schlüssel der Hashtable erzeugt haben, sind solche Objekte stets vom selben Typ, einem `PSCustomObject`. Objekte, die Sie nach diesem Verfahren herstellen, lassen sich also nicht voneinander unterscheiden:

```
PS> $person.GetType().FullName
System.Management.Automation.PSCustomObject
```

Der Typ PSCustomObject ist also ein Universaltyp und kann beliebige Eigenschaften enthalten. Auch in vielen anderen Aspekten sind solche Objekte nicht auf Augenhöhe mit »normalen« Objekten. Sie können beispielsweise ausschließlich Eigenschaften enthalten (definiert durch die Schlüssel der Hashtable), aber keine Methoden.

Einen eigenen Typ erfinden

»Seriöse« Programmierer gehen anders vor und schaffen für jede Informationsart einen eigenen maßgeschneiderten Typ. Das können Sie nun auch, denn seit PowerShell 5 gibt es das neue Schlüsselwort class, und weil eine Klasse und ein Typ (für unsere Begriffe) dasselbe sind, erzeugt Listing 13.2 einen neuen Typ namens Person.

```
class Person
{
    [string]$Name
    [datetime]$Datum
    [int]$Id
}
```

Listing 13.2: Eine neue Klasse (einen neuen Typ) definieren

Dieser neue Typ wird ins Leben gerufen, sobald Sie den Code ausführen. Anschließend steht er in der aktuellen PowerShell-Sitzung genau wie jeder andere Typ zur Verfügung. Auch sprechen Sie ihn wie jeden anderen Typ an, indem Sie seinen Namen in eckige Klammern stellen:

```
PS> [int]

IsPublic IsSerial Name                                     BaseType
-------- -------- ----                                     --------
True     True     Int32                                    System.ValueType



PS> [Person]

IsPublic IsSerial Name                                     BaseType
-------- -------- ----                                     --------
True     False    Person                                   System.Object
```

Die Definition eines simplen Typs ist also sehr einfach und besteht im Grunde nur aus einer Liste von Variablen. Die Variablen werden zu den Eigenschaften des Typs. Allerdings müssen die Variablen innerhalb von Typen immer streng typisiert werden: Sie müssen also vor die Variable den Datentyp stellen, der in dieser Variablen gespeichert werden soll.

Können Sie sich nicht entscheiden und soll eine Eigenschaft Ihres neuen Typs beliebige Daten speichern können, verwenden Sie dafür den Typ [object].

Neue Objekte eines Typs generieren

Während Sie andere Typen normalerweise als Ergebnis irgendeines Befehls erhalten, müssen Sie Objekte Ihres neuen Typs grundsätzlich selbst erzeugen. Dazu enthält jeder Typ die statische Methode new() (jedenfalls dann, wenn er mindestens einen öffentlichen Konstruktor enthält, dazu aber gleich mehr).

»Statisch« bedeutet: Die Methode ist direkt in den Typ integriert und kann also auch ohne Objekte direkt vom Typ ausgeführt werden. In Kapitel 11 haben Sie eine ganze Reihe von Beispielen dazu gesehen. Hier zur Erinnerung ein Beispiel, das die statische Methode `Beep()` aus dem Typ `Console` aufruft:

```
[Console]::Beep()
```

Listing 13.3: Einen Piepton ausgeben

Ihr neuer Typ enthält ebenfalls die Methode `new()`, mit der Sie nun neue (leere) Personenobjekte herstellen können. Die Methode `new()` funktioniert daher genau wie die Methode `Beep()`, nur dass sie nicht piept, sondern neue Objekte vom gewünschten Typ herstellt.

Anschließend müssen nur noch die realen Werte in dieses Objekt eingetragen werden. Listing 13.1 wird damit folgendermaßen umformuliert:

```
$person = [Person]::new()

$person.Name = $env:username
$person.Datum = Get-Date
$person.Id = 12

$person
```

Listing 13.4: Ein neues Objekt vom Typ Person erzeugen und Daten darin speichern

Diesmal ist der Inhalt der Variablen `$person` nicht ein generisches `PSCustomObject`, sondern vom Typ `Person`:

```
PS> $person.GetType().FullName
Person
```

Konstruktoren hinzufügen

Der Umgang mit Ihrem neuen Typ ist noch etwas mühselig: Zuerst muss ein neues (leeres) Objekt hergestellt werden, und danach müssen die einzelnen Informationen darin eingetragen werden. Geht das nicht auch leichter?

Natürlich geht das, und am besten schauen Sie sich das Erzeugen neuer Objekte zuerst an einem vorhandenen und gut bekannten Typ an, zum Beispiel `datetime`. Dieser Typ speichert Datums- und Zeitinformationen, und wenn man ihn genauer betrachtet, unterstützt er eine ganze Serie von `new()`-Methoden, die sich alle jeweils durch ihre Argumente unterscheiden:

```
PS> [datetime]::new

OverloadDefinitions
-------------------
datetime new(long ticks)
datetime new(long ticks, System.DateTimeKind kind)
datetime new(int year, int month, int day)
datetime new(int year, int month, int day, System.Globalization.Calendar calendar)
datetime new(int year, int month, int day, int hour, int minute, int second)
(...)
```

Ihr eigener neuer Typ dagegen unterstützt nur eine `new()`-Methode, die überhaupt keine Argumente unterstützt (parameterlos):

```
PS> [Person]::new

OverloadDefinitions
-------------------
Person new()
```

Jede new()-Methode entspricht einem »Konstruktor«, also einem möglichen Weg, ein neues Objekt herzustellen. Parameterlose Konstruktoren wie bei Person generieren »leere« Objekte, die nachträglich mühselig mit Inhalten befüllt werden müssen. Konstruktoren mit Parametern wie bei datetime erzeugen dagegen aus den angegebenen Informationen fix und fertige Objekte.

Profitipp

Es fällt auf, dass **datetime** anders als **Person** gar keinen parameterlosen Konstruktor unterstützt. Das ergibt Sinn, denn ein völlig leeres (undefiniertes) **datetime**-Objekt braucht niemand.

Die vielfältigen Konstruktoren von **datetime** ermöglichen Ihnen, aus verschiedensten Informationen ein Datumsobjekt herzustellen. Mit Angabe von Jahr, Monat und Tag ist das zum Beispiel problemlos möglich:

```
PS> [Datetime]::new(2021,4,1)

Donnerstag, 1. April 2021 00:00:00
```

Hier wurde dieser Konstruktor verwendet:

```
datetime new(int year, int month, int day)
```

Damit sich Ihr Typ Person leichter verwenden lässt, fügen Sie einen eigenen Konstruktor hinzu, der bereits beim Generieren neuer Person-Objekte die nötigen Informationen entgegennimmt und im Objekt speichert:

```
class Person
{
    [string]$Name
    [datetime]$Datum
    [int]$Id

    Person([string]$Name, [datetime]$Datum, [int]$Id)
    {
        $this.Name = $Name
        $this.Datum = $Datum
        $this.Id = $Id
    }
}
```

Listing 13.5: Neuer Datentyp Person mit einem Konstruktor

Der Konstruktor trägt immer den Namen des Typs, in Listing 13.5 also Person. Dahinter folgen in runden Klammern und kommasepariert die Argumente, die diesem Konstruktor mitgegeben werden müssen. Sie bestehen stets jeweils aus einer Variablen und ihrem Datentyp.

Der Körper des Konstruktors besteht aus einem Skriptblock. Darin werden die Argumente an die Eigenschaften des Objekts übergeben. Genau hier wird es knifflig, denn die Argumente können dieselben Namen wie die Eigenschaften des Objekts tragen (und tun das im Beispiel auch). Wie unterscheidet man nun beispielsweise das Argument `$Name` von der Eigenschaft `$Name`?

Die Antwort lautet: Mit `$this`! Das Objekt selbst wird innerhalb der Typdefinition immer mit `$this` angesprochen. Wenn man also die Eigenschaft `Name` des Objekts meint, formuliert man das mit `$this.Name`. Der Begriff `$Name` allein bezieht sich auf das Argument.

Sobald Sie Listing 13.5 ausgeführt haben, hat sich der Konstruktor des Typs `Person` geändert und akzeptiert nun drei Argumente:

```
PS> [Person]::new

OverloadDefinitions
-------------------
Person new(string Name, datetime Datum, int Id)
```

Sie können jetzt Personendaten direkt beim Anlegen eines neuen Objekts mitgeben:

```
PS> [Person]::new('Tobias', '2021-04-05', 77)

Name   Datum               Id
----   -----               --
Tobias 05.04.2021 00:00:00 77
```

Der vorher vorhandene parameterlose Konstruktor ist nicht mehr verfügbar. Sobald Sie eigene Konstruktoren definieren, gelten nur noch diese. Sie können den parameterlosen Konstruktor aber explizit wieder hinzufügen und auch weitere nützliche Konstruktoren ergänzen:

```
class Person
{
    [string]$Name
    [datetime]$Datum
    [int]$Id

    # Parameterloser Konstruktor:
    Person()
    {
        $this.Name = 'Unbekannt'
        $this.Datum = Get-Date
        $this.Id = -1
    }

    # Alle Informationen selbst festlegen:
    Person([string]$Name, [datetime]$Datum, [int]$Id)
    {
        $this.Name = $Name
        $this.Datum = $Datum
        $this.Id = $Id
    }

    # Defaultwerte für manche Informationen:
    Person([string]$Name, [datetime]$Datum)
    {
        $this.Name = $Name
        $this.Datum = $Datum
        $this.Id = -1
    }

    # Defaultwerte für manche Informationen:
    Person([string]$Name, [int]$Id)
```

```
    {
        $this.Name = $Name
        $this.Datum = Get-Date
        $this.Id = -1
    }
}
```

Listing 13.6: Typ mit vier Konstruktoren

Nun besitzt `Person` vier Konstruktoren, davon einer wieder parameterlos:

```
PS> [Person]::new

OverloadDefinitions
-------------------
Person new()
Person new(string Name, datetime Datum, int Id)
Person new(string Name, datetime Datum)
Person new(string Name, int Id)
```

Profitipp

Anders als in »echten« Programmiersprachen können Konstruktoren sich nicht gegenseitig aufrufen.

Methoden zum Typ hinzufügen

Viele Objekte enthalten eingebaute Methoden, die dabei helfen, mit den im Objekt gespeicherten Informationen umzugehen. Objekte vom Typ `String` zum Beispiel enthalten eine ganze Reihe von Methoden zum Umgang mit der im Objekt gespeicherten Textinformation. In Kapitel 12 fanden sich bereits viele Beispiele:

```
$text = 'c:\test.txt'
$text.Substring(0,2)
```

Listing 13.7: Laufwerksbuchstaben eines Pfads mit der Methode Substring() ermitteln

Ihr eigener Typ kann ebenfalls solche Hilfsmethoden bereitstellen. Zum Beispiel könnten Sie die Methode `GetEmploymentTime()` einfügen, die angibt, wie lange der Mitarbeiter bereits beschäftigt ist:

```
class Person
{
    [string]$Name
    [datetime]$Datum
    [int]$Id

    # Parameterloser Konstruktor:
    Person()
    {
        $this.Name = 'Unbekannt'
        $this.Datum = Get-Date
        $this.Id = -1
    }

    # Alle Informationen selbst festlegen:
```

```
    Person([string]$Name, [datetime]$Datum, [int]$Id)
    {
        $this.Name = $Name
        $this.Datum = $Datum
        $this.Id = $Id
    }

    # Defaultwerte für manche Informationen:
    Person([string]$Name, [datetime]$Datum)
    {
        $this.Name = $Name
        $this.Datum = $Datum
        $this.Id = -1
    }

    # Defaultwerte für manche Informationen:
    Person([string]$Name, [int]$Id)
    {
        $this.Name = $Name
        $this.Datum = Get-Date
        $this.Id = -1
    }

    [Timespan]GetEmploymentTime()
    {
        $heute = Get-Date
        $zeitraum = $heute - $this.Datum
        return $zeitraum
    }
}
```

Listing 13.8: Eigener Typ mit Methode

Die neue Methode `GetEmploymentTime()` wird ganz ähnlich wie ein Konstruktor definiert: Am Anfang steht der Name der Methode, dahinter in runden Klammern folgen die Argumente (in diesem Fall keine).

Weil die Methode Informationen zurückliefern soll, muss vor dem Namen der Methode noch der Datentyp angegeben werden, den diese Methode liefert. In diesem Beispiel soll die Methode eine Zeitmenge zurückliefern. Zeitmengen werden mit dem Datentyp `timespan` repräsentiert.

Im Körper der Methode wird die Beschäftigungszeit ausgerechnet. Sie ergibt sich aus dem momentanen Zeitpunkt (geliefert von `Get-Date`), von dem das im Objekt bereits gespeicherte Einstellungsdatum abgezogen wird. Das Ergebnis ist ein `timespan`-Objekt und wird mit `return` zurückgegeben.

Achtung

Bei Methoden muss der Rückgabewert zwingend mit `return` festgelegt werden.

Profitipp

Der Datentyp `timespan` repräsentiert stets das Ergebnis von mathematischen Operationen mit Datum und Zeit (so wie im Beispiel oben). Er verfügt aber auch über Konstruktoren, mit denen man Zeitmengen direkt festlegen kann:

```
PS> [timespan]::new

OverloadDefinitions
-------------------
timespan new(long ticks)
timespan new(int hours, int minutes, int seconds)
timespan new(int days, int hours, int minutes, int seconds)
timespan new(int days, int hours, int minutes, int seconds, int milliseconds)
```

Der Typ implementiert außerdem weitere Hilfsfunktionen, mit denen man bequem weitere Zeitmengen definieren kann. So lassen sich beispielsweise Sekunden in Minuten umrechnen:

```
PS> [timespan]::FromSeconds(77).TotalMinutes
1,28333333333333
```

Inzwischen speichert der neue Typ `Person` nicht nur maßgeschneidert die Personendaten, sondern enthält nun auch weitere Hilfsmittel, etwa die dynamische Berechnung der Beschäftigungszeit basierend auf den vorhandenen Daten. Und damit unterscheidet sich der Typ `Person` inzwischen bereits erheblich von den einfachen generischen `PSCustomObject`-Objekten.

```
PS> $einstellungsdatum = [DateTime]'2016-03-12'

PS> $einstellungsdatum

Samstag, 12. März 2016 00:00:00

PS> $person = [Person]::new('Tobias', $einstellungsdatum)

PS> $person

Name   Datum               Id
----   -----               --
Tobias 12.03.2016 00:00:00 -1


PS> $person.GetEmploymentTime()


Days              : 1850
Hours             : 16
Minutes           : 31
Seconds           : 52
Milliseconds      : 86
Ticks             : 1598995120862390
TotalDays         : 1850,68879729443
TotalHours        : 44416,5311350664
TotalMinutes      : 2664991,86810398
TotalSeconds      : 159899512,086239
TotalMilliseconds : 159899512086,239


PS> $person.GetEmploymentTime().TotalDays
1850,68885152807
```

Vererbung von Typen

Typen können hierarchisch aufeinander aufbauen. Das nennt man Vererbung. Dabei übernimmt ein neuer Typ alle Eigenarten eines vorhandenen Typs und fügt eigene neue Eigenschaften und Methoden hinzu.

Ausgehend vom Typ Person aus dem vorangegangenen Abschnitt, könnten Sie nun also leicht einen neuen Typ Programmierer hinzufügen, der die allgemeinen Personendaten von Person erbt und nur die spezielleren Eigenschaften und Methoden neu definiert, die für einen Programmierer nötig sind. Dazu fügen Sie hinter dem Namen des neuen Typs einen Doppelpunkt und dann den Namen des Typs an, von dem der neue Typ abgeleitet sein soll:

```
class Programmierer : Person
{
    [string[]]$Programmiersprache

}
```

Listing 13.9: Auf Person aufbauender neuer Typ namens Programmierer

Wenn Sie sich anschließend ein neues Objekt vom Typ Programmierer beschaffen, erleben Sie vielleicht eine kleine Überraschung:

```
PS> [Programmierer]::new()

Programmiersprache Name      Datum               Id
------------------ ----      -----               --
                   Unbekannt 05.04.2021 18:56:35 -1
```

Das resultierende Objekt enthält nicht nur die Eigenschaft Programmiersprache, sondern erbt zudem alle Eigenschaften von Person. Sogar die in Person eingebaute Methode GetEmploymentTime() ist vorhanden und betriebsbereit:

```
PS> $prog = [Programmierer]::new()

PS> $prog.GetEmploymentTime().TotalHours
0,00268925055555556
```

Konstruktoren werden nicht geerbt

Das Einzige, was der neue Typ Programmierer nicht von Person geerbt hat, sind die Konstruktoren. Der neue Typ verfügt also wieder nur über den parameterlosen Standardkonstruktor:

```
PS> [Programmierer]::new

OverloadDefinitions
-------------------
Programmierer new()
```

Als Nächstes müssen also die Konstruktoren des neuen Typs definiert werden – es sei denn, Sie sind zufrieden mit dem Standardkonstruktor.

Grundsätzlich wird der Konstruktor des neuen Typs nach denselben Kriterien definiert, wie im vorherigen Abschnitt bereits besprochen. Allerdings kann der Konstruktor einen Teil seiner Arbeit auch an einen der Konstruktoren des Typs weiterreichen, auf dem er aufbaut. Hier ein Beispiel:

```
class Programmierer : Person
{
    [string[]]$Programmiersprache

    Programmierer()
    : base()
    {
        $this.Programmiersprache = "keine"
    }

    Programmierer([string]$Name, [datetime]$Datum, [int]$Id, [string[]]$Sprachen)
    : base($Name, $Datum, $id)
    {
        $this.Programmiersprache = $Sprachen
    }
}
```

Listing 13.10: Der Konstruktor greift auf den Konstruktor des ursprünglichen Typs zu.

Der erste Konstruktor ist parameterlos und leitet den Aufruf an den parameterlosen Konstruktor des zugrunde liegenden Typs `Person` weiter. Dieser definiert dann die Vorgabewerte für Name, Datum und ID.

Der zweite Konstruktor akzeptiert alle Informationen, die einen Programmierer beschreiben. Allerdings verwendet der Konstruktor nur die in `$Sprachen` übergebenen Informationen und speichert sie in der Eigenschaft `Programmiersprachen`. Alle übrigen Informationen leitet der Konstruktor an den passenden Konstruktor des zugrunde liegenden Typs weiter.

Diese Weiterleitung wird in beiden Fällen über den Doppelpunkt und `base` festgelegt. Der Begriff `base` beschreibt also einen Konstruktor im zugrunde liegenden Originaltyp. Welcher Konstruktor gewählt wird, hängt von den übergebenen Argumenten ab. PowerShell wählt den Konstruktor aus, der die übergebenen Argumente verarbeiten kann.

Aufgrund der neuen beiden Konstruktoren kann der Typ `Programmierer` nun auf zwei Arten Objekte herstellen:

```
PS> [Programmierer]::new

OverloadDefinitions
-------------------
Programmierer new()
Programmierer new(string Name, datetime Datum, int Id, string[] Sprachen)
```

Und so sehen die beiden Anwendungsfälle in der Praxis aus:

```
PS> [Programmierer]::new()

Programmiersprache Name      Datum               Id
------------------ ----      -----               --
{keine}            Unbekannt 05.04.2021 19:04:23 -1



PS> [Programmierer]::new('TObias', '1.1.2000', 12, ('Basic','Pascal'))

Programmiersprache Name   Datum               Id
------------------ ----   -----               --
{Basic, Pascal}    TObias 01.01.2000 00:00:00 12
```

Profitipp

Eigene Typen können auch von .NET-Typen erben (sofern diese das nicht mit der Kennzeichnung »Sealed« ausdrücklich verbieten). Prozesse werden zum Beispiel vom Typ **System.Diagnostics.Process** repräsentiert. Ein eigener Typ könnte problemlos von diesem .NET-Typ abgeleitet werden:

```
class SuperProcess : System.Diagnostics.Process
{

  # Konstruktor (wird beim Anlegen einer Instanz dieser Klasse aufgerufen)
  SuperProcess([string]$Name) : base()
  {

    $this.StartInfo.FileName = $Name
    $this.Start()

    # Warten, bis die Anwendung vollständig gestartet ist:
    $this.WaitForInputIdle()
  }

  [void]Close([Int]$Timeout = 0)
  {
    # Aufforderung zum Schließen senden:
    $this.CloseMainWindow()

    # Auf Erfolg warten:
    if ($Timeout -gt 0)
    {
      $null = $this.WaitForExit($Timeout * 1000)
    }

    # Falls Prozess immer noch läuft, sofort beenden:
    if ($this.HasExited -eq $false)
    {
      $this.Kill()
    }
  }

  static [System.Diagnostics.Process[]] GetAllProcesses()
  {
    return [SuperProcess]::GetAllProcesses($false)
  }
  static [System.Diagnostics.Process[]] GetAllProcesses([bool]$All)
  {
    if ($All)
    {
      return Get-Process
    }
    else
    {
      return Get-Process | Where-Object { $_.MainWindowHandle -ne 0 }
    }
  }
}
```

Listing 13.11: Die Klasse »SuperProcess« basiert auf der .NET-Klasse »System.Diagnostics.Process«.

Mit dem neuen Typ SuperProcess könnten Sie nun Prozesse starten und verwalten. Öffnen Sie damit beispielsweise einen Notepad-Editor:

```
$proc = [SuperProcess]::new('notepad')
```

Listing 13.12: Einen neuen Prozess über einen eigenen Typ starten

Es funktioniert tatsächlich. Obwohl Ihr eigener Typ SuperProcess keinen Code zur Steuerung von Prozessen enthält, kann er dennoch Prozesse starten und repräsentieren – weil er diese Fähigkeiten von System.Diagnostics.Process einfach geerbt hat.

SuperProcess hat dafür einige Extratricks auf Lager, die beim zugrunde liegenden Typ noch nicht gingen. Geben Sie beispielsweise etwas Text in den gerade gestarteten Editor ein, ohne ihn zu speichern. Würden Sie nun die Methode Kill() verwenden, die SuperProcess von System.Diagnostics.Process geerbt hat, wären alle Daten verloren. Rufen Sie stattdessen die neue und nur in SuperProcess vorhandene Methode Close() auf:

```
$proc.Close(10)
```

Listing 13.13: Prozess mit Wartefrist beenden

Der Editor bietet nun per Dialogfeld an, die nicht gespeicherten Änderungen zu speichern, und nur wenn der Anwender dies nicht innerhalb der angegebenen zehn Sekunden tut, wird der Prozess ohne Speicherung abgebrochen.

SuperProcess demonstriert zudem, wie Typen auch eigene statische Methoden definieren können – also Befehle, die direkt vom Typ implementiert werden. Davon besitzt SuperProcess zwei: [SuperProcess]::GetAllProcesses() liefert eine Liste mit allen laufenden Prozessen, die ein Fenster besitzen, und [SuperProcess]::GetAllProcesses($true) zeigt sämtliche Prozesse an, auch die ohne Fenster.

Listing 13.11 zeigt, dass statische Eigenschaften und Methoden genauso definiert werden wie normale (objektbezogene) Eigenschaften und Methoden. Einzig der zusätzliche Kennzeichner static legt fest, dass sie im Typ und nicht im Objekt vorhanden sein sollen.

Philips Hue Smart Home mit Typen steuern

Was die Typen und Objekte aus den vorangegangenen Abschnitten in der Praxis leisten können, soll ein Beispiel zeigen, mit dem PowerShell viele Aspekte Ihres Zuhauses steuern kann – und das gleichzeitig die Idee hinter Typen und Objekten noch einmal sehr lebendig veranschaulicht.

Die Firma Philips entwickelte vor einigen Jahren unter dem Namen *Hue* drahtlos steuerbare Farbwechsellampen. Dieses Hue-System umfasst inzwischen auch Schalter, Sensoren und schaltbare Steckdosen. Weil es auf dem drahtlosen offenen Zigbee-Standard beruht, können auch Geräte anderer Hersteller darin eingebunden werden.

Schlüssel dieses Systems ist die sogenannte *Philips Hue Bridge*: ein kleines Gerät, das mit Ihrem Netzwerk verbunden wird. Diese Bridge verbindet Ihr Computernetzwerk mit dem dezentralen eigenen Netzwerk der Zigbee-Geräte. PowerShell kann diese Bridge steuern und zum Beispiel auf diese Weise drahtlose Steckdosen schalten, Gartenbeleuchtung dimmen oder komplexe Lichtfarbszenarien gestalten.

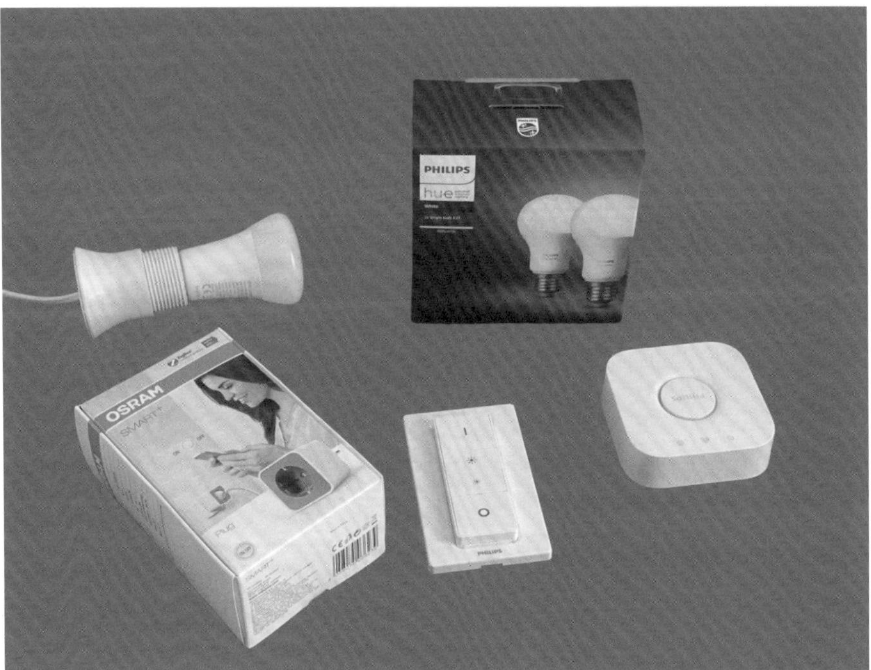

Abbildung 13.1: Das Philips-Hue-System lässt sich bequem über PowerShell steuern.

Natürlich klappt das nicht von Hause aus, aber eine kleine, kostenfreie Erweiterung genügt, die Sie mit diesem Befehl herunterladen:

```
Install-Module -Name Poshue -Scope CurrentUser
```

Listing 13.14: Poshue-Modul downloaden und installieren

Kontakt zur Philips Hue Bridge herstellen

Das Modul `Poshue` enthält keine Befehle, sondern nur selbst definierte Typen. Diese Typen repräsentieren die Komponenten des Hue-Systems. Weil es also keine Befehle gibt, die das Nachladen des Moduls auslösen könnten, muss das Modul `Poshue` explizit manuell importiert werden, bevor man die neuen Typen nutzen kann:

```
Import-Module -Name Poshue
```

Listing 13.15: Modul Poshue manuell in den Speicher laden

Der Typ `HueBridge` repräsentiert Hue Bridges. Dieser Typ enthält die statische Methode `FindHueBridge()`, mit der man alle Bridges im eigenen Netzwerk aufspüren lassen kann:

```
PS> [HueBridge]::FindHueBridge()


FriendlyName    : BridgeOne (192.168.2.100)
PresentationURL : http://192.168.2.100/index.html
SerialNumber    : 001788ac0af1
```

```
FriendlyName    : BridgeWork (192.168.2.104)
PresentationURL : http://192.168.2.104/index.html
SerialNumber    : ecb5fa15a78d
```

Sobald man die IP-Adresse einer Bridge kennt, kann man mit `new()` ein neues `HueBridge`-Objekt instanziieren:

```
$bridge = [HueBridge]::new('192.168.2.104')
```

Listing 13.16: Anonymer (eingeschränkter) Zugriff auf die Bridge

Der Zugriff auf Bridges wird mit einem API-Key vor Unbefugten geschützt. Um Zugang zur Bridge zu erhalten, drückt man den runden Knopf auf der Bridge und ruft danach innerhalb von 60 Sekunden die folgende Methode auf:

```
$key = $bridge.GetNewAPIKey()
```

Listing 13.17: Einen neuen Zugangscode zur Bridge generieren

Wenn alles klappt, befindet sich der Zugangscode nun in `$key`. Sie sollten diesen Code an sicherer Stelle speichern, sodass Sie künftig mit dem Code (und ohne Drücken der physischen Taste) Zugang zur Bridge erhalten.

Um sich authentifiziert mit der Bridge zu verbinden, instanziieren Sie ein neues Objekt und geben diesmal den API-Key mit an:

```
$bridgeNew = [HueBridge]::New('192.168.2.104', $key)
```

Listing 13.18: Authentifizierter Zugriff auf die Bridge

Lampen- und Schalterinventar

Das authentifizierte Bridge-Objekt bietet nun Zugriff auf die an der Bridge angeschlossenen Gerätschaften. `GetLightNames()` liefert beispielsweise die Liste der Namen der angeschlossenen Geräte (neben Lampen umfasst das auch schaltbare Steckdosen):

```
PS> $bridgeNew.GetLightNames() | Sort-Object
Color1
Color2
Klein1
Klein2
Klein3
Klein4
laserjet
Schreibtisch1
Schreibtisch2
```

Lampen und Steckdosen ansprechen

Kennt man den Namen eines Geräts, spricht man es über eine Instanz des Typs `HueLight` an. Hierbei werden wieder die IP der Bridge und der API-Key mit angegeben:

```
$Light = [HueLight]::New('Schreibtisch1', '192.168.2.104', $theKey)
```

Listing 13.19: Ein bestimmtes Licht oder eine Steckdose ansprechen

Mit SwitchHueLight() kann man das Gerät ein- und ausschalten und auch Übergangszustände steuern (wie beispielsweise ein sanftes Ausdämmern):

```
PS> $light.SwitchHueLight

OverloadDefinitions
-------------------
void SwitchHueLight()
void SwitchHueLight(LightState State)
void SwitchHueLight(LightState State, bool Transition)
```

```
PS> $light.SwitchHueLight([Lightstate]::On)

PS> $light.SwitchHueLight([Lightstate]::Off)
```

Leider würde es den Rahmen des Buchs sprengen, hier noch tiefer ins Hue-System und die Fähigkeiten des Poshue-Moduls einzusteigen. Nur so viel: Es lohnt sich, den Code näher anzuschauen. Ein so flexibles Fernschaltsystem ist selten. Fernsteuerbare Steckdosen sind inzwischen für unter 10 Euro zu bekommen.

Auf GitHub hat der Autor den gesamten Quellcode bereitgestellt und auch viele Funktionen dokumentiert. Außerdem erfahren Sie dort, wie Sie Hue Bridges mit PowerShell sogar via Internet fernverwalten: *https://github.com/lwsrbrts/PoSHue.*

Attribute erstellen

Weil selbst definierte Typen auf anderen Typen basieren dürfen, lassen sich damit sogar eigene Attribute herstellen. Allerdings ist dieses Thema sehr fortgeschritten und kann hier nur angerissen werden. Viele weitere Beispiele und Hintergründe zu selbst definieren Attributen finden Sie auf *https://powershell.one/powershell-internals/attributes/primer.*

SecureString-Transformationsattribute

Transformationsattribute sind nur eine von mehreren gebräuchlichen Attributarten. Sie können unpassende Informationen vor Gebrauch automatisiert in ein passendes Format umwandeln.

Wenn eine Variable auf den Datentyp SecureString festgelegt wird, kann man ihr nur noch SecureStrings zuweisen. Normale Textzuweisungen sind dann nicht mehr möglich:

```
PS> [SecureString]$geheim = Read-Host -AsSecureString

PS> $geheim = "test"
Der Wert "test" vom Typ "System.String" kann nicht in den Typ "System.Security.SecureString"
konvertiert werden.
In Zeile:1 Zeichen:1
```

Ein Transformationsattribut kann in solchen Fällen helfen. Es prüft, ob die Daten, die einer Variablen zugewiesen werden sollen, bereits im richtigen Format vorliegen oder noch transformiert, also in die richtige Form gebracht werden müssen.

```
# create a transform attribute that transforms plain text to secure string
class SecureStringTransformAttribute
: System.Management.Automation.ArgumentTransformationAttribute
{
    [object] Transform([System.Management.Automation.EngineIntrinsics]$engineIntrinsics, [object]
$inputData)
    {
        # if a securestring was submitted...
        if ($inputData -is [SecureString])
        {
            # return as-is:
            return $inputData
        }
        # if the argument is a string...
        elseif ($inputData -is [string])
        {
            # convert to secure string:
            return $inputData | ConvertTo-SecureString -AsPlainText -Force
        }

        # anything else throws an exception:
        throw [System.InvalidOperationException]::new('Unexpected error.')
    }
}
```

Listing 13.20: Ein Transformationsattribut für die Umwandlung von String in SecureString

Im Grunde handelt es sich hierbei bloß um einen selbst definierten neuen Typ, der vom Typ `System.Management.Automation.ArgumentTransformationAttribute` abgeleitet ist. Dieser Typ bildet den Grundtyp aller Transformationsattribute in der PowerShell.

Führen Sie Listing 13.20 aus, haben Sie anschließend Zugriff auf das neue Attribut `[SecureStringTransform()]`. Wenn Sie eine Variable mit diesem Attribut ausstatten, akzeptiert diese künftig auch normale Textzuweisungen, speichert den Text aber stets in Form eines `SecureString`:

```
PS> [SecureString][SecureStringTransform()]$geheim = "top secret"

PS> $geheim
System.Security.SecureString
```

Auch wenn es vielleicht nicht so scheint, gibt es zahlreiche nützliche Einsatzbereiche für solche Attribute. Eine Funktion könnte beispielsweise einen zwingenden Parameter vom Typ `SecureString` festlegen. Wenn der Anwender zur Eingabe aufgefordert würde, erschiene eine maskierte Eingabebox, aber aufgrund des neuen Attributs `SecureStringTransform()` könnte für die Automation oder in der Kommandozeile auch normaler Text übergeben werden.

Innerhalb der Funktion könnte ein weiteres Attribut den umgekehrten Weg beschreiten und aus dem `SecureString` wieder einen Plaintext machen.

```
class SecureStringTransformAttribute
: System.Management.Automation.ArgumentTransformationAttribute
{
    [object] Transform([System.Management.Automation.EngineIntrinsics]$engineIntrinsics,
 [object] $inputData)
    {
        # if a securestring was submitted...
        if ($inputData -is [SecureString])
        {
            # return as-is:
            return $inputData
        }
```

```
        # if the argument is a string...
        elseif ($inputData -is [string])
        {
            # convert to secure string:
            return $inputData | ConvertTo-SecureString -AsPlainText -Force
        }

        # anything else throws an exception:
        throw [System.InvalidOperationException]::new('Unexpected error.')
    }
}

class StringTransformAttribute
: System.Management.Automation.ArgumentTransformationAttribute
{
    [object] Transform([System.Management.Automation.EngineIntrinsics]$engineIntrinsics,
       [object] $inputData)
    {
        # if a string was submitted...
        if ($inputData -is [string])
        {
            # return as-is:
            return $inputData
        }
        # if the argument is a securestring...
        elseif ($inputData -is [securestring] -and $inputData.Length -gt 0)
        {
            $BSTR =
              [System.Runtime.InteropServices.Marshal]::SecureStringToBSTR($inputData)
            $PlainPassword =
              [System.Runtime.InteropServices.Marshal]::PtrToStringAuto($BSTR)
            [Runtime.InteropServices.Marshal]::ZeroFreeBSTR($BSTR)
            return $PlainPassword
        }
        Else
        {
            return ''
        }

        # anything else throws an exception:
        throw [System.InvalidOperationException]::new('Unexpected error.')
    }
}


function Get-Secret
{
    Param
    (
        [Parameter(Mandatory)]
        [SecureString]
        [SecureStringTransform()]
        $geheim
    )

    [string][StringTransform()]$plain = $geheim
    "You entered: $plain"
}

Get-Secret
```

Listing 13.21: Funktion akzeptiert Klartext und promptet maskiert für SecureStrings.

Auf API-Funktionen zugreifen

Manche Aufgaben lassen sich noch nicht einmal mit den .NET-Funktionen des Betriebssystems lösen. Als letzte Instanz steht dann das API (*Application Programming Interface*) des Betriebssystems zur Verfügung. Es stellt auf noch tieferer Ebene als das .NET Framework Funktionen zur Verfügung.

Der Zugriff auf solche niedrigsten Betriebssystemfunktionen wird ebenfalls über selbst definierte Typen hergestellt. Diesmal kommen die neuen Typen indes direkt von `Add-Type`, das neue Typen automatisch herstellen kann.

Möchten Sie zum Beispiel ein Programmfenster vorübergehend verstecken, kann so etwas von der API-Funktion `ShowWindowAsync()` erledigt werden.

Zuerst benötigt PowerShell einen Weg, um auf die API-Funktion `ShowWindowAsync()` überhaupt zuzugreifen. Das erledigt `Add-Type` und verlangt dafür die Signatur der Funktion:

```
$code = '[DllImport("user32.dll")] public static extern bool ShowWindowAsync(IntPtr hWnd, int
nCmdShow);'

$type = Add-Type -MemberDefinition $code -Name NativeMethods -namespace Win32 -PassThru
```

Listing 13.22: Eine Systemfunktion von Windows in PowerShell einblenden

`Add-Type` liefert den Typ in `$type` zurück. Sie können die Funktion `ShowWindowAsync()` nun wahlweise über den Typ in `$type` oder über den von Ihnen selbst gewählten Typnamen `[Win32.NativeMethods]` aufrufen:

```
PS> $type::ShowWindowAsync

OverloadDefinitions
-------------------
static bool ShowWindowAsync(System.IntPtr hWnd, int nCmdShow)


PS> [Win32.NativeMethods]::ShowWindowAsync

OverloadDefinitions
-------------------
static bool ShowWindowAsync(System.IntPtr hWnd, int nCmdShow)
```

API-Funktion einsetzen

Anschließend kann `ShowWindowAsync()` eingesetzt werden. Dazu ist natürlich etwas Hintergrundwissen über die Funktion nötig, die man sich notgedrungen ergoogeln muss. Um mit der Funktion das Fenster Ihrer PowerShell vorübergehend zu verstecken, könnten Sie Folgendes schreiben:

```
$code = '[DllImport("user32.dll")] public static extern bool ShowWindowAsync(IntPtr hWnd, int
nCmdShow);'
$type = Add-Type -MemberDefinition $code -Name NativeMethods -namespace Win32 -PassThru

# Auf den PowerShell-Prozess zugreifen:
$process = Get-Process -Id $PID
# Dessen Window-Handle erfragen:
$hwnd = $process.MainWindowHandle
```

```
# Fenster vorübergehend verstecken:
$type::ShowWindowAsync($hwnd, 0)

Start-Sleep -Seconds 2

# Fenster wiederherstellen:
$type::ShowWindowAsync($hwnd, 9)
```

Listing 13.23: Ein Anwendungsfenster vorübergehend unsichtbar machen

Wiederverwertbare PowerShell-Funktion herstellen

Sobald Sie sich ausreichend mit der API-Funktion vertraut gemacht haben, sollten Sie dessen Funktionalität in einer zivilisierten PowerShell-Funktion kapseln. Schließlich wollen Sie sich nicht jeden Tag mit der spröden Wirklichkeit solcher API-Funktionen beschäftigen müssen, sondern auf gewohnte PowerShell-Weise lediglich eine weitere Fähigkeit hinzugewinnen – in diesem Fall die Fähigkeit, Fensterdarstellungen zu steuern. Listing 13.24 definiert die Funktion `Set-Window`:

```
#requires -Version 5

Enum ShowStates
{
  Hide                          = 0
  Normal                        = 1
  Minimized                     = 2
  Maximized                     = 3
  ShowNoActivateRecentPosition  = 4
  Show                          = 5
  MinimizeActivateNext          = 6
  MinimizeNoActivate            = 7
  ShowNoActivate                = 8
  Restore                       = 9
  ShowDefault                   = 10
  ForceMinimize                 = 11
}

function Set-Window
{
  param
  (
    [System.Diagnostics.Process]
    [Parameter(Mandatory=$true, ValueFromPipeline=$true)]
    $Process,

    [ShowStates]
    $Window = [ShowStates]::Normal
  )

  begin
  {
    $code = '[DllImport("user32.dll")] public static extern bool ShowWindowAsync(IntPtr hWnd, int
nCmdShow);'
    $type = Add-Type -MemberDefinition $code -Name NativeMethods -namespace Win32 -PassThru
  }

  process
```

```
  {
    if ($process.MainWindowHandle -eq 0)
    {
      Write-Warning "Process $process has no window."
    }
    else
    {
      $type::ShowWindowAsync($process.MainWindowHandle, $Window)
    }
  }
}
```

Listing 13.24: »Set-Window« kann die Fensterdarstellung von Prozessen kontrollieren.

Mit `Set-Window` können Sie nun das Fenster beliebiger Prozesse steuern und erhalten sogar IntelliSense für den Parameter `-Window`:

Sie könnten dank der Pipeline-Fähigkeit von `Set-Windows` jetzt auch ganze Gruppen von Anwendungen minimieren. Die folgende Zeile minimiert beispielsweise alle geöffneten Notepad-Editoren:

```
PS> Get-Process -Name notepad -ErrorAction Ignore | Set-Window -Window ForceMinimize
```

Achtung

Listing 13.24 verwendet das Schlüsselwort `Enum`, um eine Aufzählung namens `ShowStates` zu definieren. Dem Parameter `-Window` der Funktion `Set-Window` wird dieser Typ zugewiesen, sodass PowerShell automatisch ein praktisches IntelliSense-Menü anzeigt.

Kapitel 14

Parameter für Fortgeschrittene

In diesem Kapitel:

Ausführlich werden in diesem Kapitel die folgenden Aspekte erläutert:

- **IntelliSense für Argumente:** PowerShell zeigt automatisch Vorschlagslisten für Parameter an, wenn der Parameter entweder ein Enumerationstyp ist (einen Datentyp besitzt, der eine festgelegte Liste von erlaubten Werten definiert), wenn mit dem Attribut `ValidateSet` statische Vorgaben gemacht werden oder wenn mit dem Attribut `ArgumentCompleter` die Vorschläge dynamisch generiert werden. Automatische Vorschlagslisten machen Befehle wesentlich leichter einsetzbar.
- **Validierer:** Wenn ein Datentyp die erwünschten Werte eines Parameters nicht präzise genug einschränken kann, fügt man einen Validierer hinzu. Er kann die erlaubten Werte zusätzlich zum zugrunde liegenden Datentyp weiter einschränken und zum Beispiel festlegen, dass nur Zahlen aus einem bestimmten Wertebereich oder Servernamen einer vordefinierten Liste erlaubt sind.
- **ParameterSets (Parametersätze):** Zwar unterstützt PowerShell keine klassischen »Überladungen« (also gleichnamige Funktionen mit unterschiedlichen Parametern), wohl aber sogenannte *ParameterSets*, mit denen beispielsweise gegenseitig ausschließende Parameter definierbar sind. So lassen sich Parameter definieren, die von der Anwesenheit anderer Parameter abhängen.

- **Dynamische Parameter:** Dynamische Parameter ergänzen ParameterSets. Damit lassen sich zusätzliche Parameter einblenden, die vom Inhalt anderer Parameter abhängen. Allerdings erfordern dynamische Parameter einen nicht unerheblichen Programmieraufwand.
- **»Common Parameters«:** Funktionen können die gleichen allgemeinen Parameter unterstützen wie Cmdlets. So lässt sich ein einfaches Fehlerhandling realisieren, und falls eine Funktion riskante Aufgaben durchführt, kann mit `-WhatIf` und `-Confirm` ein Simulations- und Bestätigungsmodus implementiert werden.
- **Splatting:** Über eine Hashtable lassen sich mehrere Werte gleichzeitig an mehrere unterschiedliche Parameter übergeben. Diese Übergabe wird *Splatting* genannt und ist immer dann wichtig, wenn zur Laufzeit entschieden werden soll, welche Werte an welche Parameter eines Cmdlets oder einer Funktion übergeben werden sollen.

In Kapitel 3 haben Sie schon erfahren, wie sich Code in Form von Skripten und Funktionen kapseln und wiederverwerten lässt. Insbesondere die Funktionen sind ein effizienter Weg, um den Befehlsumfang der PowerShell mit genau den Befehlen zu erweitern, die Sie für Ihre Tätigkeiten benötigen. Die Grundkonzepte aus Kapitel 3 lassen sich folgendermaßen rekapitulieren:

- **Benannter Skriptblock:** Ein Skriptblock (PowerShell-Code in geschwungenen Klammern) definiert, welcher Code ausgeführt werden soll. Dazu wird dem Skriptblock mit dem Schlüsselwort `function` ein Name zugewiesen. Dieser Name wird damit zu einem neuen Befehlsnamen, und immer wenn dieser Name eingegeben wird, führt PowerShell künftig den Code des Skriptblocks aus.
- **Parameter:** Am Anfang des Skriptblocks darf mit dem Schlüsselwort `param` eine kommaseparierte Liste von Parametern definiert werden. Über diese Parameter kann der Anwender Informationen an den Skriptblock übermitteln.

Falls Ihnen diese Zusammenfassung gerade etwas fremd vorkommt, blättern Sie bitte noch einmal unauffällig zurück zu Kapitel 3. Dort haben Sie insbesondere bereits gesehen,

- wie Sie eine Funktion erstellen und ihr einen oder mehrere Parameter geben,
- wie Parameter optional oder zwingend sein können und
- wie Sie einem Parameter einen passenden Datentyp zuweisen.

Bei Fragen zu diesen Punkten schlagen Sie bitte in Kapitel 3 nach, denn in diesem Kapitel wird darauf aufgebaut: Sie werden sehen, was fortgeschrittene Anwender mit Parametern über die Grundlagen hinaus alles bewerkstelligen können.

Zunächst geht es dabei um die »Usability« eigener Funktionen und Skripte: Sie erfahren, wie Parameter mit statischen oder dynamischen Vorschlagslisten ausgestattet werden, damit Anwender die notwendigen Parameter einer Funktion oder eines Skripts schnell und bequem ausfüllen können.

Danach wird mit Validierern sichergestellt, dass Anwender keine fehlerhaften Argumente übergeben, außerdem sorgen Parametersätze dafür, dass die von Funktionen und Skripten angebotenen Parameter auch wirklich Sinn ergeben und sich gegenseitig ausschließende Parameter nicht kollidieren.

Schließlich erfahren Sie noch, wie Sie als Programmierer Parameter dynamisch einblenden und Argumente dynamisch über das sogenannte *Splatting* übergeben. Auch die *Common Parameters*, die PowerShell automatisch aktiviert, werden in diesem Kapitel genauer beleuchtet, und Sie erfahren, wie Ihre eigenen Funktionen und Skripte zum Beispiel den Simulationsmodus mit `-WhatIf` und `-Confirm` unterstützen.

Argumentvervollständigung

Seit *PowerShell 3* unterstützen Parameter eine Autovervollständigung für Argumente. Sie hilft dem Anwender, die passenden Informationen für einen Parameter anzugeben.

Wenn Sie zum Beispiel das Cmdlet `Get-Process` einsetzen, zeigt der Parameter `-Name` in PowerShell-Editoren die Liste der derzeit laufenden Prozessnamen an, sodass bequem einer davon gewählt werden kann. In der PowerShell-Konsole lassen sich die Prozessnamen wie gewohnt mit [Tab] oder [Strg]+[Leertaste] vorschlagen.

Ob ein Parameter eine Autovervollständigung unterstützt oder nicht, hängt von der Art der möglichen Autovervollständigung ab:

- **Statische Vervollständigung:** Die vorgeschlagenen Werte sind immer gleich und fest vorgegeben, zum Beispiel durch einen bestimmten Datentyp oder eine Auflistung.
- **Dynamische Vervollständigung:** Die vorgeschlagenen Werte hängen von der aktuellen Situation ab. Die Liste der gerade ausgeführten Prozesse ist beispielsweise nicht immer gleich. Dynamische Vorschlagslisten werden durch PowerShell-Code erzeugt, der jedes Mal ausgeführt wird, wenn die Vorschläge abgerufen werden.
- **Standardvervollständigung:** Für manche Parameter kann es keine Vorschlagslisten geben, beispielsweise für Kennwörter oder Pfadangaben. Entweder sind die Vorschläge wie bei Kennwörtern geheim, oder es gibt wie bei Pfadnamen zu viele Auswahlmöglichkeiten. In diesem Fall bietet PowerShell Standardvervollständigungen an: Kann die Eingabe als Pfadname interpretiert werden, vervollständigt PowerShell Eingaben als Pfad. Sollte die Vervollständigung keinen Sinn ergeben, kann man sie mit [Esc] abbrechen.

Wichtig

Parameter und der `param`-Block sind Teil jedes Skriptblocks, nicht etwa Teil einer Funktion oder eines Skripts. Eine Funktion oder ein Skript ist nur ein Anwendungsfall von vielen. Das, was Sie in diesem Kapitel also nun über Parameter erfahren, funktioniert in jedem Skriptblock, ganz gleich, wo und in welchem Zusammenhang Sie ihn einsetzen.

Kapitel 3 hat bereits gezeigt: Auch Skriptdateien sind im Grunde Skriptblöcke. Sie können also alles, was Sie gleich zu Parametern erfahren, auch in PowerShell-Skripten anwenden.

Statische Autovervollständigung

Damit Autovervollständigung funktioniert, muss klar sein, welche Werte ein bestimmter Parameter eigentlich vom Anwender erwartet. Das kann über zwei Arten geschehen:

- **Datentyp:** Der Parameter fordert einen speziellen Datentyp an (eine sogenannte Enumeration), der die erlaubten Werte festlegt.
- **ValidateSet-Attribut:** Der Parameter verfügt über ein `ValidateSet`-Attribut, das die erlaubten Werte auflistet.

Autovervollständigung über Enumerationsdatentyp

Wie statische Vorschlagslisten funktionieren, zeigt das Cmdlet `Set-Service`: Sein Parameter `-StartupType` erlaubt nur einige festgelegte Starttypen, die PowerShell-Editoren komfortabel als IntelliSense-Menü anzeigen. Das funktioniert, weil der Parameter Werte vom Typ `ServiceStartMode` anfordert:

```
PS C:\> Get-Help Set-Service -Parameter StartupType
-StartupType [<ServiceStartMode>]
(...)
```

Wenn Sie diesen Datentyp einem Parameter einer *eigenen* Funktion zuweisen, passiert exakt dasselbe, und auch Ihr eigener Parameter wird plötzlich die gleiche statische Autovervollständigung anzeigen. Sie müssen dazu lediglich den vollständigen Typnamen kennen, der `System.ServiceProcess.ServiceStartMode` heißt:

```
function Test-AutoCompleter
{
  param
  (
    [System.ServiceProcess.ServiceStartMode]
    $Modus
  )

  "Gewählt: $Modus"
}
```

Listing 14.1: Autovervollständigung eines Parameters über seinen Datentyp

Wenn man also einen passenden Datentyp kennt, könnte man ihn sich »ausborgen«, um auch die Parameter eigener Funktionen und Skripte genauer zu beschreiben. Hier ein weiteres kleines Beispiel, in dem sich die Funktion `Select-Color` die Liste der Konsolenfarben zunutze macht:

```
function Select-Color
{
    param
    (
        [System.ConsoleColor]
        $Color
    )

    "Gewählte Farbe: $Color"
}
```

Listing 14.2: Eine Farbe mit Argumentvervollständigung auswählen

In diesem Fall legt der Datentyp `System.ConsoleColor` die erlaubten Farbwerte fest. Ab *PowerShell 5* kann man auch mit Bordmitteln eigene Enumerationstypen definieren (siehe nächster Abschnitt) und braucht sich keine »fremden« Datentypen mehr auszuborgen.

Profitipp

Ob ein Datentyp eine Aufzählung ist, verrät seine Eigenschaft `IsEnum`:

```
PS> [System.ConsoleColor].IsEnum
True
```

Die in einer Aufzählung enthaltenen Werte liefert die statische Methode `GetEnumNames()`:

```
PS> [System.ConsoleColor].GetEnumNames()
Black
DarkBlue
DarkGreen
DarkCyan
(...)
```

Normalerweise liegen hinter den »sprechenden« Namen der Aufzählung numerische Kennziffern, die sich folgendermaßen ermitteln lassen:

```
$typ = [System.ConsoleColor]
$names = $typ.GetEnumNames()
$valuetype = $typ.GetEnumUnderlyingType()

$names | ForEach-Object {
    $result = New-Object PSObject | Select-Object -Property Name, Value
    $result.Name = $_
    $result.Value = [System.Enum]::Parse($typ, $_) -as $valuetype
    $result
} | Format-Table -AutoSize
```

Listing 14.3: Enumerationswerte und ihre Konstanten auflisten

Das Ergebnis sieht in etwa so aus:

```
Name        Value
----        -----
Black           0
DarkBlue        1
DarkGreen       2
DarkCyan        3
(...)
```

Eigene Enumerationsdatentypen erstellen

Ab *PowerShell 5* ist das allein mit Bordmitteln über das Schlüsselwort `enum` möglich. Das folgende Beispiel definiert den Datentyp `[Level]` mit vier möglichen Werten:

```
enum Level
{
    Beginner
    Advanced
    Professional
    GodlikeBeing
}
```

In früheren PowerShell-Versionen musste man auf eine .NET-Sprache ausweichen und diese mit `Add-Type` kompilieren, um dasselbe zu erreichen:

```
$enum = '
using System;

public enum Level
{
    Beginner,
    Advanced,
    Professional,
    GodlikeBeing
}
'
Add-Type -TypeDefinition $enum
```

Listing 14.4: Enumeration in älteren PowerShell-Versionen anlegen

---

Achtung

Eine Enumeration, die mit dem Schlüsselwort **enum** angelegt wurde, hat Vorrang vor einer gleichnamigen Enumeration, die mit **Add-Type** hinzugefügt wird.

Während Sie Enumerationen, die mit dem Schlüsselwort **enum** angelegt wurden, jederzeit neu definieren und überschreiben können, ist dies bei älteren PowerShell-Versionen mit **Add-Type** nicht möglich. Ein einmal angelegter Typ kann innerhalb einer PowerShell-Sitzung nicht unter demselben Namen neu definiert werden.

Anschließend können Parameter und Variablen auf den neu definierten Datentyp festgelegt werden:

```
PS> [Level]$level = 'Beginner'

PS> $level
Beginner

PS> [int]$level
0

PS> $level = 'Student'
Der Wert "Student" kann nicht in den Typ "Sample.Level" konvertiert werden. Fehler: "Der Bezeichner
"Student" kann keinem gültigen Enumeratornamen zugeordnet werden. Geben Sie einen der folgenden
Enumeratornamen an, und wiederholen Sie den Vorgang: Beginner, Advanced, Professional,
GodlikeBeing."

PS> $level = 'GodlikeBeing'
```

Zudem konvertieren Variablen numerische Werte automatisch in den entsprechenden Wert der Enumeration. Der erste Wert der Enumeration erhält als Vorgabe den Wert 0 und wird dann inkrementiert:

```
PS> $level = 2

PS> $level
Professional
```

Profitipp

Enumerationen müssen normalerweise eindeutig sein. Sie dürfen also nur jeweils einen der erlaubten Werte zuweisen. Alternativ kann eine Enumeration aber auch als Bitmaske verwendet werden und kann dann Kombinationen erlaubter Werte enthalten. Solche Enumerationen lassen sich mit dem Schlüsselwort **enum** nicht herstellen, wohl aber über **Add-Type** – wenn man das Attribut **FlagsAttribute** hinzufügt:

```
$enum = '
using System;

[FlagsAttribute]
public enum MultiLevel
{
    Beginner,
    Advanced,
    Professional,
    GodlikeBeing
}
'

Add-Type -TypeDefinition $enum
```

Ab sofort lassen sich mehrere Werte kombinieren, wenngleich das Ergebnis zunächst verwundert:

```
PS> [MultiLevel]$level = 'Advanced,Professional'

PS> $level
GodlikeBeing

PS> [int]$level
3
```

Die Kombination an sich hat funktioniert. Allerdings wurden dabei die Werte der Einzelbegriffe lediglich addiert. Da beim Anlegen der Enumeration keine besonderen Werte vereinbart wurden, hat PowerShell den Werten der Enumeration Zahlen zugewiesen, die bei 0 beginnen, was diesem Code entspricht:

```
$enum = '
using System;

[FlagsAttribute]
public enum MultiLevel
{
    Beginner=0,
    Advanced=1,
    Professional=2,
    GodlikeBeing=3
}
'

Add-Type -TypeDefinition $enum
```

Die Werte **Advanced** und **Professional** mögen zwar spirituell **GodlikeBeing** ergeben, rein mathematisch werden dabei aber nur die Werte 1 und 2 addiert und ergeben 3. Der Wert 3 ist (zufälligerweise) die Kennziffer für **GodlikeBeing**.

Wenn Sie also tatsächlich Werte einer Enumeration kombinieren möchten, achten Sie darauf, diesen Werten Kennziffern zuzuweisen, die bei der Aufaddierung nach wie vor eindeutig sind:

```
$enum = '
using System;

[FlagsAttribute]
public enum MultiLevelCorrect
{
    Beginner=1,
    Advanced=2,
    Professional=4,
    GodlikeBeing=8
}
'

Add-Type -TypeDefinition $enum
```

Sobald Sie diesen Typ kompiliert haben, werden auch kombinierte Werte korrekt wiedergegeben:

```
PS> [MultiLevelCorrect]$level = 'Advanced,Professional'

PS> $level
Advanced, Professional

PS> [int]$level
6
```

Autovervollständigung über ValidateSet

Eine Alternative zu Enumerationsdatentypen ist das Attribut `ValidateSet`. Mit ihm können Sie statische Textlisten definieren, die dann als Autovervollständigungslisten vorgeschlagen werden.

Hier ein Beispiel, das Listing 14.2 aufgreift und zeigt, wie man dasselbe Ergebnis auch ohne den Datentyp `System.ConsoleColor` rein mit PowerShell-Bordmitteln erreicht (also mit geringen Anpassungen auch ganz eigene Vorgabewerte definieren kann):

```
function Select-Color
{
    param
    (
        [ValidateSet('Red','Green','Blue')]
        [String]
        $Color
    )

    "Gewählte Farbe: $Color"
}
```

Listing 14.5: Erlaubte Farbwerte mit ValidateSet-Attribut festlegen

Dynamische Argumentvervollständigung

Bei der dynamischen Autovervollständigung wird keine statische Liste verwendet, die immer gleich bleibt. Stattdessen wird bei einer dynamischen Autovervollständigung Code ausgeführt, der die Auswahlliste jedes Mal neu erstellt.

Wenn Sie beispielsweise einen Dienst mit `Stop-Service` stoppen wollen, erhalten Sie in PowerShell-Editoren für den Parameter `-Name` nicht eine feste Liste von Diensten, sondern genau die Dienste, die in Ihrem konkreten Fall zurzeit laufen und gestoppt werden können. Diese Art von Vorschlagsliste wird also dynamisch zur Laufzeit berechnet.

Eigene dynamische Vorschlagslisten erzeugen

Eigene dynamische Autovervollständigungen sind über das Attribut `ArgumentCompleter` möglich. Dies funktioniert sehr ähnlich wie beim Attribute `ValidateSet` von eben, mit dem statische Listen generiert wurden. Mit dem Attribut `ArgumentCompleter` wird indes keine Liste mit festen Vorschlägen definiert, sondern ein Skriptblock mit PowerShell-Code übergeben. Dieser Code wird anschließend jedes Mal automatisch ausgeführt, wenn Vervollständigung angefordert wurde.

Schauen wir uns zunächst an, warum dynamische Vorschlagslisten wichtig sind, und anschließend, wie man sie selbst erstellt. Dazu ein Praxisbeispiel:

Das Cmdlet `Get-WinEvent` kann Einträge aus Ereignislogbüchern auflisten. Dazu gibt man zum Beispiel mit dem Parameter `-LogName` den Namen des gewünschten Ereignislogbuchs an:

```
Get-WinEvent -LogName 'Microsoft-Client-Licensing-Platform/Admin'
```

Listing 14.6: Einträge aus Ereignislogbüchern abrufen

Leider verfügt aber der Parameter `LogName` nicht über Autovervollständigung. Stattdessen öffnet sich allenfalls die Standardvervollständigung für Pfadnamen, und die ist hier unsinnig. Sie müssten den Namen des gewünschten Ereignislogbuchs also bereits kennen, und davon gibt es (zumindest auf Windows-Systemen) sehr viele.

Sie müssten also im Zweifelsfall zuerst mit einem Befehl wie diesem die Namensliste der Ereignislogbücher in Erfahrung bringen:

```
Get-WinEvent -ListLog * -ErrorAction Ignore
```

Listing 14.7: Alle verfügbaren Ereignislogbücher auflisten

Selbst diese Liste der Logbuchnamen allein bringt Sie nicht immer zum Erfolg, denn viele Logbücher existieren zwar, enthalten aber keine Informationen (oder die Informationen sind mit den aktuellen Berechtigungen möglicherweise nicht lesbar).

Mit dynamischer Autovervollständigung wäre das alles kein Problem. Zum Beweis erstellen wir zuerst eine eigene Funktion namens `Get-EventEntry`, die einen Parameter `-LogName` mit dynamischer Autovervollständigung besitzt – dem Anwender also dabei hilft, den Namen des passenden Ereignislogbuchs herauszufinden. Sie schlägt automatisch die Namen der Logbücher vor, die verfügbar und nicht leer sind und die Sie mit Ihren Berechtigungen tatsächlich auslesen dürfen:

```
function Get-EventEntry
{
  param
  (
```

```
    [Parameter(Mandatory)]
    [ArgumentCompleter({
        # Der Skriptblock, der die dynamischen Vorschläge generiert,
        # erhält selbst ebenfalls Argumente, mit denen er die
        # Vorschlagslisten auf bereits getätigte Eingaben anpassen kann:
        param
        (
          $commandName,         # Name des Befehls, der den Parameter verwendet
          $parameterName,       # Name des Parameters
          $wordToComplete,      # WICHTIG: bereits eingegebenes Argument
          $commandAst,          # Zugang zum Abstract Syntax Tree
          $fakeBoundParameters  # WICHTIG: andere angegebene Parameter
        )

        # HIER werden die Einträge der Vorschlagsliste generiert:

        Get-WinEvent -ListLog * -ErrorAction Ignore |
        # Nur Eventlogs mit Inhalt:
        Where-Object RecordCount -gt 0 |
        # Nur Eventlogs, deren Namen den bereits eingegebenen Namen enthalten:
        Where-Object LogName -like "*$wordToComplete*" |
        # Sortieren:
        Sort-Object -Property LogName |
        # Für jedes Eventlog einen Eintrag im Vervollständigungsmenü erzeugen:
        Foreach-Object {
          $listItemText = $_.LogName
          $completionText = "'$listItemText'"
          $count = $_.RecordCount
          $toolTip = "$listItemText`r`n($count)"
          [System.Management.Automation.CompletionResult]::new(
             $completionText, $listItemText,"ParameterValue", $toolTip)
        }

    })]
    [string]
    $LogName
  )

  # Den eingegebenen Namen weiterleiten:
  Get-WinEvent -LogName $LogName
}
```

Listing 14.8: Alle Ereignislogbuchnamen derjenigen Logs vorschlagen, die Inhalte haben

Der bequem ausgewählte Logbuchname wird dann kurzerhand an `Get-WinEvent` weitergereicht. Nun ist es kinderleicht, auf Entdeckungsreise zu gehen und sich die vielfältigen Informationen in den Ereignislogbüchern näher anzusehen.

Eigenen ArgumentCompleter schreiben

Das Attribut `ArgumentCompleter` erwartet von Ihnen einen Skriptblock, der jedes Mal automatisch ausgeführt wird, wenn der Anwender (oder sein Editor) Vorschlagslisten für diesen Parameter anfordert.

Achtung

Weil Autovervollständigung schnell gehen muss, sollte Ihr Skriptblock keine lang dauernden Skriptoperationen ausführen. Die meisten Editoren verwenden ein Time-out für Autovervollständigung, und wenn die Informationen nicht in diesem Zeitraum bereitgestellt werden, wird die Autovervollständigung abgebrochen.

Im Beispiel werden die Namen sämtlicher Ereignislogbücher abgerufen, was insbesondere beim ersten Aufruf einige Zeit in Anspruch nehmen kann und somit bereits an der Grenze dessen liegt, was eine Autovervollständigungsfunktion leisten sollte. Falls Sie beim ersten Versuch keine Autovervollständigung erhalten, versuchen Sie mit `Strg`+`Leertaste` unmittelbar danach einen weiteren Anlauf.

Dem übergebenen Skriptblock wird eine Reihe von Argumenten übergeben, die man nutzen kann, um die Vorschlagsliste weiter zu verfeinern:

- **`CommandName`**: Der Name des Befehls, der den Parameter implementiert. Diese Information wird selten benötigt.
- **`ParameterName`**: Der Name des Parameters, für den Autovervollständigung angefordert wurde. Auch diese Information ist selten nützlich.
- **`WordToComplete`**: Der Text, den der Anwender diesem Parameter bereits übergeben hat. Diese Information ist sehr wichtig und sollte dazu verwendet werden, nur noch solche Vorschläge anzuzeigen, die das bereits eingegebene Wort enthält.
- **`CommandAst`**: Zugang zum sogenannten *Abstract Syntax Tree*, der den Zusammenhang dieses Befehls und seines Arguments zum Gesamtskript zeigt. Diese Information ist zwar sehr umfassend, aber nur für sehr spezielle Fälle sinnvoll nutzbar. Im Rahmen dieses Buchs wird diese Information nicht verwertet.
- **`FakeBoundParameters`**: Eine Hashtable ähnlich `$PSBoundParameters`, die die vom Anwender bereits eingegebenen Parameter und Argumente enthält. Dies ist eine überaus nützliche Information, wenn Ihre Vorschlagsliste in Abhängigkeit von anderen Parametern erstellt werden soll.

Listing 14.8 verwendet die Information aus `$WordToComplete`, um nur solche Vorschläge anzuzeigen, die irgendwo im Namen das vom Anwender möglicherweise bereits (teilweise) eingegebene Argument tragen:

Das Beispiel ruft mit `Get-WinEvent` zunächst die Namen der verfügbaren Ereignislogbücher ab und filtert dann diejenigen Ereignislogbücher mit `Where-Object` heraus, die entweder keinen Inhalt haben oder deren Namen den bereits eingegebenen Text nicht enthalten.

Danach werden die Namen sortiert, und mit `Foreach-Object` wird daraus die Vorschlagsliste erstellt. Jeder Eintrag im IntelliSense-Menü besteht aus einem Objekt vom Typ `System.Management.Automation.CompletionResult`. In Kapitel 12 haben Sie bereits gesehen, wie Sie mithilfe von `new()` ein neues Objekt eines bestimmten Objekttyps erstellen. Genau das geschieht hier nun auch:

Für jedes gefundene Ereignislogbuch, das den Kriterien entspricht, wird mit `new()` der Konstruktor des Typs aufgerufen. Er benötigt vier Informationen von Ihnen:

- **`CompletionText`**: Der Name (oder Inhalt) des Arguments, so wie er in den Code eingesetzt werden soll. Im Beispiel wird der Name stets in einfache Anführungszeichen gesetzt, damit auch Logbuchnamen, die Leer- oder Sonderzeichen enthalten, korrekt funktionieren. In einer etwas ausgefeilteren Variante könnte man auch überprüfen, ob Leer- oder Sonderzeichen im Namen enthalten sind, und nur dann die Anführungszeichen hinzufügen.

- **ListItemText**: Diese Information wird im IntelliSense-Menü sichtbar angezeigt. ListItemText und später tatsächlich eingesetzte Informationen in CompletionText können sich also voneinander unterscheiden. Im Beispiel verzichtet der DisplayName auf die Anzeige der Anführungszeichen.
- **CompletionResultType**: Das dritte Argument legt die Art der Vervollständigung und damit auch das Icon des Eintrags im IntelliSense-Menü fest. Die Art des Eintrags muss vom Typ System.Management.Automation.CompletionResultType sein.

  Erlaubte Werte umfassen Command, DynamicKeyword, History, Keyword, Method, Namespace, ParameterName, ParameterValue, Property, ProviderContainer, ProviderItem, Text, Type und Variable.

  Das Beispiel verwendet den Typ ParameterValue, und das sollten Sie ebenfalls tun. Wenn Sie einen anderen Typ wählen, wird zwar tatsächlich auch ein anderes Icon im IntelliSense-Menü angezeigt, was anfangs für Freude sorgt, einige Editoren (wie zum Beispiel ISE) öffnen IntelliSense-Menüs jedoch nur dann automatisch, wenn der Typ ParameterValue lautet. Bei anderen Typen muss der Anwender das IntelliSense-Menü dann also möglicherweise manuell mit [Strg]+[Leertaste] anfordern. Nicht gut.
- **ToolTip**: Diese Information erscheint als Tooltippfenster, wenn der Anwender einen Eintrag im IntelliSense-Menü auswählt, aber noch nicht mit [↵] übernommen hat. Mehrzeilige Tooltipptexte sind mit Wagenrückläufen möglich, zum Beispiel durch die Eingabe von »`r`n« – sofern der Text in normalen und nicht in einfachen Anführungszeichen steht.

Profitipp

Das Attribut ArgumentCompleter definiert mit seinem Skriptblock also einen maßgeschneiderten Argumentvervollständiger für einen bestimmten Parameter. Wie gut das funktioniert, haben Sie gerade gesehen.

Allerdings funktioniert das natürlich nur für eigene Funktionen und auch nur jeweils für einen einzelnen Parameter. Aufgrund dieser Einschränkung mussten die Ergebnisse danach an Get-WinEvent weitergereicht werden und konnten nicht direkt in Get-WinEvent hinterlegt werden.

Derselbe Argumentvervollständiger kann indes durchaus auch nachträglich mit Register-ArgumentCompleter an bereits bestehende Befehle geheftet werden. So kann man die praktische Autovervollständigung also doch noch auch direkt in den bestehenden Befehl Get-WinEvent integrieren. Bevor ich Ihnen gleich zeige, wie das funktioniert, noch eine wichtige Vorbemerkung dazu:

Das Attribut [ArgumentCompleter()] ist für die Autoren von Befehlen gedacht, die damit Autovervollständigungen direkt in ihre Befehle integrieren können, sodass der Anwender später automatisch davon profitiert.

Das Cmdlet Register-ArgumentCompleter ist demgegenüber für (fortgeschrittene) Anwender gedacht, die die mangelhaften Vervollständigungsmöglichkeiten eines fremden Befehls nachträglich verbessern möchten. Am besten wird Register-ArgumentCompleter im Rahmen Ihres persönlichen Profilskripts automatisch beim Start von PowerShell ausgeführt.

Um Get-WinEvent mit dem praktischen Autovervollständiger von eben auszustatten, führen Sie diesen Befehl aus:

```
Register-ArgumentCompleter -Command Get-WinEvent -ParameterName LogName -ScriptBlock {
        # Der Skriptblock, der die dynamischen Vorschläge generiert,
        # erhält selbst ebenfalls Argumente, mit denen er die
        # Vorschlagslisten auf bereits getätigte Eingaben anpassen kann:
        param
        (
```

```
            $commandName,         # Name des Befehls, der den Parameter verwendet
            $parameterName,       # Name des Parameters
            $wordToComplete,      # WICHTIG: bereits eingegebenes Argument
            $commandAst,          # Zugang zum Abstract Syntax Tree
            $fakeBoundParameters  # WICHTIG: andere angegebene Parameter
        )

        # HIER werden die Einträge der Vorschlagsliste generiert:

        Get-WinEvent -ListLog * -ErrorAction Ignore |
        # Nur Eventlogs mit Inhalt:
        Where-Object RecordCount -gt 0 |
        # Nur Eventlogs, deren Namen den bereits eingegebenen Namen enthalten:
        Where-Object LogName -like "*$wordToComplete*" |
        # Sortieren:
        Sort-Object -Property LogName |
        # Für jedes Eventlog einen Eintrag im Vervollständigungsmenü erzeugen:
        Foreach-Object {
          $listItemText = $_.LogName
          $completionText = "'$listItemText'"
          $count = $_.RecordCount
          $toolTip = "$listItemText`r`n($count)"
          [System.Management.Automation.CompletionResult]::new(
             $completionText, $listItemText,"ParameterValue", $toolTip)
        }

    })]
    [string]
    $LogName
  )

  # Den eingegebenen Namen weiterleiten:
  Get-WinEvent -LogName $LogName
}
```

Listing 14.9: Get-WinEvent mit besserer Autovervollständigung ausrüsten

Wie Sie sehen, nutzt Listing 14.9 exakt den gleichen Skriptblock wie Listing 14.8. Er wird sozusagen nachträglich in den bestehenden Befehl integriert, während das Attribut den Autovervollständiger direkt bei der Erstellung des Befehls hinzufügt.

Noch zwei wichtige Punkte: Der Parameter `-Command` im Beispiel eben heißt eigentlich `-CommandName`. Abgekürzte Parameternamen sind erlaubt, solange sie eindeutig bleiben, aber eigentlich keine gute Praxis. Im Beispiel war der kürzere Parametername aus reinen formattechnischen Gründen wichtig, damit klar ersichtlich ist: Der Skriptblock ist das Argument des Parameters `-ScriptBlock` und muss direkt hinter diesem Parameter beginnen.

Zweitens erlaubt `Register-ArgumentCompleter` für die Parameter `-CommandName` und `-ParameterName` Platzhalterzeichen wie *, sodass Sie Argumentvervollständiger auch an mehrere Befehle oder Parameter gleichzeitig binden könnten.

Zuweisungen mit Validierern überprüfen

Sobald ein Anwender über Parameter Informationen an einen Befehl übergeben kann, muss geprüft werden, ob die Eingaben des Anwenders überhaupt richtig und sinnvoll sind. Das nennt man *validieren*.

Natürlich können Sie die Benutzereingaben innerhalb Ihrer Funktion oder Ihres Skripts beliebig untersuchen und notfalls mit `throw` oder `Write-Error` eine böse Fehlermeldung ausgeben. Dann aber ist es eigentlich bereits zu spät. In einer perfekten Welt prüft ein Befehl bereits bei der Übergabe der Argumente, ob diese stimmen, und falls nicht, wird der Befehl erst gar nicht in Gang gesetzt.

Deshalb sollten Sie bei der Definition Ihrer Parameter bereits den Fehlerspielraum für Argumente so weit wie möglich eingrenzen:

- **Passender Datentyp:** Geben Sie dem Parameter einen passenden Datentyp. Tun Sie das nicht, verwendet PowerShell den Datentyp `[object]`, der beliebige Informationen speichert. Erwarten Sie also eine ganze Zahl, nutzen Sie typischerweise den Datentyp `[int]` und bei einer Fließkommazahl `[double]`. Bei einer erwarteten Datumseingabe sollte es `[datetime]` sein und bei Texten `[string]`. Die verfügbaren Typen haben Sie bereits in Kapitel 11 kennengelernt.

  Durch die Auswahl des geeigneten Typs übernimmt PowerShell bereits einen Teil der Validierung, denn wenn die Benutzereingabe nicht zum erwarteten Typ passt, gibt PowerShell eine erklärende Fehlermeldung aus.

- **Zusätzlicher Validierer:** Kann der Datentyp die erwarteten Informationen nicht vollkommen exakt abbilden, bietet PowerShell eine Reihe von Standardvalidierern in Form von Attributen, mit denen man den erlaubten Wertebereich zusätzlich eingrenzen kann.

In diesem Abschnitt lernen Sie nun die verfügbaren Validierungsattribute kennen. Vorausgesetzt wird, dass Sie Ihren Parametern bereits den grundsätzlich geeigneten Datentyp zugewiesen haben. Falls Sie noch Fragen zu Datentypen und dieser Zuweisung haben, spicken Sie unauffällig in Kapitel 11, bevor Sie weiterlesen.

Hinweis

Validierer überprüfen nur die Argumente (Informationen), die Benutzer später im laufenden Betrieb einem Parameter übergeben.

Wenn Sie als Autor des Codes innerhalb des `param`-Blocks einem Parameter einen festen Standardwert zuweisen, ist dem Validierer das egal. Er kümmert sich nur um Benutzereingaben, nicht aber um Ihren Code.

ValidateSet

Eben haben Sie `ValidateSet` schon verwendet, um statische IntelliSense-Listen zu generieren. Das war allerdings eigentlich nur ein Nebeneffekt. Die Hauptaufgabe dieses Validierers ist es, den Wertebereich des Datentyps `string` (Text) weiter einzuschränken. Ein Beispiel finden Sie in Listing 14.5.

Bevor wir mit den übrigen Validierern fortfahren, soll gleich zu Anfang hervorgehoben werden, auf welcher Ebene Validierer tätig werden. Parameter sind im Grunde nur (öffentliche) Variablen. Vieles von dem, was sich im param-Block abspielt, funktioniert auch mit ganz normalen (privaten) Variablen innerhalb Ihrer Funktion.

So sind auch sämtliche Validierer nicht etwa eine Funktionalität von Parametern, sondern von Variablen. Parameter nutzen diese Möglichkeit bloß. Dasselbe könnten Sie aber auch mit ganz normalen Variablen tun, und das kann sehr clever sein. Denn auch innerhalb Ihres Codes ist es sinnvoll, den gültigen Wertebereich von Variablen möglichst genau einzuschränken, damit Sie bei Fehlern und falschen Zuweisungen möglichst sofort über eine Fehlermeldung informiert werden und nicht erst durch schwer nachvollziehbare Folgefehler darauf aufmerksam werden.

Die folgenden Beispiele demonstrieren die Wirkung von Validierern anhand einfacher Variablenzuweisungen. Sobald Sie versuchen, der Variablen $stadt im folgenden Beispiel einen anderen Namen zuzuweisen, als in der Liste des Validierers angegeben ist, meldet PowerShell einen Fehler:

```
# Variable anlegen, die auf genau drei Städtenamen festgelegt ist:
PS> [ValidateSet('NewYork', 'London', 'Hannover')]$stadt = 'Hannover'

PS> $stadt
Hannover

# Eine Zuweisung einer gültigen Stadt funktioniert:
PS> $stadt = 'NewYork'

# Eine Zuweisung einer nicht aufgeführten Stadt schlägt fehl:
PS> $stadt = 'Berlin'
Die Variable kann nicht überprüft werden, da der Wert Berlin kein gültiger Wert für die stadt-Vari-
able
ist.
In Zeile:1 Zeichen:1
+ $stadt = 'Berlin'
+ ~~~~~~~~~~~~~~~~~
    + CategoryInfo          : MetadataError: (:) [], ValidationMetadataException
    + FullyQualifiedErrorId : ValidateSetFailure
```

ValidateRange

Möchten Sie einem Parameter eine Zahl zuweisen, greifen Sie üblicherweise zum Datentyp Int (ganze Zahlen von –2147483648 bis +2147483647). Der Datentyp beschränkt die Eingabemöglichkeiten also auf ganze Zahlen im angegebenen Wertebereich. Soll ein Parameter aber ganze Zahlen in einem kleineren Wertebereich empfangen, greift man zu ValidateRange():

```
function Get-WürfelErgebnis
{
  param
  (
    [ValidateRange(1,3)]
    [Int]
    $Würfe = 1
  )

  for($x=1; $x -le $Würfe; $x++)
  {
    Get-Random -Minimum 1 -Maximum 7
  }
}
```

Listing 14.10: Der Parameter -Würfe akzeptiert nur Zahlen zwischen 1 und 3.

Wenn Sie `Get-WürfelErgebnis` aufrufen, erhalten Sie einen zufälligen Wert zwischen 1 und 6 – Ihr elektronischer Würfel. Mit dem Parameter `-Würfe` kann auch mehrmals gewürfelt werden. Der Vorgabewert ist 1, aber es sind auch die Werte 2 und 3 erlaubt. Mehr gleichzeitige Würfe sind dagegen nicht möglich.

```
PS> Get-WürfelErgebnis -Würfe 2
1
4
```

Profitipp

Ab *PowerShell 7* wurde **Get-Random** stark erweitert und unterstützt jetzt das mehrfache unabhängige Würfeln direkt, sodass sich Listing 14.10 nun vereinfacht:

```
#requires -Version 7.0

function Get-WürfelErgebnis
{
  param
  (
    [ValidateRange(1,3)]
    [Int]
    $Würfe = 1
  )

  Get-Random -Minimum 1 -Maximum 7 -Count $Würfe
}
```

Listing 14.11: Mehrere unabhängige Würfe unterstützt Get-Random ab PowerShell 7.

ValidateLength

Erwarten Sie Texteingaben von bestimmter Länge, setzen Sie `ValidateLength` ein. Die folgende Funktion akzeptiert als Computername nur Texte, die mindestens fünf und höchstens zehn Zeichen lang sind:

```
function Ping-Computer
{
  param
  (
    [ValidateLength(5,10)]
    [String]
    $ComputerName = $env:COMPUTERNAME
  )

  # Computer anpingen. Wenn das Ergebnis eine Zahl gefolgt von "ms" liefert,
  # $true zurückliefern, sonst $false:
  (@(ping.exe $ComputerName -n 1 -w 500) -match '\dms').Count -gt 0
}
```

Listing 14.12: Einfache Ping-Funktion, die Computernamen zwischen fünf und zehn Zeichen Länge akzeptiert

ValidatePattern

Texteingaben können mit `ValidatePattern` gegen einen regulären Ausdruck getestet werden. Ein regulärer Ausdruck beschreibt ein Textmuster. Nur wenn dieses Muster in der Eingabe enthalten ist, akzeptiert der Parameter die Eingabe. Im folgenden Beispiel akzeptiert die Ping-Funktion nur Computernamen, die mit »Server« beginnen, gefolgt von einer ein- bis dreistelligen Zahl:

```
function Ping-Computer
{
  param
  (
    [ValidatePattern('^Server\d{1,3}$')]
    [String]
    $ComputerName = $env:COMPUTERNAME
  )

  # Computer anpingen. Wenn das Ergebnis eine Zahl gefolgt von "ms" liefert,
  # $true zurückliefern, sonst $false:
  (@(ping.exe $ComputerName -n 1 -w 500) -match '\dms').Count -gt 0
}
```

Listing 14.13: Computername muss mit »Server« beginnen, gefolgt von einer ein- bis dreistelligen Zahl.

ValidateCount

Kann ein Parameter Arrays empfangen, bestimmt `ValidateCount`, wie groß das Array sein darf. Ein Beispiel liefert wieder die einfache Ping-Funktion, die dieses Mal bis zu fünf beliebige Computernamen akzeptiert und der Reihe nach überprüft:

```
function Ping-Computer
{
  param
  (
    [ValidateCount(1,5)]
    [String[]]
    $ComputerName = $env:COMPUTERNAME
  )

  foreach($Name in $ComputerName)
  {
    $info = [Ordered]@{}
    $info.ComputerName = $Name
    $info.Online = (@(ping.exe $Name -n 1 -w 500) -match '\dms').Count -gt 0

    New-Object -TypeName PSObject -Property $info
  }
}
```

Listing 14.14: Bis zu fünf Computer anpingen und auf Verfügbarkeit testen

Das Ergebnis dieser Funktion könnte so aussehen:

```
PS> Ping-Computer -ComputerName dell1, powershellmagazine.com, nichtda

ComputerName           Online
------------           ------
dell1                    True
powershellmagazine.com   True
nichtda                 False
```

Sobald Sie allerdings mehr als fünf Computer angeben, akzeptiert der Validierer die Eingabe nicht mehr.

ValidateScript

Manchmal müssen die Werte eines Parameters dynamisch überprüft werden. Dafür eignet sich `ValidateScript`. Hier wird zur Überprüfung ein Skriptblock mit beliebigem PowerShell-Code eingesetzt, und nur wenn dieser `$true` zurückliefert, akzeptiert der Parameter den Wert.

Die Funktion `Start-Executable` akzeptiert den Namen einer ausführbaren Datei (ohne Dateierweiterung *.exe*) nur dann, wenn sich diese Datei direkt im *System32*-Ordner des Betriebssystems befindet, und startet die Anwendung in dem Fall:

```
function Start-Executable
{
  param
  (
    [ValidateScript({ (Get-ChildItem $env:windir\system32 "$_.exe").Count -eq 1})]
    [Parameter(Mandatory=$true)]
    [String]
    $Name
  )

  $path = Join-Path -Path $env:windir\system32 -ChildPath $Name
  Start-Process -FilePath $path
}
```

Listing 14.15: Ausschließlich Programme starten, die im System32-Ordner lagern

Nullwerte und andere Validierer

Darüber hinaus stehen Ihnen Validierer zur Verfügung, die regeln, wie PowerShell mit Null- und Leerwerten umgehen soll: `ValidateNotNull`, `ValidateNotNullOrEmpty`, `AllowNull`, `AllowEmptyString` und `AllowEmptyCollection`.

Profitipp

`Allow...`-Attribute sind bei zwingend erforderlichen Parametern häufig unverzichtbar. Wird ein Parameter als zwingend gekennzeichnet, muss ihm ein Wert zugewiesen werden, der weder `$null` noch ein leerer String oder ein leeres Array sein darf. Optionale Parameter dagegen akzeptieren solche Leerwerte immer. Soll ein zwingender Parameter Leerwerte akzeptieren dürfen, fügen Sie die passenden `Allow...`-Attribute hinzu.

Parameter in ParameterSets einteilen

Nicht immer genügt es, einer Funktion eine Liste von Parametern mitzugeben. Die Anforderungen können komplizierter sein. Mitunter gibt es Parameter, die einfach gemeinsam keinen Sinn ergeben. `Get-Process` ist ein solches Beispiel. Dieses Cmdlet akzeptiert im Parameter `-ID` *entweder* eine Zahl (die Prozess-ID) *oder* im Parameter `-Name` den Namen des Prozesses.

Natürlich könnten Sie diese beiden Parameter auch bei einer eigenen Funktion definieren. Dann aber wäre der Anwender in der Lage, *sowohl* Prozess-ID *als auch* Prozessnamen anzugeben – was relativ sinnfrei wäre. Dieses ist ein Szenario, in dem ParameterSets Klarheit bringen.

Gegenseitig ausschließende Parameter

Jedes ParameterSet bildet eine Gruppe von Parametern. Der Anwender darf jeweils nur die Parameter angeben, die gemeinsam in einem ParameterSet vorkommen (oder keinem speziellen ParameterSet zugeordnet sind). Weisen Sie daher die Parameter, die nicht gleichzeitig angegeben werden dürfen, unterschiedlichen ParameterSets zu. Dies geschieht über die Anweisung `ParameterSetName`.

```
function Test-Binding {
  [CmdletBinding(DefaultParameterSetName='Name')]
  param(
    [Parameter(ParameterSetName='ID', Position=0, Mandatory=$true)][int]$ID,
    [Parameter(ParameterSetName='Name', Position=0, Mandatory=$true)][string]$Name
  )

  $set = $PSCmdlet.ParameterSetName
  "Sie haben ParameterSet $set gewählt."

  if ($set -eq 'ID') {
    "Die ID ist $ID"
  } else {
    "Der Name lautet $Name"
  }
}
```

Listing 14.16: Das Skript Test-Binding1.ps1

Die Funktion `Test-Binding` leistet jetzt genau das, was gewünscht ist:

- **Gegenseitiger Ausschluss:** Die Parameter `-ID` und `-Name` können nicht mehr gleichzeitig angegeben werden.
- **Bindung über Datentyp:** Gibt der Anwender eine Zahl ein, wird sie dem Parameter `-ID` zugewiesen, sonst dem Parameter `–Name`.

```
PS> Test-Binding -ID 10 -Name 'Test'
Test-Binding : Der Parametersatz kann mit den angegebenen benannten Parametern nicht aufgelöst werden.
```

Binding über Datentyp

Ihre Funktion erkennt jetzt den zuständigen Parameter sogar ohne Angabe des Parameternamens automatisch, basierend auf dem Objekttyp, den Sie übergeben. Möglich ist dies, weil beiden Parametern die Position 0 zugewiesen wurde und beide Parameter mit unterschiedlichen Datentypen deklariert wurden. Im Zweifelsfall gilt der Parametersatz, der als `DefaultParameterSet` angegeben wurde.

```
PS> Test-Binding 12
Sie haben ParameterSet ID gewählt.
Die ID ist 12

PS> Test-Binding Hallo
Sie haben ParameterSet Name gewählt.
Der Name lautet Hallo
```

Auch die Syntax, die `Get-Help` für die Funktion liefert, repräsentiert die Parametersätze korrekt, indem verschiedene Befehlsaufrufe, jeweils mit den Parametern eines einzelnen Parametersatzes, untereinander angegeben werden:

```
SYNTAX
    Test-Binding [-Name] <string>  [<CommonParameters>]

    Test-Binding [-ID] <int>  [<CommonParameters>]
```

`$PSCmdlet.ParameterSetName` verrät darüber hinaus, welcher Parametersatz gewählt wurde, sodass Sie in Ihrer Funktion darauf reagieren und die angegebenen Argumente richtig weiterverarbeiten können.

Parameter in mehreren Parametersätzen

Lassen Sie uns das Pferd nun einmal von hinten aufzäumen. Überlegen Sie, was die folgende Syntax tun würde, und danach, wie sich diese Syntax mit Parametersätzen realisieren ließe:

```
Get-BIOS [-ComputerName]
Get-BIOS -ComputerName [-Credential]
```

Offensichtlich handelt es sich um eine Funktion mit zwei Parametern: `-ComputerName` und `-Credential`. Man soll diese Funktion auf folgende Arten aufrufen können:

- Ganz ohne Parameter.
- Nur mit Angabe des Computernamens.
- Mit Angabe des Computernamens und eines Credentials.
- Wenn `-Credential` angegeben wird, soll `-ComputerName` zwingend sein, andernfalls optional.
- Und hier sehen Sie die Umsetzung dieser Syntax mithilfe von ParameterSets:

```
function Get-BIOS
{
  [CmdletBinding(DefaultParameterSetName='ParameterSet1')]
  param
  (
    [Parameter(ParameterSetName='ParameterSet1', Position=0, Mandatory=$false)]
    [Parameter(ParameterSetName='ParameterSet2', Mandatory=$true)]
    [String]
    $ComputerName,

    [Parameter(ParameterSetName='ParameterSet2', Position=0, Mandatory=$false)]
    [PSCredential]
    $Credential
  )


  Get-WmiObject -Class Win32_BIOS @PSBoundParameters


}
```

Listing 14.17: Parameter gleichzeitig optional und zwingend machen

Hinweis

Das Cmdlet `Get-WmiObject` steht nur in *Windows PowerShell* zur Verfügung. Inzwischen verwendet man meist besser `Get-CimInstance`, das in allen PowerShell-Versionen ab Version 3 vorhanden ist. Weil `Get-CimInstance` indes keinen Parameter `-Credential` mehr besitzt, mit dem die Problematik besonders gut demonstrierbar ist, nutzt dieses Beispiel noch das im Windows-Umfeld verbreitete `Get-WmiObject`.

Tatsächlich verhält sich die Funktion `Get-BIOS` nun wie gewünscht: Sie können sie ohne Parameter aufrufen, und wenn Sie nur den Parameter `-Credential` angeben, wird der Parameter `-Computername` plötzlich zwingend:

```
PS> get-bios

SMBIOSBIOSVersion : A03
Manufacturer      : Dell Inc.
Name              : A03
SerialNumber      : 5TQLM32
Version           : DELL   - 1072009

PS> get-bios -ComputerName dell1

SMBIOSBIOSVersion : A03
Manufacturer      : Dell Inc.
Name              : A03
SerialNumber      : 5TQLM32
Version           : DELL   - 1072009

PS> Get-BIOS -Credential test\tobias
Cmdlet Get-BIOS an der Befehlspipelineposition 1
Geben Sie Werte für die folgenden Parameter an:
ComputerName:
```

Das Geheimnis liegt im Parameter `-ComputerName`: Er ist nicht einem, sondern zwei Parameter-Sets zugeordnet. In `ParameterSet1` ist er optional, in `ParameterSet2` zwingend. Da `-Credential` dem ParameterSet `ParameterSet2` angehört, wird `-ComputerName` in dem Moment zwingend, in dem auch der Parameter `-Credential` angegeben worden ist.

Simulationsmodus (-WhatIf) und Sicherheitsabfrage (-Confirm)

Cmdlets, die wesentliche Systemänderungen auslösen, verfügen über die Sicherheitsparameter `-WhatIf` und `-Confirm`, mit denen die Änderungen entweder nur simuliert oder einzeln bestätigt werden. Auch Funktionen, die kritische Aufgaben durchführen, sollten mit diesen Parametern ausgestattet werden. Die beiden Parameter werden einer Funktion über das Attribut `SupportsShouldProcess=$true` zugewiesen. Dieser Zusatz allein sorgt bereits für einen Basisschutz, wie das folgende Beispiel zeigt:

```
function Test-Risk
{
    [CmdletBinding(SupportsShouldProcess=$true)]
    param()
```

```
    Stop-Service -Name Spooler
    Start-Service -Name Spooler
}
```

Listing 14.18: Einfache Unterstützung für -WhatIf und -Confirm

Die Funktion `Test-Risk` stoppt den `Spooler`-Dienst und startet ihn danach wieder. Beides hätte man zwar mit `Restart-Service` in einem Vorgang zusammenfassen können, aber in diesem Beispiel sollen bewusst zwei kritische Funktionen nacheinander durchgeführt werden. Wird die Funktion mit `-WhatIf` aufgerufen, gilt dieser Parameter automatisch für alle Cmdlets, die in Ihrer Funktion verwendet werden und die Systemänderungen vornehmen. Die Funktion stoppt und startet den Dienst nun also nicht mehr, sondern tut nur so:

```
PS> Test-Risk -WhatIf
WhatIf: Ausführen des Vorgangs "Stop-Service" für das Ziel "Druckwarteschlange (Spooler)".
WhatIf: Ausführen des Vorgangs "Start-Service" für das Ziel "Druckwarteschlange (Spooler)".
```

Allerdings wird jetzt jede Einzelaktion einzeln angezeigt und müsste bei Verwendung von `-Confirm` anstelle von `-WhatIf` auch einzeln bestätigt werden. Tatsächlich sind aber beide Vorgänge Teil einer zusammengehörenden Aktion. Auch verrät die Meldung von `-WhatIf` nicht, was diese Aktion tatsächlich bezwecken soll. Es werden nur die Namen der betreffenden Basis-Cmdlets ausgegeben.

Festlegen, welche Codeteile übersprungen werden sollen

Deshalb sollte eine Funktion, die die Parameter `-WhatIf` und `-Confirm` unterstützt, einen Schritt weitergehen und selbst bestimmen, welcher Teil des Funktionscodes tatsächlich der riskante Teil ist und bei einer Simulation übersprungen werden soll. Dies geschieht über die Funktion `ShouldProcess()` der automatischen Variablen `$PSCmdlet`. Sie liefert `$true` zurück, wenn die Aktion tatsächlich ausgeführt werden soll, andernfalls `$false`. Damit sieht die Funktion nun so aus:

```
function Test-Risk
{
    [CmdletBinding(SupportsShouldProcess=$true)]
    param()

    $message1 = $env:COMPUTERNAME
    $message2 = 'Spooler-Dienst neu starten'
    $doit = $PSCmdlet.ShouldProcess($message1, $message2)

    if ($doit)
    {
        Stop-Service -Name Spooler
        Start-Service -Name Spooler
    }
}
```

Listing 14.19: Selbst bestimmen, welcher Code im Simulationsmodus übersprungen wird

Die Variablen `$message1` und `$message2` bestimmen, welche Meldung der Anwender sieht, wenn er `-WhatIf` oder `-Confirm` einsetzt. Die Variable `$doit` wiederum legt fest, ob die Funktion die Codeteile, die eine Veränderung am System bewirken, tatsächlich ausführen soll. So können diejenigen Codeteile, die bei der Simulation oder Ablehnung nicht ausgeführt werden sollen, übersprungen werden. Die Aktion wird nun wesentlich verständlicher beschrieben und ist nicht mehr in Teilbereiche gegliedert:

```
PS> Test-Risk -WhatIf
WhatIf: Ausführen des Vorgangs "Spooler-Dienst neu starten" für das Ziel "POWERSHELLPC".
```

Weiterleitung verhindern

Wie Sie im ersten Beispiel gesehen haben, wird die Wirkung von `-WhatIf` auf sämtliche Cmdlets übertragen, die in Ihrer Funktion direkt oder indirekt aufgerufen werden. Das kann erwünscht sein, wenn man nicht selbst über `ShouldProcess()` definieren will, welche Codeteile gefährlich sind. Sobald Sie aber `ShouldProcess()` verwenden und damit selbst Kontrolle übernehmen, kann die Weiterleitung von `-WhatIf` an andere Cmdlets störend oder sogar unerwartet sein. Schauen Sie sich dazu das folgende (hypothetische) Beispiel an:

```
function Test-SecondFunction
{
    New-Item -Path $env:TEMP\somefolder -Type Directory -ErrorAction SilentlyContinue
}

function Test-Risk
{
    [CmdletBinding(SupportsShouldProcess=$true)]
    param()


    $message1 = $env:COMPUTERNAME
    $message2 = 'Spooler-Dienst neu starten'
    $doit = $PSCmdlet.ShouldProcess($message1, $message2)

    if ($doit)
    {
        Stop-Service -Name Spooler
        Start-Service -Name Spooler
    }

    Test-SecondFunction
}
```

Listing 14.20: Sicherheitseinstellungen werden normalerweise an Cmdlets weitergereicht.

Hier ruft `Test-Risk` intern die Funktion `Test-SecondFunction` auf, die einen Ordner anlegen soll. Führen Sie nun `Test-Risk` mit `-WhatIf` aus, wird nicht nur die von Ihnen mit `ShouldProcess()` festgelegte Meldung ausgegeben, auch `New-Item` aus der zweiten Funktion wird jetzt nur simuliert.

```
PS> Test-Risk -WhatIf
WhatIf: Ausführen des Vorgangs "Spooler-Dienst neu starten" für das Ziel "POWERSHELLPC".
WhatIf: Ausführen des Vorgangs "Verzeichnis erstellen" für das Ziel "Ziel:
C:\Users\Tobias\AppData\Local\Temp\somefolder".
```

Sie bekommen dadurch einen Eindruck davon, welche Verwirrung es stiften kann, wenn der Einsatz von `-WhatIf` oder `-Confirm` plötzlich unzählige Meldungen oder Bestätigungen hervorruft, denn auch Funktionen oder Cmdlets aus Modulen, die Sie in Ihrer Funktion verwenden, würden nun in den Kanon einstimmen, wenn sie `-WhatIf` unterstützen.

Hinweis

Eigentlich verhält sich PowerShell an dieser Stelle richtig, und das Problem wird eher durch den Entwickler der beiden Funktionen verursacht. Die Funktion `Test-Risk` soll eigentlich bei Angabe des Parameters `-WhatIf` keinerlei Systemänderungen vornehmen und bewirkt dies dennoch durch den Aufruf von `Test-SecondFunction`. PowerShell unterbindet das durch Weitergabe des per `-WhatIf` gesetzten Simulationsmodus. Normalerweise hätte der Autor der Funktion `Test-Risk` also den Aufruf der Funktion `Test-SecondFunction` ebenfalls abhängig vom Simulationsmodus machen müssen, beispielsweise so:

```
if ($doit)
{
    Stop-Service -Name Spooler
    Start-Service -Name Spooler
}

# beliebiger anderer Code

if ($doit)
{
  Test-SecondFunction
}
```

Möchten Sie die Weitergabe von `-WhatIf` verhindern, setzen Sie innerhalb Ihrer Funktion die Variable `$WhatIfPreference` auf den Wert der gleichnamigen Variablen aus dem Parent-Scope:

```
$WhatIfPreference = (Get-Variable -Name WhatIfPreference -Scope 1).Value
```

Jetzt werden Cmdlets, die `-WhatIf` unterstützen, nicht mehr automatisch im Simulationsmodus gestartet, und der Ordner wird trotz `-WhatIf` angelegt:

```
PS> Test-Risk -WhatIf
WhatIf: Ausführen des Vorgangs "Spooler-Dienst neu starten" für das Ziel "POWERSHELLPC".


    Directory: C:\Users\Tobias\AppData\Local\Temp


Mode                LastWriteTime     Length Name
----                -------------     ------ ----
d----        26.10.2012     14:39            somefolder
```

Gefährlichkeit einer Funktion festlegen

Die Risikoparameter `-WhatIf` und `-Confirm` schützen den Anwender nur, wenn er sie auch tatsächlich angibt. Damit man das bei besonders gefährlichen oder schwerwiegenden Befehlen nicht vergisst, kann PowerShell den Parameter `-Confirm` auch automatisch aufrufen. Dazu muss der Autor einer Funktion die »Gefährlichkeit« seiner Funktion mit einem sogenannten `ConfirmImpact`-Level einschätzen.

ConfirmImpact-Levels	Bedeutung
`High`	Sehr gefährlich. Aktion kann zum Beispiel nicht mehr rückgängig gemacht werden, weil Daten permanent gelöscht werden.
`Medium`	Durchschnittlich. Aktionen verändern das System, sind aber problemlos rückgängig zu machen oder können generell keinen wirklichen Schaden anrichten. Ein Beispiel ist das Anlegen eines Ordners.
`Low`	Ungefährlich. Aktion führt zwar Systemänderungen durch, aber diese sind nicht wesentlich. Ein Beispiel ist das Anlegen einer Umgebungsvariablen.
`None`	Die Risikostufe wurde vom Autor des Befehls nicht angegeben.

Tabelle 14.1: Die verschiedenen Schweregrade zur Einschätzung der »Gefährlichkeit« eines Befehls

Um festzustellen, ob ein Befehl automatisch mit `-Confirm` aufgerufen werden soll, bietet PowerShell die Variable `$ConfirmPreference`. Sie ist normalerweise auf `High` eingestellt:

```
PS> $ConfirmPreference
High
```

Alle Befehle mit einem `ConfirmImpact` von `High` werden deshalb automatisch im Bestätigungsmodus gestartet und führen ihre Änderungen erst aus, wenn der Anwender dies bestätigt. Niedrigere Risikolevels führen dagegen nicht zu einer Bestätigung. Sind Sie der Auffassung, dass Ihre Funktion sehr gefährliche Aufgaben durchführt, legen Sie darin den `ImpactLevel` auf `High` fest. Anwender werden dadurch vor unbedachter Ausführung geschützt:

```
function Configure-System
{
  [CmdletBinding(ConfirmImpact='High')]
  Param()

  ' Ich werde immer ausgeführt!'
  if ($PSCmdlet.ShouldProcess('Configure-System', 'Änderungen am System'))
  {
    'Ich werde nur ausgeführt, wenn Sie zustimmen!'
  }
  else
  {
    'Ich werde ausgeführt, wenn Sie NICHT zustimmen'
  }
  'Ich werde auch immer ausgeführt!'
}
```

Listing 14.21: Die »Gefährlichkeit« einer Funktion festlegen

Rufen Sie danach Ihre Funktion ohne `-Confirm` auf, wird dennoch nachgefragt, und die entsprechenden Codeteile werden abhängig von Ihrer Reaktion ausgeführt:

```
PS> Configure-System
 Ich werde immer ausgeführt!

Bestätigung
Möchten Sie diese Aktion wirklich ausführen?
Ausführen des Vorgangs "Änderungen am System" für das Ziel "Configure-System".
[J] Ja  [A] Ja, alle  [N] Nein  [K] Nein, keine  [H] Anhalten  [?] Hilfe (Standard ist "J"):
Ich werde nur ausgeführt, wenn Sie zustimmen!
Ich werde auch immer ausgeführt!
PS>
```

Wollen Sie die Funktion dennoch unbeaufsichtigt und ohne Rückfrage ausführen, müssen Sie -Confirm explizit auf $false einstellen, was allerdings nur möglich ist, wenn Sie zusätzlich die allgemeinen Parameter mit SupportsShouldProcess überhaupt zugreifbar machen:

```
function Configure-System {
  [CmdletBinding(ConfirmImpact='High',SupportsShouldProcess=$true)]
  Param()

  (...)
}
```

Erst dann kann die Abfrage vom Anwender übersprungen werden:

```
PS> Configure-System -Confirm:$false
Ich werde immer ausgeführt!
Ich werde nur ausgeführt, wenn Sie zustimmen!
Ich werde auch immer ausgeführt!
```

Tipp

Sie können die Vorgaben in $ConfirmPreference und $WhatIfPreference auch global ändern. Die folgende Zeile schaltet PowerShell in einen reinen Simulationsmodus, bei dem für alle Cmdlets -WhatIf angenommen wird:

```
PS> $WhatIfPreference = $true
```

Wollen Sie automatische Bestätigungsmeldungen selbst bei geringfügigen Systemänderungen erhalten, nutzen Sie diese Zeile:

```
PS> $ConfirmPreference = 'Low'
```

Und möchten Sie die automatischen Bestätigungsmeldungen komplett abschalten, ist diese Zeile zielführend:

```
PS> $ConfirmPreference = 'None'
```

Dynamische Parameter

Dynamische Parameter werden von Cmdlets immer dann eingesetzt, wenn diese Parameter nur in einem bestimmten Zusammenhang sinnvoll sind. Anders als ParameterSets, die starr immer dieselben Parametergruppen definieren, können dynamische Parameter als spontane Reaktion auf schon vom Benutzer angegebene Argumente erscheinen.

Get-ChildItem beispielsweise blendet je nach Laufwerk zusätzliche laufwerkspezifische Parameter ein. Die zusätzlichen Parameter werden also nicht durch andere Parameter getriggert, sondern durch das, was Sie als Anwender einem anderen Parameter (in diesem Fall -Path) übergeben haben.

Geben Sie zum Beispiel einen Pfad zum Zertifikatspeicher an (beispielsweise cert:\currentuser), erscheinen in der IntelliSense-Liste zahlreiche neue Parameter – etwa -CodeSigningCert, mit dem sich ausschließlich für die Codesignierung geeignete Zertifikate finden lassen, oder -ExpiringInDay, mit dem man demnächst ablaufende Zertifikate findet. Diese Parameter sind bei anderen Laufwerktypen sinnlos und werden deshalb dynamisch eingeblendet.

Der Preis für diese Flexibilität ist, dass dynamische Parameter nicht in der Hilfe erscheinen:

```
PS> Get-Help -Name Get-ChildItem -Parameter * | Select-Object -ExpandProperty Name
Exclude
Filter
Force
Include
LiteralPath
Name
Path
Recurse
UseTransaction
```

... oder jedenfalls nicht sofort. Sie müssten der Hilfe mit dem Parameter -Path schon auf die Sprünge helfen:

```
PS> Get-Help -Name Get-ChildItem -Parameter co*
Get-Help : Kein Parameter entspricht dem Kriterium "co*".
In Zeile:1 Zeichen:1

PS> Get-Help -Name Get-ChildItem -Parameter co* -Path cert:

-CodeSigningCert [<SwitchParameter>]
    Gets only those certificates with code-signing authority.  This
    parameter gets certificates that have "Code Signing" in their
    EnhancedKeyUsageList property value.

    Because certificates that have an empty EnhancedKeyUsageList can be
    used for all purposes, searches for code signing certificates also
    return certificates that have an empty EnhancedKeyUsageList property
    value.

    This parameter is valid in all subdirectories of the Certificate
    provider, but it is effective only on certificates.

    This parameter was introduced in Windows PowerShell 1.0.

 Erforderlich?                False
 Position?                    Named
 Standardwert                 False
 Pipelineeingaben akzeptieren?false
 Platzhalterzeichen akzeptieren?false
```

Dynamische Parameter selbst definieren

In PowerShell-Funktionen generiert die dynamischen Parameter ein zusätzlicher Skriptblock, der mit dynamicparam festgelegt wird. Er wird immer dann ausgeführt, wenn PowerShell die Autovervollständigung oder die IntelliSense-Mechanismen auslöst oder Argumente an Parameter zu binden versucht. Es kann also durchaus sein, dass dieser Skriptblock mehrmals und auch schnell hintereinander aufgerufen wird. Deshalb sollte der Code darin auch schnell ausführbar sein, weil andernfalls die PowerShell bei interaktiven Eingaben zu »hängen« beginnt.

Voraussetzungen

Überhaupt ist die Entwicklung von `dynamicparam`-Blöcken anspruchsvoll, denn man kann den Code darin nur schlecht testen oder debuggen. Es gelten folgende Regeln:

- **param-Block erforderlich:** Damit dynamische Parameter ausgewertet werden, muss die Funktion sowohl einen `param`-Block besitzen (der leer sein darf) als auch das Attribut `[CmdletBinding()]` verwenden. Nur dann versteht PowerShell die Funktion als *Advanced Function* und nicht als einfache Funktion, für die dynamische Parameter nicht unterstützt werden.
- **begin, process, end sind zwingend erforderlich:** Sobald Sie mit `dynamicparam` einen Skriptblock zum Generieren der dynamischen Parameter einsetzen, müssen auch alle anderen Inhalte der Funktion in einen der drei Blöcke `begin`, `process` und `end` eingeordnet werden. Im Zweifel wählen Sie den Block `end`, denn das entspricht dem Standardverhalten von Funktionen. Wofür die anderen Blöcke gebraucht werden, ist Thema des nächsten Kapitels.
- **Argumente über $PSBoundParameters:** Die Werte, die der Anwender dynamischen Parametern zugewiesen hat, stehen nicht über Variablen zur Verfügung, sondern ausschließlich über die Hashtable in `$PSBoundParameters`.

Nehmen wir an, Sie wollten die statischen Parameter der folgenden Funktion mit dynamischen Parametern nachbilden:

```
function Test-ParameterStatic
{
    param
    (
        [Parameter(Mandatory=$true)]
        [Int]
        $ID,

        [Parameter(Mandatory=$false)]
        [String]
        [ValidateSet('NewYork','Cork','Hannover')]
        $City='Hannover'
    )

    "ID ist $ID und Stadt ist $City"
}
```

Listing 14.22: Ausgangsfunktion mit statischen Parametern

Dynamische Parameter werden allein per Code definiert, sodass nun also die Deklaration im `param`-Block mit PowerShell-Code nachgebildet werden muss. Hier ist die dynamische Variante:

```
function Test-ParameterDynamic
{
  # Cmdletbinding und param() zwingend nötig
  [CmdletBinding()]
  param()

  # Definiert die dynamischen Parameter:
  dynamicparam
  {
    # Der "Eimer" sammelt alle dynamischen Parameter und wird
    # am Ende zurückgegeben:
    $Eimer = [Management.Automation.RuntimeDefinedParameterDictionary]::new()

    # 1. Parameter definieren.
    # Eine Liste für die Attribute anlegen:
```

```
    $ListeAttribute = [Collections.ObjectModel.Collection[System.Attribute]]::new()
    # [Parameter()]-Attribut definieren:
    $AttribParameter = [Management.Automation.ParameterAttribute]::new()
    $AttribParameter.Mandatory = $true
    # Der Attributliste hinzufügen:
    $ListeAttribute.Add($AttribParameter)
    # Neuen Parameter mit Name, Typ und Attributen definieren:
    $Parameter = [Management.Automation.RuntimeDefinedParameter]::new('ID',[Int], $ListeAttribute)
    # In den "Eimer" legen:
    $Eimer.Add('ID', $Parameter)

    # 2. Parameter definieren:
    $ListeAttribute = [Collections.ObjectModel.Collection[System.Attribute]]::new()
    $AttribParameter = [Management.Automation.ParameterAttribute]::new()
    $AttribParameter.Mandatory = $false
    $ListeAttribute.Add($AttribParameter)

    # Ein zusätzliches [ValidateSet()]-Attribut hinzufügen:
    [string[]]$Werte = 'NewYork','Cork','Hannover'
    $AttribValidateSet = [Management.Automation.ValidateSetAttribute]::new($Werte)
    $ListeAttribute.Add($AttribValidateSet)


    $Parameter = [Management.Automation.RuntimeDefinedParameter]::new('City',[String],
$ListeAttribute)
    $Eimer.Add('City', $Parameter)

    # Die beiden dynamischen Parameter zurückgeben:
    $Eimer
  }

  end
  {
    # Inhalt der dynamischen Parameter findet sich in $PSBoundParameters.
    $Id = $PSBoundParameters['ID']
    $City = $PSBoundParameters['City']
    "ID ist $Id und Stadt ist $City"
  }
}
```

Listing 14.23: Dieselben Parameter dynamisch generieren

Splatting: Argumente an Parameter binden

Über eine Technik namens *Splatting* kann man einem Befehl mehrere Parameter auf einmal übergeben. Wirklich interessant ist diese Technik aber, weil auch die Parameter einer Funktion intern über Splatting an andere Befehle weitergereicht werden können.

Splatting im Alltag einsetzen

Möchten Sie mehrere Parameter auf einmal an einen Befehl übergeben, benötigen Sie dazu eine Hashtable. Die Schlüssel in der Hashtable legen fest, welchem Parameter ein Wert übergeben werden soll, und der Wert des jeweiligen Schlüssels ist das Argument, das an den Parameter übermittelt werden soll.

Um zu »splatten«, wird dem Befehl die Hashtable übergeben und dabei `$` durch `@` ersetzt. Schauen wir uns das an einem Beispiel an.

Die folgende Zeile listet beispielsweise alle PowerShell-Skripte im Windows-Ordner auf. Die verwendeten Parameter sind dabei hardcodiert im Skript vorgegeben und können sich nicht mehr ändern:

```
Get-ChildItem -Path c:\windows -Recurse -Filter *.ps1 -Include *.ps1 -File -ErrorAction Ignore
```

Listing 14.24: Alle PowerShell-Skripte im Windows-Ordner auflisten

Über Splatting lässt sich derselbe Aufruf wesentlich übersichtlicher mehrzeilig formatieren. Weil die Parameter in Form einer Hashtable separat und außerhalb des Befehls definiert werden, kann darüber hinaus das Skript den Inhalt der Hashtable jederzeit und in jeder Weise dynamisch verändern, bevor die Hashtable dem Befehl übergeben wird:

```
$parameter = @{
  Path        = 'c:\windows'
  Recurse     = $true
  Filter      =  '*.ps1'
  Include     = '*.ps1'
  File        = $true
  ErrorAction = 'Ignore'
}

Get-ChildItem @parameter
```

Listing 14.25: Parameter und Argumente in einer Hashtable definieren und diese an einen Befehl »splatten«

Übergebene Parameter als Hashtable empfangen

Umgekehrt geht es ebenfalls: Eine Hashtable kann nicht nur an die Parameter eines Skriptblocks »gesplattet« werden, auch wenn der Anwender einem Skriptblock Argumente übergibt, stehen diese innerhalb des Skriptblocks als Hashtable zur Verfügung. Diese befindet sich in der automatischen Variablen `$PSBoundParameters`:

```
function Test-Parameter
{
    param
    (
        $Wert1,
        $Wert2,
        $Wert3
    )

    $PSBoundParameters
}
```

Listing 14.26: Das Skript Test-Parameter.ps1

Abhängig davon, welche Parameter der Anwender nun der Funktion übergibt, liefert `$PSBoundParameters` stets eine Hashtable mit den empfangenen Parametern zurück:

```
PS> Test-Parameter -Wert1 "Hallo" -Wert3 'Welt'

Key                                    Value
---                                    -----
Wert1                                  Hallo
Wert3                                  Welt
```

```
PS> Test-Parameter a b c

Key                                     Value
---                                     -----
Wert1                                   a
Wert2                                   b
Wert3                                   c
```

Achtung

`$PSBoundParameters` liefert nur diejenigen Parameter, die der Anwender tatsächlich angegeben hat. Optionale Parameter mit Defaultwerten sind folglich nicht in der Hashtable enthalten, wenn sie nicht beim Aufruf übergeben wurden.

Mithilfe von `$PSBoundParameters` kann man zum Beispiel überprüfen, ob der Anwender einen bestimmten Parameter angegeben hat oder nicht:

```
if ($PSBoundParameters.ContainsKey('Wert1'))
{
  'Parameter -Wert1 wurde angegeben'
}
else
{
  'Parameter -Wert1 wurde NICHT angegeben'
}
```

Im Ergebnis ergäbe sich dann dieses Bild:

```
PS> Test-Parameter 1 2 3
Parameter -Wert1 wurde angegeben

PS> Test-Parameter -wert2 hallo -Wert3 welt
Parameter -Wert1 wurde NICHT angegeben
```

Mit Splatting Parameter weiterreichen

Die Tatsache, dass Funktionen die übergebenen Parameter als Hashtable in `$PSBoundParameters` empfangen können, und die Tatsache, dass Hashtables über Splatting an die Parameter einer Funktion übergeben werden können, bietet in Kombination eine spannende Möglichkeit: Funktionen können ihre Parameter ganz oder teilweise an einen anderen Befehl weiterreichen. Die folgende Funktion verdeutlicht den enormen Nutzen. Sie kapselt einen Aufruf zu WMI, um die aktuellen Laufwerke in Erfahrung zu bringen:

```
function Get-Drive
{
    Get-WmiObject -Class Win32_LogicalDisk |
      Select-Object DeviceID, VolumeName, Size, FreeSpace
}
```

Listing 14.27: Informationen über Laufwerke von der WMI abrufen

Das funktioniert lokal sehr gut und soll deshalb nun ebenfalls für Remote-Computer ermöglicht werden. `Get-WmiObject` verfügt über die Parameter `-ComputerName` und `-Credential`, mit denen man die Abfrage auch an einen Remote-Computer richten und sich gegebenenfalls dort unter einem anderen Namen anmelden kann. Normalerweise müsste die Funktion nun diese Parameter implementieren und dann je nach Fall über eine Bedingung an verschiedene WMI-Aufrufe weitergeben:

- Falls der Benutzer keinen der Parameter angibt, müsste `Get-WmiObject` ohne diese Parameter aufgerufen werden.
- Falls der Benutzer den Parameter `-ComputerName` angibt, müsste `Get-WmiObject` nur mit `-ComputerName`, aber nicht mit `-Credential` aufgerufen werden.
- Falls der Benutzer beide Parameter angibt, müssten beide weitergegeben werden.

Sicher ahnen Sie schon, wie viel einfacher die Lösung dank Splatting und `$PSBoundParameters` ist, um `Get-Drive` remotefähig zu machen:

```
function Get-Drive
{
  param
  (
    $ComputerName,
    $Credential
  )

    Get-WmiObject -Class Win32_LogicalDisk @PSBoundParameters |
      Select-Object DeviceID, VolumeName, Size, FreeSpace
}
```

Listing 14.28: Argumente aus eigener Funktion direkt an ein Cmdlet weiterreichen

Sie können `Get-Drive` nun wahlweise ohne Parameter, mit einem oder mit beiden Parametern aufrufen, und nur diejenigen Parameter, die Sie einsetzen, werden auch an `Get-WmiObject` weitergereicht:

```
PS> Get-Drive

DeviceID            VolumeName                   Size          FreeSpace
--------            ----------                   ----          ---------
C:                  OS                   108621983744        16181981184


PS> Get-Drive -ComputerName Storage1

DeviceID            VolumeName                   Size          FreeSpace
--------            ----------                   ----          ---------
C:                  SYS                   21476171776        10699046912
D:                  DATA                 978717839360        93289963520


PS> Get-Drive -ComputerName Storage1 -Credential Tobias

DeviceID            VolumeName                   Size          FreeSpace
--------            ----------                   ----          ---------
C:                  SYS                   21476171776        10699112448
D:                  DATA                 978717839360        93289963520
```

Profitipp

Im Beispiel werden sämtliche Parameter der Funktion **`Get-Drive`** an **`Get-WmiObject`** weitergereicht, die der Anwender angegeben hat. Was aber, wenn man die übergebenen Parameter nur teilweise weiterreichen möchte, zum Beispiel weil einige davon für die Funktion **`Get-Drive`** bestimmt sind und von **`Get-WmiObject`** gar nicht verstanden würden? In diesem Fall entfernen Sie die Parameter aus `$PSBoundParameters`, die nicht weitergegeben werden sollen. Das ändert nichts an den eigentlichen Parameterinhalten. Die Parameter werden nur aus der Hashtable entfernt und fehlen dann dort, wo die Hashtable per Splatting weitergereicht wird.

Die folgende Funktion besitzt einen zusätzlichen `Switch`-Parameter `-AsGridView`, der nicht an `Get-WmiObject` weitergeleitet werden soll. Stattdessen wird er innerhalb der Funktion dazu genutzt, das Ergebnis auf Wunsch direkt mit `Out-GridView` in einem Extrafenster anzuzeigen:

```
function Get-Drive
{
  param
  (
    $ComputerName,
    $Credential,
    [Switch]
    $AsGridView
  )

    $null = $PSBoundParameters.Remove('AsGridView')

    $result = Get-WmiObject -Class Win32_LogicalDisk @PSBoundParameters |
      Select-Object DeviceID, VolumeName, Size, FreeSpace

    if ($AsGridView)
    {
        $result | Out-GridView
    }
    else
    {
        $result
    }
}
```

Listing 14.29: Übergebene Argumente aus $PSBoundParameters entfernen

Umgekehrt lassen sich auch neue Werte in die Hashtable aufnehmen. Dies kann notwendig sein, wenn eine Funktion optionale Parameter mit Defaultwert besitzt. Diese würden nur dann in `$PSBoundParameters` enthalten sein, wenn der Anwender diese Parameter ausdrücklich angegeben hat. Will man so einen Parameter weiterreichen, muss man ihn also selbst in `$PSBoundParameters` hinterlegen, falls er darin fehlt. So wird ein optionaler und nicht angegebener Parameter aufgenommen:

```
function Test-Optional
{
  param
  (
    $ComputerName = $env:COMPUTERNAME
  )

    if ($PSBoundParameters.ContainsKey('ComputerName') -eq $false)
    {
        $null = $PSBoundParameters.Add('ComputerName', $ComputerName)
    }

    $PSBoundParameters
}
```

Listing 14.30: Parameterwert in $PSBoundParameters aufnehmen, falls der Anwender keinen Wert angibt

Wie Sie sehen, wird der optionale Parameter nun Teil von `$PSBoundParameters`, auch wenn er nicht ausdrücklich angegeben wird:

```
PS> Test-Optional -ComputerName abc

Key                                Value
---                                -----
ComputerName                       abc

PS> Test-Optional

Key                                Value
---                                -----
ComputerName                       POWERSHELLPC
```

Kapitel 15
Pipeline-fähige Funktionen

In diesem Kapitel:

Ausführlich werden in diesem Kapitel die folgenden Aspekte erläutert:

- **Foreach-Object:** Eine Pipeline-fähige Funktion entspricht dem Pipeline-Cmdlet `Foreach-Object`. Während `Foreach-Object` anonyme Ad-hoc-Funktionen herstellt und über deren Parameter `-Begin`, `-Process` und `-End` den entsprechenden Blöcken Code zuweist, geschieht dies in einer Pipeline-fähigen Funktion im Scriptcode. Jede `Foreach-Object`-Anweisung kann stets durch eine Pipeline-fähige Funktion ersetzt werden, wenn man die Logik häufiger benötigt oder Code übersichtlicher gestalten möchte.
- **Parameter über Pipeline empfangen:** Damit Parameter Informationen über die Pipeline empfangen können, benötigen sie einen *Kontrakt*: Dieser bestimmt, welcher Parameter welche Pipeline-Informationen erhalten sollen. Darüber hinaus legen Pipeline-fähige Funktionen mit einem `process`-Block fest, welcher Code für jeden empfangenen Datensatz wiederholt werden soll.
- **Aliasnamen für Parameter:** Parameter können zusätzliche Aliasnamen tragen und so an verschiedene Eigenschaften in verschiedenen Objekten gebunden werden.

- **Filter und Function:** Ein *Filter* ist eine spezielle Form einer *Function*. Während die Funktion seinen Code automatisch in einem end-Block platziert, liegt der Code bei einem Filter im process-Block. Ein Filter ist damit automatisch eine Pipeline-fähige Funktion. Filter werden kaum eingesetzt, weil Funktionen ihren Code auch explizit auf begin-, process- und end-Blöcke aufteilen können. Filter haben diese Möglichkeit nicht und sind daher nur eine Spezialform einer Funktion.

Pipeline-Fähigkeit beschreibt technisch gesehen eigentlich nur, dass ein Befehl Informationen über die Pipeline (|) direkt vom Vorgängerbefehl erhalten darf. Das haben Sie in den bisherigen Kapiteln und Beispielen schon viele Male gesehen und getan.

Nun wird es Zeit, auch hier die Seiten zu wechseln und hinter die Kulissen zu schauen: Wie funktioniert diese Weitergabe von einem Befehl an den nächsten eigentlich genau? Das schauen Sie sich gleich am Beispiel Ihrer eigenen Funktionen an, die Sie im letzten Kapitel hergestellt haben – und verwandeln auch diese damit in Pipeline-fähige Befehle.

Anonyme Pipeline-Funktion

Vermutlich arbeiten Sie schon längst mit Pipeline-fähigen Funktionen und haben auch schon etliche verfasst, ohne es bemerkt zu haben. Das Cmdlet `Foreach-Object` ist nämlich nichts anderes. Es empfängt Pipeline-Eingaben vom vorherigen Befehl und führt danach für jedes einlaufende Pipeline-Objekt einen Skriptblock aus. In der folgenden Zeile würde `Foreach-Object` demnach zehn Zahlen empfangen und daraus jeweils eine IP-Adresse erzeugen:

```
PS> 1..10 | ForEach-Object -Process { "10.10.10.$_" }
10.10.10.1
10.10.10.2
10.10.10.3
10.10.10.4
10.10.10.5
10.10.10.6
10.10.10.7
10.10.10.8
10.10.10.9
10.10.10.10
```

Die Arbeit erledigt dabei der Skriptblock, den `Foreach-Object` über den Parameter `-Process` empfängt. In ihm steht das gerade empfangene Pipeline-Objekt in der Variablen `$_` zur Verfügung. Der Skriptblock wird also für jedes empfangene Pipeline-Objekt wiederholt.

`Foreach-Object` verfügt noch über zwei ähnliche Parameter namens `-Begin` und `-End`:

```
SYNTAX
    ForEach-Object [-Process] <ScriptBlock[]> [-Begin <ScriptBlock>] [-End <ScriptBlock>]
    [-InputObject <PSObject>] [-RemainingScripts <ScriptBlock[]>]
    [-Confirm] [-WhatIf] [<CommonParameters>]
```

Diese beiden Skriptblöcke werden nicht für jedes Pipeline-Element wiederholt. Stattdessen führt `Foreach-Object -Begin` vor der Pipeline und `-End` nach der Pipeline aus.

Prototyping

`Foreach-Object` wird in der Regel für improvisierten Code verwendet oder um eine bestimmte Funktionalität zu entwickeln (*Prototyping*). Dabei entstehen mitunter zwar interessante Lösungen, die aber recht umfangreich und unübersichtlich werden können.

Der folgende Code (ein Einzeiler!) gibt beispielsweise Dienste in unterschiedlichen Farben aus, je nachdem, ob sie laufen oder nicht. Außerdem wird die Dauer ausgegeben, die der Befehl zur Ausführung benötigt hat:

```
Get-Service | ForEach-Object -Begin { $start = Get-Date } -Process { if ($_.Status -eq 'Running')
{ Write-Host $_.DisplayName -ForegroundColor Green } else { Write-Host $_.DisplayName
-ForegroundColor Red }} -End { $ende = Get-Date; $dauer = $ende - $start; $millisec =
$dauer.TotalMilliSeconds; Write-Warning "Ausführungszeit: $millisec ms" }
```

Listing 15.1: Laufende und gestoppte Dienste in unterschiedlichen Farben und unterschiedlicher Ausführungsdauer ausgeben

Pipeline-fähige Funktion erstellen

Wenn Ihnen das Ergebnis gefällt, würden Sie dennoch im Alltag kaum einen so langen Befehl eintippen wollen. Das brauchen Sie auch gar nicht, denn `Foreach-Object` lässt sich in wenigen Schritten in eine Pipeline-fähige Funktion verwandeln.

```
function Watch-Service
{
  begin
  {
    $start = Get-Date
  }

  process
  {
    if ($_.Status -eq 'Running')
    { Write-Host $_.DisplayName -ForegroundColor Green }
    else
    { Write-Host $_.DisplayName -ForegroundColor Red }
  }

  end
  {
    $ende = Get-Date
    $dauer = $ende - $start
    $millisec = $dauer.TotalMilliSeconds
    Write-Warning "Ausführungszeit: $millisec ms"
  }
}
```

Listing 15.2: Den Foreach-Object-Prototyp in eine Funktion verwandeln

Im Grunde sind kaum Änderungen nötig: Die Parameter `-Begin`, `-Process` und `-End` werden innerhalb der Funktion einfach in gleichnamig benannte Skriptblöcke übersetzt. Das ist alles. Künftig könnten Sie Ihren neuen Befehl `Watch-Service` einsetzen, um Dienste je nach Status in unterschiedlichen Farben anzuzeigen:

```
PS> Get-Service | Watch-Service
```

Wenn Sie diesen Aufruf mit dem ursprünglichen Foreach-Object-Aufruf vergleichen, wird sofort klar, warum Pipeline-fähige Funktionen eine richtig gute Idee sind – jedenfalls immer dann, wenn Sie planen, den Code mehr als nur einmal auszuführen.

Benannte Parameter

Allerdings ist die eben entstandene Funktion Watch-Service nun *ausschließlich* Pipeline-fähig. Weil sie keine Parameter besitzt, kann man sie ohne Pipeline nicht verwenden. Für viele Zwecke mag das genügen, aber ebenso gut könnten Sie auch Parameter definieren. Der Parameter benötigt lediglich eine spezielle Kennzeichnung, die PowerShell verrät, dass dieser Parameter die Pipeline-Eingaben erhalten soll:

```
function Watch-Service
{
  param
  (
    [Parameter(ValueFromPipeline=$true)]
    $Dienst
  )

  begin
  {
    $start = Get-Date
  }

  process
  {
    if ($Dienst.Status -eq 'Running')
    { Write-Host $Dienst.DisplayName -ForegroundColor Green }
    else
    { Write-Host $Dienst.DisplayName -ForegroundColor Red }
  }

  end
  {
    $ende = Get-Date
    $dauer = $ende - $start
    $millisec = $dauer.TotalMilliSeconds
    Write-Warning "Ausführungszeit: $millisec ms"
  }
}
```

Listing 15.3: Pipeline-Eingabe über einen benannten Parameter empfangen

Anstelle von $_ verwendet die Funktion nun den Parameter $Dienst und kann jetzt auch ohne Pipeline verwendet werden:

```
PS> Get-Service | Watch-Service
PS> Watch-Service -Dienst (Get-Service Spooler)
```

Wichtig

Sobald Sie in einer Funktion Parameter verwenden und die Parameter mit dem Attribut [Parameter(..)] versehen, kann die Funktion Pipeline-Eingaben nur noch empfangen, wenn einer der Parameter Pipeline-Eingaben akzeptiert.

Allerdings würde `Watch-Service` über den Parameter immer nur einen Dienst empfangen können. Die Pipeline sorgt automatisch dafür, dass beliebige Datenmengen einzeln nacheinander vom `process`-Block verarbeitet werden. Hier enthält `$Dienst` also ohne Ihr Zutun der Reihe nach immer nur einen Dienst. Übergeben Sie dagegen mehrere Dienste an den Parameter `-Dienst`, empfängt dieser alle Dienste auf einmal. Damit der Parameter `-Dienst` auch mehrere Dienste verarbeiten kann, brauchen Sie ihn bloß mit einer weiteren Schleife zu versehen:

```
function Watch-Service
{
  param
  (
    [Parameter(ValueFromPipeline=$true)]
    $Dienst
  )

  begin
  {
    $start = Get-Date
  }

  process
  {
    foreach($Einzeldienst in $Dienst)
    {
      if ($Einzeldienst.Status -eq 'Running')
      { Write-Host $Einzeldienst.DisplayName -ForegroundColor Green }
      else
      { Write-Host $Einzeldienst.DisplayName -ForegroundColor Red }
    }
  }

  end
  {
    $ende = Get-Date
    $dauer = $ende - $start
    $millisec = $dauer.TotalMilliSeconds
    Write-Warning "Ausführungszeit: $millisec ms"
  }
}
```

Listing 15.4: Auch der Parameter kann nun mehrere Dienste empfangen.

Jetzt dürfte `Watch-Service` also auch über seinen Parameter direkt mehrere Dienste empfangen:

```
PS> Watch-Service -Dienst (Get-Service)
```

Wie weit Sie diesen Aufwand tatsächlich treiben wollen, bleibt Ihnen überlassen. Wenn Sie ausschließlich Pipeline-Eingaben verarbeiten möchten, brauchen Sie überhaupt keine Parameter und können genau wie bei `Foreach-Object` einfach auf `$_` zugreifen.

Where-Object durch eine Funktion ersetzen

Auch `Where-Object` wird häufig in Pipelines eingesetzt und dient dazu, unerwünschte Informationen auszufiltern. Die folgende Zeile liefert beispielsweise alle Dateien und Ordner im Windows-Ordner, die älter sind als zehn Tage:

```
PS> Get-ChildItem -Path $env:windir |
       Where-Object { $_.LastWriteTime -lt (Get-Date).AddDays(-10) }
```

Tipp

Ersetzen Sie einfach `-lt` durch `-gt`, wenn Sie die Elemente finden wollen, die jünger sind als zehn Tage.

Auch `Where-Object` ist eine Ad-hoc-Funktion, die man in eine echte Pipeline-fähige Funktion übersetzen kann, wenn man die Filterung häufiger benötigt. Denn eigentlich ist `Where-Object` nichts anderes als `Foreach-Object` mit einer integrierten Bedingung. Man könnte also auch so formulieren:

```
PS> Get-ChildItem -Path $env:windir |
      Foreach-Object { if ($_.LastWriteTime -lt (Get-Date).AddDays(-10)) { $_ } }
```

Und so könnte eine Funktion namens `Find-OldItem` aussehen:

```
function Find-OldItem
{
  param
  (
    [Int]
    $Days
  )

  process
  {
    $CheckDate = (Get-Date).AddDays(-$Days)
    if ($_.LastWriteTime -lt $CheckDate) { $_ }
  }
}
```

Listing 15.5: Find-OldItem findet Dateien, die älter sind als die angegebene Anzahl von Tagen.

Ab sofort würde die Filterung sehr viel einfacher sein:

```
PS> Get-ChildItem -Path $env:windir | Find-OldItem -Days 40
```

Allerdings könnte man die Funktion noch optimieren. Es ergibt keinen Sinn, `$CheckDate` für jedes einlaufende Pipeline-Element neu zu berechnen. Dieser Teil des Codes gehört also aus ökonomischen Gründen besser in den `begin`-Block. Außerdem sollte der Parameter `-Days` zwingend sein. Sobald Sie Parameterattribute einsetzen, muss auch die Pipeline-Eingabe an einen Parameter gebunden werden. Eine optimale Funktion sähe daher so aus:

```
function Find-OldItem
{
  param
  (
    [Parameter(ValueFromPipeline=$true)]
    [System.IO.FileSystemInfo]
    $Item,

    [Parameter(Mandatory = $true)]
    [Int]
    $Days
  )

  begin
  {
    $CheckDate = (Get-Date).AddDays(-$Days)
```

```
  }
  process
  {
    if ($Item.LastWriteTime -lt $CheckDate)
    {
      $Item
    }
  }
}
```

Listing 15.6: Dateien und Ordner finden, die älter sind als eine bestimmte Anzahl von Tagen

Wenn Sie sich Listing 15.6 näher betrachten, fallen Ihnen sicher einige interessante Punkte auf:

- **Pipeline-Kontrakt:** Der Parameter `$Item` enthält einen Pipeline-Kontrakt und kann Objekte vom Typ `System.IO.FileSystemInfo` von der Pipeline empfangen. Dieser Typ bildet die Obergruppe für Dateien und Ordner, akzeptiert also sowohl Objekte vom Typ `System.IO.FileInfo` als auch vom Typ `System.IO.DirectoryInfo`.
- **begin-Block:** Der Stichtag, der zur Filterung dienen soll, wird nur einmal im `begin`-Block errechnet und kann danach beliebig häufig im `process`-Block verwendet werden. Der `begin`-Block wird für genau solche Initialisierungsaufgaben genutzt.
- **Bedingung:** Ein `Where-Object` ist im Grunde nur ein `Foreach-Object`, in dessen `process`-Block eine Bedingung ausgewertet wird. Trifft sie zu, wird das empfangene Objekt unverändert weitergereicht. Trifft sie nicht zu, wird das empfangene Objekt nicht weitergereicht und dadurch verworfen. Der folgende Pipeline-Befehl empfängt es nicht mehr.

Kurzes Resümee

Folgendes kennzeichnet eine Pipeline-fähige Funktion:

- **process-Block:** Innerhalb der Funktion muss mindestens ein `process`-Block existieren, der die einzelnen Pipeline-Eingaben bearbeitet. Dieser Block wird automatisch für jede einlaufende Pipeline-Information wiederholt, ähnlich einer Schleife. Anderer Code darf nun höchstens noch in einem `begin`- oder `end`-Block existieren. Der Code der Funktion muss also auf die drei Blöcke aufgeteilt werden und darf nicht mehr außerhalb dieser Blöcke stehen.
- **Parameter:** Sollen Parameter der Funktion Pipeline-Eingaben empfangen können, müssen sie mit `[Parameter(ValueFromPipeline=$true)]` gekennzeichnet sein. Andernfalls steht die Pipeline-Eingabe innerhalb des `process`-Blocks nur in der Variablen `$_` zur Verfügung. Sobald Sie das Attribut `[Parameter(...)]` einsetzen, muss mindestens ein Parameter Pipeline-Eingaben akzeptieren.

Parameter und Pipeline-Kontrakt

Zwar kann, wie bereits gezeigt, eine simple PowerShell-Funktion Pipeline-Eingaben auch ohne besondere Vorkehrungen in `$_` empfangen, wenn die Funktion mindestens einen `process`-Block besitzt, das ist aber in den meisten Fällen keine so gute Idee, denn dann ist die Funktion *ausschließlich* Pipeline-fähig. Besser ist es, die Parameter einer Funktion immer eindeutig festzulegen.

Sobald eine Funktion Parameter definiert, benötigt PowerShell einen Kontrakt, der festlegt, welcher Parameter Pipeline-Eingaben erhalten soll. Es gibt zwei Formen eines Kontrakts:

- **ISA (»ist ein«):** Das eintreffende Objekt wird gebunden, wenn es genau dem gewünschten Datentyp entspricht oder in ihn umgewandelt werden kann. Das Attribut hierfür heißt `ValueFromPipeline` und wurde gerade eben verwendet.
- **HASA (»hat ein«):** Enthält das eintreffende Objekt eine Eigenschaft vom passenden Datentyp und heißt die Eigenschaft so wie der Parameter (oder einer seiner Aliasnamen), wird der Inhalt dieser Eigenschaft an den Parameter gebunden. Das Attribut hierfür heißt `ValueFromPipelineByPropertyName`.

ISA-Kontrakt: Pipeline-Eingaben direkt binden

Hierbei wird jeder Parameter, der Pipeline-Eingaben akzeptieren soll, mit dem Attribut `[Parameter(ValueFromPipeline=$true)]` gekennzeichnet. Das können auch mehrere Parameter sein. Werden mehrere Parameter verwendet, bindet PowerShell die Pipeline-Eingabe an jeden geeigneten Parameter. Parameter sind geeignet, wenn der Pipeline-Input dem gewünschten Datentyp entspricht oder in diesen Datentyp umgewandelt werden kann:

```
function Test-PipelineInput {
  param (
    [Parameter(ValueFromPipeline=$true)]
    [double]
    $Zahl=-1,

    [Parameter(ValueFromPipeline=$true)]
    [datetime]
    $Datum = (Get-Date),

    [Parameter(ValueFromPipeline=$true)]
    [bool]
    $Boolean = $false,

    [Parameter(ValueFromPipeline=$true)]
    $Objekt = $null
  )

  process {
    "Zahl: $Zahl"
    "Datum: $Datum"
    "Ja/Nein: $Boolean"
    "Objekt: $Objekt"
  }
}
```

Listing 15.7: Mehrere Pipeline-fähige Parameter

Automatische Bindung über den Datentyp

Übergibt man `Test-PipelineInput` verschiedene Werte, bindet PowerShell diese Werte jeweils an die passenden Parameter.

Die Zahl 1 kann in die Typen `Double`, `DateTime` und `Bool` umgewandelt werden, alle Parameter können daher diesen Wert empfangen. Der Parameter `Objekt` zeigt die übergebenen Pipeline-Daten grundsätzlich immer an, weil er jeden beliebigen Datentyp akzeptiert:

```
PS> 1 | Test-PipelineInput
Zahl: 1
```

```
Datum: 01/01/0001 00:00:00
Ja/Nein: True
Objekt: 1
```

Wird hingegen der Text »Hallo« übergeben, kann dieser weder in den Typ `Double` noch in den Typ `Bool` oder `DateTime` umgewandelt werden. Diese Parameter zeigen also ihren Vorgabewert an, während lediglich der Parameter `Object` die Pipeline-Daten jetzt noch anzeigt:

```
PS> "Hallo" | Test-PipelineInput
Zahl: -1
Datum: 02/05/2016 09:03:44
Ja/Nein: False
Objekt: Hallo
```

Wenn Sie indes einen Text übergeben, der ein gültiges Datumsformat enthält, wird der Text in `DateTime` umgewandelt, und `Datum` zeigt das umgewandelte Datum an:

```
PS> '1.1.2000' | Test-PipelineInput
Zahl: -1
Datum: 01/01/2000 00:00:00
Ja/Nein: False
Objekt: 1.1.2000
```

Übergeben Sie ein `Process`-Objekt, kann dies nur vom Parameter `Objekt` empfangen werden, weil es sich nicht in einen der anderen Datentypen umwandeln lässt. Die übrigen Parameter zeigen die Vorgabewerte:

```
Zahl: -1
Datum: 02/05/2016 09:05:29
Ja/Nein: False
Objekt: System.Diagnostics.Process (powershell_ise)
```

ParameterSets einsetzen

Normalerweise setzt man das automatische Pipeline-Binding nur ein, um auf verschiedene Eingaben zu reagieren und sie genau dem passenden Parameter zuzuweisen. Es ist also unerwünscht, dass die Pipeline-Eingaben mehreren Parametern zugewiesen werden können. Sie sollen nur an denjenigen Parameter gehen, der am besten passt.

Dazu weisen Sie jedem Parameter ein eigenes ParameterSet zu. So wird festgelegt, dass nur einer dieser Parameter ausgewählt werden kann. PowerShell bindet dann die Pipeline-Eingabe an den am besten passenden Parameter, und über `$PSCmdlet` erfahren Sie nun auch, welches ParameterSet ausgewählt wurde. Geben Sie außerdem ein Default-ParameterSet mit `DefaultParameterSetName` an. Es wird verwendet, wenn mehrere ParameterSets infrage kämen.

Wichtig

Sobald Sie ParameterSets verwenden, dürfen Sie nicht mehr den Typ `Object` verwenden. Er würde das zielgerichtete Binding stören, weil er immer alle Eingaben bindet. Deshalb verwendet das folgende Beispiel stattdessen den spezifischeren Typ `String`.

```
function Test-PipelineInput {
  [CmdletBinding(DefaultParameterSetName='Numerisch')]
  param (
    [Parameter(ValueFromPipeline=$true,ParameterSetName='Numerisch')]
```

```
    [double]
    $Zahl=-1,

    [Parameter(ValueFromPipeline=$true,ParameterSetName='Datum')]
    [datetime]
    $Datum = (Get-Date),

    [Parameter(ValueFromPipeline=$true,ParameterSetName='JaNein')]
    [bool]
    $Boolean = $false,

    [Parameter(ValueFromPipeline=$true,ParameterSetName='Text')]
    [string]
    $Text = ''
  )

  process {
    switch ($PSCmdlet.ParameterSetName)
    {
        'Numerisch'   { "Es wurde die Zahl $Zahl übergeben" }
        'Datum'       { "Es wurde das Datum $Datum übergeben" }
        'JaNein'      { "Es wurde der boolesche Wert $Boolean übergeben" }
        'Text'        { "Es wurde der Text $Text übergeben" }
    }
  }
}
```

Listing 15.8: Parameter werden unterschiedlichen ParameterSets zugewiesen.

Listing 15.8 bindet die Pipeline-Eingaben nun jeweils automatisch an den am besten passenden Parameter:

```
PS> 1 | Test-PipelineInput
Es wurde die Zahl 1 übergeben

PS> $true | Test-PipelineInput
Es wurde der boolesche Wert True übergeben

PS> Get-Date | Test-PipelineInput
Es wurde das Datum 02/05/2016 09:32:00 übergeben

PS> "Hallo" | Test-PipelineInput
Es wurde der Text Hallo übergeben

PS> 1, 'Hallo', (Get-Date), $true | Test-PipelineInput
Es wurde die Zahl 1 übergeben
Es wurde der Text Hallo übergeben
Es wurde das Datum 02/05/2016 09:32:18 übergeben
Es wurde der boolesche Wert True übergeben
```

Mehrdeutigkeiten auflösen

Falls es Mehrdeutigkeiten gibt, richtet sich Listing 15.8 nach dem Default-ParameterSet. Solche Mehrdeutigkeiten sind eben bereits passiert: Die Zahl 1 ist vom Typ `[Int]` und entspricht also keinem der gewünschten Datentypen. Sie lässt sich umwandeln in den Typ `[Double]` und in den Typ `[String]`. Weil aber als Default-ParameterSet das ParameterSet `Numerisch` gewählt war, wurde die Integer-Zahl in den Typ `[Double]` umgewandelt.

Kann eine Eingabe an keinen Parameter gebunden werden, erhalten Sie eine Fehlermeldung. Da sich aber alle Typen mindestens in den Typ `String` umwandeln lassen, kann dieser Fall in Listing 15.8 nicht passieren.

HASA-Kontrakt: Objekteigenschaften lesen

Der HASA-Kontrakt (»has a« = »hat ein«) untersucht nicht das eintreffende Pipeline-Element als Ganzes, sondern seine Eigenschaften. Ist unter seinen Eigenschaften eine, die so heißt wie der Parameter selbst, und enthält diese Eigenschaft den gewünschten Datentyp, wird der Wert der Eigenschaft gebunden. Ein HASA-Kontrakt wird über das Attribut `[Parameter(ValueFromPipelineByPropertyName=$true)]` festgelegt.

Dateiobjekte enthalten zum Beispiel die Eigenschaften `Name`, `FullName` und `Length`. Eine Funktion, die Dateien über die Pipeline empfangen soll, könnte diese Eigenschaften gezielt auslesen:

```
function Format-File
{
  param
  (
    [Parameter(ValueFromPipelineByPropertyName=$true)]
    [String]
    $Name,

    [Parameter(ValueFromPipelineByPropertyName=$true)]
    [Int]
    $Length,

    [Parameter(ValueFromPipelineByPropertyName=$true)]
    [String]
    $FullName
  )

  process
  {
    "empfange $Name mit Größe $Length von $FullName"
    'empfange {0,-10} mit Größe {1:n1} MB von {2}' -f $Name, ($Length/1MB), $FullName
  }
}
```

Listing 15.9: Eigenschaften direkt an Parameter binden

`Format-File` kann nun direkt über die Pipeline mit Dateien versorgt werden und gibt die empfangenen Eigenschaften aus:

```
PS> Get-ChildItem -Path $env:windir -File | Format-File
empfange bfsvc.exe mit Größe 61952 von C:\WINDOWS\bfsvc.exe
empfange bfsvc.exe  mit Größe 0,1 MB von C:\WINDOWS\bfsvc.exe
empfange bootstat.dat mit Größe 67584 von C:\WINDOWS\bootstat.dat
empfange bootstat.dat mit Größe 0,1 MB von C:\WINDOWS\bootstat.dat
empfange comsetup.log mit Größe 13353 von C:\WINDOWS\comsetup.log
empfange comsetup.log mit Größe 0,0 MB von C:\WINDOWS\comsetup.log
(...)
```

HASA und ISA kombinieren

Die beiden Kontrakttypen dürfen kombiniert werden. Die folgende Funktion zeigt nur Dateien einer bestimmten Größe an. Sie empfängt die Größe einer Datei über einen HASA-Kontrakt und die Datei selbst über einen ISA-Kontrakt. Ist die Datei größer als die angegebene Größe, wird sie zurückgeliefert:

```
function Filter-FileSize
{
  param
  (
    [Parameter(Mandatory=$true)]
    [Int]
    $SizeKB,

    [Parameter(ValueFromPipeline=$true)]
    [System.IO.FileInfo]
    $File,

    [Parameter(ValueFromPipelineByPropertyName=$true)]
    [Int]
    $Length
  )

  process
  {
    if (($Length/1KB) -ge $SizeKB ) { $File }
  }
}
```

Listing 15.10: Dateigrößen ausgeben

Die folgende Zeile liefert nur noch Dateien, die mindestens 100 KByte groß sind:

```
PS> Get-ChildItem -Path $env:windir -File | Filter-FileSize -SizeKB 100
```

Hinweis

`Filter-FileSize` akzeptiert lediglich Dateien, keine Ordner, denn der Parameter `File` ist vom Typ `System.IO.FileInfo`. Sollen auch Ordner empfangen (aber ignoriert) werden können, muss dieser Typ entsprechend geändert werden. Der Typ `System.IO.FileSystemInfo` kann sowohl Dateien als auch Ordner repräsentieren. Wenn Sie ihn verwenden, kann `Filter-FileSize` auch Ordner akzeptieren und benötigt den Parameter `-File` nicht mehr:

```
PS> Get-ChildItem -Path $env:windir | Filter-FileSize -SizeKB 100
```

HASA und ISA dürfen bei ein und demselben Parameter auch kombiniert werden. Der Parameter prüft dann zuerst, ob das gesamte Objekt seinem Typ entspricht. Falls nicht, schaut er in die Eigenschaft des Objekts, die so heißt wie der Parameter selbst, und versucht, den Inhalt der Eigenschaft zu binden.

Die nächste Funktion kann daher sowohl Zahlen empfangen als auch die Prozess-IDs eines `Process`-Objekts:

```
function Receive-ProcessID
{
  param
  (
    [Parameter(Mandatory=$true, ValueFromPipeline=$true, ValueFromPipelineByPropertyName = $true)]
    [Int]
    $ID
  )

  process
```

```
    {
      "bearbeite Prozess-ID $id"
    }
}
```

Listing 15.11: Wahlweise eine Zahl oder ein Objekt mit der Eigenschaft »ID« empfangen

Das Ergebnis sieht so aus:

```
PS> 1,2,3 | Receive-ProcessID
bearbeite Prozess-ID 1
bearbeite Prozess-ID 2
bearbeite Prozess-ID 3

PS> Get-Process | Receive-ProcessID
bearbeite Prozess-ID 6508
bearbeite Prozess-ID 7484
bearbeite Prozess-ID 7692
bearbeite Prozess-ID 8020
bearbeite Prozess-ID 2344
bearbeite Prozess-ID 2376
bearbeite Prozess-ID 8016
(...)
```

CSV-Dateien direkt an Funktionen übergeben

PowerShell kann CSV-Daten automatisch mit `ConvertTo-CSV` in Objekte umwandeln. Über einen HASA-Kontrakt könnten diese Daten unmittelbar von einer Funktion ausgewertet werden. Zum Testen legen Sie dazu die folgende CSV-Datei an, die die Spaltenüberschriften `Name`, `Vorname` und `ID` verwendet:

```
$daten = @'
Name, Vorname, ID
Weltner,Tobias,1
Schröter,Indra,2
Wolters,Patrik,3
'@

$Path = "$env:temp\testdaten.csv"
$daten | Set-Content -Path $Path -Encoding UTF8
```

Listing 15.12: Eine CSV-Datei mit Testdaten anlegen

Wenn Sie diese Datei nun mit `Import-CSV` importieren, erhalten Sie Objekte mit Eigenschaften. Die Eigenschaften heißen so wie die Spaltenüberschriften:

```
PS> Import-CSV -Path "$env:temp\testdaten.csv"

Name                      Vorname                   ID
----                      -------                   --
Weltner                   Tobias                    1
Schröter                  Indra                     2
Wolters                   Patrik                    3
```

Damit Ihre Funktion die Daten aus der CSV-Datei direkt verarbeiten kann, muss nur ein entsprechender Kontrakt deklariert werden. So könnte eine Funktion aussehen, die kompatibel ist mit der CSV-Datei von eben:

```
function New-User
{
    param
    (
        [Parameter(ValueFromPipelineByPropertyName=$true)]
        [string]
        $Name,

        [Parameter(ValueFromPipelineByPropertyName=$true)]
        [string]
        $Vorname,

        [Parameter(ValueFromPipelineByPropertyName=$true)]
        [int]
        $ID
    )

    process
    {
        "Hier könnte der User $Vorname $Name mit der ID $ID angelegt werden."
    }
}
```

Listing 15.13: Die Funktion empfängt Informationen direkt aus einer CSV-Datei.

Es wäre jetzt denkbar, Personaldaten aus einer anderen Abteilung mit Active Directory abzugleichen oder andere Rohdaten direkt mit PowerShell zu übernehmen.

```
PS> Import-Csv -Path $HOME\testdaten.csv | New-User
Hier könnte der User Tobias Weltner mit der ID 1 angelegt werden.
Hier könnte der User Indra Schröter mit der ID 2 angelegt werden.
Hier könnte der User Patrik Wolters mit der ID 3 angelegt werden.
```

Aliasnamen für Parameter

Bei einem HASA-Kontrakt (`ValueFromPipelineByPropertyName`) ist der Name des Parameters entscheidend, denn PowerShell sucht im eintreffenden Objekt nach einer Eigenschaft, die genauso heißt wie der Parameter selbst.

Das ist eine störende Einschränkung, denn vielleicht möchten Sie den Parameter nicht so nennen wie die Objekteigenschaft, die der Parameter empfangen soll. Oder Sie möchten, dass der Parameter mit verschiedenen Objekten zurechtkommt und so nicht nur eine bestimmte, sondern viele verschiedene Eigenschaften prüft.

Weist man dem Parameter mit `[Alias('a','b','c')]` alternative Aliasnamen zu, lässt sich das Problem leicht lösen. Der Parameter sucht nun im eintreffenden Objekt zuerst nach einer Eigenschaft, die so heißt wie der Parameter. Wird keine gefunden oder enthält die Eigenschaft ungeeignete Daten, werden der Reihe nach auch die Aliasnamen überprüft. Die erste Eigenschaft, die geeignete Daten enthält, wird verwendet.

Die folgende Funktion kann einen Dateipfad sowohl als Text empfangen als auch aus Dateien oder Ordnern auslesen (Eigenschaft `FullName`) – oder aber aus `Process`-Objekten (Eigenschaft `Path`).

```
function Receive-Path
{
  param
  (
    [Parameter(ValueFromPipeline=$true, ValueFromPipelineByPropertyName = $true)]
    [Alias('Path','FullName')]
    [String]
    $FilePath
  )

  process
  {
    "bearbeite Pfad $FilePath"
  }
}
```

Listing 15.14: Einen Pfadnamen aus verschiedenen Objekteigenschaften empfangen

Aliasnamen erhöhen also die Kompatibilität eines Parameters, weil dieser durch die Aliase mit unterschiedlichen Objekten zusammenarbeiten kann. Hier das Ergebnis:

```
PS> $profile | Receive-Path
bearbeite Pfad C:\Users\Tobias\Documents\WindowsPowerShell\Microsoft.PowerShellISE_profile.ps1

PS> Get-ChildItem -Path $env:windir -Filter *.exe | Receive-Path
bearbeite Pfad C:\WINDOWS\bfsvc.exe
bearbeite Pfad C:\WINDOWS\explorer.exe
bearbeite Pfad C:\WINDOWS\HelpPane.exe
(...)

PS> Get-Process | Where-Object MainWindowTitle -ne '' | Receive-Path
bearbeite Pfad C:\WINDOWS\system32\ApplicationFrameHost.exe
bearbeite Pfad C:\Program Files (x86)\Google\Chrome\Application\chrome.exe
bearbeite Pfad C:\Program Files (x86)\Microsoft Expression\Design 2\Design.exe
bearbeite Pfad C:\Program Files (x86)\Microsoft Office\Office15\EXCEL.EXE
(...)
```

Kapitel 16

PowerShellGet und Module

In diesem Kapitel:

Ausführlich werden in diesem Kapitel die folgenden Aspekte erläutert:

- **Cmdlets nachrüsten (»PowerShellGet«):** Alle Cmdlets und Funktionen der PowerShell stammen aus Modulen. Neue Cmdlets und Funktionen lassen sich über weitere Module jederzeit, auch im laufenden Betrieb, nachladen. Möchte man eigene neue Funktionen bereitstellen, verpackt man diese in einem eigenen Modul und nutzt so denselben Bereitstellungsmechanismus.
- **Autoloading:** PowerShell überwacht die in `$env:PSModulePath` aufgeführten Ordner. Werden neue Module an einen dieser Orte kopiert, bietet PowerShell sofort die darin enthaltenen neuen Befehle automatisch über IntelliSense und Tab-Vervollständigung an. Wird ein Befehl aufgerufen, der aus einem noch nicht geladenen Modul stammt, importiert PowerShell es automatisch. Module, die an anderen Orten lagern, müssen manuell mit `Import-Module` geladen werden.

- **Eigene Module:** Ein skriptbasiertes Modul besteht aus einem Ordner und einer darin enthaltenen Datei mit der Endung *.psm1*, die PowerShell-Code enthält. Der wird ausgeführt, wenn das Modul geladen wird, und kann weitere Skripte nachladen und/oder Funktionen definieren. Optional kann dem Modul ein Manifest hinzugefügt werden: eine Datei mit der Erweiterung *.psd1*, die eine Hashtable enthält. Die Hashtable legt Versionsinformationen sowie Voraussetzungen und Abhängigkeiten fest.

Schon in Kapitel 2 haben Sie festgestellt, dass alle PowerShell-eigenen Befehle *Cmdlet* (sprich »Commandlet«) genannt werden und sämtlich aus sogenannten *Modulen* stammen. PowerShell verfügt also nicht über einen festen Befehlssatz, stattdessen setzen sich die verfügbaren Befehle aus den installierten Modulen zusammen. Diese funktionieren also wie Befehlserweiterungen, und bereits in Kapitel 2 haben Sie mit `Install-Module` viele weitere nützliche PowerShell-Befehle aus der *PowerShell Gallery* im Internet heruntergeladen und sofort eingesetzt.

In diesem Kapitel erfahren Sie, wie diese Befehlserweiterung funktioniert und wie Sie über das Inter- oder Intranet zusätzliche PowerShell-Befehle nachrüsten.

Anschließend schauen wir uns an, wie Sie aus der Rolle des »Konsumenten« in die Rolle des »Produzenten« wechseln und eigene Module und Befehlserweiterungen herstellen. Denn schon in den Kapitel 3, 14 und 15 haben Sie ja bereits eigene PowerShell-Befehle erstellt. Mit dem Wissen aus diesem Kapitel können Sie solche Befehle nun ebenfalls in Modulen organisieren und intern Kollegen oder weltweit der PowerShell-Community zur Verfügung stellen.

PowerShellGet – die PowerShell-Softwareverteilung

Softwareverteilungssysteme nehmen weltweit in allen Betriebssystemwelten eine immer größere Rolle ein. Schon in Kapitel 1 haben Sie gelesen, wie sich damit Anwendungssoftware – wie zum Beispiel auch *PowerShell* 7 – mit geringem Aufwand automatisiert herunterladen und installieren lässt.

PowerShell selbst bringt ebenfalls eine Softwareverteilung mit, über die die PowerShell-eigenen Bestandteile wie Module und auch einzelne Skripte verteilt werden können. Diese Softwareverteilung wird ab Windows 10 und Server 2016 in Form der Module `PowerShellGet` und `PackageManagement` mitgeliefert, steht aber auch separat über die *PowerShell Gallery* zur Verfügung (*https://www.powershellgallery.com/packages/PowerShellGet*). Wie praktisch diese Softwareverteilung ist, haben Sie bereits in Kapitel 2 erlebt, wo wir mit ihrer Hilfe zahlreiche nützliche Module mit ihren Cmdlets nachgerüstet haben.

Wichtig

Damit die PowerShell-eigene Softwareverteilung (künftig kurz *PowerShellGet* genannt) reibungslos funktioniert, sollten die Module `PowerShellGet` und `PackageManagement` nicht nur vorhanden, sondern auch aktuell sein. Leider aktualisieren Windows 10 und Server 2016 diese Module nicht automatisch. Ob Sie über eine aktuelle Version von `PowerShellGet` verfügen, ermittelt diese Zeile:

```
(Get-Module -Name PowerShellGet -ListAvailable | Where-Object Version -ge 2.0.0.0).Count -gt 0
```

Listing 16.1: Prüfen, ob PowerShellGet mindestens in Version 2.0 vorliegt

Sie gibt `$true` zurück, wenn Ihr `PowerShellGet` in passender Version vorliegt, sonst `$false`.

Bei `$false` (oder auch wenn die Beispiele in diesem Kapitel nicht fehlerfrei funktionieren) sollten Sie, wie in Kapitel 1 im Abschnitt »Paketmanager PowerShellGet überprüfen« beschrieben, prüfen, ob Ihre Bestandteile der PowerShell-Softwareverteilung auf dem aktuellen Stand sind. Dazu gehört wie dort beschrieben auch die Aktualisierung des abhängigen Moduls `PackageManagement` sowie gegebenenfalls der Netzwerkeinstellungen.

Wenn Sie den Hinweisen in Kapitel 1 gefolgt sind, sollten die Beispiele in diesem Kapitel in allen PowerShell-Versionen einschließlich des neuen *PowerShell 7* reibungslos funktionieren.

Grundlage »PackageManagement«

Die Grundlage von `PowerShellGet` bildet `PackageManagement` (ehemals OneGet genannt). `PackageManagement` ist ein Open-Source-Projekt (*https://github.com/OneGet/oneget*), das ab PowerShell 5 enthalten ist. Mit ihm lassen sich beliebige Arten von binären Inhalten verteilen, nicht bloß Skripte oder Module.

Über die Cmdlets der `Package`-Familie könnte man also auch Nicht-PowerShell-Anwendungen verteilen:

```
PS> Find-Package Firefox

Name    Version Source    Summary
----    ------- ------    -------
Firefox 3.6.6   nuget.org Portable Firefox
```

Normalerweise geschieht dies aber eher über etablierte Verteilungssysteme wie *Scoop* und *Chocolatey* (siehe Kapitel 1). `PackageManagement` wird nur intern für `PowerShellGet` verwendet, um Module und Skripte auszutauschen.

PowerShellGet – Softwareverteilung per Cmdlets

Die Cmdlets des Moduls `PowerShellGet` bilden die PowerShell-interne Softwareverteilung ab (siehe Tabelle 16.1). Mit `Install-Module` kann man beispielsweise, wie in Kapitel 2 bereits ausführlich gezeigt, zusätzliche Module aus einem beliebigen Repository herunterladen und einsetzen.

Das bekannteste öffentliche Repository ist die *PowerShell Gallery*: Sie wird von Microsoft betrieben und ist ein öffentlicher kostenloser Marktplatz zum Austausch von Modulen und Skripten. Dieses Repository ist bereits voreingestellt, und wenn Sie kein anderes Repository einsetzen, wird es automatisch verwendet. Die *PowerShell Gallery* verfügt über ein Webfrontend, über das Sie manuell nach Modulen und Skripten suchen können: *https://www.powershellgallery.com*. Alle weiteren Aktionen wie zum Beispiel das Herunterladen von Ressourcen funktioniert aber ausschließlich über die Cmdlets aus `PowerShellGet` (siehe Tabelle 16.1), beispielsweise über `Install-Module` oder `Save-Module`.

Alternativ können Sie weitere – auch eigene – Repositories verwenden, die im einfachsten Fall reine Netzwerkfreigaben sein können. Mit `Publish-Module` laden Sie dann (Berechtigungen vorausgesetzt) Module und Skripte zu einem Repository hoch oder kopieren direkt so genannte *nupkg*-Dateien in das Repository. Dieses Dateiformat entspricht ZIP-Dateien, und in *nupkg*-Dateien befinden sich die Ressourcen sowie weitere Metadaten. `Publish-Module` erstellt aus Ihren

Ressourcen automatisch *nupkg*-Dateien, und Sie können von der *PowerShell Gallery* auch *nupkg*-Dateien direkt herunterladen.

Cmdlet	Aufgabe

`Find-Module`
`Find-DscResource`
`Find-Script`
`Find-RoleCapability`
`Find-Command`
	Sucht nach PowerShell-Modulen, -Skripten oder DSC-Ressourcen.
	DSC-Ressourcen sind stets in Modulen enthalten, sodass `Find-DscResource` lediglich ein Hilfsmittel ist, um den Namen des Moduls herauszufinden, in dem sich eine gesuchte DSC-Ressource befindet.

`Save-Module` `Save-Script`	Lädt ein Modul oder Skript aus einem zentralen Repository herunter, ohne es zu installieren.
`Install-Module` `Install-Script`	Installiert ein Modul oder Skript aus einem zentralen Repository, sodass es anschließend sofort verwendet werden kann.
`Update-Module` `Update-Script`	Prüft auf eine neuere Version eines Moduls oder Skripts, und falls es eine neuere Version gibt, wird diese Side by Side neben der vorhandenen Version installiert.
`Uninstall-Module` `Uninstall-Script`	Entfernt ein installiertes Modul oder Skript.
`Get-InstalledModule` `Get-InstalledScript`	Listet alle installierten Module oder Skripte auf.
`Publish-Module` `Publish-Script`	Lädt ein neues Modul oder Skript hoch in ein zentrales Repository.

`Get-PSRepository`
`Register-PSRepository`
`Set-PSRepository`
`Unregister-PSRepository`
	Verwaltet die Repositories, auf die `PowerShellGet` zugreifen darf und in denen die Module und Skripte lagern, die `PowerShellGet` verwaltet.

Tabelle 16.1: Wichtige Cmdlets aus dem Modul »PowerShellGet« zur Verwaltung von Skripten und Modulen

Wo PowerShell Module lagert

PowerShell erkennt Module automatisch, wenn sie sich in einem der Ordner befinden, die die Umgebungsvariable `PSModulePath` semikolonsepariert auflistet. Hier ein Beispiel in *Windows PowerShell*:

```
PS> $env:PSModulePath
C:\Users\tobia\OneDrive\Dokumente\WindowsPowerShell\Modules;C:\Program Files
\WindowsPowerShell\Modules;C:\WINDOWS\system32\WindowsPowerShell\v1.0\Modules

PS> $env:PSModulePath -split ';'
C:\Users\tobia\OneDrive\Dokumente\WindowsPowerShell\Modules
C:\Program Files\WindowsPowerShell\Modules
C:\WINDOWS\system32\WindowsPowerShell\v1.0\Modules
```

Normalerweise enthält diese Umgebungsvariable bei *Windows PowerShell* mindestens drei Ordner namens *WindowsPowerShell*, in denen sich jeweils der Ordner *Modules* mit den eigentlichen Modulen befindet:

- **CurrentUser:** Der erste Ordner befindet sich in Ihrem persönlichen Benutzerprofil, entspricht dem Ort *CurrentUser* und ist nur für Sie persönlich zugänglich. Hier lagern also Module, die nur Sie verwenden, und für die Verwaltung sind keine besonderen Rechte notwendig.

- **AllUsers:** Der zweite Ordner liegt im *Programme*-Ordner und enthält Module, die für alle Benutzer des Computers zugänglich sind. Er entspricht dem Ort *AllUsers*, und für die Verwaltung sind Administratorrechte erforderlich.
- **Microsoft:** Der dritte Ordner schließlich liegt im Ordner des Betriebssystems und ist Microsoft-eigenen Modulen vorbehalten.

Unterschiede zwischen Windows PowerShell und PowerShell

Bei *PowerShell* (z. B. *PowerShell* 7) ist dies ähnlich, nur heißt der Ordner hier jeweils *PowerShell* und nicht *WindowsPowerShell*. Falls Sie Windows einsetzen, müssen Module also für *Windows PowerShell* und *PowerShell* jeweils separat installiert werden.

Deswegen – und weil *PowerShell* im Gegensatz zu *Windows PowerShell* eine portable Anwendung ist –, gibt es hier zwei wichtige zusätzliche Besonderheiten:

- **Portable App:** Bei *PowerShell* entspricht der dritte Ordner (also der Betriebssystemordner bei *Windows PowerShell*) dem Wurzelordner Ihrer *PowerShell*-Installation. Jede *PowerShell*-Installation verfügt also über einen eigenen Unterordner namens *Modules*, in dem sich Module befinden dürfen.
- **Gemeinsamer Ordner:** Auf Windows-Systemen nutzt *PowerShell* automatisch zusätzlich zwei Orte von *Windows PowerShell* mit: Alle Module, die in *Windows PowerShell* für *AllUsers* installiert wurden, und alle Module des Betriebssystems stehen automatisch auch in *PowerShell* zur Verfügung.

Wenn Sie den Inhalt von `$env:PSModulePath` auf Windows in *PowerShell* auflisten, sind darin also nicht drei, sondern mindestens fünf Ordner genannt:

```
PS> $env:PSModulePath -split ';'
C:\Users\tobia\OneDrive\Dokumente\PowerShell\Modules
C:\Program Files\PowerShell\Modules
c:\ps7test\Modules
C:\Program Files\WindowsPowerShell\Modules
C:\WINDOWS\system32\WindowsPowerShell\v1.0\Modules
```

Wichtig

Sie können den Inhalt von `$env:PSModulePath` erweitern, um zusätzliche Ordner darin aufzunehmen, und manche Hersteller tun dies bei der Installation ihrer Produkte für eigene PowerShell-Module.

Aus Gründen der Übersichtlichkeit sollte man dies aber besser unterlassen und stattdessen zusätzliche Module in die vorhandenen Modulordner installieren. Insbesondere sollten Sie keine Netzwerkordner oder UNC-Pfade in `$env:PSModulePath` aufnehmen.

Während dies zwar technisch möglich ist und auch funktioniert, verlangsamt es PowerShell jedoch erheblich und führt zu mehr Netzwerklast: PowerShell überwacht diese Ordner nämlich engmaschig und kontrolliert bei vielen IntelliSense- und Autovervollständigungsvorgängen, ob sich diese Ordner geändert haben.

Darüber hinaus funktionieren Module mit binären Inhalten (wie zum Beispiel DLLs) möglicherweise aufgrund von Sicherheitseinschränkungen nicht über Netzwerkverbindungen hinweg. Deshalb sollten Module grundsätzlich lokal gespeichert werden.

Installierte Module untersuchen

Die theoretischen Grundlagen von eben können Sie leicht mit einem einzelnen Befehl überprüfen, der Ihnen alle Module auflistet, die PowerShell erkannt hat:

```
Get-Module -ListAvailable
```

Listing 16.2: Alle installierten Module auflisten

Die Ausführung dieses Befehls kann einige Sekunden dauern. Danach sehen Sie den Inhalt aller Ordner, die in `$env:PSModulePath` genannt sind, und die darin gefundenen Module, Versionen sowie ihre enthaltenen Cmdlets.

Dieser Befehl eignet sich auch hervorragend für die Diagnose. Führen Sie ihn auf einem Windows-System in *PowerShell* (nicht *Windows PowerShell*) aus, zeigt die Spalte `PSEdition`, für welche PowerShell-Art das Modul jeweils geeignet ist. `Core` steht dabei für *PowerShell* und `Desktop` für *Windows PowerShell*. Wird also `Core,Desk` genannt, ist das Modul für alle PowerShell-Arten einsetzbar:

```
PS> Get-Module -ListAvailable


    Directory: C:\Users\tobia\OneDrive\Dokumente\PowerShell\Modules

ModuleType Version PreRelease Name                     PSEdition ExportedCommands
---------- ------- ---------- ----                     --------- ----------------
Script     1.15               Utilities                Desk      {Convert-ErrorReco…
Script     1.0                RemotingTools            Desk      {Get-PSImplicitRem…
Script     2.2.6              Az.Accounts              Core,Desk {Disable-AzDataCol…
Script     2.2.5              Az.Accounts              Core,Desk {Disable-AzDataCol…
Script     1.9.0              Az.Accounts              Core,Desk {Disable-AzDataCol…

...
```

Achtung

Welche Module der Befehl auflistet, hängt ausschließlich von den tatsächlich installierten Modulen ab. Ihre Liste kann sich also stark vom Beispiel oben unterscheiden. Denken Sie auch daran: Der Befehl listet mehrere Ordner hintereinander auf, nämlich die Ordner, die in `$env:PSModulePath` hinterlegt wurden.

Module, die sich an anderen Orten befinden, werden nicht gelistet. Für PowerShell sind solche Module nicht erkenn- und nutzbar. Müssen Module unbedingt an anderen Orten gelagert werden, die nicht in `$env:PSModulePath` genannt werden, können diese über `Import-Module` unter Angabe des Pfadnamens des Modulpfads manuell nachgeladen werden. Die folgende Zeile würde ein Modul nachladen, das sich im Ordner *c:\kram\testmodul* befindet:

```
Import-Module -Name c:\kram\testmodul -Verbose
```

Listing 16.3: PowerShell-Modul manuell nachladen

Der Parameter `-Verbose` sorgt dafür, dass `Import-Module` die dabei importierten Cmdlet-Namen einzeln auflistet. Fügen Sie den Parameter `-Force` hinzu, wenn Sie das Modul ausdrücklich noch einmal neu laden möchten.

Falls PowerShell ein Modul ausnahmsweise einmal nicht automatisch erkennt, obwohl es sich in einem der Ordner in `$env:PSModulePath` befindet, beauftragen Sie PowerShell, seine interne Cache-Liste neu zu generieren. Dies kann manchmal notwendig sein, wenn Sie vorhandene Module nachträglich manuell ändern:

```
Get-Module -ListAvailable -Refresh
```

Listing 16.4: Alle Module in allen Modulordnern neu untersuchen lassen

Module mit PowerShellGet nachinstallieren

PowerShell-Module können jederzeit von Hand nachinstalliert werden, indem Sie die Module in einen der Ordner kopieren, die im vorangegangenen Abschnitt besprochen wurden. PowerShell benötigt also keine weitere Registrierung oder andere Schritte. Module verwenden ein einfaches Copy-and-paste-Deployment.

Einfacher geht die Nachrüstung indes mit `PowerShellGet`, denn die Cmdlets darin automatisieren Download, Entpacken und das Kopieren an den passenden Ort. Außerdem können Sie nach benötigten Modulen suchen und aus einem riesigen Repertoire schöpfen.

Bevor Sie `PowerShellGet` nutzen können, muss zunächst ein sogenannter *NuGet-Provider* heruntergeladen und installiert werden. Dies geschieht automatisch, wenn Sie ihn das erste Mal benötigen, zum Beispiel beim ersten Einsatz von `Install-Module`. Sie erhalten dann eine Meldung ähnlich wie diese:

```
NuGet provider is required to continue
PowerShellGet requires NuGet provider version '2.8.5.201' or newer to interact with NuGet-based
repositories. The NuGet provider must be available in 'C:\ProgramFiles\PackageManagement\
ProviderAssemblies' or 'C:\Users\Tobias\AppData\Local\PackageManagement\ProviderAssemblies'.
You can also install the NuGet provider by running 'Install-PackageProvider -Name
NuGet -MinimumVersion 2.8.5.201 -Force'. Do you want PowerShellGet to install and import
the NuGet provider now?
```

Der Provider kann auch vorsorglich und separat mit `Install-PackageProvider` heruntergeladen und installiert werden:

```
PS> Install-PackageProvider -Name NuGet -Scope CurrentUser -Force -RequiredVersion 2.8.5.201

Name  Version   Source
----  -------   ------
nuget 2.8.5.208 https://onegetcdn.azureedge.net/providers/nuget-2.8.5.2...
```

In *PowerShell* funktionierte bei Drucklegung dieses Cmdlet nicht.

Module finden und installieren

Mit `Find-Module` suchen Sie nach Modulen und können dabei mithilfe von Parametern Stichwörter oder andere Suchkriterien nutzen. Wenn Sie kein besonderes Repository angeben, verwenden alle Cmdlets das Standard-Repository `PSGallery` und durchsuchen das öffentliche Microsoft-Repository:

```
PS> Find-Module -Tag network

Version Name       Type   Repository Description
------- ----       ----   ---------- -----------
1.0.7   xNmap      Module PSGallery  Powershell DSC Configuration Script for installin...
1.0.1   cFirewall  Module PSGallery  The cFirewall module contains the cFirewallRule D...
1.1     NtpTime    Module PSGallery  Get NTP Time from a specified NTP Server
1.1.1   IPv6Regex  Module PSGallery  Function to test IPv6 Regexs
```

Möchten Sie mehr über ein bestimmtes Modul erfahren, können Sie sich mit `Select-Object` zahlreiche weitere Details und auch den Versionsverlauf anzeigen lassen:

```
PS> Find-Module -Name ntpTime -AllVersions | Select-Object -Property Version, Name, Author,
PublishedDate, Description, ReleaseNotes, Copyright


Version       : 1.1
Name          : NtpTime
Author        : Chris Warwick
PublishedDate : 02.10.2015 20:16:24
Description   : Get NTP Time from a specified NTP Server
ReleaseNotes  : Get-NtpTime
                Chris Warwick, @cjwarwickps, September 2015.

                v1.1 release to the PowerShell Gallery.

(...)
```

Modul herunterladen

Finden Sie eins der gefundenen Module interessant, können Sie es mit `Save-Module` an einen beliebigen Ort herunterladen (um es beispielsweise vor dem Einsatz zuerst zu untersuchen) oder mit `Install-Module` sofort in eins der offiziellen PowerShell-Modulverzeichnisse herunterladen und installieren lassen. Bei Modulen aus unbekannten Quellen sollten Sie also zuerst `Save-Module` wählen.

```
# neuen Ordner anlegen:
PS> mkdir c:\quarantaine


    Verzeichnis: C:\


Mode                LastWriteTime         Length Name
----                -------------         ------ ----
d-----       08.02.2016     04:41                quarantaine

# Modul in diesen neuen Ordner herunterladen:
PS> Save-Module -Name ntpTime -Path c:\quarantaine

# Heruntergeladenes Modul öffnen und analysieren:
PS> explorer C:\quarantaine
```

Profitipp

Da die *PowerShell Gallery* öffentlich ist, markiert PowerShell dieses Repository als `Untrusted`, und Sie müssen jeden Downloadvorgang einzeln bestätigen. Alle Einstellungen zu einem Repository können mit `Set-PSRepository` aber auch geändert werden:

```
PS> Get-PSRepository

Name                      InstallationPolicy   SourceLocation
----                      ------------------   --------------
PSGallery                 Untrusted            https://www.powershellgallery.com/api/v2

PS> Set-PSRepository -Name PSGallery -InstallationPolicy Trusted
```

Modul testweise ausführen

Sobald Sie den fremden Code analysiert haben und sichergestellt ist, dass dieser keinen Schaden anrichtet, kann das Modul testweise geladen werden. Weil es nicht in einem der Standardmodulordner gespeichert wurde, muss das Modul manuell mit `Import-Module` geladen werden, beispielsweise so:

```
PS> Import-Module -Name C:\quarantaine\NtpTime -Verbose

PS> Import-Module -Name C:\quarantaine\NtpTime -Verbose
AUSFÜHRLICH: Modul wird aus Pfad "C:\quarantaine\NtpTime\1.1\NtpTime.psd1" geladen.
AUSFÜHRLICH: "FormatsToProcess" wird aus Pfad "C:\quarantaine\NtpTime\1.1\NtpTime.format.ps1xml"
geladen.
AUSFÜHRLICH: Die RepositorySourceLocation-Eigenschaft für das Modul NtpTime wird aufgefüllt.
AUSFÜHRLICH: Modul wird aus Pfad "C:\quarantaine\NtpTime\1.1\NtpTime.psm1" geladen.
AUSFÜHRLICH: Exportfunktion "Get-NtpTime".
AUSFÜHRLICH: Funktion "Get-NtpTime" wird importiert.
```

Die ausführlichen Meldungen beschreiben, was beim Importvorgang geschieht, und listen auch die neu geladenen Funktionen auf. Diese kann man aber mit `Get-Command` ebenfalls noch einmal auflisten:

```
PS> Get-Command -Module ntptime

CommandType Name        Version Source
----------- ----        ------- ------
Function    Get-NtpTime 1.1     NtpTime
```

Das Modul `ntpTime` enthält also nur einen Befehl namens `Get-NtpTime`. Rufen Sie nun am besten die Hilfe für diesen Befehl ab:

```
PS> Get-Help -Name Get-NtpTime -Full

NAME
    Get-NtpTime

ÜBERSICHT
    Gets (Simple) Network Time Protocol time (SNTP/NTP, rfc-1305, rfc-2030) from a
    specified server

SYNTAX
    Get-NtpTime [[-Server] <String>] [[-MaxOffset] <Int32>] [-NoDns] [<CommonParameters>]
```

```
BESCHREIBUNG
    This function connects to an NTP server on UDP port 123 and retrieves the current
    NTP time. Selected components of the returned time information are decoded and
    returned in a PSObject.
    (...)
```

Nachdem Sie jetzt sowohl den Quellcode analysiert als auch die Hinweise zum Befehl gelesen und verstanden haben, kann der neue Befehl erstmals ausgeführt werden. Laut Hilfe benötigt der Befehl keine Pflichtangaben. Und tatsächlich liefert er beim Aufruf die offizielle Zeit von einem Zeitserver:

```
PS> Get-NtpTime

NtpServer    NtpTime             OffsetSeconds Stratum ReferenceIdentifier
---------    -------             ------------- ------- -------------------
pool.ntp.org 08.02.2016 04:51:06         3,221       2 80.94.65.10 <ntp.ring.nlnog.net>


PS> Get-NtpTime | Select-Object -Property *


NtpServer             : pool.ntp.org
NtpTime               : 08.02.2016 04:51:10
Offset                : 3226,18286132813
(...)
```

Modul dauerhaft installieren

Nachdem Sie das Modul mit `Save-Modul` zunächst in einen Quarantänebereich heruntergeladen und dort untersucht haben, kann es nach bestandener Testphase nun regulär installiert werden. Dazu verwenden Sie `Install-Module` und geben mit `-Scope` an, ob das Modul nur für Sie oder für alle Anwender des Computers installiert werden soll.

```
PS> Install-Module -Name ntpTime -Scope CurrentUser
```

Im Grunde passiert das Gleiche wie bei `Save-Module`. Nur der Zielpfad wird automatisch über den gewählten `Scope` festgelegt, sodass das neue Modul in einem der von PowerShell überwachten Modulordner gespeichert und von dort automatisch angeboten und importiert wird. Sie hätten also anstelle von `Install-Module` auch das zuvor mit `Save-Module` bereits heruntergeladene Modul in einen der offiziellen PowerShell-Modulordner verschieben können.

Hinweis

`Install-Module` installiert normalerweise automatisch die neueste Version eines Moduls. Sie haben über das Repository aber Zugriff auf die Versionshistorie und können auch gezielt eine ältere Version eines Moduls installieren:

```
PS> Install-Module -Name ntpTime -Scope CurrentUser -RequiredVersion 1.0.0.0
```

Module aktualisieren

Sobald Sie Module aus einem Repository installieren, lassen sich diese auch aktualisieren. Mit `Update-Module` prüft `PowerShellGet` automatisch, ob es im Repository inzwischen eine neuere Version des Moduls gibt. Falls ja, wird diese heruntergeladen und installiert. Andernfalls passiert nichts.

Geben Sie den Parameter `-Verbose` an, wenn Sie sehen möchten, was `Update-Module` genau tut:

```
PS> Update-Module -Name ntpTime -Verbose
AUSFÜHRLICH: Es werden Updates für das Modul 'NtpTime' gesucht.
AUSFÜHRLICH: Repositorydetails, Name = 'PSGallery', Location = 'https://www.powershellgallery .com/
api/v2/'; IsTrusted = 'False'; IsRegistered = 'True'.
AUSFÜHRLICH: Der Anbieter "PowerShellGet" wird für die Paketsuche verwendet.
AUSFÜHRLICH: Die angegebenen Quellnamen werden verwendet: 'PSGallery'.
AUSFÜHRLICH: Das Anbieterobjekt für den PackageManagement-Anbieter "NuGet" wird abgerufen.
AUSFÜHRLICH: Der angegebene Speicherort ist "https://www.powershellgallery.com/api/v2/", und
PackageManagementProvider ist "NuGet".
AUSFÜHRLICH: Searching repository 'https://www.powershellgallery.com/api/v2/
FindPackagesById()?id='NtpTime'' for ''.
AUSFÜHRLICH: Total package yield:'1' for the specified package 'NtpTime'.AUSFÜHRLICH:
Das installierte Paket NtpTime 1.1 wird übersprungen.
```

Side-by-Side-Versionierung

PowerShell 5.0 oder höher unterstützt die Speicherung von verschiedenen Modulversionen Side by Side. Installieren Sie also mehrere unterschiedliche Versionen ein und desselben Moduls, legt PowerShell für jede Version einen separaten Unterordner an.

PowerShell lädt in diesem Fall zwar stets automatisch die höchste verfügbare Version, aber Sie können mit `Import-Module` unter Angabe des Pfads oder mithilfe der neuen Parameter `-MinimumVersion`, `-MaximumVersion` oder `-RequiredVersion` ebenso gut auch manuell Einfluss auf die geladene Version nehmen.

Darüber hinaus erlaubt Ihnen die Side-by-Side-Installation, eine bestimmte Version gezielt zu entfernen: Löschen Sie einfach den Ordner mit der entsprechenden Version des Moduls.

Eigene Module veröffentlichen

Eigene Module lassen sich mit `Publish-Module` in die *PowerShell Gallery* hochladen. Dafür wird ein sogenannter API-Key benötigt, ein geheimer Schlüssel. Ihn erhält man erst, wenn man sich bei der *PowerShell Gallery* angemeldet hat. So wird verhindert, dass anonyme Spammer die Gallery mit Unsinn fluten.

Hinweis

Um ein Modul in der *PowerShell Gallery* zu veröffentlichen, sind einige Mindestvoraussetzungen nötig. Das Modul benötigt zum Beispiel ein Manifest (eine *.psd1*-Datei), die das Modul beschreibt. Das Manifest muss eine Version, einen Autor und eine Beschreibung enthalten. Außerdem müssen die veröffentlichten Funktionen über eine Hilfe verfügen.

Weniger Vorgaben werden an einzelne Skripte gestellt, die man ebenfalls über `PowerShellGet` austauschen kann. Gehen Sie im Wesentlichen genau so vor wie gerade beschrieben, aber verwenden Sie die Cmdlets aus der `Script`-Familie. Starten Sie beispielsweise anstelle von `Find-Module` mit `Find-Script`.

Wir kommen zu diesem Thema am Ende dieses Kapitels zurück, wenn geklärt ist, wie eigene Module überhaupt hergestellt werden. Dann schauen wir uns auch an, wie Sie eigene private Repositories betreiben. Denn wenn Sie unternehmensinterne Module verteilen, ist die öffentliche *PowerShell Gallery* sicher kein idealer Ort dafür.

Eigene Module herstellen

Schauen wir uns als Nächstes an, wie Sie eigene Funktionen in einem eigenen Modul organisieren können. So sind Sie dann in der Lage, ganz eigene Befehlserweiterungen in Form transportabler Module herzustellen und diese auch intern im Unternehmen oder weltweit über die *PowerShell Gallery* zu veröffentlichen.

Die Basis eines Moduls ist typischerweise ein Ordner im Dateisystem. Der erste wichtige planerische Schritt ist, diesem Ordner einen passenden Namen zu geben, denn dieser Name wird später zum Namen des neuen Moduls. Wählen Sie für Ihre Module am besten einen themenbezogenen Oberbegriff, der das Thema beschreibt, für das dieses Modul zuständig sein soll, zum Beispiel »MyNetworkToolkit«, wenn Sie planen, darin Funktionen rund um Netzwerkaufgaben zu speichern.

Legen Sie also einen neuen Ordner namens *MySystemTools* an einem beliebigen Ort an:

```
New-Item -Path c:\modulschmiede\MySystemTools -ItemType Directory
```

Listing 16.5: Neuen Modulordner anlegen

Der Modulordner ist damit fertiggestellt, aber noch leer.

Neue Manifestdatei anlegen

Im nächsten Schritt erhält das Modul Metadaten wie zum Beispiel eine Beschreibung und eine Version. Diese Metadaten werden mit einer Manifestdatei definiert, die mit `New-ModuleManifest` im Modulordner angelegt wird. Dazu erwartet `New-ModuleManifest` mit dem Parameter `-Path` den Namen der Manifestdatei, die die Erweiterung *.psd1* tragen und so heißen muss wie der Modulordner.

Mit den übrigen Parametern können Metadaten direkt festgelegt werden, beispielsweise Autor, Copyright oder Beschreibung:

```
New-ModuleManifest -Path c:\modulschmiede\MySystemTools\mysystemtools.psd1 -Author Tobias
-CompanyName powershell.one -Copyright '2021 Tobias' -Description 'Ein Testmodul'
-RootModule meinModul.psm1
```

Listing 16.6: Ein neues Modulmanifest anlegen

Der Inhalt der Datei kann anschließend in jedem Texteditor begutachtet werden:

```
notepad c:\modulschmiede\MySystemTools\mysystemtools.psd1
```

Listing 16.7: Modulmanifest im Editor öffnen

Die Schlüssel-Wert-Paare dieser Hashtable definieren die Metadaten des Moduls, von denen einige bereits beim Aufruf von `New-ModuleManifest` festgelegt wurden und andere bislang noch ungenutzt und auskommentiert sind:

```
#
# Modulmanifest für das Modul "mysystemtools"
#
# Generiert von: Tobias
#
# Generiert am: 28.03.2021
#

@{

# Die diesem Manifest zugeordnete Skript- oder Binärmoduldatei.
RootModule = 'meinModul.psm1'

# Die Versionsnummer dieses Moduls.
ModuleVersion = '1.0'

# Unterstützte PSEditions.
# CompatiblePSEditions = @()

# ID zur eindeutigen Kennzeichnung dieses Moduls.
GUID = '9661a4c1-3bdc-4fb0-9d6c-2adaacbea0a4'

# Autor dieses Moduls.
Author = 'Tobias'

# Unternehmen oder Hersteller dieses Moduls.
CompanyName = 'powershell.one'

# Urheberrechtserklärung für dieses Modul.
Copyright = '2021 Tobias'

# Beschreibung der von diesem Modul bereitgestellten Funktionen.
Description = 'Ein Testmodul'

# Die für dieses Modul mindestens erforderliche Version des Windows-PowerShell-Moduls.
# PowerShellVersion = ''

# Der Name des für dieses Modul erforderlichen Windows-PowerShell-Hosts.
# PowerShellHostName = ''

# Die für dieses Modul mindestens erforderliche Version des Windows-PowerShell-Hosts.
# PowerShellHostVersion = ''

# Die für dieses Modul mindestens erforderliche Version des Microsoft .NET Framework. Diese
erforderliche Komponente ist nur für die PowerShell-Desktop-Edition gültig.
# DotNetFrameworkVersion = ''

# Die für dieses Modul mindestens erforderliche Version der CLR (Common Language Runtime). Diese
erforderliche Komponente ist nur für die PowerShell-Desktop-Edition gültig.
# CLRVersion = ''

# Die für dieses Modul erforderliche Prozessorarchitektur ("Keine", "X86", "Amd64").
# ProcessorArchitecture = ''

# Die Module, die vor dem Importieren dieses Moduls in die globale Umgebung geladen werden müssen.
# RequiredModules = @()

# Die Assemblies, die vor dem Importieren dieses Moduls geladen werden müssen.
# RequiredAssemblies = @()
```

```
# Die Skriptdateien (PS1-Dateien), die vor dem Importieren dieses Moduls in der Umgebung des
Aufrufers ausgeführt werden.
# ScriptsToProcess = @()

# Die Typdateien (.ps1xml), die beim Importieren dieses Moduls geladen werden sollen.
# TypesToProcess = @()

# Die Formatdateien (.ps1xml), die beim Importieren dieses Moduls geladen werden sollen.
# FormatsToProcess = @()

# Die Module, die als geschachtelte Module des in "RootModule/ModuleToProcess" angegebenen Moduls
importiert werden sollen.
# NestedModules = @()

# Aus diesem Modul zu exportierende Funktionen. Um optimale Leistung zu erzielen, verwenden Sie
keine Platzhalter und löschen den Eintrag nicht. Verwenden Sie ein leeres Array, wenn keine zu
exportierenden Funktionen vorhanden sind.
FunctionsToExport = '*'

# Aus diesem Modul zu exportierende Cmdlets. Um optimale Leistung zu erzielen, verwenden Sie keine
Platzhalter und löschen den Eintrag nicht. Verwenden Sie ein leeres Array, wenn keine zu
exportierenden Cmdlets vorhanden sind.
CmdletsToExport = '*'

# Die aus diesem Modul zu exportierenden Variablen.
VariablesToExport = '*'

# Aus diesem Modul zu exportierende Aliase. Um optimale Leistung zu erzielen, verwenden Sie keine
Platzhalter und löschen den Eintrag nicht. Verwenden Sie ein leeres Array, wenn keine zu
exportierenden Aliase vorhanden sind.
AliasesToExport = '*'

# Aus diesem Modul zu exportierende DSC-Ressourcen.
# DscResourcesToExport = @()

# Liste aller Module in diesem Modulpaket.
# ModuleList = @()

# Liste aller Dateien in diesem Modulpaket.
# FileList = @()

# Die privaten Daten, die an das in "RootModule/ModuleToProcess" angegebene Modul übergeben werden
sollen. Diese können auch eine PSData-Hashtabelle mit zusätzlichen von PowerShell verwendeten
Modulmetadaten enthalten.
PrivateData = @{

    PSData = @{

        # 'Tags' wurde auf das Modul angewendet und unterstützt die Modulermittlung in
        Onlinekatalogen.
        # Tags = @()

        # Eine URL zur Lizenz für dieses Modul.
        # LicenseUri = ''

        # Eine URL zur Hauptwebsite für dieses Projekt.
        # ProjectUri = ''

        # Eine URL zu einem Symbol, das das Modul darstellt.
        # IconUri = ''

        # 'ReleaseNotes' des Moduls.
```

```
        # ReleaseNotes = ''

    } # Ende der PSData-Hashtabelle.

} # Ende der PrivateData-Hashtabelle.

# HelpInfo-URI dieses Moduls.
# HelpInfoURI = ''

# Standardpräfix für Befehle, die aus diesem Modul exportiert werden. Das Standardpräfix kann mit
"Import-Module -Prefix" überschrieben werden.
# DefaultCommandPrefix = ''

}
```

Listing 16.8: Eine Manifestdatei für ein PowerShell-Modul

Wichtig

Wenn Sie ein Modul über `PowerShellGet` verteilen möchten, sind im Manifest alle Angaben bis zum Schlüssel `Description` zwingend erforderlich. Alle übrigen Angaben sind optional und können wahlweise auskommentiert oder auch entfernt werden. Sie definieren gegebenenfalls notwendige Abhängigkeiten und Kompatibilitätsaspekte.

Die Angaben in `PrivateData` und darin in `PSData` sind Metadaten, die die *PowerShell Gallery* zur Verschlagwortung verwendet.

Neue Moduldatei anlegen

Nun fehlt nur noch eine letzte Zutat zu Ihrem Modul: die eigentliche Moduldatei, in der der PowerShell-Code steht, den das Modul transportieren soll – beispielsweise Ihre Funktionsdefinitionen.

Diese Moduldatei kann wahlweise eine Datei mit der Dateierweiterung *.psm1* oder *.ps1* sein. Im Beispiel wurde der Name der Moduldatei im Eintrag `RootModule` der Manifestdatei bereits festgelegt (siehe Listing 16.6) und heißt *meinmodul.psm1*.

Achtung

In PowerShell 2.0 hieß der Manifestschlüssel `RootModule` noch `ModuleToProcess`. Beide Schlüssel sind gleichbedeutend.

Legen Sie diese Datei an und öffnen Sie sie dann im PowerShell-Editor Ihrer Wahl, zum Beispiel der ISE:

```
'#Modul' | Set-Content -Path C:\modulschmiede\mysystemtools\meinmodul.psm1 -Encoding UTF8

ise C:\modulschmiede\mysystemtools\meinmodul.psm1
```

Listing 16.9: Moduldatei anlegen und im ISE-Editor öffnen (Windows)

Der Inhalt dieser Datei wird ausgeführt, sobald das Modul von PowerShell importiert wird. In diese Datei gehören also keine direkt ausführbaren Befehle, sondern Funktionsdefinitionen der Befehle, die dieses Modul zur Verfügung stellen soll.

Kopieren Sie zum Beispiel die Funktion `Get-MySoftwareUpdate` aus Listing 16.10 in Ihre Moduldatei und speichern Sie die Datei danach.

```
function Get-MySoftwareUpdate
{
    $Filter = @{
      ProviderName="Microsoft-Windows-WindowsUpdateClient"
      ID=19
    }

  Get-WinEvent -FilterHashtable $filter |
    ForEach-Object {
      $rv = $_ | Select-Object -Property TimeCreated, Name, Activity, Status
      $rv.Name = $_.Properties[0].Value
      $rv.Activity = $_.KeywordsDisplayNames[0]
      $rv.Status = $_.KeywordsDisplayNames[1]
      $rv
    }
}
```

Listing 16.10: Installierte Software-Updates abrufen

Modul testen

Wenn Sie alles richtig gemacht haben, befindet sich im Ordner *c:\modulschmiede* nun ein neues PowerShell-Modul namens `MySystemTools` mit einem einzelnen Befehl namens `Get-MySoftwareUpdate`.

Da sich das Modul (noch) in keinem der offiziellen Modulordner befindet, die PowerShell automatisch überwacht und die in `$env:PSModulePath` bestimmt werden, importieren Sie das Modul mit `Import-Module` testweise manuell. Öffnen Sie dazu eine neue PowerShell (`powershell.exe` oder `pwsh.exe`) und führen Sie dann diesen Befehl aus:

```
Import-Module -Name C:\modulschmiede\mysystemtools -Verbose -Force
```

Listing 16.11: Modul manuell in PowerShell importieren

Wichtig

Der angegebene Pfadname darf nicht mit einem Backslash (\) abgeschlossen werden. Indem Sie `-Force` angeben, stellen Sie sicher, dass Ihr Modul auf jeden Fall neu eingelesen wird. Dies ist insbesondere für Entwickler wichtig, die nachträglich Änderungen an einem Modul vornehmen und es mehrfach importieren wollen.

PowerShell lädt nun das Modul in den Speicher und gibt die einzelnen Schritte aus:

```
AUSFÜHRLICH: Modul wird aus Pfad "C:\modulschmiede\mysystemtools\mysystemtools.psd1" geladen.
AUSFÜHRLICH: Modul wird aus Pfad "C:\modulschmiede\mysystemtools\meinModul.psm1" geladen.
AUSFÜHRLICH: Exportfunktion "Get-MySoftwareUpdate".
AUSFÜHRLICH: Funktion "Get-MySoftwareUpdate" wird importiert.
```

Das neue Cmdlet (eigentlich ist es eine Funktion) namens `Get-MySoftwareUpdate` kann nun eingesetzt werden. Ihr Modul ist einsatzbereit und kann auch bereits per Copy-and-paste-Deployment an andere weitergegeben werden.

Die Metadaten werden ebenfalls korrekt angezeigt:

```
PS> Get-Module -Name c:\modulschmiede\mysystemtools -ListAvailable


    Verzeichnis: C:\modulschmiede


ModuleType Version    Name                                ExportedCommands
---------- -------    ----                                ----------------
Script     1.0        mysystemtools                       Get-MySoftwareUpdate
```

Nächste Schritte

Wenn Ihr Modul funktioniert, folgen nun typischerweise diese folgenden Schritte:

Weitere Befehle: Fügen Sie in Ihre Moduldatei (in diesem Beispiel *meinModul.ps1*) weitere Funktionsdefinitionen ein oder speichern Sie jede Funktion in einer eigenen Skriptdatei und laden Sie diese aus Ihrer Moduldatei mithilfe des Punktoperators (dot-sourcing). Legen Sie pro Funktion also in Ihrem Modulordner eine separate Skriptdatei an und laden Sie diese in Ihrer Moduldatei jeweils mit:

```
. $PSScriptRoot\NameDesScripts.ps1
```

- **Versionshistorie:** Ändern Sie die Metadaten (zum Beispiel die Versionsnummer des Moduls) in der Manifestdatei (in diesem Beispiel *mysystemtools.psd1*).
- **Automatisches Laden:** Kopieren Sie das Modul in einen der am Anfang des Kapitels beschriebenen Modulordner, damit PowerShell Ihr neues Modul und die darin enthaltenen Befehle automatisch erkennt und bei Bedarf lädt. Sie brauchen dann das Modul nicht länger manuell mit `Import-Module` zu laden.

Bedenken Sie dabei stets, dass PowerShell ein Modul nur einmal lädt und anschließend aus dem Speicher heraus verwendet. Wenn Sie also ein Modul nachträglich modifizieren (zum Beispiel seine Version ändern oder weitere Befehle hinzufügen), öffnen Sie zum Testen des Moduls eine neue PowerShell, oder importieren Sie das Modul manuell mit `Import-Module` und dem Parameter `-Force`.

Profitipp

Im Beispiel hieß die Moduldatei *meinModul.psm1* und trug also die Dateierweiterung *.psm1*. Diese Dateierweiterung sorgt dafür, dass das Modul einen eigenen Gültigkeitsbereich und private Variablen nutzen kann, die vom Aufrufer abgeschirmt sind.

Verwenden Sie stattdessen die Erweiterung *.ps1*, entfällt dieser separate Gültigkeitsbereich, und das Modul teilt sich den Gültigkeitsbereich mit demjenigen des Aufrufers. Das kann nützlich sein, wenn Sie innerhalb Ihres Moduls Klassen und Enumerationen definieren wollen, die auch im Gültigkeitsbereich des Aufrufers zur Verfügung stehen.

Eigene Module verteilen

Am Anfang dieses Kapitels haben Sie PowerShellGet kennengelernt. Mit dessen Cmdlets konnte man Module aus der *PowerShell Gallery* und anderen Repositories auf Ihren Computer übertragen.

Inzwischen wissen Sie nun auch, wie man Module selbst herstellt und damit eigene Funktionen weitergeben kann. Sie können jetzt also umgekehrt Ihre eigenen Module mit Publish-Module in ein Repository übertragen und für andere bereitstellen. Für die öffentliche *PowerShell Gallery* benötigen Sie indes zuerst eine kostenfreie Registrierung und einen API-Schlüssel.

Sehr viel häufiger wird man lieber intern im Unternehmensumfeld ein privates Repository betreiben wollen, um PowerShell-Module Kolleginnen und Kollegen sowie Kunden zur Verfügung zu stellen. Deshalb schauen wir uns zum Abschluss an, wie Sie solch ein eigenes Repository anlegen und dann damit PowerShell-Module verteilen.

Netzwerkfreigabe

Im einfachsten Fall besteht ein internes Repository aus einer Netzwerkfreigabe. Die Lese- und Schreibberechtigungen regeln dann, wer vom Repository Ressourcen herunterladen und wer auch Autor sein und Ressourcen hochladen darf.

Im Folgenden wird davon ausgegangen, dass es in Ihrem Netzwerk die Freigabe *\\Server\Team Repository* gibt. Diese Freigabe wird anschließend mit Register-PSRepository als weiteres Repository bei PowerShell registriert:

```
PS> Register-PSRepository -Name TeamRepository -SourceLocation \\server\TeamRepository
-InstallationPolicy Trusted
```

Hinweis

Leider gibt es derzeit noch keinen gruppenrichtliniengesteuerten Weg, Repositories zentral zuzuweisen oder zu verwalten. Aktuell muss die Registrierung stets im Userkontext erfolgen. Microsoft plant aber in Kürze eine zentrale Konfigurationsmöglichkeit.

Das Repository erscheint nun in der Liste der Repositories, die Get-PSRepository liefert:

```
PS> Get-PSRepository

Name                      PackageManagementProvider InstallationPolicy   SourceLocation
----                      ------------------------- ------------------   --------------
PSGallery                 NuGet                     Untrusted            https://www....
TeamRepository            NuGet                     Trusted              \\server\Tea...
```

Modul in Repository übertragen

Die folgende Zeile überträgt das Modul MySystemTools, das Sie im letzten Abschnitt erstellt hatten, in Ihr neues privates Repository:

```
Publish-Module -Path c:\modulschmiede\mysystemtools -Repository TeamRepository -ReleaseNotes 'first
module for testing purposes' -Tags demo, test
```

Listing 16.12: Modul ins Repository übertragen

Alternativ können Sie anstelle von -Path auch den Parameter -Name verwenden und den Namen des Moduls angeben, sofern es sich in einem der offiziellen Modulordner befindet.

Publish-Module verpackt das Modul als *nupkg*-Datei und lädt es ins Repository hoch. Dazu ist einmalig der Download der Open-Source-Datei *nuget.exe* notwendig, zu dem Sie Ihr Einverständnis erteilen müssen.

Während des anschließenden Verpackens und Hochladens werden eventuell orangefarbene Warnungen mit Hinweisen dazu ausgegeben, wie sich die Angaben Ihrer Manifestdatei noch optimieren ließen. Alle diese Warnungen können Sie aber auch einfach ignorieren.

Modul aus privatem Repository installieren

Das Finden und Installieren von Modulen (oder Skripten) aus einem eigenen Repository unterscheidet sich nicht von dem Vorgang über die *PowerShell Gallery*. Sie setzen auch hier Find-Module beziehungsweise Install-Module ein. Weil das interne Repository indes als »vertrauenswürdig« markiert wurde, entfällt die Sicherheitsabfrage bei der Installation.

Die folgende Zeile würde Ihr Modul MySystemTools aus dem Repository TeamRepository herunterladen und ohne Administratorrechte nur für den aktuellen Anwender installieren (-Scope CurrentUser):

```
Install-Module -Name MySystemTools -Repository TeamRepository -Scope CurrentUser
```

Listing 16.13: Ein Modul aus einem privaten Repository herunterladen und installieren

Wie Sie sehen, brauchen Sie bei den Cmdlets aus dem Modul PowerShellGet lediglich den Parameter -Repository zu nutzen, wenn Sie ein bestimmtes Repository ansprechen wollen. Find-Module würde ohne diesen Parameter beispielsweise in sämtlichen registrierten Repositories suchen. Um nur im neuen eigenen Repository zu suchen, geben Sie zusätzlich also den Parameter -Repository an:

```
PS> Find-Module -Repository TeamRepository

Version Name          Type   Repository     Description
------- ----          ----   ----------     -----------
1.4     MySystemTools Module TeamRepository Some Description
1.0     LabHelper     Module TeamRepository Some Lab Module
1.0     NtpTime       Module TeamRepository Get NTP Time from a specified NTP Server
```

Kapitel 17

Fehlerhandling

In diesem Kapitel:

Ausführlich werden in diesem Kapitel die folgenden Aspekte erläutert:

- **Fehlermeldungen unterdrücken:** Einfache Fehler, die keine weiteren Konsequenzen haben, lassen sich kurzerhand unterdrücken. Jedes Cmdlet verfügt über den Parameter `ErrorAction`, der festlegt, wie das Cmdlet im Fehlerfall reagieren soll. Die Einstellung `SilentlyContinue` unterdrückt Fehlermeldungen. Der Vorgabewert für `-ErrorAction` wird in `$ErrorActionPreference` definiert und lautet normalerweise `Continue`: Fehlermeldung anzeigen und fortfahren.
- **Fehler nachträglich analysieren:** PowerShell protokolliert alle Fehler in der Variablen `$error` mit. Cmdlets können Fehler ebenfalls in einer Variablen mitschneiden, die mit dem Parameter `-ErrorVariable` angegeben wird. Anschließend können die aufgetretenen Fehler analysiert werden.
- **Auf Fehler reagieren:** Fehlerhandler sind Strukturen, die Fehler in Echtzeit abfangen und sofort reagieren können. PowerShell unterstützt dafür die Strukturen `try...catch` (für örtlich begrenzte Fehlerhandler) und `trap` (für globale Fehlerhandler). Fehlerhandler können allgemein oder spezifisch sein. Spezifische Fehlerhandler reagieren nur auf die Fehlertypen, für die sie sich zuständig erklären.

- **Exceptions und ErrorRecords:** Fehler bezeichnet man als *Exception* (Ausnahme). PowerShell repräsentiert Exceptions durch `ErrorRecord`-Objekte, die den Grund für den Fehler sowie zusätzliche Informationen enthalten, beispielsweise den Namen des Skripts sowie Zeile und Spalte, in denen der Fehler aufgetreten ist. Mit diesen Informationen kann man Fehlerursachen unterscheiden und Fehlerlogs erstellen. Innerhalb des Fehlerhandlers steht der `ErrorRecord` in der Variablen `$_` zur Verfügung.
- **Terminierende Fehler:** Alle Fehler, die nicht vom internen Fehlerhandler eines Cmdlets behandelt werden, nennt man *terminierende Fehler.* Nur diese Fehler können von Fehlerhandlern behandelt werden. Um auch die übrigen Fehler behandeln zu können, muss die `ErrorAction` eines Cmdlets auf `Stop` eingestellt sein.
- **Fehler, die von Konsolenbefehlen ausgelöst werden:** Meldet ein Konsolenbefehl (ausführbare Programme wie `net.exe`, also keine Cmdlets) einen Fehler, kann dieser vom Fehlerhandler behandelt werden, wenn der Fehlerkanal des Konsolenbefehls in den Ausgabekanal umgeleitet wird und außerdem `$ErrorActionPreference` auf `Stop` eingestellt ist.
- **Eigene Fehler auslösen:** Mit `Throw` lassen sich eigene Fehler auslösen, die dann entweder von anderen Fehlerhandlern behandelt oder von PowerShell als rote Fehlermeldung ausgegeben werden. Gibt eine selbst definierte Funktion im Fehlerfall also mithilfe von `Throw` echte Fehlermeldungen aus und nicht einfach nur Warnmeldungen, erlaubt das dem Aufrufer der Funktion, diese Fehler über eigene Fehlerhandler aufzufangen.

Nicht jedes PowerShell-Skript funktioniert perfekt, schon gar nicht die selbst geschriebenen. Fehler sind normal, und so gehört auch die Fehlerjagd zum Alltag eines Skripters. Drei Fehlertypen können Ihnen dabei begegnen:

- **Syntaxfehler** sind handwerkliche Fehler, zum Beispiel fehlende Anführungszeichen oder Klammern. Solche Fehler werden von der ISE beispielsweise genauso rot unterkringelt wie peinliche Rechtschreibfehler im Bewerbungsbrief in Ihrer Textverarbeitung. Solche Fehler sollten an dieser Stelle bereits aus dem Weg geräumt worden sein.
- **Laufzeitfehler** passieren, wenn PowerShell-Code ausgeführt wird, der an sich korrekt ist. Allerdings stolpert der Code dabei über Laufzeitbedingungen, die zum Fehler führen: Es wird zum Beispiel versucht, eine Datei zu löschen, die gar nicht da ist oder auf die man mangels Berechtigungen nicht zugreifen darf.
- **Logikfehler** zeigen überhaupt keine Fehlermeldungen, weil aus Sicht der PowerShell alles perfekt funktioniert. Nur leider produziert das Skript nicht die Resultate, die Sie sich vorgestellt haben. Bei Logikfehlern ist also die Konzeption des Skripts fehlerhaft.

Bei den letzten beiden Fehlertypen helfen Ihnen die Debug-Funktionalitäten der PowerShell, um Fehlerursachen auf die Spur zu kommen. Unvermeidliche Fehler lassen sich danach mit dem Fehlerhandling aus diesem Kapitel abfangen und behandeln.

Fehlermeldungen unterdrücken

Sind Fehler unvermeidbar, aber ohne besondere Konsequenzen, lassen sie sich einfach unterdrücken. Anwendungsbeispiele sind gar nicht so selten. Schauen Sie sich zum Beispiel den folgenden Befehl an, der alle laufenden Prozesse abruft und die Namen und Versionen der zugrunde liegenden Programme meldet:

```
PS> Get-Process -FileVersionInfo
```

Das funktioniert ganz gut, aber zwischendurch tauchen rote Fehlermeldungen auf – aus zwei Gründen:

- **Fehlende Berechtigungen:** Wenn Sie den Befehl ohne Administratorrechte aufrufen, dürfen Sie nur auf die Detailinformationen Ihrer eigenen Prozesse zugreifen; bei allen anderen hagelt es jeweils eine Fehlermeldung.
- **Keine zugrunde liegende Datei:** Einige Prozesse sind eigentlich gar keine Programme (*Idle*, Leerlauf) oder werden nicht durch eine Datei repräsentiert (*System*). Daher kann man für diese auch keine Versionsinformationen abrufen und erhält stattdessen eine Fehlermeldung.

Bestimmen, wie Cmdlets auf Fehler reagieren

Um die Fehlermeldungen unsichtbar zu machen, setzt man den Parameter `-ErrorAction` ein, mit dem man bei jedem Cmdlet festlegen kann, wie es sich bei Fehlern verhalten soll. Die folgende Zeile liefert die Informationen ohne störende Fehler:

```
PS> Get-Process -FileVersionInfo -ErrorAction SilentlyContinue
```

Auch wenn Sie rekursiv Dateien suchen, empfiehlt es sich, Fehlermeldungen unsichtbar zu machen. Sie werden nämlich beinahe unvermeidlich dabei immer wieder auf Unterordner treffen, zu denen Ihnen die Zugangsberechtigungen fehlen. Die folgende Zeile sucht beispielsweise alle Logdateien mit der Dateierweiterung *.log* im gesamten Windows-Ordner und gibt die jeweiligen Pfadnamen aus.

```
PS> Get-ChildItem -Path $env:windir -Filter *.log -Recurse -ErrorAction SilentlyContinue |
Select-Object -ExpandProperty FullName
```

Ohne die Fehlerunterdrückung in Form des Parameters `-ErrorAction SilentlyContinue` würde der Befehl die gleichen Ergebnisse liefern, aber vermutlich zusätzlich einige Fehlermeldungen.

Und auch im nächsten Beispiel ist es sinnvoll, die Fehlermeldungen zu unterdrücken. Der Code soll bestimmen, wie viele Instanzen von `notepad.exe` augenblicklich ausgeführt werden (ändern Sie den Namen des Programms, wenn Sie stattdessen lieber eine andere Anwendung einsetzen möchten):

```
PS> (Get-Process -Name notepad).Count
```

Die Zeile funktioniert einwandfrei, solange mindestens ein Editor ausgeführt wird. Konnte `Get-Process` gar keinen finden, liefert es eine Fehlermeldung. Wie Sie diese unsichtbar machen, wissen Sie nun:

```
PS> (Get-Process -Name notepad -ErrorAction SilentlyContinue).Count
```

Fehler mitprotokollieren lassen

Zwar kann man die Fehler, die ein Cmdlet produziert, automatisch in der globalen Variablen `$error` sammeln lassen und anschließend auswerten, weil aber alle Cmdlets in diese eine Variable protokollieren, ist nicht immer klar, welche denn nun die Fehler sind, die von einem bestimmten Cmdlet gemeldet wurden.

Ein besserer Weg ist, das Cmdlet zu beauftragen, die aufgelaufenen Fehler mit `-ErrorVariable` in einer eigenen Variablen mitzuprotokollieren. So braucht der Inhalt von `$error` nicht angetastet zu werden, und es ist klar, dass in dieser Variablen nur Fehler des aktuellen Cmdlet-Aufrufs enthalten sind.

```
# Prozessinformationen abrufen und
# Fehlermeldungen unterdrücken.
# Fehler stattdessen in $meineFehler speichern.
$list = Get-Process -FileVersionInfo -ErrorAction SilentlyContinue -ErrorVariable meineFehler

# Fehler auswerten.
'{0} aufgetretene Fehler' -f $meineFehler.Count

# Fehlerursachen ausgeben.
$meineFehler |
  Select-Object -ExpandProperty CategoryInfo |
  Select-Object -Property Category, TargetName
```

Auf Wunsch fügt ein Cmdlet seine Fehler auch einer existierenden Variablen hinzu, ohne die schon vorhandenen Fehler zu löschen. So können die Fehlermeldungen mehrerer Cmdlet-Aufrufe kombiniert und zum Beispiel am Ende eines Skripts in ein Fehlerlogbuch geschrieben werden. Hierzu stellt man dem Variablennamen ein Pluszeichen (+) voran.

```
filter Get-ErrorDetail
{
    $Category = @{
        Name = 'Category'
        Expression = { $_.CategoryInfo.Category }
    }

    $Exception = @{
        Name = 'Exception'
        Expression = { $_.Exception.Message }
    }

    $LineNumber = @{
        Name = 'Line'
        Expression = { $_.InvocationInfo.ScriptLineNumber }
    }

    $ScriptName = @{
        Name = 'Script'
        Expression = { $_.InvocationInfo.ScriptName }
    }

    $Target = @{
        Name = 'Target'
        Expression = { $_.TargetObject }
    }

    $ErrorID = @{
```

```
        Name = 'ErrorID'
        Expression = { $_.FullyQualifiedErrorID }
    }

    $Input |
      Select-Object $Category, $Exception, $LineNumber, $ScriptName, $Target, $ErrorID
}
```

Listing 17.1: Universeller Auswertungsfilter für ErrorRecord Informationen

Die folgenden Zeilen schreiben die Fehlermeldungen von zwei Cmdlets in eine gemeinsame Variable und geben danach die Fehler aus. Das Beispiel nutzt die Funktion `Get-ErrorDetail` (siehe Listing 17.1), die die wichtigsten Informationen aus den Fehlerinformationen ausliest und als eigenes Objekt bereitstellt.

```
$ListEXE = Get-ChildItem -Path $env:windir -Recurse -Filter *.exe -ErrorVariable fehler
-ErrorAction SilentlyContinue
$listProc = Get-Process -FileVersionInfo -ErrorVariable +fehler -ErrorAction SilentlyContinue

"Fehler insgesamt: {0}" -f $fehler.Count

$fehler | Get-ErrorDetail | Out-GridView
```

Listing 17.2: Fehler mehrerer Cmdlets in einer Variablen sammeln

Sollen alle Cmdlets in einem Skript die Fehlerhandling-Vorgaben verwenden, kann man diese Einstellungen auch zur Vorgabe erklären. Das folgende Skript zeigt, wie das geschieht. Alle Cmdlets in diesem Skript unterdrücken ihre Fehlermeldungen und schreiben die Fehler stattdessen in die Variable `$fehler`. Dort können die Meldungen dann am Ende ausgegeben oder protokolliert werden:

```
# Standardwerte für Fehlerhandling setzen:
$PSDefaultParameterValues_old = $PSDefaultParameterValues
$ErrorActionPreference_old = $ErrorActionPreference

$fehler = $null
$PSDefaultParameterValues =@{}
$PSDefaultParameterValues.Add('*:ErrorVariable','+fehler')
$ErrorActionPreference = 'SilentlyContinue'


$ListEXE = Get-ChildItem -Path $env:windir -Recurse -Filter *.exe
$listProc = Get-Process -FileVersionInfo

"Fehler insgesamt: {0}" -f $fehler.Count

$fehler | Get-ErrorDetail | Out-GridView

# Vorherige Werte zurücksetzen:
$PSDefaultParameterValues = $PSDefaultParameterValues_old
$ErrorActionPreference = $ErrorActionPreference_old
```

Listing 17.3: Default-Vorgaben für Fehlerhandling nutzen

Mit `$ErrorActionPreference` wird der Vorgabewert für den Parameter `-ErrorAction` gesetzt. Eine eigene Preferenzvariable für den Parameter `-ErrorVariable` gibt es allerdings nicht. Hier kann man sich ab *PowerShell 3.0* mit Default-Parameterwerten behelfen, die über die Variable `$PSDefaultParameterValues` festgelegt werden.

Erfolg eines Befehlsaufrufs prüfen

Um lediglich den Erfolg oder Misserfolg eines Befehls festzustellen, gibt es einen besonders simplen Weg: Die Variable `$?` zeigt an, ob der zuletzt ausgeführte PowerShell-Befehl erfolgreich war oder nicht. So lassen sich außerordentlich primitive, aber durchaus funktionale Fehlerhandler schreiben, die sogar auf die zugrunde liegende Originalfehlermeldung zugreifen können, wenn man diese mit `-ErrorVariable` vorher aufbewahrt hat.

Die folgende Zeile versucht, einen Ordner anzulegen, und gibt je nach Erfolg unterschiedliche Meldungen aus:

```
New-Item -Path c:\neuerordner -Type Directory -ErrorAction SilentlyContinue -ErrorVariable fehler
if ($?)
{
  'Erfolgreich angelegt.'
}
else
{
  "Fehler aufgetreten: $fehler"
}
```

Fehlerhandler einsetzen

Mit den Parametern `-ErrorAction` und `-ErrorVariable` leiten Sie Ihre Wünsche für die Fehlerbehandlung an den Fehlerhandler weiter, der in jedem Cmdlet vorhanden ist. Dieser Fehlerhandler reagiert in Echtzeit auf Fehler mit der Aktion, die in `-ErrorAction` gewünscht wird. Es ist auch dieser Fehlerhandler, der die Fehler als `ErrorRecord` anschließend in `$error` schreibt – und falls `-ErrorVariable` angegeben ist und `-ErrorAction` nicht auf `Ignore` eingestellt wurde, in eine private Variable.

Nicht alle Fehler stammen indes von Cmdlets. Im einfachsten Fall könnte ein Fehler auch durch eine ganz simple verbotene Rechenoperation oder Aufrufe von .NET-Methoden ausgelöst werden:

```
PS> 1/0
Es wurde versucht, durch 0 (null) zu teilen.
In Zeile:1 Zeichen:1
+ 1/0
+ ~~~
    + CategoryInfo          : NotSpecified: (:) [], RuntimeException
    + FullyQualifiedErrorId : RuntimeException
```

Deshalb schauen wir uns als Nächstes an, wie Fehler beliebigen Ursprungs in Echtzeit behandelt werden können.

Lokaler Fehlerhandler: try...catch

Um einen bestimmten Bereich eines Skripts auf Fehler zu überwachen und im Fehlerfall einzuschreiten, wird ein örtlich begrenzter Fehlerhandler verwendet: Sein `try`-Block markiert den überwachten Bereich, und im Fehlerfall wird der direkt angrenzende `catch`-Block ausgeführt. In ihm steht der auslösende Fehler in der Variablen `$_` zur Verfügung:

```
try
{
    1/0
}
catch
{
    Write-Warning $_.Exception.Message
}
```

Listing 17.4: Einfache try...catch-Anweisung

Es spielt keine Rolle, wer im `try`-Block einen Fehler auslöst. Diese Methode erkennt und behandelt also nicht nur Fehler, die ein Cmdlet auslöst, sondern generell sämtliche .NET-Fehler.

Das folgende Beispiel setzt eine Systemfunktion ein, um einen Computernamen im DNS aufzulösen und die ihm gerade zugewiesene IP-Adresse in Erfahrung zu bringen. Ist der angegebene Computer im DNS nicht bekannt, liefert der `catch`-Block eine Warnmeldung:

```
$computer = Read-Host -Prompt 'Geben Sie einen Computernamen ein'

try
{
    [System.Net.DNS]::GetHostByName($Computer)
}
catch
{
    Write-Warning $_.Exception.InnerException.Message
}
```

Listing 17.5: Einen .NET-Fehler behandeln

Allerdings scheitert der Fehlerhandler (noch), falls ein Cmdlet den Fehler auslöst:

```
try
{
  New-Item -Path c:\neuerordner -Type Directory
  'Erfolgreich angelegt.'
}
catch
{
  "Fehler aufgetreten: $_"
}
```

Listing 17.6: Nicht alle Fehler von Cmdlets werden vom Fehlerhandler behandelt.

Der Grund: Auch das Cmdlet besitzt intern einen Fehlerhandler. Tritt also innerhalb des Cmdlets ein Fehler auf, wird dieser Fehler vom Cmdlet-eigenen Fehlerhandler behandelt. Ihr eigener Fehlerhandler geht leer aus – allerdings nur dann, wenn der Cmdlet-eigene Fehlerhandler den Fehler auch tatsächlich behandelt. Das ist nicht immer so:

- Haben Sie die `-ErrorAction` auf `Stop` eingestellt, bricht das Cmdlet seine Arbeit nicht nur beim ersten auftretenden Fehler ab, sondern sendet auch selbst eine Fehlermeldung an den Aufrufer. Diese »Stop-Exception« kann danach von Ihrem eigenen Fehlerhandler erkannt und behandelt werden. In der Eigenschaft `InnerException` steht der eigentlich auslösende Fehler.

- Handelt es sich um einen Fehler, den das Cmdlet nicht selbst behandelt hat, wird auch dieser von Ihrem Fehlerhandler erkannt. Die meisten Cmdlets behandeln sicherheitsrelevante Fehler nicht selbst, sondern geben solche Fehler direkt an den Aufrufer weiter. Dies sind dann Fehler, die selbst bei unterdrückten Fehlermeldungen (`-ErrorAction SilentlyContinue`) sichtbar angezeigt werden.

Wenn Sie also die `-ErrorAction` des Cmdlets `New-Item` auf `Stop` stellen, funktioniert der Fehlerhandler einwandfrei:

```
try
{
  New-Item -Path c:\neuerordner -Type Directory -ErrorAction Stop
  'Erfolgreich angelegt.'
}
catch
{
  "Fehler aufgetreten: $_"
}
```

Listing 17.7: Fehler eines Cmdlets in Echtzeit behandeln

Er funktioniert auch ohne `-ErrorAction Stop`, wenn das Cmdlet den Fehler nicht selbst behandelt hat. Das geschieht in der Regel bei allen sicherheitskritischen Fehlern, so auch bei diesem hier:

```
try
{
  # Der folgende Computer muss via Netzwerk erreichbar sein
  # (ggf. Namen anpassen).
  $Computer = 'testcomputer'
  Get-WmiObject -Class Win32_OperatingSystem -ComputerName $computer -Credential Unbekannt
}
catch
{
  "Fehler aufgetreten: $_"
}
```

Listing 17.8: Vom Cmdlet unbehandelte Fehler können immer von eigenen Fehlerhandlern behandelt werden.

Alle Fehler innerhalb des `try`-Blocks werden also überwacht, sofern das Cmdlet sein eigenes Fehlerhandling aus der Hand gibt. Dazu muss `-ErrorAction` auf `Stop` gestellt werden. Nur terminierende Fehler werden auch ohne eine besondere Einstellung von `-ErrorAction` behandelt, weil diese ja ohnehin nicht über das Cmdlet-eigene Fehlerhandling behandelt werden.

Um stets alle Fehler behandeln zu können, sollten Sie innerhalb des `try`-Blocks grundsätzlich mit `$ErrorActionPreference` die Einstellung `Stop` zur Vorgabe machen: erstens, weil man sich dann den Parameter `-ErrorAction` bei Cmdlets sparen kann, und zweitens, weil es noch andere Befehlstypen gibt, die gar keinen Parameter `-ErrorAction` besitzen und bei denen man Fehler sonst nicht abfangen kann. Hier sind ein paar Beispiele unterschiedlicher Fehlertypen:

```
try
{
    # Cmdlet-Fehler, benötigt ErrorAction=Stop:
    $ErrorActionPreference = 'Stop'
    Get-ChildItem -Path GibtEsNicht
}
catch
{
```

```
    "Fehler entdeckt: $_"
}

try
{
    # Konsolenbefehl-Fehler benötigt ErrorAction=Stop
    # und Umleitung des Fehlerkanals:
    $ErrorActionPreference = 'Stop'
    net user GibtEsNicht 2>&1
}
catch
{
    "Fehler entdeckt: $_"
}

try
{
    # .NET-Fehler benötigt keine besondere ErrorAction:
    [System.Net.DNS]::GetHostByName('gibtesnicht')
}
catch
{
    "Fehler entdeckt: $_"
}
```

Listing 17.9: Im Praxisbeispiel mehrere Fehlerhandler verwenden

Sämtliche Fehler werden nun abgefangen und vom Code im jeweiligen catch-Block entsprechend behandelt.

Der try-Block darf dabei so umfangreich sein, wie Sie wollen. Wichtig ist nur, zu wissen, dass er bei einem Fehler abgebrochen wird. Die restlichen Anweisungen nach dem Fehler und vor dem catch-Block werden übersprungen.

Innerhalb des catch-Blocks steht der ErrorRecord des aktuellen Fehlers in der Variablen $_ zur Verfügung. Es handelt sich dabei um das gleiche ErrorRecord-Objekt, das Ihnen bereits in $error begegnet ist. Entsprechend können Sie auch dieses Objekt mit dem Filter aus Listing 17.1 auswerten.

```
try
{
    # Cmdlet-Fehler, benötigt ErrorAction=Stop:
    $ErrorActionPreference = 'Stop'
    Get-ChildItem -Path GibtEsNicht
}
catch
{
    # Objektstruktur in $_ visualisieren:
    $_ | Format-Custom -Property * -Depth 1 -Force
    # Fehlerinformationen mit der Funktion Get-ErrorDetail
    # auswerten (Funktion muss wie beschrieben vorher
    # definiert worden sein):
    $_ | Get-ErrorDetail | Out-GridView
}
```

Listing 17.10: Im catch-Block auf den ErrorRecord zugreifen

Die Detailinformationen des Fehlers werden im Beispiel in einem GridView-Fenster angezeigt, könnten nun aber ebenso gut auch in eine Logdatei geschrieben oder anderweitig ausgewertet werden.

Hinweis

Auf den `try`-Block muss unmittelbar der `catch`-Block folgen. Er darf nur weggelassen werden, wenn Sie stattdessen einen `finally`-Block einsetzen. Der Code im `finally`-Block wird immer ausgeführt, unabhängig davon, ob ein Fehler auftrat oder nicht. Er gelangt wirklich *immer* zur Ausführung, also auch dann, wenn jemand das Skript zum Beispiel mit [Strg]+[C] vorzeitig abbricht – vor dem Abbruch wird auch hier zuerst noch der Code in `finally` ausgeführt.

Globaler Fehlerhandler: Trap

Während `try...catch` nur *einen bestimmten Bereich Ihres Codes* auf Fehler überwacht, nämlich den, der innerhalb von `try` steht, überwacht ein globaler Fehlerhandler *den gesamten Code im Einzugsgebiet.* So einen Fehlerhandler nennt man bei PowerShell `trap` (englisch für Falle).

Das Einzugsgebiet globaler Fehlerhandler entspricht dem Gültigkeitsbereich von Variablen. Befindet sich die Trap also direkt im Skript, deckt sie alle Fehler im gesamten Skript ab. Steht sie dagegen innerhalb einer Funktion, ist sie auch nur für Fehler innerhalb dieser Funktion zuständig. Die Unterschiede zwischen `try...catch` und `trap` sind allerdings nicht allzu groß. Schauen Sie sich zunächst dieses Skript mit einem `try...catch`-Fehlerhandler an:

```
'Starte.'

Get-ChildItem -Path c:\gibtesnicht

try
{
  # Alle Fehler abfangen:
  $Backup = $ErrorActionPreference
  $ErrorActionPreference = 'Stop'

  1/$null
  Get-Process -Name gibtsnicht
  net user gibtsnicht
}
catch
{
  "Fehler: $_"
}
finally
{
  # Vorheriges Fehlerverhalten wiederherstellen:
  $ErrorActionPreference = $Backup
}

'Fertig.'
```

Listing 17.11: Fehlerhandler auf Basis von try...catch

Wenn Sie dieses Skript ausführen, erscheint zunächst die Textmeldung, gefolgt von einem unbehandelten Fehler, der durch `Get-ChildItem` ausgelöst wird. Danach beginnt der `try`-Block, der alle Fehlerarten abfängt, weil `$ErrorActionPreference` auf `Stop` gestellt ist. Der erste Fehler ist das Teilen einer Zahl durch null. Der Fehler wird vom `catch`-Block behandelt und mit einer Meldung quittiert. Alle übrigen Befehle im `try`-Block werden übersprungen, weil `catch` die Ausführung mit der nächsten Anweisung fortsetzt, die auf derselben Ebene liegt wie es selbst:

```
Starte.
Get-ChildItem : Der Pfad "C:\gibtesnicht" kann nicht gefunden werden, da er nicht vorhanden ist.
In Zeile:3 Zeichen:1
+ Get-ChildItem -Path c:\gibtesnicht
+ ~~~~~~~~~~~~~~~~~~~~~~~~~~~~~~~~~~
    + CategoryInfo          : ObjectNotFound: (C:\gibtesnicht:String) [Get-ChildItem],
ItemNotFoundException
    + FullyQualifiedErrorId : PathNotFound,Microsoft.PowerShell.Commands.GetChildItemCommand

Fehler: Es wurde versucht, durch 0 (null) zu teilen.
Fertig.
```

Um aus dem lokalen Fehlerhandler einen globalen zu machen, ist im Wesentlichen nur eine Umbenennung nötig: Aus catch wird trap. Ein paar Kleinigkeiten sind außerdem wichtig:

- **try ist nun überflüssig:** Da trap ein globaler Fehlerhandler ist, braucht auch kein bestimmter Skriptbereich mehr markiert zu sein.
- **finally ist nun nicht mehr erlaubt:** Dieses Schlüsselwort gehört zur try...catch-Konstruktion. trap hat kein entsprechendes Pendant.
- **continue ist nun nötig:** trap kann im Gegensatz zu catch selbst entscheiden, ob der Fehler behandelt werden konnte oder nicht. Konnte der Fehler behandelt werden, muss trap den Befehl continue hinterhersenden. Ohne diesen Befehl würde der Code in der Trap ausgeführt, und anschließend würde trotzdem die PowerShell-Fehlermeldung erscheinen.
- **trap gehört nach oben:** Zwar darf trap an beliebiger Stelle im Code stehen, sollte aber der Übersichtlichkeit halber ganz oben platziert werden, damit sich sofort erkennen lässt, dass das Skript einen globalen Fehlerhandler besitzt.

Das geänderte Skript sieht nun so aus:

```
# Alle Fehler abfangen:
$Backup = $ErrorActionPreference
$ErrorActionPreference = 'Stop'

trap
{
  "Fehler: $_"

  # Fehler ist behandelt, also nicht an PowerShell weitergeben:
  continue
}

'Starte.'

Get-ChildItem -Path c:\gibtesnicht
1/$null
Get-Process -Name gibtsnicht
net user gibtsnicht

# Vorheriges Fehlerverhalten wiederherstellen:
$ErrorActionPreference = $Backup

'Fertig.'
```

Listing 17.12: Fehlerhandler auf Basis einer Trap

Dieses Skript führt zu insgesamt vier Fehlern. trap wird deshalb jetzt viermal angesprungen, denn anders als bei try...catch setzt das Skript seine Ausführung nun nach dem letzten Fehler einfach fort.

```
Starte.
Fehler: Der Pfad "C:\gibtesnicht" kann nicht gefunden werden, da er nicht vorhanden ist.
Fehler: Es wurde versucht, durch 0 (null) zu teilen.
Fehler: Es kann kein Prozess mit dem Namen "gibtsnicht" gefunden werden. Überprüfen Sie den
Prozessnamen, und rufen Sie das Cmdlet erneut auf.
Fehler: Der Benutzername konnte nicht gefunden werden.
Fertig.
```

Die Regel ist dabei eigentlich sehr ähnlich: `trap` setzt die Ausführung nach einem Fehler mit der nächsten Anweisung fort, die dem Fehler folgt und die auf der Ebene der Trap liegt. So hat es auch `try...catch` getan, nur lagen dort die Befehle innerhalb von `try` in einem Unterbereich. Und tatsächlich kann sich die Trap auch so verhalten wie `try...catch`, also Befehle zu Gruppen zusammenfassen und die Gruppe beim ersten Fehler abbrechen:

```
$Backup = $ErrorActionPreference
$ErrorActionPreference = 'Stop'

trap
{
  "Fehler: $_"

  # Fehler ist behandelt, also nicht an PowerShell weitergeben:
  continue
}

'Starte.'

Get-ChildItem -Path c:\gibtesnicht

& {
    1/$null
    Get-Process -Name gibtsnicht
    net user gibtsnicht
}

# Vorheriges Fehlerverhalten wiederherstellen:
$ErrorActionPreference = $Backup

'Fertig.'
```

Listing 17.13: Skriptblöcke können Befehle zu Gruppen zusammenfassen.

Jetzt sieht das Resultat genauso aus wie bei `try...catch`, außer dass auch der erste Fehler von `Get-ChildItem` erfasst wird, weil bei `trap` ja stets der gesamte Skriptbereich überwacht wird:

```
Starte.
Fehler: Der Pfad "C:\gibtesnicht" kann nicht gefunden werden, da er nicht vorhanden ist.
Fehler: Es wurde versucht, durch 0 (null) zu teilen.
Fertig.
```

Kapitel 18
Windows PowerShell-Remoting

In diesem Kapitel:

Ausführlich werden in diesem Kapitel die folgenden Aspekte erläutert:

- **PowerShell-Remoting:** *Remoting* führt PowerShell-Code auf einem anderen System aus und transportiert die textbasierten Ergebnisse zurück zum Aufrufer. Das Ziel des Remotings können auch mehrere Computer sein, die dann den übermittelten Code alle parallel ausführen. Das Standard-Remoting nutzt die in Windows fest integrierte *WSMan*-Technologie. Sie fehlt auf anderen Betriebssystemplattformen. Andere Betriebssysteme können also per Remoting auf Windows-Systeme zugreifen, aber nicht umgekehrt.
- **SSH-basiertes Remoting:** Ab *PowerShell* 7 darf darüber hinaus SSH (*Secure Shell Protocol*) für das Remoting eingesetzt werden. So kann man per Remoting auch auf Nicht-Windows-Systeme zugreifen.
- **Voraussetzungen:** Auf Windows-Servern ist das WinRM-basierte Remoting automatisch aktiviert. Zugriffsberechtigt sind lokale Administratoren. Auf Windows-Clients muss WinRM-basiertes Remoting mit `Enable-PSRemoting` aktiviert werden. Auf allen Systemen (Windows und Nicht-Windows) kann ab *PowerShell* 7 zusätzlich das SSH-basierte Remoting mit `Enable-SSHRemoting` aktiviert werden.

- **PSSession:** *PSSession* entspricht einer Remoting-Sitzung auf einem Remote-System. Sitzungen können temporär oder dauerhaft eingerichtet werden und lassen sich auch trennen. Der Anwender, der eine getrennte Sitzung ursprünglich angelegt hat, kann sich mit ihr von einem anderen Computer aus wieder neu verbinden.

Mitunter rufen Befehle auf Wunsch Informationen auch von anderen Computern über das Netzwerk ab. Gerade wenn IT-Infrastruktur mit Skripten verwaltet werden soll, sind solche Remote-Zugriffe natürlich äußerst wertvoll. Hier ruft `Get-Service` beispielsweise die Dienste von einem Computer namens »Dell7390« ab:

```
Get-Service -ComputerName dell7390
```

Wenn Sie Glück haben, erscheint daraufhin tatsächlich die Dienstliste des angegebenen Computers. Ebenso wahrscheinlich könnten Sie aber stattdessen auch eine schnöde Fehlermeldung erhalten.

Wenn einzelne Befehle »ihr eigenes« Remoting implementieren, kann es zu vielfältigen Problemen kommen:

- **Remoting-Voraussetzungen:** Sie wissen nicht, welche Techniken eingesetzt werden und welche Voraussetzungen (zum Beispiel Berechtigungen, Ports in Firewalls und laufende Hilfsdienste) für die Remoting-Fähigkeiten eines Befehls erforderlich sind.
- **Berechtigungen:** `Get-Service` erlaubt Ihnen zwar mit dem Parameter `-ComputerName` den Zugriff auf Remote-Systeme, aber weil es keinen Parameter `-Credential` besitzt, wird dabei stets die aktuelle Identität verwendet. Sie können sich hier also nicht mit einem anderen Benutzerkonto am Remote-System ausweisen.
- **Parallelisierung:** Möchten Sie Informationen von mehr als einem Remote-System abrufen, ist das bei `Get-Service` zwar möglich, weil der Parameter `-ComputerName` ein String-Array akzeptiert und Sie also kommasepariert mehrere Computernamen oder IP-Adressen angeben könnten. Allerdings würde das Cmdlet die Computer der Reihe nach ansprechen, sodass solche Befehlsaufrufe sehr lange dauern würden. Die Ergebnisse des Cmdlets könnten anschließend nicht mehr einzelnen Computern zugeordnet werden, weil die resultierenden Dienstobjekte keine »Absenderadresse« beinhalten.
- **Fehlende Remoting-Fähigkeiten:** Nur wenige Befehle beinhalten Remoting-Fähigkeiten, sodass Ihre Skripte nur einen kleinen Teil der PowerShell-Befehle für Remoting-Aufgaben überhaupt verwenden könnten.

Viel sinnvoller ist es, ein »allgemeines Remoting« zentral bereitzustellen, dessen Voraussetzungen bekannt sind und das für sämtliche Befehle in immer gleicher Weise funktioniert. PowerShell bringt deshalb sein eigenes Remoting mit, das im einfachsten Fall so aussehen könnte:

```
PS> Invoke-Command -ScriptBlock { Get-Service } -ComputerName dell7390 -Credential mycomp\remotinguser

Bei Windows PowerShell anmelden
Geben Sie Ihre Anmeldeinformationen ein.
Kennwort für Benutzer remotinguser: ************


Status   Name               DisplayName                           PSComputerName
------   ----               -----------                           --------------
Stopped  AarSvc_f2242       Agent Activation Runtime_f2242        dell7390
Running  AdobeARMservice    Adobe Acrobat Update Service          dell7390
Running  AgentShellService  Spiceworks Agent Shell Service        dell7390
...
```

`Invoke-Command` funktioniert hier beinahe wie die Beam-Plattform des Raumschiffs Enterprise: Der Skriptblock wird auf den Zielcomputer übertragen, dort von einer (versteckten) PowerShell ausgeführt, und das Ergebnis wird automatisch wieder zum Aufrufer zurücktransportiert. Weil diesmal sogar eine Absenderinformation (in `PSComputerName`) angezeigt wird, kann man jetzt auch problemlos kommasepariert mehrere Remote-Computer angeben und die gelieferten Informationen anschließend den einzelnen Computern zuordnen. Der Remote-Vorgang wird bei mehreren angegebenen Computern parallel (also gleichzeitig) durchgeführt.

Auch dieses Beispiel wird bei Ihnen möglicherweise noch nicht auf Anhieb funktionieren, denn auch hier müssen auf Client und Server ein paar Grundvoraussetzungen gegeben sein. Wenn diese allerdings eingerichtet sind, funktioniert `Invoke-Command` künftig problemlos mit jedem beliebigen Befehl, und plötzlich kann all das, was in den vergangenen Kapiteln lokal funktionierte, nun auch auf einem oder vielen Remote-Computern fernausgeführt werden.

Wichtig

Obwohl Remoting zuerst in einer reinen Windows-Welt erfunden wurde und auf der Zielseite (dem Computer also, auf den man zugreifen möchte) mit dem *WinRM-Dienst* und einer Technik namens *WSMan* (*Web Services Management*) feinste proprietäre Technik einsetzt, die weder auf Linux noch auf macOS zur Verfügung steht, funktioniert es mittlerweile sogar auch dort (siehe den Abschnitt »SSH-basiertes Remoting«).

PowerShell-Remoting aktivieren

Damit Sie auf ein System per PowerShell-Remoting zugreifen können, muss es dort aktiv sein. Das ist bei allen Windows-Servern als Vorgabe der Fall. Wenn Sie also per Remoting auf einen Windows-Server zugreifen wollen, ist bereits alles vorbereitet, und Sie benötigen höchstens noch ein Benutzerkonto, das auf dem Server, den Sie ansprechen wollen, über lokale Administratorrechte verfügt.

Möchten Sie sich hingegen mit einem Windows-Client verbinden, muss das Remoting dort zunächst noch eingeschaltet werden. Wie das geschieht, erfahren Sie gleich.

Und wenn Sie plattformübergreifend auf ein Nicht-Windows-System zugreifen möchten, ist auch das möglich. Dazu benötigen Sie allerdings mindestens *PowerShell* 7 (auf beiden Seiten) und müssen das brandneue SSH-basierte Remoting eingerichtet haben (siehe den Abschnitt »SSH-basiertes Remoting«).

Zugriff auch auf Windows-Clients

In der Windows-Welt ist Remoting ein Kinderspiel. Typischerweise wird hier der Fernzugriff auf Server benötigt, daher aktivieren Server den Fernzugriff automatisch.

Nur wenn Sie auch auf einen Windows-Client (z.B. Windows 10) zugreifen wollen, muss das Remoting dort noch eingeschaltet werden. Dafür ist ein einziger Befehl nötig (Administratorrechte erforderlich):

```
PS> Enable-PSRemoting -SkipNetworkProfileCheck -Force

WinRM wurde aktualisiert, um Anforderungen zu empfangen.
```

```
Der WinRM-Diensttyp wurde erfolgreich geändert.
Der WinRM-Dienst wurde gestartet.

WinRM wurde für die Remoteverwaltung aktualisiert.
Auf HTTP://* wurde ein WinRM-Listener erstellt, um die WS-Verwaltungsanforderungen an eine
beliebige IP-Adresse auf diesem Computer zu akzeptieren.
Die WinRM-Firewallausnahme ist aktiviert.
"LocalAccountTokenFilterPolicy" wurde so konfiguriert, dass lokalen Benutzern remote
Administratorrechte gewährt werden
```

Alternativ kann das Remoting auch über Gruppenrichtlinien zentral ein- und ausgeschaltet werden.

Tipp

Der Parameter `-SkipNetworkProfileCheck` sorgt dafür, dass die lokale Firewall Remoting-Anfragen an öffentliche Netzwerke nur von Computern aus demselben Subnetz zulässt. Bei Servern hat dieser Parameter keinen Effekt, weil dort bereits eine entsprechende Firewall-Regel vorhanden ist. Ohne diesen Parameter kann PowerShell-Remoting auf Clients nur eingerichtet werden, wenn es keine aktiven öffentlichen Netzwerkadapter gibt.

Insgesamt werden dabei folgende Änderungen durchgeführt:

- **WinRM-Dienst:** Dieser Dienst wird gestartet und danach für den Automatikstart konfiguriert. Er empfängt später die Remote-Anfragen. Auf Servern läuft dieser Dienst ohnehin.
- **Listener:** Es wird für den WinRM-Dienst ein *Listener* eingerichtet, der auf Port 5985 an allen Netzwerkkarten auf Anforderungen wartet, um diese dann zu bearbeiten.
- **Firewall:** Die Firewall des Systems wird so konfiguriert, dass Anforderungen zum Port 5985 den Listener auch erreichen.
- **LocalAccountTokenFilterPolicy:** Sorgt dafür, dass lokale Administratorkonten für die Remote-Anmeldung verwendet werden können, wenn die Benutzerkontensteuerung (UAC) aktiviert ist. Diese würde andernfalls lokalen Administratorkonten bei der Remote-Anmeldung die administrativen Rechte entziehen und das Konto nur mit normalen Benutzerrechten anmelden, was für PowerShell-Remoting nicht ausreicht.

Profitipp

Sollte `Enable-PSRemoting` mit einer kryptischen Fehlermeldung melden, der Zustand der Firewall könne nicht überprüft werden, kann dies mehrere Ursachen haben:

- **Windows 7:** Hier existieren ein Bug und ein entsprechendes Hotfix (*https://support.microsoft.com/en-us/kb/2697738*).
- **Windows 8/Server 2012 oder höher:** Aktivieren Sie die Firewall-Ausnahmen manuell (wofür Administratorrechte erforderlich sind) und richten Sie ebenfalls manuell einen *WSMan-Listener* ein. Danach rufen Sie `Enable-PSRemoting` erneut auf:

```
PS> Enable-NetFirewallRule -Name WINRM-HTTP-In*
PS> winrm create winrm/config/Listener?Address=*+Transport=HTTP
```

Remoting-Verbindung überprüfen

Ob die Netzwerkverbindung von Ihnen zu einem Remote-System *prinzipiell* funktioniert, testet `Test-WSMan`. Es ist sozusagen der Ping-Befehl für das Remoting. Wenn die Verbindung möglich ist, erhalten Sie ein Objekt mit Textinformationen zurück:

```
PS> Test-WSMan -ComputerName testserver

wsmid           : http://schemas.dmtf.org/wbem/wsman/identity/1/wsmanidentity.xsd
ProtocolVersion : http://schemas.dmtf.org/wbem/wsman/1/wsman.xsd
ProductVendor   : Microsoft Corporation
ProductVersion  : OS: 0.0.0 SP: 0.0 Stack: 3.0
```

Ist die Verbindung dagegen nicht möglich, zum Beispiel weil der Remote-Computer ausgeschaltet ist, sein Name nicht im DNS aufgelöst werden kann, Remoting auf diesem Computer nicht eingeschaltet ist oder eine Firewall den notwendigen Port 5985 blockiert, erhalten Sie stattdessen eine Fehlermeldung.

`Test-WSMan` testet keine Berechtigungen, nur die physische Verbindung. Wenn `Test-WSMan` eine Fehlermeldung liefert, liegen also grundsätzliche Verbindungsprobleme vor, die Sie zuerst lösen müssen (typischerweise muss zuerst das Remoting auf dem Zielsystem wie oben beschrieben aktiviert werden und sichergestellt sein, dass keine Gruppenrichtlinien das Remoting zentral verbieten oder Remoting-Ports in der Firewall geschlossen haben).

Liefert `Test-WSMan` dagegen den Textblock, beginnt der zweite Teil der Vorbereitung, nämlich für ausreichende Benutzerrechte zu sorgen.

NTLM-Authentifizierung erlauben

In den Standardeinstellungen sind für das Remoting lokale Administratorrechte auf dem Zielcomputer nötig, und als Authentifizierungsverfahren wird ausschließlich Kerberos eingesetzt. In einer Domäne mit Active Directory sind also alle Voraussetzungen gegeben.

Wollen Sie PowerShell-Remoting hingegen ohne Domäne einsetzen (zum Beispiel zu Hause in einem Peer-to-Peer-Netzwerk) oder domänenübergreifend zwischen verschiedenen Domänen, funktioniert dies anfangs nicht, weil Kerberos als Authentifizierungsverfahren nicht zur Verfügung steht. In diesem Fall muss zuerst noch auf der Clientseite die NTLM-Authentifizierung aktiviert werden.

Wichtig

Kein Scherz: Es sind auf der Client- und nicht auf der Serverseite Anpassungen nötig, also dort, wo der Remoting-Befehl abgesetzt werden soll.

Tatsächlich ist es dem Zielsystem nämlich herzlich egal, ob sich ein Computer mit Kerberos oder mit NTLM bei ihm anmeldet. Die Beschränkung auf Kerberos ist eine reine »Kindersicherung« auf der Clientseite und soll verhindern, dass weniger erfahrene Administratoren aus Versehen ihre Anmeldedaten kompromittieren.

Bei Kerberos kontrolliert das zentrale Active Directory die Identität beider Seiten. Wenn sich hier also jemand an einem Server anmeldet, garantiert Kerberos, dass es sich auch tatsächlich um den beabsichtigten Server handelt. Deshalb können bei Kerberos-Anmeldungen auch nur Rechnernamen angegeben werden, keine IP-Adressen.

Bei NTLM hingegen ist kein zentrales Active Directory nötig, und niemand überwacht die Identität des Zielsystems. Meldet sich ein Administrator also beispielsweise an einer IP-Adresse an, muss es sich nicht notwendigerweise um das erwartete vertrauenswürdige System handeln, das der Administrator kontaktieren wollte. Theoretisch hätte ein Angreifer auch im simpelsten Fall den Server vom Netzwerk trennen und stattdessen seinen eigenen Rechner mit derselben IP-Adresse verbinden können. Die Anmeldeinformationen des Administrators würden so in falsche Hände fallen.

In der Praxis ist dieses Problem natürlich nicht ganz so groß. In den meisten Fällen wird man sich darauf verlassen können, dass Hostnamen und IP-Adressen innerhalb des eigenen Netzwerks nicht gekapert sind – und falls doch, hat das Unternehmen ohnehin ein viel grundsätzlicheres Problem.

Deshalb ist das Einschalten der NTLM-Authentifizierung (siehe unten) in vielen Szenarien vollkommen legitim. Man sollte jedoch verstehen, warum es geschieht und welche Konsequenzen daraus entstehen.

Um sich auch per einseitiger NTLM-Authentifizierung anmelden zu können, ist auf dem System des Aufrufers (nicht des Zielsystems) eine Einstellung nötig, für die Administratorrechte erforderlich sind. Diese Einstellung kann nur gesetzt werden, wenn vorübergehend der WinRM-Dienst gestartet wird:

```
PS> Start-Service -Name WinRM
```

Erst jetzt ist das Laufwerk *wsman:* lesbar. Dort wird die eigentliche Änderung eingetragen:

```
PS> Set-Item wsman:\localhost\client\trustedhosts * -Force
```

Anschließend kann der WinRM-Dienst wieder gestoppt werden (falls er nicht bereits lief und für andere Zwecke erforderlich ist).

Die `TrustedHosts`-Liste, die Sie gerade auf der Aufruferseite geändert haben, kontrolliert, zu welchen Computern Sie sich verbinden dürfen, wenn Kerberos nicht zur Verfügung steht – wem Sie also vertrauen. Der Stern steht für beliebige Namen und IP-Adressen. Alternativ könnten Sie auch einschränken und zum Beispiel `192.168.2.*` in die Liste eintragen. Dann wären nur IP-Adressen aus dem angegebenen Segment zulässig. Die Angabe einer ganz bestimmten IP-Adresse oder eines Hostnamens ist ebenfalls möglich.

Profitipp

Möchten Sie mehrere Einträge in die **`TrustedHosts`**-Liste schreiben, verwenden Sie den Parameter **`-Concatenate`**. Wird er angegeben, fügt **`Set-Item`** neue Einträge den bestehenden Einträgen hinzu, ohne sie zu überschreiben.

```
PS> Get-Item -Path WSMan:\localhost\Client\TrustedHosts

   WSManConfig: Microsoft.WSMan.Management\WSMan::localhost\Client

Type            Name                           SourceOfValue   Value
----            ----                           -------------   -----
System.String   TrustedHosts                                   *

PS> Set-Item -Path WSMan:\localhost\Client\TrustedHosts -Value 192.168.2.* -Force
PS> Set-Item -Path WSMan:\localhost\Client\TrustedHosts -Value storage2 -Concatenate -Force
PS> Set-Item -Path WSMan:\localhost\Client\TrustedHosts -Value dell5982 -Concatenate -Force
PS> Get-Item -Path WSMan:\localhost\Client\TrustedHosts

   WSManConfig: Microsoft.WSMan.Management\WSMan::localhost\Client
```

```
Type            Name          SourceOfValue  Value
----            ----          -------------  -----
System.String   TrustedHosts                 192.168.2.*,storage2,dell5982
```

PowerShell-Remoting überprüfen

Wenn Sie auf der Serverseite sichergehen möchten, dass die Einrichtung von PowerShell-Remoting erfolgreich durchgeführt wurde (und mindestens Windows 8 oder Server 2012 einsetzen), nutzen Sie die Funktion `Test-PSRemoting` aus Listing 18.1.

```
function Test-PSRemoting
{
  # WinRM-Dienst
  $service = Get-Service -Name WinRM

  # Firewall-Ausnahmen ...
  $firewall = @(Get-NetFirewallRule -Name WINRM-HTTP-In* |
                # ...die nicht disabled sind
                Where-Object { $_.Enabled -eq $true })

  # Unterstützung für lokale Adminkonten
  $Path = 'HKLM:\SOFTWARE\Microsoft\Windows\CurrentVersion\policies\system'
  $key = Get-ItemProperty -Path $Path

  # WSMan-Listener
  $Application = 'winrm/config/Listener'
  $Selector = @{Address='*';Transport='http'}
  $listener = @(Get-WSManInstance $Application -SelectorSet $Selector)

  # PSSessionConfigurations ...
  $config = @(Get-PSSessionConfiguration |
                # ...die nicht disabled sind
                Where-Object { $_.SecurityDescriptorSDDL -notlike '*(D;;GA;;;NU)*' })

  [PSCustomObject]@{
      'WinRM-Service läuft' = $service.Status -eq 'Running'
      'Firewall erlaubt Zugriff' = $firewall.Count -eq 2
      'Unterstützung für lokale Adminkonten' = $key.LocalAccountTokenFilterPolicy -eq 1
      'WSMan-Listener konfiguriert' = $listener.Count -gt 0
      'PSSessionConfigurations aktiv' = $config.Count -gt 0
  }
}
```

Listing 18.1: Korrekte Einrichtung des PowerShell-Remotings überprüfen

`Test-PSRemoting` muss in einer PowerShell mit vollen Administratorrechten ausgeführt werden und informiert Sie darüber, ob die wesentlichen Bestandteile des PowerShell-Remotings erfolgreich eingerichtet wurden:

```
PS> Test-PSRemoting


WinRM-Service läuft                  : True
Firewall erlaubt Zugriff             : True
Unterstützung für lokale Adminkonten : True
WSMan-Listener konfiguriert          : True
PSSessionConfigurations aktiv        : True
```

Hinweis

Die Einstellung `Unterstützung für lokale Adminkonten` ist für das PowerShell-Remoting nicht zwingend notwendig und wird von `Enable-PSRemoting` nur aktiviert, wenn die Benutzerkontensteuerung (UAC) eingeschaltet ist. Ist sie nicht aktiv, können keine lokalen Administratorkonten für die Remote-Anmeldung verwendet werden, wenn beim Zielsystem die Benutzerkontensteuerung aktiviert ist (UAC).

`Test-PSRemoting` steht erst zur Verfügung, wenn Sie die folgende Funktion angelegt haben. Sie setzt mindestens Windows 8 oder Server 2012 voraus.

`Test-PSRemoting` »beweist« übrigens, dass die meisten Änderungen von `Enable-PSRemoting` durch `Disable-PSRemoting` nicht rückgängig gemacht werden. Schalten Sie das Remoting mit `Disable-Remoting` aus, liefert `Test-PSRemoting` dieses erstaunliche Ergebnis:

```
PS> Test-PSRemoting


WinRM-Service läuft                 : True
Firewall erlaubt Zugriff            : True
Unterstützung für lokale Adminkonten : True
WSMan-Listener konfiguriert         : True
PSSessionConfigurations aktiv       : False
```

`Disable-PSRemoting` konfiguriert die Sicherheitseinstellungen des Remotings so, dass niemand mehr Zugriff erhält. Dies ergibt durchaus Sinn, denn die vom PowerShell-Remoting vorgenommenen Einstellungen wie der Start des WinRM-Diensts oder die Konfiguration der Firewall-Regeln betreffen nicht nur das Remoting selbst. Auch andere Dienste und Programme könnten (zwischenzeitlich) darauf zugreifen, sodass diese Einstellungen nicht einfach wieder rückgängig gemacht werden können.

Erste Schritte mit PowerShell-Remoting

Mit `Enter-PSSession` kann man Remoting-Verbindungen interaktiv testen. Melden Sie sich damit testweise an einem Remote-System an:

```
PS> Enter-PSSession -ComputerName testserver
[testserver]: PS C:\Dokumente und Einstellungen\Administrator\Eigene Dateien>
```

Möchten Sie sich mit einem anderen Benutzerkonto am Remote-System anmelden, geben Sie zusätzlich den Parameter `-Credential` an.

Profitipp

Wenn Sie Windows 10 verwenden und Remoting zunächst »gegen den eigenen Computer« einsetzen wollen, starten Sie eine PowerShell mit Administratorrechten. Bei Netzwerkzugriffen gegen den eigenen Computer werden Sie nämlich nicht automatisch eleviert.

Und falls Sie sich bei Windows 10 mit einer E-Mail-Adresse oder einem Cloud-basierten Konto anmelden, legen Sie sich für Remoting-Tests ein konventionelles lokales Administratorkonto an:

```
PS> New-LocalUser -Name TestRemotingUser

cmdlet New-LocalUser at command pipeline position 1
```

```
Supply values for the following parameters:
Password: ************

Name             Enabled Description
----             ------- -----------
TestRemotingUser True

PS> Add-LocalGroupMember -Group Administratoren -Member TestRemotingUser
```

In der PowerShell-Konsole wird jetzt vor der Eingabeaufforderung in eckigen Klammern der Name des Zielsystems angezeigt. Alles, was Sie eingeben, wird auf dem Remote-System ausgeführt, und alle Ergebnisse erscheinen wieder in Ihrer Konsole.

Tatsächlich befinden Sie sich nun auch gar nicht mehr in Ihrer ursprünglichen PowerShell:

```
[testserver]: PS C:\Users\RemotingUser2\Documents> Get-Process -Id $pid

Handles  NPM(K)    PM(K)      WS(K)     CPU(s)     Id  SI ProcessName
-------  ------    -----      -----     ------     --  -- -----------
    629      30    56324      72992       0,42   8256   1 wsmprovhost
```

Der Befehl beweist, dass Ihre PowerShell nun *wsmprovhost* heißt. Dies ist der unsichtbare PowerShell-Host, in dem PowerShell beim Remoting auf der Zielseite alle Ihre Befehle ausführt und ihre Ergebnisse über das Remoting zum Aufrufer zurücksendet.

Sie können in Ihrer interaktiven Remoting-Sitzung nun prinzipiell beliebige Befehle aufrufen, zum Beispiel neben Cmdlets auch `ipconfig` oder `ping.exe`. Die Befehle müssen allerdings auf dem Remote-System tatsächlich vorhanden sein.

Achtung

Starten Sie keine Befehle, die grafische Oberflächen anzeigen, also auch keine fensterbasierten Anwendungen wie Notepad. Sie würden Ihre Sitzung blockieren, denn das Remoting wartet bei jedem Befehl, bis die gestartete Anwendung fertig ausgeführt ist, und leitet währenddessen nur textbasierte Rückgabewerte an Sie zurück.

Das Fenster einer fensterbasierten Anwendung würden Sie indes nie zu Gesicht bekommen (und könnten es also auch nie schließen), weil es im unsichtbaren *wsmprovhost*-Host nicht sichtbar ist. Haben Sie doch aus Versehen ein fensterbasiertes Programm gestartet, müssten Sie es im Task-Manager oder über eine zweite Remoting-Verbindung abbrechen, zum Beispiel über `Stop-Process`.

Oder aber Sie schließen notfalls das PowerShell-Fenster, in dem Sie die Remoting-Verbindung aufgebaut haben. Sobald eine Remoting-Verbindung geschlossen wird, beendet *wsmprovhost* auch alle von dort gestarteten Prozesse.

Wenn Sie fertig sind, verlassen Sie die Remote-Sitzung mit `Exit-PSSession` (oder kurz `exit`) und gelangen so zurück zu Ihrer lokalen Sitzung.

```
[testserver]: PS C:\Users\RemotingUser2\Documents> Exit-PSSession
PS>
```

Befehle und Skripte remote ausführen

Enter-PSSession reagiert ausschließlich auf interaktive Eingaben. Sie können damit weder Befehle noch ganze Skripte an ein Remote-System senden. In Skriptcode hat Enter-PSSession grundsätzlich nichts zu suchen. Möchten Sie von einem Skript aus Code an ein Remote-System senden, greifen Sie stattdessen zu Invoke-Command.

Die folgende Zeile führt beispielsweise den Befehl Get-Service auf dem Computer testserver aus. Die Dienste dieses Computers werden automatisch zurück zu Ihnen geliefert und angezeigt:

```
PS> Invoke-Command -ScriptBlock { Get-Service } -ComputerName testserver
```

Invoke-Command überträgt den übergebenen Skriptblock zuerst ans Zielsystem. Alternativ kann mit dem Parameter -FilePath auch eine lokale Skriptdatei angegeben werden. PowerShell würde dann den Code in dieser Skriptdatei automatisch als Skriptblock verpacken und auf gleiche Weise ans Zielsystem schicken.

Auf dem Zielsystem wird eine unsichtbare PowerShell-Sitzung gestartet, ganz ähnlich wie bei Enter-PSSession. Der Code wird in dieser Sitzung auf dem Remote-System ausgeführt. Alle Ergebnisse transportiert das PowerShell-Remoting wieder zurück zu Ihnen. Dank Invoke-Command wird also grundsätzlich jeder Befehl remotefähig und sorgt für verlässliche Standards:

```
PS> Invoke-Command -ScriptBlock { netstat -n } -ComputerName testserver

Aktive Verbindungen

  Proto  Lokale Adresse          Remoteadresse          Status
  TCP    127.0.0.1:5354          127.0.0.1:49669        HERGESTELLT
  TCP    127.0.0.1:5354          127.0.0.1:49670        HERGESTELLT
  TCP    127.0.0.1:27015         127.0.0.1:49740        HERGESTELLT
  TCP    127.0.0.1:49669         127.0.0.1:5354         HERGESTELLT
  TCP    127.0.0.1:49670         127.0.0.1:5354         HERGESTELLT
  TCP    127.0.0.1:49740         127.0.0.1:27015        HERGESTELLT
  TCP    192.168.2.105:50664     104.214.40.24:443      WARTEND
  TCP    192.168.2.105:50673     88.221.235.59:80       HERGESTELLT
  TCP    192.168.2.105:50674     88.221.235.59:80       WARTEND
(…)
```

Kontrolle: Wer besucht »meinen« Computer?

Jede Remoting-Verbindung startet auf der Zielseite die spezielle unsichtbare PowerShell namens *wsmprovhost*. Möchten Sie feststellen, wer gerade aktive PowerShell-Remoting-Sitzungen auf Ihrem Computer ausführt, brauchen Sie also nur diesen Prozess zu suchen und dessen Eigentümer zu bestimmen. Die folgende Funktion Get-RemoteSessionUser liefert das gewünschte Ergebnis:

```
function Get-RemoteSessionUser
{
  param
  (
      $ComputerName,
      $Credential
  )

  Get-WmiObject -Class Win32_Process -Filter 'Name="wsmprovhost.exe"' @PSBoundParameters |
```

```
    ForEach-Object {
      $owner = $_.GetOwner()

      $rv = $_ | Select-Object -Property User, StartTime, ID
      $rv.StartTime = $_.ConvertToDateTime($_.CreationDate)
      $rv.User = '{0}\{1}' -f $owner.Domain, $owner.User
      $rv.ID = $_.ProcessID
      $rv
    }
}
```

Listing 18.2: Aktive Remoting-Sitzungen auf einem Computer bestimmen

---

Hinweis

`Get-RemoteSessionUser` liefert den Benutzernamen des »Besuchers« nur dann, wenn Sie den Befehl mit Administratorrechten ausführen. Ohne Administratorrechte wüssten Sie lediglich, dass Sie »Besuch« haben, aber nicht, von wem.

Sie dürfen `Get-RemoteSessionUser` mit dem Parameter `-ComputerName` gern auch remote aufrufen, können also feststellen, welche Remote-Sitzungen es auf anderen Computern gerade gibt. Voraussetzung ist nur, dass Sie auf dem betreffenden System über Administratorrechte verfügen.

```
PS> Get-RemoteSessionUser

User                            StartTime                                  ID
----                            ---------                                  --
powertheshell\Administrator     25.11.2015 13:34:40                      5552
TobiasAir1\Tobias               25.11.2015 13:44:33                      7152
```

Remotefähigen Code entwickeln

Sobald Ihre Skripte damit beginnen, über `Invoke-Command` Code auch auf Remote-Systemen auszuführen, kann es verwirrend werden. Wo genau wird welcher Code jetzt eigentlich ausgeführt?

Sie haben gesehen: Der Code, der mit `Invoke-Command` an ein Remote-System gesendet wird, läuft eigentlich in einer separaten PowerShell (namens *wsmprovhost*) auf dem Remote-System. Alle Befehle, Module, Cmdlets und sonstigen Abhängigkeiten, die Sie darin verwenden, müssen also auf diesem Zielsystem vorhanden sein. Rufen Sie beispielsweise `robocopy.exe` mit `Invoke-Command` remote auf, muss dieses Tool auf dem Zielsystem auch existieren.

Argumente an Remote-Code übergeben

Noch wichtiger: Ihre eigene (lokale) PowerShell und die remote ausgeführte PowerShell sind unterschiedliche Anwendungen, die nichts voneinander wissen. Ihre eigenen Variablen stehen in der Remote-PowerShell nicht zur Verfügung und umgekehrt. Der einzige Kommunikationsweg zwischen den beiden PowerShells ist `Invoke-Command`.

Schauen Sie sich dazu das folgende typische Anfängerskript an (siehe Listing 18.3), das mit der Funktion `Get-ErrorEvent` Fehlerereignisse aus Logbüchern eines Remote-Systems auslesen soll:

```
function Get-ErrorEvent
{
  param
  (
    [Parameter(Mandatory=$true)]
    $ComputerName,

    $LogName='System'
  )

  $code = { Get-EventLog -LogName $LogName -EntryType Error |
            Export-Csv $env:TEMP\result.csv -NoTypeInformation -Encoding UTF8 -UseCulture }
  Invoke-Command -ScriptBlock $code -ComputerName $ComputerName
}
```

Listing 18.3: Fehlerereignisse von einem Remote-System abrufen (enthält Fehler)

Wenn Sie es aufrufen, erhalten Sie folgende Fehlermeldung:

```
PS> Get-ErrorEvent -ComputerName testserver -LogName System
Das Argument kann nicht an den Parameter "LogName" gebunden werden, da es NULL ist.
    + CategoryInfo          : InvalidData: (:) [Get-EventLog], ParameterBindingVal
   idationException
    + FullyQualifiedErrorId : ParameterArgumentValidationErrorNullNotAllowed,Micro
   soft.PowerShell.Commands.GetEventLogCommand
```

Offenbar ist das Argument `$LogName` nicht im Skriptblock angekommen, und das leuchtet auch ein: Der Skriptblock wurde zuerst an das Remote-System gesendet und dann dort in einer ganz anderen PowerShell-Sitzung ausgeführt. Ihre lokalen Variablen, so auch `$LogName`, existieren dort nicht.

Sie müssen also lokale Variablen an den Skriptblock übergeben, bevor er zum Remote-System gesendet wird. Dazu kann man `Invoke-Command` Argumente übergeben, die der remote ausgeführte Skriptblock dann als Parameter empfangen kann:

```
function Get-ErrorEvent
{
  param
  (
    [Parameter(Mandatory=$true)]
    $ComputerName,

    $LogName='System'
  )

    $code =
    {
      param($LogName)

      Get-EventLog -LogName $LogName -EntryType Error |
        Export-Csv $env:TEMP\result.csv -NoTypeInformation -Encoding UTF8 -UseCulture
    }

  Invoke-Command -ScriptBlock $code -ComputerName $ComputerName -ArgumentList $LogName
}
```

Listing 18.4: Argumente an remote ausgeführten Code übergeben

Ab PowerShell 3.0 besteht zusätzlich die Möglichkeit, lokale Variablen im Skriptblock mit dem Präfix `Using:` zu kennzeichnen. So kann der Skriptblock ebenfalls auf lokale Variablen des Aufrufers zugreifen:

```
function Get-ErrorEvent
{
  param
  (
    [Parameter(Mandatory=$true)]
    $ComputerName,

    $LogName='System'
  )

    $code =
    {
      Get-EventLog -LogName $Using:LogName -EntryType Error |
        Export-Csv $env:TEMP\result.csv -NoTypeInformation -Encoding UTF8 -UseCulture
    }

  Invoke-Command -ScriptBlock $code -ComputerName $ComputerName
}
```

Listing 18.5: Remote auf lokale Variablen zugreifen

Ergebnisse vom Remote-Code an den Aufrufer übertragen

Die verbesserten Funktionen laufen nun ohne Fehlermeldung. Allerdings schließt sich gleich die nächste Frage an: Wie gelangen die Daten, die der remote ausgeführte Code auf dem Remote-System in eine CSV-Datei geschrieben hat, zurück zu Ihnen?

Die Antwort ist die gleiche: Kommunikation läuft ausschließlich über `Invoke-Command`, und zwar in beide Richtungen. Remoting ist keine Einbahnstraße, und `Invoke-Command` bringt Ergebnisse automatisch zu Ihnen zurück – wenn Sie das zulassen und die Ergebnisse nicht bereits auf dem Zielsystem verarbeiten.

Es genügt deshalb, `Export-CSV` einfach aus dem Skriptblock ins lokale Skript zu verschieben:

```
function Get-ErrorEvent
{
  param
  (
    [Parameter(Mandatory=$true)]
    $ComputerName,

    $LogName='System'
  )

    $code =
    {
      param($LogName)

      Get-EventLog -LogName $LogName -EntryType Error
    }

  Invoke-Command -ScriptBlock $code -ComputerName $ComputerName -ArgumentList $LogName |
```

```
        Export-Csv $env:temp\result.csv -NoTypeInformation -Encoding UTF8 -UseCulture
}
```

Listing 18.6: Ergebnisse vom Remote-System zurück zum Aufrufer transportieren und dort speichern

Das hat gleich noch einen zweiten Vorteil: Da die CSV-Datei nun auf Ihrem eigenen System angelegt wird, verwendet PowerShell mit dem Parameter `-UseCulture` Ihre eigenen kulturspezifischen Trennzeichen, also in Deutschland das Semikolon. Hätten Sie die CSV-Dateien jeweils auf den Remote-Systemen erzeugt, wären die dortigen Kultureinstellungen verwendet worden, und in einem multinationalen Unternehmen hätten Sie CSV-Dateien mit verschiedenen Trennzeichen erzeugt.

Fan-Out: integrierte Parallelverarbeitung

`Invoke-Command` macht Ihren Code nicht nur remotefähig, sondern gleichzeitig auch multitaskingfähig. Zwar ist PowerShell an sich »Single-Threaded« – kann also stets nur eine Aufgabe nach der nächsten erledigen –, da Sie beim PowerShell-Remoting die Arbeit aber nicht auf Ihrem System erledigen, sondern an andere PowerShells weiterreichen, kann das auch parallel geschehen.

Ihre Funktion `Get-ErrorEvent` aus Listing 18.6 braucht dazu nichts Besonderes zu tun. Sie dürften dem Parameter `-ComputerName` beliebig viele Computernamen übergeben, zum Beispiel als Liste von kommaseparierten Namen. `Invoke-Command` wird dann Ihren Code an alle angegebenen Computer gleichzeitig übergeben und dort auch gleichzeitig bearbeiten lassen.

Dies wirft aber die nächste Frage auf: Wenn die Ergebnisse von verschiedenen Computern zu Ihnen zurückkehren, woher weiß man dann, welches Ergebnis von welchem Computer stammt? `Invoke-Command` fügt an die Ergebnisse zusätzliche Informationen an, zumindest wenn es sich bei diesen Informationen um Objekte handelt. In der angefügten Eigenschaft `PSComputerName` findet sich immer der Name des Absendercomputers. Das wird deutlich, wenn Sie die Informationen aus der generierten CSV-Datei in Microsoft Excel importieren:

```
PS> Get-ErrorEvent -ComputerName dell1, 127.0.0.1
PS> Invoke-Item $env:temp\result.csv
```

Im Excel-Sheet fällt die Spalte `PSComputerName` ins Auge. Sie enthält den Namen des Systems, von dem diese Information kam.

Daneben befindet sich die Spalte `RunspaceID`. Sie stammt ebenfalls vom PowerShell-Remoting und enthält die eindeutige Kennung der PowerShell-Sitzung. Diese Information wird wesentlich seltener benötigt, zum Beispiel aber dann, wenn mehrere Verbindungen zum selben Computer aufgebaut wurden.

Noch etwas fällt auf: Die Ergebnisse in `PSComputerName` sind bunt gemischt. Ihr System empfängt die Informationen von den Remote-Systemen in dem Augenblick, in dem die Remote-Systeme sie zurücksenden. Die Ergebnisse treffen also in mehr oder weniger zufälliger Reihenfolge ein.

ThrottleLimit: Parallelverarbeitung begrenzen

Die integrierte Parallelverarbeitung von `Invoke-Command` kann beliebig viele Computer gleichzeitig ansprechen, doch führt dies zur nächsten Herausforderung. Fragen Sie beispielsweise Hunderte oder Tausende von Systemen gleichzeitig ab, können riesige Datenlawinen auf Ihr System treffen. Alle abgefragten Systeme antworten schließlich mehr oder weniger gleichzeitig, was zu Netzwerkproblemen und hausgemachten Denial-of-Service-Angriffen führen kann.

Daher enthält `Invoke-Command` einen Begrenzungsmechanismus, der als Vorgabe auf den Wert 32 eingestellt ist: Nur 32 Verbindungen arbeiten wirklich gleichzeitig. Sobald die erste davon ihre Arbeit erledigt hat, kann die 33. die Arbeit aufnehmen. Dies nennt man *ThrottleLimit* (*Throttle* = Ventilrad), und wenn Sie tatsächlich größere Mengen an Computern gleichzeitig ansprechen, ist es sinnvoll, dieses Limit anzupassen.

Liefert Ihr Code nur wenige oder gar keine Daten zurück, kann man das Limit gefahrlos erhöhen und damit die Ausführungsgeschwindigkeit noch erheblich steigern. Werden dagegen viele Daten erwartet, kann man es auch senken. Zuständig ist der Parameter `-ThrottleLimit`.

Aus der Praxis: Remote-Desktop aktivieren

Skriptautomation ist zwar enorm leistungsfähig, lohnt sich aber nur, wenn man Aufgaben tatsächlich häufig wiederholen muss. Für kurze und selten notwendige Aufgaben ist der Griff zur Maus immer noch einfacher, insbesondere im Zeitalter des Remote Desktop. Tatsächlich gibt es Situationen, in denen der Remote-Desktop-Zugriff unverzichtbar ist, zum Beispiel dann, wenn andere Formen des Remotings zuerst aktiviert werden müssen. Dazu zählt auch das sogenannte *CredSSP*, von dem im nächsten Abschnitt die Rede sein wird. Quasi zur Vorbereitung soll nun eine Funktion namens `Set-RemoteDesktop` entstehen, die den Remote Desktop auf Zielsystemen ein- und ausschalten kann:

```
function Set-RemoteDesktop
{
  param
  (
    $ComputerName,

    $Credential,

    [switch]
    $Disable
  )

  # Diesen Parameter nicht an Invoke-Command weitergeben:
  $null = $PSBoundParameters.Remove('Disable')

  $code = {
    param([bool]$Disable)

    $key = 'HKLM:\SYSTEM\CurrentControlSet\Control\Terminal Server'
    if ($Disable) {
        $Value = 1
    }

    else {
        $Value = 0
    }
    Set-ItemProperty -Path $key -Name fDenyTSConnections -Value ([int]$Value) -Type DWORD

    if ($Disable)
    {
      netsh.exe advfirewall firewall set rule group="Remotedesktop" new enable=no
      Write-Warning "Remote Desktop disabled on \\$env:COMPUTERNAME"
    }
    else
    {
      netsh.exe advfirewall firewall set rule group="Remotedesktop" new enable=yes
      Write-Warning "Remote Desktop enabled on \\$env:COMPUTERNAME"
```

```
    }
  }

  Invoke-Command -ScriptBlock $code @PSBoundParameters -ArgumentList $Disable
}
```

Listing 18.7: Remote-Desktop-Zugriff remote ein- und ausschalten

Double-Hop und CredSSP: Anmeldeinfos weiterreichen

Remote-Code wird zwar unter Ihrem Benutzerkonto ausgeführt, darf aber diese Anmeldeinformationen nicht für weitere Authentifizierungen verwenden. Wenn Ihr Remote-Code sich nun erneut authentifizieren muss, zum Beispiel um auf ein Netzlaufwerk zugreifen zu können, führt das zum *Double-Hop*-Problem.

Hier ein Beispiel: Angenommen, Sie besäßen Administratorrechte auf den Servern `testserver` und `storage1`. Sie können beide Systeme von Ihrem lokalen System aus remote erreichen:

```
PS> Get-WmiObject -Class Win32_OperatingSystem -ComputerName testserver, storage1 |
      Select-Object -ExpandProperty Caption

Microsoft Windows 7 Ultimate
Microsoft(R) Windows(R) Server 2003 für Small Business Server
```

Versuchen Sie dagegen den Remote-Zugriff von Code, den Sie per PowerShell-Remoting auf einem anderen System ausführen, wird dieser Code zwar ausgeführt, darf sich aber nicht am dritten System authentifizieren:

```
$code =
{
  Get-WmiObject Win32_OperatingSystem -ComputerName storage1 |
    Select-Object -ExpandProperty Caption
}

Invoke-Command -ScriptBlock $code -ComputerName testserver
```

Listing 18.8: Eine transparente zweite Anmeldung ist nicht erlaubt.

```
Zugriff verweigert (Ausnahme von HRESULT: 0x80070005 (E_ACCESSDENIED))
```

Erlaubt ist dagegen eine explizite zweite Anmeldung, bei der Benutzername und Kennwort erneut übergeben werden. So lassen sich viele Double-Hop-Probleme lösen: Dem Remote-Code wird das für die Anmeldung erforderliche `Credential`-Objekt (oder, falls erforderlich, der Anmeldename und das Kennwort) über Argumente übergeben. So kann das Remote-Skript eine neue, frische Anmeldung vornehmen:

```
$anmeldung = Get-Credential "$env:USERDOMAIN\$env:USERNAME"
$code =
{
  param($Credential)
  Get-WmiObject Win32_OperatingSystem -ComputerName storage1 -Credential $Credential |
    Select-Object -ExpandProperty Caption
}

Invoke-Command -ScriptBlock $code -ComputerName testserver -ArgumentList $anmeldung
```

Listing 18.9: Explizite erneute Anmeldungen sind erlaubt.

Der Remote-Code wird korrekt ausgeführt und kann sich am dritten System ausweisen. Dasselbe Verfahren kann man auch für Netzlaufwerke einsetzen. Der Remote-Code legt dazu vorübergehend ein Netzlaufwerk an, zum Beispiel mit `net use`, und kann auch hier die notwendigen Anmeldeinformationen übergeben.

Alternativ kann man die transparente Weitergabe von Identitäten aber auch gestatten. Dazu nutzt man eine Technik namens *CredSSP*, die ebenfalls beim Remote Desktop eingesetzt wird. Weil das die Sicherheit beeinträchtigt, darf eine solche Vertrauensstellung nur zwischen besonders vertrauenswürdigen Computern geschehen. Bevor CredSSP verwendet werden kann, muss es auf beiden Seiten eingerichtet werden.

Auf dem Quellcomputer (der die Anfrage sendet) schalten Sie CredSSP mit `Enable-WSManCredSSP` und der Rolle `Client` frei. Dafür sind Administratorrechte notwendig:

```
PS> Enable-WSManCredSSP -Role Client -DelegateComputer testserver
```

Auf dem Zielsystem wird CredSSP entsprechend mit der Rolle `Server` aktiviert:

```
PS> Enable-WSManCredSSP -Role Server -Force
```

Wieder sind Administratorrechte erforderlich. Wenn Sie die Einstellung auf einem Remote-System vornehmen wollen, schauen Sie sich die Funktion `Set-RemoteDesktop` von vorhin an (siehe Listing 18.7). Damit aktivieren Sie den Remote Desktop und können darüber den Befehl auch ferngesteuert absetzen. Nachdem CredSSP auf beiden Seiten erfolgreich aktiviert wurde, funktioniert Listing 18.8 ohne Fehlermeldung, wenn Sie:

- zusätzlich den Parameter `-Authentication Credssp` angeben und
- explizit die Anmeldeinformationen mit `-Credential` übergeben:

```
$remotecode =
{
  Get-WmiObject Win32_OperatingSystem -ComputerName storage1 |
    Select-Object -ExpandProperty Caption
}

Invoke-Command -ScriptBlock $code -ComputerName testserver -Authentication Credssp
-Credential "$env:USERDOMAIN\$env:USERNAME"
```

Listing 18.10: Remote-Code über eine CredSSP-Verbindung ausführen

Achtung

Außerhalb eines Domänennetzwerks und ohne die sichere Kerberos-Authentifizierung wird CredSSP nicht sofort aktiv. Auf dem Quellcomputer (der die Verbindung initiiert und seine Anmeldedaten ans Remote-System übergibt) muss dies nochmals ausdrücklich erlaubt werden. Andernfalls erhalten Sie eine Fehlermeldung wie diese hier:

```
[testserver] Beim Verbinden mit dem Remoteserver "testserver" ist folgender Fehler aufgetreten: Die
Anforderung kann vom WinRM-Client nicht verarbeitet werden. Eine Computerrichtlinie ermöglicht
nicht die Delegierung der Benutzeranmeldeinformationen an den Zielcomputer, da der Computer als
nicht vertrauenswürdig eingestuft wird. (…) Sofern der SPN bereits vorhanden ist, die Identität
des Zielcomputers jedoch nicht mit Kerberos überprüft werden kann und die Delegierung der
Benutzeranmeldeinformationen zum Zielcomputer nach wie vor zugelassen werden soll, verwenden Sie
"gpedit.msc", und betrachten Sie die folgende Richtlinie: Computerkonfiguration -> Administrative
Vorlagen -> System -> Delegierung der Anmeldeinformationen -> Aktuelle Anmeldeinformationen mit
reiner NTLM-Serverauthentifizierung zulassen. Stellen Sie sicher, dass die Anwendung aktiviert und
mit einem für den Zielcomputer geeigneten SPN konfiguriert ist. Beispiel: Für den Zielcomputernamen
```

```
"myserver.domain.com" kann der SPN eine der folgenden Bezeichnungen besitzen: WSMAN/
myserver.domain.com or WSMAN/*.domain.com. Wiederholen Sie die Anforderung nach diesen Änderungen.
```

Geben Sie also diesen Befehl in eine PowerShell-Sitzung mit erhöhten Rechten ein:

```
PS> gpedit.msc
```

Es öffnet sich der *Editor für lokale Gruppenrichtlinien*. Darin navigieren Sie zu *Computerkonfiguration/Administrative Vorlagen/System/Delegierung von Anmeldeinformationen*.

Die notwendige Richtlinie auf der rechten Seite heißt *Delegierung von aktuellen Anmeldeinformationen mit reiner NTLM-Serverauthentifizierung zulassen*. Doppelklicken Sie darauf und aktivieren Sie die Richtlinie. Klicken Sie außerdem auf *Anzeigen*. Ein weiteres Dialogfeld öffnet sich, in dem Sie die Computer angeben, an die Ihre Anmeldedaten bei einer CredSSP-Verbindung weitergegeben werden dürfen. Möchten Sie keine Einschränkungen, tragen Sie ein:

```
wsman/*
```

Klicken Sie anschließend auf *Hinzufügen*.

Die Einstellung erinnert etwas an die `TrustedHosts`-Liste: Sie ist ebenso nur ein persönlicher Sicherheitsgurt, der verhindern soll, dass Sie versehentlich Ihre Anmeldedaten an nicht vertrauenswürdige Computer weitergeben.

Eigene Sitzungen verwenden

Immer wenn Sie `Enter-PSSession` oder `Invoke-Command` verwenden, wird für den Fernzugriff vorübergehend eine Remote-PowerShell namens `wsmprovhost.exe` gestartet. Sie entspricht einer *PSSession*, also einem Ort, an dem PowerShell-Code ausgeführt werden kann. Wenn Sie sich nicht selbst um PSSessions kümmern, wird also bei jedem Befehlsaufruf eine neue Sitzung angelegt und anschließend wieder verworfen.

Weil das Anlegen einer neuen PSSession Zeit kostet, ist dieser Weg besonders dann unsinnig, wenn Sie mehrfach auf dasselbe System zugreifen wollen. Außerdem wird der Zustand einer Sitzung jedes Mal gelöscht:

```
PS> Invoke-Command { $wert=1 } -ComputerName testserver
PS> Invoke-Command { $wert } -ComputerName testserver
PS>
```

Der erste Aufruf definiert eine Variable namens `$wert1`. Diese ist im zweiten Aufruf nicht mehr vorhanden, weil jeder Aufruf seine eigene Sitzung einrichtet und anschließend vernichtet.

Eigene Sitzungen anlegen

Wollen Sie häufiger auf ein und dasselbe Remote-System zugreifen, legen Sie besser selbst eine PSSession an und verwenden diese mit `Enter-PSSession` und `Invoke-Command` anstelle eines Computernamens. Jetzt kontrollieren Sie diese PSSession selbst. Sie wird nicht mehr automatisch entsorgt, sondern erst dann, wenn Sie es wünschen.

```
PS> $session = New-PSSession -ComputerName testserver

PS> Invoke-Command { $wert=1 } -Session $session
PS> Invoke-Command { $wert } -Session $session
1
PS> Remove-PSSession -Session $session
```

Es fällt sofort auf, dass `Invoke-Command` nun erheblich schneller ausgeführt wird, weil diesmal nicht zuerst bei jedem Aufruf eine neue Einmalsession angelegt werden muss. Außerdem bleibt der Zustand der Sitzung über mehrere Aufrufe hinweg erhalten, sodass der zweite Aufruf den Inhalt der Variablen abrufen kann, die beim ersten Aufruf angelegt wurde. Dieser Umstand wird von großer Wichtigkeit sein, wenn Sie etwas später Befehle aus einer PSSession in Ihre lokale PowerShell importieren.

Benötigen Sie die Sitzung nicht mehr, müssen Sie allerdings selbst daran denken, die Sitzung mit `Remove-PSSession` wieder zu schließen. Der folgende Aufruf darf am Ende also auf keinen Fall fehlen:

```
PS> Remove-PSSession $session
```

Andernfalls würde die Sitzung auf dem Remote-System weiter bestehen bleiben, bis irgendwann das eingebaute Time-out die Selbstzerstörung einleitet. Weil das jedoch dauern kann und die Zahl der gleichzeitigen Sitzungen genauso begrenzt ist wie die Ressourcen des Remote-Systems, führen nicht freigegebene Sitzungen schnell zu Blockaden.

Um alle PSSessions eines Systems auf einen Schlag zu beenden (und alle darin ablaufenden Daten und Vorgänge sofort zu löschen), zum Beispiel nach ausgiebigen Experimenten, kann die folgende Holzhammermethode eingesetzt werden. Sie benötigen dafür allerdings eine PowerShell mit vollen Administratorrechten und müssen diese Zeile auf dem Remote-System ausführen:

```
PS> Get-Process -Name wsmprovhost | Stop-Process -Force
```

Allerdings können Sie dank des PowerShell-Remotings die Prozesse auch remote vom Client aus stoppen:

```
PS> Invoke-Command { Get-Process -Name wsmprovhost | Stop-Process -Force } -ComputerName testserver
```

Wollen Sie alle Sitzungen der aktuellen PowerShell beenden, geben Sie ein Sternchen als Platzhalter an:

```
PS> Remove-PSSession *
```

Parallelverarbeitung mit PSSessions

Auch mit selbst angelegten PSSessions lässt sich Parallelverarbeitung betreiben, denn der Parameter `-ComputerName` von `New-PSSession` verhält sich ganz ähnlich wie bei `Invoke-Command`: Sie dürfen beliebig viele Computernamen angeben. Geben Sie mehr als einen an, werden mehrere PSSessions geliefert, und Sie erhalten als Ergebnis ein Array dieser `PSSession`-Objekte zurück.

Dieses Array kann dann dem Parameter `-Session` von `Invoke-Command` übergeben werden, um Code in allen diesen Sessions gleichzeitig auszuführen.

```
PS> $session = New-PSSession testserver, localhost, storage1
PS> $session

 Id Name            ComputerName    State    ConfigurationName     Availability
 -- ----            ------------    -----    -----------------     ------------
  1 Session1        testserver      Opened   Microsoft.PowerShell     Available
  2 Session2        localhost       Opened   Microsoft.PowerShell     Available
  3 Session3        storage1        Opened   Microsoft.PowerShell     Available
```

Entsprechend legt der folgende Aufruf auf allen drei Computern einen Registrierungsschlüssel an:

```
PS> Invoke-Command { New-Item -Path HKLM:\Software\Test } -Session $session
```

Da Sie selbst kontrollieren, wie PSSessions angelegt werden, haben Sie sogar weitaus mehr Kontrolle und könnten beispielsweise pro Computer unterschiedliche Benutzerkonten verwenden. Das folgende Beispiel zeigt, wie mit PSSessions auf zwei verschiedene Computer gleichzeitig zugegriffen und mit `systeminfo.exe` ein Systeminventar abgerufen wird:

```
# Hinweis: Wenn Sie den lokalen Computer abfragen wollen,
# muss dieses Skript mit Administratorrechten ausgeführt
# werden.

# Diesen Computer mit aktueller Identität abfragen:
$Computer1 = 'dell1'

# Diesen Computer mit dem Benutzerkonto "PSRemoting" abfragen
# (Konto muss auf dem Computer existieren und über Adminrechte verfügen):
$Computer2 = 'tobiasair1'
$Credential2 = Get-Credential -Credential PSRemoting

# Ein leeres Array anlegen:
$Sessions = @()
# Nacheinander beliebig viele manuell konfigurierte Sessions hinzufügen:
$Sessions += New-PSSession -ComputerName $Computer1
$Sessions += New-PSSession -ComputerName $Computer2 -Credential $Credential2

# Code, der in den Sessions ausgeführt werden soll:
$code =
{
  # Systeminventar als CSV generieren und in Objekte wandeln:
  $Spaltennamen = 'Hostname',
  'Betriebssystemname',
  'Betriebssystemversion',
  'Betriebssystemhersteller',
  'Betriebssystemkonfiguration',
  'BetriebssystemBuildtyp',
  'RegistrierterBenutzer',
  'RegistrierteOrganisation',
  'ProduktID',
  'Installationsdatum',
  'Systemstartzeit',
  'Systemhersteller',
  'Systemmodell',
  'Systemtyp',
  'Prozessor',
  'BIOSVersion',
  'WindowsVerzeichnis',
  'SystemVerzeichnis',
  'Startgeraet',
  'Systemgebietsschema',
  'Eingabegebietsschema',
  'Zeitzone',
  'GesamterPhysischerSpeicher',
  'VerfügbarerPhysischerSpeicher',
  'VirtuellerArbeitsspeicherMax',
  'VirtuellerArbeitsspeicherVerfügbar',
  'VirtuellerArbeitsspeicherVerwendet',
```

```
  'Auslagerungsdateipfad',
  'Domaene',
  'Anmeldeserver',
  'Hotfixes',
  'Netzwerkkarte',
  'HyperV'


  systeminfo.exe /FO CSV |
  Select-Object -Skip 1 |
  ConvertFrom-CSV -Header $Spaltennamen
}

# Code in allen Sessions gleichzeitig ausführen:
Invoke-Command -ScriptBlock $code -Session $sessions |
  Out-GridView -Title Systemübersicht

# Sessions am Ende entfernen:
Remove-PSSession -Session $Sessions
```

Listing 18.11: Systeminformationen remote von zwei Computern abfragen

Das Ergebnis erscheint schrittweise pro Computer im GridView-Fenster und kann je nach Geschwindigkeit der Remote-Verbindung und des Zielsystems einige Sekunden dauern, doch dank der Parallelverarbeitung wird `systeminfo.exe` auf allen angegebenen Systemen gleichzeitig ausgeführt. Das Skript benötigt also insgesamt nur so lange wie der längste Einzelzugriff.

Hinweis

Dass die Computer im Beispiel von gerade eben ihre Informationen einmal in Deutsch und einmal in Englisch zurückliefern, ist dem Befehl `systeminfo.exe` geschuldet, der sich wie alle Konsolenbefehle strikt nach der Sprache des Systems richtet, auf dem er ausgeführt wird.

Unangenehmer sind Encoding-Probleme, wie sie in der Spalte `Betriebssystemkonfiguration` sichtbar sind: Das deutsche »ä« wurde darin durch ein Anführungszeichen ersetzt. Hierfür ist das PowerShell-Remoting verantwortlich.

Wenn Sie in einer PSSession einen Konsolenbefehl wie `systeminfo.exe` ausführen, wird dazu ähnlich wie im ISE-Editor eine Hilfskonsole im Hintergrund gestartet und der Konsolenbefehl darin ausgeführt. Leider gibt es anders als in der ISE hier aber keine Möglichkeit, das Encoding – also die Art, wie Sonderzeichen dargestellt werden – anzupassen. Das Encoding-Problem betrifft daher alle nativen Konsolenbefehle, die in einer PSSession ausgeführt werden.

Es gibt allerdings einen Workaround, der etwas sonderbar anmutet: Wird der native Konsolenbefehl auf dem Remote-System innerhalb eines Hintergrundjobs ausgeführt, stimmt das Encoding. Den Grund hierfür werden Sie im nächsten Kapitel genauer verstehen, wenn Hintergrundjobs besprochen werden. Weil hierbei jedoch eine separate (reguläre) PowerShell den nativen Befehl ausführt, kann sich das eingeschränkte Encoding des PowerShell-Remotings nicht mehr auswirken.

```
$Befehl = { systeminfo.exe /FO CSV | ConvertFrom-CSV  }

$remotecode =
{
    param($Code)
    $job = Start-Job ([ScriptBlock]::Create($Code)) -Name Aufgabe1
    $null = Wait-Job $job
    Receive-Job -Name Aufgabe1
```

```
    Remove-Job -Name Aufgabel
}

Invoke-Command -ComputerName dell1 -ArgumentList $befehl -ScriptBlock $remotecode
```

Listing 18.12: Nativen Konsolenbefehl remote ausführen (korrektes Encoding)

SSH-basiertes Remoting

Das in den vorangegangenen Abschnitten beschriebene Remoting funktioniert außerhalb der Windows-Welt nur eingeschränkt. Zwar kann ein Linux-System, auf dem *PowerShell* 7 installiert ist, mit `Invoke-Command` oder `Enter-PSSession` auf Windows-Systeme zugreifen – aber nicht umgekehrt.

Der Grund liegt an der Art, wie PowerShell-Remoting implementiert wurde: Auf dem Zielsystem ist es der WinRM-Dienst, der als Webservice an Port 5985 auf die Anfragen aus dem Netzwerk wartet und sie dann an *wsmprovhost* weiterleitet. Einen solchen Dienst gibt es aber auf Linux- oder macOS-Systemen nicht. Er ist ein Windows-Eigengewächs.

Damit auch Linux- und macOS-Systeme über Remoting ansprechbar werden, erweitert Microsoft das Remoting und setzt dazu das plattformübergreifende SSH (*Secure Shell Protocol*) ein. SSH wird ab *PowerShell* 7 nativ unterstützt.

Allerdings wird es noch erhebliche Zeit dauern, bis das SSH-basierte Remoting die gleichen Funktionalitäten unterstützt wie das Original-Remoting. Die grundlegenden Funktionalitäten, also das in diesem Kapitel gezeigte Aufrufen von Befehlen und der Rücktransport der Ergebnisse, ist indes bereits einwandfrei möglich. Um ein Verständnis vom SSH-basierten Remoting zu bekommen, wird es in diesem Abschnitt anhand kurzer Beispiele demonstriert. Diese Beispiele können Sie auch auf einem Windows-System nachvollziehen. Dazu benötigen Sie lediglich eine *PowerShell 7. Windows PowerShell* unterstützt das SSH-basierte Remoting nicht.

SSH-Remoting aktivieren

SSH-basiertes Remoting erfordert mindestens *PowerShell 7*. Installieren Sie es wie in Kapitel 1 beschrieben und starten Sie dann eine *PowerShell* 7-Sitzung mit vollen Administratorrechten.

Hinweis

Wenn Sie das SSH-basierte Remoting ohne Administratorrechte einrichten wollen, müssen Sie sich genauer mit den einzelnen Bestandteilen dieses Systems auseinandersetzen und mit den übrigen Parametern dafür sorgen, dass die Konfigurationen in Ordnern gespeichert werden, die ohne Administratorrechte schreibbar sind. Dies näher zu beleuchten, sprengt den Rahmen dieses Buchs.

Installieren Sie anschließend in dieser *PowerShell* 7-Sitzung das Modul `Microsoft.PowerShell.RemotingTools`.

```
Install-Module -Name Microsoft.PowerShell.RemotingTools -Scope CurrentUser
```

Listing 18.13: PowerShell-RemotingTools installieren

Die Tools erleichtern die Konfiguration des SSH-basierten Remotings erheblich, denn ähnlich wie beim WinRM-basierten Remoting genügt nun nur noch ein einziger weiterer Befehl, um das SSH-basierte Remoting einzuschalten. Während der Befehl beim WinRM-basierten Remoting `Enable-PSRemoting` hieß, lautet er nun `Enable-SSHRemoting`:

```
Enable-SSHRemoting -Force
```

Listing 18.14: SSH-basiertes Remoting aktivieren

Damit die Einstellungen wirksam werden, muss nun nur noch der Dienst SSHD neu gestartet werden:

```
Restart-Service sshd
```

Listing 18.15: SSHD-Dienst neu starten

Anschließend können Sie testweise eine Remoting-Verbindung über SSH zu Ihrem eigenen Computer einrichten. Nutzen Sie dazu dieselben Cmdlets wie beim WinRM-basierten Remoting.

Enter-PSSession über SSH

Um beispielsweise eine interaktive Sitzung zu öffnen, verwenden Sie `Enter-PSSession` und nutzen die Parameter `-HostName` und `-UserName`:

```
Enter-PSSession -HostName $env:computername -UserName remotingUser
```

Listing 18.16: Interaktive Remoting-Sitzung über SSH öffnen

Achtung

Die Parameter **`-HostName`** und **`-UserName`** stehen erst ab *PowerShell 7* zur Verfügung. Mit *Windows PowerShell* können Sie also SSH-basiertes Remoting nicht verwenden.

Sie werden nun nach dem Kennwort des angegebenen Benutzerkontos gefragt. Anschließend befinden Sie sich ganz ähnlich wie beim WinRM-basierten Remoting in Ihrer Remoting-Sitzung, die Sie mit `exit` auch wieder beenden können:

```
PS> Enter-PSSession -HostName $env:computername -UserName remotingUser2
remotingUser2@dell7390's password:
[remotingUser2@dell7390]: PS C:\Users\RemotingUser2\Documents> Get-Process -Id $pid

 NPM(K)    PM(M)      WS(M)     CPU(s)      Id  SI ProcessName
 ------    -----      -----     ------      --  -- -----------
     60    41,34      79,32       1,03   20564   0 pwsh

[remotingUser2@dell7390]: PS C:\Users\RemotingUser2\Documents> exit
PS> $pid
7720
```

Achtung

Wie Sie sehen, funktioniert das Remoting über SSH aus Anwendersicht ganz ähnlich wie mit WinRM. Allerdings verwendet *PowerShell 7* als unsichtbaren Remoting-Host keinen dedizierten Host wie *wsm provhost*, sondern eine weitere ganz normale *PowerShell 7*-Konsole, die lediglich unsichtbar ist.

Während Sie sich also in einer Remoting-Sitzung befinden, heißt Ihr Host *pwsh*. Es ist aber eine völlig andere Anwendung, die separat von Ihrem sichtbaren PowerShell-Host läuft. Im Beispiel trägt sie die Prozess-ID 20564. Nach Verlassen der Remoting-Sitzung kehren Sie zu Ihrer (sichtbaren) PowerShell-Konsole (im Beispiel mit der Prozess-ID 7720) zurück.

Invoke-Command über SSH

Auch `Invoke-Command` funktioniert über SSH wie gewohnt. Der folgende Aufruf würde den Befehl `Get-Service` per SSH-basiertes Remoting ausführen und die Ergebnisse (einschließlich der Absendereigenschaft `PSComputerName`) zurücksenden:

```
Invoke-Command -ScriptBlock { Get-Service } -UserName remotinguser2 -HostName $env:COMPUTERNAME
```

Listing 18.17: Skriptblock über SSH-basiertes Remoting ausführen

Unbeaufsichtigte Ausführung und Parallelbearbeitung

In allen Beispielen hatte das SSH-basierte Remoting interaktiv nach einem Benutzerkennwort gefragt. Für diese Abfrage existiert auch kein Parameter, sodass diese Befehle nicht unbeaufsichtigt ausgeführt werden können.

Die unbeaufsichtigte Ausführung verwendet zur Authentifizierung von Usern keine Kennwörter (symmetrische Verschlüsselung, bei der Geheimnisse kompromittiert werden können), sondern die bei SSH generell üblichen kryptografischen Verfahren in Gestalt von PKI und Zertifikaten (asymmetrische Verschlüsselung).

Dabei authentifiziert sich ein User mit einem sogenannten *Key File* am Server (der Server hält dabei das passende Gegenstück zum Key File vor):

```
Invoke-Command -HostName UserA@LinuxServer01 -ScriptBlock { Get-Process } -KeyFilePath
/UserA/UserAKey_rsa
```

Auch multiple (parallele) Verbindungen sind so möglich. Die Verbindungen werden in Form einer Hashtable definiert und mit dem Parameter `-SSHConnections` übergeben, sodass für jede Verbindung ein Key File angegeben werden kann:

```
$list =
@{HostName="WinServer1"; UserName="Domain\UserA"; KeyFilePath="C:\Users\UserA\id_rsa" },
@{HostName="UserB@LinuxServer5"; KeyFilePath="/Users/UserB/id_rsa" }

$results = Invoke-Command -ScriptBlock { Get-Process } -SSHConnection $list
```

Kapitel 19

Grafische Oberflächen gestalten

In diesem Kapitel:

Ausführlich werden in diesem Kapitel die folgenden Aspekte erläutert:

- **Grafische Oberflächen:** PowerShell kann mit *Windows Forms* und *WPF* dieselben Techniken einsetzen, die auch Anwendungsprogrammierern zur Verfügung stehen, um grafische Oberflächen (GUIs) wie Fenster und Dialoge zu erstellen. WPF ist die modernere Technologie, die auch mit Displays höchster Auflösung gut zurechtkommt. Allerdings stehen Windows Forms und WPF derzeit nur auf dem Windows-Betriebssystem zur Verfügung.
- **XAML:** Mit XAML (*Extensible Application Markup Language*) lassen sich grafische Oberflächen ähnlich wie mit HTML gestalten. XAML erlaubt also eine Trennung zwischen Design und Code. Für einfache GUIs kann man XAML von Hand erstellen. Bei aufwendigeren GUIs sind aber Werkzeuge und XAML-Editoren empfehlenswert, weil XAML ein XML-Derivat ist und beispielsweise Groß- und Kleinschreibung unterscheidet. Daher führen bereits minimale Fehler dazu, dass das gesamte XAML unlesbar wird.
- **Events:** GUI-Elemente können eine Vielzahl von Events auslösen. Eine Schaltfläche löst beispielsweise ein Click-Event aus, wenn sie angeklickt wird. PowerShell kann diesen Events Skriptblöcke mit beliebigem Code zuordnen, der ausgeführt wird, sobald das Event eintritt.

- **Single-Threaded:** PowerShell arbeitet im Single-Thread-Modus und kann nur eine Aufgabe nach der anderen abarbeiten. Werden länger dauernde PowerShell-Befehle ausgeführt, während eine GUI sichtbar ist, »friert diese ein«. Daher sollten GUIs nur sparsam eingesetzt werden, zum Beispiel vor oder nach einer Aufgabe (zur Datenerfassung oder zur Präsentation der Ergebnisse), aber nicht währenddessen.

Obwohl PowerShell ursprünglich entwickelt wurde, um unbeaufsichtigt automatisieren zu können, wird es inzwischen auch dazu verwendet, schnell und mit geringem Aufwand kleinere Tools herzustellen, zum Beispiel für den Helpdesk. Hierfür sind grafische Oberflächen nützlich.

Die Kapitel 11 und 12 haben bereits gezeigt, wie man auf die Funktionalität des Betriebssystems zugreifen kann. Mit diesen Möglichkeiten kann PowerShell auf dem Windows-Betriebssystem auch grafische Oberflächen erzeugen. Derzeit ist dies auf anderen Betriebssystemen allerdings nicht möglich, weil dort die notwendigen einheitlichen Bibliotheken (noch) nicht existieren.

Bevor Sie tiefer in die Entwicklung grafischer Oberflächen einsteigen, sollten Ihnen die Grenzen bewusst sein: PowerShell ist single-threaded, kann also stets nur eine Aufgabe ausführen. Wenn also grafische Oberflächen sichtbar sind, kümmert sich PowerShell um diese und reagiert beispielsweise auf Klicks. Sobald PowerShell bei geöffneten grafischen Oberflächen beauftragt wird, länger dauernde Aufgaben auszuführen, »friert« die Oberfläche ein und reagiert nicht mehr auf die Maus.

Zwar kann man dieses Problem beheben, indem man Aufgaben gezielt in Hintergrund-Threads verlagert, doch führt dies zu sehr komplexen Skripten und zeigt, dass solche Aufgaben nicht geeignet sind für PowerShell.

Nützlich sind grafische Oberflächen also immer dann, wenn damit vom Anwender Informationen erfragt oder Ergebnisse angezeigt werden sollen. Eine dauerhafte Anzeige von grafischen Oberflächen ähnlich einer Anwendung sind aber mit vertretbarem Aufwand nicht realisierbar.

Eigene Fenster herstellen

PowerShell kann Fenster und grafische Oberflächen mit allen im .NET Framework verfügbaren Mitteln herstellen. Dazu zählen die beiden großen Technologien *Windows Forms* und *WPF* (*Windows Presentation Foundation*). Forms ist die ältere der beiden Technologien und gilt als veraltet, unter anderem weil hierbei pixelgenau gestaltet wird und dies bei den heute üblichen hohen Bildschirmauflösungen Probleme bereiten kann.

Deshalb wird im Rahmen dieses Kapitels ausschließlich WPF als die modernere Alternative demonstriert.

Achtung

Man könnte ein eigenes Buch über die Gestaltung von grafischen Oberflächen schreiben. Dieses Kapitel soll Ihnen lediglich einen ersten Eindruck der Mechanismen vermitteln. Alle Beispiele sind lauffähig und lassen sich anpassen. Allerdings können in diesem Kapitel nur die allerwichtigsten Konzepte demonstriert werden.

GUI mit Code definieren

Alle Bestandteile eines Fensters werden von .NET-Objekten repräsentiert. Indem man sich diese Objekte beschafft, kann man das Fenster gestalten:

```
# Benötigte Bibliotheken laden:
Add-Type -AssemblyName PresentationCore
Add-Type -AssemblyName PresentationFramework

# Fenster anlegen:
[System.Windows.Window]$window = [System.Windows.Window]::new()
# Fenstergröße am Inhalt ausrichten:
$window.SizeToContent = [System.Windows.SizeToContent]::WidthAndHeight
# Fensterrahmen wählen:
$window.WindowStyle = [System.Windows.WindowStyle]::ToolWindow
# Fensterrandstärke festlegen:
$window.Margin = 10
# Fenstertitel definieren:
$window.Title = 'Mitarbeiter aufnehmen'

# Textblock (Beschriftung):
[System.Windows.Controls.TextBlock]$textblock = [System.Windows.Controls.TextBlock]::new()
$textblock.Text = 'Mitarbeiter-Name'

# Eingabebox (mit Inhalt der Umgebungsvariablen $env:username vordefinieren)
[System.Windows.Controls.TextBox]$textbox = [System.Windows.Controls.TextBox]::new()
$textbox.Text = $env:username

# Schaltfläche definieren:
[System.Windows.Controls.Button]$buttonOK = [System.Windows.Controls.Button]::new()
$buttonOK.Content = 'OK'
$buttonOK.Width = 80
# Rahmen im Muster links-oben-rechts-unten definieren:
$buttonOk.Margin = [System.Windows.Thickness]::new(5,5,0,5)
# Festlegen, was bei einem Klick geschieht
# (die Eigenschaft DialogResult schließt bei einer Zuweisung das Fenster
#  und legt dessen Rückgabewert fest):
$buttonOK.add_Click({ $window.DialogResult = $true })

# Zweite Schaltfläche:
[System.Windows.Controls.Button]$buttonCancel = [System.Windows.Controls.Button]::new()
$buttonCancel.Content = 'Abbruch'
$buttonCancel.Width = 80
$buttonCancel.Margin = [System.Windows.Thickness]::new(5,5,0,5)
$buttonCancel.add_Click({ $window.DialogResult = $false })

# Horizontalen rechtsbündigen Stapel für die beiden Schaltflächen:
[System.Windows.Controls.StackPanel]$stackpanelButton =
[System.Windows.Controls.StackPanel]::new()
$stackpanelButton.Orientation = 'Horizontal'
$stackpanelButton.HorizontalAlignment = [System.Windows.HorizontalAlignment]::Right

# Schaltflächen auf Stapel legen:
$stackpanelButton.AddChild($buttonOk)
$stackpanelButton.AddChild($buttonCancel)

# Vertikalen Stapel mit Randstärke 5:
[System.Windows.Controls.StackPanel]$stackpanel = [System.Windows.Controls.StackPanel]::new()
$stackpanel.Orientation = 'Vertical'
```

```
$stackpanel.Margin = 5

# UI-Elemente auf vertikalen Stapel legen:
$stackpanel.AddChild($textblock)
$stackpanel.AddChild($textbox)
$stackpanel.AddChild($stackpanelButton)

# Fensterinhalt definieren (darf nur EIN UI-Element sein):
$window.Content = $stackpanel

# Fenster modal anzeigen (PowerShell wartet):
$result = $window.ShowDialog()

# Rückgabewert auswerten:
if ($result)
{
  $mitarbeiter = $textbox.Text
  "Gewählt: $mitarbeiter"
}
else
{
  Write-Warning "Abbruch."
}
```

Listing 19.1: Ein einfaches Dialogfeld herstellen

Wenn Sie Listing 19.1 ausführen, öffnet sich ein einfaches Dialogfeld, in das ein Mitarbeitername eingegeben werden kann. Das Eingabefeld ist mit dem Inhalt der Umgebungsvariablen `$env:username` vorbelegt. Wird auf *OK* geklickt, gibt das Skript den Inhalt des Eingabefelds zurück, ansonsten erscheint eine Abbruchwarnung.

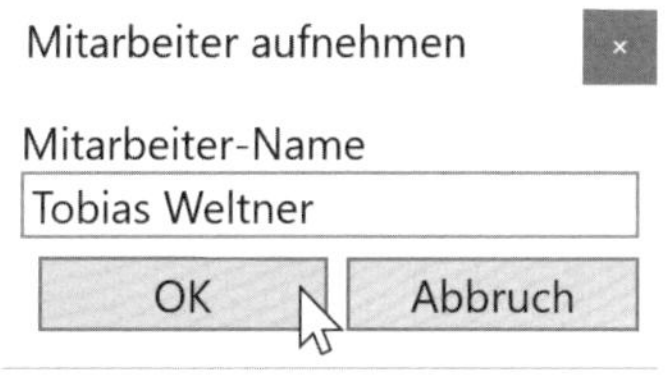

Abbildung 19.1: Einfaches Dialogfeld gestalten

Schaut man sich Listing 19.1 genauer an, werden zunächst mit `Add-Type` die für Fenster notwendigen Betriebssystembibliotheken geladen. Diese sind von Editoren wie der ISE zwar ohnehin geladen, aber das Skript würde andernfalls in einfachen PowerShell-Konsolen nicht funktionieren.

Danach werden das Fenster und alle darin angezeigten GUI-Elemente erzeugt. Die Positionierung im Fenster geschieht in diesem Fall über sogenannte StackPanels, die horizontal oder vertikal eine beliebige Anzahl von GUI-Elementen stapeln.

`ShowDialog()` öffnet das Fenster, und PowerShell kümmert sich nun um die Ereignisse der sichtbaren grafischen Oberfläche. Den beiden Schaltflächen wurde mit `add_Click()` jeweils ein Skriptblock zugewiesen, der ausgeführt wird, sobald jemand auf eine Schaltfläche klickt.

Diese Skriptblöcke könnten beliebige Aufgaben erfüllen. In diesem Fall sollen sie lediglich das Dialogfenster schließen. Bei WPF geschieht dies, indem der Fenstereigenschaft `DialogResult` ein boolescher Wert zugewiesen wird. Er bildet gleichzeitig den Rückgabewert von `ShowDialog()`.

Hinweis

Alle grafischen Elemente unterstützen sogenannte Events, also Ereignisse. Bei Schaltflächen ist das bekannteste Event natürlich das Click-Ereignis, das ausgelöst wird, wenn jemand auf die Schaltfläche klickt. Es gibt aber viele weitere. PowerShell kann solchen Ereignissen einen Skriptblock zuordnen.

Möchten Sie die Namen anderer Ereignisse herausfinden, untersuchen Sie nach Ausführung des Skripts die einzelnen Variablen, die die GUI-Elemente enthalten. Um zum Beispiel die Namen der übrigen Events der *OK*-Schaltfläche zu ermitteln, führen Sie aus:

```
$buttonOK | Get-Member -MemberType Event
```

Listing 19.2: Ereignisse einer Schaltfläche ermitteln

Das Ergebnis könnte so aussehen:

```
   TypeName: System.Windows.Controls.Button

Name                     MemberType Definition
----                     ---------- ----------
Click                    Event      System.Windows.RoutedEventHandler Click(Syst...
ContextMenuClosing       Event      System.Windows.Controls.ContextMenuEventHand...
ContextMenuOpening       Event      System.Windows.Controls.ContextMenuEventHand...
DataContextChanged       Event      System.Windows.DependencyPropertyChangedEven...
DragEnter                Event      System.Windows.DragEventHandler DragEnter(Sy...
DragLeave                Event      System.Windows.DragEventHandler DragLeave(Sy...
DragOver                 Event      System.Windows.DragEventHandler DragOver(Sys...
(...)
```

Events sind sehr mächtig. Wenn Sie beispielsweise die folgende Zeile hinzufügen, würde die *OK*-Schaltfläche nur dann anklickbar sein, wenn das Eingabefeld nicht leer ist, und abgeblendet werden, sobald Sie den Inhalt des Eingabefelds löschen:

```
$textbox.add_TextChanged({ $buttonOK.IsEnabled = $textbox.Text.Trim().Length -gt 0 })
```

Profitipp

Wenn Sie grafische Oberflächen im ISE-Editor gestalten und mehrfach testen, kann es passieren, dass der Editor irgendwann einfach mit der Meldung »Nicht genügend Quoten vorhanden« abstürzt. Das liegt daran, dass die Fenster und insbesondere ihre Events nach Schließen des Fensters nicht sauber freigegeben werden und so irgendwann nicht mehr genügend Speicherplatz vorhanden ist.

Anstelle also einfach `ShowDialog()` aufzurufen, besteht der bessere und zuverlässigere Weg darin, das Fensterobjekt mit der folgenden Funktion anzeigen zu lassen, die den Speicher des Fensters nach Gebrauch ordnungsgemäß freigibt:

```
function Show-WPFWindow
{
  param
  (
    [Parameter(Mandatory=$true)]
    [Windows.Window]
    $Window
  )

  $result = $null
  $null = $window.Dispatcher.InvokeAsync{
```

```
    $result = $window.ShowDialog()
    Set-Variable -Name result -Value $result -Scope 1
  }.Wait()
  $result
}
```

Listing 19.3: WPF-Fenster auf korrekte Weise anzeigen und Speicherplatz freigeben

Fügen Sie den bisherigen Skripten die Funktion aus Listing 19.3 hinzu und ändern Sie dann einfach diese Zeile:

```
$result = $window.ShowDialog()
```

um in diese Zeile:

```
$result = Show-WPFWindow $window
```

GUI mit XAML definieren

Die Gestaltung von einfachen GUIs ist mit den bisher gezeigten Mitteln zwar möglich, aber nicht besonders intuitiv. Deshalb kann man GUIs auch mit XAML definieren, einer Markdown-Sprache, die etwas an HTML erinnert.

Schauen Sie sich dazu einfach dieses Beispiel an, das dasselbe Fenster generiert wie Listing 19.1:

```
$xaml = @'
<Window
   xmlns="http://schemas.microsoft.com/winfx/2006/xaml/presentation"
   xmlns:x="http://schemas.microsoft.com/winfx/2006/xaml"
   SizeToContent="WidthAndHeight"
   Title="Mitarbeiter aufnehmen"
   WindowStyle="ToolWindow"
   Margin="10"
   >
   <StackPanel Orientation="Vertical" Margin="5">
     <TextBlock>Mitarbeiter-Name</TextBlock>
     <TextBox Name="textbox"></TextBox>
     <StackPanel Orientation="Horizontal" HorizontalAlignment="Right">
        <Button Name="buttonOk" MinWidth="80" Margin="5,5,0,5">OK</Button>
        <Button Name="buttonCancel" MinWidth="80" Margin="5,5,0,5">Abbruch</Button>
      </StackPanel>
   </StackPanel>
</Window>
'@

#region Hilfsfunktionen
function Convert-XamltoWindow
{
  param
  (
    [Parameter(Mandatory=$true)]
    [string]
    $XAML
  )

  Add-Type -AssemblyName PresentationFramework
```

```
  $reader = [XML.XMLReader]::Create([IO.StringReader]$XAML)
  $result = [Windows.Markup.XAMLReader]::Load($reader)
  $reader.Close()
  $reader = [XML.XMLReader]::Create([IO.StringReader]$XAML)
  while ($reader.Read())
  {
      $name=$reader.GetAttribute('Name')
      if (!$name) { $name=$reader.GetAttribute('x:Name') }
      if($name)
      {$result |
         Add-Member NoteProperty -Name $name -Value $result.FindName($name) -Force}
  }
  $reader.Close()
  $result
}

function Show-WPFWindow
{
  param
  (
    [Parameter(Mandatory=$true)]
    [Windows.Window]
    $Window
  )

  $result = $null
  $null = $window.Dispatcher.InvokeAsync{
    $result = $window.ShowDialog()
    Set-Variable -Name result -Value $result -Scope 1
  }.Wait()
  $result
}
#endregion Hilfsfunktionen

# XAML in Fensterobjekt verwandeln:
$window = Convert-XamltoWindow -XAML $xaml

# GUI-Elemente des Fensters werden nun immer über das Fenster
# selbst ($window) und dann über den zugewiesenen Namen des GUI-Elements
# angesprochen, nicht über separate Variablen.

# Nachträgliche Anpassungen an den GUI-Elementen.

# Vorgewählter Text im Eingabefeld:
$window.textbox.Text = $env:username

# Eventhandler definieren:
$window.buttonOK.add_Click({ $window.DialogResult = $true })
$window.buttonCancel.add_Click({ $window.DialogResult = $false })
$window.textbox.add_TextChanged(
  {
    $window.buttonOK.IsEnabled = $window.textbox.Text.Trim().Length -gt 0
  })

# Fenster anzeigen:
$result = Show-WPFWindow -Window $window

# Rückgabewert auswerten:
if ($result)
{
```

```
  $mitarbeiter = $window.textbox.Text
  "Gewählt: $mitarbeiter"
}
else
{
  Write-Warning "Abbruch."
}
```

Listing 19.4: Ein WPF-Fenster mit XAML gestalten

Der entscheidende Punkt hier ist die Trennung von Design und Code. Das Fensterdesign wird über XAML kurz und übersichtlich definiert:

```
<Window
   xmlns=http://schemas.microsoft.com/winfx/2006/xaml/presentation
   xmlns:x=http://schemas.microsoft.com/winfx/2006/xaml
   SizeToContent="WidthAndHeight"
   Title="Mitarbeiter aufnehmen"
   WindowStyle="ToolWindow"
   Margin="10"
   >
   <StackPanel Orientation="Vertical" Margin="5">
     <TextBlock>Mitarbeiter-Name</TextBlock>
     <TextBox Name="textbox"></TextBox>
     <StackPanel Orientation="Horizontal" HorizontalAlignment="Right">
        <Button Name="buttonOk" MinWidth="80" Margin="5,5,0,5">OK</Button>
        <Button Name="buttonCancel" MinWidth="80" Margin="5,5,0,5">Abbruch</Button>
     </StackPanel>
   </StackPanel>
</Window>
```

Diese Fensterbeschreibung ist um ein Vielfaches simpler als das manuelle Instanziieren und Verschachteln der .NET-Objekte, wie in Listing 19.1 geschehen. Auch ist es viel leichter, zum Beispiel Beschriftungen zu ändern oder weitere Textfelder hinzuzufügen. Achten Sie nur auf folgende Punkte:

- **Groß- und Kleinschreibung:** Die XAML-Tags und -Attribute sind sehr empfindlich und unterscheiden zwischen Groß- und Kleinschreibung. Machen Sie hierbei Fehler, kann kein Fenster angezeigt werden.
- **Name:** Statten Sie jedes GUI-Element, auf das Sie später vom Code aus zugreifen wollen, mit einem `Name`-Attribut aus und vergeben Sie keine Namen doppelt. Als Namen verwenden Sie ausschließlich alphanumerische Zeichen ohne Sonder- oder Leerzeichen. Namen dürfen auch nicht mit Zahlen beginnen.

Tipp

Bei komplexeren Fenstern wird die Gestaltung des XAML von Hand mühsam. Sie dürfen aber jeden beliebigen XAML-kompatiblen Editor zur Gestaltung einsetzen. *VisualStudio* (nicht VSCode) enthält beispielsweise einen grafischen XAML-Designer, mit dem Sie das XAML per Maus zusammenklicken können. Das Freewaretool *Kaxaml* kann ebenfalls helfen, genau wie die kostenpflichtige ISE-Erweiterung *ISESteroids*. Und schließlich gibt es auch online einige XAML-Generatoren.

Allerdings ist XAML nur Text. Damit daraus dasselbe Objektmodell wird, das Sie in Listing 19.1 schrittweise von Hand erzeugt haben, verwenden Sie die Funktion `Convert-XamlToWindow`.

Ein weiterer Unterschied besteht darin, wie Sie auf die GUI-Elemente im Fenster zugreifen. Dazu sind nicht mehr einzelne Variablen nötig. Stattdessen verwenden Sie das soeben generierte Fenster (in `$window`) und sprechen die darin enthaltenen GUI-Elemente über ihren Namen an. Den Namen haben Sie im XAML mit dem Attribut `Name` jeweils festgelegt.

Beispiel: Dienststopper-Anwendung

WPF und PowerShell arbeiten hervorragend zusammen. So können Sie das Ergebnis von PowerShell-Befehlen direkt in GUI-Elemente wie etwa Ausklapplisten (Combobox genannt) füttern.

Im Folgenden finden Sie ein Beispiel für eine Helpdesk-Anwendung, die in einer Ausklappliste alle stoppbaren Dienste anzeigt und auf Wunsch jeweils einen davon stoppt. Das Beispiel simuliert dies nur mit `-WhatIf`. Wenn Sie die Dienste wirklich stoppen wollen, entfernen Sie im Code `-WhatIf`. Zum Stoppen von Diensten sind in aller Regel jedoch Administratorrechte nötig.

Tipp

Dieses Anwendungsschema – Anzeigen von Daten und Reaktion auf eine bestimmte Auswahl – kann man auf viele andere Szenarien anpassen. Mit nur wenigen Änderungen könnte die Ausklappliste zum Beispiel auch gesperrte Benutzerkonten anzeigen und diese entsperren.

```
$xaml = @'
<Window
   xmlns="http://schemas.microsoft.com/winfx/2006/xaml/presentation"
   xmlns:x="http://schemas.microsoft.com/winfx/2006/xaml"
   MinWidth="200"

   SizeToContent="WidthAndHeight"
   Title="Service Stopper"
   Topmost="True">
   <Grid Margin="10,10,10,10">
      <Grid.ColumnDefinitions>
         <ColumnDefinition Width="Auto"/>
         <ColumnDefinition Width="*"/>
      </Grid.ColumnDefinitions>
      <Grid.RowDefinitions>
            <RowDefinition Height="Auto"/>
            <RowDefinition Height="Auto"/>
            <RowDefinition Height="*"/>
      </Grid.RowDefinitions>

      <TextBlock Grid.Column="1" Margin="10">Welcher Dienst soll gestoppt werden?</TextBlock>
      <TextBlock Grid.Column="0" Grid.Row="1" Margin="5">Service</TextBlock>

      <ComboBox Name="ComboService" Grid.Column="1" Grid.Row="1" Margin="5"></ComboBox>

      <StackPanel Orientation="Horizontal" HorizontalAlignment="Right"
VerticalAlignment="Bottom"
       Margin="0,10,0,0" Grid.Row="2" Grid.ColumnSpan="2">
        <Button Name="ButOk" MinWidth="80" Margin="5">Stoppen</Button>
        <Button Name="ButCancel" MinWidth="80" Margin="5">Fertig</Button>
      </StackPanel>
   </Grid>
```

```
</Window>
'@

function Convert-XAMLtoWindow
{
  param
  (
    [Parameter(Mandatory=$true)]
    [string]
    $XAML
  )

  Add-Type -AssemblyName PresentationFramework

  $reader = [XML.XMLReader]::Create([IO.StringReader]$XAML)
  $result = [Windows.Markup.XAMLReader]::Load($reader)
  $reader.Close()
  $reader = [XML.XMLReader]::Create([IO.StringReader]$XAML)
  while ($reader.Read())
  {
      $name=$reader.GetAttribute('Name')
      if (!$name) { $name=$reader.GetAttribute('x:Name') }
      if($name)
      {$result |
         Add-Member NoteProperty -Name $name -Value $result.FindName($name) -Force}
  }
  $reader.Close()
  $result
}


function Show-WPFWindow
{
   param
   (
    [Parameter(Mandatory=$true)]
    [Windows.Window]
    $Window
   )

   $result = $null
   $null = $window.Dispatcher.InvokeAsync{
    $result = $window.ShowDialog()
    Set-Variable -Name result -Value $result -Scope 1
   }.Wait()
   $result
}

$window = Convert-XAMLtoWindow -XAML $xaml

# add click handlers
$window.ButOk.add_Click{
   # Ausgewählten Dienst stoppen:
   $window.ComboService.SelectedItem | Stop-Service -WhatIf  # -WhatIf ggf. entfernen!
   Update-ComboBox
}

$window.ButCancel.add_Click{
   $window.DialogResult = $false
}
```

```
# Aktualisiert den Inhalt der Combobox:
function Update-ComboBox
{
  # Beliebige Daten in Combobox füllen
  # (in diesem Fall stoppbare Dienste)
  $window.ComboService.ItemsSource = Get-Service |
                                      Where-Object Status -eq Running |
                                      Sort-Object -Property DisplayName

  # Eigenschaft angeben, die in Combobox sichtbar sein soll
  # (in diesem Fall der deutsche Dienstname in "DisplayName")
  $window.ComboService.DisplayMemberPath = 'DisplayName'
  # Ersten Listeneintrag vorwählen:
  $window.ComboService.SelectedIndex = 0
}

Update-ComboBox

Show-WPFWindow -Window $window
```

Listing 19.5: Dienststopper-Anwendung

Wenn Sie Listing 19.5 ausführen, öffnet sich ein Dialogfeld mit einer gefüllten Ausklappliste, in der alle stoppbaren Dienste alphabetisch sortiert aufgelistet werden. Suchen Sie einen davon aus und klicken auf *Stoppen*, meldet die PowerShell-Konsole, dass dieser Dienst gestoppt worden wäre. Entfernen Sie im Code `-WhatIf`, wenn Sie es künftig ernst meinen und Dienste wirklich stoppen möchten.

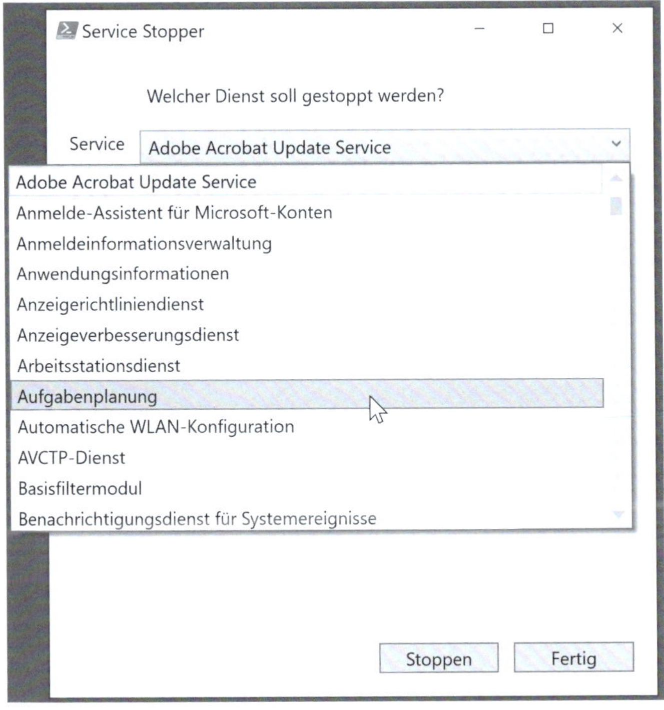

Abbildung 19.2: Automatisch gefüllte Ausklappliste

Listing 19.5 gibt noch zwei Anregungen, falls Sie tiefer in die Gestaltung grafischer Oberflächen einsteigen möchten:

- **Grid:** Die ersten simplen Beispiele am Anfang des Kapitels nutzten sogenannte StackPanels, um GUI-Elemente stapelartig zu gruppieren. Hier nun wird ein Grid eingesetzt, also ein Gitter. Dieses wird im XAML zunächst definiert: Sie geben die gewünschten Spalten und Zeilen sowie deren Breite und Höhe an. Anschließend werden die GUI-Elemente in die Zellen dieses Gitters gesetzt. Dazu wird jedem GUI-Element mit `Column` und `Row` die gewünschte Zelle zugewiesen. Mit Grids lassen sich beinahe alle Designanforderungen erfüllen.
- **TopMost:** Das Fenster verwendet diesmal das Attribut `TopMost` und ist deshalb immer im Vordergrund. Es kann nicht von anderen Fenstern überdeckt werden.

Index

B

C

D

E

F

G

H

I

J

K

L

M

N

O

P

Q

R

S

T

X

Y

Z